本书列入"十二五"国家重点图书出版规划项目

考古学专刊
乙种第四十三号

新世纪
中国考古新发现

(2001~2010)

IMPORTANT ARCHAEOLOGICAL
DISCOVERIES OF CHINA IN THE NEW CENTURY

考古杂志社编著

中国社会科学出版社

图书在版编目(CIP)数据

新世纪中国考古新发现：2001~2010 / 白云翔，施劲松主编；考古杂志社编著. -- 北京：中国社会科学出版社，2013.11

ISBN 978-7-5161-3688-1

Ⅰ. ①新… Ⅱ. ①白… ②施… ③考… Ⅲ. ①考古发现-中国-2001~2010 Ⅳ. ①K871.7

中国版本图书馆CIP数据核字(2013)第285933号

出 版 人	赵剑英
策划编辑	张小颐
责任编辑	郭　鹏
责任校对	郭　鹏　付兵兵
责任印制	王　超
出　　版	中国社会科学出版社
社　　址	北京鼓楼西大街甲158号（邮编100720）
网　　址	http://www.csspw.com.cn
	中文域名：中国社科网　010-64070619
发 行 部	010-84083685
门 市 部	010-84029450
经　　销	新华书店及其他书店
印　　制	北京杰诚雅创文化传播有限公司
版　　次	2013年11月第1版
印　　次	2013年11月第1次印刷
开　　本	880×1230　1/16
印　　张	27.75
字　　数	686千字
定　　价	680.00元

凡购买中国社会科学出版社图书，如有质量问题请与本社联系调换
电话：010-64009791
版权所有　侵权必究

《新世纪中国考古新发现》编辑委员会

主　　任　　刘庆柱　王　巍

副 主 任　　白云翔　陈星灿　施劲松

编　　委　　（以姓氏笔画为序）

　　　　　　王仁湘　许　宏　朱乃诚　朱岩石

　　　　　　安家瑶　杜金鹏　李健民　李裕群

　　　　　　吴耀利　赵志军　袁　靖　傅宪国

主　　编　　白云翔　施劲松

特约编辑　　付兵兵

前 言

在人类历史上，当今无疑是知识增长最为迅速的时代。知识来源于科学，科学的创立与发展，拓展了人类的认知能力，延伸着人们的认知手段。科学的不断发展和成熟，使人们得以不断涉足新的领域并源源不断地获得关于人类自身及其周边世界的知识。关于人类过去的知识，即来自于作为现代科学的考古学。

考古学家从地下发掘出过去的人们所留下的各类物质遗存，经由从"事实"导向理论、由理论重构历史、再由考古材料检验理论科学性的途径，为我们展示出关于过去生活的图景。正如此，考古学的产生和发展自始至终也都是以考古发现为基础的。自20世纪初中国考古学诞生后，通过科学的手段获得的考古发现无以计数，推动了考古学的发展。

进入21世纪以来，全国各地的各类考古新发现层出不穷。其中每年都有不少考古发现，无论是对于拓展考古学的研究领域和方向，还是充实、更新关于过去的知识，都有着特别重要的意义。为了更好地报道和交流考古发现，传播和普及考古学知识，中国社会科学院考古研究所和考古杂志社于2002年创办了"中国社会科学院考古学论坛"。每年年初举办的论坛从前一年全国各地的考古发现中遴选出学术意义最为重要的六项进行展示和交流。

自2002年到2011年论坛举办了10届。把10届论坛的60项考古发现集结出版，这首先就是论坛的一项成果。这60项发现在当年的论坛上即已产生了广泛影响，但其中一些项目在论坛结束后又有持续的发掘和更新的发现。对于每一项考古发现，也只有在进行深入的研究之后才能真正形成知识。随着对各项考古发现的梳理和研究，今天对这些发现的认识已较发掘之初又有所深化。

在10届论坛之后编撰这部书，也是对新世纪头10年考古发现和考古工作的一种总结和回顾。总结有助于深化认识，许多发现都需要经过深入的研究，需要联系其他考古发现甚至结合其他学科的相关知识之后，其重要性才能够从多方面不断显现出来。回顾也是为了反思。2001年，考古杂志社曾组织评选了20世纪100项考古发现，并编撰了《二十世纪中国百项考古大发现》。上世纪100项考古发现的意义是我们站在今天、从中国考古学发展史的立场来理解的，对这些考古发现所解决或提出的学术问题，以及它们在考古学史上的地位，我们也就有了更多的理性反思。

相对于一个世纪，10年还很短暂。我们现在或许还无力去总结中国考古学这10年的特点或认识中国考古学的世纪转折，但在未来，从更远处看历史，对21世纪前10年的考古发现和考古学一定会有更多层面和更深层次的理解与认识。

2001年毕竟是一个时间新坐标，对新的世纪我们总是心怀期望。

目 录　CONTENTS

新世纪中国考古新发现（2001～2010）述评　　　　　　　　　　　　　　　　/ 1
Commentary on Important Archaeological Discoveries of China in the New Century (2001～2010)

陕西宜川龙王辿旧石器时代遗址　　　　　　　　　　　　　　　　　　　　　/ 66
Paleolithic Site at Longwangchan in Yichuan, Shaanxi

北京门头沟东胡林史前遗址　　　　　　　　　　　　　　　　　　　　　　　/ 72
Prehistoric Donghulin Site in Mentougou, Beijing

广东深圳咸头岭新石器时代遗址　　　　　　　　　　　　　　　　　　　　　/ 78
Neolithic Site at Xiantouling in Shenzhen, Guangdong

江苏宜兴骆驼墩新石器时代遗址　　　　　　　　　　　　　　　　　　　　　/ 84
Neolithic Luotuodun Site in Yixing, Jiangsu

湖南洪江高庙新石器时代遗址　　　　　　　　　　　　　　　　　　　　　　/ 90
Neolithic Gaomiao Site in Hongjiang, Hunan

河北易县北福地史前遗址　　　　　　　　　　　　　　　　　　　　　　　　/ 96
Prehistoric Beifudi Site in Yixian, Hebei

四川汉源麦坪新石器时代遗址　　　　　　　　　　　　　　　　　　　　　　/ 102
Neolithic Site at Maiping in Hanyuan, Sichuan

内蒙古扎鲁特旗南宝力皋吐新石器时代墓地　　　　　　　　　　　　　　　　/ 108
Neolithic Cemetery at Nanbao Ligaotu in Jarud banner, Inner Mongolia

陕西高陵杨官寨新石器时代遗址　　　　　　　　　　　　　　　　　　　　　/ 114
Neolithic Yangguanzhai Site in Gaoling, Shaanxi

江苏张家港东山村新石器时代遗址　　　　　　　　　　　　　　　　　　　　/ 120
Neolithic Site at Dongshan Village, Zhangjiagang, Jiangsu

杭州余杭良渚古城遗址　　　　　　　　　　　　　　　　　　　　　　　　　/ 126
The Liangzhou City-site in Yuhang, Hangzhou

浙江平湖庄桥坟良渚文化遗址及墓地　　　　　　　　　　　　　　　　　　　/ 132
Site and Cemetery of the Liangzhu Culture at Zhuangqiaofen in Pinghu, Zhejiang

山西襄汾陶寺城址祭祀区大型建筑基址 / 138
The Large-sized Structure Foundations in the Sacrificial Area of the Taosi City-site in Xiangfen, Shanxi

内蒙古赤峰兴隆沟聚落遗址 / 144
The Settlement-site at Xinglonggou in Chifeng, Inner Mongolia

青海民和喇家史前遗址 / 150
The Prehistoric Lajia Site in Minhe, Qinghai

甘肃临潭磨沟齐家文化墓地 / 156
Mogou Cemetery of the Qijia Culture in Lintan, Gansu

内蒙古赤峰三座店夏家店下层文化石城遗址 / 162
Stone-walled City-site of the lower Xiajiadian culture at Sanzuodian in Chifeng, Inner Mongolia

内蒙古赤峰二道井子夏家店下层文化遗址 / 168
Erdaojingzi Site of the lower Xiajiadian culture in Chifeng, Inner Mongolia

河南偃师二里头遗址中心区 / 174
The Central Area of Erlitou Site in Yanshi, Henan

河南偃师商城商代早期王室祭祀遗址 / 180
Early Shang Sacrificial Site in the Shang City at Yanshi, Henan

河南安阳洹北商城 / 186
The Shang Period Huanbei City-site in Anyang, Henan

河南荥阳关帝庙遗址商代晚期遗存 / 192
Site at Lord Guan Temple in Xingyang, Henan

河南安阳殷墟刘家庄北地 / 198
Locus North of Liujiazhuang within the Yin Ruins in Anyang, Henan

济南大辛庄商代居址与墓葬 / 204
Shang Period Site and Tombs at Daxinzhuang in Jinan

成都金沙遗址 / 210
Jinsha site in Chengdu

	浙江东苕溪中游商代原始瓷窑址群 Protoporcelain Kiln Groups in the Middle Reaches of Dongtiaoxi River, Zhejiang	/ 216
	江苏句容及金坛周代土墩墓 Earthen-mounted Tombs of the Zhou Period in Jurong and Jintan, Jiangsu	/ 222
	山西翼城大河口西周墓地 The Western Zhou Cemetery at Dahekou in Yicheng, Shanxi	/ 228
	山西绛县横水西周墓地 Western Zhou Cemetery at Hengshui in Jiangxian, Shanxi	/ 234
	山东高青陈庄西周城址 The Western Zhou Site at Chenzhuang, Gaoqing, Shandong	/ 240
	湖北枣阳九连墩楚墓 Chu Tombs at Jiuliandun in Zaoyang, Hubei	/ 246
	江苏苏州木渎春秋城址 The Mudu City Site of the Spring-and-Autumn Period in Suzhou, Jiangsu	/ 252
	安徽蚌埠双墩一号春秋墓 Tomb Shuangdun-1 of the Spring-and-Autumn Period in Bengbu, Anhui	/ 258
	江西靖安李洲坳东周墓葬 Eastern Zhou Tomb at Lizhou'ao in Jing'an Jiangxi	/ 264
	福建浦城管九村土墩墓群 Earthen-mounted Tombs at Guanjiu Village in Pucheng, Fujian	/ 270
	云南大理剑川海门口遗址 Haimenkou Site in Jianchuan, Yunnan	/ 276
	新疆于田流水青铜时代墓地 Liushui Cemetery of the Bronze Age in Yutian, Xinjiang	/ 282
	甘肃礼县大堡子山早期秦文化遗址 Dapuzishan Site of Early Qin Culture in Lixian, Gansu	/ 288

	西安秦始皇陵园 Qinshihuang Mausoleum Precinct, Xi'an	/ 294
	湖南龙山里耶战国秦汉城址及秦代简牍 City-site of the Warring States, Qin and Han Periods and the Inscribed Slips and Tablets of the Qin period at Liye in Longshan, Hunan	/ 300
	贵州赫章可乐墓地 Tombs at Kele in Hezhang, Guizhou	/ 306
	陕西凤翔西汉汧河码头仓储建筑遗址 Storage Building Site on a Western Han Wharf by the Qianhe River in Fengxiang, Shaanxi	/ 312
	河南永城芒砀山西汉礼制建筑基址 Ritual Building Foundations of the Western Han Period on Mt.Mangdang in Yongcheng, Henan	/ 318
	河南内黄三杨庄汉代庭院遗址 Compound-sites of the Han Period at Sanyangzhuang in Neihuang, Henan	/ 324
	河南安阳西高穴曹操高陵 Cao Cao's Gaoling Mausoleum at Xigaoxue, Anyang, Henan	/ 330
	河南洛阳汉魏故城北魏宫城阊阖门遗址 Ruined Changhemen Gate of the Northern Wei Period Palace-city in the Han-Wei City of Luoyang, Henan	/ 336
	河北磁县东魏元祜墓 Tomb of Yuanhu of the Eastern Wei Period in Cixian, Hebei	/ 342
	新疆鄯善吐峪沟石窟寺遗址 The Tuyoq Grottoes in Shanshan, Xinjiang	/ 348
	西安北周史君石椁墓 Shi Sarcophagused Tomb of the Northern Zhou Period in Xi'an	/ 354
	西安唐长安城大明宫丹凤门遗址 Danfengmeng Gate-site of Daminggong Palace, Tang Chang'an City in Xi'an	/ 360
	西安唐长安城大明宫太液池遗址 Taiyechi Pool Site in the Ruined Daminggong Palace, Tang Chang'an City in Xi'an	/ 366

陕西蓝田五里头北宋吕氏家族墓 / 372
Cemetery of Lü Family of the Northern Song Dynasty at Wulitou, Lantian, Shaanxi

杭州雷峰塔地宫 / 378
Crypt of the Leifeng Pagoda in Hangzhou

内蒙古巴林左旗辽代祖陵陵园遗址 / 384
Tomb-garden Site of the Liao Dynasty Ancestral Mausoleum in Barin Left Banner, Inner Mongolia

内蒙古通辽吐尔基山辽代墓葬 / 390
Liao Period Tomb in Turki Hill in Tongliao, Inner Mongolia

江西进贤李渡烧酒作坊遗址 / 396
Wine-brewing Workshop Site at Lidu in Jinxian, Jiangxi

广东汕头"南澳Ⅰ号"明代沉船 / 402
The Sunken Ship "Nan'ao I" of the Ming Dynasty in Shantou, Guangdong.

湖南永顺老司城遗址 / 408
The Laosicheng Site in Yongshun, Hunan

江西高安华林造纸作坊遗址 / 414
Paper-making Mill Remains at Hualin, Gaoan, Jiangxi

江西景德镇明清御窑遗址 / 420
The Ming and Qing Imperial Kiln-site in Jingdezhen, Jiangxi

新世纪中国考古新发现（2001～2010）分布示意图 / 426
Diagram on Important Archaeological Discoveries of China in the New Century (2001～2010)

后记 / 428
Postscript

鸣谢 / 429
Acknowledgements

新世纪中国考古新发现（2001～2010）述评

白云翔　施劲松

一　引言

1-1. 新世纪的钟声仿佛还在耳边回荡，但进入新世纪实际上已经十个春秋。回首进入 21 世纪以来的十年，世界在巨变，中国在大发展，中国的考古学更是蓬勃向前。中国考古学已经成为现代学术中最受世人关注、最有生命力的学科之一。

考古学是什么？不少学者都在思考并试图回答这个问题。经典的说法是："考古学是根据古代人类通过各种活动遗留下来的实物以研究人类古代社会历史的一门科学"（《中国大百科全书·考古学》第 2 页，中国大百科全书出版社，1986 年）。很显然，考古学的研究对象是古代人类通过各种活动遗留下来的实物资料，即物质的遗存，也就是古代的遗迹和遗物。这也是考古学与文献史学的根本区别，尽管考古学研究离不开与历史文献相结合。因此，考古学研究首先就要收集古代社会遗留下来的遗迹和遗物等各种实物资料，而最基本的方法就是田野考古调查和发掘。通过科学的田野调查和发掘将古代遗迹和遗物勘探、挖掘、记录并收集起来的过程及其所获得的实物资料和信息，即为考古发现。

考古学发展史告诉我们：考古学的发生和发展，始终是同考古发现相伴随的。19 世纪中叶考古学的诞生，是以 19 世纪初叶埃及、意大利等地古迹、古物的调查和发掘为基础的。19 世纪末 20 世纪初，兴起于西方的考古学得以迅速传入中国，重要的契机是1898 年安阳殷墟甲骨文的发现和 1900 年敦煌藏经洞经卷、文书的发现等。20 世纪 20 年代以田野考古为基础的近代考古学在中国的诞生，是以北京周口店遗址、河南渑池仰韶村遗址、山西夏县西阴村遗址，尤其是安阳殷墟遗址的调查和发掘等为标志的。20 世纪后半期，中国考古学迅猛发展并进入到"黄金时代"，其重要标志是为数众多、遍布全国各地、从史前时代到元明时期的各种考古发现。因此，今天回首新世纪以来我国考古学的繁荣发展，首先就要回顾和梳理新世纪以来的考古新发现。

1-2. 新世纪以来的考古新发现，是在 20 世纪考古学发展的基础上发生的。

19 世纪末 20 世纪初，考古学传入中国以后，迅速同我国传统的金石学相结合，于 20 年代诞生了以田野考古为基础的近代考古学，并充满了生机和活力。20 世纪 20～40 年代期间，田野考古调查和发掘克服重重困难，在全国各地陆续展开。从北京周口店遗址及山顶洞人遗存、安阳殷墟遗址和后冈遗址、章丘龙山镇城子崖遗址、宝鸡斗鸡台遗址、吴兴县浅山漾遗址和余杭县良渚遗址、河南浚县和汲县等地周代墓葬、西南地区史前和历史时期遗存、宁定县阳洼湾齐家文化墓葬等的发掘，到内蒙古和新疆等西北地区科学考察中的考古调查和发掘、甘青地区、东南沿海地区、易县燕下都遗址、南京六朝陵墓等的调查以及居延汉代烽燧遗址上万枚汉代简牍的发现等重要收获，标志着中国考古学迈开了坚实的步伐。

新中国成立以后，中国考古学进入蓬勃发展时期。20 世纪 50 年代至 70 年代中叶，田野考古调查和发掘以黄河流域为重点在全国各地普遍展开。陕西蓝田人和云南元谋人化石的发现，将我国古人类的出现上溯到 100 多万年以前；柳江人、马坝人等人类化石的发现和山西丁村遗址、阳原泥河湾旧石器时代遗址群等旧石器时代遗址的发掘，初步揭示了我国华北和华南地区旧石器时代人类的演进及文化面貌。西安半坡、陕县庙底沟、临潼姜寨等一大批遗址的发掘，把仰韶文化的研究不断推向高潮；巴林左旗富河沟门、泰安大汶口、淮安青莲岗、嘉兴马家浜、青浦崧泽、巫山大溪、京山屈家岭、余姚河姆渡、武安磁山、沈阳新乐、密山新开流等遗址的发掘，使得一批新石器时代考古学文化得以命名；兖州王因、胶县三里河、郑州大河村、登封王城岗、乐都柳湾、曲江石峡、昌都卡若等遗址和墓地的发掘，极大地丰富了新石器时代考古资料。偃师二里头夏代晚期都邑遗址和夏县东下冯遗址的发掘，确认了夏代后期的二里头文化；郑州二里冈遗址和郑州商城的发掘，确认了商代前期的都城和文化遗存；安阳殷墟遗址新的重大发现接连不断；丰镐西周都城遗址、周原遗址和各地其他西周墓葬的调查和发掘取得重要成果；东周列国都城开始有计划地进行勘探和发掘，江陵楚都纪南城东周墓、随州曾侯乙墓、平山战国中山王墓等列国墓葬不断有重要发现；大冶铜绿山矿冶遗址进行了大规模发掘；夏商周时期周边地区的文化和方国遗存不断有新的发现，如夏家店下层文化和夏家店上层文化、湖北黄陂盘龙城商代城址、江西清江吴城遗址等。秦汉至明清时期的遗存中，从秦都咸阳、汉长安城到元大都，历代都城遗址开始有计划地进行考古勘探和发掘，并不断取得重要进展；从秦始皇陵园遗址、西汉帝陵陵园到明代定陵的发掘，帝陵尤其是帝陵陵园考古不断取得新收获；从满城西汉中山王墓、长沙马王堆汉墓到明鲁荒王朱檀墓、明宁王朱权墓等，一大批历代王侯陵墓被发掘；以洛阳烧沟汉墓、广州汉墓、南京六朝墓、吐鲁番阿斯塔那墓群、白沙宋墓等为代表的历代官吏和平民墓葬的发掘遍布全国各地，数以万计；边远地区的田野考古取得不少重要收获，如晋宁石寨山墓地、赫章可乐墓地、渤海上京龙泉府城址等；云梦睡虎地秦墓出土秦简1000多枚，额济纳河流域汉代烽燧遗址和敦煌汉代烽燧遗址、临沂银雀山汉墓等地发现数万枚汉代简牍；历代手工业作坊遗址、佛教遗迹等的考古调查和发掘，也都取得了重要成果。

20世纪70年代末，随着改革开放和科学的春天到来，我国的考古事业也进入到一个新的发展时期，基本建设过程中的考古调查和发掘以及围绕重大学术课题的田野考古有计划、有步骤地在全国各地普遍展开，一个又一个重要考古发现呈现在世人面前。人类起源和旧石器时代考古取得重要进展，如巫山县龙洞坡早期洞穴遗址、大荔人化石、阳原泥河湾旧石器时代遗址群、辽宁金牛山遗址和金牛山人化石的发现等。万年仙人洞和吊桶环、道县玉蟾岩、秦安大地湾、新郑裴李岗、舞阳贾湖、藤县北辛、敖汉旗兴隆洼等遗址的发现和发掘，极大地推进了新石器时代早中期文化的研究；朝阳牛河梁红山文化遗址、反山墓地和瑶山祭坛等余杭良渚文化遗址群、襄汾陶寺墓地和遗址、泗水尹家城、民和喇家遗址、含山凌家滩墓地、天门石家河遗址群、澧县城头山、邕宁顶蛳山遗址、香港东湾仔等遗址的大规模发掘以及一批史前城址的发现，极大地丰富了新石器时代中晚期文化的认识。二里头遗址、郑州商城和安阳殷墟遗址连续取得新的重要收获，偃师商城、郑州小双桥遗址的发现，不断掀起夏商文化研究的热潮。长安丰镐遗址、周原遗址、北京琉璃河遗址、天马—曲村晋侯墓地、三门峡虢国墓地等西周城址和墓地的田野考古取得突破性进展。凤翔秦雍城、新郑郑韩故城等东周列国都城遗址的调查和发掘进一步深入，东周列国墓葬更有不少重要发现。夏商周时期周边地区和少数族遗存的新发现引人注目，如滕州前掌大墓地、广汉三星堆祭祀器物坑、新干大洋洲大墓、延庆军都山山戎墓地等。秦汉至元明时期的遗存，如汉长安城、汉魏洛阳城、曹魏北朝邺城、隋唐长安城和洛阳城等历代都城址以及地方城址的考古取得新收获；秦始皇帝陵园、汉景帝阳陵、汉宣帝杜陵、银川西夏王陵等历代帝陵陵园的调查和发掘都取得新进展；历代王侯和贵族墓葬、官吏和平民墓葬又有众多新的发现，如徐州西汉楚王陵、永城西汉梁王陵、广州西汉南越王墓、太原隋代虞弘墓、唐代帝陵陪葬墓、内蒙古青龙山辽陈国公主墓等；敦煌西汉悬泉置、江陵张家山汉墓、长沙走马楼三国古井，新发现一大批秦汉三国简牍；边远地区和少数族遗存的考古大发现接连不断，如江川李家山墓地、昆明羊甫头墓地、新疆若羌楼兰故城、民丰尼雅精绝国故址、尉犁县营盘汉晋墓地、都兰县吐蕃贵族墓葬、西藏古格王国遗址等；历代手工业作坊遗址、佛教遗迹的调查和发掘继续取得新成果，如青州龙兴寺佛造像窖藏、扶风法门寺塔基与地宫的发现、铜川耀州窑的大规模发掘等；水下考古调查和发掘正式起步，并取得积极进展。

20世纪数以千万计的考古发现，极大地推动了人类起源、新石器革命、史前史重建、中华文明起源探索、王国时代社会历史、中华多民族统一国家形成、帝国时代社会历史发展等一系列重大课题的研究，改变了人们长期以来对若干重大历史问题的认识，为中国古代历史研究和世界文明史研究做出了重要贡献。世纪之交的2001年初，为了总结和回顾20世纪中国考古学的发展历程，展示20世纪中国考古发现的成就，在全国范围内开展了"中国20世纪100项考古大发现"评选活动，后根据评选结果编写出版了《二十世纪中国百项考古大发现》一书（中国社会科学出版社，2002年），在国内外受到了广泛的关注和好评。

1-3. 时代在前进，历史在发展，新世纪的中国考古学呈现出更加繁荣、更加蓬勃发展的强劲势头。田野考古在全国各地大规模开展，新的考古发现不断呈现在人们面前。

在新的世纪和新的历史条件下，为了加强考古新成果的宣传和报道，搭建考古成果交流和展示的平台，在中国社会科学院考古研究所的领导下，考古杂志社创办了一年一度的系列性"中国考古新发现学术报告会"，并于2002年1月在北京组织召开了第一次"中国考古新发现学术报告会·2001"，邀请2001年度六项考古新发现的发掘者进行学术报告和交流。学术报告会的成功举办，受到了学术界的广泛关注，并在社会上产生了积极影响。坚持下去并不断完善，势在必行，责无旁贷。2003年起，学术报告会定位为"中国最新考古信息的交流平台、中国重大考古发现的展示舞台、中国考古新进展的学术讲台"。2004年进行调整充实，更名为"中国考古新发现学术论坛"，并增设了专家点评和讨论。2005年起纳入中国社会科学院重大系列学术论坛，改由中国社会科学院主办，中国社会科学院考古研究所、考古杂志社承办，更名为"中国社会科学院考古学论坛——（年度）中国考古新发现"，直至今日。历经十年风雨、十年淬炼，这个论坛对于促进学术交流，加强考古成果宣传，深化考古研究，推动新世纪中国考古事业的繁荣和发展，都产生了积极的推动作用，已经打造成中国社会科学院的著名学术品牌、中国考古学界的重要学术平台。

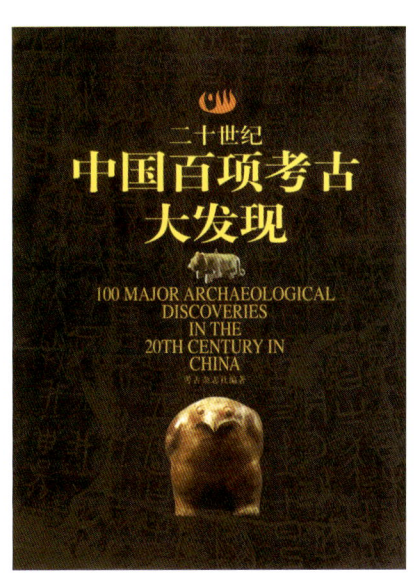

《二十世纪中国百项考古大发现》书影

在一年一度的考古学论坛展示和交流的年度六项考古新发现（考古界简称"六大考古发现"），都是由专家学者经过一定的程序从每一年的数百上千项考古发现中遴选出来的。六大考古发现的入选首要满足三个基本要求，即：政治方向正确、发掘手续合法、发掘过程科学。在此基础上，强调学术上有无创新，运用了哪些新理念和新方法，对学科发展有无推动作用等（《中国社会科学报》2011年5月19日第15版）。因此，十年来入选考古学论坛的六十项考古新发现，可以说集中体现了新世纪以来中国田野考古的发展进程及其成果。为了集中展示新世纪以来中国田野考古的成就，让这些重要考古发现进一步走向考古界、走向学术界、走向社会，更好地发挥其促进学科发展、推动考古事业繁荣、服务于文化建设的作用，这里将这六十项重要考古发现集于一体，编写成《新世纪中国考古新发现》。

应当指出的是，这六十项考古新发现无疑是新世纪以来考古发现的代表和缩影，但代表毕竟不是全部，缩影毕竟不是全景。尤其是由于发掘年度、信息公布等诸种原因，还有一些重要的考古发现并没有包含在这六十项之中，应当进行必要的阐释和说明。另一方面，任何一项考古发现都不是孤立的，都是中国考古学发展进程中的产物，都是整个中国古代历史和中华古代文明的一个局部，因此，有必要将它们作为整个中国考古学的一部分放到历史的长河中去观察和审视。

二 旧石器时代的发现

2-1. 人类和人类文化的起源是人们普遍关心的问题，也是考古学研究领域中最重要的课题之一。在非洲曾发现最古老的人类化石，时代约在二三百万年以前。在中国，从一百多万年以前的直立人化石到几万年以前的晚期智人化石都有大量发现。早期人类在不断进化的同时也创造了最早的文化，相关的考古发现便是早期人类生产、生活留下的遗迹和遗物。这一时期的遗物主要是打制的石制品，这个以打制石器为主要文化特征的时代被称为旧石器时代。

从世界范围看，随着古人类化石和文化遗存的新发现，以及考古学、古人类学和分子生物学研究所取得的新成果，学术界对人类起源不断提出新的学说。人类是一个地区起源还是多个地区起源、是单线进化还是多线进化、现代人类是起源于二三百万年前还是20万年前，这些问题都需要继续探索。进入21世纪以来，我国发现大量旧石器时代各阶段的人类化石和文化遗物，为探索人类起源提供了出自中国的考古材料。

灵井遗址出土人头骨　　　　灵井遗址出土石雕刻器　　　　周口店遗址出土人下颌骨

2-2. 进入21世纪以来，在我国新发现了一批人类化石。2007、2008年在河南许昌灵井发掘出距今10～8万年的人类头盖骨化石。2004年在湖北郧县黄龙洞发现5枚晚期智人牙齿化石，同时出土大量石制品、骨制品和动物化石，年代为距今94000年。这是中国和东亚目前所知最早的晚期智人化石，可填补东亚早期智人与晚期智人演化的缺环。2003年在北京周口店田园洞遗址发现距今2.5万年的人类化石和大量哺乳动物化石，其时代与山顶洞遗址大体同期。这是近年来在周口店发现的含化石最丰富、洞穴堆积保存最完好的晚更新世地点，有利于研究北京地区旧石器时代晚期环境与气候，动物化石还成为研究更新世动物群向全新世动物群演变的例证。

旧石器时代遗址和石制品的发现更为丰富，在时代上涵盖了旧石器时代早期、晚期和新旧石器时代的过渡期。

河北阳原县泥河湾盆地是旧石器时代早期遗址密集分布的地区，2001年在泥河湾马圈沟遗址发掘出石制品、动物骨骼和天然石块堆成的人类活动场所，其年代接近或超过200万年。2002年在浙江安吉发掘的上马坎遗址，出土一批石制品并发现人类活动面，时代为距今60～50万年，延续到晚更新世。

旧石器时代晚期的遗址发现较多。2006年，在云南富源大河发现距今约4万年的洞穴遗址，出土石制品1400多件、动物化石150件、人牙化石1件。石制品主要以锤击法制成，也有砸击法和修理石器的压制法，还有与欧洲的勒瓦娄哇技术类似的剥片方法。石制品有石核、石片、刮削器、尖刃器、雕刻器、砍砸器等。过去国内也发现过与大河遗址石器技术近似的遗址，但时代都不超过距今3万年。2009年在河南新郑发掘的赵庄遗址距今3.5万年，出土5000多件石制品和哺乳动物化石。石器以石英制品占绝大多数，有石料、石核、石片、刮削器、砍砸器等，同时还发现人类活动面。2004～2006年在江苏连云港发现距今3万年的遗址，出土了一批石制品。2010年在登封西施遗址发现一处距今约2.2万年的石器制造场，出土石锤、石核、石叶等石制品8500件，石制品以燧石为主，这是在我国首次发掘的以石叶工业为核心的旧石器时代晚期遗址，为探讨东亚地区旧石器时代晚期文化的发展与交流提供了新资料。在许昌灵井，2005年曾发现一处人类狩猎、肢解动物、加工工具的营地，出土旧石器时代晚期的石器、骨器4000余件，其中包括砾石石器、细小石器、局部磨制的石器和骨器，伴出以食草动物和杂食动物为主的动物化石。2008年又在灵井距今3～1万年的地层中发掘出土2000件典型的细石器、7件牙针和20余块用作颜

马圈沟遗址第三文化层　　　龙垭遗址出土石片　　　和龙大洞遗址出土细石核

料的赭石。灵井遗址最晚应为距今1万年，这是华北地区出土遗物和包含信息最丰富的旧石器时代遗址之一。灵井出土的细石器对研究细石器文化的起源和传播也有重要意义。

其他旧石器时代的重要遗址还有2007年发掘的天津蓟县东营坊遗址，出土的2000余件石制品具有我国北方旧石器工业的鲜明特点。2010年发掘的四川简阳龙垭遗址，出土哺乳动物骨骼、牙齿等化石，以及3000余件砾石器，其中有石核、石片、砍砸器、刮削器、尖状器等石制品700余件。

旧石器时代向新石器时代过渡的考古发现很多。如为探寻黄土高原东部旧石器时代晚期文化面貌和新旧石器过渡的考古学证据，在山西吉县柿子滩确认了由20余处地点组成的遗址。2000~2001年在柿子滩发现了距今2~1万年的中心遗址区、3个原локат埋藏的古人类生活层面、5处旷野用火遗迹，出土3000余件遗物和精美的穿孔饰品。2002~2003年发掘了第9、12和14地点，新发现用火遗迹10余处，出土石制品和动物化石上万件。柿子滩遗址群的石制品以燧石和石英砂岩为主要原料，具有成熟的打制和压制技术，以其工具组合为特征的"柿子滩文化"广泛分布于黄土高原东部和黄河中游。柿子滩遗址的发现对探索中国细石器工业的起源有重要意义。2005~2006年发掘

的陕西宜川县龙王辿遗址距今2~1.5万年，埋藏丰富、堆积完整，是探寻黄土高原西南部边缘旧石器时代晚期文化的重要地点*。2009年在河南新密李家沟距今10500~8600年左右的地层堆积中，下部出土细石核与细石叶等典型的细石器遗存，体现出精湛的石器加工技术；上部则有陶器和石磨盘等，其中陶器的烧制火候较高，摆脱了最原始的制陶技术特点。2007年在吉林和龙大洞发现一处目前所知东北亚地区规模最大的旧石器时代晚期的旷野遗址，遗物分布面积约100万平方米，地表散见以黑曜石为原料的打制石器，这样的遗址在我国尚属首见。遗址时代可能距今1万年。2010年在和龙大洞发掘出土了石砧、石叶、石核、刮削器、雕刻器等石制品1000多件，并发现用火遗迹和1件磨制石器。这些遗址从地层堆积、工具组合、居住形态和生计方式等多方面，展示出了相关地区从旧石器时代末向新石器时代发展的进程，对研究新旧石器时代过渡时期的文化演进和环境变化具有重要意义。

三 新石器时代的发现

3-1. 主要以磨制石器和陶器等的出现为标志的新石器时代是人类发展史上一个极为重要的阶段。与旧石器时代相比，新石器时代人类的创造力和生产力获得了极大发展。随着农业在新石器时代早期的起源，

唐户遗址出土石磨盘与石磨棒　　　上山遗址出土陶盆　　　小黄山遗址A区一期M5

人们的生活方式从采集和渔猎发展为种植和饲养，并出现了定居的聚落。新石器时代的人口数量不断增多，人们的活动范围扩大、生产力水平提高、生存方式和经济活动多样化、社会组织结构和社会形态复杂化、原始宗教和艺术得到快速发展，在各个区域形成了复杂多样的考古学文化。新石器时代晚期，社会开始分化，聚落出现等级，一些中心聚落规模不断扩大并发展为城邑。社会的复杂化最终孕育了早期的文明和国家。

由于在新石器时代尚未产生文字，因而只能通过当时人们留下的各种遗迹、遗物来认识这段历史。根据考古发现的实物遗存，考古学确立了各时期、各地区的考古学文化，构建出了新石器时代文化的时空框架，并从多角度、多层面揭示社会、历史发展和文化演进。

3-2. 新石器时代早中期的遗存在华北地区有重要发现。2001～2005年，在北京门头沟东胡林遗址发现新石器时代早期的墓葬、灰坑、火塘，出土大量石器、陶器、骨器。东胡林遗址大致为距今11000～9000年，虽然在时代上处于新旧石器时代过渡期，但却具备了新石器时代遗址的各种要素。东胡林遗址与我国南方地区发现较多的新石器时代早期遗址也有所不同，对研究人类进化、农业起源、人们的生存环境和生产技术等都具有重要意义[*]。2003～2004年在河北易县北福地发现距今8000～7000年的房址、祭祀场所和灰坑等，出土陶刻面具等重要遗物。北福地遗址代表了一种地处中原、北方和山东三大新石器文化区交界处的时代较早、风格独特的地域文化[*]。

在黄河流域的重要发现是河南新郑唐户遗址。唐户是一处从裴李岗文化（前6200～前5500年）至商周时期的遗址，2006～2007年发掘了裴李岗文化时期的居住址，出土房址60座、灰坑204个、墓葬2座，以及壕沟等。房址形制多样，按一定规律成排分布。出土遗物以石器和陶器为主，石器有打制和磨制两种。目前还很少发现如此大批的裴李岗文化房址，这一发现表明裴李岗文化时期人们已开始有长期稳定的定居生活。

在东北地区，2002～2003年在内蒙古赤峰兴隆沟发现从兴隆洼文化（前6000～前5300年）到夏家店下层文化（前2000～前1400年）的遗址。其中，在第一地点发掘出了属于兴隆洼文化中期的大型聚落，这一发现对探索东北地区的早期文明具有重要意义[*]。

在长江流域，2001～2006年发掘的浙江上山新石器时代遗址可分为上、中、下层三个时期。其中，下层有灰坑、灰沟和由柱洞构成的建筑遗迹，出土陶

跨湖桥遗址出土独木舟　　　　革新桥石器制造场　　　　孔明坟遗址出土石制品

器、石片、砾石石器和水稻遗存。在下层之上叠压有相当于跨湖桥文化（前6000～前5400年）阶段的中层和相当于马家浜文化（前5000～前4000年）阶段的上层。上山遗址下层所代表的文化类型是长江下游迄今发现的年代最早的新石器时代遗存，并被命名为上山文化。上山文化的发现是探索长江下游早期新石器时代文化的一项重大突破，水稻遗址的发现对研究稻作农业的起源也有重要意义。浙江嵊州小黄山遗址面积5万多平方米，是长江中下游地区新石器中期早段规模最大的聚落遗址，2005年的发掘出土了灰坑、墓葬、房址，以及陶器和石器等。遗址年代为距今9000～7700年。小黄山遗存呈现出一种新石器时代较早阶段不同于跨湖桥和河姆渡的新的地域文化。从考古发现看，当时的居民以采集、狩猎为主并兼营农耕，这为探讨采集经济向农耕经济的过渡与转变、农业的起源和发展等提供了研究范例。2001～2002年，在距今8000～7000年的浙江萧山跨湖桥遗址出土了陶器、木器、骨器、石器等500余件，以及大量的动植物标本，还发现了我国最早的独木舟和相关加工遗存。发掘者认为植物遗存中的稻谷可能驯化自当地的野生稻，是尚未完全分化的原始栽培稻。跨湖桥也是长江下游时代最早的稻作遗址之一，其文化面貌也不同于邻近地区的河姆渡文化和马家浜文化，代表了一种新的考古学文化类型。2004～2005年在湖南洪江高庙遗址发现了距今7800～6800年的高庙文化遗存和距今6300～5300年的高庙上层遗存。其中，高庙文化晚期的祭祀场所、表现神灵崇拜的陶器图像和白陶制品，都代表了湘西地区新石器时代中期一类新的考古学文化*。

在华南，深圳咸头岭曾在20世纪80和90年代进行过发掘，2004年的发掘又取得重要收获。这个距今约7000～6000年的遗址较为全面地反映了珠江三角洲地区新石器时代中期的文化面貌，并为这一区域新石器中期的文化确立了年代标尺*。2002年在广西百色革新桥发现一处距今约六七千年的石器制造场遗址。制造场内分布有大量制作石器的原料，石锤、石砧、砺石等加工工具，斧、锛等不同制作阶段的产品，以及断块和碎片。石制品有类型丰富的打制石器和磨制石器，还有一定数量的石核和石片。此外，还发现同时期的墓葬，以及少量陶器碎片和10余种动物的骨骼。这一石器制造场遗址规模大、保存好、石制品丰富，在全国都较为罕见，对研究当时石器的制作工艺和流程等具有很高的学术价值。

在西南，2007～2009年在贵州贞丰孔明坟遗址发现相当于新石器时代中期的遗存，包括房址、石铺道路、墓葬、灰坑、石器加工点、石堆和废料坑等，

西坡遗址F106　　　　西坡墓地M8　　　　庙底沟遗址出土彩陶盆

出土各类石器和陶器2万余件。在新石器时代中期偏早的地层中还出土打制的砍砸器和手镐等。孔明坟遗址遗迹、遗物丰富，是目前在贵州发现的规模最大的史前石器制造场。遗址内有明确的石器初级制造区和精细加工区，这为研究该地区的石器制作技术和过程提供了重要资料，对认识遗址所处的北盘江流域的史前文化及与其他文化的关系也十分重要。

3-3. 新石器时代晚期与末期的考古发现数量增多，遍布黄河流域、长江流域，以及东北、华南和西南地区。

新石器时代晚期主要是仰韶文化时期（约前5000～前3000年）的遗址和墓葬。近年发现的内容最丰富的仰韶文化遗址是在河南灵宝西坡。2000～2002年和2004年在西坡遗址发现两座仰韶文化中期的大型半地穴式房址，面积分别为204和240平方米，均经过多道工序建造而成。这两座相距50米的房址位于遗址中心，既有居住功能，也可能是聚落内的重要公共活动场所。2005年发掘墓葬22座，这是首次在仰韶文化中期的核心地区发现这一时期的墓地。发掘还确认了遗址北壕沟的结构和走向。2006年发现大型墓葬2座，中、小型墓葬10座，出土陶器、骨器、石器和玉器等。西坡遗址房址、墓地、壕沟等各类遗迹的发现有助于了解遗址的内涵、规模和内部形态。墓葬中新出现的二层台、风格特别的陶器、随葬的玉器等，是认识仰韶文化中期的埋葬习俗、社会制度等的新资料。特别是2006年发现的两座大墓并不随葬奢侈品，与其他地区同时期的高等级墓葬形成鲜明对比，表现出明显不同的丧葬观念。特大房址与大墓、墓葬规模和随葬品的差异等，都是仰韶文化中期社会复杂化的标志，对探索中国古代文明的起源和理解早期国家在这一地区的形成具有重要意义。2002年在河南三门峡庙底沟遗址发掘仰韶庙底沟文化（前3900～前3600年）、西王村文化（前3600～前2900年）和庙底沟二期文化（前2900～前2600年）的灰坑和窖穴800多个、陶窑近20座、房址10余座、壕沟3条、墓葬1座。2005年在河南鹤壁刘庄发现仰韶文化晚期大司空类型（前3100～前2700年）的窖穴和灰坑4362座、房址1座、陶窑1座、灰沟9条，以及灰土堆积、陶片铺垫遗迹和大批居址柱洞。2009～2010年在河南淅川下寨遗址发现一处仰韶文化时期的环壕聚落，发现大量灰坑、灰沟、陶窑等，同时发现石家河文化的24座长方形竖穴土坑墓和王湾三期文化的灰坑、陶窑与瓮棺葬。

从2004年起，在陕西高陵杨官寨连续进行的发掘揭示出一处仰韶文化时期的特大型聚落遗址，发现

白水卜河遗址F1　　　　　　　蓝田新街遗址出土陶羊尊　　　　　　　清凉寺遗址出土玉牙璧

庙底沟文化和半坡四期文化的环壕，以及大量的房址、灰坑、窖穴、窑址和瓮棺葬等。杨官寨遗址是目前所见唯一有完整环壕的庙底沟时期的聚落遗址，其面积为80万平方米，环壕内面积24.5万平方米，这一规模在这一时期较为罕见。杨官寨遗址的周围还有其他规模较小的遗址，因此，杨官寨可能是关中庙底沟文化的中心聚落*。近年来在陕西白水下河发现了203座仰韶和龙山文化时期的房址，2010年发掘了两座仰韶文化中期的房址及42个灰坑和2处活动面。房址均为五边形，F1残存面积263平方米，F2残存面积112平方米。房址均有内外两层墙、立柱和白灰地面。F1是目前发现的同期房址中面积最大者。这一发现有助于了解该遗址的聚落布局和房屋建筑技术。2009~2010年，在陕西蓝田新街遗址发现仰韶晚期和龙山时代早期的房址3座、陶窑9座、灰坑406个、灰沟32条、马骨坑1个。发掘的F1、F2为长方形地面建筑。遗址中出土大量生产工具和生活用具，并在灰坑和灰沟内发现烧制原始的砖。

黄河中下游龙山文化时期（前2600~前1900年）前后最重要的考古发现多出自大型城址或环壕遗址。

2003~2004年，在山西芮城清凉寺发掘262座庙底沟二期文化的墓葬。墓地中的大型墓排列有序，出土了鳄鱼骨板、兽牙和猪下颌骨等与财富和地位相关的遗物。这批墓葬内骨骼不全或位置错乱的现象普遍，随葬品以玉石器为主。2003年在陕西佳县石摞山发现的龙山文化时期古城，由山顶上的内城、环绕于山体中下部的外城和沿西南外城墙的城壕等组成。平面呈圆角四边形的外城周长约1公里，面积近6万平方米。城内发现房址18座、窖穴80多个，以及陶窑等。城址约兴建于庙底沟二期文化晚期。该城址是我国北方地区保存最好的早期石砌古城，其复杂的结构和浩大的工程对于研究龙山时期的文明进程有着重要意义。2004年在陕西吴堡后寨子峁的三座山梁上发现庙底沟二期文化至龙山文化早期的大型聚落遗址，揭露出房址70余处、灰坑20座，以及石围墙和墙外壕沟。房址有窑洞式、半地穴式和两者相结合的形式，并有明显的组群关系。这一聚落布局独特、房屋形制丰富、组群关系清晰，为研究陕北地区的聚落形态演变和环境变迁提供了新资料。

2002~2004年在河南登封王城岗遗址进行的大规模调查、钻探和发掘，明确了遗址的范围，获知遗址面积为50余万平方米。在遗址中部发现一座河南龙山文化晚期面积约30万平方米的大城，该城有城墙和城壕，城内发现祭祀坑和夯土基址等。此前曾在大城的东北部发现过一座小城，这座大城与小城方向大体一致，建筑技术相同，两者应存在联系。这座大

石摞山山城外城西墙　　后寨子峁遗址　　王城岗遗址奠基坑

城是目前在河南发现的最大的河南龙山文化晚期城址，发掘者认为该城址或与"禹都阳城"有关。河南禹州瓦店遗址是近年来发现的又一个重要遗址。遗址由西北和东南两个台地组成，面积100余万平方米。2007～2008年的发掘揭示出遗址外的大型环壕与颍河共同构成防御设施，环壕内面积40万平方米，分布有大型回字形夯土建筑、与奠基活动相关的祭祀遗存、灰坑、墓葬、灰沟等。2009～2010年在遗址的西北又发现一处年代为王湾三期文化（前2600～前1900年）晚期的大型环壕和环壕范围内两处同时期的大型建筑基址。瓦店是龙山时代颍河中游的大型中心聚落，大型夯土建筑、陶列觚、刻划符号、各种陶色的成套陶酒器、玉器等，均表明遗址的等级较高。发掘者认为史书记载这一带是夏人活动区域，瓦店遗址有可能与传说中夏禹、启的阳翟城或钧台有关。河南新密的新砦遗址是一个龙山文化晚期及其之后一个时期的大型聚落遗址，2002～2003年发掘了遗址的城墙、壕沟和一座大型的浅穴式建筑基址。新砦遗址的发现对探索中原地区的文明进程有重要意义。进入新世纪以来，在山西陶寺遗址屡有重大发现。2000～2001年在陶寺发现一座陶寺文化的城址，有北、东、南三面城墙，城址平面为圆角长方形，面积为200多万平方米，城内有大型夯土基址。

2003年发掘了祭祀区的夯土台基建筑（IIFJT1）和宫殿核心区北出入口建筑（IIFJT2）。其中的IIFJT1是一个平面呈半圆形的大型建筑，发掘者推测原有三层台基和半环形夯土列柱等，是具有观天象授时和祭祀等多种功能的建筑，在我国史前考古中仅有此例*。陶寺城址的规模在黄河流域乃至全国的同时代城址中都属最大，城址布局复杂，城内外出土铜器、文字和不同等级的墓葬，很可能是一处重要的都邑。2007～2008年在山西周家庄发掘出一处文化面貌与陶寺类型接近、时代约为陶寺文化中晚期的大型环壕聚落，环壕内面积约有200余万平方米。目前尚未发现城墙，仅发掘出地穴式和半地穴式房址近10座、土坑墓近30座、瓮棺10余个、灰坑和窖藏近70个。2000～2004年在山东茌平教场铺发现山东龙山文化晚期的城墙及相关的奠基坑和祭祀坑，城内有房址、陶窑、灰坑、墓葬等，出土遗物除龙山文化晚期的陶器、石器等外还有卜骨。以上这些发现为研究黄河流域的社会复杂化进程和文明起源具有重要意义。

在淮河流域，这一时期的考古发现主要属于大汶口文化（前4200～前2600年）和龙山文化。2009年在安徽固镇垓下发现一座面积约15万平方米的城址，城墙始筑于大汶口文化晚期，城内发现大汶口文化晚期至龙山文化初期的排房、台基、陶窑和墓葬等，其

瓦店遗址出土陶觚　　　　　　　　新砦遗址浅穴式建筑　　　　　　　　教场铺城址出土陶鼎

中大汶口文化的白灰面建筑和台形基址较为罕见。垓下是在淮河流域发现的第一个大汶口文化城址，对探索该地区的文明以及其与周边地区文化的关系具有重要意义。在江苏邳州梁王城遗址，2004～2005年发掘了大汶口文化的6座房址和6座瓮棺葬。同时还发现龙山文化时期的房址和墓葬各1座，在房址内有7具非正常死亡的人骨，这类遗迹在龙山文化中为首次发现。2008～2009年在梁王城又发现一处大汶口文化中晚期的墓地，清理墓葬142座。墓地分为四区，每区内分为若干组，每组墓葬南北向排列。有的墓葬有二层台和葬具，有单人葬和合葬，死者有拔齿现象。出土随葬品约1100件，主要为陶器、骨角器和玉石器，有20座墓随葬猪骨或其他动物骨骸。梁王城的发现填补了苏北地区大汶口文化中晚期及其向龙山文化过渡阶段的考古学文化空白，该遗址的大汶口遗存与邻近的刘林遗址、大墩子遗址和花厅遗址等构成了黄淮地区的史前文化圈，对研究黄淮地区史前文明具有重要意义。

长江下游的新石器时代晚期文化非常发达，近10年来的考古发现也特别丰富。大量出土的遗址和墓葬材料完善了长江下游新石器时代晚期和末期的文化发展序列，极大地推动了对长江流域文明起源和文明化进程的研究。

2004年在浙江余姚田螺山河姆渡文化（前5000～前4000年）遗址发现了6000年前的干栏式木构建筑和墓葬，这处河姆渡文化早期的聚落遗址丰富了我们对河姆渡文化的认识。2004～2005年在浙江湖州塔地发掘出马家浜文化（前5000～前4000年）、崧泽文化（前4000～前3300年）、良渚文化（前3300～前2000年）和马桥文化（前2000年中叶）时期的墓葬58座、灰坑130个、房址1座。这是太湖西南地区史前文化序列保存较完整的少数遗址之一，有利于研究该地区的史前文化演进过程。2001年在江苏江阴祁头山发现马家浜文化时期的大型聚落遗址，2002年在江苏宜兴骆驼墩发现距今7000～5500年的马家浜文化和崧泽文化时期的大型中心聚落遗址*，2008～2010年在江苏张家港东山村发现马家浜文化墓葬和崧泽文化聚落*。2010年在浙江桐庐方家洲发现一处马家浜文化晚期至崧泽文化阶段的玉石器加工场，距今约5900～5300年。在遗址上发现大量与石器加工有关的遗物，如石锤、石砧、磨石和废弃石片等，另外还有石锛、斧、刀、钺等的半成品与残品。这是首次在长江下游发现玉石器加工场，对研究当时的玉石器生产有重要意义。2002～2003年在浙江海盐仙坛庙遗址发现一处崧泽文化的居址和土台建筑。崧泽文化早期的土台是环太湖流域发现的始建年代最早的

梁王城遗址大汶口文化 M6、M7　　　　　　　田螺山遗址出土木桨　　　　　　　塔地遗址出土彩陶罐

土台，面积约60平方米，长方形覆斗状，台上北、南、西三面埋有崧泽文化早期的墓葬。崧泽晚期的4个土台中，有3个东西向排为一组，有的台上有各种颜色的土坯和柱洞，土台间有墓葬和房址等。这些土台废弃后被建为高台墓地，在其上发现了50多个祭祀坑和30余座良渚时期的墓葬。这一发现为认识环太湖流域史前土台遗迹的产生和发展、崧泽文化与良渚文化的划分，以及良渚文化墓葬的分期等提供了新资料。2006年在江苏南楼崧泽文化中晚期遗址发掘墓葬25座、房址4座、壕沟1条，以及灰坑等。包括墓葬、房址、壕沟的聚落遗址在崧泽文化中较为少见，墓葬中保存的棺木痕迹也是崧泽文化的新发现。2010年在上海松江广富林遗址发现3处墓地、墓葬279座、水井175口，并出土大批遗物。墓地的使用时间为崧泽文化晚期至良渚文化晚期，其中崧泽文化墓葬居多，随葬陶器、石器、玉器、骨器和牙器等。以上一系列的发现为研究马家浜文化、河姆渡文化、崧泽文化和良渚文化等的发展和相互关系提供了新资料。

良渚文化最重要的发现是良渚古城，2006~2007发现的这座城址进一步明确了良渚文化的中心，并首次把良渚遗址群130多个点联系起来，这深化了人们对良渚文化的认识，也为研究良渚遗址群找到了新的方向*。2010年在良渚古城东边的条形台地——美人地的发掘，证明台地是良渚文化晚期经多次扩建堆高而形成的长条状居址，台面上尚存两排房址留下的沟槽和柱洞，岸边有护岸木板。

除良渚古城外还发现有大批良渚文化遗址和墓葬。2003年在浙江平湖庄桥坟良渚文化遗址发现3个土台和236座墓葬。该遗址有功能分区，其中墓地是目前发现的最大的良渚文化墓地，墓中葬狗以及祭祀坑葬狗和猪的习俗也较为重要*。2001~2002年在浙江桐乡新地里良渚文化遗址发掘了高台上的墓葬140座，以及红烧土建筑遗迹、灰坑、灰沟、井、祭祀坑等，出土陶器、石器、玉器、骨牙器、木器等1800余件。2004~2005年在桐乡姚家山遗址发现一处良渚文化的人工堆筑的高台墓地，有高等级墓葬7座、祭祀坑21个，出土各类遗物260余件组。这是近年在浙北地区发现的最高级别的良渚文化墓地，有助于研究良渚文化的区域类型、丧葬习俗、高台与墓葬和祭祀坑的关系等问题。2003年在浙江余杭下家山遗址，其北部和南部分别发现了良渚文化中期墓地和良渚文化晚期居址与大型木构遗存，后者可能是首次发现的"木构码头"。同时出土了许多精美的陶器、木器等。2008年在杭州余杭玉架山发现良渚文化中晚期的环壕聚落，大致呈方形的环壕内主要有大型堆筑土台、"砂土面"、墓葬、居址、灰坑等，在环壕上

仙坛庙遗址出土陶壶　　　　　广富林遗址出土陶壶　　　　　姚家山遗址出土玉琮

发现稻田遗迹。已发掘良渚文化中晚期墓葬155座、灰坑8个，发现居址4处。2处"砂土面"位于土台的中部和东南部，用粉碎的小石子和泥土混合后建成，推测为与墓葬相关的祭祀场所。贵族墓地分布在遗址的中心区域，已发掘的5座规格较高的墓葬出土玉琮和璧。其他墓葬分区埋葬，少数墓葬有棺椁，出土玉琮、璧、钺、三叉形器，以及陶器、漆木器等。玉架山环壕聚落比较完整，是研究良渚文化小型聚落的不可多得的个案材料。2008～2009年在上海青浦福泉山吴家场发现一处良渚文化晚期的人工土台及埋葬于台上的高等级大墓。土台底部东西长约90、南北宽约30、高约2.45米，底部经夯打，顶部平坦，斜坡上陡下缓，堆土经筛选而较纯净。在台地近中心处发现2座墓。其中一座有棺，葬两人，陶器、玉器等随葬品分层放置。福泉山遗址是一处高等级的聚落，结合过去在此曾发现过墓地，或可说明福泉山遗址在良渚文化时期占有重要地位。2008年在上海广富林遗址发掘出良渚文化、广富林文化，以及周代和宋元时期的遗存。其中广富林文化时期的村落沿湖修建，有大范围的竹、林建筑，房址有地面式和干栏式，另外发现墓葬和稻田。这些发现加深了对该地区广富林文化时期地理环境、聚落形态和经济形态的认识。

上述良渚文化的古城、环壕聚落、高台建筑和墓地，对了解整个良渚文化的聚落形态、社会发展水平、埋葬习俗、自然环境，以及良渚文化的去向等提供了非常丰富的资料。

长江下游西部也有重要发现。2007～2008年在安徽怀宁发现的孙家城遗址面积约25万平方米，城垣大致为圆角长方形，修筑年代为龙山时代的张四墩类型时期。孙家城遗址是皖西南地区延续时间长、各期文化特征都较为明显的一个遗址，发掘者根据所发掘的墓葬、灰坑和陶器、玉器等，大致确定了皖南地区薛家岗文化（前2800年前后）前后的年代序列。2007年在安徽含山凌家滩遗址发掘了4座时代约为前3600～前3300年的墓葬，其中07M23的填土出土了重达88公斤的玉野猪形器，墓内出土的214件玉器排列密集，局部叠压2～6层，墓主头部密集分布20多件玉环，石锛成排列于墓底。玉器还包括玉龟形器和玉签等占卜工具。这座随葬品极其丰富的墓葬对探讨当时人的精神文化有重要意义。2001年始连续三年发掘的南京市浦口区牛头岗遗址，早期遗存相当于山东龙山文化阶段，中期相当于岳石文化阶段，晚期相当于西周早中期，文化内涵具有多样化的特点。

在长江中游以北，2007年在湖北荆门龙王山墓地发掘了200多座约相当于大溪文化（前4500～前3300年）晚期至屈家岭文化（前3400～前2500年）

玉架山遗址 M149　　　　　　福泉山 M204 出土玉琮　　　　　　凌家滩墓地 07M23

时期的墓葬。墓葬普遍较大，随葬器物丰富，是长江中游地区所见同时期规格最高的墓地。2005年在湖北天门龙嘴遗址发现一座距今约5900～5500年的城址，面积约8.2万平方米，发现了东、南、西三面城垣。这座城址是目前在湖北境内发现的时代最早的城址，为研究江汉地区新石器时代城址的起源、发展、分布，以及屈家岭文化的起源等提供了新线索。2008～2009年在湖北孝感叶家庙发现一处大规模的屈家岭文化聚落遗址，包括城址、城外墓地和附属遗址等，总面积超过56万平方米。城址为较规整的长方形，城垣外有环壕，城内南部和东部有密集的红烧土，推测应为居住区。在城内已发掘房址4座、灰坑4个、瓮棺葬4座。城址应修筑于屈家岭文化晚期，至石家河文化（前2500～前2000年）时期废弃。此外，在城址西部还发现土坑墓22座、瓮棺葬49座。叶家庙城址在鄂东北的发现具有填补区域空白的意义，遗址布局、城址结构，以及大批屈家岭文化时期的瓮棺葬等，对于研究该区域的史前文化具有重要意义。2008～2010年在河南淅川龙山岗遗址发现多个时期的文化遗存，其中以仰韶文化晚期和屈家岭文化的遗存最为丰富，包括房址、灰坑、祭祀坑、沟和瓮棺葬等。仰韶时期的房址有大型多间房屋，也有大型圆形房屋，后者周围成组分布着小型圆形房屋。屈家岭文化时期的房址、瓮棺葬等叠压在仰韶时期遗存之上。另外，还有石家河文化及王湾三期文化的灰坑和瓮棺葬等。地处黄河和长江流域文化交汇地带的龙岗遗址反映出两大文化系统的交流与相互影响。

在长江中游以南，2009～2010年在江西靖安老虎墩发掘出一处新石器时代晚期的大型人工堆筑土台、114座墓葬，以及红烧土建筑和道路遗迹等。这些遗存分三期，其中下层文化遗存主要是陶器和石器，有的石器为打制，年代约为距今6000年；中层主要是卵石铺成的道路和路侧的建筑遗迹；上层为人工堆筑的土台和二次葬的墓葬，年代约为距今5000～4500年。下层遗存应是一种新的文化类型。2008年在湖南湘阴青山一处史前遗址发掘出灰坑、墓葬、房址、黄土台，出土陶器、石器、玉器和骨器等，年代相当于大溪文化中晚期。青山遗存的文化面貌与大溪文化又有差异，可能代表了洞庭湖东南部地区一种新的文化类型。青山遗址中存在的多种文化因素，反映出该区域不同文化间的交流和影响。

除黄淮和长江流域外，在其他地区也有很多新石器时代晚期和末期的重要发现。

在东北地区，2002～2003年在内蒙古赤峰兴隆沟遗址的第二地点发现红山文化（约前4000～前3000年）晚期的小型环壕聚落，推动了西辽河流域

龙王山墓地M10　　　　龙嘴遗址出土红陶盘　　　　叶家庙遗址瓮棺葬

和东北地区文明化进程的研究。2002~2003年辽宁牛河梁遗址第十六地点发现红山文化积石墓13座、玉器30余件,其中的中心大墓凿山为石穴,内置石棺,随葬玉人、玉凤等。这是牛河梁遗址群发现的规模最大的墓葬之一,由此可进一步认识红山文化积石墓的结构和葬俗等。在牛河梁还发现了多组夏家店下层文化遗迹晚于红山文化积石冢的地层关系,有助于了解辽西地区新石器时代晚期的红山文化与青铜时代早期的夏家店下层文化的关系。2007年在内蒙古赤峰哈啦海沟墓地发现小河沿文化(约前3500~前3000年)时期的墓葬51座、祭祀坑1座。经发掘的墓葬均为长方形竖穴半洞室墓,有单人葬、双人葬和多人葬,随葬陶器、石器、骨器、蚌器和玉器等,陶器有彩陶和彩绘陶。这处墓地丰富了小河沿文化的内涵。2006~2007年在内蒙古扎鲁特旗南宝力皋吐墓地的发掘,取得重要收获。2008年再次发掘墓葬50座、灰坑35个、房址9座。该墓地距今约5000年,是迄今在内蒙古东部乃至整个东北地区发现的规模最大、遗物最丰富的新石器时代晚期墓地。墓葬既有独特的文化面貌,又表现出与小河沿文化的联系,对于研究东北地区的考古学文化谱系有重要意义*。2006~2008年在辽宁长海县广鹿岛发掘了小珠山和吴家村两个典型的贝丘遗址。小珠山发现8座房址、10个灰坑、10座野外灶和数十个残存柱洞,出土大量陶器、玉器、石器、骨角器和蚌器。在吴家村遗址发现灰坑、灶址和柱洞,以及大量的陶器、石器和骨器等。这两个遗址为研究辽东半岛新石器时代的文化序列、聚落形态、社会生产和经济模式等提供了重要资料。

在东南地区,2006年在广东高明古椰发现现存面积约4万平方米的贝丘遗址,时代约为距今4500年。此次发掘发现了山顶的人类活动面、山坡的石器制造场,并出土一批植物遗存。古椰遗址是新石器时代晚期珠江三角洲地区保存最好、信息量最丰富并最具代表性的贝丘遗址,该遗址出土的陶釜、盘、罐等代表了珠江三角洲地区一种新的考古学文化。

在西南地区,2000、2002年在四川阿坝营盘山遗址发掘出距今5500~5000年的房址9座、墓葬及殉人坑5座、灰坑80余个,以及灰沟、窑址,还发现面积超过200平方米并有奠基殉人坑的广场遗迹,出土了一批彩陶器。营盘山是目前确认的岷江上游地区的大型中心聚落遗址,代表了一种具有自身特点同时又有多种外来文化因素的文化类型。这一发现有助于构建岷江上游地区新石器时代晚期的文化序列。2006~2010年四川汉源麦坪遗址则是横断山区发现的一处大型史前遗址,其发现有助于建立大渡河流域

老虎墩遗址出土陶觚　　　　青山遗址出土陶塑　　　　牛河梁遗址 M12、M13、M15

的文化谱系，对研究当地的生活方式、文化交流以及环境变迁等都具有重要意义。2009年在四川屏山叫化岩遗址发掘出距今约5000～4700年的房址7座、灰坑10个，并出土大量陶器和石器。有的房址有基槽、柱洞和门道。该遗存的第一期文化因素较为单纯，第二期受到了峡江地区文化的影响，第三期则受到了成都平原宝墩文化（约前2800～前2000年）的影响。叫化岩遗址对构建金沙江流域的史前文化、研究该区域内史前文化的交流等提供了新资料。此外，在叫化岩遗址还发现战国晚期至西汉早期的墓葬和明清时期的房址。

2003～2007年，在云南大理银梭岛发现一处贝丘遗址，发现房址和墓葬等，并出土大量陶器、石器、骨器和动物骨骸。年代为距今5000～3000年，从新石器时代延续至青铜时代。2007年在云南剑川海门口遗址发掘出干栏式建筑遗址和大量遗物，这是我国目前发现的最大的滨水木构干栏式建筑遗址，为史前聚落研究提供了新的类型*。海门口遗址的青铜时代遗存与银梭岛遗址基本同时，但文化面貌却有明显差异，表明了滇西地区青铜文化的复杂性与多样性。以上两项发现有助于构建滇西洱海地区从新石器时代至青铜时代的文化序列。两地出土的青铜器及大量的农作物和动物遗存，为探索云南地区的青铜器起源和研究当时的经济生活提供了重要资料。2005年在贵州六枝老底发现一处由8个遗址组成的新石器时代遗址群，已初步清理出一些房址和围栏遗迹。这是在贵州首次发现分布密集、有明确地层堆积和丰富遗迹的新石器时代遗址。发掘者认为该遗址的时代和文化面貌还有待进一步探索。

四　夏商周时期的发现

4-1. 新石器时代的结束就是文明形成和早期王朝国家的产生。史书记载我国历史上最早的王朝国家为夏，起始年代为公元前21世纪至前16世纪。据文献记载的夏的时代、地域和社会发展阶段等，一般认为河南偃师的二里头文化就是夏文化，而二里头文化时期也就相当于夏时期。公元前16世纪至前11世纪中叶为商代，安阳殷墟是确切的晚商都城，在河南发现的偃师商城、郑州商城和安阳洹北商城等应是早商和中商的都城，最早发现于郑州的二里冈文化则代表了早于殷墟的商文化。在商代晚期，兴起于关中的周人在陕西周原营立都邑，并在灭商后建立了西周王朝。西周实行分封制，由此出现了许多诸侯国。公元前771年西周灭亡，周王室将都城从陕西丰镐东迁到河南洛邑，史称东周。东周又分为两个时期，公元前770至前476年为春秋时期，公元前475年至前221

小珠山遗址出土陶罐　　　　营盘山遗址出土彩陶瓶　　　　银梭岛遗址出土双孔石刀

年秦统一之前为战国时期。

二里头文化出现了青铜铸造的礼乐器，由此石器时代发展到了青铜时代。青铜文化在商周时期发展到了顶峰。在商代晚期出现了最早的文字甲骨文，结束了没有文字的史前时期而进入到了历史时期。夏商周时期城市兴起，标志着这一时期的社会形态和经济生活所发生的重大变化。在这个时期，在夏商周文化的分布区以外，全国其他许多地区也都出现了面貌各异的青铜文化并产生了区域性的文化中心。考古发现的各种类型的城址、遗址、墓葬等，从不同侧面展现了夏商周时期的文明图景。

4-2. 河南偃师的二里头遗址是我国可以确定的最早的都邑性遗址。新世纪以来在二里头遗址中心区有很多新发现，2003~2004年发现了宫城以及宫殿区外围道路网、大型夯土建筑群、贵族墓、绿松石制造作坊、车辙等。在02VM3中还出土了1件由2000余片绿松石组合成的龙形器*。二里头遗址中心区的这些发现是中国古代文明的标志，对探讨中国古代文明的形成具有重要意义。

在中原地区，发现了二里头文化或二里头文化时期的城址与墓葬。2002~2003年在郑州荥阳大师姑村发现一座城址，有城垣和城壕，城壕复原周长约2900米，城址面积约51万平方米。城址为东西长、南北窄的扁长方形，城内有二里头文化的房址、墓葬、灰沟、灰坑和大量遗物。城址始建于二里头文化二期偏晚。发掘者认为大师姑城可能是二里头王朝设置的一个军事重镇或一个方国的都城。2010年在河南新郑望京楼也发现一处二里头文化和二里冈文化的城址，二里头文化城址平面为方形，有护城河，城内发现二里头文化的房址2座、灰坑31个，出土铜爵、斝、戈以及陶器和石器。推测城址建于二里头文化二期，最晚于二里头文化四期时废弃。这是目前发现的第四座二里头文化的城址，估计其性质与大师姑城址相同。2005年在河南鹤壁刘庄发掘了下七垣文化的墓葬336座，出土遗物500多件。墓葬布局清楚、保存完整、随葬品丰富。如此规模的相当于二里头文化时期的墓葬在中原地区尚属首次发现，为先商文化和夏商关系研究等提供了重要资料。2009~2010年，在河南淅川下寨遗址发现相当于二里头文化一、二期的28座土坑墓，另有两周时期的遗存。下寨遗址为研究二里头文化的南下，以及该地区二里头文化时期的文化性质等提供了重要资料。2005年在河北唐县北放水遗址发现二里头文化时期的遗迹，以各类灰坑为主，其文化与豫北冀南的先商文化和晋中与北方的二里头文化时期的考古学文化既有联系又有区别。

大师姑城址出土陶罐　　　刘庄M218出土陶器　　　代海M40出土陶鬲

在中原以外的其他地区也有很多二里头文化时期的重要发现。2005～2007年在湖北郧县辽瓦店子发现大批从新石器时代到两周时期的遗存，其中以二里头文化时期的遗迹最为丰富，出土房址19座、墓葬33座、灰坑267个。该遗址保存了较好的聚落形态，并代表了一种二里头文化时期新的文化类型。2010年在安徽铜陵发掘的师姑墩遗址发现夏商至春秋时期的房址2座、灰坑10个、沟7条、水井1眼，另有大量柱洞。遗址的早期相当于夏或夏商之际，中期相当于商代、晚期为西周至春秋时期。师姑墩遗址早、中期遗存的发现填补了皖南沿长江地区夏商时期文化的缺环。

北方地区相当于这一时期的文化主要是夏家店下层文化。2002～2003年在内蒙古赤峰兴隆沟遗址第三地点发现一个夏家店下层文化的小型环壕聚落，在辽宁牛河梁遗址第十六地点发现夏家店下层文化房址8座、灰坑96个，出土各类遗物500余件。2005～2006年在内蒙古赤峰三座店发现一座夏家店下层文化城址*，2009年在赤峰二道井子又发现一处夏家店下层文化遗址*。这两个遗址均保存完整，是认识夏家店下层文化遗址的功能、性质和研究辽西地区该时期聚落形态的不可多得的重要资料。2009年在辽宁代海发掘墓葬62座、灰坑31个、灰沟5条。墓葬为竖穴土坑墓，有的墓有二层台或墓道，大多为单人葬，随葬品以陶器为主，有少量的蚌制品及铜环和骨锥等。代海墓地的墓葬形制和出土遗物有夏家店下层文化和高台山文化的特点，是研究这两个文化相互关系的新资料。2004年在北京昌平张营夏商时期的遗址发掘了一批灰坑、墓葬、房址等，其文化面貌与夏家店下层文化相似，但也含有鬲、甗等中原地区夏商之际的典型器物。

在西北地区相当于这一时期的文化主要是齐家文化（约前2200～前1600）和四坝文化（前1900～前1500年）。2000～2001年在青海民和距今4000年前后的喇家遗址，除房址、壕沟、墓葬等丰富的遗迹外，还发现地震和洪水等多种灾难的遗迹，由此可以揭示当时的环境以及人和自然的关系*。2007～2008年在甘肃临潭陈旗磨沟发掘的数百座结构复杂的齐家文化墓葬，对研究齐家文化的社会结构、齐家和寺洼文化的渊源、西北地区古代民族的迁徙、农牧业文化的关系等有重要意义*。2003～2004年在甘肃酒泉西河滩发掘了一处大规模的聚落遗址，遗迹主要有房址、储藏坑、烧烤坑、陶窑、墓葬、牲畜圈栏等。除大量陶器外，还出土了与农业活动有关的石斧、石刀，以及与游牧生活有关的细石器。遗址上有多种文化因素，其主体应为四坝文化早期的遗存。2006年在青海

西河滩遗址出土彩陶罐　　　　长宁遗址F11　　　　小河墓地男性墓

大通长宁发掘了一处距今约4000~3500年的聚落遗址，保存较为完整，出土房址、灰坑、窖穴和墓葬，以及彩陶器、制作精美的骨器和小件青铜器等，另外还有20余种动物的骨骸。以上发现对探索黄河上游的文明起源和早期发展有重要意义。

在更遥远的新疆地区，也发现有大致相当于二里头文化时期的墓葬。2002~2005年对新疆罗布泊小河墓地进行全面揭露，发掘墓葬167座，出土遗物数以千计。墓地被木栅墙分为南北两区，在保存好的区域，墓葬层层叠埋。墓葬大多先挖沙坑再置棺，棺有拼合式棺、泥壳木棺和独木棺等形制。棺上覆盖牛皮或毛织物，棺前后立木，不同的柱体分别象征男女。高规格的墓葬除有石杖头、骨雕人面、铜镜形器等外，周围还有上百个牛头。墓地的年代初步推测为公元前2000年左右。2006~2008年在乌鲁木齐萨恩萨依墓地发掘的180多座墓葬分早、中、晚三个时期。早期墓葬16座分布在墓地中部，地表无封堆而只有圆形石圈，竖穴土坑墓，单人葬，出土陶器、铜器、石器。墓葬年代约为距今3890年。

4-3. 商时期的考古新发现主要有各类城址、墓地、祭祀遗存和手工业遗址等。

在商文化分布区，包括都城在内的城址考古有许多重要的新发现。位于河南的偃师商城宫城遗址曾经过全面发掘，21世纪初在宫城中发现了商代早期王室的祭祀遗址，这一发现丰富了偃师商城的内涵，对认识商王室的祭祀制度以及商代早期的家猪饲养等均有重要意义*。2007~2008年又在偃师商城西二城门、西一城门外、大城城墙中段和新发现的西三城门等处进行了发掘，并在西一城门外新发现桥梁遗迹和为宫城池苑提供水源的古河道与石砌水道。2010年在河南新郑望京楼发现的二里冈文化城址，平面近方形，面积37万平方米，城外有护城河。现发现城门1座、道路1条、大型夯土回廊式建筑1处，出土铜器、玉器、原始瓷器、陶器、石器、骨器等。铜器有礼器、工具和兵器。推测该城始建于二里冈文化下层一期，废弃于白家庄时期。发掘者认为该城可能是为镇抚夏遗民而在郑州商城以南设置的军事重镇。此外，2002~2003年在郑州荥阳大师姑村二里头文化时期的城垣和城壕之间也发现时代相当于二里冈下层时期的环壕。河南安阳洹北商城是商代考古的重大发现。2001年发现了城内的宫殿区，2001~2002年发掘了其内的1号建筑基址，2008年又对宫城进行勘探并发掘了2号基址。洹北商城被认为是商代中期的都城，该城址的发现对于探寻商代都城和研究商文化分期等均具有重要意义*。

偃师商城西一城门外护城河桥桩　　望京楼城址出土商代陶簋　　花园庄东地M54出土铜器

在晚商的都城安阳殷墟，2000～2001年在殷墟花园庄东地发掘的54号墓是一座带二层台和腰坑的竖穴土坑墓，一椁一棺，有15个殉人和15只殉狗，随葬各类遗物570余件，其中以青铜器和玉器为主。青铜器有礼器、乐器、工具、车马器和杂器等200余件，其中礼器40件，多带"亚长"铭文。玉器有礼器、兵器、工具和装饰品等200余件。54号墓在殷墟墓葬中规格较高，墓主可能是一位高级军事首领，铭文中的"长"应是族名。2004年在安阳殷墟保护范围西部边缘发掘了3座甲字形和中字形大墓，以及7座车马坑。其中5辆马车虽为异穴埋葬，但排列整齐、间隔有序，且保存完整。墓葬中还发现有用绿松石镶嵌的文字。2008年在殷墟刘家庄北地发现带车辙的道路、房基、灰坑、墓葬、水井、铜器窖藏、祭祀遗迹等，对研究殷墟布局、手工业、祭祀礼仪，以及当时的地下水文和气候有重要意义。2010年在刘家庄北地再次发掘房基6座、灰坑8个、道路遗迹1处、墓葬69座，表明该地在殷墟三、四期时是一个非常重要的族邑聚落区*。2002年在小屯南地发现一批灰坑，有5个坑出土较多甲骨，其中H6内的甲骨可能为有意埋藏。经整理有殷墟二、三期的甲骨600余片，228片带刻辞，内容包括祭祀、卜旬、征伐、气象等。

在商代考古中，王朝都城、大型墓葬等的考古发现占有重要地位，但对一些聚落遗址和普通墓地所开展的考古工作也有重要收获。2006～2007年在河南荥阳关帝庙遗址完整揭露出一处商代晚期的聚落遗址，有居住区、作坊区、祭祀区、墓葬区等，是研究商代聚落不可多得的资料*。2006年在河南荥阳小胡村发掘大致相当于殷墟三、四期的墓葬58座，均为长方形竖穴土坑墓，大多有二层台、腰坑和棺椁。墓内基本殉狗，最多者为7条。随葬品有青铜器、玉石器和海贝，却罕见陶器。铜器铭文多有"舌"字，推测为氏族名。小胡村商墓墓主多为中小贵族，这一发现完善了该地区的商代考古学文化序列，为寻找郑州地区的晚商遗址提供了线索，"舌"族铜器的出土对研究晚商的丧葬习俗、社会组织等相关问题也具有重要意义。2008～2009年在河南正阳闰楼发现一处商代墓地，发掘142座竖穴土坑墓。规模较大的墓有二层台和腰坑，有殉狗。随葬品主要有铜器、玉器、骨器、石器和陶器。这是近年来在豫南地区新发现的一处商代晚期的大型贵族墓地。墓地周围还有商代遗址，对研究淮河上游地区的商代文化有重要意义。此外，2005年在河北邯郸陈岩嵛也发现有晚商时期的灰坑等遗存。2006年在河北易县七里庄发现丰富的商周时期遗存，时代从夏商时期至战国，由此可以建立易水流域乃至太行山东麓北部地区夏商周时期的文化编年标

殷墟车马坑M1～M5　　　　　　　　小屯南地H57出土甲骨　　　　　　　小胡村M28出土铜鼎

尺，并有助于研究南北方文化的关系。

在商文化中心分布区以外，发现有许多商时期的重要遗址和墓葬等。2004年在山西柳林高红一座山梁发现20处商时期的夯土基址，并发掘了2座。台基有基槽，版筑而成，基址间有活动面和夯土墙。2006年又发掘了4号、7号、21号和22号夯土基址，8号和23号院墙，以及26号夯土院落。过去在吕梁山区曾不断有商代铜器从墓葬中出土，但始终未发现相关的遗址。高红发现的遗址或可与那些铜器相联系。发掘者认为大型的建筑群还表明高红或许是工方或工方内某个政治集团活动的中心。2003年在山西浮山北桥发掘商至春秋时期的墓葬31座。其中，5座大型墓和9座中型墓的时代为商代晚期西周中期。有的大型墓带墓道和棺椁，有殉人、殉马和殉车，出土大量青铜器和玉器等，其规格与山东益都苏埠屯、滕州前掌大等同时期墓葬相当，发掘者推测大型墓墓主可能是方国首领，中型墓墓主可能是王室成员或官员。

在东方，2003年在济南发掘大辛庄商代居址和墓葬，发现了甲骨文，这是首次在商代都城殷墟以外发现商代卜辞。大辛庄的发现有助于完善山东地区的商文化年代序列、探讨商文化和当地夷文化的关系、研究商代的政治制度和社会组织关系等*。2010年再次发掘，新揭露出一处高规格的商代贵族墓地，并发现一处回廊式夯土建筑遗址。这些发现充分显示了大辛庄在商王朝对东土的经略中占有极其重要的地位。

在西南地区，最重要的考古发现是2001年在成都发现的金沙遗址。目前已知遗址面积超过5万平方米，内含大型建筑区、宗教祭祀区、一般居址区和墓地等。金沙遗址可能是蜀国的都邑*。贵州威宁中水商周时期的遗址群是西南考古的又一项重要发现。2004~2005年，在中水发掘了鸡公山、吴家大坪、营盘山、红营盘、银子坛等遗址。其中，鸡公山遗址时代约为距今3300~2700年，发现有120多个形制各异的土坑，坑内多出土陶器和石器，陶器面貌特别。少量坑还出青铜器、骨器、角器、玉器、红烧土块等。大多数坑内有炭化稻谷。同时还发现墓葬和建筑遗迹。时代基本一致的吴家大坪遗址也发现土坑和房址，出土同类陶器。2008年发掘的四川炉霍宴尔龙石棺葬，时代为商代早期至西周中期，这是目前在川西地区发现的时代最早的石棺葬，墓中出土的青铜戈等为研究川西高原与北方地区的民族迁徙与文化交流提供了新资料。

在东南和华南，2007年在福建晋江发掘的庵山遗址是目前在东南沿海发现的规模最大、保存最好的青铜时代沙丘遗址，推测面积为20余万平方米，出土房址、灰坑，以及陶器、硬陶器、石器、骨器

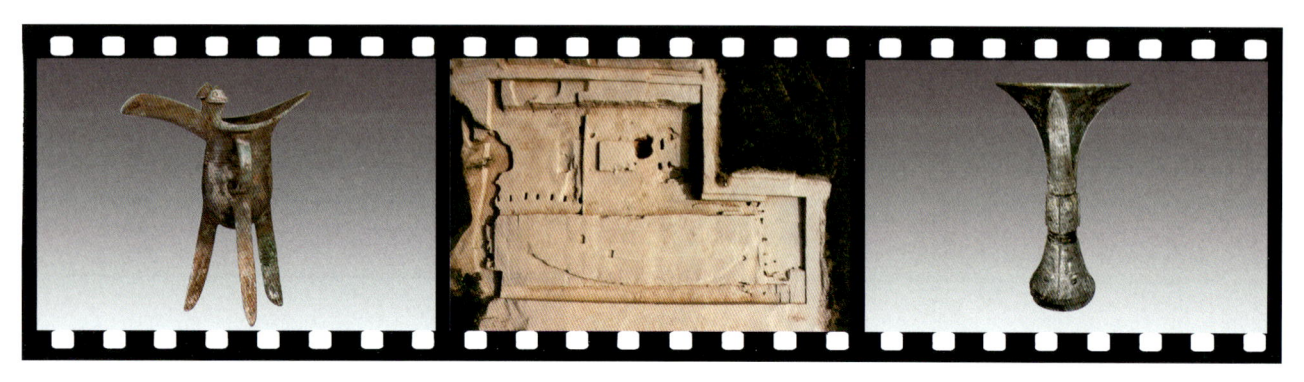

闸楼M71出土铜爵　　　　　　　高红遗址建筑遗迹　　　　　　　桥北商周墓出土铜觚

和小件青铜器等。其中，庵山一期遗存应是广泛分布于闽南沿海地区的青铜时代遗存，其时代可能早于浮滨文化和黄土仑类型文化，第二期遗存与分布于闽南、粤东地区的浮滨文化和黄土仑文化年代相当。2001～2002年在广东深圳屋背岭发掘墓葬94座，为长方形竖穴土坑墓，每墓有1～5件随葬品，主要为陶器和少量的玉器、石器。墓葬的时代延续较长，约从夏商之际到商代晚期至西周初。2008～2009年，在香港屯门扫管笏遗址发现商周、东周、汉代和明清时期的遗存。其中商周时期的6座竖穴土坑墓随葬陶器和小件玉器，房址基本为圆形地面建筑，另外还发现活动面。扫管笏遗址的发现对研究香港地区古代居民的生产生活，以及香港与华南的文化联系等具有重要价值。

在西北的新疆地区发现有许多时代相当于商时期的墓葬。2001年在新疆尼勒克县穷科克墓地发掘50座墓葬和2处祭坛。墓葬多有封堆，墓口上围有卵石，墓室结构有填石偏室墓、竖穴土坑墓和竖穴石棺墓。多为一次葬，随葬陶器、石器、木器、铜器和铁器。祭祀坛用卵石、块石或黄土堆成同心圆。墓葬年代为距今3000年前后，墓中普遍出土铁器，表明当时已进入早期铁器时代。2003年在新疆鄯善洋海墓地发掘墓葬509座。墓葬排列有序，有带二层台的椭圆形与长方形竖穴墓、长方形竖穴墓、长方形竖穴袋状墓和竖穴偏室墓等。葬具以圆木制的尸床最具特色，并有大量纺织物。墓地出土遗物非常丰富，有陶器、木器、青铜器、石器、铁器、骨器、角器、海贝、草编器、皮革制品，以及各种丝、毛、棉的织物、服饰和泥塑人头像等。墓地的时代约为公元前1000年左右。2003～2005年在新疆于田发掘的流水墓地，清理了整个墓地的52座带石围或石堆的竖穴土坑墓，发现年代较早的马具和昆仑玉等*。新疆地处中原与欧亚大陆之间。欧亚大陆地域广阔，民族关系复杂，各族之间频繁迁徙征战，各种文化相互影响和渗透。上述发现反映了不同时期游牧民族的发展、活动情况，为研究欧亚大陆早期游牧文化的发展、演进及其他相关问题提供了重要资料。

商时期的手工业遗址也是一类重要发现。近年来在渤海南岸曾调查发现古代制盐遗址200余处，遗址大多成群分布，大的遗址群含数十个遗址，面积达几十平方公里。其中，在山东寿光双王城发现龙山文化时期遗址3处、商代至西周初期遗址76处、东周时期遗址4处、金元时期遗址6处。2008年始对遗址群中的07、014号遗址进行发掘，清理出商周时期和宋金时期的制盐作坊，包括卤水井、盐灶、储卤坑、卤水沟和成组的坑池等，以及大量的陶盔形器、烧土和

鸡公山遗址 K4　　　　　　　　　屋背岭遗址 M052　　　　　　　　穷科克墓地出土彩陶壶

草木灰。双王城是目前发现的规模最大的盐业遗址群，这一首次完整揭露出的商周时期盐业作坊遗址，对于了解商周时期的盐业工艺以及煮盐活动与环境的关系等具有重要意义。2010年在安徽铜陵师姑墩遗址商代最晚阶段的遗存中发现了与冶铜相关的遗物。铜陵及长江下游分布有很多矿冶遗址，但时代都较晚。师姑墩的这一发现为探索长江下游商时期的冶铜活动提供了重要线索。2010年在浙江东苕溪中游发现商代原始瓷窑址群，为探索中国瓷器起源和商时期的瓷器产地、建立太湖地区的原始瓷编年序列等都提供了重要的实物资料*。2005年在福建浦城猫耳弄山发现6座保存较为完整的商时期的窑炉，有圆形、椭圆形和长条形等形制，其中长条形窑应为早期的龙窑。三种窑的叠压关系揭示出各种窑的发展和演变，为研究龙窑的起源和早期窑业技术提供了重要资料。猫耳弄山遗址以烧黑衣陶器为主，这一发现还有助于研究黑衣陶器的年代和产地。2008~2009年在香港屯门扫管笏遗址发现了保存较为完好的商周时期的活动面，在约600平方米的活动面上发现灶址、房址、墓葬和灰坑，以及密集的陶片和石制品等，表明商周时期这里曾存在具有一定规模的手工业作坊。

4-4. 西周考古的新发现主要出自西周都邑及王朝的政治中心、西周分封的诸侯国境内，以及西周王朝以外的地区。

2003年在陕西岐山周公庙发现带字的周人刻辞卜甲，2004~2005年钻探发现商周时期的墓葬900余座相对集中地分布于5处墓地内，其中的陵坡墓地外围还有夯土墙。墓葬中包括带1~4条墓道的墓葬，这是目前所知西周时期最高等级的墓葬，填补了西周墓葬形制的空白。另外还发现大型夯土建筑群、铸铜和制陶作坊，并确认基址建造年代不晚于先周晚期，废弃不晚于西周早期偏晚。同时，清理西周时期的卜甲坑3个，出土卜甲700余片，其中带字者90余片。2008年在庙王村发现大量龙山时代和商周时期的遗迹，其中有西周早期至西周晚期的墓葬73座、殉马坑2座、房址2座、灰坑9座。最重要的是在一条灰沟中出土7651片西周卜甲，其中有刻辞者685片，可辨识1600字。2003年以来，在周公庙遗址已发现千余座商周时期墓葬、40多座大型夯土建筑基址、1700余米长的夯土墙，以及铸铜和制陶作坊各一处。卜甲刻辞内容丰富，有人物、地名、祭祀、战争、纪年历法、占梦、数字、卜辞格式等类别，其中的人名以"周公"、地名以"周"和"新邑"最为常见。周公庙的这些发现建立了周公庙遗址的考古学文化编年与文化谱系，明确了遗址中心区域的聚落结构，并将

洋海墓地出土木桶　　　　　　双王城遗址014B盐灶　　　　　　周公庙陵坡墓地M18

为西周考古与历史研究产生重要推动作用。2002年在周原遗址发现房基、灰坑、墓葬和水井，其中的先周遗存填补了刘家墓地和沣西先周晚期考古遗存之间的空白，丰富了先周文化的资料。出土的10个料坑和数以万计的石料则是周代手工业考古的重要资料，有助于研究周代玉石质装饰品的制作。2003年在周原李家村发现一处西周的铸铜遗址，除出土大量西周时期的灰坑、房址、水井、灰沟、墓葬和车马坑等外，最重要的发现是出土了数以千计的陶范。目前已辨识出的器类有鼎、簋、鬲、罍、壶、钟等礼乐器，以及车马器、工具和装饰品，还有部分范不见于已知铜器。部分范上有精美的纹饰。李家村铸铜遗址的陶范数量大、器类多，年代跨越了整个西周时期，对研究西周铜器铸造意义重大。周原是西周青铜器出土最多的地区，在此发现的铸铜遗址还有助于周原遗址的聚落形态研究。2009年，在洛阳中州东路北发现西周时期的灰坑和墓葬。其中的31座灰坑最为重要，有22个坑内有较完整的兽骨，5个坑内有可能是非正常死亡者的人骨，4座坑内有成堆摆放的碎兽骨。按兽骨的种类，又可分为马坑、狗坑、牛坑、羊坑、人马坑、人猪坑、猪牛坑等。推测这里是西周时期的一处祭祀活动区。

西周铜器窖藏是西周考古的重要内容，近10年来在这方面又有重大发现。2003年在陕西眉县杨家村发现的铜器窖藏出土铜器27件，包括鼎12件、鬲9件、方壶2件，盘、盂、盉、匜各1件。铜器纹饰多为环带纹、重环纹、窃曲纹和龙纹。除盂相当于西周中期外，其他铜器都属西周晚期，这批铜器将成为西周晚期铜器断代的标准器。铜器上全部有铭文，共约4000字，其中铭文最长的盘计有372字，是新中国成立以来发现的铭文字数最多的西周铜器。铭文记述了周王世系和单氏家族史等重要内容，这是目前所见的第一部比较完整的西周诸王世系，也是第一次从出土文献的角度证明了《史记》所载的西周诸王世系。2006年在陕西扶风五郡西村发现的西周青铜器窖藏出土27件（组）青铜器，包括鼎、簋、尊、甬钟、斗、矛和马器。其中的2件琱生尊上各有100余字的铭文，记载了琱生家族的一起官司，其内容与传世的2件琱生簋相关联，为研究西周时期的土地制度等提供了新资料。

关于西周封国的考古，除了在过去发现的晋国、燕国墓地有新的发现外，更重要的是发现了一批过去不为人知的西周封国墓地。

山西曲沃北赵晋侯墓地自1992年以来经过多次发掘，是商周考古的重大成果。2000~2001年对曲沃晋侯墓地进行了第六次发掘，发掘墓葬16座、祭祀坑和车马坑各1座，探出车马坑3座。其中，M114和M113被认为是墓地中已知的时代最早的一组晋侯

周原铸铜遗址出土陶模　　　　　杨家村出土窖藏青铜器　　　　　五郡西村窖藏出土琱生铜尊

夫妇墓。两墓均为一棺一椁，有殉车，出土大量铜器、玉器、陶器等。M112也出不少随葬品并有车马坑，其他13座墓为陪葬墓。2006年，在晋侯墓地又发掘了墓地中面积最大的1号车马坑。该坑下部有一道土梁将坑分为车坑和马坑，1997年曾清理出马坑，经辨认至少有105匹马，此次清理的车坑推测有50辆车，包括外挂铜质甲片的车和有漆绘图案的彩车，再现了西周时期的贵族生活。这些新发现为进一步研究晋侯墓地补充了重要资料。2005年，在曲沃羊舌村还发掘了一处晋国两周时期的国君墓地，墓地由大型墓和中小型墓组成，并多带车马坑。已发掘的M1和M2是一组晋侯和夫人的异穴并列合葬墓，另外还发掘了一组中型墓。此处墓地的时代约为西周晚期至春秋时期。2002年在北京房山琉璃河遗址发掘了12座墓，单棺或带椁，部分墓有殉人，随葬铜器、玉器、蚌器、漆器、海贝等。墓葬早者为西周早期，晚者属西周晚期。其中，M7、M8可能是目前琉璃河遗址发现的最早的西周墓，M2、M5出土的大量车马器中，有的为该遗址首次发现。这批墓葬的葬俗、葬式等与过去发现的燕国墓葬有较大区别，为研究西周燕文化族别、礼制等的差异提供了新的材料。

2004～2005年，在山西绛县横水发现的西周墓地是继晋侯墓地之后西周考古的重大发现。在墓中首次发现了保存较好的荒帷，通过墓中青铜器的铭文，确认已发掘的1号和2号墓是倗伯及其夫人墓，由此新发现了失载于文献的倗国。至2006年，在横水墓地共发现西周墓190座，车马坑或马坑24座。据墓葬面积和随葬器物，初步可以将这些墓葬分为四个等级。在早期和晚期的墓葬中都分别发现带"倗伯"铭文的青铜器，再次表明这里应是西周时期倗国国君、夫人及其国人的墓地*。2007年起对山西翼城县大河口西周墓地进行了发掘，至2010年已知墓地面积约4万平方米，有西周墓葬1000余座。据铜器铭文，这是另一个不见于史载的封国霸国的墓地。该墓地的文化因素与横水墓地有相似之处，从铜器铭文看该封国与燕、晋、倗、芮等国及周王朝都有往来*。2004～2005年在陕西韩城梁带村发现两周时期的墓葬103座、车马坑17座。所发掘的M19、M26都为甲字形墓，M27为中字形墓，均带棺椁，墓内出土丰富的青铜器等随葬品。由铜器铭文"芮公"、"芮太子"可知这应为芮国墓地，时代为西周晚期至春秋早期。2007年又清理大、中、小型墓26座及车马坑1座，这些墓葬在局部范围内形成了"公墓"的特征。其中的M28可能也是一代芮公。另外，在墓地的北区还发现另一座大墓M502，四角有木俑。2006年在山西黎城发现90多座墓葬，已发掘大型墓2座、中型墓5座、

晋侯墓地M113出土铜猪尊　　　　晋侯墓地马坑　　　　羊舌墓地M5出土铜鼎

小型墓3座。大型墓有墓道、殉人和殉牲。车都随葬于墓室内而未发现车马坑，随葬青铜器和玉器。墓地的时代为西周中晚期。根据铜器铭文和文献记载，发掘者推测这是西周诸侯国黎国的墓地。上述考古发现揭示出一些不见于史载的西周封国，为西周考古和历史研究开拓出了崭新的领域。

新发现的西周时期的城址，最重要的是2008~2009年在山东高青陈庄发现的西周城址。该城是山东地区已确认的最早的西周城，在西周早、中期可能是一个区域性中心。城内高规格墓葬出土的铜器有"齐"字铭文，表明该城与齐国有关，因此这一发现将对齐文化研究产生重要的推动作用*。2005~2008年在河南荥阳娘娘寨发现一座两周时期的城址，东西长1200、南北长800米。其中，内城平面为方形，面积约10万平方米，建于西周晚期。外城建于春秋，并在战国时期进行扩建。城外有宽48米的城壕。在娘娘寨城址已发现8处夯土基址、3条道路、用于窖藏、祭祀和放置垃圾的各类坑1500多个、墓葬上千座，以及水井、陶窑等。目前已清理各类遗迹1700多处。娘娘寨遗址的文化遗存包括了河南龙山文化晚期、二里头文化、西周和东周几个时期，但以西周中晚期和东周时期的遗存最为丰富。目前发现的西周城址并不多，该遗址的发掘为研究西周城址及西周封国提供了重要资料。2003~2004年在湖南宁乡炭河里也发现一座西周时期的城址，现存面积2万平方米，发掘者据城墙弧度推算城址面积或为20万平方米。城墙为堆筑而成，墙外发现壕沟。城内发掘出两座带柱洞的大型夯土台基，时代不晚于西周。在这两座基址之下还发现时代更早的同等规模的基址等，其中最早的房址年代或为商代晚期。在城址外西北的台地上还清理出7座西周墓。过去在宁乡一带曾出土大批青铜器，它们或与此次发现的城址和墓葬有关联。炭河里遗址代表了商周时期一种当地的地域性文化。

此外，在西周文化的主要分布区以外还发现一些重要的西周墓葬和遗址，最重要的当数长江下游发现的土墩墓。土墩墓是西周时期分布于长江下游的一种特殊葬俗，2004~2005年在江苏句容、金坛发现的土墩墓及相关祭祀遗存，为研究这类墓葬的形制结构、埋葬方式、祭祀习俗，以及长江中游地区西周时期的文化等带来诸多突破性进展*。2005~2006年在福建浦城管九村也发掘了一批夏商至春秋时期的土墩墓，这批在东南沿海地区发现的土墩墓代表了一种土墩墓的新类型，并填补了福建地区这一时段考古学文化序列的缺环*。2000~2001年还在山东沂源姑子坪发现2座西周末年至春秋早期的木椁墓。2004年

琉璃河墓地 M2 出土铜簋　　　梁带村墓地 M26　　　黎国墓地 M8 出土铜壶

在安徽霍邱堰台发现一处西周时期的台形聚落遗址，遗址外有壕沟，遗址内发现有房址、基槽、墓葬等，出土遗物与西周文化基本一致但又有一定地方特色。2005～2007年在湖北郧县辽瓦店子发现一批商周时期的遗存，对建立汉江上游地区的文化序列有重要意义，其中的西周遗存为探讨楚文化的起源和早期发展提供了重要线索。2008年在上海松江广富林周代遗址发现了一批与祭祀活动相关的灰坑，坑中多出土黑陶器和卜甲等。

4-5. 东周时期的重要考古收获以东周王室和列国的王陵、墓地，以及周边地区的墓葬最为丰富。

2002～2003年在河南洛阳东周王城遗址发现东周墓葬379座、车马坑18座。已发掘墓葬208座、车马坑7座、马坑9座，墓葬有大、中、小型。已发掘的中型墓或为一棺双椁，或为积石积炭，墓中葬车。马坑葬1马、2马或4马。车马坑也分大、中、小型，最大的5号坑内残存25辆车、70匹马，其中一车由6匹马驾驭，按史书记载这是天子的规格。大型坑的车体还有青铜构件。这批墓葬与车马坑的时代应为春秋中晚期到战国中期，这一发现表明以大型墓地为中心的东周王城东半部应为王陵区。2005年又在东周王城遗址区发掘了东周时期的3座车马坑和95座中小型墓。

2000～2001年在河南新郑郑韩故城发现6座春秋中晚期的大中型墓葬和1座大型车马坑。其中M1规模巨大，墓坑内有木框网架，三重木椁。车马坑内葬车22辆以及大量马骨，这是目前发现的春秋中晚期葬车最多的车马坑。此次发掘确定了郑国公墓区的位置。2008年发现的新郑胡庄墓地是郑韩故城西面的重要墓地。其中，春秋时期的中小型墓葬36座，是典型的郑国家族墓。战国中小型墓284座，有竖穴土坑墓和空心砖墓。另有2座特大型战国墓，中字形，积石积炭，墓壁上有大面积的涂白涂朱现象，由整层草泥、木料和夯土组成屋顶形椁顶，双棺双椁，墓内出土大量青铜构件、青铜兵器、金器、银器、琉璃器、玉器等，这是首次发现的形态完整的韩国侯级大墓。墓地外还发现环壕、墓旁建筑和冢上建筑等。这些发现为研究东周时期韩国的墓葬制度以及青铜铸造技术等提供了重要资料。

从20世纪80年代开始对陕西凤翔战国秦都雍城的秦公陵园进行大规模的勘探与发掘，发现了14座秦公陵园。2009年对其中的1号和6号陵园进行复查，确认并新发现了两个陵园中的秦公大墓、陪葬墓、车马坑、祭祀坑、兆沟等，同时发掘了6号陵园兆沟外的5座中小型墓葬。这些发现明确了秦公陵园的布局、结构和内涵，有助于研究秦国早期陵寝制度的形成和

娘娘寨两周墓出土玉玦　　　　炭河里墓葬出土铜鸮卣　　　　姑子坪M1出土铜方彝

发展。在陕西长安神禾塬的战国秦陵园遗址，2006年发掘了陵园的北门、中门、陪葬坑、大型排水沟、亚字形大墓和陵园南区的曲尺形建筑基址等。亚字形大墓带四条墓道，三重棺椁，四墓道周围有13座陪葬坑。大墓和陪葬坑出土铜器、金器、银器、铁器、玉器、玻璃器、漆器等300余件，车马坑中发现驾6匹马的车。大墓时代为战国晚期，墓主级别为秦国王公，发掘者推测为秦始皇祖母夏太后的陵园。陵园的发掘为研究中国古代帝王陵园制度和秦文化提供了重要资料。

2009年在河南淇县宋庄发现春秋至战国时期的墓葬60余座，其中包括带墓道的甲字形墓7座。发掘的9座墓中，有的有二层台、边箱、棺椁、殉人和腰坑，随葬青铜礼乐器、玉器、石器、陶器、骨器。2003年山东新泰周家庄发掘66座春秋晚期至战国中晚期的齐国墓葬，出土300余件兵器。墓葬及相关遗址的发现表明这里曾是齐国的战略前沿和军事重镇。2004年在山东青州西辛发现一座时代约为战国末期或西汉初的中字形大型竖穴土坑墓，石椁内有木质棺椁，椁室西侧二层台上还有5个培葬坑，出土遗物100多件。该墓是山东已发现的同类墓葬中规模最大的一座，其形制与战国齐墓基本一致，墓主可能是齐国贵族或齐国王室成员。

2006、2008～2010年在甘肃张家川马家塬进行了三次发掘，现知马家塬墓地由48座墓葬和1座祭祀坑组成，已发掘大、中、小型墓19座和1座祭祀坑。墓葬形制特别，均有车马随葬，用马和牛作为殉牲。出土金器、银器、铜器、错金银铁器、玛瑙珠等2200余件，其中包括大量车马器和装饰品。墓葬时代为战国晚期。这些墓葬规格很高，并以M6为中心分布，发掘者推测这是秦人统治下的某支戎人的王族墓地。马家塬墓地具有强烈的秦文化特征，不少器物又具有草原文化的风格，这对认识秦文化与戎文化及北方草原文化，以及战国时期秦人与周边少数民族的关系等具有重要意义。墓中出土大量高锡青铜和锡制品，对冶金史研究提供了新资料。2009～2010年在距马家塬墓地50公里的秦安县王家洼发掘的10座墓葬，与马家塬墓地有很多相似之处，推测它和马家塬是西戎不同部族的两处墓地。2007年在宁夏彭阳王大户村发掘17座春秋战国时期的竖穴土洞墓，有大量马、牛、羊作为殉牲，出土陶器、铜器、铁器等290余件，这批墓为研究宁夏南部地区和我国北方地区的同类文化遗存提供了资料。在前述2006～2008年发掘的乌鲁木齐萨恩萨依墓地，时代约为公元前7世纪的中期墓约占墓葬总数的三分之二。墓葬封堆为圆形石圈和石堆，有竖穴土坑和石室墓，随葬陶器、铜器等以及动物骨骼等。

2003～2005年在江苏无锡鸿山发掘了一座战国

洛阳东周王城5号车马坑　　　郑韩故城1号车马坑　　　秦公陵园六号陵园车马坑

早期的越国贵族墓地，其中有特大型墓1座，大型墓、中型墓和小型墓各2座，墓上均有长方形或圆形封土。特大型墓的墓室中用木板隔成墓道、前室、后室、侧室等。随葬器物主要是原始青瓷和硬陶器，除青瓷礼器外，还常见钟、镈、磬，以及句鑃、錞于、丁宁、角形器、璧形器和悬铃等越系乐器。特大型墓中还有成组的玉器和琉璃器。这是在长江下游首次发现越国贵族墓地，对研究越国的埋葬制度、丧葬习俗、中原与越国礼乐制度的关系等都有重要意义。技术成熟的青瓷器和琉璃釉陶器对研究陶瓷史也弥足珍贵。2006～2008年在安徽蚌埠双墩发现的1号春秋墓形制独特，遗迹现象复杂，是墓葬考古中的新发现。这一发现有助于认识江淮地区东周小国及其文化面貌*。

2006年在湖北郧县乔家院发掘4座带殉人的春秋中晚期楚墓，出土了一批带铭文的青铜器。2008年，在河南南阳市发掘春秋晚期墓15座、车马坑2座、战国中晚期墓2座，还有汉墓25座。春秋时期的大中型墓为楚国贵族墓。结合早年发掘的墓葬，可知此处为春秋时期楚国彭氏家族墓地。2006～2007年在浙江安吉五福发现1座春秋时期的土墩墓和3座战国末至西汉初的楚式木椁墓。楚式墓反映出西汉初在原楚人统治的区域内仍沿用楚的葬制。2002年在河南信阳长台关发掘战国中期的7号楚墓出土各类遗物700多件，尤其是造型和组装方式独特的铜器和硕大艳丽的漆器较为罕见。2002年在湖北枣阳九连墩发现一处重要的高等级墓地，并发掘了战国中晚期的1号、2号大型楚墓和附属车马坑。墓中出土大量随葬品，特别是其中7个种类的90多件乐器在器类和数量上都超过以往楚墓中的相关发现。已发掘的1号车马坑葬车33辆、葬马72匹，这也是目前所见规模最大的楚国车马坑，并可填补楚国墓葬制度研究中的空白*。以上楚墓的发现，对研究楚国的葬制、葬俗和深入认识楚文化有重要意义。

南方地区的东周时期墓葬也有很多重要发现。2007年在江西李洲坳发现的春秋中晚期的大型多棺合葬墓是一种新的葬墓类型，代表了一种具有越文化因素同时又受楚文化影响的青铜文化。这座目前所见出土棺木最多、结构最奇特的多棺合葬墓为研究当时的埋葬制度提供了全新的资料。墓中出土的大量保存较好的纺织工具、纺织品、人类遗骸等，也都具有重要的研究价值*。2010年在广东博乐曾屋岭发掘了85座春秋中晚期的墓葬，墓葬排列有序，少数墓有腰坑和二层台。出土青铜鼎、剑、戈、刮刀和陶瓷器等。曾屋岭的发掘对于认识广东东江流域先秦时期的文化具有重要意义。2002～2003年在重庆云阳李家坝发现商周至两汉六朝的遗存，其中东周时期的居址和墓

神禾塬亚字形大墓椁室　　　　宋庄墓地 M4 出土铜器　　　　马家塬墓地 M3

葬等对了解巴文化和峡江地区的青铜文化有重要意义。2000～2004年在重庆开县余家坝发现200余座战国中期至汉初的墓葬,其中的战国墓所反映的文化面貌较为复杂,但以巴文化因素最具代表性,为研究巴文化,以及巴、楚、秦的关系提供了新资料。2004年在四川石棉永和发掘了14座墓葬,它们既与川西、川东地区战国中晚期的巴蜀文化墓葬相似,又与岷江上游和滇西北地区的石棺葬相关。这处大渡河上游地区保存较好的墓地呈现出多种文化并存的现象。2009年在四川茂县城关发掘54座石棺葬,墓葬从东向西分为6排。其中,东部的墓葬出土的陶器和铜器与巴蜀文化墓葬的同类遗物相近,时代为战国中晚期;中部墓葬主要出土陶器,时代为西汉;西部墓葬中开始大量出土釜、斧等铁器,时代为东汉。自20世纪70年代以来,在茂县城关已清理石棺墓200多座,这是岷江上游最大的石棺墓群,对于西南地区的石棺葬研究具有重要意义。2010年在四川宜宾沙坝发掘了27座战国晚期至西汉早期的竖穴土坑墓,出土遗物包括巴蜀式和汉式器物,这对于了解蜀人南迁等有积极意义。2004～2005年在贵州威宁中水商周时期遗址群的红营盘遗址发掘了26座东周时期的墓葬,出土大批陶器、石器、骨器、玉器和石器;在银子坛发掘了年代大约为战国中期至西汉中晚期的墓地。中水遗址群东周墓

葬的发现有助于建立滇东黔西青铜时代至早期铁器时代的文化序列和认识该地区东周时期的文化面貌。

除墓葬外,还发现一批东周列国的都城、普通城邑,以及一些祭祀遗址和手工业遗址。

20世纪90年代在甘肃礼县大堡子山发现的秦公大墓曾为确定秦人早期活动中心提供了重要线索。2006年在大堡子山发现夯土城墙、建筑基址、墓葬、车马坑、灰坑等。大堡子山城依山而建,呈不规则长方形,城内面积约25万平方米。城内有秦公大墓、车马坑和乐器坑等。东北城墙外为墓地,有400余座中小型墓。现已发掘21号建筑基址,以及中小型墓葬9座、乐器坑1座、人祭坑4座。基址当为大型宫殿或府库类建筑,约始建于春秋早中期,废弃于战国,中小型墓时代为春秋中期偏晚。大型乐器坑出土铜镈、甬钟、石磬等,镈上有铭文。这些发现对认识大堡子山城址的性质和秦公大墓墓主,以及早期秦人的祭祀制度与铜器铸造工艺等都提供了重要资料*。2007～2008年在江苏无锡阖闾城调查了其东城、西城、大城等,发现并确认了建于春秋晚期的城墙、城内的高台建筑、陆门和水门等。阖闾大城面积2.94平方公里,有宽34米的墙基。发掘者从城址规模、时代并结合历史文献推断该城可能是吴王阖闾的都城。此外,在城北面临太湖的龙山上还分布着石冢和石

彭阳墓地M3殉牲　　　　　　鸿山墓出土青瓷悬铃　　　　　　乔家院墓地M6

城，石城年代与阖闾城相同。2009~2010年在江苏苏州木渎镇发现一座春秋时期的城址，可能也是一座都邑*。2004~2005年在江苏邳州梁王城遗址发现一座始建于战国、面积为100多万平方米的城址，这是战国时期苏北地区最大的城址，它与周围同时期的鹅鸭城和九女墩墓地都是黄淮地区这一时期的重要发现。以上新发现的城址都是吴越考古乃至东周考古的重大突破。2006年在河南禹州市发掘了瓦梁故城，发现城壕、城墙、城门、灰坑、墓葬、水井、道路，出土铜器、陶器、石器、玉器、骨器和大量砖、瓦等建筑材料。城址始建于春秋，战国时进行多次加固和整修并一直沿用到汉。对该城的发掘有助于我们认识东周王城和诸侯国都城之外的普通城邑。2001年在山西侯马发现一处春秋晚期至战国早期的祭祀遗址，遗址上成片分布有埋马、牛、羊等的祭祀坑733座，并出土大批玉器、石器、铜器等，这为进一步认识侯马遗址的内涵和东周时期的祭祀活动提供了新资料。2002年在湖南里耶城址的发掘，究明了这座沿用至汉的城址最早建于战国中期，这一发现为研究战国中晚期湘西地区的秦楚关系等提供了新资料。

东周时期的手工业遗址和窑址也较多。2003年在郑韩故城发现一处制陶作坊，包括大量作坊址、水井、陶窑、灰坑，以及上万件的陶器。陶器多为残次品，但包括了东周时期多数生活用器的种类和制陶用具。这是研究东周制陶手工业及相关问题的重要资料。2005~2006年在秦都雍城的西北部作坊区发掘出陶窑、水井和大批建筑材料，证明雍城内及其郊外行宫的建筑材料可能产于此地，此处应是战国早期向雍城各类建筑提供建筑材料的作坊遗址。2007年在浙江德清火烧山发掘了一处西周晚期至春秋晚期的原始瓷窑址，发掘了3条窑床和10多个灰坑。出土的瓷器产品极为丰富，既有实用器也有仿青铜礼器。浙江是原始瓷的重要产地，火烧山是目前所知的唯一一处西周晚期至春秋晚期的原始瓷窑址。这些利用山坡修筑的长条形炉窑为研究龙窑的起源和早期青瓷的烧造技术提供了重要材料，也为江南地区土墩墓中的原始瓷器找到了原产地。窑址中的堆积和丰富的遗物还有助于建立这个时段当地文化的年代标尺。2007~2008年在浙江德清亭子桥又发现一处战国时期的窑址，揭露了7条窑炉遗迹，出土了大量仿青铜器的原始青瓷礼器、乐器和日用器，少量印纹硬陶器，以及形式多样的窑具。浙江其他地区和江西等地发现的原始瓷窑址一般只烧制日用器，而德清亭子桥则是为越国王室贵族烧制日常生活和丧葬用瓷的窑场，所出原始青瓷器类也基本上包括了近年在江浙地区大型越国贵族墓中出土的各类原始青瓷礼乐器。该窑址出土的原始瓷器

五福 M1　　　　　　　　长台关 7 号楚墓　　　　　　　　曾屋岭 M38 出土原始瓷豆

质量较高，代表了烧制原始青瓷的最高水平，对青瓷器的相关研究也有重要意义。2008～2009年在香港屯门扫管笏遗址发现的东周时期的遗存主要也是活动面，但面积更大，作坊似以加工玦类器为主。2002年在贵州普安铜鼓山发现一处战国秦汉时期的遗址，揭露出人类活动面、柱洞、火塘等，其中能确定的房址至少有4座。出土铜器、铁器、陶器、石器、玉器等500多件，其中较重要者有陶戈模和石剑范等，由此推断这里是一处以铸造铜兵器为主的作坊遗址。在西南地区，这类作坊遗址还少有发现。

五　秦汉魏晋南北朝时期的发现

5-1. 前221年，"秦王扫六合"。这是一个划时代的大事件。由此，终结了东周时期的列国争霸，完成了由王国时代向帝国时代的转变，开创了多民族统一的中央集权帝国的新时代。

秦王朝国祚短暂，但秦制汉承。前207年秦王朝在农民起义的风雨中瓦解之后，汉高祖刘邦在楚汉之争中取得胜利，于前202年建立了汉王朝，史称"西汉"。西汉末年虽有9～23年的新莽篡汉，但25年汉光武帝刘秀光复汉室，重建汉朝，史称"东汉"，直至220年曹魏代汉。两汉时期的400余年间，继承并完善了秦王朝建立的社会制度，封建帝国的社会政治、经济和文化等获得了高度发展。

东汉灭亡之后，进入魏晋南北朝时期。先是魏、蜀、吴三国鼎立，后是西晋的短暂统一。317年晋元帝司马睿南迁建康建立东晋，形成了南北分裂和南北对峙的局面。北方民族政权纷争，先是十六国民族政权割据，后是北魏、东魏、西魏、北齐和北周更迭；南方王朝政权东晋、宋、齐、梁、陈先后更替。魏晋南北朝的360年间（220～581年），作为帝国时代的一个大变化、大转折时期，既是社会大动荡、大纷争、大分裂的时期，更是民族大迁徙、大流动和文化大融合的时期，为即将到来的隋唐时期的大统一、大发展和大繁荣准备了条件。

秦汉魏晋南北朝时期的考古新发现，不仅进一步丰富了这一历史时期的考古资料，而且从考古学上进一步揭示了八百余年间既有国家统一又有分裂动荡的社会历史和既统一又多样的历史文化。

5-2. 城市和聚落作为人们社会生活的主要空间和部分社会生产的空间，遗留有丰富的生活和生产的遗迹和遗物，因而成为考古学的基本对象，也是考古资料最基本的来源之一。都城作为一个王朝的政治中心、文化中心、经济管理中心和军事指挥中心，更是历史考古学的重中之重。在20世纪，秦都咸阳城、汉长安城、

李家坝墓地出土铜器　　　　茂县城关M17出土陶双耳罐　　　　侯马祭祀遗址出土玉龙

汉魏洛阳城、曹魏北朝邺城和六朝都城建邺、建康城等都城遗址都有计划地进行了考古发掘，地方城址和乡村聚落等也有不少重要发现。新世纪以来，城市和聚落考古又取得新的进展。

西汉首都长安城遗址的考古工作始于1956年，曾先后对城墙、城门、街道宫殿等进行了系统的勘探，并对部分城门、宫殿、武库等遗址进行了大规模发掘，对汉长安城的布局、结构以及重要建筑等有了基本的认识。新世纪以来，考古重点转向长乐宫遗址，先后对长乐宫的地下排水设施、第2～6号建筑遗址进行了勘探或发掘，另对直城门遗址进行了全面发掘。其中，长乐宫2号建筑遗址位于长乐宫西北隅，台基南部发现有铺砖遗迹、廊道和散水；东北隅发现有铺砖遗迹和散水等；台基中部和东北部发现半地下建筑2座（F1和F2）和地下建筑1座（F3）。发掘表明，该宫殿建筑建成于西汉早期，毁于王莽末年的战火，可能是具有生活、休闲和宴饮功能的一座宫殿建筑。位于长乐宫西北隅的4号建筑遗址，主殿夯土台基呈东西向长方形，台基中部和东部发现2处半地下建筑（F1和F2），其中，F2的主室南间为泥浆地面并且表面涂朱，楼梯间和主室的南间出土了大量顶画残块，内容以几何形花纹为主，五颜六色，异常鲜艳，可能

与西汉太后们的生活起居有关。位于长乐宫西北部的5号建筑遗址，其主体建筑是用于藏冰的凌室建筑，4座小房子可能是管理人员日常活动的场所。排水管道位于长乐宫西北部的排水设施中，有一组排水管道由上下两层五角形陶水管组成，这在汉长安城属于首次发现。发掘者认为，长乐宫东西大道西段以北的西北区域应当是长乐宫的中心宫殿区，并且6号遗址可能是长乐宫前殿，其北的4号为临华殿旧址；宫殿区地下和半地下建筑的发达，是汉长安城宫殿建筑的一个突出特点。

与汉长安城考古相关，2000年在西安市灞桥区段家村西的浐河、灞河交汇处以北，调查并试掘一处西安灞河大型汉代水上建筑遗址。该遗址清理出十余处成组排列的大箱体、凹槽形木结构和小箱体等木构遗存。2004年在凤翔县城西南发掘的汧河码头仓储遗址，是继20世纪80年代华县西汉京师仓和1998年洛阳东汉函谷关仓库建筑遗址之后，汉代国家仓储建筑遗址的又一次重要发现*。

汉魏洛阳城作为东汉、曹魏、西晋和北魏的都城遗址，经过1962年以后的大规模勘探和重点遗址的发掘，初步摸清了该城的布局结构和保存状况。2001～2002年对北魏宫城正门阊阖门遗址的发掘，

雍城出土瓦当与贴面砖模具　　　　　　　火烧山窑址出土原始瓷鼎　　　　　　　亭子桥 Y2

对于研究汉魏洛阳城布局结构的演变具有重要意义。2008～2009年，又对闾阖门以北95米处的北魏宫城2号建筑遗址进行发掘，基本揭露出该遗址的全貌，证明该遗址是北魏时期的一座三门道殿堂式门址，除没有双阙之外，其规模和形制结构等都与闾阖门相似，这进一步深化了对汉魏洛阳城北魏宫城布局结构的认识。

西晋灭亡之后，十六国时期的前赵、前秦、后秦和北朝时期的西魏、北周以及隋朝初年，都曾先后以汉长安城故址作为其都城，历时百余年。2003年，在汉长安城遗址东北部钻探发现2个小城，初步判定它们是十六国至北朝时期长安城的东宫和西宫城遗址。2008年对东、西宫城之间隔墙上的宫门遗址（2号建筑遗址）进行发掘，揭露出宫门南、北两侧的垛墙和一个门道以及大量北朝时期的建筑材料，复原门道东西进深约13、两端宽4.4、中间宽4.6米，推测宫门始建于十六国时期，北朝至隋代长期使用。由此，极大地深化了十六国至隋代长安城沿革及形制布局的研究。

今辽宁朝阳市区一带是十六国时期前燕、后燕和北燕的龙城所在。2003～2004年在朝阳市老城区进行了大规模勘探，并在11个地点进行了发掘，揭露出多处十六国至清代的重要遗迹，确认并发掘了始建于前燕、废弃于元代的三燕龙城宫城的南门址，出土有包括北燕纪年陶器在内的大量重要遗物，使三燕龙城考古取得突破性进展，为十六国时期北方城市研究提供了重要资料。

地处今南京市的六朝都城建康，是三国时期东吴（229年迁都于此，称"建邺"）、东晋和南朝的都城，但由于湮埋于后世的南京城下，考古工作长期进展迟缓。2001～2003年间这里进行了一系列勘探和重点发掘，在大行宫地区的8个地点发掘清理出六朝时期的道路、城墙、桥梁、房址、排水沟和砖井等遗迹，出土的建筑材料中，有的砖上模印各类图案和文字，证明大行宫及其以北地区是建康城的中心地区，对于建康城主轴线及城市布局研究具有重要价值。

地处今山西大同市区及其附近的北魏平城，是拓跋珪建立北魏王朝并于公元398年定都平城以后至公元495年孝文帝迁都洛阳之前北魏政权的都城所在，20世纪曾有零星的发现。2003年大同市操场城1号遗址的发掘，首次在北魏平城内发掘出一座大型建筑基址，出土大量北魏瓦当等建筑构件以及少量汉代筒瓦和板瓦残片，其中包括"大代万岁"等文字瓦当，发掘者推测该遗址有可能是寻找已久的北魏平城的宫殿建筑遗址，同时也为汉代平城县城的探索提供了重

汉长安城长乐宫4号基址1号房址　　汉长安城长乐宫5号基址1号房址　　西安十六国至北朝时期长安城宫门遗址
（由北向南摄）　　　　　　　　　（由西向东摄）　　　　　　　　　（由西南向东北摄）

要线索。

今广州市中心是西汉南越国的宫城所在，1975年发现秦代"造船厂遗址"以后，1995～2000年间曾先后发掘出西汉南越国时期的石构蓄水池、御苑、曲流水渠、宫殿建筑遗迹，以及宫城南侧的木构水闸遗址。2001～2007年间，1号和2号宫殿基址的连续大规模发掘，初步揭示了西汉南越国宫殿建筑的特点，确认南越国宫殿区的主体部分在御苑曲流水渠以北和以西，并出土"华音宫"等陶器残片、"左官奴单（兽？）"等花纹砖、"左官卒尹"等板瓦。2004年在曲流水渠西北约15米处发掘的264号井为上部砖砌、下部陶井圈结构，井中出土木简100余枚，简文内容主要是籍簿和法律文书，包括出入籍、门籍和物籍等，填补了南越国考古和历史资料的空白。

辽宁桓仁境内，分布有丰富的高句丽早期遗存。2006～2007年对凤凰山山城的门址、马面及城内北部大型建筑基址等进行了发掘并对城址全面勘测，初步究明了这个由86段人工城墙和87段天然屏障构成的山城的结构及布局，为认识这座鸭绿江右岸规模最大的高句丽山城及其变迁提供了珍贵资料。五女山城发现一处高句丽早期的大型建筑基址和多座高句丽中期的大型建筑基址，结合附近高句丽贵族墓地的发掘，初步确定该城为高句丽建国之初的都城——纥升骨城。五台子山城的发掘，则为高句丽晚期城址布局及防御体系的研究提供了新资料。

位于吉林集安境内的国内城和丸都山城作为高句丽的早中期都城，是高句丽时期的重要遗存。2003年在北垣上清理出门址1处和马面4个，在西垣的南端发现了角楼遗址，在城内清理出2座结构较为完整的回字形地面建筑基址，纠正了以往关于国内城城门均设置瓮城和城垣四角均设置角楼的认识。在丸都山城，先后发掘清理了宫殿址、瞭望台址、南城门址和西南城门址，极大地推进了高句丽考古研究。

2004年在西藏格尔门土乡"穹隆银城"遗址发现多处地面建筑遗迹，采集到石器、陶器、骨蚌器、金属器等遗物，出土1件双面青铜神像，其年代可能在公元5～7世纪之间，或许与象雄时代的象雄王子次巴郎卡时期的王都有关，从而为探索吐蕃王朝建立之前今阿里一带的历史和文化提供了重要线索。

秦汉魏晋时期的地方城址和聚落的发现不多，但极为重要。2002年湖南龙山里耶战国秦汉城址的发掘尤其是37000余枚秦代简牍的出土，对于整个秦代社会历史和秦文化的研究具有不可估量的科学意义和重要价值*。2002～2003年重庆云阳李家坝遗址的最

南京大行宫地区出土六朝瓦当　　大同操场城1号遗址出土北魏人面纹贴面砖　广州西汉南越国木构水闸遗址

后一次大规模发掘，确认两汉时期的集镇遗址主要分布在Ⅰ区，发掘清理的30余座汉代房址多为周围垒砌石头以包边的台基式建筑，出土大型板瓦和云纹瓦当等建筑构件以及"朐朋丞印"封泥等，推测可能是一处地方行政机构之所在。2003年以来河南内黄三杨庄新莽时期村落遗址进行了大规模勘探和发掘，这是迄今所见规模最大、保存最完整的汉代村落，成为汉代乃至整个历史时期聚落考古的重大突破*。

另外，曾因1996年发现10万余枚三国吴简而闻名于世的长沙走马楼，2003年9月又在走马楼8号西汉井出土西汉竹简1万余枚，绝大多数为官文书，包括上行、下行、平行文书，收发方涉及朝廷、长沙国、武陵郡、临湘、义阳等郡县以及采铁、采铜等官署。发掘者认为，走马楼汉简是汉武帝时期长沙国刘发之子刘庸（前128～前101年）在位时的行政文书，涉及当时的诉讼、法制、统计、邮驿等制度，是继张家山汉简之后的又一重大发现。

5-3. 墓葬作为人们死后的埋葬设施，蕴含有极为丰富的历史文化信息。新世纪以来，从秦汉帝陵、王侯陵墓到南北朝世家大族墓葬，从中原地区的官吏和平民墓葬到边远地区的少数族墓葬，又有不少新发现。

新世纪以来，秦始皇帝陵园考古主要是20世纪末考古工作的延续和拓展，在继续进行考古勘探的同时，先后发掘的K0006和K0007陪葬坑都是秦始皇陵园陪葬坑的首次发现，显示出秦始皇陵陪葬坑的多样性，丰富了秦始皇陵的陪葬物品，对研究秦始皇陵的陪葬制度有重要意义*。经过进一步调查和勘探，关于秦始皇帝陵园的布局结构、营建过程等又获得了一些新的认识。

西汉帝陵的十一陵分为两大陵区，即咸阳塬陵区和长安东南陵区。20世纪60年代以后，曾进行过多次考古调查和勘探，并先后发掘了汉宣帝杜陵陵园、汉景帝阳陵陵园以及一些帝陵陪葬坑、陪葬墓、刑徒墓地等。新世纪以来，开展了汉惠帝安陵、汉昭帝平陵、汉武帝茂陵等的全面考古调查和勘探，深化了对西汉帝陵的认识。汉武帝刘彻的茂陵，位于咸阳塬上西汉九陵的最西端，陵区由陵园、茂陵邑、陪葬墓区三部分组成。2009年对位于陵园内封土南侧的2座外藏坑（K15、K26）进行了发掘。其中K15由斜坡通道和坑体组成，隧道式木结构，清理出马骨3排，每排6匹，以及陶俑2件；K26由斜坡通道、坑体和洞室（东西两壁各10个）组成，每个洞内放2匹马、1件陶俑（唯Y20内放置2件陶俑），陶俑中塑衣式俑和着衣式俑并存。两坑均为马厩坑，其结构反映出西

广州西汉南越国宫署遗址出土"华音宫"陶器残片　　广州西汉南越国宫署遗址264号井出土木简　　长沙走马楼8号井出土西汉竹简

汉后期帝陵外藏坑的变化。

东汉立国近二百年，12座帝陵中有11座建在其都城洛阳附近。东汉帝陵无论其墓葬形制、陵园结构还是陵寝制度都发生了重大变化，但长期以来学界无法对其做出科学的说明，成为一个学术"谜团"。新世纪以来，对河南洛阳东汉帝陵进行系统调查、钻探和相关遗迹的发掘，发现一些重要的遗迹和遗物，为东汉帝陵的研究提供了重要线索。2003～2007年间进行了"邙山陵墓群考古调查与勘测"，调查古墓葬1008座，其中封土墓冢972座，发掘了其中的33座；同时，发掘了偃师白草坡东汉帝陵陵园遗址和闫楼东汉陪葬墓园遗址。白草坡帝陵陵园遗址位于偃师市庞村镇白草坡村东北，封土底部直径125米，地下墓室为南向墓道的砖石混合结构，墓冢东北方约100米处是一处四周筑有夯土墙垣的建筑遗址群，应当是陵园内的省园遗址。2009～2010年间，在大汉冢、玉冢、朱仓3个遗址区进行了发掘。大汉冢是邙山地区最大的东汉时期帝陵级别的封土墓冢，封土直径130米、高19米，封土外围发现一圈夯土环沟，地下墓室为南向长斜坡墓道的甲字形大墓，封土西侧有陪葬墓冢，封土南侧和东侧有大型建筑基址，初步确定了大汉冢陵园建筑群的南界。在朱仓遗址区发掘了M722陵园遗址、M707陵园遗址、M708和M709两处帝陵陪葬墓园遗址。其中，朱仓M722帝陵陵园大体呈方形，边长420米，四面墙垣，东墙外侧发现有壕沟；封土位于陵园的西部，平面为圆形，下面为甲字形大墓；陵园建筑位于陵园的东部和南部。洛阳东汉帝陵的调查和发掘，确认了圆形封土、"甲"字形方坑明券的墓葬形制结构，发现了四周环绕墙垣的方形陵园，初步究明了在陵园的东部和南部设有寝殿和便殿等的陵园布局结构；关于东汉帝陵的分布、陵主的归属、陵墓结构及其特点、陵寝制度的变化及其内在原因等，都有新的认识，东汉帝陵考古由此取得突破性进展。

魏晋南北朝时期的帝陵考古没有新的重要发现。但是，秦汉魏晋南北朝时期的王侯陵墓和高等级贵族墓却有许多重要发现，对于当时丧葬制度及其演变的研究具有重要意义。

河南永城芒砀山一带是西汉梁国王陵所在地。20世纪80～90年代先后发现一批大型西汉墓葬并发掘了梁孝王陵的陵园和寝园建筑遗址。2006年在芒砀山主峰上清理的一处西汉早期的礼制建筑基址功用尚无定论，但其无论是梁国王室的中心祭祀建筑还是祭祀梁王祖先的祖庙，都属汉代诸侯王陵的首次发现*。

2002年在山东章丘圣井镇危山北坡清理了危山汉墓的3座陪葬坑和1座陪葬墓，其中1号坑埋葬骑兵俑、陶车马、建鼓和击鼓俑、步兵俑，2号坑随葬车马、立俑、

兴平汉茂陵26号陪葬坑出土陶俑　　　章丘危山西汉墓1号陪葬坑陶车马　　　青州香山西汉墓陪葬坑出土陶俑

跪俑、女俑等，是汉代兵马俑的新发现。危山汉墓的年代为西汉早期，墓主人可能是西汉济南国王刘辟光。

2006年在山东青州谭坊镇清理了香山汉墓陪葬坑，坑内陶质物品分别装在3个木箱内，分三层放置，出土陶俑1000余件，以及其他陶器600余件和大量铁兵器，陶俑有人、马、牛、羊、鸡、狗、猪，以及陶车等，金属器均为明器，数量达数千件，其墓主人应为西汉前期的某一代淄川国王。

2006年在安徽六安市金安区三十铺镇发掘的双墩村1号墓，墓葬结构为"黄肠题凑"，重棺重椁，出土残存随葬品500多件，墓的周围发现有小型陪葬墓、车马坑、陪葬坑等，墓主人推测是葬于前84年的西汉六安国始封王共王刘庆。这是西汉六安国王陵的首次发现，并且黄肠题凑保存完好，以彩绘石椁为内椁更是首次发现。

2009~2010年在江苏盱眙县城以东30公里的马坝镇云山村大云山的山顶发掘了西汉江都王陵园，陵园平面近似正方形，边长约500米，四面筑有陵墙，已经钻探出带双阙的东门遗迹，陵园内发现主墓3座、陪葬墓13座、车马坑2座、兵器坑2座、建筑基址2处。1号墓位于陵园东南部，为黄肠题凑结构，出土残留文物9000余件，包括"江都食长"封泥、"江都宦者沐盘十七年受邸"银盘等，墓主人是葬于前126年的西汉江都易王刘非。这次发掘，不仅是西汉江都国遗存的首次发现，而且比较完整地揭示出一座西汉时期的诸侯王陵园，基本搞清了陵园的布局结构以及陵园内的主墓、陪葬墓、陪葬坑及它们之间的关系，极大地深化了西汉诸侯王陵园制度的研究。

2006年发掘的长沙望城星城镇风蓬岭汉墓，是一座开凿于红色砂岩岩体中的"中"字形竖穴墓，黄肠题凑结构，两重漆绘套棺，出土有金缕玉衣残片、"长沙王后家杯"铭漆耳杯等大量珍贵文物，墓主人为西汉晚期的某代长沙国王后，填补了西汉晚期长沙国王室墓葬的空白。

2009年发掘的陕西蓝田华胥镇支家沟汉墓，是一座西汉中期的高等级贵族墓抑或是列侯墓。该墓由墓垣、覆斗形封土、斜坡式墓道、前室、封门、后室等组成，封土内中部偏南有祭祀坑1座，墓道东西两壁分布有6个壁龛，前室上部为木椁室，木椁室之下为夯土，夯土之下东西两壁各有3个壁龛；后室系长方形竖穴，底部自下而上铺有方砖、夯土层、木炭层；墓葬被盗，发现有着衣式陶俑等遗物。这种墓葬结构在西汉时期属于首次发现。

2008~2010年发掘了西安市南郊凤栖塬西汉家族墓地，中心为一墓园，墓园之外的东、西、北侧有较多的袝葬墓。墓园四周以壕沟为界，中部为一甲字

六安双墩村1号西汉墓"黄肠题凑"　　盱眙大云山1号西汉墓西回廊出土铜编钟　　西安凤栖塬西汉家族墓祠堂建筑东北角散水

形大墓（8号墓），东部有祠堂建筑基址，大墓的东西两侧各有3座丛葬坑。8号墓为甲字形木椁墓，墓道两侧设有土圹式耳室3个，耳室内出土陶器和动物骨骼以及"卫将长史"封泥20余枚，墓主人为汉宣帝时位至大司马卫将军、卒后被封为敬侯的张安世。25号墓为中型甲字形墓，斜坡墓道，砖券墓室，应为列侯夫人墓。祔葬墓的年代从西汉中晚期至王莽时期。凤栖原西汉家族墓地是在御赐茔地的基础上形成的汉代高等级世家大族墓地，是迄今唯一经过完整发掘、墓园主人明确的汉代列侯级别的家族墓地，对于探讨西汉高等级家族墓地的营建、礼仪制度和丧葬习俗的演变等均具有重要意义。

另外，汉长安城附近新发现的汉墓中，2003年发掘的西安市北郊未央区枣园村汉墓，是一座西汉前期的贵族墓，由长斜坡墓道、墓道东壁的侧室和墓室等组成，侧室内发现铜器17件、玉片101件以及其他遗物，最重要的是一件鎏金铜锺内保存古酒26公斤，酒色翠绿、清澈透明，前所未见。2006～2007年在西安市北郊张家堡发掘的440余座汉墓中，有3座为西汉晚期至新莽时期的中型积沙墓，均系长斜坡墓道竖穴土圹砖室结构的贵族墓。其中115号墓出土遗物203件，包括铜鼎5件和陶鼎4件，为研究新莽时期的托古改制提供了重要资料。

2009年河南安阳西高穴曹操高陵的发现，受到社会各界的空前关注。尽管有不少争论，但曹操高陵的发现，对于汉魏时期的历史和考古研究，无论如何都具有极其重要的意义*。

2009～2010年在河南孟津送庄乡三十里铺村东南发掘的朱仓ZM44，是一座由墓道、甬道、耳室、前室、北侧室、南双侧室、后室等组成的长斜坡墓道多室砖室墓，墓内葬有3个个体，出土残存的陶器、铜器、铁器以及金银饰品等。根据后室出土的篆书白文"曹休"铜印并结合文献判断，墓主人为病逝于228年的三国时期曹魏名将、官至征东大将军、大司马的曹操族子曹休。这是迄今发掘的曹魏时期级别最高的贵族墓，并且其葬年明确，为三国时期曹魏丧葬制度的考古学研究提供了可靠的年代学标尺和等级参照系。

吉林集安境内的高句丽王陵，以往多次做过调查。2003年对一批可能是王陵的大型积石墓进行了复查，并对部分墓葬的边角和结构进行清理，在各陵周围发现了散水、排水沟、陵墙、房址和祭台等多种附属设施，证明高句丽王陵在结构上有阶坛积石墓、阶坛圹室墓和阶墙石圹墓等三种，并且三种类型的墓葬存在着时代上的差异，进一步深化了对高句丽王陵的认识。

西安枣园村西汉墓出土鎏金铜锺　　西安张家堡115号新莽墓耳室出土陶鼎和铜鼎　　孟津朱仓44号曹魏墓（曹休墓）

十六国时期的贵族墓发现于陕西咸阳一带。2008～2010年间，在咸阳底张发掘的十六国墓葬中，M52～M54三座墓呈"品"字形分布。M54出土的1件彩绘九盏莲花灯，在圆筒形灯架柄上贴塑两层8尊佛像，属于佛造像作为随葬品的首次发现，为研究十六国时期佛教的传播以及在社会生活中的作用具有重要意义。M298是一座平面呈"干"字形的斜坡墓道二天井双室土洞墓，总长75.25米，由墓道、过洞、天井、封门、甬道、前室、过道和后室等部分组成，甬道和墓室残留有柱戟武士图和侍女图等壁画。这是迄今关中地区发现的规模最大、等级最高的十六国墓葬，显然属于皇室贵族墓。

六朝贵族墓有不少新发现。2005年发掘的南京市江宁区上坊大型孙吴墓，是一座由封土、墓坑、斜坡墓道、排水沟和砖砌墓室构成的多室砖室墓，出土有毛笔、书刀等此前未曾发现过的文物，墓主人是孙吴晚期的贵族或宗室，是迄今所见的数百座孙吴墓葬中规模最大、结构最复杂的一座。2006年发掘的南昌火车站东晋雷陔墓，是一座由前室、甬道和后室组成的带耳室的券顶砖室墓，出土漆器、铜器、木名刺、毛发等少见的遗物，墓主人是西晋晚期至东晋早期的男性贵族雷陔。2001年在南京市下关区郭家山发掘六朝墓葬5座，其中3座是由下水道、封门墙、挡土墙、甬道和墓室构成的单室穹窿顶砖室墓，据出土墓志可知，它们是东晋始安忠武公温峤家族墓。这是迄今发现的身份和级别最高的东晋贵族家族墓地，为解决史学界关于温峤死后是否归葬及葬地问题的争论提供了可靠依据。

北朝时期的贵族墓也有所发现。2007年河北磁县东魏皇帝拓跋焘之重孙、徐州刺史元祜墓的发掘，明确了磁县北朝墓群中东魏皇宗陵的地域所在，为北朝墓葬研究提供了准确的年代学标尺*。2009年在河北磁县讲武镇刘庄村发掘的北齐高孝绪墓，有椭圆形封土，地下部分由斜坡墓道、砖砌甬道和墓室三部分组成，墓道和甬道的两壁以及门墙上绘有壁画，墓主人为北齐皇族高孝绪，对于北齐陵墓兆域的确定以及当时历史文化的研究都具有重要价值。2002年在太原市迎泽区王家峰村发掘的北齐徐显秀墓，是一座由墓道、过洞、天井、甬道和墓室构成的穹窿顶砖室墓，墓道、过洞、甬道的两壁和墓室四壁绘有壁画计330平方米，内容包括仪仗队列、神兽、门吏、墓主人及其生活场景等，墓顶绘有天象图，出土有瓷器、陶俑、宝石金戒指以及墓志等，墓主人为北齐太尉、武安王徐显秀，为研究北朝晚期的历史和文化提供了新资料。

集安高句丽太王陵　　　　　咸阳底张54号十六国墓葬出土陶灯　　　咸阳底张298号十六国墓葬出土陶乐俑

秦汉魏晋南北朝时期的官吏和平民墓葬发现于全国各地，数量众多，其中不少具有重要的科学价值。

陕西关中地区是西汉王朝的京畿之地，新发现的汉代壁画墓引人注目。2004年发掘的西安市南郊岳家寨村（理工大学校园内）壁画墓，是一座斜坡墓道砖室墓，墓壁及券顶绘有壁画，内容有车马出行、狩猎、宴饮、斗鸡、乐舞等生活场景和日、月、翼龙、凤鸟、仙鹤、乘龙羽人等升仙场面，其年代为西汉晚期。2008年发掘的西安曲江翠竹园小区1号墓，是一座西汉晚期的大型壁画墓，壁画遍及墓壁和券顶，内容有门吏、生活场景、天象图等。2001年在陕西旬邑百子村发掘的一座东汉壁画墓，是一座带天井的长斜坡墓道多室砖室墓，甬道和墓室绘有壁画，内容包括神兽、仙人、星象、人物、宴饮、庖厨、车马出行、农耕等，并有多处榜题，对于汉代壁画以及历史文化研究具有重要价值。

在陕北地区，汉代墓葬有不少重要发现，其中包括多座壁画墓。2003年在定边县郝滩乡四十里铺村发现汉墓28座，包括砖室墓和土洞墓两种，其中1号墓是一座东汉时期的带有斜坡墓道的土洞墓，墓室内用黑、白、红、蓝色绘有壁画，内容包括墓主人夫妇并坐图、庭院、农作、狩猎图、车马出行、放牧图、墓主人升仙、西王母宴饮图，以及二十八宿、风伯、雷公、雨师、四神图像等。2005年发掘的靖边杨桥畔1号墓，是一座东汉时期的斜坡墓道砖室墓，墓室四壁绘有壁画，内容有墓主人图像、车马出行、牛耕、舞蹈等生活场景，还有天门、云车、乘龙、乘仙鹤、虎车、鱼车、龟车等升仙场面，以及象征墓主人居室的仿木结构，有立柱、斗拱、枋、木阑额等。2005～2008年在靖边县杨桥畔镇老坟梁墓地清理西汉中期至东汉早期的汉墓130余座，墓葬类型有土洞墓、竖穴土圹墓、砖室墓；随葬品多为中原地区的器物及组合，有的墓出土北方草原风格的扁壶、小口壶等；大多数墓葬的上面发现了围护封土的夯土围墙基址，为汉代中小型汉墓所少见；有些墓葬周围发现围墙，将一座或数座墓葬围护其中，而相当一部分墓葬之上保存有墓上建筑，表明当时墓上建造祠堂之风盛行；西汉晚期至新莽时期流行壁画墓，壁画多绘于墓室内，个别绘于墓道两壁，主要内容有青龙白虎、车马出行、歌舞宴饮、农耕生产、人物故事以及驾鹤升仙等，道家和儒家思想浓郁，对于研究陕北地区汉代墓葬的演变及历史文化等具有重要价值。

在甘肃地区，2003年在成县沙坝镇尖川村发掘10座西汉早期墓葬，具有鲜明的楚墓特点，但又大量随葬马牛羊头骨等，显示出西汉初年楚人在当地的活动。2003～2008年间，在永昌县红山窑乡水泉子村发掘汉墓110余座，墓葬类型有竖穴土坑墓、木椁墓、土洞墓、

南京上坊孙吴墓出土青瓷堆塑罐　　　　南昌火车站东晋墓出土漆砚　　　　南京郭家山东晋温峤家族墓出土陶龙形灯座

砖室墓，以斜坡墓道的木椁墓为最多，其中5号墓的木棺内发现一定数量的木简，墓葬的年代为西汉中期至东汉中期。这是河西走廊东段迄今发现的规模最大的汉墓群，为研究汉文化的向西扩展具有重要价值。

河南洛阳一带壁画墓出现年代较早，发现数量最多，2003年在洛阳市西南郊尹屯村又发掘一座新莽时期的壁画墓。该墓是一座长方形竖井式墓道穹隆顶多室砖券墓，壁画绘于中室和后室，内容有梁柱、斗拱、彩云绕月、星相、异人、怪兽、建筑、人物等，显示出新莽时期壁画墓的时代特征。

山东地区新世纪以来两汉墓葬的发掘取得突破性进展。2001年在费县上冶镇西毕城村北发掘战国和汉墓1660余座，揭示了这一地区战国秦汉墓葬的演变轨迹。2002年发掘的日照海曲汉墓，在3个土墩中发掘两汉墓葬86座，首次在山东地区发现了"土墩墓"。其中位于1号土墩东南角的106号墓出土大量精美的漆木器（如漆砚盒等）等珍贵遗物，其中还包括木牍4件、竹简39枚，墓葬年代为前87年稍后。2005年在胶州市里岔镇赵家庄村东南的岭地上发掘两汉时期的土墩7个，清理墓葬73座，进一步揭示了这种墓葬的营建和使用过程，显示出一个土墩可能属于一个家族墓地。2007年在东平县城的后屯发掘汉墓18座，包括3座西汉晚期至新莽时期的壁画墓，填补了山东地区西汉晚期和新莽时期壁画墓的空白，进一步充实了鲁西南汉代壁画墓分布区的内涵。

浙江地区汉墓的发现大量增加，发现了一些具有楚文化风格的汉墓，显示出当地汉墓的类型及其演变，尤其是汉代土墩墓的结构及其特点。2006～2007年安吉县高禹镇五福村发掘3座战国末至西汉初的墓葬，其中1号墓规模最大，为土圹木椁结构，是一座具有楚墓风格的西汉初年墓葬。2007～2009年在安吉县良朋镇上马山发掘土墩57个，清理墓葬328座，包括西汉至东汉初年的墓葬200余座，其中既有"本地典型汉墓"，也有"楚式汉墓"，对于研究当地战国到汉代葬俗的演变、楚汉文化的变迁、汉代土墩墓的特点等，都具有重要价值。

江汉地区是秦汉墓葬的一个重要分布区，也是秦汉简牍的重要发现地。2006年在湖北云梦睡虎地发掘一座小型汉墓（M77），墓中出土西汉简牍2137枚，内容主要有质日、日书、书籍、算术、法律等，墓葬的年代为汉文帝末年至汉景帝时期。这是继睡虎地11号墓秦代简牍之后秦汉简牍的又一重要发现。2007年在湖北荆州沙市区关沮乡发掘的谢家桥1号墓，为长方形竖穴土坑木椁墓，木椁内分隔成棺室和东西南北四室，棺室与四室之间均有门窗结构，棺内盛满淡黄色透明液体，浸泡着大量丝织物残片，并出土有少量

磁县北齐高孝绪墓出土陶武士俑　　　太原北齐徐显秀墓墓室西壁壁画（局部）　　　西安岳家寨西汉壁画墓墓室东壁壁画（局部）

竹简和竹牍,其年代为西汉吕后时期。

上述汉墓之外,其他地区两汉时期的墓葬也有不少重要发现。2006年吉林省东南部云峰水库的调查,发现古墓群21处,墓葬2753座,并对其中的73座积石墓和封土墓进行了发掘,初步究明了这一地区公元前1世纪至公元5世纪间的墓葬类型、分布及其演变。2004年发掘的天津蓟县小毛庄东汉画像石墓,是天津地区东汉砖石混合结构画像石墓的首次发现,填补了天津地区汉画像石墓的空白。2008年香港屯门扫管笏遗址发现一座汉代的长方形竖穴土坑墓葬(M6),出土铁斧、铜盘、铜耳杯以及玉玦,是1955年李郑屋汉墓之后香港地区汉代考古的又一次重要发现。2010年在四川宜宾沙坝墓地发掘战国秦汉墓葬27座,该墓地的秦和西汉早期墓葬中,蜀文化和秦汉文化因素共存,有助于认识当地的社会历史和文化变迁。2002年四川三台郪江石刻彩绘壁画崖墓的调查和研究,进一步深化了四川盆地东汉崖墓的认识。贵州赫章可乐墓地再次发掘,清理甲类汉式墓3座、乙类土著墓108座,为秦汉时期古夜郎地区的历史和文化研究提供了新资料*。2006~2009年云南澄江县右所镇旧城村抚仙湖北岸金莲山墓地进行了发掘,清理战国至东汉初年的石寨山文化墓葬409座,对于进一步认识秦汉时期西南夷地区的土著文化及其汉文化进入

的过程具有重要价值。2006~2008年乌鲁木齐市萨恩萨伊墓地发掘的180座墓葬分为三个时期,其中的晚期墓葬出现洞室墓和偏室墓,随葬品中有陶器、铁器、丝织品和铜镜等,其年代为公元纪年前后,反映出同周邻及中原地区文化的联系。

魏晋时期的墓葬主要发现于北方地区。2007年甘肃高台地埂坡发掘的魏晋时期土洞墓,由墓道、照壁、墓门、前甬道、前室、后甬道、后室等构成,地表有封土,有的有茔圈,墓内绘有壁画。墓葬中用生土雕成的仿木建筑结构,建筑形式独特,在河西地区是首次发现,显示出中原传统文化的影响。4号墓壁画中的多种少数民族形象,反映了河西走廊作为中西交通枢纽的作用。2003年在山东临沂洗砚池发掘的2座晋墓,均为由斜坡墓道、石质墓门和砖砌墓室构成的砖室墓,出土青瓷胡人骑兽烛台、仙人骑兽铜器、神雀负雏铜熏炉等一批罕见的文物,并且发现"正始二年"(241年)、"太康八年"(287年)等纪年铭文,可知其年代为西晋晚期。

十六国时期的墓葬主要发现于关中和西北地区。2007年新疆库车县友谊路(龟兹故城东约500米)发掘两晋十六国时期的砖室墓7座和小型竖穴墓3座,砖室墓的形制结构、砖雕风格乃至随葬品都与中原地区尤其是河西走廊地区极其相似,显示出中原汉文化

定边郝滩乡1号东汉墓墓室壁画(局部)　　靖边杨桥畔1号东汉墓墓室壁画(局部)　　靖边老坟梁119号东汉墓墓室壁画(局部)

传统对当地丧葬文化的影响。2008～2009年，在西安市南郊的凤栖塬上发掘十六国墓葬3座，均为斜坡墓道土洞墓，其中一座出土6件伎乐女俑，形象地反映了十六国时期的音乐文化面貌。

北魏时期的墓葬集中发现于山西大同一带。2005年在大同沙岭村发掘北魏墓葬12座，其中的7号墓为长斜坡墓道砖砌单室墓，是一座葬于北魏太武帝太延元年（435年）的鲜卑人墓葬，保存有精美的壁画、文字题记和漆画，为迄今发现的北魏平城时期的墓葬中所仅见，反映了鲜卑人丧葬文化与汉文化的融合。2008年在大同市南郊发掘的10座北魏墓葬，分为土洞墓和砖室墓两种，其中9号墓的甬道壁上有墨书和朱书题记，甬道和墓室壁上绘有壁画，都是大同地区北魏墓的新发现。

豫北、冀南地区集中分布有北朝墓葬。2005～2006年河南安阳固岸墓地的发掘中，发现一批东魏、北齐时期的墓葬，其中一座东魏时期的大型砖室墓，其门楣和石门上雕刻有精美的凤鸟等图案，墓室内有石椁。2009～2010年发掘的河北赞皇北朝赵郡李氏家族墓地中，发现墓葬9座，均坐西朝东，分为东西（前后）两排，前排为父辈墓葬，后排为子辈墓葬，出土遗物丰富，并且均出土墓志。这种规模大、排列有序的北朝家族墓地以往少有发现，尤其是保存完好、组合清晰、纪年明确的墓葬，可谓北朝墓葬的标尺性遗存。

西安市北郊分布有一处重要的北周时期墓地。新世纪以来，2003年大明宫乡井上村的北周史君墓*、2004年炕底寨村发现的北周康业墓、2005年南康村附近发现的李诞墓等，都为研究北周时期外来居民的墓葬及其文化提供了极其珍贵的资料。

5-4. 社会生产是人类生存和发展的基础，而科学技术是第一生产力。根据实物资料研究古代历史的考古学，在社会生产和科学技术的研究上具有独特的优势。20世纪，在秦汉钢铁工业、造纸技术、农业生产和魏晋南北朝陶瓷业等诸多方面都有重要考古发现，从考古学上初步揭示了当时手工业和农业的发展。新世纪以来，以陶瓷考古为重点的手工业考古继续取得进展，交通考古也有新的发现。

江苏盱眙大云山西汉江都王陵出土的大型玻璃编磬，是汉代考古的首次发现。编磬为白色半透明体，内含的气泡小，形体大，厚度达3厘米，表现出高超的玻璃制造工艺，反映了当时高度发达的玻璃制造业。

2006年浙江上虞尼姑婆山窑址清理出保存良好的龙窑1座、作坊遗迹1处以及大量瓷器和窑具，证明是三国孙吴至西晋时期烧造日用青瓷的窑场，为研究

日照海曲西汉墓出土漆五子奁　　荆州谢家桥1号西汉墓出土丝织幡　　郫江塔梁子3号东汉崖墓墓室壁画（局部）

早期越窑的发展提供了可靠资料。

2005~2007年河南巩义白河窑址首次发现了烧制青瓷和白瓷的北魏窑炉等以及大量遗物，把北方地区烧制青瓷和白瓷的年代提早到北魏时期，并为北魏皇室使用的青瓷找到了产地。

交通考古的进展主要体现在秦直道的勘察和发掘上。在地处秦直道南段的今陕西省富县境内，秦直道长125公里。2006~2009年间，考古人员进行了系统调查，并对桦沟口段进行发掘，在发掘中心区揭露出道路路面总长71米，清理出大量的车辙痕迹，以及残留的类似马、牛的蹄印和铲形工具的挖掘痕。这是对秦直道的第一次科学的考古发掘，极大地深化了对秦直道建造技术及其结构的认识。

5-5. 宗教和祭祀活动是古代社会生活的重要内容，也是古代社会文化的重要方面。祭祀活动古已有之，道教是我国古代传统的宗教。佛教自西汉末年开始传入中国，魏晋以后逐渐流行开来，对思想文化和社会风俗习惯产生了深远的影响。因此，宗教遗迹遗物的发现和研究，成为魏晋及其以后考古研究的重要内容。20世纪，以石窟寺考古为重点的佛教考古取得重大成就，新世纪以来，祭祀遗存有不少新的发现，以佛教为重点的宗教考古又取得新的突破。

汉代祭天礼地的祭祀遗址，以往少有发现。2004~2005年间发掘的甘肃礼县鸾亭山祭祀遗址包括上部的圆坛和下部的平台两部分，圆坛周围有厚0.7~1.2米的夯土墙，墙内外发现有房址、灰坑、烧灶以及祭祀坑遗迹，其中，遗址北部编号为G4的长约20米的东西向半月形浅沟内清理出11组共50余件组合完整的玉器，组合为或圭压璧、或璧压圭、或多件玉璧上下叠压。发掘者根据出土遗物并结合遗址的布局结构，推断该遗址是一处西汉中晚期的祭天场所。

2000年开始的对江苏连云港孔望山遗址群的大规模调查和发掘，确认摩崖造像群、圆雕石刻、杯盘刻石、石承露盘、"龙洞"石室和建筑遗迹是一组早期道教遗存，时代从东汉延续到东晋晚期，而古城址是南宋时期的军事城堡，纠正了以往关于孔望山造像是东汉佛教造像的认识，有助于揭示东汉晚期的佛、道关系及早期道教的发展史。

1999~2001年间在南京市东郊钟山主峰南麓发现并发掘石构大型坛类建筑遗迹2座和附属建筑遗迹1处，三者呈南北一线排列，结合文献记载推测，钟山坛类建筑当与祭地有关，可能是南朝刘宋时期的北郊祭坛。

乌鲁木齐萨恩萨伊82号墓出土彩陶罐　　高台地埂坡4号魏晋墓墓室壁画（局部）　　临沂洗砚池1号西晋墓出土铜神雀负雏熏炉

2010年在山西大同云冈石窟窟顶防渗工程区发掘的北魏寺庙遗址，清理出一组较为完整的寺庙遗迹，包括东廊房、西廊坊、南廊房、北廊房、塔基和砖瓦窑址，塔基位于东西廊房居中靠南的位置，残留1处边长约14米的台基。这处塔院式结合的建筑应该是云冈译经场所或者高级僧侣生活区，对于了解北魏云冈寺院的布局和范围提供了重要线索。

2002年河北临漳邺城遗址以南赵彭城村东魏北齐佛寺塔基遗址的发掘中，清理出夯土和砖石结构的塔心实体等地上部分和佛塔基槽地下部分，出土大量建筑构件以及泥塑彩绘佛像残件、琉璃舍利瓶残件等佛教遗物。这是我国发现的唯一一处东魏北齐佛寺方形木塔遗迹，塔基中的刹柱础石、塔基砖函等填补了相关考古领域的空白。

2007年在西安窦家寨汉长安城遗址中心区一带发掘清理出北周时期的彩绘石刻佛像6尊、菩萨像6尊等大批石造像残块等佛教遗物，为研究北周时期长安城地区佛教寺院提供了直接证据。

2010年新疆鄯善县吐峪沟石窟进行了发掘，清理出大量洞窟、佛教塑像、壁画以及数量众多的汉文、粟特文、藏文、回鹘文、婆罗米文等多种文字的文书，为研究5世纪以来吐鲁番的历史文化和佛教的传播提供了极其重要的资料*。

5-6. 文化交流，作为人类历史上的一个重要现象，对社会历史和文化的发展产生了重要影响。中国作为一个国家真正同世界上其他国家和地区的交流，是从秦汉时期开始的，此后交流不断，高潮迭起。20世纪有关秦汉魏晋南北朝时期中外交流的考古发现，已经初步展现了中国与其他国家和地区交流的盛况，新世纪以来有关墓葬及出土遗物的发现，进一步丰富了中外交流的内容。

江苏盱眙大云山西汉江都王陵汉墓出土的反映中外交流的遗物引人注目，其中既有以往发现过的凸瓣纹银盒，更有首次发现的形体较大的凸瓣纹银盆，为研究西汉王朝与地中海地区的交流和海上丝绸之路等，提供了新的证据；鎏金铜犀牛和大象，形象逼真，在汉代墓葬中也是首次发现，为探讨西汉时期的南海贸易提供了新的证据。

作为中西交流和丝绸之路研究的重要资料，宁夏彭阳县海子塬M14北魏小型墓葬中的被葬者双手各握有一枚萨珊俾路支银币；河北磁县北齐高孝绪墓中出土了拜占庭金币。

西安市北郊先后发现北周时期外来居民的墓葬多座。2003年在大明宫乡井上村发掘的北周史君墓，墓主人姓史，为北周凉州萨保，葬于北周大象二年（580年）*。2004年在炕底寨村发掘的北周康业墓，是一

库车友谊路1号晋墓　　　　西安凤栖塬十六国墓葬出土陶伎乐女俑　　　　上虞尼姑婆山三国西晋窑址出土窑具

座斜坡墓道穹隆顶土洞墓，甬道和墓壁上绘有壁画。墓室内有围屏石榻1具，线刻车马出行、会见宾客等内容丰富、雕刻精美的生活场景图像，其线刻图像及画面布局与以往发现的粟特人墓葬的石榻或石椁的浮雕图像完全不同，出土墓志表明，墓主人是曾任职北周车骑大将军的粟特人，名业，字元基，是康居国王的后裔，葬于北周天和六年（571年）。2005年在南康村附近发掘的李诞墓，石棺上线刻伏羲女娲、星宿、四神和守护神等图像，局部贴金，墓主人口含一枚东罗马查士丁尼一世（527～565年）金币，墓志表明墓主人是葬于北周保定四年（564年）来自中亚罽宾的李诞。这是我国发现的第一座明确记载为婆罗门种人及罽宾国来华人的墓葬，也证明西安市北郊不仅是北周时期粟特人的墓地所在，也是旅居长安的其他外来人群的墓地。

六　隋唐至明清时期的发现

6-1. 随着581年隋王朝的建立以及589年南朝陈的灭亡，魏晋南北朝长达300多年的分裂动荡结束，全国统一又一次实现。618年隋亡唐兴，社会政治、经济、文化和科技高度繁荣，帝国时代迎来了第二个发展高峰。然而，907年唐朝灭亡之后，历史陷入五代十国分裂割据的局面。中原地区后梁、后唐、后晋、后汉、后周等五个王朝先后更迭，又有十个政权分别割据河东、西蜀、江南和岭南。960年北宋王朝建立之后，出现了北宋主中原而辽主北方、南宋与金朝南北对峙、党项族的大夏（西夏）国割据西北的鼎立局面。然而，中华民族历史发展的主流毕竟是多民族国家的统一，分裂割据终究不能长久。随着1271年蒙古族统治的大元王朝建立并于次年以北京为大都，统一国家再次形成，国家疆域辽阔空前。此后，1368年元朝灭亡，明朝建立，1644年清朝建立，直至1911年清帝制被推翻，帝国时代结束。

隋唐至明清时期的1300余年间，帝国时代经历了由统一国家到分裂割据、又由分裂割据走向国家统一的历史发展。20世纪的考古发现，对当时社会历史和文化发展的考古学阐释初步形成，而新世纪以来的考古发现，则将其发展图景和时代特点更具体、更形象地展现在世人面前。

6-2. 城市和聚落，无论其空间分布还是其内部结构和内涵，都随着社会政治、经济和文化的发展而变迁，具有明显的时代性特征。在20世纪，从隋大兴城-唐长安城、隋唐东都洛阳城到元代上都、中都、大都

巩义白河窑址出土北魏青釉瓷大碗　　临漳邺城赵彭城村东魏北齐佛寺塔基　　西安窦家寨出土北魏石佛像

以及明清北京城等历代都城遗址，从唐宋扬州城等历代地方性城址到唐代渤海上京龙泉府遗址、西藏古格城址等政权的城址，都有计划地进行了考古勘探和发掘。新世纪以来，历代都城、地方城市以及政权城址的发掘继续进行并不断有新的重要收获，乡镇聚落考古更是取得突破性进展。

大明宫是唐长安城的宫城，含元殿是大明宫的正殿。2005年大明宫丹凤门的发掘，证明该门是由5个门道组成的"过梁式"城门，最终澄清了丹凤门是5个门道还是3个门道的学术悬案*。2006～2007年在含元殿遗址以南发掘出唐代渠道以及与之相关的桥梁（唐龙首渠的一段支流）、砖道和马车道，修正了前人关于含元殿以南龙首渠位置的认识。2001～2004年大明宫太液池的大规模发掘，究明了太液池的布局结构及其池岸建筑，为研究古代园林建筑提供了实物例证*。

隋唐洛阳城的发掘持续进行，又获得不少重要收获。应天门是隋唐洛阳城宫城南垣的正门，位于隋唐洛阳城的中轴线上，是隋唐东都洛阳的标志性建筑之一，曾先后称作"则天门"、"顺天门"、"应天门"和"五凤楼"。2010年对应天门西阙遗址进行发掘，证明应天门西阙的建造和使用可分为三期，即第一期为隋代始建，阙的基础为方形；第二期扩大其规模，形成双向三出阙；第三期仍为双向三出阙，但规模更大，并且建筑外侧有石砌包边和石铺散水，使用至宋代晚期，最后毁于大火。

南宋首都临安城地处今杭州市区，绍兴八年（1138年）正式成为都城，直至德祐二年（1276年）被元兵占领，南宋灭亡。20世纪80年代，曾先后确认了临安城皇城的东墙和北墙东段。2004年，经勘探确认了皇城的北墙西段、南墙和西墙以及城墙外侧的城壕遗迹，进一步确认了宫殿区的位置。纵贯杭州旧城南北的中山路，早在五代和北宋时期即为城市的南北主干道，南宋时成为临安城的中轴线——御街。2008年进行全面调查，并在今中山中路南段进行发掘，发现上下叠压的南宋御街及临街建筑遗迹，由此基本查清了南宋御街的建筑结构及其变化，解决了长期以来御街的"砖石之争"。2001年在杭州吴庄发掘一处宅第建筑遗址，清理出正房、后房、庭院、东西两庑和夹道等遗迹，对照咸淳《临安志》所附南宋皇城图判断，该遗址是南宋恭圣仁烈皇后宅遗址的一部分，初步揭示了南宋皇后宅的结构和布局。

2002年在黑龙江阿城金上京故城东郊发掘的刘秀屯建筑基址，朝向东南，由前殿、过廊、后殿、正门

盱眙大云山1号西汉墓出土铜大象　　盱眙大云山1号西汉墓出土铜犀牛　　西安南康村北周李诞墓出土东罗马金币（正面和背面）

及回廊组成，结合文献记载判断，这里是一处金代皇家宫殿建筑，其建造和使用年代为金代前期，有可能是当时皇帝百官祭祀太阳的"朝日殿"。

2000～2001年吉林和龙西城镇西古城城址先后发掘清理了外城南城门及与其相接的城墙、内城南部正中的一号宫殿址及西侧的纵向长方形建筑基址，可以确认西古城城址是唐天宝年间渤海国第三代王大钦茂由今敦化迁都至此的唐代渤海国中京显德府故址，系渤海国五京之一。

唐宋扬州城的考古发掘持续进行，进一步深化了对扬州城布局和历史沿革的认识。2003～2004年发掘扬州宋大城北门水门遗址，揭露出水门北段的东西石壁、东壁滑槽、门道以及河床内的木桩、木板和石板等遗迹，证明了历史文献中宋大城北门的记载，其始建年代不早于五代，废弃于元代。2004～2005年发掘的扬州唐宋东城门遗址，揭露出唐至南宋时期的城墙包砖、主城门、露道，在主城门以东清理出南宋初期的瓮城、便门、露道、城壕等遗迹，在瓮城的东墙下发现北宋的出城露道，出土了唐宋时期的铭文砖。2007年对扬州南门遗址进行全面发掘，揭露出唐至明清时期修筑或修缮的陆门遗存和水门、水关及相关遗迹，基本查明了该门的整体形制布局及不同时期的沿革和变化。

地处湖北巴东县的旧县坪是隋代至北宋的巴东县治所在，寇准在北宋太宗年间曾任巴东县令三年。20世纪90年代至2002年代的大规模发掘，发现了隋唐时期的县衙、仓库及道路等遗迹，宋代的寺庙、居民区和包括衙门建筑的官府区，出土了来自各地的瓷器及其他遗物，展现了地处僻壤山区的宋代巴东县城的风貌。

2008年成都市江南馆街唐宋时期街坊遗址共发掘清理唐宋时期的排水渠16条、砖铺路面4处、泥土支路4处、房址22座以及明清时期的道路、房址和水井等，出土了一批包括佛像在内的文化遗物，初步揭示了唐宋时期成都城罗城内十六坊中富春坊的结构与面貌。

位于江苏张家港杨舍镇的黄泗浦遗址，其所在地为文献记载的安庆镇，地当古黄泗浦与长江入海口的交汇处，东晋时已发展成为市镇，唐代成为繁盛的出海港口，南宋以后称之为安庆镇。2008～2009年的全面勘探和发掘，确定3处遗迹密集区，清理出唐代和宋代房址、水井、排水沟、排水槽、灰坑和道路等建筑遗迹，出土大量多种窑口的瓷器以及佛教遗物，对安庆镇变迁、唐宋时期市镇研究和海上交通史研究

阿城金上京刘秀屯宫殿基址出土陶神鸟　　和龙西古城1号唐代宫殿遗址出土鸱尾　　唐宋扬州城南门遗址唐代瓮城东墙（由东北向西南摄）

等都具有重要价值。

2006～2007年在河南延津县沙门村黄河故道附近的大规模勘探和发掘中发现一座宋金元时期的城址。发掘出城墙、道路、房基、水井、农田、灰坑和墓葬等，证明该城系金代卫州治城，也是一座宋金元时期的黄河渡口城址。这是古黄河渡口城址的首次发掘，也是中原地区宋金元时期中小城址的第一次大规模发掘。

2009年发掘的吉林白城永平金代遗址，其文化堆积分为早晚两期，早期遗存包括大型台基式建筑基址4座和地面式居住址1座，晚期遗存包括11座带有取暖火炕设施的普通居民建筑遗迹，出土大量建筑构件、日常生活用器等遗物，对研究以早期为代表的金代高等级建筑和以晚期为代表的金代普通居民建筑提供了重要资料。

2006～2007年河南叶县文集遗址揭露出一处包括道路、房屋建筑基址、窖藏坑等在内的宋元时期的集镇遗址，出土大量各类遗物，为研究当时的民间贸易及其设施提供了实物资料。

2004年发掘的长沙坡子街南宋大型木构建筑遗址，由三角形木构建筑、沟槽式木构建筑和券顶式砖砌建筑等三部分构成，可能是南宋时期长沙城的给水设施或是一处大型作坊遗迹。

2002年在浙江宁波市区原唐宋子城遗址范围内发掘了以元代庆丰路永丰库为核心的宋元时期大型衙署仓储机构遗址，揭露出两处单体建筑基址，以及砖砌甬道、庭院、排水沟、水井、河道等遗迹，出土800余件来自各地的瓷器及其他遗物，极大地丰富了江南地区元代文化遗存，也是见证宁波作为海上丝绸之路始发港之一的标志性历史遗迹。

2003年内蒙古察右前旗元代集宁路古城遗址发掘清理出房址、窖穴、水井、道路、窑址以及墓葬等，出土大量来自各地的瓷器以及其他遗物，基本究明了古城的形制、结构、城内布局等，是元代"路"一级城市的首次大规模发掘，初步揭示了元代城市制度和经济文化生活的风貌。

2006年内蒙古包头市燕家梁元代遗址清理出大量房址、窑址、地炉、街道、窖藏、砖砌地下室等遗迹。这是一处拥有酒馆、旅店等设施的大型元代聚落，将极大地推动元代集镇、驿站的研究。

湖南永顺老司城始建于南宋绍兴五年（1135年），废弃于清雍正四年（1727年）的改土归流。2010年的重点勘察和发掘及其收获，成为土司早期史迹研究和土司社会研究的重大突破*。

6-3. 无论帝王陵墓还是官吏和平民墓葬，其形制、

张家港黄泗浦遗址7号井出土唐代青瓷壶　　叶县文集宋元时期集镇遗址出土彩瓷人物　　长沙坡子街南宋大型木构建筑遗址（由西向东摄）

结构还是丧葬习俗，都随着时代的变迁而演变。20世纪的考古调查和发掘，已经初步揭示了隋唐至明清时期历代墓葬的时代特点及其发展变化，新世纪以来又有诸多重要发现。

位于陕西礼泉县九嵕山北侧的北司马门遗址是唐太宗昭陵的重要组成部分，2002～2003年，这里先后揭露出完整的清代祭陵建筑遗址和唐代北司马门建筑遗址，出土大量各类建筑材料，以及著名的"昭陵六骏"石雕残块4件、分属于10个个体的"十四国藩君长"石雕像残块等。这是唐代帝陵陵园建筑中首次发掘的一组完整建筑群基址。2006年关中"唐十八陵"调查项目开展以来，先后进行了对唐肃宗李亨的建陵和唐宣宗李忱的贞陵的调查和勘探；2007～2008年对唐德宗李适的崇陵进行了全面调查，并对其南门的门址、南门的西阙台基址和西侧的番酋殿遗址进行发掘，清理出番酋像座3件、像座痕迹5处以及番酋像残躯8件；对唐睿宗李旦的桥陵进行全面调查和重点钻探，并对桥陵南门门址、南门西阙台、南门西侧的番酋殿遗址进行了局部发掘，出土大量建筑材料及番酋像残块，极大地深化了对唐代帝陵陵园建筑结构及其功能的认识。

南汉是唐末五代由刘岩于后梁贞明三年（917年）在广州建立的王朝。2003年在广州番禺小谷围岛发掘了康陵和"刘王冢"。位于北亭村大香山南麓的康陵是葬于942年的南汉高祖刘岩的陵墓，分为地上建筑和地下玄宫两部分。地宫位于山坡南端的一级台阶上，为大型砖室墓，由墓道、封门、甬道、前室、过道和主室组成，前室立有石质"高祖天皇大帝哀册文"一通。墓穴上方为砖土结构的坛形建筑；在山坡的第二台阶、圆坛的东北和西北面，筑有方形台基，三者呈"品"字形分布，相距约50米。"刘王冢"位于北亭村青冈的北坡，是由墓道、封门、前室、过道和后室组成的大型砖室墓，有可能是南汉某座王陵或王后陵。

位于内蒙古巴林左旗山谷中的辽祖陵，是辽代开国皇帝耶律阿保机的陵寝之地，始建于天显二年（927年），毁于天庆十年（1120年）。2003～2010年，对辽祖陵持续进行了调查和勘探，并先后发掘辽祖陵的1号陪葬墓（PM1）、甲组建筑基址、陵园外东侧的龟趺山建筑基址、1号门址（黑龙门遗址）和4号建筑基址（具有"献殿"性质），基本究明了辽祖陵的布局结构以及重要建筑基址，填补了辽代早期陵寝考古的空白*。

北京市西南约45公里大房山麓的金陵遗址是经过金海陵王、世宗、章宗、卫绍王、宣宗等五世60多年营建而成的一处大规模皇家陵寝，而位于房山区周口店镇的九龙山是金陵的主陵区。2001～2002年

包头燕家梁元代集镇遗址出土白瓷黑花罐　　礼泉唐太宗昭陵北司马门遗址出土番酋石像　　泾阳唐崇陵南门外宾王殿遗址出土番酋石像

的全面调查和重点勘探及试掘表明，主陵区是金代皇室陵寝的重要组成部分，由石桥、神道、石踏道、台址（鹊台、乳台）、东西大殿、陵墙和陵寝建筑等组成，以神道为中轴线、两侧对称布局。九龙山主峰下大宝顶前的一处岩坑内埋葬雕饰龙凤的汉白玉石棺椁，推测是金太祖阿骨打的地宫。由此，对金陵获得了初步的认识。

北宋皇陵位于河南巩义，20世纪90年代曾进行全面勘测，并对元德李皇后地宫进行了清理。2008～2009年对宋太宗永熙陵侧的一座祔葬墓进行发掘，墓主人为宋真宗的二儿子、大宋王朝的周王，九岁夭折，葬于宋真宗景德三年（1006年）。该墓的发掘深化了北宋皇陵及祔葬墓的认识。

位于银川市西贺兰山东麓的西夏王陵共有9座帝陵、200多座陪葬墓，1972年以后进行过多次考古调查、勘探和发掘。2000～2001年间，对位于陵区中南部并且保存现状最好的3号陵园遗址先后进行3次大规模发掘，全面揭露出月城与陵城墙体、门屋、门阙、角阙、献殿、陵塔及鹊台、角台等建筑基址，出土一大批建筑构件及其他遗物，初步揭示了西夏陵园的营建规制。2007年对6号陵园的地面遗迹进行发掘，揭露出角台、阙台、碑亭、月城和陵城等，基本究明了陵园的布局结构和建筑特点，进一步证明了西夏陵墓制度基本上是"仿巩县宋陵而作"，同时在许多方面又具有民族文化的特点。

明代藩王及功臣墓在江苏、湖北和江西等地又有新的发现。2001年在湖北钟祥县长滩镇发掘的明代梁庄王墓原筑有南北向的长方形内外茔园，墓葬设在内茔园内，是一座由封土、斜坡墓道、墓门、甬道、前室、甬道和后室构成的穹隆顶崖洞砖室墓，出土随葬品达5100余件，其中不乏世所罕见的精品。出土墓志表明，该墓是葬于明正统六年（1441年）的梁庄王朱瞻垍墓，明景泰二年（1451年）王妃魏氏合葬其中。2002年发掘的南昌新建县西山双港明代宁靖王夫人吴氏墓，是一座墓室用石灰和糯米汁土整体包裹的大型砖室墓，墓内有楠木棺，棺内尸体及随葬品保存基本完好，出土金银器、玉器、凤冠及丝织锦缎等70余件，墓志记载墓主人为葬于明弘治十七年（1504年）的宁靖王夫人吴氏。南京市南郊江宁区的将军山，是明代开国功臣沐英的家族墓地，20世纪50年代以后曾先后发掘了沐英墓等4座。2005年发掘了沐英四世孙沐瓒夫妇墓；2008年发掘的M16为明代第三代黔国公沐斌及夫人墓，M14为沐斌妾室梅氏墓。这些发现进一步揭示了明代沐英家族墓地的布局结构和丧葬特点。

隋唐至明清时期的贵族墓、官吏及平民墓葬也有

广州小谷围岛南汉康陵地宫上的坛形建筑　　房山金陵6号墓　　巩义宋陵周王墓墓室砖雕

不少重要发现。

　　2005年在陕西潼关税村发掘的隋代壁画墓，是一座带天井的长斜坡墓道大型砖室墓，墓道两壁绘有出行仪仗壁画，墓室顶部绘有星汉图，石椁上满布减地线刻画，内容有瑞兽、动物、花草、仙人驾车、乘车贵妇等，应属于隋皇室成员的墓葬。这是迄今发掘的规模最大、等级最高的隋代墓葬，为隋代皇族墓地的探索提供了线索。

　　2008～2009年在西安市南郊凤栖原发掘隋墓5座，均为斜坡墓道土洞墓，其中2座保存完整并且出土遗物丰富，一座为隋仁寿三年（603年）下葬的平原侯长孙公之妻、周城郡君薛氏墓，另一座为隋大业二年（606年）下葬的平原公柴悝墓，为隋代墓葬和文化的研究提供了可靠的标尺。

　　2008～2010年在咸阳底张发掘一批隋墓和唐墓。其中，M301为一座带围沟的斜坡墓道土洞墓，出土墓志表明墓主人为北周上大将军鹿基诞夫妇，鹿基诞葬于北周时期，其妻刘氏于隋开皇十五年（595年）合葬于此。该墓的发掘为研究北周葬制以及北周至隋代诸多器类的演变提供了断代标尺。M92为一座唐代的围沟五天井砖室墓，发现有石质碑座，墓周围有围沟，围沟内发现高达60厘米的陶质十二生肖俑11件按子午方向排列，墓内出土有文官俑等陶俑。由此可知，唐代的埋葬制度存在着地下和地上两个系统，十二生肖俑应当与方位、计时以及信仰有密切关系。M118为围沟墓，其结构为长斜坡墓道多天井砖室墓，墓道两壁绘有仪仗出行等壁画，惜已脱落，出土墓志盖表明，墓主人为唐代突厥族首领、驸马都尉、安国公执失思力。M151是一座地表有墓前石刻和封土的斜坡墓道多天井双室砖室壁画墓，出土墓志表明，墓主人是死于武则天通天元年（697年）的唐玄宗李隆基的外公窦孝谌。前、后墓室顶部均用砖砌成盝顶，是唐代墓室结构中的首次发现。

　　2009年在西安市东长安街发掘的唐代石椁墓，是一座有封土的穹隆顶砖室墓，甬道和墓室内绘有壁画但大多已脱落，葬具为一庑殿顶石椁，刻有侍男、侍女以及花草等精美图案，残留有82件三彩器以及其他遗物，墓主人为官至司农卿的秦守一，唐玄宗开元十二年（724年）归葬长安。该墓使用了高等级的墓葬形制及石椁等，对于唐代丧葬制度研究提供了新资料。

　　2005年在河南洛阳龙门原上发掘的2座唐安国相王孺人墓均为带墓道和天井的穹隆顶砖室墓，墓道和过洞两壁残留有壁画，墓志表明墓主人分别为唐安国相王（唐睿宗李旦705～710年的封号）孺人唐氏和崔氏。

银川西夏6号陵陵塔（由东南向西北摄）　　钟祥长滩镇明代梁庄王墓出土金壶　　南昌新建明代宁靖王夫人墓出土棉袄

2007年在北京密云大唐庄发掘唐代砖室墓和石室墓56座、辽代砖室墓8座以及其他时期的墓葬若干，有些有墓志，有助于北京地区汉代至明清墓葬的编年研究；唐砖室墓中的仿木结构砖雕为当时建筑形制和结构研究提供了实物例证。

2006～2008年在乌鲁木齐市萨恩萨伊墓地发掘唐代墓葬多座，墓上有土石封堆，墓室为椭圆形或半月形，用整匹马随葬，出土遗物与内地唐墓基本一致，反映出当地跟中原地区的密切联系。

2003年在内蒙古通辽科尔沁左翼后旗发掘的吐尔基山辽代墓葬，是一座保存完好的大型契丹贵族墓，出土有彩绘木棺、棺床及大量珍贵文物，是辽代贵族墓的一次重大发现*。

2007年在南京市江宁区清修村发掘的3座石室墓呈品字形分布，东、西、北三面有砖墙，南面有道路、建筑基址以及石翁仲等，是宋代福国公秦熺及其夫人郑氏和曹氏的墓园。

2006～2010年对陕西蓝田县五里头村北宋吕氏家族墓地的墓园兆沟、墓葬群、家庙等进行了全面勘探和大规模发掘，是迄今发掘的最为完整的古代家族墓园，为研究北宋时期的政治制度、意识形态和社会生活等提供了珍贵资料*。

2008年在河南洛阳市西工区史家屯村发掘了北宋富弼家族墓，清理北宋晚期墓葬11座，出土墓志14方，以及残留的瓷器、铁牛等随葬品，据出土墓志可以确定为北宋宰相富弼夫妇及其家族成员之墓，尤其是墓葬规格高、墓志数量多并且内容丰富，为北宋社会历史各个方面的研究提供了珍贵的史料。

2006年发掘的江西德安望夫山宋代壁画墓，壁画内容有星相、官吏、侍女等，是南方地区为数不多的北宋壁画墓之一。

2007年发掘的四川彭山正华村程氏夫妇墓，葬于北宋熙宁元年（1068年），是四川地区规模最大的北宋大型双室石室墓，墓内未被扰动，对宋代墓葬断代及丧葬文化研究具有标尺作用。

2008年在山西汾阳东龙观墓地清理宋金元墓葬27座，包括砖雕、彩绘、壁画类墓葬7座，砖雕建筑形象生动逼真，壁画内容为各种日常生活场景，其年代为北宋晚期和金代早期。

2009年在陕西韩城盘乐村发掘的北宋晚期壁画墓（M218），墓室西北部用砖砌筑成榻座，榻座上有带围栏的木榻，死者不用棺木，直接放置于木榻之上，为夫妻合葬墓。这种木榻及丧葬方式为宋代墓葬中首次发现，内容丰富的壁画为研究宋代社会生活提供了生动的形象资料。

南宋墓葬发现多座，并且颇有特点。2002年在

南京将军山明代沐氏家族14号墓出土金手镯　咸阳底张92号唐墓出土陶生肖俑（虎、龙、羊）　密云大唐庄4号辽墓

四川泸县的3个地点清理的6座南宋石室墓，出土各类石刻85件，内容包括四神、武士、侍男、侍女、乐舞、动物及花卉等，雕刻手法有高浮雕、浅浮雕和阴刻，其年代为1176～1239年，对于研究南宋石刻艺术、丧葬习俗及历史文化具有重要价值。2004年在南京市南郊江宁区建中村发掘的南宋墓葬，是一座由封土、墓圹和墓室构成的大型砖石结构墓葬，木棺内发现一具保存完好的老年女性骨骼，出土珍贵文物800余件，发掘者推测该墓可能与秦桧家族有关。

金元时期的墓葬也有所发现。2006年在河北徐水西黑山发掘金元时期的砖室和石室墓等62座，首次确认了金元时期的祭台和墓丘，进一步丰富了金元时期平民墓葬资料。1999～2002年在河北沽源楼底村"梳妆楼"元代墓地发现墓葬30座、祭台2座，并发掘了其中的24座墓葬和2座祭台。发掘表明，地方志及当地传说所谓的辽代建筑"梳妆楼"实为一座元代贵族墓的地面享堂，对于研究元代蒙古族的丧葬习俗等极具价值。2009年在西安南郊夏殿村发掘一处元代家族墓地，墓葬均为带墓道的土洞墓，墓室四壁多有壁龛用以放置随葬品。4座墓出土墓志，墓主人分别为刘黑马、刘元振夫妇、刘元亨、刘天杰夫妇等祖孙三代，刘元振父子事迹见于《元史·刘伯林传》，刘氏是元初一支具有重要政治势力的家族。刘氏家族墓地的发现，为研究元代贵族政治及丧葬制度无疑具有重要意义。

值得关注的明代墓葬有两处。2005年发掘的长沙蚂蚁山1号明墓，是一座由墓道、前室、后室以及东西两个侧室组成的大型券顶砖室墓，竖穴墓道内自上而下发现有石质建筑、"十"字形建筑及井状建筑，石质建筑内有一幢石质喇嘛塔，塔内发现数十册纸质书籍，其中一册为道家经书的《太上洞玄灵宝高上玉皇本行集经》，墓主人为葬于明永乐十一年（1413年）的谷王乳母张妙寿。这种集佛、道于一体的墓葬属于首次发现，对研究明朝早期宗教史和思想史颇具价值。2008年发掘的陕西高陵县灰堆坡明代刘复业夫妇墓，是一座庭院式结构的石室墓，属于新发现的一种明代墓葬类型，展现了石构庭院式墓葬的早期形态。

6-4. 隋唐至明清时期作为帝国时代社会生产和科学技术高度发展的时期，许多领域都取得了辉煌的成就。在20世纪，以陶瓷烧造业为重点的手工业考古取得了长足进展，新世纪以来手工业考古的广度和深度进一步扩展，与社会生产和生活密切相关的交通考古获得新的突破。

定窑作为宋元时期的著名窑场，在当时的各个瓷

彭山正华村北宋墓墓室壁龛　　　汾阳东龙观6号金代墓西壁仿木砖雕　　　韩城盘乐218号北宋墓墓室北壁壁画（局部）

器传统产地中为官府督窑并贡御时间最长，在宋元时期的制瓷业中占有非常重要的地位。定窑遗址位于河北曲阳涧磁村、北镇村及野北、燕川村一带，在以往调查的基础上，2009年在涧磁岭、涧磁西、北镇及燕川的4个地点进行了发掘，在涧磁和北镇一带清理窑炉、作坊、灰坑、灶、墓葬、沟、界墙等遗迹计60余处，在燕川发掘区清理遗迹8处，出土大量瓷器和窑具。据此可知，定窑的始烧年代为中晚唐，以往定窑始烧年代的隋代说和初唐说都缺乏证据，而金代是定窑烧制瓷器的最盛期，元代产品质量下降，成为烧制普通日用瓷器的窑场；五代至金代窑炉等遗迹的发现，揭示了当时的烧制技术及生产管理状况；五代至金代一批"官"字款代表性瓷器的发现，为研究定窑的贡御瓷器的特征及其历史提供了可靠的实物资料。

钧窑瓷器是我国北方地区宋元时期最重要的瓷器产品类型之一，有宋代五大名窑之美誉。位于河南禹州神垕镇西南部的古窑址群是钧窑的中心窑场之一。2001～2002年，刘家门东区、刘家门西区、河北地和下白峪等4个地点的窑址清理出窑炉、石砌澄泥池、灶以及窑前工作场等遗迹，出土大量瓷器残片和窑具等，极大地推进了唐代中晚期至元代钧窑瓷器及其烧制技术和生产的研究。

河南地区其他瓷窑的考古也取得重要进展。2002年，河南巩义大黄冶村和小黄冶村附近黄冶河两岸的唐三彩窑址清理出汉代窑炉2座、唐至宋元窑炉10座、作坊2处，以及澄泥池、釉料坑、水沟、路和灰坑等遗迹，出土大量瓷片、三彩、素烧器残片以及各类窑具，从而确认了一处唐代青花瓷产地，找到了烧制唐三彩的窑炉和作坊，是唐三彩及其烧制和生产研究的重大突破。2005～2007年河南巩义白河窑址清理出以烧制白瓷为主的唐代窑炉，首次发现了唐青花瓷器以及大量唐三彩器残片，从而证明了唐代青花瓷的发源地就在河南巩义一带。2004年河南汝州张公巷窑址进行了发掘，证明该窑址是北宋末至元代初年烧造青釉瓷器的一处民间窑场。

杭州市上城区老虎洞窑址1999～2001年进行了再次发掘，发现元代上层、元代下层和南宋层等三个时期的堆积，清理出龙窑窑炉、小型素烧炉、房基、采矿坑、澄泥池、辘轳坑、釉料缸及瓷片堆积坑等大量遗迹，出土一批可复原的瓷器和窑具等，其中南宋时期的遗存应是陶瓷界一直寻找的修内司官窑，与北宋时期的汝官窑有承继关系；元代晚期遗存中有与传世哥窑瓷器十分相似的器物，使哥窑产地研究获得极大进展。

龙泉青瓷是宋元明时期的著名瓷窑产品，20世纪后半期，龙泉窑曾进行过多次调查和发掘。2006年对

泸县新屋村南宋墓墓室石雕（局部）　　西安夏殿村16号元代墓出土陶骑马俑　　长沙蚂蚁山1号明代墓

浙江龙泉市大窑村的枫洞岩窑址的发掘，揭露出房址、龙窑、辘轳坑、素烧炉、储泥池、水井、道路等各种遗迹，出土大量元明时期的瓷片和窑具，包括"官"字、"永乐九年"纪年等文字，成为龙泉瓷窑以及明代宫廷用瓷器研究的重要进展。

江西地区陶瓷考古的进展，主要是景德镇窑址的发掘。2002～2003年景德镇珠山北麓明清御窑遗址的发掘，极大地推动了景德镇瓷窑考古的进展*。2005年景德镇丽阳乡元明时期瓷窑址发掘清理出元代龙窑窑炉和明代葫芦形窑炉，出土大量五代至明清时期的重要瓷器标本，对于元明时期民窑瓷器生产以及景德镇地区的陶瓷考古具有重要的推动作用。另外，2004年江西玉山县渎口窑址的发掘，证明该窑址是一处晚唐至北宋中晚期烧造青瓷器的中型民间窑场。

以首创釉下彩而在中国陶瓷史上占有特殊地位的长沙铜官窑，是唐五代时期的著名瓷窑之一，20世纪70～80年代曾进行过大规模发掘。2010年对曾经发掘的谭家坡1号龙窑（Y38）进行补充发掘，在其西侧清理出与窑场制瓷活动有关的遗迹28处，包括挖泥洞、淘洗池、储泥坑、陶车坑、工棚、灶、烘烤炉、釉缸、装窑出窑活动台面等，较完整地揭示出Y38制瓷工艺流程。

其他有关陶瓷或与之相关的考古发现还有：2005～2006年四川邛崃邛窑什邡堂遗址1号窑包的发掘，清理出窑炉、作坊等宋代遗迹以及高温三彩器、天青釉瓷器、绿釉瓷器等瓷器和窑具，初步揭示了南宋时期邛窑的制瓷工艺及其特点。2008～2009年，在陕西咸阳底张发掘宋金时期的陶窑19座，有单体窑和组窑两类，反映了当时制陶手工业的某些侧面。2008年南京市窑岗村明代琉璃窑址的发掘，清理出单座窑体14座、窑作场地及护坡各1处，出土大量窑具、作为产品的琉璃建筑构件等遗物，初步究明了该窑场烧制琉璃建筑材料的结构及工艺。

造纸术是我国古代的四大发明之一，汉代以后的纸制品多有出土，但造纸作坊长期少有发现。2005～2008年江西高安华林宋元明时期造纸作坊遗址的调查和发掘，作为我国首次发现并发掘的以竹子为原料造纸的作坊遗址，对于我国古代造纸术发展史研究具有重要价值*。2008～2009年浙江富阳泗洲村宋代造纸作坊遗址发掘清理出房址、墙基、火墙、道路、古河道、水井、水池、排水沟、陶缸、炉灶和灰坑等遗迹，证明是一处以竹子为原料的南宋时期的造纸作坊遗址，其造纸工艺可与《天工开物》等文献

巩义黄冶唐三彩窑址出土三彩炉　　汝州张公巷宋元窑址出土瓷鹅颈瓶　　杭州老虎洞窑址出土南宋粉青釉盏托

记载相互印证。

造酒作坊遗址，在20世纪90年代已有多处重要发现。2002年南昌进贤李渡（无形堂）元明清时期烧酒作坊遗址的发掘，是继成都水井坊之后我国发现的又一处时代最早且延续时间最长、遗迹最全、遗物丰富、富有地方特色的古代烧酒作坊遗址*。2003～2004年四川绵竹剑南春"天益老号"清代酒坊的勘探和发掘，清理出水井、酒窖、炉灶、晒堂、蒸馏设施、粮仓等与白酒酿造工艺密切相关的遗迹，揭示出从原料浸泡、蒸馏、拌曲发酵、蒸馏酿酒到废水排放等一整套酿酒工艺。

水利和交通与社会生产和人们的日常生活密切相关。为配合大运河的保护和申请"世界遗产"，2006年隋唐大运河通济渠宿州段进行了勘探和发掘，发掘清理出水井和灰坑等遗迹，出土各类遗物4000余件，首次从考古学上究明了运河的宽度和河床的结构，并为唐宋瓷器及瓷器流通的研究提供了实物证据。2010年在山东菏泽市区发掘的元代木质沉船，位于运河与黄河连接的河道内，出土瓷器等各类文物110余件，对于研究元代造船、漕运以及当地历史环境的变迁等具有重要价值。2010年对山东聊城梁水镇土桥闸遗址进行了全面清理，究明了水闸的基本结构和建造过程等，展现了当时建筑和治水工程的发达水平。

上海志丹苑元代水闸遗址位于上海普陀志丹路和延长路交界处，属于明代之前的吴淞江下游故道范围。2001～2005年间，先后在此进行调查、试掘和全面发掘，证明水闸平面呈八字形，由闸门、闸墙、底石、夯筑三合土等组成。这是迄今考古发现规模最大、结构科学、保存完好的一处元代水闸，在中国古代水利史上具有极其重要的地位。

2003～2004年南京明代宝船厂船坞遗址进行了发掘，对长421米、宽41米的六作塘进行全面清理，在塘底清理出34处造船设施，出土各类文物1500余件，从不同侧面揭示了宝船厂的造船工艺和技术。

关于宋代的医学，2009年在陕西韩城盘乐村发掘的北宋晚期壁画墓（M218）墓室北壁绘有一幅"医药图"，图中绘有男子炮制中药、女子捧奉汤药、男子手捧"朱砂丸"药匣、研读《太平圣惠方》医书以及鉴尝白术和大黄的场景，为宋代中医药研究提供了生动形象的资料。

6-5.以佛教为主的宗教活动以及其他祭祀活动，在隋唐至明清时期进一步普及和扩展，地上和地下遗留下了大量的遗迹和遗物。隋唐至明清时期的宗教遗

玉山渎口唐宋窑址出土瓷粉盒　　隋唐大运河通济渠宿州段出土北宋瓷说唱　菏泽元代沉船出土瓷褐彩龙凤罐
　　　　　　　　　　　　　　　　　人物像

存，20世纪已有许多重要发现，新世纪以来又不断取得新的进展，有关的祭祀遗存也有新的发现。

2009年发掘的陕西富县广家寨寺院遗址，清理了北厢房的建筑基址，出土石刻残块300多件，其年代自北魏至宋代，而大型石造像的年代为北朝和隋代，对于研究陕北地区佛教的传播等具有重要价值。

太原市西南的晋阳古城，是一座春秋至五代的大型城址，城西的西山一带分布有密集的佛教遗迹。2008年对龙泉寺唐代塔基进行了发掘，地宫内出土石函、木椁、铜椁、木胎银椁、金棺和舍利，表明其为唐代武周时期的塔基遗址，是佛塔地宫瘗埋舍利的早期实例。

2003～2005年对天津蓟县千像寺石刻造像群进行了全面调查，在124个地点发现线刻造像535尊，包括佛、菩萨和比丘三种，刊刻时间集中在辽代，是目前全国所见分布面积广、体量最大的辽代民间石刻造像。

2008年发掘的北京大兴黄村镇辽金塔林遗址，揭露出塔基25座，地宫内放置木函、骨殖、佛像以及瓷器等，经幢上题记的年代自辽道宗清宁六年（1060年）至金帝完颜亮贞元三年（1155年）。古代塔林遗址的发掘，在我国尚属首次，不仅为佛教考古提供了新的资料，而且对于北京地区辽金时期的历史地理和佛教文化研究具有重要价值。

2000～2001年杭州雷峰塔遗址及地宫的发掘表明，雷峰塔的塔基、塔身局部和地宫保存基本完好，究明了其修建、形制结构以及用金棺银椁瘗埋舍利等时代特点*。

作为西南地区唐宋时期寺庙遗址的首次大规模发掘，2005～2006年在四川邛崃龙兴寺遗址清理出罗汉殿、塔基、四合院建筑基址等宋代遗迹，初步查明了唐代龙兴寺的建造地点及其废弃，以及与继之兴建的宋代寺庙之间的关系。

位于今南京市城南的大报恩寺，是明代著名的皇家寺院，自东吴至清末历经多次毁建。2007～2010年间对该遗址的北区进行了全面发掘，先后清理出中轴线上的香水河桥、御道、天王殿、大殿、琉璃塔、观音殿、法堂等主体建筑，以及中轴线两侧的建筑和其他明代建筑遗址，证明琉璃塔始建于北宋时期，元代重建琉璃塔时沿用了其塔基和地宫；北宋长干寺真身塔塔基的地宫深6.74米，是迄今所见最深的佛塔地宫；石函中的铁函高达1.3米，是迄今佛塔地宫中发现的最大的铁函；铁函出土了佛顶真骨、感应舍利、七宝阿育王塔等一批珍贵佛教文物，在国内外引起了广泛关注。

菏泽元代沉船出土寿山石雕伏龙罗汉　　聊城梁水镇京杭大运河明清土桥闸出土石镇水兽　　上海志丹苑元代水闸

在新疆地区，2002年发掘的策勒县达玛沟佛寺遗址，是迄今所见最小的古代佛寺。该佛寺被掩埋于托普鲁克墩红柳沙包中，是一间坐北朝南的木骨泥墙单体方形建筑，南北长2.25、东西宽2、残高1.45米，四壁及顶部绘有佛教壁画，靠北墙有一尊泥塑释迦牟尼坐像，其年代为7~10世纪。

在西藏地区，2005~2007年萨迦县城以北萨迦寺进行了大规模调查和重点发掘，发掘清理建筑群遗址4处，调查建筑遗址11处等，发现一大批佛教遗物。

上述宗教遗迹之外，2004年湖南宁远县九疑洞村玉琯岩宋代建筑遗址揭露出北宋时期的大殿、廊庑、道路、排水设施等建筑遗迹，出土建筑用陶瓷和祭祀用陶瓷器，显示出该遗址可能是北宋时期的舜帝陵庙，这也是全国唯一一处同时拥有文献记载、存世碑刻、出土古地图和考古资料的舜帝陵庙。

6-6. 中外交流在隋唐时期出现了新的高潮，宋代以后进一步扩大，有关中外交流的遗迹和遗物更加丰富。在20世纪考古发现和研究的基础上，新世纪以来以海上交通和贸易为主要内容的中外交流考古取得突破性进展。

前述江苏张家港杨舍镇黄泗浦遗址，作为唐宋时期的国际港口市镇，是鉴真和尚第六次东渡日本的出海港口，对它的发掘为海上交通和中日交流研究提供了重要的资料。

2005年福建东海平潭碗礁1号沉船遗址的抢救性发掘，完成了沉船内部装载物和遗址周围的发掘清理，出土清代康熙年间景德镇民窑瓷器1.7万余件及其他遗物，对于近海水下考古以及海上丝绸之路、造船史和陶瓷史的研究具有直接的推动作用。

海南西沙群岛华光礁1号沉船遗址，1996年发现后曾于1998年进行过试掘，2007年再次进行发掘，进一步查清了船体结构，完成船体测绘工作，出水瓷器等南宋文物近万件，取得了我国第一次远海水下考古发掘的成功，再一次从考古学上证明南海诸岛自古以来就是我国的神圣领土。

2010年广东南澳I号明代沉船的水下考古发掘，初步查明了沉船的保存状况及内涵，出水陶瓷器等文物11000余件，为明代中晚期海上贸易以及外销瓷的研究提供了重要线索和实物资料*。

七 结束语

上述关于新世纪以来考古新发现的评述，尽管力求全方位、多角度，但也只能是择其要而论之，就其

南京明代宝船厂3号造船遗迹　　韩城盘乐218号北宋墓墓室壁画"捧药图"　富县广家寨寺院遗址出土隋代石菩萨头像

数量而言仅仅是一部分，就其内容而言也仅仅是概要。即使如此，也大致可以窥知新世纪以来考古发现的新成就、考古学的新进展。同时，这些考古发现还反映出新世纪以来我国田野考古的新态势、新特点。

田野考古类型趋于多样，基建类考古成为田野考古的主战场。新世纪以来，基于学术研究需要的"学术类考古"、为防止毁坏和盗掘进行发掘的"抢救类考古"和基本建设过程中开展考古调查和发掘的"基建类考古"等都在继续，同时，为制定大遗址（包括大型古遗址和古墓葬群）保护规划、实施保护措施并进行展示而进行的考古调查和发掘的"文保类考古"迅速兴起，田野考古类型趋于多样。但是，由于经济建设在全国各地持续大规模进行，基建类考古任务繁重、项目众多，随之成为田野考古的主要类型，新世纪以来的考古新发现大多是在基建类考古中取得的。

田野考古的学术课题意识进一步增强。以学术研究为目的的学术类考古调查和发掘自不待言，抢救类考古、基建类考古和文保类考古也都从实际出发紧紧围绕解决某些学术问题制定计划、组织实施，从而极大地提高了这些田野考古项目的学术性，最大限度地发挥其在解决重大学术课题和学术难点问题中的作用。更为可喜的是，有些抢救类和基建类考古项目，随着田野考古的进展及时设立相关的学术课题，将其转换提升为学术类考古。新世纪以来的许多重要发现，正是在这样的背景下实现的。

田野考古中新理念、新方法、新技术和新手段的应用迅速扩展，多学科合作研究进一步深化。田野考古的发展，离不开理论的创新和方法的创新。聚落考古等先进的考古学理念和方法，正在被自觉地运用到史前考古和历史考古的实践中。全站仪测量、3D扫描技术、考古地理信息系统、动植物浮选法、柱状取样等先进的技术和手段，在田野考古中逐步得到推广应用，进一步提高了田野考古的科学化水平。环境考古、动植物考古等多学科合作研究，逐步深入到田野考古过程之中。将某些遗迹和遗物整体提取搬运到实验室内进行发掘和清理的"实验室考古"正在形成。田野考古科学化进程的不断推进，进一步提升了田野考古中资料和信息收集、记录的能力和水平，丰富了考古发现的内涵，增强了考古发现的科学性。

田野考古与文化遗产保护紧密结合，为文化遗产事业做出了重要贡献。一些面临被破坏威胁的古遗址和古墓葬的抢救性发掘清理，使大批珍贵的文化遗产得到及

太原太山龙泉寺唐代塔基地宫出土银椁　　大兴黄村19号金代塔基　　南京大报恩寺遗址北宋长干寺塔基地宫铁函出土铜牌

时抢救和保护。一批文保类考古项目，为大遗址保护和"申遗"提供了强有力的学术支撑，"科学的考古发掘是大遗址保护的基础"逐步成为考古界的共识。无论抢救类考古、文保类考古还是学术类考古、基建类考古，文物保护的理念和措施都贯穿于从计划制定到田野考古实施的全过程之中，田野发掘的精细化趋势进一步增强，尤其是边发掘、边保护的理念和做法，极大地促进了田野发掘过程中的文物保护，而实验室考古则把田野考古中的文物保护提高到一个新水平。

田野考古领域进一步扩展，考古发现更为丰富多彩。田野考古在时间上的扩展，不仅表现在对"古不考三代以下"观念的彻底摒弃，而且表现在对明清时期田野考古的重视和实施，顺应了世界考古学的发展趋势。在空间上，主要表现在由陆地考古向水下考古的扩展，各沿海省市的近海海域及部分内陆江河开展了水下文物调查，70余处沉船遗址得到确认，广东"南海Ⅰ号"、"南澳Ⅰ号"等水下考古取得突破性进展，并积累了宝贵经验。在这样的背景之下，以往少有发现的盐业、造酒、造纸等手工业作坊址，水闸、码头等水利设施，道路、桥梁和港口等交通设施遗存的勘探和发掘，极大地丰富了考古学的内涵。

新世纪以来短短的十年，在历史的长河中仅仅是短暂的一瞬间，但数以千计的考古发现，以实物资料的形式把灿烂辉煌的中华古代文明展现得更为生动、更为形象、更为具体，把中国古代社会历史的画卷描绘得更为绚丽、更为多彩、更为逼真。人们关注一个又一个的考古新发现，而这些新发现都是在上述田野考古的背景下获得的；人们感叹我国考古学的迅猛发展，而这些发展都离不开田野考古的原始创新。中国大地上和海洋中蕴藏着极为丰富的历史文化宝藏，中国考古学正在蓬勃发展，更多、更精彩的考古发现今后还将不断地展现在世人面前。这是一种期待，更是一种必然。

● 本文中凡标注有*者，均为入选"中国社会科学院考古学论坛"的项目，本书中已有专文介绍，这里从略。

● 本文的撰写，主要的参考文献是2001～2010年出版的《中国重要考古发现》系列图书，《考古》、《考古学报》、《文物》、《考古与文物》、《华夏考古》、《中原文物》等期刊，《中国文物报》以及有关的考古发掘报告等，限于篇幅这里不一一注出，谨向有关文献的作者和出版者致谢，并敬请读者鉴谅。

策勒达玛沟佛寺释迦牟尼塑像　　西藏萨迦寺北寺遗址出土法器　　福州平潭碗礁1号沉船出水清代景德镇窑瓷器

新世纪
中国考古新发现
(2001~2010)

IMPORTANT ARCHAEOLOGICAL
DISCOVERIES OF CHINA IN THE NEW CENTURY

陕西宜川龙王辿旧石器时代遗址

一 引言

人类、农业和文明的起源一直是备受学术界关注的重大课题。特别是在旧石器时代向新石器时代过渡时期,农业的起源标志着人类从简单适应和利用自然的采集、狩猎经济进入了以栽培植物为主,创造财富以维持生存的自为阶段,跃上文明殿堂的第一台阶梯,摆脱了自然力的束缚。农业使人类扩大了生存的领域和空间,迈出了由必然王国进入自由王国的关键一步。因此,旧石器时代向新石器时代如何过渡,新石器时代开始出现的诸多革命性文化因素是如何孕育发展,这一向是考古工作者探索的重大课题。自20世纪90年代以来,随着江西省万年县仙人洞遗址、吊桶环遗址,湖南省道县玉蟾岩遗址,广西壮族自治区桂林市甑皮岩遗址、临桂大岩遗址等重要遗址的发掘和研究,南方地区旧石器时代向新石器时代的过渡轨迹和稻作农业起源的演进模式已日渐清晰。而黄河中游地区作为中华文明重要起源地,这一领域的研究工作则显的较为沉寂。为推动这一研究课题的进展,中国社会科学院考古研究所陕西六队与陕西省考古研究所联合组队,于2003年4月在陕西地区开始了旧石器时代晚期遗址的考古学调查。

通过2003、2004年度的考古调查,我们认为,要探索黄河中游地区旧石器时代向新石器时代演变的轨迹,首先要搞清楚这里的考古学文化面貌,准确认识其考古学文化的内容、特征和发展演变,因此,首要任务是研究华北地区细石器文化的谱系,探明中国细石器工业技术的起源与发展,进而系统分析这一阶段新出现的文化因素,并综合古环境学、植物学、地质学等多学科方法,探讨黄河中游地区旱地农业起源模式。为此,我们决定以遗址堆积丰富,保存相对较好的龙王辿遗址为工作中心,并于2005年至2009年对其第一地点进行了发掘。

发掘在1米×1米的探方内以地层堆积为基准逐层进行,在文化层中再分水平层。除了传统、常规的记录,我们还对旧石器时代晚期文化层出土的每一件标本的倾向、倾角、长轴方向等产状进行测量、并标注了最高点、方向。还利用全站仪测量了它们的全部三维坐标。收集了全部用火遗迹的土样,同时还选择了两个不同区域的探方,自上而下地全部收集了土样,尽可能地收集信息,并为今后的研究奠定基础。

二 地理位置与自然环境

龙王辿遗址第一地点位于陕西省宜川县壶口镇龙王辿村北约580米处,地理坐标为东经110°26′312″,北纬36°09′74″。西南距宜川县城直线距离约30公里。该地点地处黄河西岸的二级阶地,坐落于源自宜川县壶口镇高柏乡的惠落沟河与黄河交汇处三角地带的黄土台地上,遗址地表高出现代的黄河河床34米,海拔为483米。遗址地处渭北高原、是黄土高原的东南边缘,沟壑纵横、川原相间,在黄河沿岸为薄层黄土覆盖的石质丘陵区。当地为暖温带半干旱区,具有明显的大陆性季风气候特征,四季分明。这里的河流属黄河水系,自北而南并列有许多支流,河道中下游落差较大。

龙王辿遗址在黄河中游晋陕峡谷的南部,是鄂尔多斯地块东南边缘,这里黄河河床坡降大,河流下切作用强,河谷断面呈"U"形。而在这开阔宽展的谷地中,瀑布在河床中央又下切,形成了"谷中谷",这就是著名的壶口瀑布。这一地区在地质构造上属于中生代鄂尔多斯盆地的东部。黄河自青铜峡流出后,沿贺兰山东麓经银川盆地北行,后经狼山南坡渐而向东,顺阴山经河套盆地东行,至大青山西端拐了一个90°的大弯,然后顺晋陕峡谷南下进入渭河盆地。黄河的两个大弯在中间围出一个近似长方形的地块,这就是鄂尔多斯地台。

龙王辿遗址及周边地区出露的基岩层为南北向断褶带，以发育的三叠纪地层组成的南北向褶皱为特征，主要为紫褐、紫红色粉砂质泥岩与淡红色长石砂岩互叠层，普遍含灰质结核。砂岩中长石含量较高，以泥质胶结为主，向上泥质成分增多，厚度增大，在上部还夹有灰绿、黄绿色粉砂质泥岩及细砂岩的互叠层，含有植物化石及脊椎动物化石。边界多由断裂束围限，并与此段黄河河道走向一致。这一地域黄土多分布于黄河两岸的低山丘陵地带，厚度不大，以不整合形式覆盖于所有新、老地层之上。黄土成层明显，埋藏的古土壤多成条带状分布。

三 地层堆积状况与工作方法

龙王辿遗址近年来受当地取土的影响，破坏较为严重，但遗址的堆积层序基本未受扰动。第一地点的地层堆积自上而下可分为6层，呈西南高东北低的漫斜坡状堆积。现以第一地点一个探方的西壁为例对其地层堆积状况加以说明。

第1层为灰褐色土，质地松软，厚0.3～0.45米，包含有较多的草本、木本植物的根系，为表土层。第2层为灰黄色土，质地较松软，厚0.2～0.4米，包含有瓦片、铁钉和较多的大小不等的砾石块。第3层为黄褐色土，质地松软，厚0.7～1.3米，有瓦片、铁钉等近代遗物和打制石器、细石器、烧骨、炭屑、石块等。第4层为浅黄色土，质地细密，较硬，厚0.8～1.1米，有石器、烧骨、炭屑、石块等。第5层为黄色土，含沙量稍多，较松软，厚0.6～0.9米，有石器、烧骨、炭屑、石块等。第6层为黄褐色土，质地细密，含沙量较多，较硬，厚1.1～1.4米，包含有石器、烧骨、炭屑、石块等。6层下为基岩层，上部有基岩风化形成的较大石块与黄土胶结的堆积，其下为三叠纪的紫褐、紫红色粉砂质泥岩与淡红色长石砂岩互叠层。

根据地层的土质、土色及包含物，可判断第2层为近代堆积层。第3层为黄土台地上部坍塌后二次堆积形成的坡积层。第4、5、6层为旧石器时代晚期文化层，它们在土质、土色上虽有一些细微的区别，但均有色淡黄、颗粒细、孔隙大、垂直节理发育等特征，为典型的马兰黄土堆积。这三层中发现了多处加工石器形成的石制品集中分布区，有大小不等的断块、废片、碎屑等，说明这是原地埋藏的旧石器时代晚期遗址。从地层堆积情况来看，龙王辿遗址第一地点的旧石器时代晚期文化遗存有年代早晚的区别，其文化面貌差异有待于进一步研究。

四 遗迹与遗物

第一地点发现的遗迹主要有烧土遗迹、石制品集中分布区等。

在第4、5层中发现烧土遗迹20余处。第4层上部还有在同一层面成组分布的4处烧土遗迹。它们多为圆形或椭圆形，呈红褐色，多数的烧土中夹杂有较多的炭粒、烧骨等，直径为0.4～0.7、深0.15～0.3米。05Ⅰ④：S4，平面大体呈椭圆形，长径0.56、短径0.43、深0.22米。其中保存着大量黑色灰烬，靠近西北部的一端集中分布有小石片和兽骨，均有明显的经火烧烤的痕迹。06Ⅰ⑤：S4，平面大体呈椭圆形，其中夹杂有一些炭屑，烧土中有较多的经火烧烤过的石片和兽骨，长径0.52、短径0.38、深0.18米。

多处石制品集中分布区与烧土遗迹共存，可分为2类。一种是以一个大石块为中心，周边散布大小不同的同一种石材的断块、废片、碎屑等，其中最小的碎屑长、宽约0.2～0.3厘米。位于中心的大石块为石砧，多为天然的河卵石或砾石块，较为扁平的一面向上，在这一面上有许多加工石器产生的小洼坑。

另一类石制品集中分布区较特殊。第5层下部的4个探方的交接处，不足2平方米的范围内堆放有300余件砂岩石块。它们大体呈半圆形，灰白色，质地较软，易于风化，并似乎经过烧烤，厚约15厘米，直径约3～8厘米。向西还有一些大小相近的石块，与它们连接呈圆圈状分布。在西南不足1米处和东南约2米处也各有一处烧土遗迹。西南部的为Ⅰ⑤：S3，平面大体呈圆形，直径为0.34米，土质较为纯净，仅有少许的炭粒。东南部的为Ⅰ⑤：S4。

在2005年至2009年的发掘中，出土了35000余件石制品、少量蚌器和一些动物骨骸。

石制品中除去部分打制石器、精致的细石器、细石核、细石叶和磨制石器外，还有大量石块、断块、废片和碎屑。石料多采自河滩砾石，主要有燧石、石英、脉石英、页岩、硬质砂岩等。

打制石器数量较少，器类包括砍砸器、刮削器、尖状器等，它们多以脉石英或硬质砂岩为原料，加工较为简单，稍加打制即成，也有一些在刃部进行二次加工调整的。

细石器、细石核、细石叶的原料以燧石和石英为主。细石器主要有刮削器、端刮器、尖状器和雕刻器等。

刮削器种类较多，依加工刃口数量，可分单边刮削器、两边刮削器和多边刮削器三种。06Ⅰ⑥：5838为一件单边凸刃刮削器，燧石，平面大体呈圆形，由较厚的石片加工而成，左侧保留有天然燧石块的外表组织，另一侧材质较好的部位由较小的一面向另一面剥片加工成弧状刃口，直径约2.8、厚1.4厘米。

端刮器均由石片制成，它们是在石片的远端正向修整出一钝厚的弧刃，有的在石片一侧或两侧也作修理。05Ⅰ⑤：388，脉石英，平面大体呈长方形，素材为天然台面的石片，远端及正面均经修理，形态规整，长3.2、宽1.8、厚0.6厘米。

尖状器多由石片制成，在石片的两侧经修理使之相交于一端形成尖刃。06Ⅰ④：1067，燧石，平面大体成三角形，背面平整，正面有脊，一端修整平直，两侧经修整形成正尖刃。长3.6、底边宽1.6、厚1.3厘米。

雕刻器数量较少，多由石片制成，基本是在石片一端打制出类似凿子形的刃口。06Ⅰ④：2158，燧石，平面大体呈长方形，以石片为坯材，周边经修整，形态规整。长3.6、宽2.1、厚1.4厘米。

细石核主要有锥状石核、半锥状石核和柱状石核等，楔形石核极少。锥状石核最多，也是细石核中最完整的类型。台面为圆形，周身剥片，底部为尖。06Ⅰ⑥：2871，燧石，台面修整得十分规整，周身均为细石叶剥落的条痕，台面径1.2～1.8、高3.2厘米。

半锥形石核的数量也较多，台面多呈D形，剥片面为棱锥面，与之相背的一面较平。台面由剥片面顶缘向后倾斜，底部呈尖状。柱状石核不多，均有上下两个台面，两台面各对应的剥片面基本连通，呈现出周身剥片的柱状形态。有的并仅在核身一侧进行剥片，对应的台面由前缘向后倾斜，剥片面上的棱脊呈棱柱状。

细石叶发现的也较多，形态规整，一般长2～3、宽0.3～0.5、厚0.1～0.3厘米。

磨制石器发现有石铲和石磨盘两类。

石铲仅发现1件，以页岩为材料，利用页岩的层状节理剥片后琢打成舌形，顶端刃部两面磨制呈弧形刃，长12.7、宽9.2、厚0.8厘米。

石磨盘的出土数量也较少，平面呈长方形或不规则圆形，周边琢打成形，中部有研磨形成的凹痕。05Ⅰ④：1168，砂岩，形制规整，中部的凹痕十分明显。

残长16.4、宽14.8厘米。

另外，还发现一些用于磨制石器或颜料等的砺石，多以天然的砂岩石块为原料，有的稍加琢打，取其较为平整的一面作为研磨面。

蚌器多为装饰品，它们多有穿孔，可供系挂。06Ⅰ④：3861，平面呈长方形，顶部有单向制作的双孔并列，两侧各刻有两组锯齿，位置对称，靠近顶部的两组各由4个锯齿组成，其下部的两组各由3个锯齿组成，长3.7、宽1.6厘米。06Ⅰ⑤：1147，切割成扇形，周边光滑平整。长1.5、宽1.1厘米。

出土的动物骨骼不多，且多较破碎，因此鉴定动物种属较困难，有待于进一步研究。

五　结语

2005年至2006年，龙王辿遗址第一地点发掘了约46平方米，发现了丰富的遗迹、遗物。通过初步观察出土遗物的加工技法、形制特征等可知其文化具有典型的中国华北细石器工业传统的特征，原料以燧石和石英为主，制作技术上直接法和间接法并用，间接打制和压制修整技术十分成熟。和这些细石器文化遗存共存的还有一些尖状器、砍砸器、石锤、石砧、砺石、石磨盘等大型打制石器和磨制石器。据初步的年代测定，并参照周边其他遗址的材料，龙王辿遗址第一地点的绝对年代应为距今2万年至1万5千年前后。其中磨制石铲的发现是近年来我国旧石器时代考古工作的一项重大收获，应是目前国内发现最早的磨制石器之一。

距今15000年前后是旧石器时代向新石器时代过渡的开始。从此，全球自然环境发生了剧烈变化，气候明显变暖，最后一次冰期逐渐结束，由寒冷干燥的末次冰期进入温暖湿润的冰后期，人类文化的大变化与自然环境的大变化近乎同时出现，因此，更新世至全新世转变时期环境的剧变与人类的文化、生活方式、食物获取手段等与环境的再适应等受到考古学、人类学、环境学、动物学、植物学等学科共同关注。

目前，黄河中游地区发现并发掘的这一阶段遗址还不多，龙王辿遗址第一地点这样文化遗物丰富，地层堆积完整且为原地埋藏的更是少见。更为可贵的是我们还清理出了丰富的人类活动的遗迹现象，目前旧石器时代考古工作中，对人类生活面的发现并不多见，因此它为分析、复原当时生活场景，探讨生业形态、生存方式提供了十分宝贵的资料。因此，龙王辿遗址对解决中国细石器工业和北方旱地农业的起源、黄河中游地区旧石器时代向新石器时代的过渡等问题十分重要。在发掘的同时，我们在惠落沟河两岸还发现了旧石器时代晚期文化地点19处，为全面了解龙王辿遗址文化内涵和分布提供了依据，希望在以后的工作中能探寻黄土高原东南部边缘地带旧石器时代晚期文化面貌，发现黄河中游旧石器时代向新石器时代过渡的文化演进与环境变化的证据。

撰稿人：王小庆

参考文献

● 中国社会科学院考古研究所：《陕西宜川县龙王辿旧石器时代遗址》，《考古》2007年第7期。

烧土遗迹（06Ⅰ④2）

石制品集中分布区

蚌饰品（06Ⅰ④：3861）

蚌饰品（06Ⅰ⑤：1147）

石磨盘（05Ⅰ④：1168）

○ 陕西宜川龙王辿旧石器时代遗址

细石叶

半锥形石核（05Ⅰ⑤：396）

柱状石核（06Ⅰ⑥：4721）

雕刻器（06Ⅰ④：2158）

刮削器（06Ⅰ⑥：5838）

北京门头沟东胡林史前遗址

一 引言

东胡林遗址位于北京市门头沟区东胡林村西侧的清水河北岸三级阶地上，距北京城区约78公里。遗址区海拔为390～400米，高出现在河床25米以上。

遗址所在地区属于北京西山褶皱断块山地的一部分，处在黄土高原和华北平原的过渡地带。本区域出露的地层主要为下古生界灰岩、中生界的碎屑岩和各种火成岩，以及全新世各种松散的砾石和黄土状物质。在清水河两岸的丘陵地带以侏罗系砂页岩分布最广，清水河的上游还有燕山期花岗岩、花岗闪长岩和白垩纪的流纹岩零星分布。

清水河是永定河峡区内最大的支流，发源于灵山、百花山，全长46公里，流域面积为535平方公里，于青白口注入永定河。河谷较窄，两侧分布着河漫滩和阶地。第三级阶地分布于清水河主谷中，底部为砾石层，上部覆盖着全新世黄土；是由砾石层和覆于其上的河漫滩沉积物组成的基座阶地，基座为黄土，现为山区的主要农耕区。

本地区的气候属于暖温带半湿润、半干旱季风型，具有夏季炎热多雨、冬季寒冷干燥的特点。年平均气温为10℃；年平均降水量约为470毫米，分布不均，主要集中在七、八月份。受降水季节性分布的影响，清水河在一年中有9个月是干涸的，河床砾石裸露；而到夏季汛期，河水猛涨，洪水爆发。由于受到洪水冲刷，在东胡林遗址的中部形成了一条宽约20、最深处达6～7米的大冲沟。遗址所在的阶地现已辟为梯田，遗址区被分割为三个台地。

2001年发掘时，在探方T3内发现了5处烧火遗迹，分布比较密集；当时为保存这些遗迹，没有继续向下发掘。2005年在T3的近西壁处进行了解剖，发现第7层之下还有河流冲积层及一个文化层，并且在该文化层中发现打制石器，此文化层之下则为河流边缘相的粗砂、小砾石层。

二 地层堆积

现以探方T8为例介绍下东胡林遗址的地层堆积。T8位于T3西侧，处在条子堰与二大堰之间的斜坡上，部分地层已受到破坏。探方内的地层呈西高东低的斜坡状堆积，可分为9层。

第1层为浅灰色土，第2层为灰黄色土，第3层为红褐色土，含有石器、动物骨骼、炭屑等。第4层为黄色土，第5层为灰褐色土，出土石器、陶片、动物骨骼、螺壳、蚌壳等。第6层为浅红色土，含有大量螺壳，第7层为灰黄色土，第8层为灰黑色土，包含物有石器、骨器、蚌器、陶片、动物骨骼、木炭等。此层下发现一座较完整的墓葬M1。第9层为浅灰色土，沙性较强，呈斜坡状堆积，包含少量石块等。第9层之下为含有料礓石的基座黄土，即马兰黄土，泛红色，呈斜坡状堆积。

根据各地层的土质、土色，以及包含物的基本情况，可判断第2、3、5、8、9层均为新石器时代文化层，第8层与T3中第7层为同一时期的堆积；第4层初步推断为风成黄土堆积，第6、7层的形成则可能与河流的冲积有关。从地层堆积状况看，东胡林遗址的文化遗存有时代早、晚区别，它们在文化面貌上的差异尚待深入研究。根据碳十四测年结果，上述文化遗存的年代都在距今9000年以前，属于新石器时代早期。

三 遗迹

遗址中发现的遗迹有墓葬、火塘、灰坑等。

墓葬均为土坑竖穴墓，葬式分仰身直肢和仰身屈肢两种。例如2005年发掘的M2，墓坑呈圆角长方形，长1.2、宽0.45、深0.25米。墓中人骨头向东北，仰身屈肢；在身体附近发现随葬的磨光小石斧，胸、腹部散落有多枚穿孔螺壳，应为死者生前佩戴的项链饰物。

火塘已发现10余座，平面多呈不规则的圆形，直径一般为0.5～1、深0.2～0.3米。火塘内一般堆积有大小不等的石块、动物骨骼及灰烬。例如2001年发现的火塘HD3，平面呈不规则圆形，最大直径0.8、深0.3米。火塘上部覆盖有石块、兽骨和灰烬。火塘内堆积有大量兽骨、砾石及石块，有的兽骨和石块有明显的火烧痕迹；中心部位则保存着大量黑色灰烬。从出土情况看，此火塘上部的石块堆积较乱；而底部四周的石块似经过排列，大致堆积成大半个圆圈状，应是有意为之，中间为黄土地面。初步推测是季节性活动使用的火塘，废弃后上部的石块倒塌或用石块灭火，使整个上部堆积显得较杂乱。

四　遗物

出土的遗物比较丰富，包括石器、陶器、骨器、蚌器，以及数量较多的石块和崩片、动物骨骼、植物果壳、螺蚌壳等。

石器种类有打制石器、磨制石器和细石器等，以打制石器居多，其次是细石器，磨制石器的数量很少。所用石料多取自河滩砾石，质地有凝灰岩、砂岩、页岩、花岗岩、脉石英、燧石等。

打制石器的器类包括砍砸器、刮削器、尖状器等。大多加工比较简单，有的稍加打制即成；少数制作较精细，采用两面加工方法，刃部较锋利。

细石器的种类有石核、石片、石叶等，多用燧石制成，加工较为精细。T9③：667为黄色长条形石叶，较精致。

磨制石器的数量较少，仅见小型斧、锛类器。一般只是局部磨光，器身仍保留着打击疤痕；仅个别小型器物通体磨光。T9⑥：44为通体磨制，但器表仍留有明显的磨蚀痕迹。

遗物中有多件琢磨而成的石磨盘、磨棒。磨盘一般平面近椭圆形。磨棒分为两种，一种剖面近圆角方形，另一种剖面呈圆形，后者比前者制作更为细致。T9③：130为磨棒，剖面近圆形，表面琢磨较为细致，较光滑。

除上述石制品外，还出土有石臼和用于研磨赤铁矿颜料的石研磨器，以及使用过的赤铁矿石。

陶器皆为残片，共计60余件。多数为器物的腹部残片，也有口沿和器底。质地均为夹砂陶，有夹粗砂和夹细砂之分；其中夹粗砂者占多数，器表多不光滑。陶片表面一般为红褐色或灰褐色，因烧制火候不高，大多数颜色斑驳，质地也比较松软。陶片大多为素面，少数饰有附加堆纹、压印纹。从断面观察，有的陶片采用了泥条筑成法；有的则呈片状脱落，是否为泥片贴筑还需进一步研究。从发现的器底观察，一般为平底器，未见圜底器。陶器的器形主要有平底直腹盆（或称盂形器），有的可能属罐、碗等类器。T9⑤：20可以复原，为平底直腹盆，灰褐色陶，唇部加厚并饰有压印纹饰。

其他遗物包括骨器、蚌器以及种类较多的动物遗骸等。

骨器的种类主要有锥、笄、鱼镖、骨柄石刃刀等，皆用动物肢骨制成，加工较精细，磨制光滑。T8⑤：14为残断的骨柄石刃刀，骨柄上部刻有花纹，发现时尚有一枚石刃片嵌在槽中。

发现的蚌器主要是用蚌壳或螺壳制作的装饰品，一般在一端或两端穿孔，可供系挂，可能用作项链或坠饰。

遗址中出土的动物骨骼数量较多，为研究"东胡林人"的生活环境提供了十分宝贵的资料。经初步鉴定，以鹿类骨骼居多，另有猪、獾等动物的骨骼及牙齿；

软体动物如螺、蚌、蜗牛等的骸壳也发现很多,且种类丰富,最大的蚌壳直径可达20厘米以上。

五 遗址的年代

北京大学考古文博学院科技考古与文物保护实验室对东胡林遗址采集的木炭、人骨、兽骨、陶片等多种标本进行了年代测定,目前取得的测年数据已有20余个。经过初步分析,所测定的碳十四年代与地层堆积所反映出的时代先后基本吻合。

例如,利用木炭标本测定的T3第7层中火塘的年代数据已有3个,标本BA02144（T3HD2）为距今9110±110年、标本BA02145（T3HD3）为距今8920±80年、标本BK2002035（T3HD5）为距今8905±145年,经树轮校正后的年代分别是公元前8650～前7950年、公元前8280～前7780年、公元前8335～前7595年（以上数据均为95.4%的置信度）。如果采用68.2%的置信度,上述标本经校正后的年代分别是公元前8480～前8230年（64.9%的置信度）、公元前8140～前7960年（47%的置信度）、公元前8255～前7910年（58.2%的置信度）。根据上述测年数据,T3第7层中火塘的废弃年代大致可推定在公元前8650～前7595年（约95.4%的置信度）或公元前8480～前7910年（约68.2%的置信度）。

对遗址上文化层的年代也进行了测定。已测出的2个数据比较接近,标本BA05890（T9③）为距今8775±50年、标本BA05924（T10③B）为距今8675±40年,它们经树轮校正后的年代分别是公元前8000～前7600年（93.1%的置信度）和公元前7790～前7590年（95.4%的置信度）。如果采用68.2%的置信度,标本校正后的年代则分别是公元前7940～前7600年和公元前7720～前7600年。这些测年数据表明,T9第3层以及时代相当的T10第3B层的绝对年代大致在公元前8000～前7590年（约95.4%的置信度）或者公元前7940～前7600年（约68.2%的置信度）。

另外,对2003年发现的墓葬所出人骨标本也进行了测年,其碳十四年代为距今9570±70年,经树轮校正后的年代大致为公元前9220～前8750年（95.4%的置信度）。从以上的测年结果可以看出,"东胡林人"生活的年代大致在距今11000～9000年前,属于新石器时代早期。

六 结语

距今15000年前至9000年前后,在考古学上是从旧石器时代向新石器时代过渡的时期,对这个时期的人类及其文化与环境背景的研究,长期以来一直是国际学术界包括考古、历史、生物、地理、气候、环境等领域十分关注的重要课题。正是在这个过渡时期,石器磨制技术得到应用并逐步推广,发明了陶器,产生了原始农业与家畜饲养业。在一些地区,人类的经济方式由完全以采集、狩猎为主转变为开始经营农业并饲养家畜,生活方式也发生了重大变化。同时也是在这个时期,全球环境发生了急剧变化,气候显著变暖,冰期气候渐渐逝去,冰川大规模后退,海平面持续上升,全球环境由寒冷干燥的末次冰期进入了温暖湿润的冰后期。人类社会的大变化与全球环境的大变化几乎同时出现,这引起了学术界的广泛关注。一些学者明确提出,关于更新世—全新世转变时期环境剧变与食物生产、人类文化对环境的再适应等问题的探讨,已成为考古学、人类学、环境学、动物学、植物学等许多学科共同关注的课题。有的学者还对这个转变时期人类适应的模式作出了理论性的分析。国际第四纪联合会专门下设了"更新世—全新世过渡之考古专业委员会",以加强并推动这方面的研究。

目前，在华北地区已经发现并经发掘的属于此过渡阶段的遗址仅有河北徐水南庄头、阳原于家沟，北京门头沟东胡林、怀柔转年、山西吉县柿子滩等为数不多的几处，其年代大致在距今13000～9000年间。据有关资料报道，柿子滩遗址发现了打制石器、细石器、谷物加工工具及烧火遗迹，但尚未发现早期陶器、墓葬等文化遗存。南庄头遗址发现了打制石器、谷物加工工具及早期陶片，但未见火塘、墓葬等遗存。于家沟及转年遗址发现了打制石器、细石器、谷物加工工具及早期陶器，但也未发现火塘、墓葬等遗存。而在东胡林遗址，既发现有打制石器、细石器、磨制石器、谷物加工工具、陶器等文化遗物，又发现有火塘、墓葬等遗存，这不仅对全面了解新石器时代早期"东胡林人"的生活方式、埋葬习俗及生产方式等具有重要价值，同时对于探讨农业的起源、陶器的起源与发展都有着十分重要的意义。另外，在此遗址中出土了比较丰富的动、植物遗存（包括浮选采集标本），为复原距今1万年前后"东胡林人"的生活、生产方式以及生存环境，探讨农业、家畜的起源以及新石器时代早期的人地关系等，提供了十分宝贵的实物资料。

北京地区是人类重要的发祥地之一，"北京人"、"新洞人"、"山顶洞人"、"田园洞人"等化石的发现为研究北京乃至华北地区古人类的发展演化提供了十分珍贵的实物证据。但是，自山顶洞人和田园洞人（距今2万年和3万年）以后直至新石器时代中期，北京乃至华北地区的古人类是如何演变的，尚缺乏更多实物资料。特别是距今1万年前后的古人类正处于晚期智人向现代人演变的重要时期，这个时期的古人类体质状况、食物结构、谱系等都是学术界十分关注的。保存完好的"东胡林人"遗骸的发现和研究（包括体质人类学研究、古病理学及遗传学研究），不仅能为了解"北京人"—"山顶洞人—"现代人"的演化进程及其谱系提供科学依据，而且对于认识新石器时代早期人类的经济方式、食物结构及环境变化对人类自身的发展演化产生的影响也有重要的科学价值。

东胡林遗址中连续的地层堆积厚达2米以上，包括了从更新世晚期至全新世中期的多层堆积，既有人类活动形成的文化堆积，又有因风沙、水流影响形成的自然堆积。对典型地层剖面进行高密度取样及系统的实验分析（包括孢粉与植硅石分析、磁化率分析、黏土矿物分析、化学分析等）和精确的地层年龄测定，以及相关的地貌水文研究，可为探讨北京乃至华北地区晚更新世以来的环境变迁及人地关系提供重要的科学资料。

总之，东胡林遗址的发掘为考古学、人类学、第四纪地质学、古环境学等诸多学科的研究提供了十分重要的新资料。充分利用这些发掘资料开展多学科综合研究，能够在研究新石器时代早期人类及其文化，以及人类与环境的关系等方面，提出一些有益的见解，取得一些新的成果。

撰稿人：赵朝洪

参考文献

● 北京大学考古文博学院、北京大学考古学研究中心、北京市文物研究所：《北京市门头沟区东胡林史前遗址》，《考古》2006年第7期。
● 周国兴、尤玉柱：《北京东胡林村的新石器时代墓葬》，《考古》1972年第6期。

探方 T9 北壁

烧火遗迹

陶器

细石器

陶器口沿

○ 北京门头沟东胡林史前遗址

墓葬

骨鱼镖

骨柄石刃刀

蚌饰

大蚌壳

广东深圳咸头岭新石器时代遗址

一 引言

咸头岭遗址位于深圳市龙岗区大鹏街道办事处的咸头岭村，面积近30000平方米。该遗址是1981年在考古普查中发现的，1985、1989、1997和2004年深圳市博物馆在遗址的东南部、中部和北部进行过四次发掘，2006年2月至4月深圳市文物考古鉴定所在遗址西北部进行了第五次发掘。五次发掘的面积近2300平方米。

咸头岭遗址依山傍海，是坐落在大鹏湾东北的迭福湾内二、三级沙堤上的沙丘遗址。其地势西北高、东南低，海拔约2.5～7米。咸头岭遗址所处的地理环境是一个相对封闭的自然地理单元。北部和西北部有求水岭；东北部与古泻湖相依；东南部与观音山相望；西南面海，与现今的海岸线相距约300米，隔大鹏湾与香港新界的东北部相对；东南侧有自东北向西南流入大海的迭福河；迭福湾西北角和东南角有深入大海的岬角，使该湾形成一个向东北内凹的半环形。

迭福湾为大鹏半岛西岸的小海湾，基岩为晚侏罗纪燕山三期的黑云母花岗岩，有一条断裂带通过而发育了由东北向西南展布的迭福河河谷。河谷全长约3.2公里，北侧有桔子坑等4条较大的山地河流注入，南侧谷口在迭福湾的东南与海相接。迭福湾的原始地形有三条与海岸线大致平行的沙堤，第三列沙堤为距今7000多年前全球大暖期高海面时由海浪潮汐堆积而成。由于当时海平面较高，因而堆积了较高的沙堤。其后海平面逐渐降低，海岸线西移，故其堆积的第二、第一列沙堤高度较第三列沙堤低。咸头岭遗址主要位于第三列沙堤和第二列沙堤的部分区域。从出土的新石器时代遗物（大约距今近7000～6000年前后）来看，第三列沙堤出土遗物的年代早、晚都有，而第二列沙堤出土遗物的年代则基本是偏晚的，这与沙堤的形成年代吻合。

咸头岭遗址的自然环境很适宜人类生存，东北部的泻湖水位下降逐渐形成沼泽地带，其中大部分又形成了沉积小平原，这就提供了初步的种植条件；西南的大海可进行便利的渔捞；而周围的丘陵山冈为采集和狩猎提供了丰富的资源。正是由于良好的生活、生产条件，先民才会选择在咸头岭一带居住。

二 发掘方法

相对于土质遗址，沙质遗址发掘难度比较大。沙子易流动、沙层不稳定而经常造成塌方。所以，以往沙丘遗址的发掘往往地层不清、不同层位的遗物和遗迹混在一起，极大地影响了发掘的科学性，也给之后的研究带来困难。2004年尤其是2006年咸头岭遗址的发掘中，我们借鉴以往的经验并不断尝试，形成了一套沙丘遗址的发掘技术程序，较好地解决了固沙难题，收到了良好效果。下面介绍这套方法的几个重要环节。

斗形探方 沙丘遗址的发掘，探方分为斗形探方和阶梯状探方。前者是是探方四壁向内倾斜一定的角度，一直挖到生沙层，发掘完的探方基本呈斗形；阶梯状探方仍然是探方四壁向内倾斜一定的角度，但是每下挖约1米就在探方四周向内留宽约0.5米的台面，发掘完的探方四壁呈阶梯状。其缺陷很明显，那就是越往下，所能挖的面积就越小，如果文化层多且堆积又深，往往还不到生沙层就已经无面积可挖了。所以发掘沙丘遗址时，除了要固沙，还要考虑到深层位时仍有尽可能大的发掘面积。因此，采用斗形探方并同时使用一些固沙方法，是较好的方案。沙丘遗址发掘中采用斗形探方，地表和探方壁的夹角就不能象土遗址那样是90度，而是小于90度。夹角的度数，主要与沙子颗粒的大小有关，颗粒大，夹角度数就小，反之亦然。我们发掘咸头岭遗址时，夹角在70度至80度间时效果较理想。

铺板 就是在探方的四周铺上木板。先把探方四周铲平，再在四周铺上木板。这可以减小人和推车对探方四周沙面的压强，尽量避免因人踩车压造成探方壁倒塌。我们经过对比采用了俗称的"9厘复合板"，厚0.9厘米，长约2米，宽约1米（正好是隔梁的宽度）。假设一个成年男子的体重65公斤，鞋底面积大约520平方厘米，那么他站立不动时对沙面的压强大约是125克/平方厘米；如果铺了长约2米、宽约1米的木板（面积为200×100平方厘米），压强则是3.25克/平方厘米，铺板前的压强大约是铺板后的38倍，减压作用明显。

配胶 就是配比用来稳固沙层的胶水。经多次尝试和比较，我们在发掘咸头岭遗址时采用"108建筑装饰胶"取得了较好的效果。这种胶无色透明，喷洒在探方壁上不影响观察沙质、沙色，也不影响探方整体外观；由于分散性、保水性、粘结性、防龟裂性很好，喷洒在探方壁上可以在表面形成一定厚度的粘结沙层硬面，有效阻止沙层硬面内沙子的流动。这是一种浓缩的黏稠胶液，浓度太高，不能直接喷洒使用。但相易性好，可以和清水充分混合后使用。胶和水的配比比例，要根据沙层的具体情况，主要是根据沙子颗粒的大小。胶水太稀，起不到粘结沙子的作用；配的太浓，则容易在探方壁表面形成胶块。我们的经验是，沙子颗粒比较小的，胶和水比例大致在1:2；沙子颗粒比较大的，胶和水比例1:1较合适。

喷胶 就是把配比好的胶水均匀地喷洒在探方壁上，待胶水干后便可以在探方壁的表面形成一定厚度的粘结沙层硬面。可采用容量较大的后背式桶状喷雾器或棍式喷雾器，进行雾状均匀喷洒。

我们在发掘中，每一层都严格按照发掘程序进行，使得分出的地层清晰可靠，遗物和遗迹层位清楚，基本达到了土遗址发掘的效果。

三 发掘收获

2006年咸头岭遗址发掘的遗存年代主要是新石器时代和商时期。

新石器时代的重要遗迹主要有灶、立石、建筑基址以及大面积的红烧土面等。陶器以夹砂陶为主，主要有釜、碗、支脚和器座；泥质陶多为白陶和彩陶，还有少量的磨光黑陶。器类有罐、杯、盘、豆、钵等。石器有锛、拍、砧、石饼、砺石等。

商时期的陶器也以夹砂陶为主，多饰粗绳纹，少量饰菱格纹；器类主要有折沿或盘口的釜等。泥质陶多为灰色和灰黑色，也有浅黄色和白色；纹饰有雷纹、菱格纹、曲折纹、重圈纹和方格纹等；器类主要是罐、钵、圜底大口尊和纺轮等。石器有锛、镞、砺石等。这些出土物的特征与珠江三角洲地区一些年代确定的商时期遗址出土物特征一致。

此次发掘新石器时代的遗存最为重要。由于我们采用了有效的固沙方法，两个月的发掘中探方没有发生倒塌，所以在发掘后期打隔梁的过程中把所有相邻探方的地层都对接了起来。根据清晰的地层叠压关系、各层陶器的特征及变化和器物组合关系，可把此次咸

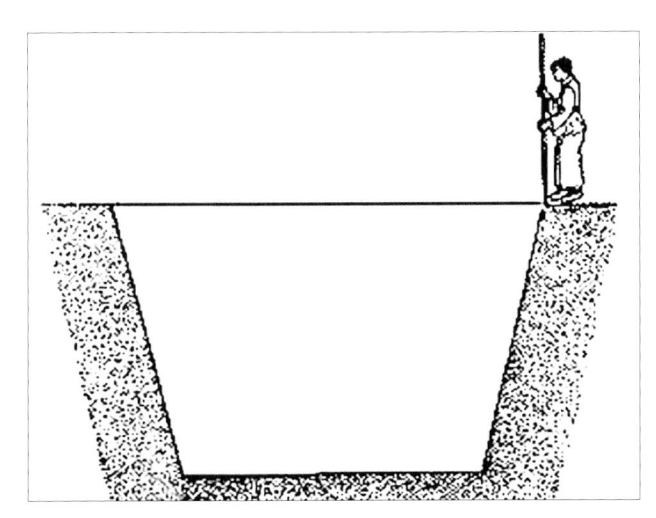

斗形探方示意图

头岭遗址出土的新石器时代遗物分为五个阶段。各段器物的主要特征概括如下。

第1段　夹砂陶所饰的绳纹都很细，有的甚至可以称为细线纹；夹砂陶釜的口沿均为卷沿；泥质彩陶器为浅黄色胎，器表所饰的彩色纹样以赭红色条带纹为主要特征；有的戳印纹中有赭红色填彩；见少量磨光黑陶；泥质弧腹圈足杯的口部为大敞口；彩陶壶的领部高而直；泥质圈足器的圈足或口沿部多饰很细的曲线划纹；圈足盘的盘腹部多比较深，圈足上的镂孔多比较小；白陶比较常见，烧造火候比较高，陶质较硬，多饰复杂精细的戳印纹；陶器的组合为杯、盘、罐、釜。

第2段　夹砂陶所饰的绳纹为细绳纹；夹砂陶釜的口沿为卷沿；泥质浅黄色胎彩陶器上的赭红彩纹样除了有条带纹外，由曲线构成的纹样很多，连续的点状纹很具特色，纹样多比较纤细；见少量磨光黑陶；泥质圈足器上的镂孔多比较小；圈足盘的盘部稍变浅；泥质弧腹圈足杯的敞口较前段变小；彩陶壶的领部出现较低而略斜的；白陶常见，烧造火候比较高，陶质较硬，多饰复杂精细的戳印纹；陶器的组合为杯、盘、罐、钵、釜。

第3段　夹砂陶所饰的绳纹为细绳纹；夹砂陶釜的口沿为卷沿；泥质浅黄色胎彩陶器上的赭红彩纹样以曲线条为主，且多比较粗放；泥质圈足器上的镂孔多比较大；圈足盘的盘部浅；泥质弧腹圈足杯微敞口；白陶常见，除有比较精细的戳印纹外，也见粗放的戳印纹，烧造火候多比较低，陶质多比较软；陶器的组合为杯、盘、罐、钵、釜、支脚。

第4段　夹砂陶所饰的纹饰多为粗绳纹；夹砂陶釜的口沿大多为折沿，也有少量略呈盘口的；彩陶多为泥质浅红色胎，浅黄色胎较少，彩陶器上饰有赭红色条带纹和曲线纹，多比较潦草；泥质圈足器上的镂孔均很小，且圈足上多有曲线划纹；圈足盘的盘部浅，圈足比较大且为直壁；白陶较少，多为素面，少量的有简单的戳印纹，烧造火候低，陶质软；夹砂陶器上见少量的贝划纹；陶器的组合为盘、豆、釜、支脚、器座。

第5段　夹砂陶所饰的纹饰多为粗绳纹，还见数量不少的贝划纹和少量戳印纹；夹砂陶釜的口沿多为折沿；少见彩陶，赭红彩除在泥质陶器器表出现外，也出现在器物内壁；白陶鲜见，有的饰有戳印纹；夹砂圈足敞口碗不见于前几段；器物组合主要为釜、碗、支脚、器座。

上述5段可分为三期，第1、2、3段连接紧密，为第一期，第4段为第二期，第5段为第三期。新石器时代遗物的年代，根据咸头岭遗址2004年和2006年不同层位木炭样品和相关遗址碳十四测年数据推断，第1段年代上限距今近7000年；第2段的年代下限在距今6600年前后；第3、4段分别在距今6400年前后和6200年前后；第5段的年代在距今6000年前后。

四　结语

迄今为止，珠江三角洲地区出有咸头岭一类遗存的遗址已有二十多处，但都较零星，而咸头岭遗址作为独一无二的代表性遗址，其发掘的重要意义主要有以下几点。

1. 考古发掘的最基本要求是弄清地层、遗迹等的叠压和打破关系。我们在实践中提出的一整套固沙发掘方法是咸头岭遗址科学发掘和完整、可靠获取资料的保证。这套方法对其它易于倒塌的沙质遗址（比如沙漠地带）和土质松软遗址的发掘也有启发。

2. 基于清晰可靠的地层关系，咸头岭遗址新石器时代遗存划分为5段三期，这是目前珠江三角洲地区新石器时代中期最可靠、最细致的分段、分期；不同文化层采集到的十余个木炭样品的碳十四测年，是判断各段、期绝对年代的可靠依据。因此，咸头岭遗址新石器时代遗存的分期和年代研究，为珠江三角洲地区同时期相关遗址的分期、断年奠定了基础，为珠江三角洲地区新石器时代中期的考古学文化的标尺。另外，咸头岭遗址第1段的遗物应是珠江三角洲地区有准确测年的新石器时代最早的遗物，这些遗物为探寻这一地区的人类文化起源提供了重要的线索。

3. 咸头岭遗址是新石器时代中期珠江三角洲地区最具代表性的遗址，与珠江三角洲地区同时期遗址比较，特点明显。它面积很大，出土遗物最为系统丰富，器物制作工艺水平最高，有许多其他遗址少见或不见的遗物和遗迹，而且其第一期的遗物在珠江三角洲其他相关遗址中很少见到，这表明咸头岭遗址在当时规格很高，是对周围遗址文化辐射力或控制力很强的中心性聚落遗址。另外，它也是目前唯一全面反映珠江三角洲地区新石器时代中期考古学文化面貌的典型遗址。深入研究该遗址，将有助于解答先民生活、生产与环境的关系、社群规模、遗址是常年利用还是季节利用、先民生计的内容、沙丘遗址与北部贝丘遗址的关系等问题。

4. 咸头岭一类遗存主要分布于珠江三角洲地区，而以珠江口一带最为密集。该类遗存发表的材料虽然有限，但一直是岭南史前考古研究的焦点之一。整理和研究咸头岭遗址的材料，不仅能够大大推进珠江三角洲地区"咸头岭文化"的研究水平，也将完善岭南地区新石器时代考古学文化的区系类型体系。咸头岭文化还是已知东南沿海地区最早的开发海洋资源的新石器时代文化，无疑对研究东南亚至南太平洋地区南岛语族的起源意义重大。

5. 广西与广东同属于岭南，自然环境相似，交通（特别是水路）便利，两地文化交流密切。咸头岭文化一期的卷沿陶釜很可能是受到了广西境内一些考古学文化的影响而出现的；而广西一些遗址发现的与咸头岭文化贝划（印）纹相似的"划纹"、"刻划纹"以及石拍等，应该反映了咸头岭文化的一些因素直接或者间接地影响到了这里。咸头岭遗址1段的白陶和彩陶是珠江三角洲乃至整个岭南地区最早者，且制作技术成熟，但从1段至5段却显示出明显衰落的过程，这暗示这些技术并非本地起源。中国所知年代最早的白陶器见于湘西沅水流域的"高庙文化"（距今7800~6800年），该文化中与白陶同出的还有彩绘和填彩陶器；在湘西取代"高庙文化"的"松溪口文化"也有不少彩陶和白陶，其年代下限在距今6600年前后。从已发表材料看，咸头岭遗址白陶上所饰的一些复杂精细的戳印纹、圈足陶盘等能在上述两个文化中找到相似者，推测咸头岭遗址的白陶和彩陶受到了湘西地区新石器文化的强烈影响。另外洞庭湖区的"汤家岗文化"（距今6800~6500年前后）、"大溪文化"（距今6500~5300年前后）也有精美的白陶和彩陶。咸头岭遗址白陶上的一些戳印纹、圈足陶盘等也可以在这两个文化中找到类似的。可见，珠江三角洲地区在距今近7000~6000年或更晚时一直与湖湘地区联系密切。虽然两地联系的中间环节尚不清晰，但是联系的方式应该主要是自北向南的影响。咸头岭遗址出土遗物的部分特征虽然显示出了与其他地区的联系，但大部分具有很强的地方特色，表明其代表的考古学文化虽然受到湖湘以及广西境内考古学文化的影响，但却是本地发展起来的一支土著文化。

撰稿人：李海荣　刘均雄

参考文献

- 深圳市文物考古鉴定所、深圳市博物馆：《广东深圳市咸头岭新石器时代遗址》，《考古》2007年第7期。
- 深圳博物馆等：《深圳市大鹏咸头岭沙丘遗址发掘简报》，《文物》1990年11期。
- 叶杨：《深圳新石器时代考古》，《深圳博物馆开馆十周年纪念文集》，中华书局，1998年。

发掘区

发掘完的探方

发掘完的探方壁

白陶钵（06XTLT1⑤：25）

彩陶盘（06XTLT3⑤：1）

彩陶盘（06XTLT9⑤：1） 　　　　　　　　　　夹砂陶釜（06XTLT13③：1）

彩陶盘（06XTLT1④：2） 　　　　　　　　　　白陶杯（06XTLT1⑤：2）

彩陶罐（06XTLT7⑥：1） 　　　　　　　　　　白陶钵（06XTLT1⑥：1）

白陶杯（06XTLT2⑥：1） 　　　　　　　　　　白陶盘（06XTLT1⑧：2）

江苏宜兴骆驼墩新石器时代遗址

一 引言

骆驼墩遗址位于江苏省宜兴市新街镇塘南村，地处宜溧山地的山麓向平原地区的过渡地带。2001年11月～2002年7月，南京博物院考古研究所与宜兴市文物管理委员会组成考古队对该遗址进行了大规模发掘。

遗址南依高耸的宜溧山地，北临广阔平原，东连起伏的山岗余脉，现存面积约25万平方米，分南、北两区。北区的西部、西北部、北部及东北部有河道半环绕，东南部为平地。北区现已辟为水田，地表之下即见文化堆积。南区属丘陵岗地，是高出地面约15米、面积近5万平方米的土岗，当地群众称之为骆驼墩。现残存的遗址面积约有10000平方米。

二 发掘收获

发掘结果显示，距今7000～5500年的马家浜文化和崧泽文化时期，骆驼墩是太湖西部地区的大型中心聚落遗址。钻探和发掘中发现马家浜文化时期的古河道既深且阔，在淤积层中有倒塌的大树等，它与现存半环绕遗址的河道相通。古河道的西部是马家浜文化时期的墓地，东部为低洼的沼泽地，隔沼泽地是东南部的岗地，岗地连接高山。古河道既可用来排涝，也可作为水源，还有防御性质和围界作用。由于发掘面积的限制，目前对该遗址聚落地理环境的复原还只是局部的。

遗址北区和南区的发掘面积共1309平方米。发现的最主要遗迹和遗物属于马家浜文化时期，包括墓葬52座、瓮棺39座、灰坑5座、房址3座、大型贝类及螺壳堆积1处、祭祀遗迹4处。另外，还发现崧泽文化的墓葬1座、灰坑2座，良渚文化墓葬3座、灰坑3座，以及印纹陶时期的灰坑4座。出土陶器及石器、骨器、玉器等约400余件，还有各类动物骨骼标本约2000余件。

F1、F2位于遗址南区土岗西北部的山坡上。由于原始地表倾斜，房基有3、4层垫土，最上层为红烧土块砸实形成的居住面，其他垫土层则较为纯净。F1、F2东西相连，与南部的F4共同构成一个居住单元。根据柱洞的分布规律和特点可以确定F1平面为不甚规则的长圆形，面积在30平方米以上。房内一道墙基槽把整个房址的北半部分隔成东、西两间。门道在柱洞D3和D4之间，门向朝南，门口放有一件陶大口缸，可能是用来加工粮食的臼。门外有以螺蛳壳砸筑而成的平整宽敞的活动面，较为考究，应是户外活动场地。由此再向南，即为F4。F2平面呈方形，室内面积约20平方米，若将其东部和南部的附属建筑计算在内，则面积在30平方米以上。在F2之上，发现打破它的一座崧泽文化时期的墓葬M1，墓中出土有穿孔石斧。根据解剖房基垫土时发现的陶器判断，F1、F2当为马家浜文化晚期阶段的遗存。

遗址南区的文化堆积保存较差。20世纪七、八十年代，当地村民曾在南区挖出数以千计的磨光石斧、石锛以及玉瑗、玉璜等遗物，它们至今在许多村民家中仍有保存，许多精致的石器被宜兴市文管会征集收藏。

北区的文化堆积，因地表土较厚而相对保存较好。地层可分10层，第3～10层均属马家浜文化层，包含物中有大量动物骨骼。其中以大型动物居多，包括牛、麋鹿、梅花鹿、猪、狗等；水生动物有鼋、鲤鱼以及大量贝类。第10层为泥炭层，内含树木、植物根茎和陶片等。在第6、8、9层中漂洗出2000余粒炭化稻米，红烧土块和陶杵上也可见到稻壳印痕，它们对研究长江下游地区稻作农业的起源和原始水稻的驯化过程提供了新资料。

贝类及螺壳堆积实际面积约300平方米，其中心最厚处约有1.6米；堆积表面不平，边缘地带因人为取用而形成凹坑，堆积中还夹杂有较多陶片。经鉴定，主要包括螺类和贝类，约有4个种属，是食用后的废弃物。根据出土陶器胎中多夹蚌的情况推测其用作制陶的掺和料，可能也作为建筑房屋、铺设路面的防潮材料。

北区的马家浜文化墓地可分为南、北两处。南部的Ⅰ号墓地发现墓葬10座，包括俯身葬1座、仰身直肢葬9座，另有瓮棺葬10座。墓葬皆有浅坑，仅两座存在打破关系，头向以东偏南为多，约为108度。墓葬区的西南部还发现狗、猪的骨架各1具。在墓地北部有一片约20平方米的祭祀区，分布着大量的动物骨渣和破碎陶器，以禽骨为多，也有不少兽骨；祭祀遗迹中发现1具侧身曲肢、身体斜向插入地层之中的人骨，头向东北，与墓葬所见不一，当属祭祀人牲。

北部的Ⅱ号墓地发现马家浜文化墓葬42座，墓主多属成年男女，老年、中年、青壮年都有。其中俯身葬为5座，其余皆为仰身直肢葬，没有发现明显的墓坑，骨架之间叠压打破关系复杂，有的无头、有的无下肢、有的缺少半个身躯，个别为二次葬。头向正北的仅1座，朝向西偏北的2座，其余均朝东偏南。墓葬中大多没有随葬品。墓葬区内还发现狗骨架两具、猪骨架一具。另在Ⅱ号墓地内发现瓮棺葬29座，集中分布在Ⅱ号墓地南部，即Ⅰ号墓地和Ⅱ号墓地之间。除在成人墓葬区有零星发现外，还发现相对比较集中的瓮棺葬区。瓮棺的葬具为陶釜，有尊形平底釜、罐形平底釜、直筒形平底釜等。陶釜中发现的婴儿骨骸有的保存完整，它们的死因尚待分析。瓮棺葬在长江下游地区新石器时代遗址中是首次发现，以只在草鞋山等马家浜文化遗址中发现过用豆盛放人头骨的习俗。

经过初步整理，我们认为骆驼墩遗址中的马家浜文化遗存大致可分为连续发展的四个阶段。

第一阶段以北区第8～10层的文化堆积为代表。所出陶器以夹蚌及细砂陶为主，蚌屑的含量极高，基本不见泥质陶。陶色以黑色为主，器表多施黑衣，多为灰胎。红衣陶的比例极少，较为精致，器表光滑，陶衣基本未剥落；但因为属夹蚌陶，器表蚌屑磨落后多见小孔眼。陶器种类以平底器、圈足器、三足器为主，不见圜底器。器形以平底釜为主，另有灶、盉、罐、豆、钵、盆、匜、器盖、支座等。筒形釜、罐形釜的上半部大多施黑衣并磨光，腰沿以下则不施陶衣，露出灰色胎。筒形釜的腰沿特别发达，宽大而厚重。陶器多为手制，釜类等大件器物分段套接而成，有的腰沿下贴附泥条。

第二阶段以北区第5～7层的文化堆积为代表。红陶数量骤增，红衣陶的比例超过了黑衣陶，红衣分为赭红、橘红和淡黄三色。红衣陶的火候较高，陶片很硬，结构致密，胎色大多为外红内黑；夹蚌陶中的蚌屑含量减少；黑衣陶的胎多为灰色，少数发黑。所出器类与第一阶段相同。

第三阶段以北区第4层的文化堆积为代表。夹蚌陶数量锐减，多为红陶，陶质普遍较粗疏；夹砂陶增加并占据主导地位；泥质陶的比例也有所上升。除了原有的釜、盉、豆、罐、钵、盆等，器类中新出现了鼎。

第四阶段以北区第3层和南区的文化堆积为代表。陶器以夹砂褐陶为大宗，器类中炊器以鼎为主，釜退居次要位置，各种类型的鼎足非常丰富。此阶段属马家浜文化晚期。

上述四个阶段是连续发展的，骆驼墩文化遗存的第一、第二和第三阶段可以称之为骆驼墩早期文化遗存，而第四阶段可称骆驼墩晚期文化遗存。本文所说的骆驼墩文化遗存特指骆驼墩早期文化遗存。

三　骆驼墩文化遗存的特征、年代及分布规律

（一）文化特征

骆驼墩文化遗存的文化性质及面貌比较单纯，代

表了太湖西部山地向平原过渡地带的新石器时代考古学文化的特点。

陶系以夹蚌陶为主，胎中还夹有少量极细的砂粒；夹砂陶少见，泥质陶仅在第三阶段出现。

炊器以灶、釜为主，其中釜以平底为主要特征。绝对不见马家浜文化流行的圜底釜，甚至不见任何圜底器。平底釜的类型多样，包括直筒形、罐形、尊形等，还可分多个亚型。罐形釜的腰部多为素面窄脊，带四錾、二錾或无錾；筒形釜的口、腹部均装有四錾，腰部有宽大厚重的腰沿，腰沿下流行用泥条贴塑加固。釜的方形錾手除素面外，部分流行在外侧面装饰圈点、斜点、短竖线戳印纹和斜网格纹。灶为夹蚌红褐陶或灰陶。直口、斜腹，下腹稍内收，腹部有两錾，高圈足，圈足之上有灶门。灶门上檐及下沿均外挑，下沿用来防止烧柴脱落；上檐上翘以遮掩灶门，可防止烟熏或釜内食物等溢出浇灭火焰；同时上檐上有多道泥条堆饰。与灶配合使用的是罐形釜而非筒形釜，一般只有窄脊式腰沿。灶的口径与所出罐形釜的最大腹径大致相等。灶口内有泥突，或贴附泥条，使其与釜的接触处形成缝隙，增加空气流动以利燃烧。

盉是马家浜文化的的常见器物。骆驼墩遗址有平底盉，还常见三足盉。盉多为束颈、垂鼓腹，口多呈喇叭形，有的带流；也有鸟嘴形流口，类似于良渚文化所出带流阔把杯的流口；盉把手形制多样，常见是"丫"字形或泥条对捏而成的扁环形把手。

骆驼墩文化遗存中出土的罐，绝少见到马家浜文化中那种通常带两个对称牛鼻形耳的器形。器物上牛鼻耳和鸡冠状錾非常少见。而豆的类型较为丰富，豆盘的形制主要有两种，一种为出尖角的等分六边形，另一种为圆形；喇叭形豆圈足较为常见。

从釜、盉、罐、豆等陶器的风格看，骆驼墩文化遗存的陶器群具有明显的自身特点。从生活习俗方面看，平底釜的使用必然伴随着相应的炊食习惯，这里多见陶灶而少见支座。从埋葬习俗看，一般马家浜文化遗址流行的俯身葬较少，而多见仰身直肢葬；头向也与马家浜文化常见的北向不同，基本上朝东；也不见用红陶钵盖顶的习俗。而此遗址发现的瓮棺葬极为独特，不见于其他马家浜文化遗址。

（二）年代及分布规律

根据出土器物特征与周边遗址和文化的对比，可推定骆驼墩文化遗存第一阶段的相对年代约在距今7000年。

与其他以平底陶釜为主要特征的马家浜文化遗址相比，骆驼墩文化遗存的年代较早，文化面貌单纯。它位于太湖的西部地区，地理环境属山地向平原的过渡地带，因而代表了太湖西部地区马家浜文化的一个新类型。骆驼墩文化遗存的空间分布具有以山区为依托，面向平原的特点。骆驼墩文化遗存主要分布在太湖西部地区，处于天目山及其余脉宜溧山地的东缘。如果以太湖正西部为中心，这类文化遗存向东北可达江阴，向东南到余杭，围绕太湖西部大致呈半月形分布。这种分布规律显示出骆驼墩文化遗存与同时期太湖东部的草鞋山、罗家角遗址等马家浜文化系统不可避免地产生交流和碰撞。

四 结语

环太湖地区的地理概念是以太湖为中心，北抵长江、东至东海，南达钱塘江，西至茅山山脉，西南到天目山脉，面积约有三、四万平方公里。在考古学文化的分布上这是一个相对独立的区域，它在长江下游地区的文明起源和演进过程中具有重要地位。环太湖地区的新石器时代考古学文化经历了马家浜文化、崧泽文化、良渚文化等三大发展阶段。这一文化序列具有前后承续发展的关系，从公元前5300年到公元前2100年，大致经历了3000多年。这一发展过程中整个环太湖地区的文化面貌趋同性越来越强，这同时也是良渚文明进入早期国家形态所必须在特定时空范围内经历的一个历史积淀、能量聚集和文化整合的过程。长期以来，我们过分看重于这一过程的晚期阶段即崧泽文化、良渚文化时期整个环太湖地区考古学文化面貌的高度同一性，而对其早期阶段即马家浜文化时期这一区域考古学文化源头所表现出的丰富性和多元性有所忽略。2000～2002年，南京博物院考古研究所制订了"环太湖西部史前考古学文化研究"的课题，对江阴祁头山遗址、无锡彭祖墩遗址、宜兴骆驼墩遗址、西溪遗址等进行发掘，并对宜兴地区的史前遗址进行调查。调查和发掘的成果对于我们认识太湖西部新石器时代文化具有重要意义。

苏秉琦先生曾说："圩墩、罗家角、马家浜、草鞋山都是一条板凳上的兄弟，有共同的因素，共同的渊源，走过一条相似道路，它们的根，现在还不清楚，要弄清楚，课题还可以叫作马家浜诸文化"。在骆驼墩文化遗存发现之前，人们惊诧于江阴祁头山所出四筒形釜的夸张造型，按由早到晚的思维定势将吴家埠、邱城遗址的平底釜归为罗家角遗址早期马家浜文化的演变。但当我们把它们全部放到马家浜文化这一条"板凳"上就座以后，不禁陷入疑惑，因为不难发现这张"板凳"上坐着的"兄弟"隐约有着各自不同的血缘。骆驼墩文化遗存的发现，使我们认识到在太湖西部还有一条"板凳"，上面坐着的是骆驼墩、祁头山、吴家埠、邱城等"姊妹"，这些带有更多山地性格的"姊妹"与平原地带的诸位"兄弟"在距今7000～6000年的时间段，开拓着长江下游的环太湖地区，加速了长江下游地区的文明化进程，并最终导致良渚文化踏上了文明时代的门槛。

骆驼墩文化遗存的发现为研究太湖西部的史前文化提供了新材料，填补了环太湖西部史前考古学文化的空白，对我们更加深入地研究长江下游新石器时代考古学文化的谱系、源流、共存与交流，以及马家浜文化、跨湖桥遗存、骆驼墩遗存、河姆渡文化等文化共同体之间的关系以及它们所构成的史前文化格局提供了更新的视角，对研究长江下游古代文明的进程具有极其重要的意义。

撰稿人：林留根　田名利　徐建清

参考文献

● 南京博物院考古研究所：《江苏宜兴市骆驼墩新石器时代遗址的发掘》，《考古》2003年第7期。
● 南京博物院、宜兴市文物管理委员会：《江苏宜兴骆驼墩遗址发掘报告》，《东南文化》2009年第5期。

北区发掘全景（东北→西南）

Ⅰ号墓地局部（西北→东南）

Ⅰ号墓地局部

Ⅱ号墓地局部（东北→西南）

北区Ⅱ号墓地（北→南）

北区螺壳、贝壳堆积

○ 江苏宜兴骆驼墩新石器时代遗址

南区 F1、F2（东北→西南）

H10 中的狗骨架

瓮棺葬 W26 内的婴儿骨骼

瓮棺葬 W27

筒形陶釜（北 T5033 ⑨：1）

罐形陶釜（W35：1）

筒形陶釜（W21：1）

筒形陶釜（W35：2）

湖南洪江高庙新石器时代遗址

一 引言

高庙遗址位于湖南省洪江市（原黔阳县）安江镇东北约5公里的岔头乡岩里村，是一处典型的贝丘遗址，是近10余年来在中国南方发掘的最重要的新石器时代遗址之一。1991年第一次发掘的资料公布后，引起了学术界的极大关注。为了更全面地了解该遗址的整体情况及其文化内涵，湖南省文物考古研究所在2004年和2005年又相继进行了两次发掘，三次发掘揭露的总面积近1700平方米。

二 地理环境

遗址地处沅水北岸的一级台地上，现存面积约3万平方米。遗址顶部较平，周边呈坡状，东、西两侧边缘分别有一小溪和一条自然冲沟向南流入沅水，东北端有一狭长地带与山坡相连。遗址分为南、北两个小区。从高庙遗址的地理环境看，沅水中、上游地区东依雪峰山系而与资水流域相隔，西、北隔武陵山系与乌江和澧水流域相背，西南倚云贵高原和南岭余脉与珠江流域分界，高山环绕，相对封闭。

三 堆积状况及文化特征

台地顶部主要分布着史前居民的房屋、祭祀场所和墓地。其周围的斜坡则属于贝丘堆积，厚约3.5～6.5米，最多可分为27层。

遗址中保存的主要是新石器时代文化堆积，可以划分为上、下两大部分，分属于不同的考古学文化。其中，下部堆积的文化特征明显有别于周邻地区同时期的考古学文化。这类遗存在本地区的多个地点均有出土，区域特征鲜明，可命名为"高庙文化"。而上部地层堆积可暂称为"高庙上层遗存"。

（一）高庙文化遗存

这类遗存分布于整个遗址范围内。房屋均为在地面上立柱的排架式木构建筑，多为长方形两开间或三开间，朝向东或东南，面积20～40平方米不等，有的还有专用的"厨房"。房屋附近还发现圆形桶状或袋状的窖穴。废弃堆积富含大量螺、贝壳，并伴出龟、鳖、各种鱼类等水生动物遗骸，以及猪、牛、羊、鹿、麂、熊、象、獾、猴、犀牛、貘等陆生动物骨骼。对其中部分猪的颌骨进行鉴定，可以确定属于家猪。墓葬多为竖穴土坑墓，流行侧身屈肢葬，头朝东，面向北。墓内无随葬品，仅在填土中发现少量石片石器和兽骨，其中一座墓在人骨下发现有编织的竹席。

2005年，遗址中发掘出一处高庙文化的大型祭祀场所。祭祀遗迹按南北中轴线布局，包括主祭场所、祭祀坑，以及一座与祭祀场所相关的附属房屋和附设的窖穴。其中，主祭场所在整个祭祀场的北部，推测原有一组对称的排架式梯状建筑，面朝正南方的沅水。祭祀场南部发现39个排列规律的祭祀坑，其中有1个人祭坑。房址位于主祭场所西侧，门朝东，分两间主室及一间"厨房"，附设的窖穴则分别位于"厨房"门外东侧以及主祭场所的右前方。2004年曾在此祭祀场北面约35米处更早的地层下发现类似的祭祀场所，但规模较小，朝向遗址西北面的一座山峰。

出土的工具中，砍砸器、用作刮削工具的各类石片石器和大量扁平亚腰形石网坠数量巨大且最具特色。它们绝大部分用锤击法单面打制而成，原料皆取自沅水河床上的砾石。还出土了大量石球，以及石磨盘、磨棒、锤、砧和砺石等。磨制石器很少。骨器包括刀、匕、针、锥、簪和刻纹牌饰等，牙器有锥和象牙雕饰，蚌器皆穿孔，可能用作挂饰或刀，这些器物均磨制精细并经抛光。

所出陶器皆为手制，器壁厚薄均匀，规整程度与轮制陶器相近。部分陶片的断面上可见到泥片贴塑的痕迹，圈足和附耳则多是分制后粘贴上去的。陶器火候不均，绝大部分器物的表面为褐红色与灰褐色相杂。多为夹砂陶，还发现一些白陶器。

陶器的造型主要是圜底和圈足器，不见三足器和尖底器，但在高庙文化遗存的较早阶段，发现有少量缓平底或平底微内凹的双耳罐。陶器主要有釜、罐、盘、钵、簋、碗、杯等，其中前三类的形制特别丰富，尤其是罐的器形多达10余种。

丰富的陶器纹饰是高庙文化遗存最突出的特征之一。罐类器的颈、肩部，钵、盘和簋形器的上腹部通常都饰有戳印篦点纹组成的各种图案，而形态各异的鸟纹、獠牙兽面纹、八角星纹，以及平行条带纹、连线波折纹、连续梯形纹和垂幛纹等最有代表性，有的还附饰少量圈点纹；腹部多饰有绳纹。在高庙文化的较早阶段，釜、罐类器的颈、肩部皆有双线或单线刻划纹，组成网格、带状大方格填叉、鸟头、羽翅、兽面、八角星等不同的图案；而在其较晚阶段，戳印篦点纹已呈现出衰退趋势，且习见减地剔刻的装饰手法。陶器装饰中出现了填彩与彩绘。部分陶器上戳印的凤鸟纹和兽面纹图案，其下凹部分填涂有朱红色或黑色的矿物颜料，在一件白陶簋的外底部还发现彩绘的太阳图像。

高庙遗址的第一次发掘资料公布了两个碳十四测年数据，当时推定下部地层堆积（高庙文化遗存）的年代上限大致在距今7400年左右。但2005年的发掘中发现了更早时期的遗存，从陶器特征推断，其年代上限已达距今7800年左右。高庙文化最晚一期遗存的年代下限大致在距今6800年左右。

（二）高庙上层遗存

房屋继承了高庙文化时期的地面立柱排架式木构建筑及其结构，门多朝南，已出现木骨泥墙。除了貘，高庙文化常见的各类水、陆生动物骨骼均有大量发现。墓葬的葬式仍保留着屈肢葬的传统，头多朝东，新出现成人仰身直肢葬和儿童瓮棺葬，有的瓮棺在其盖或瓮（彩陶罐）底部钻有多个小圆孔。较早的墓葬多保存有人骨，随葬品较少甚至没有；稍晚者的人骨皆已腐朽，但一般都有随葬品，随葬品质地和数量差别明显。

高庙上层遗存的石质工具以打制的砍砸器和石片刮削器为主，质料和制法均继承了高庙文化的传统；磨制石器依然很少。但已不见亚腰形网坠，新出现双肩斧、弧刃刀、圭形凿和薄体铲等器物，出土了巨型石斧和石器的切割、穿孔和抛光技术。其他工具包括陶纺轮和骨拍、锥、匕、针等。另外，出土有骨簪、玉璜、玉玦、石璜、石牌饰和野猪獠牙等装饰品。

陶器大都为手制轮修，泥条盘筑与泥片贴筑并存；釜、罐等大件器物的内壁常见凹凸不平的指窝，小件器物或器圈足、鼎腿、支脚等附件均系分制后再与器身粘接抹平。陶系以夹砂褐红陶、红陶和褐陶为主，偶见白陶。部分陶器内黑外红，泥质红陶逐渐增多，部分陶器还夹有蚌末或胎呈黑色，器表多经打磨或绘彩。陶器造型仍以圜底器和圈足器为主，但出现了三足器（鼎）、尖底器（缸）以及大量支脚。器类有釜、罐、钵、盆、盘、豆、碗、支脚等，其中窄沿釜、盆形釜、大口罐、宽沿彩陶罐、圜底钵、圈足碗、盘最具代表性。釜、罐、钵类器的腹部盛行凸点纹，颈部饰粗篦片戳印纹，组成梯格、条带状、曲折线、雪花状、麦穗状、雨线状等不同图案；部分罐的颈部则刻划网格纹或斜、竖线组合图案，支脚常饰按窝，豆、碗等器物的圈足上多饰镂孔或锥点。绝大部分泥质红陶宽沿罐皆施有暗红或白色陶衣，其上绘带状、波浪、网格、涡纹或勾线等彩绘图案，有赭褐、深红、黑、白四色。另外，蛋壳陶杯外壁也有彩绘图案。

高庙上层遗存大致可以分为三个时期，年代约为距今6300~5300年，与洞庭湖区大溪文化的年代相当。

四 结语

高庙遗址的发掘揭示了该遗址丰富的文化内涵，确立了一种新的考古学文化—高庙文化。这批材料不仅为建立沅水中、上游地区的新石器时代考古学文化谱系奠定了坚实基础，还涉及到史前时期人类的宗教信仰以及中国文明起源等重要课题。

（一）祭祀场所

前述大型祭祀场所的年代早，规模大，明确辨认出诸多祭祀设施——主祭场所、大量祭祀坑，以及与祭祀活动相关的房址、储藏祭品（河螺）的窖穴等，这在我国现存的同时期史前遗存中都是罕见的，表明这里很可能是区域性的宗教中心。1991年曾出土1件高直领白陶罐，颈部戳印有带双羽的獠牙兽面纹，两侧各立一"梯阙"的图像。若将其与新发现的主祭场所柱洞的结构相对照，就会发现它或许就是当时主祭场所（排架式梯状建筑）的摹写。在遗址中，尤其是与该祭祀场相应的地层堆积中，出土了装饰飞鸟、獠牙兽面、太阳、八角星等图像的大量陶器，许多还是精美的白陶，显然属于祭器。

高庙文化大型祭祀场所的发现，对在更大的范围内追溯我国史前宗教的起源和发展也具有重要意义。长江中游地区，湖南澧县城头山遗址中曾发现大溪文化时期的祭坛；长江下游的安徽含山凌家滩遗址，以及多个良渚文化遗址均发现了祭坛，它们都是与墓地相结合。祭坛上墓葬的随葬物品质明显高于一般墓葬，推测墓主可能是掌握宗教特权的祭师及其至亲。高庙遗址中大型祭祀场面向河流并按南北中轴线布局的结构，可能在以后祭坛的发展中有先导意义。

（二）表现神灵崇拜的陶器图像

高庙文化遗存的部分陶器上装饰有戳印篦点纹连缀而成的复杂图像，部分还涂着朱红或黑色的矿物颜料。它们在高庙文化的鼎盛期（距今约7400~7100年）最为发达。源头可上溯到高庙文化遗存的最早一期，此阶段的飞鸟多为刻划的并列鸟头，兽面则为头部正面图像，八角星悬在空中，构图和制作技术较简单；根据此期遗存中陶器的特征，推定其年代距今7800年左右。高庙文化最初出现的八角星纹以及獠牙兽面、鸟载太阳等图像，在较晚时期逐步流行于长江中、下游地区及黄河流域，甚至更远的地区。长沙南托遗址中1件陶盘外底部的獠牙兽面纹、江浙地区良渚文化玉器上的兽面图像，以及浙江河姆渡文化、良渚文化和陕西泉护村仰韶文化遗存中所见到的鸟与太阳或鸟与兽面的复合图像，都与高庙遗址发现者类似。高庙文化上述装饰图像代表的神灵信仰观念，可能对周邻甚至更大范围内的古代文化产生过深远的影响。

（三）白陶制品

出土大量精美的白陶制品是高庙遗址发掘的一个重要收获。它们均属于高庙文化遗存，结构致密，颜色纯白或微偏黄，器形主要有盘、篦、豆等圈足器和罐等盛贮器，器表或底部装饰有戳印或压印篦点纹组成的各类精美神像图案，它们应是奉祀神灵的祭器。这类白陶器在高庙遗址距今约7400~6800年的阶段非常盛行，在高庙上层遗存中则明显减少。2005年，年代最早的一期遗存发现多件精美的白陶罐残片，估计它们不晚于距今7800年。

白陶的原生地一向为学术界所关注。曾有观点认为洞庭湖地区是白陶的原生地和向外传播的中心，影响范围北到汉中盆地仰韶文化半坡类型的龙岗寺遗址，东经赣北高安直至马家浜文化早期的浙江桐乡罗家角遗址，南达珠江流域。但从现在高庙遗址的发掘情况看，白陶的原生地可能是在湘西的沅水中、上游地区，这里所出白陶的质地和数量均胜于洞庭湖区，年代也明显要早。汤家岗和丁家岗遗址的最早一期遗存代表了洞庭湖地区白陶最发达的阶段，年代上限不早于距今7000年，而且最具代表性的敛口或内折沿大圈足盘等器形均源自更早的高庙文化。因此，高庙文化遗存中出土的白陶制品对探讨我国白陶器的发源地十分重要。

（四）高等级的并穴合葬墓

高庙上层遗存发现的30余座墓葬中，M26、M27是两座较为特殊的并穴合葬墓，是墓地中唯一随葬精美的大型玉器者。M27出有顶端两侧带"扉牙"的玉钺，非一般部落成员持有。这两座墓或为夫妻合葬，墓主应是部落首领。这种玉钺在中国史前时期遗址中极为罕见。属山东龙山文化的五莲丹土遗址采集到1件石戚，宽梯形，双孔，两侧有扉棱状小齿瑢。夏商时期此类器物皆称为"戚"，但器体略窄，高庙遗址这件玉钺对研究"戚"的起源和发展也有一定意义。这组墓葬的年代大致为距今5800年左右。它们对研究该遗址史前社会阶层以及部落成员的贫富分化具有重要的意义，也为与周邻地区同时期社会发展的横向比较提供了资料。

（五）文化渊源及谱系

湘西的沅水中、上游地区旧石器时代中、晚期的文化面貌已基本清楚，以打制的大型砍斫器和石片石器等为主要特征的"潕水文化类群"是本地的主体文化遗存，它与沅水下游和洞庭湖西北岸澧水流域的"澧水文化类群"区别。已经发掘的怀化高坎垅、靖县斗篷坡、洪江市高庙、辰溪县松溪口和征溪口、麻阳县高垅、中方县压祖山、吉首市河溪教场等多处新石器时代遗址中，除斗篷坡遗址可归入岭南文化系统，其他地点的遗存已大致可以建立起距今约7400～4500年的年代框架，但仍有缺环。而高庙遗址的发掘成果包括了两批关键材料。其一是发现了早于距今7400年的高庙文化早期遗存，进而揭示出该文化初始阶段的面貌。从主要生产工具的特征来看，该文化的技术传统是承自本区域旧石器时代晚期的"潕水文化类群"，文化渊源大体明晰。其二是高庙上层遗存中最晚的一批墓葬，随葬器物的主要组合为黑陶簋、曲腹杯和壶形罐等，已明显属于大溪文化遗存，可以将其与怀化高坎垅遗址的屈家岭文化遗存衔接起来。那么，将高庙遗址下部和上部堆积的遗存与年代介于二者之间的辰溪县松溪口上层，以及晚于屈家岭文化高坎垅类型的龙山时代诸遗存进行排列，本区域新石器时代文化的谱系及年代序列也就初步勾画出来了。

另外，高庙遗址出土了数十种水、陆生动物遗骸，以及大量植物遗存，这对了解当时居民的食物来源和结构，研究遗址的经济方式和生态环境等均具有重要价值。

撰稿人：贺　刚

参考文献

- 湖南省文物考古研究所：《湖南洪江市高庙新石器时代遗址》，《考古》2006年第7期。
- 湖南省文物考古研究所：《湖南黔阳高庙遗址发掘简报》，《文物》2000年第4期。

高庙文化大型祭祀场所

高庙上层遗存四人合葬墓

高庙上层遗存墓葬出土瓮棺

○ 湖南洪江高庙新石器时代遗址

高庙上层遗存 M27 出土玉戚

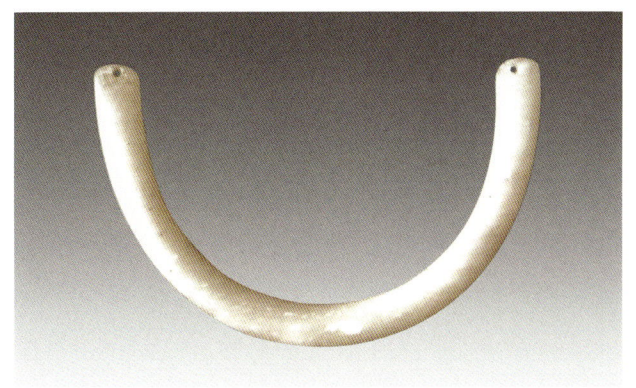

高庙上层遗存 M26 出土玉璜

高庙文化兽面纹陶钵

高庙文化凤鸟纹白陶簋

高庙文化白陶簋外底彩绘太阳纹

高庙上层遗存墓葬出土陶杯

高庙文化陶罐星相纹

河北易县北福地史前遗址

一 引言

北福地遗址位于河北省易县西南12.5公里处，北福地村南的台地上，地理坐标为东经115°22′39.4″，北纬39°17′18.5″。这一带地处太行山脉东麓与河北平原的接壤地带，周围地貌属低山丘陵间的宽阔河谷，中易水由西向东横穿谷底，河水西出较高、较窄的山地峡谷间，流经到遗址区一带河谷突然变宽，似一小盆地，地表高低起伏。遗址在中易水河北岸第二阶地上，海拔80~90米，现为农田。

易水流域的新石器时代遗址除北福地遗址第一期的年代上限可跨进早全新世外，其他20余处遗址（包括北福地第二期）的年代均属中全新世时期。当时的人们聚居在既可免于水患，同时又邻近河水的一级或二级阶地上。北福地遗址第一期遗存时期，一级阶地正向二级阶地演进，第一期末到第二期时期，新的一级阶地已经形成，原来的一级阶地已后退成二级阶地。

二 发掘经过

1985年，考古工作者在此发现了两种文化面貌相异的新石器时代文化遗存，即以釜与支脚为特征的甲类遗存和以直腹盆（盂）与支脚为特征的乙类遗存。因发掘面积有限未找到确切的地层依据，当时的发掘者暂将此两类遗存归为同一时期，称之为"北福地一期"遗存。1997年，河北省文物研究所对遗址进行了正式发掘，发现房址3座、灰坑30座，出土了石器、陶器等遗物。

2003~2004年，河北省文物研究所对北福地遗址进行了连续两个年度的正式发掘。发掘分东、西两个发掘区。东部为Ⅰ区，西部为Ⅱ区，发掘总面积400余平方米，找到了甲、乙两类遗存确切的地层关系，即乙类遗存早于甲类遗存，它们是两种有早晚关系的文化，而非同一时期的两类遗存。2004年的发掘继续沿用东、西两个发掘区。发现了第一期的祭祀场地，出土了精美的玉器和石器，是此次发掘的重要收获。

三 遗址的分期与年代

已探明的遗址面积约30000平方米，文化层堆积厚0.5~1米左右，以新石器时代的文化遗存堆积为主体，局部有零星的商周、战国、汉代、辽金等时期的遗存。两个发掘区的地层堆积情况基本相同，但略有差异。

根据Ⅰ区的地层关系及文化内涵，我们将以其第3层和F1、F7等出土的陶直腹盆与支脚为代表的遗存归为北福地新石器时代第一期，以第2层和H18、H86等出土的陶釜、钵与支脚为代表的遗存归为北福地新石器时代第二期，以第1层下S2等出土的陶双耳罐、敛口钵为代表的遗存归为北福地新石器时代第三期。

北福地第一期遗存的主要特征是以直腹盆与支脚为典型陶器，均为夹砂、夹云母陶，不见泥质陶。文化面貌与上坡、磁山早期遗存具有许多相似之处，与燕山南北地区的兴隆洼文化也有一些相近因素，相对年代亦应大体与之相当。北福地第一期遗存的绝对年代大约在公元前6000~前5000年间，属较早期的新石器文化遗存。

四 第一期遗存

（一）遗迹

发现的遗迹有灰坑、房址、祭祀场。房址保存较完整的有10座，均为半地穴式，平面形状分方形和近圆形两种，室内地面中央有红烧土灶面，周围分布有柱洞。房址内填土及出土遗物情况基本同灰坑。下面以 F1 为例进行明。

F1 房基下即为生土。半地穴内填土为灰黑色，内含大量石块、石器及陶器残片。平面为圆角近方形。门道设在北部，方向 20 度，长条形斜坡状。居住面为红褐色硬土，比较平整，中央设有椭圆形红烧土灶面。紧邻灶面北侧有一圆形小灰坑，填土为灰黑色，内含小石块。灶面及小灰坑周围的居住面上分布有 8 块大小不等的砾石，其与灶面及小灰坑可能均与用火有关。居住面近四壁处发现柱洞 13 个，中央近灶面处发现柱洞 1 个，另在室外门道西侧发现柱洞 2 个。柱洞均为圆形竖穴，底部有平底、尖底之分。房址内填土中出土遗物非常丰富，包括天然砾石块、石料、各种石制品、陶器残片、刻陶面具作品残片、胡桃等。

祭祀场位于Ⅱ区，被一座中型汉墓和第二期的灰坑等打破。平面近长方形，应是直接挖建于生土之上，地面较平整。场内祭祀遗迹主要是中小型陶直腹盆、磨制石器、玉器、小石雕、水晶等 90 多件物品的分组堆积，其中以前两者为主。小型直腹盆中有些器形个体细小，实际上是陶杯。磨制石器中有 1 件通体磨光的大型石耜，或为已知形体最大的石耜。玉器数量少，仅发现玦、匕及饰件等器形。祭祀物品以平地铺排放置为主，辅以斜坡高低错落，少见叠压。它们成群分布，似乎分为若干个组合。祭祀物品之间的填土及祭祀场覆土为深褐色土夹杂灰白色土，质硬，较纯净，极少有陶片等其他遗物。这种祭祀形式与磁山遗址发现的所谓"组合物"遗迹有一定相似之处，可能是祭天地、祈年福的祭祀仪式场所。

（二）遗物

出土遗物主要有石器和陶器。石器以各种磨制石器为主，有相当数量的细石器。陶器均为夹云母陶。器表颜色以灰褐色为主，颜色多不纯，有灰色或黑色斑块。器表装饰主要是刻划或压印的几何形纹饰，如折线、斜线等，多饰于直腹盆口沿下一周。器形主要有直腹盆与支脚两种。其中，直腹盆基本为方唇，直口，直壁或斜直壁，平底；口径一般大于通高；器表颜色有灰褐、褐色、红褐色、褐色、深灰色等，颜色多不纯；口沿下均有纹饰。支脚为倒靴形。

陶刻面具作品残片发现较多，多见于房址，其次是灰坑。两次发掘所得完整或基本完整者 10 余件。原料均来源于直腹盆，以腹部片为主，其次为底片，边缘有切割修整痕迹。面具的大小一般与真人面部相同，小型作品一般高约 10 厘米。雕刻技法属平面浅浮雕，单面雕刻，表现形式为阴刻与阳刻线条、凹与凸块面浮雕、镂孔等几种形式相组合。常见的为减地法刻出凹块面与凸块面的浮雕，阴刻法勾勒出凹线条，阴刻线与凹块面相应组合成图案。图案内容有人面、兽面（包括猪、猴、猫科动物等）。F2 内的人面具发现于室内地面东北角，为直腹盆口沿及腹片，夹云母黑褐陶，左侧有整齐的切割痕迹。人面雕刻在沿下腹面，方向与口沿倒向垂直。主要技法为减地阳刻，凹下块面构成椭圆形大眼眶，其与阴刻弧线之间的凸线为眼眉。眼睛镂空，双眼斜立。鼻部为弧形三角状凸块面，刻两个小圆坑点为鼻孔。口部为减地椭圆形凹块面，其中间为凸起块状表现舌部，舌中间又有阴刻交叉线条。额头有一字并列的三个穿孔，鼻下两侧各有一穿孔。

五 第二期遗存

（一）遗迹

发现的遗迹有灰坑和房址。保存较完整的房址有 2 座，形制均为方形半地穴式，室内靠近墙壁处分布有柱洞。下面以 F4 为例进行说明。

F4 为半地穴式建筑，形制较第一期的规整，地穴内填土呈灰黑色，内含大量石块、石器及陶器残片。

平面为圆角长方形。斜坡状门道设在东部正中，方向100度。居住面为红褐色硬土，比较平整。西北角有圆形红烧土灶坑。周围有红烧土面和烧土块堆积。红烧土面东侧有一片黄花土硬面。室内靠北壁一侧集中分布有烧土面、烧土块和硬土面，可能均系用火遗迹。居住面近四壁处发现柱洞11个，均为圆形竖穴，底部有平底、尖底之分。房址内填土出土遗物非常丰富，包括天然石块、石料、各种石制品、陶器残片等。居住面中央还发现1件陶釜的大块残片。

（二）遗物

出土遗物主要是石器和陶器。石器以各种磨制石器为主，细石器少见。陶器以夹砂、夹云母红褐色陶为主，其次为泥质红陶和灰陶。器表以素面为主，还有少量的刻划纹等。器形主要有釜、支脚、红顶钵、小口双耳壶等。釜是主要的炊器，为夹砂红褐陶或褐陶，大口、窄沿、鼓腹、圜底。素面。

六　结语

（一）第一、二期遗存的时空位置

此次发掘发现了确切可靠的地层关系，证明以直腹盆、支脚为典型特征的遗存，早于以釜、支脚为典型特征的遗存，两者属早、晚两个阶段的文化遗存，可分别称之为北福地第一期和第二期遗存，它可作为太行山东麓北部地区新石器时代文化演进研究的又一个时空标尺。与北福地第一期遗存年代大体相当周边考古学文化有兴隆洼文化、磁山文化、后李文化。与北福地第二期年代大体相当或部分重合的周边考古学文化或遗存有镇江营一期、赵宝沟文化、北辛文化等。

太行山东麓和燕山南麓地区早于北福地第一期遗存的有南庄头和转年遗址，南庄头遗址的绝对年代约在公元前8000年以上，转年遗址的绝对年代与之大体相当或略晚。转年遗址出土的直腹盆与北福地第一期的直腹盆之间可能存在某种渊源关系。

北福地第一期遗存主要分布在太行山东麓地区，目前所见与之文化内涵相似的遗址主要发现于冀中地区，如容城上坡、安新梁庄等。冀南地区的磁山文化也与之有极大的相似性，基本同属一种直腹罐文化。同时与燕山南北地区的兴隆洼文化亦存在一些相似性，直腹罐与筒形罐从宏观分类上应属同一器类，因此两种文化遗存同属直腹平底罐系统文化。北福地第二期遗存也主要分布在太行山东麓地区，主要遗址有镇江营一期、文村、南杨庄早期、石北口早期等，与北辛文化早期有不少相似之处，属圜底釜系统文化。

（二）第一、二期遗存的文化内涵与性质

北福地第一期遗存年代较早，与兴隆洼文化、磁山文化的年代大致相当，在地域上填补了这两支文化之间的空白，为研究三者之间以及与同时期其他文化的关系提供了新依据，不妨称之为北福地一期文化。直腹盆是北福地第一期遗存和磁山文化的典型器物，但两者之间存在差别。北福地第一期直腹盆的唇部多为削割而成的平方唇，有许多直腹盆的唇厚于器壁，口沿下均饰有刻划或压印的几何形纹饰，腹部一般无纹饰，不见绳纹和附加堆纹。磁山直腹盆（盂）有方唇、圆唇，不见厚方唇，口沿下一般无纹饰或饰附加堆纹，不见或少见刻划或压印的几何形纹饰，腹部有的饰绳纹。

北福地第二期遗存与太行山东麓的镇江营一期、文村、南杨庄早期、石北口早期、下潘汪Y1、界段营H50等类遗存大致同时，内涵相似，主要特征为：以釜、支脚、钵、壶为主，无鼎，无彩陶，年代早于后冈一期文化，为后冈一期文化的直接来源，同属圜底釜、鼎系统文化，不妨称之为北福地二期文化。

（三）遗址性质与特点

遗址正处在新石器时代中原、北方、山东三大文化区之间的交界地带，文化地理位置关键，是研究三者之间错综复杂关系的重要地域。遗址又处于丘陵与平原交界地带，区域自然地理位置优越。发现大量房屋、灰坑等生活遗迹，应属史前村落遗址，是研究早期新石器时代文化生存发展与人地关系的较好遗址。

（四）对祭祀场性质、祭祀仪式及对象的推测

经过细致发掘判定，陶器、石器、玉器等器物群堆积遗迹既非房址，亦非墓葬，也不是临时性露天营地和器物制造场地或储藏地等。出土遗物在平面布局上似乎有组群之分，个体基本完整无缺损，尤其石器工具完整、精致、光滑，使用痕迹细微（相比之下，房址、灰坑中的石器大多为使用程度很高的残缺品、废品，使用痕迹明显）。陶直腹盆以小型器居多，实为杯、钵、碗之类器物，同时，这些器物组合反复而大量集中出现于一个地域，应该具有特殊的象征意义。换言之，人们有意识地反复集中埋藏了这些器物群，其动因似乎用宗教的原因来解释更为合适一些。因此推测其为祭祀场地，石器、陶器、玉器等应为祭器。

《礼记·祭法》记载："燔柴于泰折、坛，祭天也。瘗埋于泰折，祭地也。""设庙、祧、坛、墠而祭之。"《周礼·春官·肆师》记载："立大祀用玉帛牲牷。"其中的"瘗埋"、"泰折"、"墠"、"玉帛"等尤其值得思考。初步推测，祭祀仪式可能主要是通过奉献祭器与祭品来完成的，献祭的方式大概是在长时间内分次将祭器与祭品摆放堆积在一处修饰平整的近方形祭场内，并用干净的土掩埋。祭祀对象可能是天地合祭。这种比较独特的祭祀场的发现是史前宗教祭祀研究领域的重要资料。

（五）陶刻面具的性质

初步推测，陶刻面具作为单纯艺术品的可能较小。原始艺术与宗教或巫术本密不可分，因此陶刻面具很可能是一种原始宗教或巫术用品，是祭祀或巫师实施巫术时的辅助用具，用来装扮神祇或祖先。当时的人们很有可能戴着陶刻面具到祭祀场进行祭祀活动。北福地第一期遗存陶刻面具的发现，是目前所见年代最早、保存最完整的史前面具作品，也是研究史前宗教或巫术的新资料。

撰稿人：段宏振

参考文献

● 河北省文物研究所：《河北易县北福地史前遗址的发掘》，《考古》2005年第7期。
● 河北省文物研究所：《北福地：易水流域史前遗址》，文物出版社，2007年。

祭祀场（北→南）

F1（东北→西南）

祭祀场出土石耜

玉玦（J：7）

玉饰件（J：59）

○ 河北易县北福地史前遗址

石雕兽头（J：54）

玉匕形器（J：87）

刻陶面具（F12：7）

刻陶面具（F2：1）

第二期陶釜

第一期陶罐

四川汉源麦坪新石器时代遗址

一 引言

麦坪遗址位于四川省汉源县大树镇麦坪村,地处大渡河中游南岸的二、三级台地及其以上缓坡地带,海拔为820～860米,遗址总面积约为10万平方米。此区域在20世纪50年代以来历经多次大规模的围河造田、开山改土等建设,从而对遗址造成了严重破坏,现存地表已被辟为梯田。中国社会科学院考古研究所等单位于2001年首次对该遗址进行了试掘,发现较丰富的新石器时代遗存。为配合瀑布沟水库的建设,四川省文物考古研究院等单位于2006年对遗址进行了正式发掘,并于2007年继续对该遗址进行了两次考古发掘。其中,2007年的发掘面积约1800平方米,现将此年度发掘的主要收获简报如下。

二 地层堆积

本次发掘区位于遗址的西部,根据遗址保存状况分别在两个区域布方,其中Ⅰ区位于大渡河的三级台地上,Ⅱ区位于Ⅰ区北部的二级台地上。整个发掘区的地层自南向北有明显的倾斜现象,Ⅰ区尤为明显。遗址的地层堆积较为简单,大致可分为8层,其中第5～8层为新石器时代文化层。现以ⅡT0303北壁为例介绍地层的堆积状况。

第1层为耕土层。第2层为现代深耕层。第3层为山体滑坡堆积。第4层为明清时期堆积,G4开口于本层下。第5层为青灰色土,质地疏松,夹杂少量草木灰,包含有石器残件及刮削器、夹砂红褐陶残片等,F5开口于本层下。第6层为红褐色土,夹杂较多烧土颗粒,质地较硬,黏性较强。此层包含物较丰富,陶器以夹砂红褐陶为主,可辨器形以罐、钵为主;石器有刀、斧、凿、刮削器等。H64开口于本层下。第7层为灰褐色土,局部夹杂较多红烧土块,质地疏松,颗粒较细。此层包含物较丰富,陶器以夹砂红褐陶为主,可辨器形有罐、钵、盆等;石器较多,包括刀、斧、锛、凿等。房址F5、灰坑H72、H76、H79开口于本层下。第8层为灰白色土,夹杂较多青灰色硬土块,质地疏松。此层包含有少量陶片,以红陶为主,灰陶较少,可辨器形有罐、缸等。第8层以下为黄色生土。

三 遗迹

本次发掘,清理出大量的新石器时代遗迹,包括房址30多座、灰坑100多个、墓葬8座等。

(一)房址

该遗址已发掘的区域内,房址分布较为密集,房屋建筑形制可分两大类。

一类为干栏式建筑,多数开口于第4层下,仅在平地上发现疏密不同、深浅各异、分布较有规律的明显柱洞。柱洞多为斜直壁,平底,洞内为疏松的黑色填土,部分填土中包含少量夹砂碎陶片,有明显的木柱腐朽痕迹。存在少量大柱洞内套小柱洞的现象。柱洞在平面按一定区域分布,形成圆形、长方形或近方形的房址,面积为5～10平方米。

另一类房址普遍发现下挖的墙基槽,多数开口于第7层下。每条墙基槽内大多发现有3～4个圆形柱洞,柱洞的大小、深浅不一,推测此类房址为木骨泥墙式建筑。基槽内填土较为疏松,夹杂大量红烧土块及较多的炭粒、炭灰。这类房址平面多为方形或长方形单室,室内面积10～20平方米。也发现有双开间和三开间的多室房址,如F26为三室,各室之间以墙相隔,有门道相通,面积近50平方米。房址室内多发现有圆形或近圆形的灶坑,其位置常见于室内的西北部或南部。这类房址一般有门道,宽0.8～1.2米,多向北面开门,也有开在南面和东面的。其中,F4、F6、F9等多座房址的门向一致,都是朝北面开门,北部墙基大致处在同一直线上，有明显的组群关系。F8门道开在东面北部，室内没有发现用火遗迹，但在其紧邻的北部发现一座由柱洞围成的建筑遗迹，室内堆积较多炭灰并发现两个红烧土堆积的灶坑。从所处位置及相关遗迹现象分析，该建筑遗迹应为F8的附属建筑，这也是此次发掘的唯一一座有明显附属建筑的房址。

此外，还发现了残存部分墙体的F4。此房址开口于第7层下，平面呈长方形，四周有基槽，室内面积约18平方米。门道开在北面东部。室内西北部发现一近圆形灶坑。居住面明显，为灰褐色土，质地较硬，板结起层，为长期踩踏形成。基槽内的填土夹杂大量粗颗粒烧土。在房基内没有发现柱洞，其南面基槽以上残留垒筑墙体，东、西面基槽南部也残存部分墙体，基槽窄于墙体。墙体壁面粗糙、凹凸不平，中部用较硬的红烧土块垒筑，用火烘烤后在内外两侧贴筑较细腻的灰褐色土，未见夯打痕迹。

（二）灰坑

灰坑的平面形状多为圆形和椭圆形，少量为形状不规则和长方形。多数灰坑口大底小，部分坑壁有明显的烘烤现象，底部又可分平底和圜底两种。灰坑的用途多数应为堆放生活垃圾，坑内出土有陶器、石器、不规则石块和动物骨骼等，也有少量灰坑发现于房址内，出土遗物丰富，可能属于储藏坑。

（三）墓葬

共发现新石器时代墓葬8座。5座为长方形土坑墓，在墓主头部、腹部常随葬有陶罐、钵、碗等。石棺葬有3座，均开口于第7层下，墓圹四周用修整光滑的石板围砌，上部以不规则的石板或砾石封盖。墓葬都已遭扰乱破坏，填土中发现残陶片、人骨、炭粒等，这是四川地区目前发现时代最早的石棺葬。

四 遗物

（一）陶器

所出陶器以夹砂红褐陶为主，兼有夹砂灰褐陶、泥质红陶和泥质灰陶，并有部分磨光陶。陶器火候较高，以手制为主，部分有慢轮修整痕迹。流行饰竖向或交错细绳纹组成的网格纹和附加堆纹、刻划纹、戳印纹、弦纹等，各种复合纹饰较为常见，其中在细绳纹上贴塑附加堆纹的情况发现最多。器形以平底器为主，并有少量圜底器和圈足器，常见的器物组合包括侈口平底罐、缸、磨光陶钵、杯等。

罐 唇部多数呈较浅的花边状，用工具按压或剔刺而成，在口沿下常贴塑有附加堆纹。

大敞口罐 可分为方唇和尖圆唇两大类。ⅡT0301⑧：10，夹砂红褐陶。口沿下有一周附加堆纹，器身表面饰细密绳纹。ⅡT0202⑦：19，夹砂红褐陶。唇较厚，卷沿。口沿上有一周附加堆纹，其下饰细密绳纹。

侈口罐 的主要差异在腹部和底部。ⅡM1：3，夹砂红褐陶。通体布满交错绳纹，底部也拍印有绳纹，口沿下及腹部饰两周附加堆纹。ⅠH43：3，夹砂红褐陶。口沿以下饰交错细绳纹，口沿下及腹部另有两周附加堆纹。ⅡM1：1，夹砂红褐陶。腹部以下饰交错细绳纹，底部也有拍印绳纹，口沿下还有一周附加堆纹。

翻沿罐 有方唇和圆唇两种。ⅠT0301⑦：2，夹砂红陶。口沿外翻。口沿上有一周附加堆纹，器身遍饰绳纹。ⅡT0701⑦：6，夹砂红陶。口沿外翻。器外表饰细绳纹。

折沿罐 如ⅡT0301⑧：1，夹砂灰陶。敞口，束颈。口沿下遍饰细绳纹，颈部另有两周附加堆纹。

高领罐 有敞口和侈口两种。ⅡT0301⑧：6，夹砂红褐陶。口沿外翻，束颈，领较高，颈部以下残。肩部饰水波纹。ⅡT0603⑦：13，夹砂红褐陶。束颈，颈部以下残。肩部饰水波纹。

直口罐 ⅡT0303⑦：1，夹砂红陶。口沿上有四个对称的桥形钮，矮领，球状鼓腹，平底。肩部有带状和圆点状戳印纹相间排列，底部则拍印细绳纹。

敛口罐 器形较小。ⅡT0403⑧：1，夹砂灰陶。束颈，溜肩，球腹，小平底。颈部有三周泥突纹，肩部饰五周附加堆纹，颈部以下通体饰绳纹，底部也拍印有细绳纹。ⅡT0701⑦：1，夹砂灰陶。束颈，溜肩，鼓腹，小平底。颈部有四周平行泥突纹及一周斜向泥突纹，肩部饰两周附加堆纹，颈部以下通体饰绳纹，底部也拍印有细绳纹。ⅡT0302⑥：4，夹砂灰陶。肩以下残。口沿以下满饰绳纹，肩部有五周断续泥条纹。ⅡH77：1，夹砂灰陶。束颈，鼓腹，平底。颈部以下通体饰绳纹，肩部另有六周附加堆纹。

侈口小罐 ⅡT0402⑦：15，泥质灰陶。底部残。腹部戳印有圆点纹。ⅡT0402⑦：14，泥质灰陶。底部残。

器耳 ⅡT0402⑦：12，夹砂红褐陶。桥形钮。

钵 根据口、腹和底部的差异可分为两种。ⅡT0303⑦：4，泥质灰陶。器口下饰一周垂帐纹。ⅡT0701⑧：3，泥质灰陶。已残。口沿下有凹弦纹，其下饰网格纹。ⅡH77：2，泥质灰陶，素面。ⅡT0402⑦：10，底残。口沿下有一周戳印圆圈纹。

碗 ⅡH77：3，泥质灰陶。敞口，斜腹，平底。器身为素面，底部拍印绳纹。

杯 有直口和侈口两大类。ⅡT0302⑤：4，泥质灰陶，胎较轻薄，火候高。斜弧腹，底残。ⅡT0303⑤：3，泥质灰陶，胎较轻薄，火候高。斜腹，底残。

塑像 ⅡH72：2，泥质灰陶，手捏成形。四肢均残断，背部戳印有圆圈纹。

（二）石器

打制石器主要是以燧石为原料的细石器，种类包括刮削器、尖状器、雕刻器和石核等。

刮削器 ⅠT0202⑥：1，黑色燧石。弧形刃，台面和波状线明显。ⅡH59：3，黑色燧石。凹缺状刃，台面和波状线明显。ⅠT0402⑥：1，黑色燧石。弧形刃，可见波状线和放射线。ⅠT0101⑥：1，黑色燧石。略成三角形，刃部的石片剥落痕迹较明显。

磨制石器以斧、锛、刀、凿为主，并有镞和网坠等。

刀 有长条形和新月形两种。前者如ⅡT0402⑦：2，细砂岩。平背，弧刃，中间有一个两面对穿的圆孔。ⅡT0302⑦：12，细砂岩。平背，直刃，靠近刀身中间部位有一个两面对穿的圆孔。后者如ⅡT0202⑦：4，细砂岩。凸背，弧刃上有使用痕迹，刀身中部有一个两面对穿圆孔。

网坠 有椭圆形和近方形两种，前者如ⅡT0502⑦：1，细砂岩，表面磨光。形体较长，在器身两侧打出缺口。后者如ⅡT0402⑦：1，细砂岩。打制而成，表面经磨光处理，两侧的缺口位于器身较宽处。

斧 有梯形和长条形两种，前者如ⅡH41：7，粗砂岩。器身表面有石片剥落痕迹，刃部经磨光处理。后者如ⅠT0302⑥：3，粗砂岩。器身表面及四周可见打制痕迹，刃部经磨光处理，有使用痕迹。

凿 有梯形和长条形两类。如ⅡT0403⑥：4，细砂岩。通体磨光，弧刃，末端残。ⅡT0401⑥：4，粗砂岩。器身打磨光滑，弧刃。

锛 ⅡT0402⑦：5，通体磨光，长条形，末端残，弧刃。ⅡT0303⑦：5，长条形，器身右侧残，弧刃。ⅡT0302⑦：7，通体磨光，长条型，弧刃。

纺轮 ⅡT0402⑥：2，以细砂岩磨制而成。中间有对穿圆孔。

镞 ⅠF1：1，以细砂岩磨制而成。器身呈菱形，已残，后部有铤。

五　结语

麦坪遗址地处横断山区大渡河中游较为平缓的河谷地带，地理位置相对封闭，但又是以成都平原为中心的四川盆地与川西南及云贵地区之间交往的必经之地，也是由黄河上游甘青地区经川西高原南下进入云贵地区的文化走廊、民族走廊的重要组成部分。对这一区域史前遗址的考古发掘和研究，将有利于深入探讨横断山区史前文化的交流及史前人群迁徙等重要课题。经过两年来对麦坪遗址的大规模发掘和初步整理，我们获得了以下几点初步的认识。

第一，在考古学文化内涵与分期研究方面，麦坪遗址的发掘成果较为丰富。麦坪遗址的主要文化内涵属新石器时代晚期，距今约5000～4500年，代表了一种新的考古学文化。特别是其陶器虽与周边同时期的其他文化在某些方面存在相似性，但整体风格明显具有强烈的地域特征，表现出独特的文化面貌。新石器时代地层堆积的系统揭露和众多遗迹的发现有利于深入认识该遗址的文化内涵及分期，对建立和研究大渡河流域乃至整个四川地区新石器时代文化的谱系十分重要。

第二，在房屋遗迹的形制和布局研究等方面获得重要成果。麦坪遗址是一处较大型史前聚落，房址分布密集，它的发掘将对四川地区聚落考古的开展产生重要的推动作用。所清理的F8有附属建筑、F26为三室房屋、F4残存有垒筑的墙体，这些都是四川地区史前考古较为罕见的发现。干栏式建筑多发现于第4层下，木骨泥墙式建筑多发现于第7层下，在第6层下则发现有两种建筑形式共存的现象。这种清晰的层位关系，显示出麦坪遗址的建筑形式从早到晚经历了由地面建筑到干栏式建筑的发展过程，这对研究距今5000～4500年前大渡河中游的环境变迁及当时的人类生活方式具有十分重要的价值。

第三，在墓葬形制研究方面也有新突破。四川地区的石棺葬较为常见，但目前所见材料多为战国至汉代的墓葬，少量可早至商周时期。麦坪遗址发现的新石器时代石棺葬开口于第7层下，与众多房址共存。这种在新石器时代居址区内发现的石棺葬，为研究这种葬式在四川地区的起源和发展提供了重要材料，同时也为大渡河流域早期先民的种族和葬俗研究等提供了新线索。

第四，麦坪遗址的遗物与周边同时期文化有一定相似性，反映出史前文化的交流。其中，唇部饰细绳纹、口沿下贴塑附加堆纹的敞口卷沿罐，以及瓦棱纹盆、敛口钵等，在器形上与岷江上游的姜维城遗址、营盘山遗址所出同类器较为相似。口部贴塑附加堆纹这种制作方法，也见于安宁河流域的横栏山及咪咪啷遗址等。深腹罐、大敞口罐等器形，与大渡河上游丹巴罕额依遗址的出土遗物较为接近。麦坪遗址中常见的半月形穿孔石刀，在澜沧江上游以昌都卡若遗址为代表的相关遗存中也较为流行。以这些器物的器形或制作方法的相似性为切入点进行研究，将有利于探讨大渡河流域与周边地区史前文化的交流、传播等重要课题。

撰稿人：刘化石　刘志岩

参 考 文 献

● 四川省文物考古研究院、雅安市文物管理所、汉源县文物管理所：《四川汉源县麦坪新石器时代遗址2007年的发掘》，《考古》2008年第7期。
● 中国社会科学院考古研究所等：《四川汉源县麦坪村、麻家山遗址试掘简报》，《四川文物》2006年第2期。
● 四川省文物考古研究院、雅安市文物管理所、汉源县文物管理所：《四川汉源县麦坪遗址2006年第二次发掘简报》，《四川文物》2012年第4期。
● 四川大学历史文化学院考古学系、四川省文物考古研究院、汉源县文物管理所：《四川汉源县麦坪遗址B区2010年发掘简报》，2013年第1期。

发掘区西北部建筑群（西南→东北）

F4（北→南）

M5（西→东）

F6（北→南）

F19（东→西）

陶罐（T0101⑦：1）

陶罐（T0403⑧：1）

○四川汉源麦坪新石器时代遗址

陶罐（T0303⑦：1）

陶钵（T0303⑦：4）

陶罐（M1：1）

石网坠（T0603⑥：5）

石凿（H43：2）

石凿（T0303⑦：2）

石锛（T0202⑦：9）

石刀（T0402⑦：2）

内蒙古扎鲁特旗南宝力皋吐新石器时代墓地

一 引言

南宝力皋吐墓地位于内蒙古自治区扎鲁特旗鲁北镇东南约40公里，东北距道老杜苏木10公里，南距南宝力皋吐村2公里，海拔220米。墓地地处是大兴安岭南麓草原与科尔沁沙地的交错地带，是半沙化草甸。这里地势开阔，起伏平缓，附近有沙丘、耕地、季节性河流和小面积湖泊。20世纪90年代中后期，这里的草原大量开垦，南宝力皋吐遗址和墓地被发现并遭到破坏。近年来，随着风沙等自然力的破坏，部分遗址及墓葬已经消失。

2006年夏末，内蒙古文物考古研究所对该地区进行了实地勘察，发现遗址、墓葬等遗存亟待抢救，入秋，会同科尔沁博物馆、扎鲁特旗文物管理所展开大面积钻探，并在墓葬密集区域进行抢救性发掘。当年清理墓葬142座，出土陶器近150件，石器及骨、蚌器等200余件。2007年6~11月，我们对该墓地进行了第二次发掘，又获得了大批新的资料。现将2007年发掘的主要收获简报如下。

整个墓地分为南区和北区，两区相距约280米。2007年在南区共清理墓葬96座（编号M121~216），在北区共清理墓葬107座（编号BM23~129），出土随葬品近600余件。南、北两区的墓葬均呈条状分布，大致为西北—东南走向。南区墓葬间无打破关系，北区仅见有一例打破关系。由于墓葬较多而且分布密集，其分布规律和排列顺序等尚待进一步研究。

二 墓葬形制

墓葬皆为长方形土坑竖穴墓，个别有二层台，大部分开口于耕土层下，直接打破生土。墓坑距地表最深者为1.5米，浅者仅0.3米。墓葬规模不等，墓圹最长者达3米以上，最短的则不足1米，多数墓葬长1.8~2.5、宽0.5~1.5米。少数墓葬有头龛或脚龛，但龛内均不见随葬品。墓内填土多为黑褐色黏性沙土，富含腐殖质，经夯打等处理后十分坚硬，内含少量细石器残片、碎陶片、石器坯料等。有些墓葬有"毁器"现象，即在上层填土内发现打碎后成堆放置的陶器残片。所有墓葬的方向都在110~160度间，头向均朝东南。葬式多见仰身直肢单人葬，未见屈肢葬，极少侧身葬或俯身葬；发现有4座双人合葬墓，仅见1例三人合葬墓。少数墓葬保存的遗骸残缺头骨，还发现下颌骨与颅骨分离的个别现象，有些墓葬用人头随葬。一些墓葬明显属于二次葬。此外，还发现3座墓葬经火烧。整个墓地的人骨保存状况不好，约四分之一的墓葬中骨骼已腐朽殆尽，隐约可见少量骨渣、牙齿，多数仅存部分头骨和肢骨。下面根据葬式及一些特殊葬俗，选择介绍几个典型墓葬。

（一）仰身直肢单人葬

M199位于南区西南部。平面呈长方形，直壁，平底，方向为138度。墓内填土为黑灰色沙质土，经夯打。未见葬具，葬式为仰身直肢，仅存头骨、上下肢骨和部分盆骨，头向东南，面略偏西。头顶及头两侧肩部以上有随葬品，包括陶筒形罐、陶壶、石斧、石磨盘、石磨棒、石饰件及骨柄石刃刀等。

M177位于南区中部偏东。平面呈不规则圆角长方形，直壁，平底，方向为128度。墓内填土为黑褐色沙质黏土。未见葬具，葬式为仰身直肢，骨骼保存相对较好，仅手足骨不存，头向东南，面朝偏西北。头骨上部围裹着以钻孔骨片缀合而成的骨冠。头顶及西侧肩、臂部摆放有随葬品，包括陶壶、陶侈口罐、石斧、石片刮削器、石饰件、骨柄石刃刀、骨鱼镖、骨锥等。

BM57位于北区西北部。平面呈圆角长方形，斜直壁，平底，方向为145度。墓底部东南角有一的圜底圆坑。墓内填土为灰褐色沙质黏土。未见葬具，葬式为仰身直肢，仅存头骨、上下肢骨和部分盆骨，头向东南，面朝上微偏西。头顶西南侧摆放有2件陶壶。

（二）仰身直肢双人葬

BM38位于北区中部偏西。平面呈长方形，直壁，平底，方向为139度。墓内填土为黑褐色沙质黏土。未见葬具，葬式为仰身直肢，头骨残缺，肩部以下的骨骼保存较好，在西侧人骨的头部发现一块下颌骨。墓主肩部以上摆放有随葬品，包括陶筒形罐、陶壶、石斧、石凿、石矛、石片刮削器、骨饰片等。此墓为双人合葬，均较整齐地缺失头骨，应是埋葬前已经如此。

（三）二次葬

BM121位于北区东南部。平面呈圆角长方形，直壁，平底，方向为142度。墓内填土为黑褐色沙质黏土。在墓底中部整齐地码放着6块人肢骨，推测应为二次葬。墓坑南部摆放有陶壶、陶筒形罐、石斧、石片刮削器等。

（四）乱葬

M176位于南区东部。平面呈圆角长方形，直壁，平底，方向为125度。填土为灰褐色沙质土，经夯打。未见葬具，葬式为乱葬，初步判断有两具残缺人骨。其中，西侧一具保存胸部以下的骨骼，微屈肢侧卧；东侧一具仅见平仰放的盆骨及部分连带的腿骨。头部摆放有陶壶、骨刀、骨匕、石刀等。

（五）经火烧过的墓葬

M205位于南区南端，开口在风积沙层下。平面呈圆角长方形，直壁，平底，方向为127度。填土为黑色沙土，夹杂较多炭灰。未见葬具，葬式为仰身直肢，头骨已压扁破碎，头及胸骨经火烧后已发黑并炭化，其他部位的骨骼及随葬品也均有被火烧后发黑的痕迹。头部西侧至上臂西侧摆放有陶筒形罐、陶壶、石斧等，东侧上臂外侧放置一件石斧。

三　随葬器物

随葬品包括陶器、石器、玉器和骨器、蚌器等。下面仅选择部分典型器物介绍。

（一）陶器

器形包括筒形罐、叠唇弧腹罐、壶、尊、钵、杯及异形器等，最常见的组合是筒形罐和双耳壶或叠唇弧腹罐。绝大多数为夹细砂陶，表面涂泥并抹光，少见泥质陶，极少见粗砂陶。陶器为手制或泥圈套接，器形大多较规整，火候不高，胎很薄。

夹砂陶器包括筒形罐、叠唇罐和侈口罐等。

筒形罐根据形态差异可分为两类。一种是口径大于腹深，器形较小。直口，斜腹略弧，平底。M216：2，夹砂灰褐陶，内壁呈黑灰色。方圆唇，口微敞。口沿下饰一周凹弦纹，上腹连续刻划斜长菱形纹。M188：3，夹砂灰褐陶，表面积有黑色烟垢。圆唇。上腹部有对称的鼻形双耳。口沿外侧饰两周横条状附加堆纹，腹部纵向饰稀疏的小曲折状条形附加堆纹。

叠唇罐的特征是厚叠唇，敛口，鼓腹，平底。如M133：3，夹砂褐陶，表面有火烧痕。圆唇外侧出棱。上腹部置对称的鼻形双耳。唇外侧按压指甲纹，腹部纵向饰条形附加堆纹，每三条直线堆纹之间夹四条蛇形波折状堆纹，形成若干组，底面刻划叶脉纹。

还有一种陶罐的形体特征是大口微侈，鼓腹，平底。M216：3，夹砂红褐陶。圆唇。腹中部置对称的两个小耳。腹部纵向饰稀疏的直线状条形附加堆纹。M177：2，夹砂褐陶。尖圆唇，底略内凹。上腹部置对称的两个鼻形小耳。口沿下饰一周条形附加堆纹，在腹部中央有两条纵向下垂的附加堆纹，其上附豆状圆突。

泥质陶器有壶、罐等。壶可分为高领壶、双口壶及异形壶等。

高领壶的特征是高领，弧腹或鼓腹，一般为平底，多附有双耳。M168：1，泥质红褐陶。尖圆唇，侈口，扁鼓腹。腹中部置对称的环形双耳。器表施黑彩，肩部为复线对错三角纹，复线内填方格纹，腹饰回形纹。

双口壶　M182：3，泥质红褐陶。圆唇，双管状矮侈口，半球形腹，平底。在肩部与双口错开的位置有对称的管状双耳。肩部有一周复线平行纹，其上饰六组双复线半弧形纹，其下饰十组三重复线的对错三角纹；下腹部素面并抹光。

异形壶　BM57：2，泥质红陶。整体形似乌龟，背部开口，已残。一侧伸出管状流，似为龟首，扁球形腹，平底。腹部两侧置两个对称的有孔錾耳。肩、腹之间有一周泥条状附加堆纹，背部沿器身中轴线也有一道泥条状附加堆纹；器身局部施黑彩，龟首两侧分别绘卷云纹和"卍"形纹，背部在中轴线两侧对称绘有鱼骨纹，腹部以平行斜线绘"人"字纹；下腹部素面并抹光。

罐　BM116：1，泥质黑灰陶。矮领，圆唇，直口，鼓腹，平底。领部钻有三个对称小圆孔，上腹部一侧置桥形单耳，耳面饰乳丁和条形附加堆纹。通体抹光，底面刻划有叶脉纹。

（二）石器

有压制石器、打制石器和磨制石器三类。部分磨制石器质地精良，或可归为玉器。随葬石器中还有大量阳起石及类似玉质的小型饰件，如环形坠、片状坠、环、璧、璜等。

压制石器种类有镞、刮削器和石刃片等。

镞　BM60：9，略残。白色半透明玛瑙，通体压琢痕迹明显。片状，呈细长三角形，两侧为锯齿状凹弧刃，底端内凹。BM60：8，黄褐色半透明燧石，通体压琢痕迹明显。片状，呈细长三角形，两侧为锯齿状斜弧刃，较锋利，底端内凹。

刮削器　BM121：8，灰白色玛瑙，通体压琢痕迹明显。片状，呈不规则三角形，两侧刃微弧，底端较平直。BM121：9，黄色玛瑙，通体压琢痕迹明显。片状，呈不规则长方形，三边刃微弧凹，一边刃较平直，刃部锋利。

打制石器多见斧、铲和刀形器等。磨制石器主要有斧、锛、磨盘、磨棒，以及骨朵、小型装饰品等。

斧　BM102：1，黄绿色岫岩玉。梯形，边微弧，中锋，弧刃较锋利。器身一侧有棕褐色沁斑，顶端有使用崩疤。M199：3，灰白色砂岩。梯形，顶部圆润，两边斜直，刃部微弧。器身局部有崩疤。

骨朵　BM44：3，黑色软玉。圆齿状，平面为错开的双五角星形，外大内小，中央钻有两端粗细不同的圆孔。

磨盘　M133：1，灰白色砂岩。已残，圆角长方形，两面均磨光使用，中央弧凹，两端薄厚不均。M170：1，黄褐色砂岩。已残，圆角长方形，一面磨光使用，中央微弧凹。

磨棒　M199：4，灰褐色沉积岩。扁圆棒形，两端细，中间粗。两端局部有崩疤。

饰件　形态各异。BM120：10，灰白色软石。已残，片状，呈鱼形，腹部有分杈，顶端钻孔。BM120：11，灰白色软石。半环形，横断面为椭圆形，两端各钻一圆孔。M187：12，乳白色软石。半环形，横断面为不规则椭圆形，两端各钻一圆孔。M199：12，绿色阳起石。梯形，横断面扁方，顶端钻一圆孔。M199：6，乳白色软石，通体抛光。片状，呈半环形，横断面为椭圆形，两端各钻一圆孔。

（三）骨器

大多已朽蚀，可辨器形有刀、凿、锥、鱼镖等，其中骨柄石刃刀的数量最多。

骨柄石刃刀　的骨柄呈片状，单侧镶嵌石刃片，利用大型动物骨骼劈削成，刃片锋利，呈锯齿状排列。根据柄和刃部特征，可分成三类，各举一例。

M177：4，弧曲片状柄，在其外弧的一侧开槽，槽内嵌入半透明玛瑙质长方形薄刃片。M121：4，略残。直条片状柄，两侧宽面刮磨形成血槽并出尖锋，在一侧中部开细槽，槽内嵌入半透明玛瑙质长方体薄刃片。

凿　管状，上部粗而厚，下部尖而薄。如M194：3，利用动物骨骼的关节部位作为上端，斜抹切削骨管形成尖锐下端。

鱼镖　扁圆锥形，有倒刺。M177：6，已残，横断面为椭圆形，有单排两个倒刺。

四　结语

2007年南宝力皋吐新石器时代墓地发掘的墓葬方向基本一致，排列密集；除北区仅见的一例外，没有发现其他打破关系。南、北两区墓葬，随葬陶器的风格和特征相当一致，应属于同一时期、同一文化类型的遗存。

陶器基本为手制，火候偏低，多为褐色或红褐色，少量为灰褐色。陶质疏松易碎，器壁较薄，夹粗砂陶不多，但泥质陶也夹杂有极少量砂砾，口沿和近底部存在剥离开层现象。器形较规整，个体不大。器表纹饰较普遍，纹饰制作精细，纹样繁复。彩陶不多，只见有黑彩和紫彩，多为几何纹，有少量卷云纹或涡纹。泥质陶器表多抹光，有个别圈足器，有的器底有编织印纹或叶脉纹。磨制石斧个体较小，造型规整，在墓地中较普遍，但总量少于压制细石器；磨盘、磨棒等只出土于少数墓葬中。细石器有镞、长方形石刃片及形态各异的片状刮削器等。骨、蚌器的数量仅次于陶器，但发现时多数已成朽渣或粉末。

此墓地的文化内涵十分丰富。陶器成分比较复杂，网纹筒形罐、高领双耳壶、尊形器、钵等显然具有某些小河沿文化的特征；条形附加堆纹筒形罐、叠唇弧腹罐、复线几何纹壶等器形与辽宁偏堡子类型的同类器相似。但是，大量存在的绳索状条形附加堆纹筒形罐、泥质深腹筒形罐，以及形态各异的动物造型的壶等组成的陶器群，则显示出本地独特的文化面貌。初步断定，南宝力皋吐墓地是一处不晚于新石器时代晚期的大型墓地。

此次发掘证明，在夏家店下层文化和高台山类型之前的新石器时代晚期，内蒙古东部和东北地区的古代文化就已发生了密切接触。墓地地处松辽分水岭，北倚大兴安岭，南望科尔沁沙地和下辽河流域，东与松嫩平原相通，西和西南与西拉木伦河流域相连。小河沿文化和偏堡子类型的文化因素共存、渔猎与定居并生、存在随葬人头的葬俗等，都反映出特殊地理位置引发的频繁交往和人群冲突。

南宝力皋吐墓地是迄今内蒙古东部乃至东北地区规模最大、遗物最丰富、文化面貌极其独特的新石器时代晚期墓地。首次发现内蒙古东部和东北中部新石器时代晚期两支重要遗存——小河沿文化和偏堡子类型共存的实例，为研究两种文化的关系提供了至为关键的材料。此外，特色鲜明的陶器群可能代表了新的考古学文化类型。它对东北地区考古学文化谱系的研究有极大的推动作用，为进一步廓清东北地区史前考古学文化及其类型有深远影响。

撰稿人：塔拉 吉平

参考文献

● 内蒙古文物考古研究所、科尔沁博物馆、扎鲁特旗文物管理所：《内蒙古扎鲁特旗南宝力皋吐新石器时代墓地》，《考古》2008年第7期。
● 内蒙古文物考古研究所：《2006年南宝力皋吐墓地的发掘》，《内蒙古文物考古》2007年第1期。
● 内蒙古文物考古研究所、扎鲁特旗文物管理所：《内蒙古扎鲁特旗南宝力皋吐新石器时代墓地C地点发掘简报》，《考古》2011年第11期。

BM121

M177

M199

M205

M176

○ 内蒙古扎鲁特旗南宝力皋吐新石器时代墓地

BM38

石骨朵（BM44：3）

石镞（BM60：8、9）

石刀（M149：3）

石斧（BM102：1）

陕西高陵杨官寨新石器时代遗址

一 引言

2004年5月18日，西安泾渭产业园区在对高陵县姬家乡杨官寨村南新修的东西二路往东延伸时挖出大量陶片和灰土。同时，陕西省考古研究院阳陵考古队等在对该道路南侧的长庆建设用地进行勘探时也发现了灰土堆积，遂确定此处有古代遗址。陕西省考古研究院从当年6月开始对该区域进行重点调查与勘探，确定了遗址的范围并将该遗址命名为杨官寨遗址。杨官寨遗址北起雷村、南至韩村、西自杨官寨村西、东抵徐吾村，基点地理坐标是东经109°01′02.45″，北纬34°28′13.77″，海拔约498米，南北约800米、东西约1000米，面积约80万平方米，是关中地区新石器时代中晚期罕见的中心聚落。

自2004年以来，由于多项基本建设项目，针对杨官寨遗址的考古发掘面积已达17678平方米（不含西安市文物保护考古所负责的陕西北方石化制造有限公司涉及的环壕西北部的发掘面积），发现房址53座、灰坑896个、壕沟9条、陶窑28个、瓮棺葬36个、墓葬45座、水井5口，出土的遗物经初步整理，可复原的已达7000余件。

杨官寨遗址的发掘区以产业园北区的东西二路为界，可分为南北两区。2006年底，南区发掘工作基本结束，发掘面积约5615平方米，发现各类房址23座，仰韶时期灰坑496个、陶窑10个、瓮棺葬8个，以及汉、唐、明、清时期的墓葬31座、水井5口。

2007年~2008年，我们对长庆集团、万方公司等项目的建设用地范围，即杨官寨遗址北区的部分地点进行了抢救性发掘，后因遗址保护需要，这些建设项目被终止，发掘工作转入以探索相关课题为目的的主动发掘。截至目前，发掘总面积已达12063平方米。北区最重要的收获是庙底沟文化聚落环壕的发现，这一区域还发掘了仰韶时期的房址30座、灰坑400个、陶窑18座、瓮棺葬28个及其他遗迹和大量遗物。

杨官寨遗址的新石器时代堆积保存较好，主要包括庙底沟文化和半坡四期文化两类遗存。

二 庙底沟文化遗存

庙底沟文化遗存主要分布在遗址北区和南区的北部，最重要的是北区聚落环壕。经初步钻探，环壕平面大致呈梯形，大致呈南北向，周长约1945米，壕内面积24.5万平方米，壕宽约6~9米、最宽处约13米，深2~4米。为了解环壕的自身特征，依据勘探资料我们对环壕西门址、东北角、中南部及西南角A、B点进行发掘。

（一）环壕西门址

西门址位于环壕西部，由门道及其两侧环壕、排水设施、"门房"等构成。门道宽约2.7米，是连接聚落内外的生土过道，为开挖环壕时预留。排水设施是一条由聚落内流向环壕的小渠，宽0.55、深0.5米。"门房"为一圆形地面式建筑，保存状况不好，残留地面和灶址。

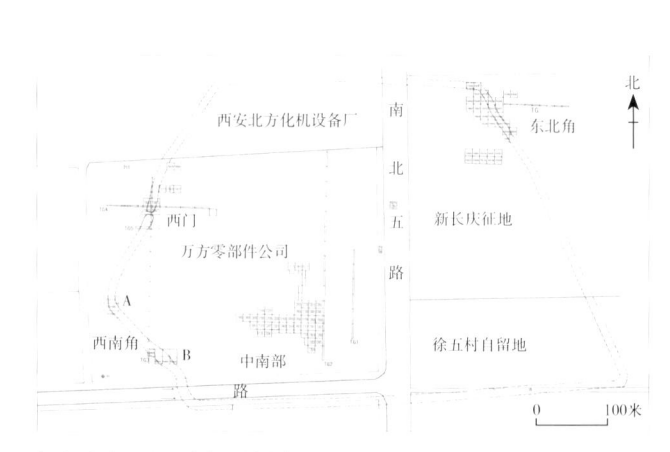

杨官寨遗址北区发掘示意图

西门址门道两侧的壕沟堆积中出土了大量陶、骨及石质遗物，器物大多成层分布，保存基本完好。G8-2为西门址环壕南侧的一小段，口距地表约1.5米，已发掘的部分堆积分为7层，出土物十分丰富。H776为西门址环壕北侧的一小段，开口距地表约2.1米，深4米。坑内堆积分为7层，出土物十分丰富。

第1层为深灰色土，土质松软，内含较多的小石块、红烧土块、料礓石及兽骨等。出土器物中完整或可复原者共45件。陶器有彩陶盆1件、尖底瓶1件、罐13件、钵7件、器盖3件、盆2件、碗1件、陶釜2件、杯8件、圆陶片2件、纺轮1件、陶环2件，还有石球2件。

第2层为灰色土，土质松软，内含少量小石块、黄土块、草拌泥块和木炭粒及兽骨等。出土器物中完整或可复原者共70件。有彩陶盆3件、平底瓶2件、罐10件、钵17件、盆1件、盂2件、釜1件、杯9件、刀5件、纺轮4件、陶环4件和未命名陶器1件，石刀4件、磨盘3件、磨石1件、石环2件及石球1件。

第3层为浅灰褐色土，土质较硬，内含大量红烧土粒、小石块、草木灰烬、草拌泥残块及兽骨、贝壳等。出土物最多，可复原或完整者达122件。有彩陶盆4件、平底瓶2件、小瓶1件、罐38件、钵31件、盆1件、瓮1件、灶1件、釜2件、器盖4件、器座4件、漏斗1件、杯17件、单耳杯1件、刀1件、纺轮1件、圆陶片1件和陶环3件，石刀、磨石、石球各1件、石环3件，骨笄及骨锥各1件。

第4层为青灰色土，土质较硬，内含少量小石块、黄土块、草拌泥块和木炭粒。出土器物较多，可复原及完整者共44件。有陶瓶1件、罐9件、钵16件、盆1件、器座2件、杯6件、刀1件、圆陶片1件、陶环3件、石球3件和骨笄1件。

第5层为浅黄色土，土质较硬，含草木灰、红烧土块和黄土块等，并且有少量淤土。出土物中可复原或完整者48件。有彩陶盆1件、彩陶钵1件、尖底陶瓶1件、平底瓶1件、罐8件、钵11件、盆1件、灶1件、器盖1件、漏斗1件、杯7件、纺轮、圆陶片、陶球各1件、陶环3件、石斧2件、石环3件、石球2件及石刀1件。

第6层为黄褐色土，土质坚硬，含大量淤土及木炭粒。出土物较少，可复原及完整者共28件。计有陶罐2件、钵3件、灶1件、器盖2件、杯1件、刀1件、圆陶片3件、陶环8件、石杵1件、磨石1件、石球2件、石饼1件、石杯1件和骨锥1件。

第7层为浅黄色土，土质坚硬，结构紧密，多为淤土，含有少量的碎陶片。

上述器物中，镂空人面覆盆形器、动物纹彩陶盆、涂朱砂人面塑残陶器等均为同时期遗址所罕见。

（二）环壕西南角B点

从2009年6月开始，我们对环壕西南角B点发掘了约800平方米，现已发掘完毕。共发现灰坑41个、瓮棺葬4个、房址4座、沟渠1条、陶窑1座、晚期墓葬2座。通过发掘，确认了环壕自G8-3段延伸至此（G8-4）并向东南继续延伸，验证了勘探的结果。此处遗存大部分属半坡四期文化，从层位关系上看均晚于环壕，而壕沟（G8-4）出土的陶器则全部属庙底沟文化，再次证明了该环壕聚落的年代。这里发现的巨型陶祖也引人注目。

我们对聚落环壕的东北角、西南角A点等也进行了大规模发掘。

三 半坡四期文化遗存

半坡四期文化遗存主要分布在遗址南区和北区的南部，北区南部零散分布着房址和灰坑，两区间因修建东西二路破坏了一些遗存。这一阶段最重要的收获是在发掘区断崖上发现的房址和陶窑。

断崖在发掘区南端，大致呈东北—西南向，长约72米，沿断崖边缘分布有13座房址和若干个陶窑。其中最重要的是Y9、F16、Y10组合及F4、Y7、F6组合。现在介绍一下后者。

F4位于Y7西南部，为一平面呈"吕"字形的前后室结构房址，中部以土过洞相连。前室紧靠断崖，被H251打破，平面为不规整的长方形，长2.1、宽1.5米，残高0.6~1米，底部为3~5厘米厚的踩踏面。过洞呈长方形，顶部较平。后室向北伸入断崖，平面呈椭圆形，长2.3~3、残高1.7米，东北部内凹，北壁和西壁呈弧状，顶部坍塌。推测为一穹隆顶式窑洞，地面为平整的踩踏面。

F4中发现了三处用火痕迹（编号为Z1、Z2、Z3）。其中Z1最大，在后室中部靠西壁处，椭圆形锅底状，长约0.6~0.75、残深0.15米。Z2在过洞西南角处，圆形壁龛式，长约0.18、进深0.2、高0.24米。Z3在前室东北角，破坏较严重。用火痕迹周围有一层厚于2厘米的红烧土。另外，后室南部还发现一圆形柱洞。F4填土包含较多陶片，可辨器形有尖底瓶、罐、钵等，均为典型的半坡四期文化陶器。

F6位于Y7东北部，推测是前后室结构房址。或为窑洞式建筑，前室已不存。后室平面呈圆形，底部是褐色硬面，北部稍高，直径约3.6、残高1.5米。东部近地面有一壁龛，顶部已坍塌，宽0.6、深0.65、高约1.1米。门道位于房址东南部，呈斜坡状，底部为2~5厘米厚的踩踏面。F6发现两处用火痕迹（编号为Z1和Z2）。Z1在房内东部，平面为椭圆形。Z2在门道东壁处，略成方形壁龛式。Z1、Z2底部及周壁均被烧成红褐色的硬面。F6填土为疏松的灰黄色土，内含较多陶片，可辨器形有尖底瓶、罐等半坡四期文化陶器，此外还有骨锥、蚌饰及石器等。

Y7为横穴式窑，全长约2、宽1.78米，由火膛、火道、火眼、窑室等组成。火膛平面略呈椭圆形，袋状，长约1、宽0.25~0.7、深0.46~0.78米，壁上留有工具加工痕迹。火道由中部的中央火道和紧靠窑壁的环形火道组成。窑室呈馒头状，通过底部的火道与火膛相通，底部略呈圆形，直径1.28、高约1米。发现了8个火眼。窑顶已坍塌，基本为圆弧状。窑壁厚0.05~0.14米，中部为灰色，近顶部呈红色，或与烧烤温度有关。Y7出土了较多陶片，器形有尖底瓶、罐、钵等。

这13座房址与穿插于其间的陶窑没有叠压或打破关系，应为一次规划形成，它们肯定存在某种特定关系，这些房子的主人或许专门从事着陶器制造。

南部断崖附近还发现了许多的灰坑或窖穴，其中一些可能也与断崖边上的这批房址和陶窑有关。以H402为例说明。

H402南距断崖38米。窖穴的口、底平面均呈椭圆形，袋状，平底。口径1.1~1.3、底径2.55~2.7、深2.3米。坑壁及坑底修整平滑。坑底与坑壁的交接处有一周凹槽。坑内填土呈灰色，土质较硬，出土大量的陶器和陶坯残片，有尖底瓶22件、罐19件、钵16件、盆9件、瓮5件及1件轮盘。其中，尖底瓶最富有特色，以泥质红陶为主，目前已复原18件，可以分为两种类型。一种是直敞口，宽平沿，长颈，阔肩，束腰，不带耳，颈部常饰有小泥饼或泥条，以线纹为底，肩部有刻划一周涡状纹，上下还有数道平行的划纹和波浪纹，口径约13、高66厘米左右。一种是尖圆唇，葫芦形口，颈部突起部位有戳压纹，溜肩，束腰，肩下带有一对桥形耳，装饰除颈部外基本与第一种相似，口径约6.5、高约48厘米。两类尖底瓶装饰风格一致，尺寸也较固定，加之保存完整，所以应该是由同一群人制造并且完好地储存于此。

H402中还出土一件疑似用于制陶的工具——轮盘，质地为夹细砂红陶，圆盘状，边缘上翘，沿上压印有绳索纹，中间有一圆台，圆台侧面有一对椭圆形镂孔，口径36.8、底径31、高8.4厘米。

杨官寨遗址南区这些由成排的窑洞式建筑、陶窑及储藏陶器的窖穴等遗迹构成的区域可能是作坊区，从层位关系和出土物分析，这些遗存应该属于半坡四期文化。此外，南区还出土了一些精美的小件器物，如H84出土高浮雕人面残陶器，H17出土的塑猪头饰残陶环等。

四 结语

连续数年对杨官寨遗址的考古发掘，收获颇丰，主要的学术意义大致可以概况为以下几点。

第一，基本搞清了该遗址不同时期聚落的布局。遗址北高南低，大致以工业园区的东西二路为界（东西二路下面及其南缘叠压着庙底沟时期聚落的南环壕），南部多为半坡四期文化的居民聚居区，而北部则是庙底沟文化的聚居区。

第二，大量半坡四期文化遗存的发现，丰富了关中中部地区特别是泾渭两河交汇地带该文化的内涵。尤其是遗址南部成排的房址、陶窑及储藏窖穴等组成的制陶作坊，表明当时社会已出现明显的分工，一部分家庭专门从事陶器制造业，专门储藏陶器的窖穴说明财产私有观念的出现和强化，并通过聚落形态得到了表现。这些对认识当时的社会结构具有重要意义。

第三，遗址北部发现的庙底沟时期环壕聚落，无疑是该遗址考古的最大亮点。首先，杨官寨遗址的发现有望解决学术界聚讼已久的庙底沟文化聚落问题。该遗址是目前所知庙底沟时期唯一一个发现了完整环壕的聚落遗址，加上完好的保存状况等，它成为探索庙底沟文化聚落布局与社会结构等问题的最重要线索。其次，该聚落环壕周长达1945米，壕内面积24.5万平方米，如此巨大的庙底沟时期环壕聚落遗址在全国实属罕见。据初步调查，杨官寨遗址周围的泾、渭两河交汇地带还有韩村、上马渡、马南、渭桥村等仰韶时期遗址，但规模均小于杨官寨遗址。结合特殊的地理位置等，我们有理由相信这一遗址或为关中庙底沟文化的中心聚落。值得注意的是，在东北段环壕内侧接近沟边的位置还发现疑似墙基的遗存，由此考虑，该聚落很有可能是一座庙底沟文化的城址。当然，这还需要进一步的考古工作去验证。

撰稿人：王炜林　张　伟　郭小宁

参考文献

● 陕西省考古研究院：《陕西高陵县杨官寨新石器时代遗址》，《考古》2009年第7期。
● 陕西省考古研究院：《陕西高陵杨官寨遗址发掘简报》，《考古与文物》2011年第6期。

遗址南区遗迹分布状况（东→西）

遗址北区庙底沟文化环壕西门址（东→西）

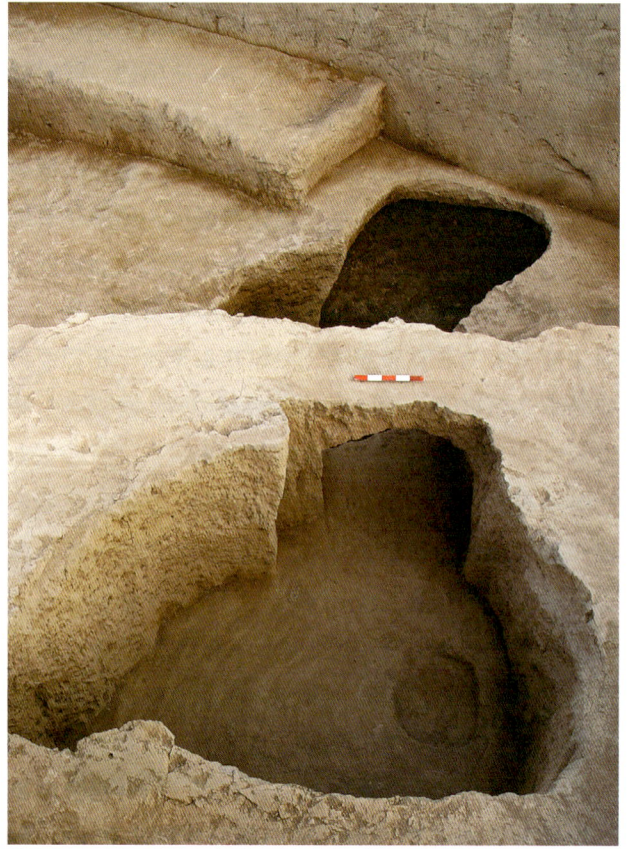

F6、Y7

F4

○陕西高陵杨官寨新石器时代遗址

H402 出土陶尖底瓶

镂空人面饰陶豆（G8-2③：26）

陶塑猪头饰（H17：9）

陶祖（G8-4②：1）

蜥蜴纹彩陶盆（H776：29）

人面纹陶环（H51：3）

陶轮盘形器（H402：2）

119

江苏张家港东山村新石器时代遗址

一 引言

东山村遗址位于张家港市金港镇南沙办事处，东南距张家港市区18公里，北离长江约2公里。遗址坐落于香山东脊向东延伸的坡地上。1989年该遗址被发现，苏州博物馆分别于1989年和1990年进行了两次发掘，发现了马家浜文化和崧泽文化时期的文化层堆积及若干房址和墓葬。2008年8~11月和2009年3月至2010年2月，南京博物院主持，张家港市文广局、张家港博物馆等单位参加，对该遗址进行了两次抢救性发掘。

遗址南、东、北三面环河，平面呈圆角方形，南北长约500、东西宽约500米，总面积约25万平方米。遗址中部略北为高出周围约2米的坡地，此处文化层堆积最为丰富，应为遗址的中心区域，两次发掘均在此进行。两次发掘主要揭示出一处崧泽文化时期的聚落，包括房址和墓地，尤其是首次揭露了崧泽文化早中期高等级大墓。另外，发现10多座马家浜文化时期的墓葬，并在马家浜文化层中漂洗出较多的炭化稻米、瓜子、果核、兽骨等动植物遗存。

东山村遗址的文化层堆积总体上西高东低，分布不均匀，往东渐厚。文化层堆积主要属马家浜文化和崧泽文化时期。这两个时期的主要遗迹介绍如下。

二 马家浜文化墓葬

马家浜文化时期的墓葬共计11座。墓葬为长方形竖穴土坑墓，大致呈西北—东南向，大小基本相同。墓葬内的随葬品不多，一般随葬两三件器物。随葬品以陶器为主，个别出有小件玉器。陶质以泥质红陶为主，另有少量的夹砂红陶、泥质黑陶等，器形有釜、喇叭形圈足豆、盆、杯、尖底器等。

M68人骨已朽腐不存。随葬品置于墓底中间，主要为夹砂或泥质红陶器，器类有喇叭形圈足豆、平底盆及小玉饰等。

M78人骨已朽腐不存。随葬品置于墓底东侧，主要是夹砂或泥质红陶器，有喇叭形圈足豆、釜、灶残片等。

M97人骨已朽腐不存。随葬品置于墓底中部，有陶尖底器、罐各1件。

M68和M78所出陶豆均为大喇叭形圈足，与草鞋山遗址所出陶豆相似，墓葬年代相当于马家浜文化晚期。M97所出鸡冠耳陶罐具有马家浜文化晚期的风格，同出的1件尖底器的口沿下饰弦纹带，其下堆贴一周器耳，再往下饰斜向绳纹。该器形在环太湖流域尚未发现，也找不到源头，但具有黄河流域仰韶时代尖底瓶的风格，推测是由北方传入。

三 崧泽文化聚落

崧泽文化时期，发掘区有明显的功能分化，Ⅰ区均埋葬小型墓；Ⅱ区主要是建筑区，发现有多座房址；Ⅲ区主要埋葬大型墓。

（一）居住区

共发现房址5座（F1~F5），F1和F2保存较好，存有大面积的红烧土倒塌堆积。

F1为地面建筑，周围共发现33个柱洞。近正南北方向，平面呈长方形。所在地面西边略高，东边略低。房址中间有大面积的红烧土倒塌堆积，中间厚，边缘薄。红烧土堆积中常见印有芦苇杆状凹槽的红烧土块，说明F1为木骨泥墙建筑。房址北部红烧土下发现有陶豆、罐、釜和玉玦、石斧等10多件器物。这些器物应是房址倒塌时被压的。所出陶豆属崧泽文化早期器物，所以F1的年代为崧泽文化早期。

发掘中解剖了F1西半部，并在红烧土堆积下揭露出较多的遗物，有陶罐、釜、纺轮和石锛、小玉管以及兽骨等。在西部中间发现有长方形缓坡，推测是门道。南部和北部的中间分别发现长方形、方形的土柱础，略高于居住面，内部有柱洞。推测F1应是一座单间大房址，利用中间柱支撑房顶。

F2形制与F1相似，也有大面积的红烧土倒塌堆积，外围发现有柱洞。

F3～F5等3座房址仅见柱洞，未见基槽，推测可能是干栏式建筑。F5被现代石灰坑破坏较甚，仅存若干柱洞。F3、F4分别位于F1和F2的南面。F3平面为椭圆形，面积约13平方米；F4平面为圆形，面积约17平方米。从平面布局分析，可能是两组房址，F4和F3分别是F1和F2的附属建筑。

（二）Ⅰ区墓地

遗址Ⅰ区均埋葬小型墓，共清理了27座。它们均为长方形土坑竖穴墓，墓葬的长宽多数相似，长约2.2、宽约0.8米。方向基本一致，约为330度。墓葬内人骨基本朽腐不存，仅个别有人骨痕迹。随葬品多数较丰富，多在10件以上，个别的有30件之多，较少的仅两三件。随葬品的摆放比较固定，绝大多数是放置在墓主的左右两侧和脚部，排列较整齐。

墓葬共出有陶器、石器、玉器等140多件随葬品，器形有陶鼎、豆、罐、壶、杯、匜、钵、釜、鬶、纺轮、石钺、锛、凿，以及玉梯形饰、三角形饰、半圆形饰、环形饰等。陶器制作较规整，以夹砂和泥质灰陶为主，红陶或红褐陶次之，还有黑陶。石器中钺和长条形锛磨制光滑精美，无明显使用痕迹。玉器不多，出有玉器的墓葬一般随葬1件。现以M15、M77和M4为例进行介绍。

M15未发现人骨。随葬品置于墓底中间，有陶罐、豆、鬶、鼎、壶和石钺、长条形锛、舌形斧等。

M77墓主人骨保存较差。随葬陶豆、残玉饰各1件，陶豆把为三段式。

M4被一现代沟所打破，但保存较好。人骨已朽腐不存。随葬品遍布坑内，出有陶鼎、豆、罐、杯、匜、壶、鬶和石锛、钺等近30件。所出石钺横置在墓底右侧中间，推测原先可能安装有木柄。陶器中圈足器普遍为花瓣形圈足，陶罐上半部流行瓦楞状弦纹。

据层位关系和器物类型学的研究分析，Ⅰ区的小型墓大致可分为三期。通过与崧泽遗址、南河浜遗址等崧泽文化遗址的比较，东山村遗址崧泽文化小墓一、二、三期在年代上分别相当于崧泽文化早期、中期和晚期。

（三）Ⅲ区墓地

Ⅲ区主要是埋葬大型墓，目前发现并清理了9座崧泽文化高等级大墓。墓地所在北面地势略高，在马家浜文化时期，该处为小高地，崧泽文化时期的大墓即埋葬在小高地的南坡上。大墓的方向基本一致，为西北—东南向，目前尚未发现有打破关系。这些墓葬均为长方形土坑竖穴墓，个别墓葬发现有葬具的痕迹。M98内的葬具为长方形的木棺。大墓内的随葬品多在30件以上，有陶器、石器、玉器等。石器和玉器主要置于墓主的身上或头部及脚部，陶器主要置于墓主的四周。现以M90～M93为例介绍如下。

M90是迄今发现的崧泽文化墓葬中墓坑规模最大的7座墓之一。方向340度。墓坑较规整，壁斜直，底较平。墓葬内人骨保存不佳，仅存朽腐的头骨，位于墓底北部中间。随葬品丰富，有陶鼎、豆、罐、鬶、壶、盘、缸，石锛、钺、锥，以及玉镯、璜、玦、耳珰、管、饰件等。陶器主要置于墓底四周，夹砂红陶缸置于墓坑东南角，东北部有陶罐等器物，西北角有若干陶豆，西南处的陶器较破碎，陶片之上置有2件石锛。石器和玉器主要置于墓主身上及两侧，其中墓主的手腕处有2件玉镯，墓主头部的左上方有若干件玉器，墓主的左右两侧各置有2件相向的石钺。墓底东北部亦有1件石钺，其下方土面上印有多道斜向朱砂痕迹，应是石钺圆孔左右两边的彩绘。墓主头骨上出有1件玉玦，头骨南侧出有1件玉璜。该玉璜在埋葬之前已断为两截，在断裂处两边各钻一孔并刻暗槽相连。另外，在头部的右上方有1件石锥，头部下方有1件断为两段的砺石以及一堆石英砂。石锥磨制光滑，器身有一疤痕，锥尖刃扁平，有明显使用痕迹。该石锥含铁量非常高。初步推测石锥、砺石以及石英砂可能是一套制玉工具，表明墓主人生前握有生产玉器的大权，身份地位显赫。

M90是迄今发现的崧泽文化墓葬中出品随葬品最多的一座，共67件，包括5件大型石钺、2件大型石锛、19件玉器以及38件陶器等。其中有圜底、尖底大口缸各1件和细柄陶豆6件。陶豆柄部多饰三组弦纹，弦纹中间饰纵条形镂孔。

M91是迄今发现的崧泽文化墓葬中墓坑最大的7座墓之一。墓主位于墓底中部略偏西。人骨保存尚好，经鉴定墓主为成年男性。随葬品较丰富，出有陶鼎、豆、鬶、罐、缸、觚形杯、石锛，以及玉钺、镯、环等器物共40件，其中陶器24件、石器2件、玉器14件。陶器主要置于墓主的左右两侧，其中夹砂红陶缸置于墓坑的东南角，墓主左侧陶器摆放的位置偏北。墓主的左侧手腕处出有1件玉镯，左侧胸部下方有1件玉钺。墓主头部上方出有1件玉镯和5件玉环，脚部下方有1件玉镯和3件玉环。该墓出土的1件陶豆柄上部成外鼓的枣核状，柄底口为宽沿。还有1件陶鬶的器身饰瓦楞状弦纹。这两件陶器明显是从崧泽文化早期的同类器演变而来。

M92是迄今发现的崧泽文化墓葬中最长的一座。墓坑规整，壁斜直，底较平。墓葬内人骨保存不佳，残存朽腐的头骨、左侧肱骨以及右侧上肢骨，位于墓底的中部。随葬品丰富，出有陶鼎、豆、鬶、罐、缸、簋、背壶、石锛、钺，以及玉镯、璜、串饰等器物共49件，其中陶器27件、石器10件、玉器12件。陶器主要置于墓主四周。在墓底的东南角置有大口尖底缸及红陶簋各1件，墓主的左侧置有陶豆、背壶、罐及长石锛等，左侧肱骨下还压有1件大石钺。墓主的右侧置有陶鼎、鬶、豆等。右侧上肢骨中间还套1件玉镯，旁边有3件石钺。墓主头部的下方出有1件迄今发现的崧泽文化玉器中最长的玉璜。墓主头部的上方置有陶鬶、壶、罐以及7件小玉饰，其中6件小玉饰出土时放置在一起，平面近椭圆形，可能是串饰。M92所出2件陶豆柄上部饰弦纹，弦纹下方有四个圆形细镂孔。

M93的墓主位于墓坑的中部偏西。人骨保存不佳，残存朽腐的头骨、右侧肱骨、左右胫骨等。随葬品较丰富，出有陶鼎、豆、鬶、罐、甑、盘、缸及玉镯、璜、环、饰件等37件，其中陶器24件、玉器13件。陶器摆放成三排，墓主东侧有两排，西侧有一排。夹砂红陶缸置于墓坑的东南角。墓主的头部耳侧各出有1件小玉环和1件鱼钩形玉饰，从出土部位推断均为耳饰。头部的下方出有1件近半圆形的玉璜。右侧肱骨的下方和脚部分别出有1件玉镯及1件玉环，墓主左侧两排陶器的中间出有4件排成一条直线的玉环。墓主右侧肱骨西约0.2米处出有1件"G"形玉器，上无系孔，形似龙，颔首卷尾。此外，墓主上身偏左侧出有1件钥匙状玉饰。该墓出土的3件陶豆柄均为三段式把，柄底口为大宽沿。

据层位关系和器物类型学的研究分析，东山村遗址崧泽文化时期的高等级大墓大体可分为两期。第一期相当于崧泽文化的早期，第二期相当于崧泽文化的中期，具体年代在距今5800～5500年。

此次发掘的东山村遗址崧泽文化高等级大墓，与以往的崧泽文化墓葬相比有以下几点突破。

东山村遗址崧泽文化早中期的高等级大墓与一般

小墓实行分区埋葬，这在同时期的长江下游乃至全国范围内均是首次发现。

崧泽文化高等级大墓的墓坑规模大，超过了以往所见崧泽文化墓葬。以往的墓葬最长不超过 2.8 米，东山村遗址共有 7 座大墓长在 3 米以上。

崧泽文化高等级大墓内随葬品的数量多，大多在 30 件以上，最多的有 67 件。9 座墓的随葬品总数为 385 件。以往发现的崧泽文化墓葬随葬品最多的为 34 件，东山村遗址共有 7 座大墓超过此数。

崧泽文化高等级大墓中多数随葬有大型石钺、长条形石锛、陶大口缸等。这将以石钺为代表的王权或军权的起源在时间上提到了崧泽文化的早期，即距今 5800 年前后。

崧泽文化高等级大墓内随葬的玉器数量多，种类丰富，有璜、瑗、钺、镯、玦、环、管、珠、坠、凿等，并且出现了一些新的造型，如 M92 的环锥形玉饰和 M93 的钥匙状玉饰、"G"形玉饰、鱼钩形玉饰及 M98 的带柄玉钺形器等。9 座高等级大墓共出土玉器 100 件，是目前崧泽文化遗址中出土玉器数量最多的。

四　结语

东山村遗址所提供的信息越来越丰富，遗址的重要性和价值也日益凸显，初步整理有以下几点。

第一，马家浜文化时期墓葬内陶平底釜或圜底釜的出土，说明太湖东部以圜底釜为主的考古学文化和太湖西部以平底釜为主的考古学文化在此交流、碰撞，这为深入研究环太湖流域史前考古学文化谱系提供了新资料。M97 内出土的绳纹尖底器，在长江下游地区未见源头，明显具有北方尖底瓶的风格，这为探讨黄河中游与长江下游的文化传播与交流提供了实物资料。

第二，东山村遗址崧泽文化早中期大墓出土的部分陶器和玉器与皖江平原和宁镇地区的史前文化有许多相似之处，为研究长江下游地区史前文化的交流提供了新资料。

第三，在崧泽文化大墓内普遍发现有大型石钺、长条形石锛、陶大口缸等具有礼器性质的随葬品，说明在崧泽文化时期初级的礼制已经存在，这为埋葬制度的研究提供了实物资料。

第四，首次在长江下游地区发现崧泽文化早中期高等级大墓，填补了崧泽文化时期高等级大墓的空白，为良渚文化高度发达的文明找到了源头。这为重新认识环太湖流域崧泽文化整体面貌和社会生产力发展提供了新资料。这批墓葬规模大，级别高，随葬数十件陶器、石器以及玉器，在长江下游属首次发现。同时，墓葬的年代比较明确。东山村遗址崧泽文化时期高等级大墓的相对年代在崧泽文化早中期，早期的高等级大墓具体年代大体在距今 5800 年。

第五，东山村遗址崧泽文化早中期大墓与小墓的分区埋葬以及大房址的出现，证明至少在距今 5800 年前后，社会已有明显的贫富分化，出现了明显的社会分层。这为研究长江下游社会文明化进程提供了新的考古资料，对中华文明起源的研究也具有重要意义。

撰稿人：周润垦　钱　峻　肖向红　张永泉

参考文献

- 南京博物院、张家港市文广局、张家港博物馆：《江苏张家港市东山村新石器时代遗址》，《考古》2010 年第 8 期。
- 张照根、姚瑶：《张家港东山村遗址发掘的主要收获》，《东南文化》1999 年第 2 期。

新世纪中国考古新发现（2001~2010）

Ⅲ区墓葬

M91

M92

M91出土玉钺

M92出土玉璜

124

M90

M93

杭州余杭良渚古城遗址

一 引言

良渚古城遗址位于浙江省杭州市余杭区瓶窑镇，良渚遗址群西侧，东南距离杭州市区约20公里。良渚遗址群位于杭州西北郊，地跨余杭瓶窑、良渚两镇，面积约50平方公里。东天目山余脉在彭公一带分成南北两支向东延伸，北支为绵延高亢的大遮山，南支为断续散布的大观山和大雄山丘陵。良渚遗址位于三面环山的谷地内。西面山地的三条河流在瓶窑镇附近会聚成东苕溪，自西南向东北斜穿遗址群的西部和北部。遗址群内还兀立着雉山、凤山、前山、荀山等一些低丘。

遗址群内良渚遗址点分布密集，规格极高。如规模宏大的莫角山遗址，总面积约30多万平方米。其人工堆积厚度达10余米，中心部位有大面积的沙泥夯筑层和建筑遗迹，应该是良渚古城的宫殿区所在。遗址群北部绵延约5公里的土垣（塘山）遗址，也初步证明是良渚文化时期人工堆筑而成，或为良渚遗址北面沿山的防护设施。在墓葬方面，有反山墓地、瑶山祭坛和墓地、汇观山祭坛和墓地等，都是良渚文化最高规格墓葬，出土了大量精美玉器。这里经考古发掘过的遗址还有吴家埠、罗村、姚家墩、庙前、钵衣山、梅园里、官庄、上口山、石前圩、文家山、卞家山、横圩里等，发现了良渚文化的中等级墓地和平民墓地，以及不同等级的建筑遗迹等。

这些遗址间究竟构成怎样的内在联系和布局，一直是困扰我们的问题。许多观点也有很大的猜测成分。2007年发现的良渚古城墙，即是围绕莫角山、反山分布，以凤山和雉山两座自然山丘分别为西南和东北转角的大型人工营建工程。从总体布局看，莫角山和反山等遗址点就是某个时期良渚古城内的特定功能区。2006年和2007年的考古工作并未涉及城内部分，主要集中在外围墙体的钻探找寻和解剖。

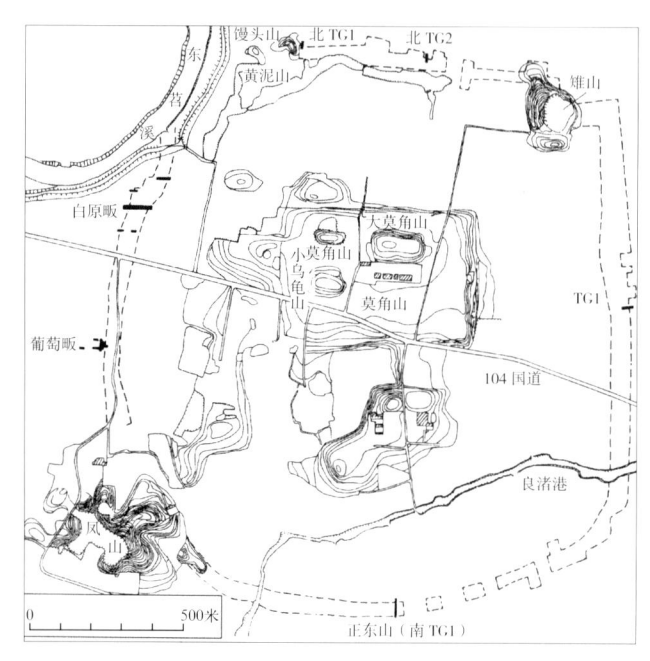

城墙分布范围及发掘区位置示意图

二 城墙遗迹的发现与调查发掘经过

2006年6月至2007年1月，浙江省文物考古研究所在瓶窑葡萄畈遗址高地西侧发掘时，发现了一条良渚文化时期的南北向壕沟，内有较厚的良渚文化晚期堆积。经过对河东岸高地做局部解剖，发现这一高地完全由人工堆筑而成，堆筑高度近4米，最底部整个铺垫了棱角分明的人工开采的石块。推断葡萄畈村所在的南北向高地是良渚文化时期人工修建的大型河堤遗迹。它位于莫角山遗址西侧约200米的平行位置，也很可能是莫角山遗址西城墙。

2007年3月开始，我们先以葡萄畈遗址为基点，向南北做延伸钻探调查和试掘。确定了寻找相关遗迹的标准：一是用较纯净的黄色粘土堆筑。二是黄土底部铺垫石头。三是黄土和石头遗迹以外是当时的沟壕水域分布区，上层为浅黄色粉沙质淤积层，底部为青灰色淤泥层，靠近遗迹边缘有良渚文化堆积。后来我们确认了南起凤山，北到苕溪的遗迹，并在北部白原畈段做了4段探沟解剖，更肯定了这一遗迹分布和堆筑方式的连续性，而且遗迹内外侧都有壕沟分布，壕沟边缘普遍叠压着良渚文化的生活堆积，陶片与葡萄畈段所出陶片特征一致。

2007年下半年，我们确认了北、东、南三面的遗迹分布，证明这一遗迹是四面连续的，底部普遍铺垫石头，上面主要用黄土堆筑。这种四面围合的封闭式遗迹应是城墙的结构。四面探沟中叠压着的城墙坡脚均有良渚文化堆积，堆积中包含的陶片也都属于良渚文化晚期的相同阶段。这也为证明四面城墙的一体性和同时性提供了可靠依据。另外葡萄畈段的城墙顶部第2、3层也为良渚晚期堆积，发现有柱洞等遗迹，并出土有许多陶片。在西墙白原畈段发现有打破城墙的良渚文化晚期灰坑。

初步判断，良渚古城的范围东西约1500～1700米，南北约1800～1900米，总面积约300多万平方米。城址略呈正南北方向，从保存较好的东南角看应为圆角长方形。城墙底部普遍铺垫石块作为基础，在石头基础以上再用较纯净的黄色粘土堆筑而成，底部宽度多在40～60米左右，最宽处可达100多米。城墙现存较好的地段高度约4米。

三 发掘概况与地层堆积

我们先后在城墙的四周位置布方进行解剖发掘，具体地点如下。

（一）西墙

葡萄畈段 城墙上表土厚约0.5米，表土下有约1米厚的良渚文化堆积，包含红烧土颗粒及陶片，陶片显示为良渚文化晚期，与壕沟上层堆积中的陶片基本一致。良渚文化层以下为城墙堆筑土，土质较纯，分层清楚，主要为深褐色粘土和黄色粘土。近底部铺垫一层石头，石头为人工开采，以下铺垫一层青胶泥。

该段城壕宽约45、深约1.5米，表土下有一层浅黄色自然淤积土，该层以上局部分布有黑褐色胶泥层，包含汉代陶片；淤积层下为良渚文化堆积，表现为东高西低的斜向堆积，反映出沿壕沟边缘倾倒生活垃圾的现象。第4、5层与8、9层的陶片有明显的发展变化，说明壕沟使用了相当长的时间。

白原畈段 此段的城墙土多被后世搬运去修筑东苕溪大堤，所以早已夷平为稻田，大多地段在0.2米耕土层下即见到黄土和石头。城墙内外均有壕沟，城墙的坡脚也铺垫石头护坡。内外壕沟的边缘均有良渚文化堆积，出土陶片与葡萄畈段基本一致。探方AT7007的内壕最终被良渚文化堆积填平。良渚文化层上直接叠压着浅黄色淤积层。

在探沟东部有2口隋唐时期的水井打破城墙。靠近城墙墙体的西边有良渚文化灰坑H4，开口于表土层下，打破城墙、石头和生土。坑壁清晰而凹凸不平。坑内填土为灰褐色粘土，夹杂黄色土斑，土质紧密，包涵少量良渚文化陶片。陶片多细碎，以夹砂红褐陶为主，有少量泥质灰陶和黑皮陶。可辨器形有鱼鳍形鼎足、T字型鼎足、罐口沿等。从包含物看该灰坑当属良渚晚期，与城壕边缘堆积的年代一致。

（二）北墙

北墙TG1 此处在石头地基以上仅存约0.3米的良渚文化堆积，其上叠压着汉代层和明清层，说明此段城墙汉代已被破坏。

北墙TG2 以其东壁为例，其地层堆积可分为12层。

第1层为耕土层。第2层为近代层，良渚时期灰沟H3开口于此层下。第3层为灰褐色斑块土，出土少量汉代陶片。第4层为黄褐粉性土，略硬，为自然淤积形成。第5层为黄褐杂色土，略硬，略呈南高北低倾斜堆积于探沟中北部，包含有少量良渚文化陶片等物。第6层为深灰褐色土，略硬，包含物较少，有良渚文化黑皮陶、夹砂陶的残片，含零星烧土粒。第7层为黄褐色土，较硬，倾斜堆积于探沟中部。含良渚文化夹砂红陶，夹砂褐陶和泥质陶残片和零星烧土粒。第8层不见于东壁。第9层为深灰褐色土，质软，结构疏松，含较多良渚晚期陶片，杂草木灰，倾斜分布于探沟中北部。第10层为深褐色土，质较硬。包含良渚晚期的泥质红陶，黑皮陶夹砂陶片，夹杂草木灰和炭屑等，倾斜分布于探沟中北部。第11层为黑褐色土，质较软，黏性强，含水量大，内含良渚晚期的夹砂、泥质红陶、黑皮陶片，杂草木灰，炭屑等。第12层为深黑色细泥层，土质软，黏性强，夹杂乱石数块，未见其他包含物。该层的南部叠压在城墙墙体的铺底石层之上。

推测第12层当为外城河底部的淤土，第5～11层为城墙使用过程中形成的生活废弃堆积。出土陶片与西墙出土陶片年代一致。第4层应是城墙毁弃后因水侵而形成的自然沉积层。第3层是在自然淤积层形成之后汉代人的活动层，所以留有少量汉代陶片。

北墙部分的遗迹有灰坑H3和城墙等。

H3开口于第2层下，打破良渚晚期形成的墙外堆积第5～9层。开口平面呈不等宽的长条形，平底。填土为浅灰色块状黄斑土，土质致密，粘性强，底部有层淤积土，包含少量良渚文化晚期陶片。推测为良渚文化时期的排水沟。

北墙城墙墙体自上而下可分成7个大层。其中墙7层为石头地基以下的黑色胶泥，是筑墙时直接铺筑于生土面上的基础层。其上的墙6B层为铺底石层，此处的铺底石面外缘高而向内倾斜。块石大多棱角分明，应为人工开采而来。叠压着墙6B层的其余几层都属于墙体的堆土部分。各层堆土纯净致密，是将山上黄色生土搬运来，短时间内堆筑而成。各层间不存在时间间隙，不同的土色仅因为土的来源不同。堆筑层中间的砂石或青灰土的条块状堆积应是起加固作用。

（三）东墙

东墙TG1 现仅发掘了城墙外侧一半及外壕边缘。表土下有良渚文化层，土质为褐色，包含红烧土颗粒及少数良渚陶片。该层下为城墙堆筑土，主要以黄土为主，部分区块用青灰土。底部铺垫石头地基，石块主要是山谷中的自然砾石，石头地基呈东高西低（即外高内低）的现象。城墙外侧表土下为良渚文化生活堆积层，显示出逐渐往外斜向堆积的过程，包含较多的灰烬和陶片，陶片特征与其他城墙壕沟堆积所出陶片一致。

（四）南墙

南墙TG1、TG2 此段城墙外侧地势较高，内侧壕沟较深，内外两侧叠压城墙坡脚，均有良渚文化堆积，所出陶片与其他城壕年代特征一致。从保存较好的西壁城墙横剖面看，表土以下即为城墙堆筑土，现存高度约1.8米。也是先在生土上铺垫一层青胶泥，然后铺垫石块，再在石块上堆筑黄土，城墙堆筑土与石头地基都表现出与城墙走向一致的条垄状堆筑过程，每一垄的土质和石头略有区别。

四 遗物

各地点出土陶器的特征基本一致，属良渚文化晚期。葡萄畈外壕沟第4、5层与葡萄畈城墙顶部第2、3层年代明显偏晚，其余地点城壕中堆积的年代基本一致。以鼎、豆、圈足盘、实足鬶、袋足鬶、宽把杯、罐、大口缸等为主要陶器组合。许多豆、罐等黑皮陶上刻有精细纹饰，有网纹、兽面纹和盘龙纹等。

鼎主要有盆形和罐形两类。鼎足种类丰富，主要有宽扁的鱼鳍形、T字形、三角形、凹铲形、圆柱形、扁梯形等。从西墙葡萄畈段出土的陶片看，可以分为两个阶段，以鼎足的发展最为明显。早段以葡萄畈第8、9层为代表，出土有鼎、豆、圈足盘、实足鬶、袋足鬶、宽把杯等。鼎足以宽扁的鱼鳍形、T字形、凹铲形为主，扁梯形足已经出现，形态较宽厚，横截面略呈扁方形。晚段以葡萄畈第4层为代表，鼎足主要以扁梯形为主，形态变得窄薄，横截面略呈扁圆形。晚段开始出现钱山漾文化的大鱼鳍形鼎足，成为明显的时代标志。豆的变化也较为明显，早段主要是喇叭形竹节把豆；晚段豆盘明显变小，豆把变直，豆把底部起折沿。

五 结语

良渚古城是在长江下游地区首次发现的良渚文化时期城址，它将以往所知的莫角山遗址及反山贵族墓地乃至良渚遗址群内的许多遗址组合为整体，为研究良渚遗址群130多处遗址的整体布局和空间关系提供了新资料。

南城墙的南面约500米，与土垣遗址对应的为东西向分布的卞家山遗址，这里发现了良渚文化晚期的码头遗迹以及良渚文化中晚期的墓地。位置分布与形态走向与古城北面的土垣遗址似呈呼应之势。

良渚古城的发现再次证明了以莫角山为中心的区域是良渚文化的中心，为重新认识良渚文化的社会发展进程，及其在中华文明起源中的地位和意义提供了全新资料。

良渚古城南北两面依山，且两侧与山的距离大致相等，东苕溪和良渚港分别由城的南北两侧向东流过，凤山和雉山两个小山分别被利用到城墙的西南角和东北角，位置显然经过精心勘察与规划。从地理位置和堆筑情况分析，良渚古城不仅具有政治、军事防御功能，也应该具备防洪等功能。

城墙的底部普遍铺垫石块作为地基，石头以上主要用取自山坡或山前台地的纯净黄色粘土堆筑。城墙内外均有壕沟水系，城外的北面、东面水域面积较宽，应为紧靠自然水域修筑。这种修筑城墙方式与城市布局反映了长江下游早期城市的一种模式。

良渚古城周围当时有较大的水域，这些水域和低洼地在良渚文化晚期以后，普遍被自然淤积层填平。浅黄色粉沙质的淤积层直接叠压着良渚晚期的堆积，反映了良渚文化末期这一带曾发生过洪水。

以前基于反山、瑶山、汇观山等贵族墓地材料的认识，我们曾认为良渚遗址的繁荣期应该集中在良渚文化早中期，而良渚古城使我们认识到良渚文化晚期，这里仍然是繁荣发达的中心。出土的大量陶器标本，为认识良渚文化晚期的文化面貌和陶器演变规律以及与钱山漾文化和广富林文化的关系提供了新材料。

撰稿人：刘 斌 王宁远

参考文献

● 浙江省文物考古研究所：《杭州市余杭区良渚古城遗址2006～2007年的发掘》，《考古》2008年第7期。
● 浙江省文物考古研究所：《余杭莫角山遗址1992～1993年的发掘》，《文物》2001年第12期。
● 浙江省文物考古研究所：《良渚遗址群考古报告：瑶山》，文物出版社，2003年。
● 浙江省文物考古研究所：《良渚遗址群考古报告：庙前》，文物出版社，2005年。
● 浙江省文物考古研究所：《良渚遗址群考古报告：反山》，文物出版社，2005年。
● 浙江省文物考古研究所：《良渚遗址群》，文物出版社，2005年。
● 浙江省文物考古研究所：《良渚遗址群考古报告：文家山》，文物出版社，2005年。

南墙T1（北→南）

西墙葡萄畈段（西→东）

北墙（西→东）

○ 杭州余杭良渚古城遗址

陶豆（西墙葡萄畈段 T0404④：3） 　　　　　陶豆（西墙葡萄畈段 T0405⑧：42）

陶实足鬹（西墙 T0404⑧：55） 　　　　　　陶实足鬹（西墙葡萄畈段 T0303⑧：27）

陶袋足鬹（西墙葡萄畈段 T0304⑧：9） 　　　陶鼎（西墙葡萄畈段 T0404⑧：41）

西墙葡萄畈外壕第 4 层出土陶片 　　　　　　陶片（T0404⑧：1）

131

浙江平湖庄桥坟良渚文化遗址及墓地

一 引言

庄桥坟遗址位于浙江省平湖市东南部的林埭镇群丰村，地理坐标为东经121°06′40″、北纬30°39′28″。西北距平湖市政府所在地当湖镇约13公里，向南约5公里即为钱塘江的北海岸线。平湖市属江南古陆外缘杭州湾凹陷，杭嘉湖平原东北部，地势平坦。这里平均海拔2.8米，河网密布，气候温暖湿润，四季分明，物产富饶。

2003年5月下旬，有不法分子在群丰村的水田里进行盗掘，庄桥坟遗址遂被发现。经平湖市博物馆勘查，上报浙江省文物局和浙江文物考古研究所，随后省考古所派员实地踏勘，初步认为这是一处良渚文化时期的遗址。浙江省文物考古研究所和平湖市博物馆联合组成考古队进驻群丰村，对庄桥坟遗址进行了长达15个月的抢救性考古发掘。

发掘区域位于庄桥坟遗址的南部，原为土墩，现在大部分成水稻田，现仅留存发掘区之南约500平方米高不足1米的土墩。紧张有序的田野考古发掘至2004年10月13日结束，共布10米×10米的探方19个、5米×10米的探方3个，发掘面积2000平方米。发现了3座良渚文化时期土台、清理了良渚文化中晚期墓葬236座、灰坑、沟、祭祀坑等遗迹近100处，出土各类随葬器物近2600件（组）和大量的动植物遗存。

二 遗址概况

经过钻探调查，遗址的聚落面积约有10万平方米。遗址范围内有数个自然村庄，一条乡镇公路东西向穿越遗址的南部，纵横交错的数条小河道把遗址分割成几个区块。

一条河道横贯遗址东西，以北为遗址中心区，以南则为该聚落的公共墓地。遗址中心区由较纯的黄斑土堆筑而成，土层较为结实。其中有厚0.1米、暴露高度约0.3米的红烧土，围成一个方形的遗迹，我们推测这是房屋的墙体，而墙体所在就是遗址的居住区。公墓墓地有东西向的若干排墓葬。本次发掘的是墓地南部第二排。发掘区东南等部分的地层堆积有农业生产区的特征，我们推测农业生产区在居住区和墓葬区以外的区域。捕捞活动的场所因发掘和钻探的限制，暂时未能了解，但在地层和灰坑中发现了鱼类和蚌壳类等水生动物的遗骸。可见，庄桥坟遗址的聚落已经有了成熟的功能分区。

发掘区中除东南部有一层厚约0.3米的商周地层堆积外，其余部分因取土破坏，耕土层下即是良渚时期文化层，部分墓葬的随葬品出露于耕土中，并已破损。有些墓葬仅残存墓底。

发掘区的地层堆积较简单。最初是在生土面上堆筑若干座土台，随着时间的推移，土台不断向四周扩大，最后这些土台相连，从而形成范围较大的一个墓地平面。大部分墓葬开口于这个平面之上。墓地西侧和西北侧，当时的居民还特意从别处搬来块状和颗粒

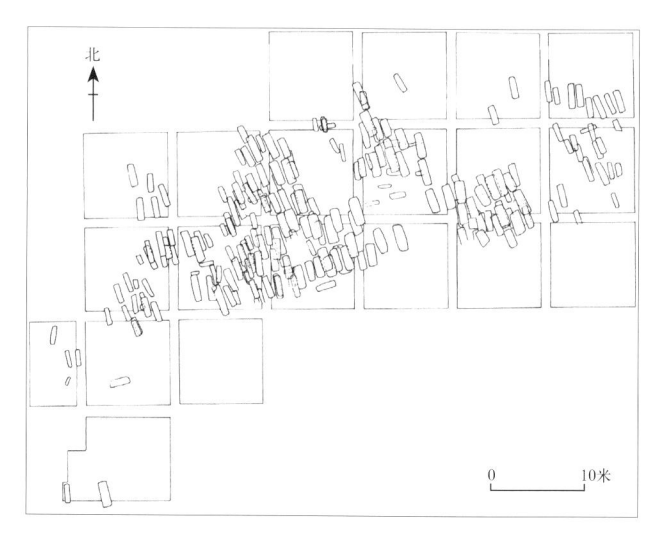

遗址墓葬分布图

状红烧土为墓地边缘堆筑了厚达 0.3 米的护坡。

三　土台

此次发现的 3 个土台，呈东西向一字排列。土台最初均由黄斑土堆筑而成，中间的一个长 18.5、宽 10.75 米，面积近 200 平方米。该土台第 3 层下的东半部由长方形、方形和形状不规则的黄斑土块和青灰色土块平铺而成，面积约 20 平方米，其东北角发现一段长约 40 厘米的大型动物肋骨，两端经过砍削。

土台西侧与北侧有打破生土的沟，东南—西北走向，平面规整，呈长方形，沟壁斜直，底平，长 2～8、宽 1.15～1.7 米，填土为青灰色淤泥，除极少量的植物杆茎外，无其他遗物。这些沟东西成排，南北相连。东西间隔约 2 米，南北以低于开口约 0.2 米的隔梁隔开。因宽度和深度都不足于用作防护的壕沟，我们推测这些沟的形成与土台堆筑有关，后又作为土台使用初期的界沟。西边的土台也发现类似的沟，东边的土台因发掘面积所限，情况不详。

四　墓葬

因为遗址上部地层遭到破坏，所发现的 236 座（早期遭取土破坏的墓葬已无法统计）墓葬大部分开口于耕土层下，除 M203 和 M231 等少量的墓葬游离墓地中心区之外，绝大部分墓葬集中埋葬在约 1000 平方米的墓地范围内。墓葬基本分布于 3 个土台周围，且大都呈东西向成排布列。从平面布局看，大致分为四大片区。每片都有若干排，各排之间以及排内的墓葬存在某种关系。

最东面片区的墓葬围绕东土台分布，分布较其他片区稀疏，只有 2 组 7 座墓有叠压打破关系，随葬品也不多，也没有发现狗或猪的祭祀坑。围绕中央土台和西土台的周围则分布着 3 片埋葬区，而中央土台西部的墓葬与西土台周围的墓葬因没有明显的间隔而形成有近 130 座的埋葬区。每个片区都有等级相对较高的墓葬，如东片的 M76 和 M160、北片的 M17、西片的 M53 和 M147。这些墓葬的随葬品较为丰富，且出土有玉璧或玉钺等玉礼器。在东片，墓坑的长宽之比相对较大，墓坑相对较宽，如 M13 长 2.5、宽 1.2 米。在北片的东西向墓葬较多，有 M128、M164、M167 等 10 座。西片则多墓坑相对狭长者，如 M100 的长 3.25、宽 0.6 米，M138 的长 3.35、宽 0.85 米。

这些墓葬中有 56 组、160 余座存在叠压打破关系，占总数的三分之二。叠压打破现象在各个片区都有，同一排和不同排的墓葬也有打破关系。最多的一组有 10 多座墓葬相互叠压打破。有的被打破残成 L 形，如 M14 被 M9、M11 和 M12 打破的一组，M14 残宽仅 0.15 米，再如 M131 被 M47 和 M53 打破，最窄处只有 0.1 米，骨架仅剩下头骨、左肩胛骨、左侧的肢骨及趾骨等。随葬品仅有一件置于头顶的圈足盘。

打破红烧土护坡的墓葬较少，西 T301 探方中的 M205、M206、M207 非常特殊。这 3 座墓处在西片区的西南，M205 和 M206 并排位于北，两墓间距 0.5 米，而 M207 在 M205 和 M206 之南 1 米处，该墓为儿童墓，随葬品只有 1 件宽把杯，相反 M205 和 M206 则没有随葬品。这 3 座墓的墓主可能属于一个家族或家庭，生前地位或与其他墓葬的主人不同。

墓葬均为土坑竖穴墓，大小不一，长 1.7～3.35、宽 0.3～1.2 米。大部分为仰身直肢葬。墓坑最长的为 M138，最小的为 M207，死者是名儿童。部分残留有葬具，如 M203 和 M154 残留了葬具的木板，个别墓内发现了红色漆皮，而大部分墓葬的葬具痕迹不明显。大部分墓葬为南北向，墓向大多在 160～180 度之间。人骨头向朝南，面部朝东、西或仰面均有，个别头向北。特别值得一提的是，发现的 18 座东西向墓葬分布于埋葬区的东、西、北部，人骨架的头向和面向是否有某种意义尚不可知。葬式有仰身直肢和侧身屈肢两种，随葬品只有1~2件，有些没有随葬品。如M128的死者为成年男性，侧身屈肢葬，头向西，面向南，一件鼎置于脚端；而M164无随葬品，头向东，面向南，骨架异常。从葬式和随葬品观察，东西向墓葬的死者身份或地位有别于其他的墓葬，可能是土台扩展过程中的某种祭祀形式。

墓内的随葬品多寡不一，少者1件，多者50余件，大部分随葬10余件器物。如M76随葬57件器物，计陶器17件、玉器6件（包括玉璧1件）、石器16件、骨角器10件（其中有靴形器）、野猪獠牙8件。但是东西向的墓绝大部分只有1件或没有随葬品。

共12座墓殉葬有狗。在葬具痕迹清楚的墓葬中，可以看到狗骨架均置于葬具以北，多屈肢置于墓坑的东北或西北角，头骨方向与墓向一致。一个非常有趣的现象是，这些殉葬的狗均为驯养的成年狗。如M19和M160的狗置于葬具外的东北角，而M85的狗则置于葬具外的西北角，狗的头部都朝向死者。

这批墓葬的人骨架保存得较好，但因墓葬相互打破，留存完整的骨架极少。如M131被M47和M53打破，仅存左肩胛骨和左侧肢骨。从骨架初步判断，死者中有少量儿童，最小的年龄7岁左右，其余均为成年人，个别已超过50岁。东西向的墓葬中有一具为儿童，其余为成年人。男女性别比例差别不是很大。这些骨架为良渚人的体质人类学研究提供了不可多得的材料，同时，对墓地及其形成过程中的死者身份做比较研究，可对庄桥坟遗址社会成员的构成作出一个恰当的判断。

四大片埋葬区各自有一定的特点，可能反映了每片区域死者存在血缘关系。每一片区域里都有规模相对较大、等级相对较高的墓葬；墓葬中随葬品的多寡不一，反映出当时社会已出现贫富分化。有血缘关系的死者尽管属于不同阶层，仍可以埋葬在同一区域。

五 祭祀坑

有狗骨架的祭祀坑在中央土台的东部、北部、西南部发现4个，在西土台的南部发现1个。这些祭祀坑大小基本一致，呈东西或南北向，坑内无其他遗物。从狗骨架观察，应是整条狗侧身屈肢置于坑中。经初步判断这些狗均是驯养的成年狗。如H30长0.8、宽0.3米，狗头骨被扭向前肢，头向南，背朝东，四肢朝西。

中央土台的西南角发现一个有猪骨的祭祀坑H18，东西向，长0.9、宽0.4、深0.3米，该坑被良渚时期的灰坑H17打破。该祭祀坑远离墓葬，西距M182约2.05米，北距M137约2.5米，祭祀坑的猪骨架保存相当完整，头向东、屈肢，背朝南，四肢朝北，经初步鉴定为驯养的成年猪。

从祭祀坑的分布看，似乎有一定规律，单个的祭祀坑并不从属于某个特定的墓葬，而可能与某片墓地的祭祀活动有关。

六 灰坑

良渚时期的灰坑共有44个，有圆形、椭圆形和形状不规则等几种。大部分坑内遗物较少，只有少量的陶片。但H31和H70两个灰坑例外。

H31平面形状不规则，填土为青灰淤泥。出土一些陶片和较多的有机物，有木板、木棍等木器、麻绳、苇编、葫芦、酸枣、苡米、梨等植物果核、鹿角、猪、鱼等动物骨骸。其中木板长180、宽24、厚1厘米，修整得光洁平整，用途不详。

H70坑底中央发现了一把带木质犁底的组合式分体石犁。出土时，该犁为东南—西北向放置，犁尖朝向东南，这与地层中出土的组合式分体石犁出土方向一致，也许并不是巧合。犁通长106厘米，石犁头部分由3件组成，总长51厘米，总宽44厘米，犁头的尖端部呈等腰三角形，有3个穿孔，犁头的两翼部分长29厘米，有两个穿孔。这些穿孔应是用于与木犁底固定。木犁底部分长84厘米，在尾端有装置犁辕的隼口。经观察，石犁头部分有使用的痕迹。我们推测这样1米多长的大石犁，只有牛等大牲畜才能拉动，后面也应该还有掌犁的人，这件石犁使用时所占用的前后间距大概有3～4米。如此，我们估算当时的水田面积应该很大了，否则，这样的大型工具难有用武之地。这是至今发现的最早的带木质犁底的组合石犁，为研究农业史提供了很重要的实物资料。

七 遗物

庄桥坟遗址的地层和遗迹中出土了大量石器、陶片（有些可复原成完整器）、炭化的米以及葫芦、酸枣、苡米、梨等植物果核，鹿角、狗、猪、鱼等动物骨骸。墓葬中共出土陶器、石器、玉器、骨角器、木器等各类随葬器物近2600件（组），以陶器为主。

陶器有1500余件，器形有鼎、豆、双鼻壶、壶、簋、罐、盘、盆、杯、纺轮等，双鼻壶为最多，这是良渚文化的地域性特色。

石器主要有钺、镞、有孔刀、锛、犁、镰、耘田器等。钺的形制比较丰富，最大的一件钺磨制相当精致，器体既薄又光洁，在穿孔边有一圈白色胶结物，通高达31、宽26、孔径6.5厘米。

玉器主要有玉璧、玉钺、玉镯、玉环、玉锥形器、玉坠、玉珠等。

骨角器有骨镞、骨锥、靴形器等；象牙器有镯、匕等。

木器有箅子。

八 结语

自1936年发现良渚遗址以来，庄桥坟是目前发现最大的良渚文化墓地，也是又一处让世人惊叹的良渚文化遗址，它所留存的考古信息和蕴蓄的文化内涵极为丰富。在有限范围内发现分布密集、年代集中又有如此众多叠压打破关系的墓葬，这在良渚文化遗址中前所未有。12座殉葬狗的墓葬和狗与猪的祭祀坑无疑丰富了对良渚时期宗教信仰和埋葬习俗的认识，对了解良渚文化时期的意识形态以及人类聚落规模、形态与社会组织结构也有相当重要意义。H70组合石犁的发现，证明了良渚时期农业的发达程度。整个庄桥坟遗址有比较合理的功能分区，为我们研究良渚时期的聚落形态和转型时期社会中等阶层的发展模式提供极其重要的科学资料。

撰稿人：徐新民　杨根文

参考文献

● 浙江省文物考古研究所、平湖市博物馆：《浙江平湖市庄桥坟良渚文化遗址及墓地》，《考古》2005年第7期。

M100（北→南）

M79 打破 M80（北→南）

M160 局部（东→西）

组合石犁（东→西）

石钺

石锛

○ 浙江平湖庄桥坟良渚文化遗址及墓地

陶双耳罐

陶鼎

陶双鼻壶

陶宽把杯

玉璧

玉镯

靴形器

三孔石刀

山西襄汾陶寺城址祭祀区大型建筑基址

一 引言

陶寺城址位于山西省襄汾县城东北约7公里，在距今4300～4100年前是一个面积约56万平方米的城址，4100～4000年前扩张成为面积280万平方米（保守估算），是中国史前最大的城址之一。文献记载说"尧都平阳"（今临汾一带），许多考古和历史学者都认为陶寺遗址就是"尧都"。依照都城考古的理论，作为一个都城遗址，除了城墙、宫殿和王陵之外，还应有祭祀天地之类的宗教礼制建筑。根据以往的研究，我们认为，按照宇宙观指导下的陶寺城址布局，城外东南方为天位。2002年，中国社会科学院考古研究所山西队与山西省考古研究所、临汾市文物局合作，通过钻探与试掘，确定了陶寺中期大城外东南部小城里的一座大型夯土建筑基址（IIFJT1），并暂且当作"天坛"进行了发掘。

2003年发掘了该建筑基址的东半部，2004年清理了基址的西半部及北部所依的内道南城墙Q6，2005年春季将出入该基址的东北角路沟豁口清理完毕，至此，除了该建筑的外环道南段，建筑其余的主体部分基本清理完毕。

二 主要遗迹

大型建筑基址（IIFJT1）位于陶寺中期小城内，以陶寺中期大城的南城墙（Q6）为依托，向东南方向接出大半圆形建筑。建筑只现存地基部分，由半圆形外环道和半圆形台基建筑构成。台基基址由夯土台基和生土台芯组成。夯土台基基坑打破陶寺早中期之际的灰坑（编号为IIH28，实际是一个比较纯净的红土、花土坑），于陶寺文化晚期被彻底平毁，继而被陶寺文化晚期地层所叠压，夯土内包含的陶片为陶寺中期，一系列地层关系证明IIFJT1的年代可以准确定在陶寺文化中期（前2100～前2000年）。

外环道直径约60米，总面积约为1740平方米。台基直径约40米，总面积约1001平方米。三层台基生土芯直径约28米，面积约323平方米。

台基背后的城墙Q6揭露了36米，城墙墙基宽7～8米，基坑残深6米。城墙北侧（即城内）未见夯土遗迹。

城墙Q6、环道和第二层夯土台基基础皆使用小板块错缝法夯筑，这是陶寺文化主要的夯筑方法。

环绕台基的环道呈半圆形，由台基东侧路沟和台基南、西侧的路基构成，路基在台基的西南部接在第二层台基上，深1～3、宽3～4米。环道西部接在城墙Q6上。东部以路沟横穿城墙Q6豁口。城墙Q6的墙体在豁口以北由8米收缩至5米宽。路沟坐落在12米宽的Q6墙基槽的南半部。墙基槽横截面呈锅底形，深1.4～5.3米。横穿城墙Q6的豁口宽约5米以上，由于在探沟中未能发掘出豁口的东边，不能得知豁口的确切宽度，但是可以排除路沟以门洞的形式横穿城墙Q6的可能。

路沟在此处以坡道形式，北高南低横穿城墙Q6墙体。坡道实际上是被人工挖出的斜坡状Q6夯土板块墙体。在坡道表面没有发现路土，但是发现一层斜坡状薄层堆积土，含大量陶片和少量灰黑脏土。陶片时代为陶寺早、中期，推测这层土为豁口使用时期在坡道上有意铺垫的土层，可能还是与路有关。路沟豁口最后在陶寺晚期被IIHG3的堆积所填平，即说明路沟废弃于陶寺晚期。而在解剖Q6墙体夯土板块和路沟路基夯土板块所发现的陶片皆为陶寺中期，且路沟夯土与墙基槽夯土板块无法区分，据此我们认为路沟与Q6此段城墙统一设计、一次施工完成。时代为陶寺中期。路沟属于IIFJT1的附属建筑，其始建年代与使用年代是相同的，同为陶寺中期。

第一层台基呈帽檐状，接在台基的东部。基坑残深 2.5 米，可能主要担当由正东门、东南角门上台基的坡道作用。正东方向有"品"字形夯土台阶从路沟上至第一层台基。在台基的东南角有一个宽 1.8 米的小角门使路沟通往上至台基。第一层台基芯为新月形生土，表明其特殊的宗教含义。

第二层台基呈半圆环状，东、西两头接在城墙 Q6 上，基坑也深 6 米。从平面上看，第二层台基夯土板块与城墙 Q6 夯土板块皆为小板块错缝夯筑，二者板块犬牙交错，看不出打破关系，我队判断 Q6 此段与台基一体设计，一起挖基槽，同时建筑。二层台基夯土板块中出土陶寺中期釜灶口沿。

第三层台基主要是观测柱缝部分，在台基的东部和西南与第二层台基合为一体。

第三层台基生土台基芯直径约 28 米。生土台基芯上偏东部，有一片夯土浅基础遗迹，可称为夯土台基芯，形状已不甚规则，北部被第 2 层和近代沟、近现代地堰破坏所截断，看趋势应与城墙 Q6 内侧凸出部分相衔接。南部大部分被陶寺晚期坑 IIH24 打破。平面残长约 9.7、宽约 7.2 米。IIH24 底部所剩夯土基础残深 1.3 米，被近代沟截断的剖面上夯土残深 0.5 米。被 IIH24 破坏的部分似乎恰是该夯土浅基础最深之

处，应是该夯土遗迹的核心部位。经实地模拟观测证实，站在这个部位可以迎接 5 月 20 日、6 月 21 日夏至、7 月 23 日的日出。站在该夯土台基芯东部边缘，可透过 D1 柱与夏至南柱 E2 之间 1.8 米宽的空当（从观测点看过去的话也即东 11 号观测缝）迎接冬至到 4 月 26 日、8 月 14 日至冬至的日出，证明站在这个位置上，面对的东 11 号观测缝就因视角的改变而成为 D1 夯土柱与

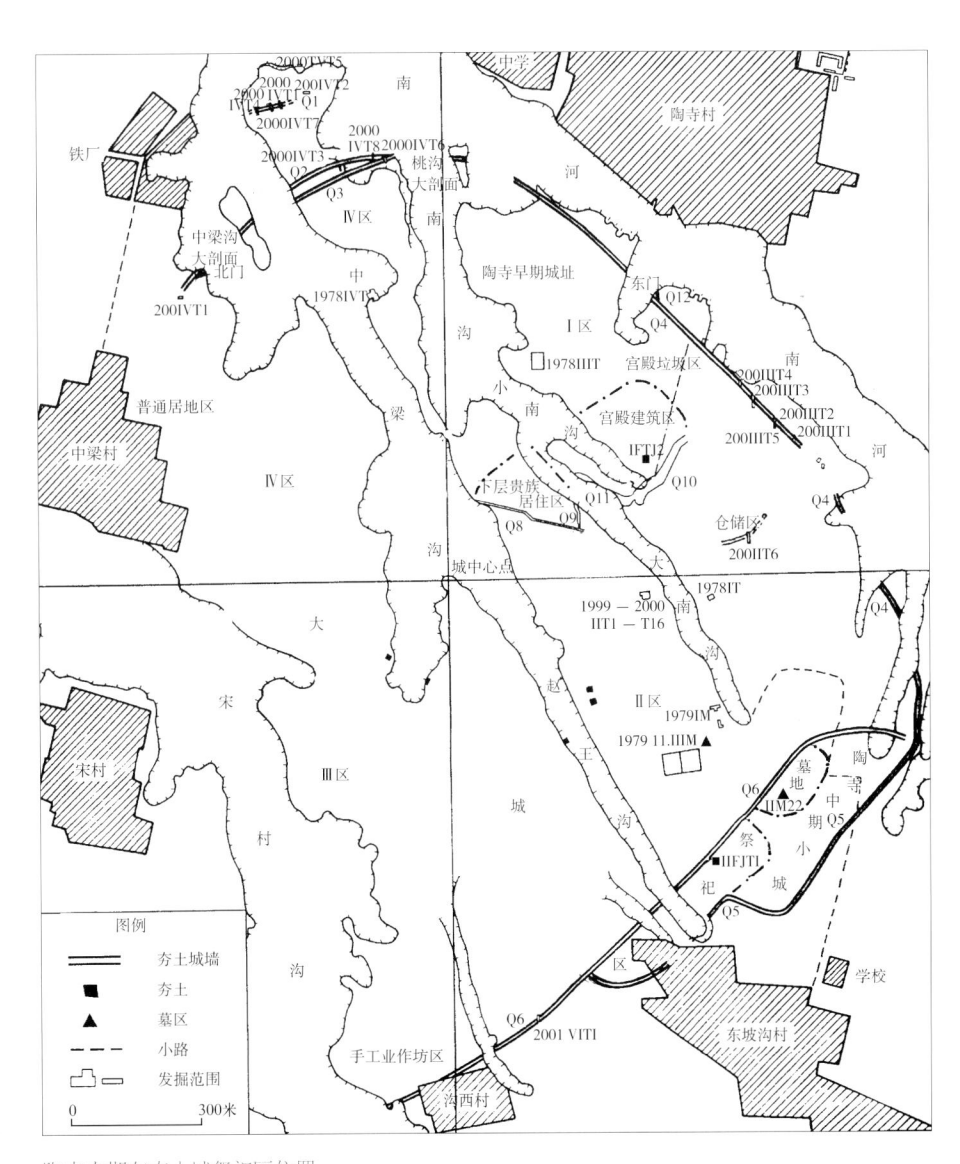

陶寺中期东南小城祭祀区位置

E2 夯土柱之间构成的"迎日门",用于举行迎接重要节令日出的宗教仪式,表明该基址同时具有祭祀功能。

第三层台基夯土挡土墙内侧是观测柱缝系统,共计 11 个夯土柱以及 10 道缝。经解剖后发现这些缝是在弧形夯土墙基础面上挖出来的。基础墙深 2.6～3 米,至第三层台基南部结束,此处已无日出观测意义。夏至缝设置在第二层台基的两个夯土柱 E1 和 E2 之间,此缝也是挖出来的。因此总计发现 12 道观测缝和 13 个柱子。

最为重要的发现是陶寺文化中期的观测点夯土标志,它位于第三层生土台基芯中部,打破生土台基芯。该夯土遗迹共有四道同心圆。中心圆面直径 0.25 米,二圈同心圆直径 0.42 米,三圈直径约 0.86 米,外圈同心圆直径 1.45 米。解剖发现,陶寺观测点基础残深 0.26 米。第二、三两道环皆为柱状,垂直上下。我队参考天文学家的结论,计算所用的模拟观测点垂直探孔,恰好落在直径 0.25 米的中心圆面上,模拟观测仪器对中点位于中心圆面圆心点正东 0.04 米处。

所有观测柱缝从观测点看,都对着陶寺遗址东、南的崇山(俗称塔儿山)上的某个点。经我队 2003~2005 年的实地模拟观测,这些缝可以看到包括冬至、春分、秋分、夏至等重要节令在内的 20 个节令日出,但是东 1 号缝没有日出观测功能。台基西南、西北部没有发现观测日落用的夯土柱缝遗迹。

第三层台基内地基部分夯土柱间缝隙被花土所填充。由于夯土筑现存有 2.6~3 米左右深的基础,所以估计夯土柱体原本应当上至第三层台基表面。有学者认为如此深的夯土柱基础,必定其上有很大的建筑构建荷载,更有学者推测第三层台基表面以上的柱体可能由石柱取代夯土柱。我们认为,石柱的推测有一定道理,夯土柱的上部改为石条构建的石柱更有可能,IITG5 第 3 层和 IIHG3 堆积里出土的少量打制石片,有可能是陶寺晚期毁坏 IIFJT1 时,石

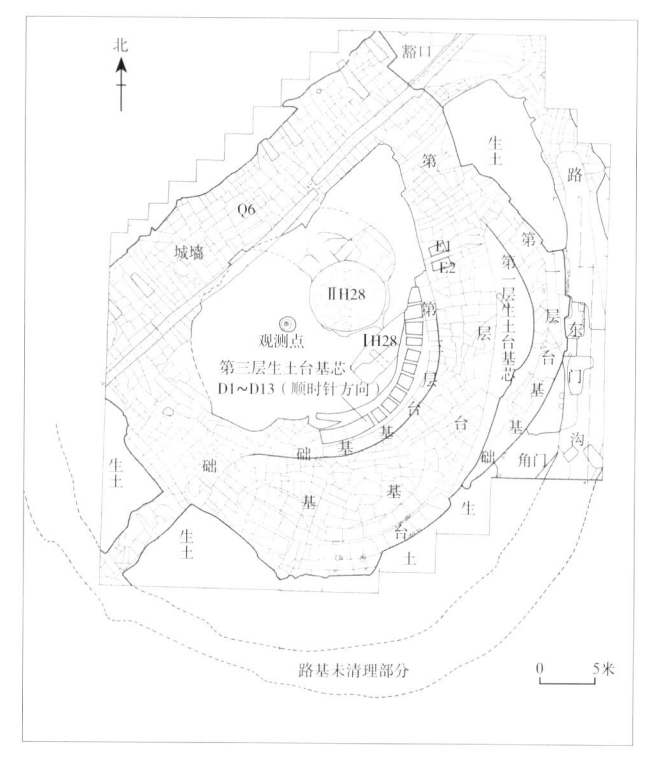

观象台全图

柱被作为石料而用于制坯所留下的废料。假若真是如此,出于第三层台基表面之上的石柱间缝便有可能是开放的。因此,我们可以根据基础部分夯土柱间缝来复原这些缝的功能。由此我们推测这个建筑是集观象授时与祭祀为一体的建筑,可称为观象祭祀台。

IIFJT1 北部所依陶寺中期大城内道城墙 Q6 基础在揭露 IIFJT1 的过程中清理长度 56、宽 7～7.8 米左右。基槽锅底形,深 3.5～6.85 米。Q6 大部分被叠压在第 2 层下,局部被近代墓和近代沟打破。豁口部分被 IIHG3 和第 5 层所叠压。

在靠近豁口紧贴路沟部分,城墙 Q6 内侧由 7.8 米宽向北收缩成 5.5~5.9 米宽的窄墙。此段窄墙长 14.3 米。东端就是豁口的南壁。窄墙南侧是通往台基中心的道路。窄墙北边与生土面平齐,南边高出路沟

路面，最大残余高差 1.25 米。

城墙 Q6 的基槽与 IIFJT1 路沟、第二层台基基槽相连通，夯土版块相互交错，没有打破界限，证明此段城墙与 IIFJT1 台基同时起建，没有早晚打破关系。

三　结语

陶寺观象祭祀台建筑规模宏大，形制奇特，结构复杂，功能多样，性质重要。它的面积约 1700 平方米，形状为大半圆形，附有路沟、东阶、东南角门、梯形遗迹以及生土半月台等，尤其是第三层台基上的半环形夯土柱列十分罕见。这些都是陶寺文化所前所未见的，也是迄今发现的中国史前文化中绝无仅有的一例。

观象台基坑开挖面积近 1000 多平方米（不包括基址背后的城墙部分），已探知基坑深约 2.25~7 米，其基坑开挖土方量之大可见一斑。这从一个侧面体现出陶寺城址统治者的政治权力之大和经济实力之强。

虽然陶寺观象祭祀台基址的观象功能受到许多考古学家的质疑，但是天文学家一致认同该建筑第三层台基的观测系统，为观测天象尤其是日出的仪器，更有多数天文学家则认为它是世界目前考古发现最早的天文台。

中国古代文明是农业文明，古代天文学中的多数科学知识与观象授时直接相关，天文历法的实用功能的核心是指导农业生产，从根本上把握住整个社会的命脉，因此天文观测知识、天文历法制定的权力长期被最高统治者所垄断，由天文官专职操作。由于观象授时被最高统治者作为控制社会的手段，于是天文历法也成为王权的一个不可或缺的组成部分。那么都城无论从实用还是从意识形态的角度，都应有一个观象台建筑存在。不过在上古时期，观象台很可能与祭天的"天坛"合为一体，科学与宗教当时并无严格界限。

此外，根据考古钻探和试掘结果，陶寺中期东南小城祭祀区内，除了观象祭祀台之外，还有少量为数不多的遗迹。观象祭祀台东部 10~20 米处有 2、3 处圆形夯土基址，面积均不大，直径在 9~10 米左右。观象祭祀台以东 100 米处、为陶寺中期王族墓地，已发掘了陶寺中期王墓 IIM22 以及中型贵族墓 4 座、小型墓葬 10 余座。陶寺中期王族墓地位于观象祭祀台的东邻，似乎在昭示着王族死后升天的意识形态。如果按照中国古代人死为鬼、天地为神的观念，陶寺中期东南小城祭祀区其功能也可具体视为"鬼神区"。该区域内除了陶寺晚期观象祭祀台的堆积外，没有普通居住房屋、垃圾、手工业作坊，也显示出其神圣之域的特征。这里是陶寺都城遗址一个重要功能区，专于"鬼神"。

撰稿人：何　驽

参考文献

● 中国社会科学院考古研究所山西队、山西省考古研究所、临汾市文物局：《山西襄汾县陶寺城址祭祀区大型建筑基址 2003 年发掘简报》，《考古》2004 年第 7 期。
● 中国社会科学院考古研究所山西队、山西省考古研究所、临汾市文物局：《山西襄汾陶寺城址 2002 年发掘报告》，《考古学报》2005 年第 3 期。
● 中国社会科学院考古研究所山西队、山西省考古研究所、临汾市文物局：《山西襄汾陶寺中期城址大型建筑 IIFJT1 基址 2004～2005 年发掘简报》，《考古》2007 年第 4 期。
● 江晓原、陈晓中等：《山西襄汾陶寺城址天文观测遗迹功能讨论》，《考古》2006 年第 11 期。
● 中国社会科学院考古所等：《陶寺城址发现陶寺文化中期墓葬》，《考古》2003 年第 9 期。
● 王晓毅、严志斌：《陶寺中期被盗墓葬抢救性发掘纪要》，《中原文物》2006 年第 5 期。

新世纪中国考古新发现（2001~2010）

观象台俯瞰

观象台路沟路口

观象台陶寺文化时期观测点遗迹解剖

路沟环道东半部

IIFJT1 东阶路面

○ 山西襄汾陶寺城址祭祀区大型建筑基址

夯土台芯板块全貌

陶寺中期墓 IIM22

IIFJT2

"夏至柱" E1 和 E2

143

内蒙古赤峰兴隆沟聚落遗址

一 引言

兴隆沟聚落遗址位于内蒙古赤峰市敖汉旗东部，地处大凌河支流牤牛河上游左岸，东南距离兴隆洼遗址13公里。在2001年首次试掘的基础上，2002～2003年，中国社会科学院考古研究所内蒙古第一工作队对该遗址进行了两次发掘，确认第一地点属于兴隆洼文化中期大型聚落（距今8000～7500年），探明了聚落规模和布局特征，揭示出兴隆洼文化聚落形态中的新类型；确认第二地点属于红山文化晚期小型环壕聚落（距今5500～5000年），填补了红山文化晚期居址研究资料的空白；确认第三地点属于夏家店下层文化小型环壕聚落（距今4000～3500年），为西辽河流域文明化进程及早期国家形态研究增添了新的视角。

二 第一地点

该地点是一处保存较好的兴隆洼文化中期大型聚落，位于兴隆沟村西南约1公里的坡地上，地势西高东低，呈缓坡状。发掘之前地表可以看到成行排列的灰土圈，1998年调查时共确认灰土圈145个，明确分成三区，其中东区和中区保存完整，西区西侧边缘被开辟成林地，部分遗迹被破坏。后经发掘证实，每一个灰土圈基本代表一座兴隆洼文化半地穴式房址，地表所见的灰黑土实为房址内的第1层堆积。2002年的发掘清理出房址11座、居室墓葬10座、灰坑12座。2003年的发掘清理出房址14座、灰坑42座、居室墓葬10座，出土了一批陶器、石器、骨器、蚌器、动物骨骸和植物遗骸等。

房址平面呈长方形或近方形，半地穴式建筑均呈东北—西南向成排分布。房址可分为大、中、小型三种，大型房址面积为70余平方米，中型房址面积为40～60平方米，小型房址面积为30～35平方米。灶址位于居室中部，平面呈圆形，灶壁外敞，底部较平整。柱洞排列较规整，每座房址内有4个或6个柱洞，多对称分布在灶址东北和西南两侧。房址均无外凸的门道，但房址东南部偏中的居住面有明显的下凹，这里应是出入口。F13西角有一座长条形坑，坑壁一侧紧靠西北侧穴壁，东北端略外凸，西南端从房址的西角外延，形成一条弧形的暗道；房址西北侧外围有一座圆坑，距离房址西北侧穴壁0.96米，暗道的出口在此坑的南壁上。经发掘现场测试，成年人能从暗道爬出。此类暗道式出入口在中国东北地区史前时期房址中系首次发现。

房址内出土的遗物集中分布在居住面上，少部分出自房址堆积层内。F29居住面上出有石器40余件，多成组放置，其中有石铲26件，是兴隆沟遗址目前所知出土石铲最多的一座房址。动物骨骸较多，F31和F33居住面东南部偏中均发现有完整鹿角，F17西北角居住面上和F33灶址的西南侧均发现有完整的猪头骨，F26西北部偏中发现有完整的狗下颌骨。F20第1层堆积内出土大量破碎的动物骨骸，西北角还出有10余枚炭化的山核桃。这些发现表明，狩猎—采集经济在当时人的经济生活中占据着主导地位。从发掘土样的浮选结果看，F31堆积层内和居住面上发现较多的炭化粟，在2001年发掘的F10居住面上也发现有炭化粟，数量很少，鉴定为经过人工栽培的粟，由此断定兴隆洼文化中期已经出现了原始的农业经济。

F18和F22是已发掘过的房址中保存最完整的两座，堆积层内夹杂较多的红烧土块，房址内出土大量成组放置的遗物，居住面上均发现有人骨。F22西北部居住面上出土4具人骨，为成年男女各1名、儿童2名。人骨周围出土大量的遗物，大多成组放置。从人骨和各类遗物的出土位置及状态看，这4具人骨是有意埋在房址内的，2具儿童骨骼不排除二次葬的可能性。在房址居住面上埋葬多位死者的现象在兴隆洼文化中尚属首次发现。

居室葬是兴隆洼文化的重要内涵之一，墓穴在房址中有固定的位置，多分布在西北侧穴壁中段内侧、西南侧穴壁的西北、东南段内侧或东北侧穴壁中段内侧。墓口呈长方形，墓穴竖直，底部平整。多数墓口被踩踏成硬面，与周围的居住面连成一体，证明埋入墓葬后该房址被继续居住；少数墓穴直接打破居住面及生土，墓口上未见硬面，证明埋入墓葬后该房址即被废弃。墓主人有成年人也有儿童，有的骨骼不完整或有明显的肢解现象。M10位于F23内，墓穴紧靠房址西南侧穴壁的西北段内侧。墓主人为2名儿童，在墓穴内分两层埋葬。儿童合葬墓在兴隆洼文化中系首次发现。M15位于F19内，墓穴靠近房址的西南侧穴壁东南段内侧。墓主人为成年男性，墓口西北端并排立置一大一小的2件陶罐，罐体下半段埋在墓穴填土内，大罐底部与墓主人头部上下相对，西南侧腹壁有1个圆形钻孔。参考相关民族学材料，大罐上的钻孔可能是作为墓主人"灵魂"出入的通道。M23位于F36内，墓穴紧靠房址的东北侧穴壁中段内侧，是中国东北地区迄今所知最早的一例成年男女双人合葬墓，在兴隆洼文化中系首次发现。M19和M20分布在F32西北侧穴壁内侧，M19为单人仰身直肢葬，墓主人为成年男性，头向西南。M20是一座成年女性与儿童合葬墓，均为仰身直肢葬，墓底西北侧留有生土二层台，儿童骨架放在二层台的西南段，头向西南，成年女性墓主头向东北。此类合葬墓在兴隆洼文化中亦为首次发现。

M26和M27分布在F31的西北侧穴壁中段内侧，M26打破M27的西南角。M26是一座儿童墓，墓主人头向西南，双腿周围出有成组的泥蚶壳和长条形蚌壳，均有钻孔，应是墓主人穿戴的服饰。M27是一座成年男性墓，墓主人为仰身直肢葬，头向西南。紧贴西南侧墓壁的西北端横置1件石斧，墓主人头骨的西南侧放置1件骨锥，左肩部佩戴有钻孔泥蚶壳和长条形蚌壳，左侧胸部放置2件石斧，右手握有1件嵌有石刃的骨镖，左手握有1件石锛，左右股骨间斜置1件骨镖，双脚上压放1块长条形的磨石，边缘不整齐。

灰坑平面呈圆形、椭圆形或长方形，以直壁、平底坑为主，也有少量坑壁袋状或自上至下斜弧内收。2001年和2002年，在东、中区发掘的灰坑较少，共有15座，多位于室内，少数分布在房址外围。2003年发掘的灰坑较多，排列密集。室内灰坑有12座，分布在8座房址内。室外灰坑有30座，其中有25座集中分布在发掘区的南半部，即遗址西区的东南部，另有5座分布在发掘区的北半部。灰坑排列经过统一规划，疏密有致。H35是最大的一座圆形灰坑，分布在发掘区的东南部，最大口径为4.22米，周围有6座略小的圆形灰坑将其环绕。H35坑底中部相对放置2个猪头骨，并用陶片、残石器和自然石块摆放出躯体的形状。西侧的猪头骨破损较重，外形不完整，躯体由陶片和自然石块摆出，略弯曲，头部朝东南，尾部朝西北，通长0.72米。东侧的猪头骨及躯体摆放较完整，猪头骨平置，朝西南，吻部朝西北，额顶正中钻有1个圆孔，躯体主要由陶片和自然石块摆放而成，还有4件残石器，大体呈"S"形，颈部叠压放置，较宽，身部和尾部均单层摆放，尾部渐细，明显上翘，朝向东北，通长1.92米。联系到本地区赵宝沟文化（距今7400～6700年）小山尊形器腹部刻画的猪龙图案以及红山文化（距今6500～5000年）玉猪龙的造型，推测H35底部摆放的真实猪首及用陶片、自然石块和残石器组成的"S"形躯体代表了当时人心目中的猪龙形象，具有鲜明的宗教祭祀意义，这也是中国目前所能确认的最早的猪首龙的形态，对研究龙的起源及崇龙礼俗的形成具有重要意义。与兴隆洼遗址人猪合葬墓相比，H35 的发现则表明兴隆沟先民已经超越了崇拜野猪实体的范畴，具有图腾崇拜的含义。

第一地点内出土遗物较丰富，主要有陶器、石器、骨器、玉器、蚌器和复合工具等。陶器以罐为主，钵、杯、盅次之。陶罐唇部较厚，颈部多附加一周凸泥带，器体自上至下分段施纹，具有兴隆洼文化中期的典型风格。敛口双耳陶罐和回字纹柱形陶器是兴隆洼文化陶器群中新发现的器类。石器有打制的亚腰石铲、石球，磨制的石斧、锛、饼形器、大型磨盘、磨棒等，镶嵌在 F18 西南部居住面上的圆窝石器系首次发现。玉器有 4 件，其中长条形弧面玉坠 2 件、刃部锋利的小玉锛和柱状玉玦各 1 件。此外，重要遗物有人头盖骨牌饰，石、蚌质人面饰等。

三　第二地点

该地点位于兴隆沟村东北约 0.2 公里的坡地上，地势西北略高，东北和东南偏低。遗迹保存较差，多数房址的穴壁被破坏，仅存底部，部分较深的灰坑保存状况略好，出土了一组具有红山文化晚期特征的典型陶器，如双耳罐、瓮、圈足盘、三足盅、桥形钮器盖等，彩陶纹样中有弧线三角纹、网格纹、窄带纹和宽带纹等。该地点是目前国内首次正式发掘到的红山文化晚期居住址，与牛河梁祭祀中心的年代大体相当。

2003 年度发掘区选择在地势略高的西北部，揭露面积 1500 余平方米，清理出红山文化房址 4 座、灰坑 31 座。房址平面呈方形或长方形，半地穴式建筑，西南侧穴壁中段有外凸弧形的短门道。灶址位于居室的中部，圆形浅坑式，与以往所见红山文化早、中期房址的瓢形深坑式灶址有别。灰坑平面呈圆形或椭圆形，坑壁竖直，坑底平整。坑口直径为 0.5～2 米。H38 内出土遗物分为两层，上层横放 1 件双耳陶瓮和 1 件三足小盅，下层放置有陶壶、三足小盅、柱状石器各 1 件，还出土有蚌壳残片、木炭等。其余灰坑堆积层内出土遗物较少，有的坑底出土陶罐残片或自然石块。

房址大体呈东北—西南向排列，灰坑分布在房址的周围，如 F7 的西南和东南侧分布有 9 座灰坑，F8 的西北侧分布有 7 座灰坑。居住区的外围修筑有一道长方形围沟，东北和东南段围沟已探明，西北和西南段围沟不明显。沟壁自上至下内收，口宽底窄，剖面呈倒梯形。与兴隆洼文化相比，红山文化房址的面积明显偏小，排列不整齐，每座房址的外围都分布有相对独立的窖穴群，这说明单一家庭已成为生产和生活的核心单元，农业经济取代狩猎—采集经济，占据主导地位。从围沟的现存宽度和深度看，可能具有界定和防御双重功能。

四　第三地点

该地点位于兴隆沟村西南约 1.2 公里的坡地上。发掘区位于聚落的中部，揭露面积 250 余平方米，清理出夏家店下层文化房址 3 座、灰坑 42 座。房址中仅有 F1 保存较完整，平面呈长方形，半地穴式建筑，紧靠房址东北侧穴壁的西北半段修筑一道火墙，入火口用石块垒砌，应为当时的取暖设施，在夏家店下层文化中系首次发现。

围沟较宽，具有明显的防御功能。出土遗物较多，以陶器和石器为主，骨器磨制精良，骨镞的形制多样，具有很强的实用性。以夏家店下层文化为代表，西辽河流域进入早期国家阶段，从大型城址到小型聚落都十分注重防御，从一个侧面反映出当时战事频繁。

五　结语

兴隆沟聚落遗址三年的田野发掘工作取得了丰硕

的学术成果，也对西辽河流域新石器时代至青铜时代考古学研究也提出了一些新的问题，对该遗址的初步认识如下。

第一，兴隆沟聚落遗址的发掘成果将为兴隆洼文化、红山文化和夏家店下层文化的内涵与分期研究提供新的依据，从而有力推动西辽河流域乃至整个东北地区的史前考古研究工作。

第二，首次发现兴隆洼文化平面呈"亚"字形的房址和暗道式出入口，所有房址均成排分布，明确分成三区，代表了兴隆洼文化聚落形态中的新类型。首次发现红山文化晚期的半地穴式房址，弧形短门道和圆形浅坑式灶址与以往常见的红山文化斜坡式长门道和瓢形深坑式灶址有别。首次发现的红山文化晚期长方形围壕兼具防御和界定双重功能。首次发现夏家店下层文化完整的取暖设施，围壕的防御功能倍显突出。

第三，首次发现的兴隆洼文化儿童合葬墓及东北地区迄今所知年代最早的一例成年男女双人合葬墓，将少数特殊死者埋在室内特定位置或有意埋葬在居住面上，具有明显的宗教祭祀意义，也充分反映出当时人已经具有了明确的"灵魂"观念。房址居住面上聚组摆放动物头骨以及祭祀坑内发现的猪首龙形态表明，祈求猎物繁盛及狩猎活动的成功是兴隆洼文化时期原始宗教信仰中的核心内容，而后者对于研究龙的起源及中国崇龙礼俗的形成具有深远意义。

第四，兴隆洼文化时期狩猎—采集经济占据了主导地位，第一地点首次发现经过人工栽培的炭化粟，表明当时已经出现原始的农业经济；红山文化和夏家店下层文化时期，农业经济成为主导经济部门，狩猎—采集经济作为补充。兴隆洼文化时期已出现了较严密的社会组织，聚落内部讲究集体协作；红山文化和夏家店下层文化时期的社会组织管理日趋规范化，单一家庭成为独立的经济生产和生活单元。

第五，兴隆洼文化中期是西辽河流域史前社会发展进程中的繁荣期，确立了该地区史前文化在中国东北地区的核心和主导地位；红山文化晚期社会复杂化进程加快，在承继本地区文化传统和大量吸收中原优势文化因素的基础上，西辽河流域进入文明的曙光期；夏家店下层文化时期，三足陶器取代延续数千年的平底筒形陶器，占据主导地位，文化面貌巨变，西辽河流域步入早期国家阶段。

第六，首次发现兴隆洼文化时期墓主人右眼眶内嵌玉玦的习俗，为牛河梁红山文化中心性祭祀遗址发现的女神头像双目嵌圆形绿色玉片的习俗找到了直接源头，是中国史前时期赋予玉器人文观念的最早证据。

撰稿人：刘国祥　贾笑冰　赵明辉　田广林　邵国田

参考文献
- 中国社会科学院考古研究所内蒙古第一工作队：《内蒙古赤峰市兴隆沟聚落遗址2002～2003年的发掘》，《考古》2004年第7期。
- 中国社会科学院考古研究所内蒙古工作队、敖汉旗博物馆：《内蒙古敖汉旗兴隆沟新石器时代遗址调查》，《考古》2000年第9期。
- 中国社会科学院考古研究所内蒙古工作队：《内蒙古敖汉旗小山遗址》，《考古》1987年第6期。
- 中国社会科学院考古研究所内蒙古工作队：《内蒙古敖汉旗兴隆洼聚落遗址1992年发掘简报》，《考古》1997年第1期。

第一地点西区东南部遗迹（东北→西南）

第一地点 F22 出土人骨及遗物（东南→西北）

○ 内蒙古赤峰兴隆沟聚落遗址

第二地点 H38 出土陶器（西北→东南）

第三地点 F1 及火墙（东南→西北）

第一地点 M23（东南→西北）

第一地点 F18 出土陶器（西南→东北）

第一地点 F22 出土蚌人面饰

第一地点 F22 出土人头盖头牌饰

第一地点 F22 出土嵌蚌石人面饰

青海民和喇家史前遗址

一 引言

青海民和喇家遗址在1999年曾进行试掘，2000至2007年连续多年进行发掘。在2000年和2001年连续进行较大规模的发掘中，共揭露面积约1500多平方米，取得了一些较为重要的成果。

喇家遗址位于青海最东的民和县南端的黄河岸边，所处地域是黄河上游的一个河谷小盆地，其间分布着众多古文化遗址。近年来，中国社会科学院考古研究所甘青队与青海省文物考古研究所合作，在这块小盆地内开展"官亭盆地古遗址群考古研究"课题。喇家遗址的发掘，是继胡李家遗址之后选定的第二个发掘项目。

二 发掘的主要收获

1999年在第一次试掘中，就在该遗址Ⅰ区发现了齐家文化时期宽大的壕沟遗迹，在Ⅱ区发现了出土玉器的房址，在Ⅲ区也发现房址和遗存丰富的文化堆积，在Ⅴ区则发现有马家窑文化类型的灰坑。在广泛调查和钻探的基础上，初步认识到喇家遗址是一个以典型齐家文化内涵为主的大遗址，探查的面积达20万平方米。

在2000年的发掘中，在Ⅱ区发现了3号和4号房址，室内都保存有因灾难死亡的人类遗骸。其中在F3内发现一对母子，而F4内则有多达14具人骨，其中也包括一对母子。其后，又在东边紧邻的Ⅳ区内清理出7号房址，室内也发现4个个体的人骨遗骸。在这些房址内保存下来的灾难现场，给人以强烈的震撼，显示出距今4000年前后的齐家文化时期这里曾经发生过重大灾变。我们随即邀请相关的古环境专家对遗址进行了地学考察，在地层堆积中发现了黄河大洪水的遗迹和沉积物。另外，2000年的发掘中在Ⅱ区还发现了一段壕沟，在Ⅲ区和Ⅶ区也发现了房址，还清理了两座零散墓葬，但迄今为止还没有探查到喇家遗址中墓地的分布位置。

2001年的发掘工作集中在Ⅳ区和Ⅴ区。在7号房址的旁边又清理出10号房址，在室内发现经历灾难死亡的2具人骨。通过对这座房址的细致清理，进一步搞清了人骨被掩埋的地层堆积，地层关系显示出室内死亡的人是因为突发的房屋坍塌被砸被压，人骨的非正常姿式和存在骨折等情况都可以说明问题。更重要的是，这次发掘中在遗址内找到了多处地震遗迹，包括地裂缝、塌陷、沙管和折皱起伏等现象。除了黄河大洪水遗留的红土沉积，在遗址中也发现有强烈的山洪带来的沉积物，山洪对遗址部分区域的冲击表现得极为明显。通过多处地层关系尤其是F10经细致清理所呈现的埋藏地层表明，遗址区内先遭地震，后有洪水，洪水形成的地层叠压在地震遗迹和地震塌毁的黄土堆积物之上，这样就对喇家遗址遭受地震和洪水等灾害袭击的过程有了初步了解。但对于遗址堆积过程的了解仍然还存在一些问题，比如地震与洪水之间相隔的时间，黄河大洪水与山洪之间的关系，以及诸多其他细节等，都还有待作更进一步的考察，需要开展多学科合作研究。这也是至今仍然在不断展开研究的深题。考古发掘所揭示的现象是，地震对喇家遗址造成了灾难性的打击，而洪水又给它以毁灭性的冲击。在这里十分难得地保留下了黄河上游齐家文化时期重大的灾变事件遗存，具有极其珍贵的科学研究价值。

2001年，在Ⅴ区的台地中部发现了一片小型广场的迹象。在若干个探方内都发现同一层位的硬土面，系人工踩踏而成，范围已超过20米，但目前还没有全面揭露。在这个硬土面范围里，清理出存有人骨遗骸的杀祭坑，坑呈袋状，口小底大，口沿处有浅槽痕迹，人骨俯身弃置于坑内，坑口及底部都见到若干较大的砾石。在此层硬土面中多夹有灰烬，还有露天灶址，在硬面下发现埋葬的奠基人骨架。另外，在硬土面中还清理出埋藏坑，出土有较丰富的遗物，包括完整的陶器、玉石器、骨器和卜骨等。这些现象足以说明，这片经踩踏的硬土面是当时人们重要的仪式活动场所，具有广场的性质。在广场下面又发现了壕沟迹象，表明广场是在壕沟废弃填平之后建起的，显示出喇家遗址聚落形态的变化过程。

以这个广场为中心，可以看出遗址Ⅱ区和Ⅳ区所在的村东北台地和遗址Ⅴ区所在的村东南台地，实际是一个整体，已显示出F1、F3、F4、F7、F10呈一排分列，门向都朝北，构成一组房址，位于台地北部边缘；而新发现的F13、F14、F15、F17这一排纵列房址，位于台地西南边缘，门道均向西，初步表现出一种有规律的分布格局。而这只是整个遗址50万平方米范围中的很小部分。后来的发掘也发现了不同的建筑格局形式。

2001年发现的15号房址保存较好，保存的墙壁高达2～2.5米，室内有大量遗物，门道及门外场地都保存完整，是齐家文化目前已知保存最好的房址。通过对已发现的房址进行分析，可以基本肯定喇家遗址的房屋多是窑洞式建筑。15号房址的情况比较充分地说明了这一点，门外场地与室内地面处于同一平面，房址内的坍塌物皆是黄土块，证实窑洞顶是黄土层。这些建筑多是利用黄土断崖开凿的窑洞，往往背对中心位置，具有独特的聚落形态特征，为探讨史前聚落形态的多样性提供了范例和新资料。喇家遗址所处地域为黄河二级阶地，有原生黄土，也有的是次生黄土层，黄土也并不厚实，应该说不适宜于建筑窑洞。但这里的发掘情况表明，先民们确实是以窑洞为家居，并为此付出了惨重代价。

喇家遗址有好些房址内都发现有壁炉，颇具地域特殊性。室内中间地面上的火塘应是主要的灶址，而壁炉只是附加的次要炉灶。在12号房址内清理出的壁炉，结构清楚，保存较好，可以明显看出是一座壁式烤炉。

喇家遗址中大多数遗迹都是因突发性灾害而遭破坏并埋藏下来，在很多地方保留了当时生活的原始状态，直观地反映出先民的生活方式和生存状态。例如一些房址内放置的陶器等生活用具的组合和它们的位置，石器、玉器等的配置和出土位置，人员在室内的位置，不同房址之间的差异等，诸多现象所反映的是古人生活的原貌。对遗址中出土的人骨遗骸，已经采样，做DNA分析，结合人骨鉴定，今后的测试结果一定可以提供更明确的研究资料。

喇家遗址的毁灭，让一个聚落在同一个时间点戛然而止，通过它检验了我们过去做的一些分期研究是否存在问题。喇家遗址的发掘还要继续，实际上还有许多问题没有搞清楚，有许多问题还需要进一步做工作去解决。对这个具有一定特殊性的遗址，多学科介入，加强环境考古的投入，都会有更实际的意义和作用。

三 对遗存的初步分析

（一）房址建筑形式

F3与F4建筑的上部早已破坏殆尽，居室现仅存下部穴壁，难以准确判断这两处房址属半地穴式或窑洞式建筑，只能从现存房址结构予以推测。在房址内外，仅F3居室中部偏东侧有一洞，还难说是否是柱洞，其余各处均无柱洞痕迹。即使F3内的洞为柱洞，从其支柱位置分析仅起防险支撑作用，与构筑房址的做法无关。两座房址建筑有可能属窑洞式。居室南北两壁略平直，壁面稍有弧度，东西两壁向上明显拱曲渐收缩。F3现存壁面较高，故东西壁拱曲较甚。口小底大，残口皆小于居住面等特点，也反映出房址应属窑洞式，还可推知窑洞原来顶部应是略呈"券顶"形式，而非"穹隆顶"。

（二）房址功能

在喇家遗址该发掘区同一台地上先后经发掘清理的房址共4座（F3、F4、F1、F7），其中F1室内无人骨，亦无完整的日用陶器，只出有1件残陶罐、个别石器及玉器半成品，该房址可能属正常废弃或非生活居住的房址。F7则与F3和F4相同，皆为意外灾难致使房址废弃。F7人骨尚未鉴定。在这座房址内亦有人骨4具，分别为2具成年人、2具儿童。F7居室规模、室内日用物品及生产工具和放置位置都基本与F3相同，但其居室内南壁下设置贮藏窖穴，窖内储存有粮食及日用陶器等。经比较F3和F7都是一般家庭住房。居室中部及外侧的灶址、灶坑等主要用于炊事及取暖。F3东壁北段壁面有烟炱，而地面却无红烧土面，因此其烟炱可能系采用某种燃烧方式或照明留下的烟熏痕迹。环绕居室四壁放置的物品，均为日常所需用品，生产工具中斧、锛、凿、刀、刮削器等齐全，日用陶器均以高大的盛储器及炊煮器为主，小型饮食器不多见。F3内为母子2人，F7内有成年男女各1人（未正式鉴定），儿童2具。从人数、性别、年龄推测，这4个个体应属同一家庭成员。居室内人骨遗骸间接地反映出F3和F7内的成员是由单个家庭所组成的。

F4有若干遗迹现象及遗物显示出此房址不同于上述一般住房。其一，F4居室修建考究，制作规整，房壁及居住面白灰面光滑平整。不仅居室面积稍大，而且室内物品均集中陈置于房内东壁下，使得西侧活动空间大，可以集中容纳更多人活动。居室中设置的圆形灶面直径达1.1米，而且极为规则，显然是满足众人特殊活动的需要。其二，室内有特殊的遗迹现象，如在东壁北段紧贴白灰面房壁上残留了一段凸出墙面，有一层黑色物质，可能具有某种特殊的含义。玉璧、玉料和石矛均集中放于黑色壁面下，1件盛于敛口瓮中的玉璧，亦紧贴黑壁放置。贵重的礼器玉璧等集中放于黑色壁面旁。其三，室内只有石刀1件，但放有一般住房不见的石矛、玉璧及玉料。日常用品陶器以小型的饮食器为主，高不足10厘米的陶器占陶器总数的一半，炊煮器仅出有1件侈口罐。其四，室内人骨遗骸多达14具，其中1具成年男性、2具成年女性、3具少年和8具儿童。F4中特殊的迹象及遗物反映出该房址的功能不同于一般家庭住房，有可能是集体活动的场所或兼具进行宗教活动的场地，房主的身份应非一般家庭成员。

（三）房址年代

喇家遗址基本上以齐家文化遗存为主，F3和F4具有典型齐家文化特征。因F3与F4属一场意外灾难致使房址废弃，故室内主人生前所用生产工具及生活用品均保持原位，直观地展现出当时人们日常生活状态及所需全部必备物品，真实地再现了远古先民生活场景中的一幕。居室中所出陶器为进一步分析房址的年代也提供了直接的依据。F3室内出土陶器器形总体瘦长，代表性器的纹饰较规整，篮纹或绳纹均以竖行为主，均具有稍晚一些的作风，据认为与甘肃天水七里墩遗址为代表的齐家文化"七里墩类型"较为相似。七里墩类型经碳十四测定年代距今4000～3800年。由此推测F3的年代应与"七里墩类型"大致相当。而比较分析F3与F4居室内的陶器特点，发现F4部分陶器略晚于F3的同类器。此外，两座房址居住面的磨损情况亦反映出F3使用时间较F4要长一些。由此推断，F4修建时间或许略晚于F3，但毁于同时。

（四）室内遗骸

房址内最重要的遗迹是发现众多的死者遗骸，揭示出一幕约4000年前的灾难。F3内母子相依而死，F4内众多的死者以不同姿势死于一室。根据准确的房址埋藏地层关系、居室内自上至下填充红泥土和黄土碎块坍塌堆积等迹象表明，可能是一次特大洪水侵袭夺去了他们的生命，造成房屋废弃，聚落毁灭。喇家遗址和周围黄河一级阶地及二级阶地的红土地层，以及房址内的红泥土及遗址内的红土堆积或可能来自黄河大洪水的沉积。

四 结语

喇家遗址目前已发现 30 多座房址、约 90 多座灰坑、3 段壕沟、2 座墓葬、1 个小型广场和 1 个奠基坑、1 个杀祭坑、2 个埋藏坑，出土了丰富的陶器、石器、骨器以及百余件玉器，发现了地震和洪水等多种灾难遗迹。一个遭受灾难毁灭的史前聚落，正逐渐被揭示出来。喇家遗址发掘的重要成果及其学术意义，可以简要地归纳为三点。

第一、喇家遗址的发掘是齐家文化研究的重大突破，明显提高了对齐家文化发展高度的认识。

喇家遗址具有中心聚落的性质。发现的宽大壕沟深 5～6、宽达 10 余米，为该地区史前时期所罕见；窑洞建筑和窑洞式聚落形态的确认，对于黄土地带史前聚落类型的研究关系重大；围壕聚落的废弃及变化过程，可能更反映了深刻的文化和社会背景。喇家遗址中广泛出现的玉器资料，凸显了该遗址的特殊重要性，新器形、器类的发现，在地层和房址中出土玉器等，大大丰富了齐家文化玉器的内涵，为进一步的研究提供了新资料。

第二、喇家遗址中齐家文化时期史前灾难现场的发现，揭示出距今 4000 年前后黄河上游的史前灾变事件，它包括大洪水和地震等多重灾害。其科学意义更超出了考古学的范畴，为多学科交叉和综合研究，为更高层次的环境考古研究，提出了新的课题。

这种深层次的环境考古研究，已经不是局限于一般意义上的复原遗址植被、生态和气候小环境等问题，而是需要对史前时期大的地理现象和灾变事件进行探讨和研究，更切入了人地关系的深层面，有可能由此探寻与社会发展相关联的自然因素及其规律。距今 4000 年前这个关键时期，黄河大洪水证据的发现，更有其特殊含义。

第三、喇家遗址的发掘和研究为探索黄河上游地区文明起源和早期发展，提供了新资料。研究齐家文化迈向文明的发展模式，对于中国文明起源的研究有着极其重要的参考价值。

黄河上游地区是中华文明的重要源头之一，齐家文化又是在这个区域内古代文化发展的一键阶段。灾变事件也有可能对于处在关键阶段的人类社会产生深远的影响。喇家遗址的聚落形态的变化过程可能意味着文明因素的转变，自然灾变又可能促使文明进程转化抑或加速。进一步探寻和揭示相关文明因素及其转化发展的线索，逐步构建起齐家文化迈向文明的演变模式，将是今后努力的方向。

撰稿人：叶茂林

参考文献

- 中国社会科学院考古研究所：《青海民和喇家史前遗址的发掘》，《考古》2002 年第 7 期。
- 中国社会科学院考古研究所甘青工作队、青海省文物考古研究所：《青海民和县喇家遗址 2000 年发掘简报》，《考古》2002 年 12 期。
- Houyuan Lu, Xiaoyan Yang, Maolin Ye, etc. Culinary archaeology: Millet noodles in Late Neolithic China, Nature, 437.
- 李胜男、赵永斌、高诗珠、周慧：《陶家寨墓地 M5 号墓主线粒体 DNA 片段分析》，《自然科学进展》第 19 卷，第 11 期。
- 吴庆龙、张培震、张会平、叶茂林等《黄河上游积石峡古地震堰塞溃决事件与喇家遗址异常古洪水灾害》，《中国科学》D 辑《地球科学》2009 年第 39 卷第 8 期。

F4（北→南）

F3 东壁下出土人骨（西北→东南）

F4 第3、4号人骨

石刀（G1①：4）

玉璧（M2：1）

○ 青海民和喇家史前遗址

F7（南→北）

双耳彩陶罐（F2：5）

陶盉（F3：3）

三耳陶罐（F4：16）

陶罐（F3：29）

甘肃临潭磨沟齐家文化墓地

一 引言

磨沟遗址隶属甘南藏族自治州临潭县王旗乡，位于洮河西南岸、磨沟河西岸，属省级重点文物保护单位。这里地处青藏高原东北边缘，海拔一般在2200米以上。为配合九甸峡水库建设，甘肃省文物考古研究所与西北大学文化遗产学院合作发掘了磨沟遗址齐家文化墓地。2008年首次发掘便引起了学术界的高度关注。截至2010年，清理出以齐家文化时期为主的墓葬1193座，获得了更多有关墓葬结构、埋葬过程及埋葬习俗等方面的证据。

二 墓葬形制

齐家文化墓地位于遗址东部，呈东北—西南方向排列，已揭露出29排墓葬。墓葬方向多朝向西北，个别朝向西南。墓葬结构复杂，可分竖穴土坑和竖穴偏室两大类。

竖穴土坑墓近30%，大多结构简单，个别有专门放置随葬器物的头龛，或头脚两端发现有用于棚架的水平状凹槽。竖穴墓中以单人一次葬居多，也有少数上下叠置或左右并列的多人合葬。

竖穴偏室墓约占70%以上，可分单偏室、双偏室和多偏室三种。其中，单偏室墓葬数量最多，根据偏室位置还可分为左偏室和右偏室；双偏室墓葬相对较少，以偏室位置也可再分为左右偏室和位于同一侧的上、下偏室；多偏室墓葬最少，墓道左右两侧皆有偏室，其中一侧或两侧为上下偏室。竖穴偏室墓大多设有1个头龛，侧龛或脚龛少见；个别有上下2个头龛，或既有头龛也有脚龛。竖穴墓道下部、靠近偏室一侧多有对称的竖向凹槽，用以放置封堵偏室口的墓板，可谓封门槽。少数仅墓道一端有封门槽或者不设封门槽。另外，除个别墓道下部设有二层台外，一些墓道底部甚或偏室底部还发现有竖向柱洞遗迹，而一些墓道一端或一侧发现有水平状的凹槽、柱洞以及未放置器物的空龛等遗迹。这些遗迹现象当与墓葬的使用或埋藏方式相关。竖穴偏室墓以多人合葬居多，也有部分单人葬。不计墓道部分，合葬人数在2~10余人不等。

地表坟丘的确认也是磨沟墓地发掘在墓葬结构方面的重要收获。此前，我们时常发现一些墓葬开口部分有成层或成堆的碎石堆积，石堆多近圆形且大小不一，有的在偏室的位置；一些墓葬开口则有散漫而近圆形分布的花土。这些现象曾引起我们的注意，但由于缺乏明显的隆起特征，不便确认其性质和意义。2009年秋冬季，在墓地西南部发掘时，探方壁上发现了一处明显隆起的黄土堆积，疑为坟丘。随即实施解剖清理，证实隆起的黄土四周向下倾斜，西北一侧已蔓延至头龛之中，终于获得了地表坟丘存在的可靠证据。该墓（M901）系竖穴墓道偏室墓，而2010年春夏确认的坟丘墓，既有竖穴偏室墓，也有竖穴土坑墓。尤其M1029、M1031和M1030则是自南而北处于同一坟丘之下，居于中间的竖穴土坑墓M1031是清理M1030偏室时最后发现的。其中，M1030墓道紧贴石堆边缘，而位于墓道右侧的偏室则完全处在石堆之下。

三 埋葬方式

磨沟墓地齐家文化墓葬的埋葬方式以土葬为主，同时也发现有少量火葬以及个别土葬与火葬混合埋葬的现象。其中，土葬的埋葬方式极其复杂。

按照人骨出土状况和放置特点，土葬可进一步分为一次葬、二次葬、迁葬、扰乱葬及人骨推挤现象。一次葬、二次葬和迁葬无需赘言，而合葬墓的扰乱葬情况不一，甚至还涉及如何扰乱等问题。尤其普遍存在的人骨推挤现象，明显有别于通常所谓的二次葬和扰乱葬。

扰乱葬可分有序扰乱和无序扰乱，也可概括为局部扰乱和整体扰乱。有序扰乱，就是指人骨虽经扰乱但程度有限，常常仅限于身首分离。如单偏室墓M240，竖穴墓道底部叠葬2人，骨架完好；左偏室内葬有3人，但只有内侧的儿童骨骼俱在偏室之内。而头龛的女性头骨和墓道内的男性头骨，恰与偏室人骨（近墓道者为女性、中间为男性）缺失的头骨数量、性别、年龄特征吻合。尤其头龛底面高于墓道底部约0.4米，且这具头骨之下还压有一层厚约0.04～0.05米的沉积土。显然，头骨的位移是人为扰动，且应是墓道填埋之前的扰动，否则便无法解释墓道底部上下叠置的2具人骨何以保存完好。

无序扰乱是指人骨扰乱程度较甚，致使人骨堆放往往呈无序状态。如M246，竖穴墓道所葬5人可分3层，上层1具人骨为俯身一次葬，头向东南；中间3具人骨为扰乱葬，但头骨被侧置或倒置于头龛之中；下层为一儿童，位于墓道底部的浅穴之内，仰身直肢，头向西北。偏室与墓道之间有封门板灰痕，偏室内葬有1人，人骨放置无序，头骨下还压有1件陶器。墓道最下层的儿童因置于浅穴内，未经扰动可以理解，其上的两层人骨分别为一次葬和扰乱葬，且前者居上，其间当有一定的时间距离。而偏室仅葬1人，人骨亦非有序摆放的二次葬。再者，该墓墓道形状也不甚规则，并明显宽于其他偏室墓的墓道。由此推测可能是在墓道填埋之后重新挖开扰乱，但未及墓道底部的浅穴，时间当是在肉体腐烂之后。这些人骨被扰乱之后，继续使用偏室及封门，墓道上层的一次葬人骨则是扰乱最后阶段埋入的。

推挤人骨就是为了获得空间埋葬后来者二次扰动人骨，明显不同于按一定顺序堆放的二次葬或无序放置的扰乱葬。随着合葬人数的增多，偏室可用空间愈来愈小，先期葬入且肉体业已腐烂者的骨骼被整体或者局部推挤，甚或拢聚成堆，推挤程度取决于偏室大小及合葬人数。如M344偏室内侧Ⅲ号人骨被整体推挤，位于Ⅳ号股骨之上的Ⅵ号少年人骨也经整体位移。而M230偏室内侧的2具成年人骨均经局部推挤，其中紧靠内壁的人骨上半身曾被推挤，下肢骨等则置于原位。而外侧的成人骨架大部被推挤，下肢骨叠压在前者腿骨之上，但趾骨似乎还在原位。亦即偏室脚端孤立存在的、较粗且长的趾骨，当与外侧2具少年骨架无关。需要指出的是，人骨被扰动还可能有其他复杂原因。

四 埋葬过程

磨沟墓地多样性的埋葬方式、二次葬中的原穴二次葬和异穴迁葬，尤其人骨推挤现象所揭示的多次合葬，又引发出另外一个问题，即这类合葬墓具体是怎样形成的，其埋葬过程究竟如何？解剖式的发掘使我们获得了不少线索，而一些墓葬的堆积特点也可以清楚地揭示出其填埋原因及过程，反映出墓葬长期使用和多次合葬的特点。

合葬墓的墓道有完全填埋和不完全填埋两种。再次挖开墓道即是合葬中完全填埋墓道的直接结果与证据，两次挖开的墓道在平面上如同两座有打破关系的墓葬，但所对应的却是同一个偏室，如M260等。另外，个别竖穴土坑墓可能是完全填埋又再次挖开。这可能与改变预定的埋葬计划有关。

不完全填埋墓道的情况至少可分为棚架式填埋封闭和直接填埋封闭墓道下部两种。

棚架式封闭填埋在结构上至少存在对称和不对称两类。对称结构比较容易确认，如M206墓道下部的石砌二层台、或如M85墓道下部头脚两端高度基本一致的水平状凹槽，有些棚架结构类似于头龛和脚龛（如M208）。不对称结构的确认较为困难，需要更清晰可靠的证据。如墓道一端存在的水平状凹槽（包括类似头龛或脚龛者）、水平状柱洞等，或墓道一侧高于偏室处存在的水平状凹槽，或墓道地面不对称的柱洞等。这类结构，只有发现直接使用的遗存才能充分确认。不对称结构的另一端应是以树权等物或者垫土支架，墓壁上没有修建支架性结构，墓底的柱坑也极不明显。根据材料不同，棚架设置的随意性强。墓道下部及底部的淤土、沉积土以及偏室塌陷堆积延伸至墓道部分等现象都应是在墓道下部架空后形成的。尤其沉积土中的少量花土颗粒应是棚架设施上填土的直接证据。

直接填埋封闭墓道下部的现象也较难确认。即便墓道下部与上部填土不同，也不便作为填埋封闭墓道下部的直接证据。原因在于，在一次性填土墓道中也可能有明显的层状堆积。这一现象的确认，还需要有证据证实墓道上、下部不同堆积的形成过程是间歇而不连续的，系两次填埋所致。如墓道上、下部填土不仅土质土色存在一定差异，且其间存在淤土或沉积土、塌陷堆积，才能说明上、下填土具有间歇性形成的特点。如竖穴偏室墓M1073，据墓道底部约0.4米时，墓道范围才显清晰，上部堆积延伸范围较大，包含块状塌陷黄土及淤土堆积等。尤其西南侧的竖穴土坑墓，发现于塌陷及淤土堆积之下，墓道花土堆积仅约0.4米。两座墓葬下部的花土堆积明显不同于上部塌陷、淤土堆积等，明显系塌陷之前填埋的，而墓道上部则不曾填埋，并因积水塌陷连成一体。

而这些合葬墓的埋葬过程至少可以分为四种情况。一是合葬未完成前，因偏室塌陷不便继续使用予以填埋。二是随时填埋墓道，待需要合葬时再次挖开墓道。三是分阶段填埋墓道，即在偏室存在改建使用等情况下，时常先期填埋墓道下部。四是合葬完成后一次性填埋墓道。尽管这些现象未必就是埋葬过程的全部例证，也足以证实磨沟齐家文化墓葬的多次合葬过程。也许正因为如此，所以才会在同一座墓葬中出现多种葬式。

五 墓道的埋人与殉人

竖穴偏室墓中墓道埋人现象较为常见，可分为两种类型，一是因偏室空间不足而向墓道拓展，所埋人虽处于墓道中，但与偏室连为一体；二是墓道所葬之人与偏室分隔。

第一类墓道埋人，要么在相对较低的偏室底面墓道中间，要么通过立柱架板的方式把偏室空间拓展至墓道部分。多次合葬时常会因偏室空间不足推挤已埋人骨，但这只发生在先葬者已经成为白骨时。否则，只能向墓道拓展空间。如M861在靠近偏室一侧的墓道下部立柱架板，偏室最外侧的人体大部在墓道中，但下肢骨斜入偏室部分，与偏室其他人骨别无二致。

第二类的埋葬方式较多变。头向既有与墓葬方向一致者，也有与墓葬方向相反者；且以俯身葬、侧身葬居多，也有仰身直肢葬等，甚至存在捆绑、挣扎姿态以及与殉牲同葬等殉人类遗存。如M204墓道底部紧贴右壁和脚端墓壁各有一竖穴浅坑，两坑邻接处有一道土棱相隔。墓道右侧的圆角长方形浅坑内葬一名成年女性，俯身屈肢，头向东南。墓道脚端的半圆形浅坑内有1具完整的狗骨架。又如M225墓道底部中央紧靠右壁发现1具儿童尸骨，呈坐姿状，面向下；双臂曲置身后，左臂偏上，右腿弯曲，左腿向前伸直。从埋藏姿态分析，双手当被缚于身后，下肢似呈挣扎状，应系活埋所致。

另外，墓道殉人的埋葬时间和过程也不尽一致。既有墓葬初始阶段埋入的，也有墓葬使用过程中或最终填埋墓道时埋入的。

六 结语

磨沟墓地发掘的意义至少有以下几个方面。

第一，从随葬器物特征看，磨沟墓地可归入齐家文化的范畴，但自身特点突出。随葬陶器明显有甲、乙两大类组合，甲类以泥质红陶双大耳罐、腹耳罐、侈口细颈罐、夹砂罐、豆等为代表，有比较典型的齐家文化特征；乙类则以泥质灰陶双耳鼓腹罐、夹砂褐陶双耳罐等为代表。无论各墓随葬器类是否完全一致，通常一座墓葬只随葬其中一类陶器。一些双偏室墓葬也有两类陶器的共存，分别见于不同的偏室，诸如M84左右偏室、M303上下偏室分别随葬其中一类陶器。而且，这两类陶器的墓葬常相间排列，甚为有序。因此，这样的墓葬应属同一时期同一墓地。以磨沟墓地为代表的这类遗存，或可作为齐家文化晚期的新类型，但需进一步确认其分布范围。而且，部分乙类陶器中，双耳罐已初具马鞍口趋势，或可视为寺洼文化的原始因素。同时，竖穴偏室墓、人骨推挤现象等也见于该遗址发现的寺洼文化墓葬。初步看来，寺洼文化极有可能萌发于齐家文化晚期，类似于商与夏、周与商的包容轮替关系。

第二，这里的出土遗物再次确认齐家文化进入早期青铜时代。磨沟墓地约六分之一的墓葬出有铜器，包括削、耳坠、铜扣（泡）、牌饰、铜管、项饰、钏、菱形铜片等，其中耳坠、铜管、项饰、钏等尚属首次发现。经初步鉴定，这批铜器多为青铜制品。另外，这里出土的2件金环是西北地区已知最早的金器，经检测含金量约达94%。而M444头龛中出土的1件铁制品，经检测系块炼铁锻造而成，是年代最早的人工冶铁制品之一。

第三，墓地的埋葬方式反映出个体家庭的社会作用进一步增强。经初步鉴定，多人合葬墓（偏室部分）多是一名成年男性与1~2名成年女性为主体，儿童或有或无，数量不一。无论婚姻形态是一夫一妻还是一夫多妻，似乎都是以个体家庭为单元。尤其人骨推挤现象表明当时人们更加重视家庭成员合葬本身，而不甚在意尸骨的放置方式。这表明当时人们的家庭观念强烈，个体家庭在社会生活中的作用明显增强。不过，男女合葬中的女性侧身屈肢现象并不能作为妻妾殉葬的有效证据，如M84右偏室的成年男女合葬，女性虽侧身屈肢却系一次葬，明显与她所面对的二次葬男性不是同时埋葬的。既然不是同时埋葬的，侧身屈肢的女性就不能视为殉葬者，何况其墓道中另有殉人。

第四，这次发掘引发了史前墓葬发掘理念的新思考。以往发掘史前墓葬，普遍重视墓葬形制、埋葬方式及随葬现象等。原因在于史前墓葬多为竖穴土坑墓，且墓圹比较狭窄，所以通常是自上而下整体清理。这样无疑会丧失比较分析土质土色的依据，进而也就无法根据土质土色来判断埋葬过程。而这批墓葬中普遍存在的人骨推挤现象则极具警示作用，促使我们及时改变的发掘方法，探寻并确认有关埋葬过程的种种证据。所幸竖穴偏室合葬墓的复杂结构以及偏室塌陷现象等也容易留下相关的埋藏证据。

撰稿人：钱耀鹏　毛瑞林　谢 焱

参考文献

● 甘肃省文物考古研究所、西北大学文化遗产与考古研究中心：《甘肃临潭县磨沟齐家文化墓地》，《考古》2009年第7期。
● 甘肃省文物考古研究所、西北大学文化遗产与考古研究中心：《甘肃临潭县磨沟齐家文化墓地发掘简报》，《文物》2009年第10期。

磨沟墓地

M84右偏室男性二次葬与女性一次葬

○ 甘肃临潭磨沟齐家文化墓地

M246 扰乱人骨

M21 叠葬

M204 墓道底部殉人与殉牲

M886 头龛两次随葬

M240 局部扰乱人骨

内蒙古赤峰三座店夏家店下层文化石城遗址

一 引言

三座店遗址位于赤峰市松山区初头朗镇三座店村，地处阴河左岸的洞子山上，东南距镇政府所在地约2.5公里，距赤峰市约40公里。2005年6月至2006年11月，为配合三座店水利枢纽工程的建设，内蒙古文物考古研究所对该遗址进行了为期两年的考古发掘，揭露出一座保存基本完整的夏家店下层文化石城。

遗址分布区域在洞子山顶部及南坡，最高处海拔730米，西侧是临河断崖，北侧与阴河东岸的山岗相连，南侧和东侧为沟谷冲积形成的平川。该遗址由两座并列的石城组成，大城在西，小城在东。大城略呈圆角长方形，其西面是陡崖，东、北两面有石砌的城墙和马面，南面是陡长的坡。从山顶高处直达南侧坡底长约140多米的范围内都有遗迹分布，东西方向从断崖到石墙的最宽处可达110米，城址面积约1万多平方米。小城紧傍大城东侧，略呈长方形，南北长50、东西宽40米，面积近1600平方米；北、东、南三面都有石砌的城墙和马面，西面仅摆放一道列石作为大、小城之间的界限。我们对该遗址进行了较为完整的发掘，揭露面积达9000多平方米，包括大城的绝大部分和小城的全部。清理房址65座，窖穴和灰坑49座，以及规模巨大的城墙及其马面等遗迹；出土了较多特征明确的重要遗物。由此也基本究明了这处石城遗址的布局、结构、时代和文化性质。

二 遗迹

该遗址的大城保存较为完好，城墙、马面以及城内各类遗迹的形制、布局和建筑结构等非常清楚。小城的保存状况则稍差，各类遗迹的基本情况与大城类似。

（一）城墙及马面

大城城墙已清理出140米，南侧坡下大约还有15米的一段尚未发掘。城墙外侧共发现15个马面。城墙的建筑方法在不同地段有所差别。其中，北城墙一段在两侧用石头包砌，内填黄土；城墙外侧高峻，内侧较矮，内侧稍高于城内地面。而东城墙只在外侧砌石，贴附在内侧的黄土台缘上。这类石城的城墙形制与我们所习见的一般意义上的城墙有所不同，整座城址看上去更像是一个凸起的高台，"城墙"事实上也是一面高耸的护坡石壁。城墙外侧砌石至少有内、外两层，有的地段多达三层，形成厚1米多的石壁；由外而内倾斜砌筑，向上逐渐收分。城墙外侧的马面大体呈马蹄形，体量高大，多数用三圈砌石筑就，少数为双圈砌石；马面石壁与墙体石壁交错砌筑，坚实紧凑，向上亦有收分。大型马面的中心用黄土填实。也有个别马面不分层次，为一次性砌成，状如石垛。值得注意的是，马面之间的距离很近，大约在2～4米之间。此外，6、7号马面之间发现一处踩踏坚硬的地面，疑为一处进出的通道。与此相应，在11号马面上也发现了一处缺口，应为连通大、小城的通道。7号马面平面呈马蹄形，自内而外由三重砌石构成，向上逐渐收分。马面的第1、2重砌筑在城墙第1层砌石的外侧，马面的第3重则砌在城墙第2层砌石的外侧，而城墙的第3层砌石位于马面第3重砌石的外侧。马面的中心部分用黄色细沙土填实，内含少量石块。

（二）道路及"关门"

在大城内发现两条南北向主干道，其中西侧的一条通向以F30为中心的院落。此院落南部建有石砌的"关门"，"关门"向两侧石墙凹进0.2～0.3米，建造方法极为特殊，均是用片状石材错缝叠砌而成。其南端两侧的地面上各安放一块凿有圆窝的石头，圆窝内旋转摩擦痕迹清晰可辨，应为安放门轴所用。据此推测，当时此"关门"可能装有能够双扇开启的大门。

门道大体呈南北向，地面铺砌石板，踏痕较为清楚，清理前为竖立的石板层层封堵。而城内东西向的通道似乎只存在于遗址的南部，从目前的发掘情况看应该有两条，南面的一条破坏较为严重。

（三）房址

有单圈、双圈石砌房址及半地穴房址等几种建筑形式，其中双圈石砌房址的数量最多，单圈石砌房址次之。从平面布局来看，石砌建筑遗迹基本上分布在同一层面，仅在大城东部靠近坡下一段存在较为复杂的叠压打破现象。此外，所发掘的部分探沟和文化层堆积较厚的地方，发现有零星的圆角方形半地穴式房址，居住面抹白灰。此类房址仅见3处，因被上部的石砌房址叠压，未能全部清理。

单圈石砌房址一般作为双圈石砌房址的附属建筑而出现。平面呈圆形，室内有硬土踩踏面，直径3～5米。少数房址的南侧外接另一半圆形建筑，个别半圆形建筑的外侧保存一块凿有圆窝的砌石。

F27平面呈圆形，室内填土为灰褐色，填土下为黄白色硬土踩踏面，其表面遗留有陶鬲、罐各1件，以及较多的陶器残片。此房址的南部外接一半圆形建筑，只保存有一层较大的砌石，该建筑西北角的一块砌石上凿有一圆窝，窝内旋转摩擦痕迹明显，应为门臼石。

双圈石砌房址的平面呈双圈圆形。内圈之中为居室，内圈与外圈之间形成一周"回廊"，中间多有隔墙；也有个别房址的外墙只砌筑一部分，形式上是一个不闭合的半圆。室内有泥土筑就的使用面（个别为白灰面），其上有用火的痕迹，并遗留有陶鬲、罐等器物，但极少发现柱洞。这样的使用面一般不止一层，多者达三、四层。回廊内也发现局部经加工的硬面和烧烤用火痕迹。虽然建筑的整体随坡面倾斜，但室内的使用面基本保持水平，但在回廊内没有这样的水平面。

值得注意的是，这类建筑的内墙有的是用小石块垒砌，在室内墙脚处也贴砌一周同样的小石块，石块间掺合泥浆，皆堆积在使用面的周围。此外，在这类房址的南侧或东南侧往往发现台阶状砌石，有明显的踩踏痕迹，应为进入建筑内部的通道。

F60平面呈双圈圆形，外圈墙体北部因自然原因向南倒塌较甚，远超出了房屋建造之初墙体的实际宽度。砌墙所用石料较小，仅墙基用大石块砌筑。内圈北部为土石混筑，内、外边缘多用石块垒砌，中间填黄褐色土；南部用相对较大的石块垒砌而成。房屋主室的直径约3.7米，黄色硬土居住面仅在中部较明显，局部似经抹泥烧烤后呈炭黑色。室内东部靠近墙角处堆放小石块，石块间掺和泥浆；北部有烧土与内墙相接，局部呈黑色，硬如砖质。内、外圈之间有隔墙，因向东南倒塌，部分压在现存的内墙之上。回廊由隔墙分作两段，西回廊不见活动面；东回廊地面用石块铺砌。此外，外圈石墙东南部部分用较大的石块砌筑，石块顶面十分光滑平坦，且与东回廊内的石砌地面相连，出入的门道可能就在这里。

此房址内的堆积可分三层。第1层为浅黄褐色土，部分泛灰，其内夹杂极少量烧成黑色的土块；此层为房址废弃后的堆积，分布于主室内，由北向南渐薄。出土遗物以陶片为大宗，主要有饰绳纹加划纹的夹砂灰陶鬲足、素面泥质灰陶片、饰之字纹的夹砂黄褐陶和泥质灰陶片等，另还发现1件残骨匕及少量细碎的动物骨骼。第2层为黑黄色花土，普遍存在于回廊内。东回廊内土色偏黑，在平铺的石板上遗有黑土，土质极软；包含物不多，在隔墙与外圈石墙相接的墙角下发现1件夹砂灰陶鬲，置于平铺的石板地面之上。西回廊内土色略发红，北部较厚且土色偏黑，南部较薄且土色偏黄，夹杂极少量红烧土渣；出土遗物包括大量饰绳纹加划纹或附加堆纹上加戳印纹的夹砂灰陶片，饰绳纹的夹砂红陶片，以及一些动物骨骼等。值得注意的是，第2层出土了大量石器，包括斧、石饼、铲、石球、磨棒等，分布位置一般靠近内、外圈石墙的墙角；其中，斧、铲基本上是粗略打磨的半成品。另外，主室地面上出土的残石璜、罐形陶鼎等也属于第2层的遗物。第3层为灰黄色沙土，仅见于西回廊内，北部较厚，南部缺失，应为回廊内的垫土，可视为房址的建筑堆积。

（四）窖穴和灰坑

窖穴平面多为圆形、直壁、竖穴，坑壁用石块砌筑；也有的一侧依托自然山石的陡壁，其余部分再用石块补砌围封。窖穴直径为1~2米，较大者底部加工成硬面，部分发现有1~2个柱洞，出土遗物常见石器或陶器。此外，城址内还发现为数不多的浅穴状灰坑，平面形状不甚规则。

H35平面近圆形。坑壁用石块贴砌，北部迫于F40外墙向南倒塌形成的压力，向内倾斜。坑内填土仅有一层，为褐色土，土质较软，包含的遗物有泥质灰陶鬲口沿残片、残鬲足，以及饰绳纹、附加堆纹加戳印纹的泥质灰陶片、饰绳纹或加划纹的夹砂灰陶片。坑底铺垫灰黄色土，土质很硬，其上倒置泥质灰陶鬲1件，另有石斧、铲、饼形器各1件，以及4件表面光滑平整的自然石块。

H48平面呈圆形。坑壁均为石砌，但砌法存在差别，东壁直接垒砌于当时的地表之上，且内、外侧均很整齐；西壁则是在当时的地表下挖出半个竖穴，然后用石块将内壁贴砌规整。坑内堆积共有4层。第1层为浅灰黄色土，出土残石斧、圆窝石器、有孔扁石珠、残石铲各1件，另有较多饰弦断绳纹的泥质灰陶片、饰附加堆纹和绳纹的夹砂灰陶片。第2层为深黄色土，出土陶片的特征与第1层相同，但数量略少。第3层为草拌泥加工的坑底，平整坚硬，西北部保存较好，中部偏南亦残存一小部分；该层上发现两个柱洞，周壁抹泥，并贴附碎陶片。第4层为坑底铺垫的灰黄色沙土，其间夹杂有零星的黑色炭灰；此层仅在底部紧靠南壁处发现1件石球。

（五）院落

在城址内还存在若干条不同走向的石墙，它们把众多房址和窖穴划分成20余处相对独立的建筑单元——院落。院落间多有一道共用的院墙，突显出了城址内诸多院落由高到低呈阶梯状分布的特点。

这里以F7、F9和H9构成的院落为例加以介绍。F7为单圈石砌房址，位于院落东部。有黄土踩踏面，北高南低。踩踏面下是灰白色垫土，内含少量夏家店下层文化陶片。F9为双圈石砌房址，位于院落西部，西南部被破坏。墙体内侧的基部涂抹黄色草拌泥。主室底部保存有硬面；其北部发现一处圆形灶址，主体由两块平行立置的土坯构成。回廊东部有一道隔墙，仅存一层砌石。房址东南侧有一石砌台阶。H9位于院落东南部。平面呈圆形。坑壁用石块垒砌；坑底铺垫黄土，平坦坚硬，其上发现1件石饼形器。

院墙仅保存东部和北部，分两段筑成，编号为Q1、Q2。Q1大体呈东西走向，至西端向南折回，用大小不等的石块垒砌而成，内、外壁均很整齐。Q2大体呈南北走向，墙体外壁用大小不等的石块垒砌整齐，内侧填土。这样减小了山体自然坡度，形成一个台基，事实上H9就是在这个台基上挖成的。

三 遗物

出土遗物以陶器、石器为大宗，骨器相对较少。还有带刻划符号的陶片、岩画、炭化谷物籽实等较为重要的发现。

陶器以灰陶为主，按陶质则分夹砂陶和泥质陶两大类。夹砂陶的主要器类包括鬲、甗、罐、瓮、罐形鼎等，泥质陶常见的器类则有鬲、尊、钵等，都属于夏家店下层文化常见的器形，但从形制特征看时代偏晚。纹饰以绳纹、绳纹加划纹为主，此外还有附加堆纹和戳印纹。陶器的出土位置多集中在房址的居室内和回廊北部，少数见于窖穴、灰坑或地层堆积中。

石器种类有磨石、臼、磨棒、斧、铲、刀、饼形器等。有些臼窝直接凿在大块基岩之上。磨石比较常见，表面光滑平整，个别磨出一条细窄的槽，多置于石墙上或夹在乱石中。其他种类的石器随处散见，出土位置不规律，但以双圈房址的回廊和窖穴内比较集中。骨器较为少见，种类有锥、簪、卜骨等。

四　结语

三座店遗址是一座典型的夏家店下层文化时期的山城。该遗址基本上未被后世扰动破坏，遗迹间也不存在复杂的叠压打破关系，因而最大限度地保留着它的原始状态。全面地清理揭露这处遗址，搞清楚它的建筑结构和使用功能，为辽西地区青铜时代的聚落考古研究无疑又增添了一批具有丰富内涵的珍贵资料。

赤峰境内的英金河和老哈河水系发达，支流众多。通过对阴河沿岸和半支箭河中游地区的考古调查，证实河两侧台地以及附近山头上分布着数量和类型甚为可观夏家店下层文化遗址。三座店遗址即是其中较重要的一个，妥善地保护该遗址并开展深层次的考古学研究，对这一地区的考古工作可起到带动全局的作用。

关于此类遗址的性质，以前普遍认为是设防聚落，近年又有"祭祀说"的新观点。根据发掘情况及周边同类遗址的仔细调查，我们了解到这类遗址普遍存在着大、小两城的配置。从出土遗物和城内建筑形制等分析，也可以肯定它们是共存关系，而非早晚关系。这应该是当初的先民在规划建设聚落时出于某种考虑而作出的选择，它反映的应是一种文化观念，这对解释夏家店下层文化山城类遗址的功能和性质至关重要。

撰稿人：郭治中　胡春柏

参 考 文 献

● 内蒙古文物考古研究所：《内蒙古赤峰市三座店夏家店下层文化石城遗址》，《考古》2007年第7期。

F7、F9和H9组成的院落

遗址全景

大城北城墙

大城东城墙

○ 内蒙古赤峰三座店夏家店下层文化石城遗址

陶甗

陶甗

陶鬲

陶鬲

陶鬲

陶罐

陶罐

罐形鼎

167

内蒙古赤峰二道井子夏家店下层文化遗址

一 引言

二道井子夏家店下层文化聚落遗址位于赤峰市红山区文钟镇二道井子村打粮沟门自然村北部的山坡之上，占地面积约3万平方米。整个遗址总体呈现东高西低之势，南北两侧为自然冲沟，西部向下的坡体上可见陶片及暴露于断面上的遗迹。内蒙古文物考古研究所在此发掘房屋、窖穴、灰坑、墓葬、城墙等遗迹单位300余处，由环壕、城墙、院落、小巷、房址、窖穴以及中心广场等遗迹单位组成的聚落布局井然有序。

地层堆积较厚，约4~7米，未见统一的文化层，较深的堆积是由于长时间内不断的修建、倒塌、补修、废弃、重建而形成。房址层层叠压，且叠压的不同层次的房址位置仅略有错位。

二 遗迹

环壕与城墙是最为庞大而重要的防御设施，环壕平面大体呈椭圆形，南北长约190、宽约140米。其中环壕剖面大体呈"V"字形，外壁呈斜坡状，内壁略呈阶梯状。壕内堆积分为6层，包含物较少，底部未见淤土痕迹。城墙则位于环壕内侧。建筑方法为先挖成隆起于地面的梯形生土墙，进而在其两侧堆土包砌。城墙内侧堆砌坡度较缓，随着聚落内生活面的逐渐抬升，墙体顶部与之处于同一平面，以至于部分房址坐落于城墙上。城墙外侧坡度陡峻，城墙顶部至环壕底部落差达12米。修建环壕时产生的土直接用于堆砌城墙，多是由下至上斜向贴附于城墙外壁。由于城墙不断扩建，贴附于城墙的堆土最多有13层。

保存完好的四组院落位于遗址制高点的东南部，属于该遗址最晚的一段。院落南北向分布，基本为长方形，内为房址和窖穴等。院墙一般较高，墙体主要以灰黄色杂土夯筑而成，上部多加以土坯或石块修砌，拐角处以石块包砌加固。院落内外的踩踏面依坡地地势，东高西低。院内较院外的踩踏面略高。

院落内一般有一大一小两座房址。较大的房址多位于中部偏一侧，可称之为主房。垒砌房屋的土坯以草拌泥粘和；墙壁保存较好，内外两侧抹有两层草拌泥，局部有烧结面。房内居住面皆高出院内踩踏面，草拌泥抹就，经过烘烤，保存较好。居住面东北有一地面灶，周围有小范围烧土。门道朝向西南，门槛处的踩踏面保存完好。主房外围多有回廊建筑，回廊多有短墙相隔成数个空间。小型房址位于院内一角，形状、结构与建筑方法与主房相似，门道基本与主房一致。

院落之间有宽不足1米的狭长小巷，踩踏面也依地势而呈东高西低之势。

院墙内的房址大多经过两次废弃重建，但院墙位置不变，仅作加高和增固，同一院落内的房址有叠压，表现出年代衔接的早晚关系。这几组院落间或院落内的地面也有小范围叠压，但主要地面相互通连，表明其虽营建时序有别，但年代大体相同。

遗址内共发掘房址149座，可分为地面式和半地穴式建筑，前者为大宗。房址墙体大多为土坯层层错砌而成，内外皆抹有多层黄土草拌泥，保存高度为0.5~2米之间。极少数房址为黄色杂土夯筑而成，内外壁抹泥，加工粗糙，保存不佳。房内烧烤而成的居住面保存极好，部分可达十余层。门道多向西南，门口设有草拌泥抹面的门槛，门道两侧置有门墩，个别还存有门轴下的石臼。平面形状以圆形为主，少数为圆角方形。

房址造型多样。简单者为单圈房址，由圆形墙体、门道、居住面和地面灶组成，个别在墙体上有瞭望孔等。复杂者由主房、侧房和外墙组成，非一次性同期建筑。单圈外围多附有长方形侧间或与主墙体相交的弧形墙体，侧间一角多存有火烧痕迹，并留有门道。外围弧形墙体多为多次建成，内部由短墙隔成小隔间。墙体均由尺寸不一的土坯砌成，土坯间以草拌泥粘和。下面举例进行介绍。

F54叠压于F81之上，被F38叠压。由主房、侧房和外墙组成，面积约72平方米。

主房为地面式建筑，平面呈圆形。墙面平整，内外壁均抹有三层草拌泥，局部存有火烧痕迹；房内居住面保存较好，分为五层。居住面中央存有一近圆角方形地面灶，灶面烧结面明显且四周存有刻画痕迹；门道向西南，门外两侧存有土坯垒砌的对称"门柱"。室内居住面略高于房外踩踏面。

侧房位于主房西侧，墙体接于主房墙体，平面呈长方形。墙面加工方式与主房相同，西北角墙壁之上存有明显烟熏痕迹。室内居住面与房外踩踏面相连接，可达主房门道附近。门道向南。

外墙分为五次修筑，Q1围绕于主房东北侧，墙面内外两侧均抹有草拌泥。Q2建于Q1内侧使用堆积之上，两端分别与主房墙体外侧和Q1内侧相接，墙面两侧均抹草拌泥，但保存不甚完好，内部踩踏面保存较差。Q3与Q1南端相衔接，呈弧状向西延伸，与住房之间形成"院落"状空间。Q4两端分别与Q1和Q3外侧相接，围成一单独封闭空间。Q5贴附于Q1外侧，起到加固作用。

主房、侧房和外墙内部堆积以破碎土坯为主，夹杂少量较为松散的灰土和黄土，接近踩踏面处存有一层很薄的黄土堆积。房内出土物以陶片为主，另见有陶罐、彩绘陶碎片、陶纺轮及骨镞、骨针、骨锥、石刀、石槽等。

房址废弃后，多在原房址重建。废弃房址内部填满倒塌的土坯或重新垒砌土坯。门道处垒砌土坯封堵，外围再紧贴墙体用土坯垒砌，形成高且坚实的地基。

也有的因内部填土松软，或新营建的房址与下层废弃的房址错位，经长期沉降后，地面略显起伏。早晚期房址的修建方式明显不同，早期墙体用黄土或杂土铺砌，仅在内外壁抹有较厚的草拌泥，晚期则是用结实的土坯层层错砌，部分还用石块与土坯混筑，故晚期的房址墙体一般保存较好。

窖穴一般位于房址周边，圆形袋状居多，少量为长方形、椭圆形。大多坑壁抹有草拌泥或在坑壁一周垒砌土坯加固、防潮，部分还在窖穴的口部外围垒砌一周土坯矮墙。部分窖穴内发现大量的炭化黍、谷颗粒以及呈穗状的炭化粮食作物。窖穴均开口于某一房址外围踩踏面，故判定与房址同期。

广场位于中心大房址F8的周围，主要位于F8的门道正对的范围内。F8使用时间较长，墙体高达2米，结构复杂，经多次修缮。其南部有东西长约20、南北长约15米的空白地带，没有任何建筑遗存。这里发现的多层活动硬面与周围的多层房址相连，从而为遗迹的分期提供了可能。此空白地带在F8的长期使用

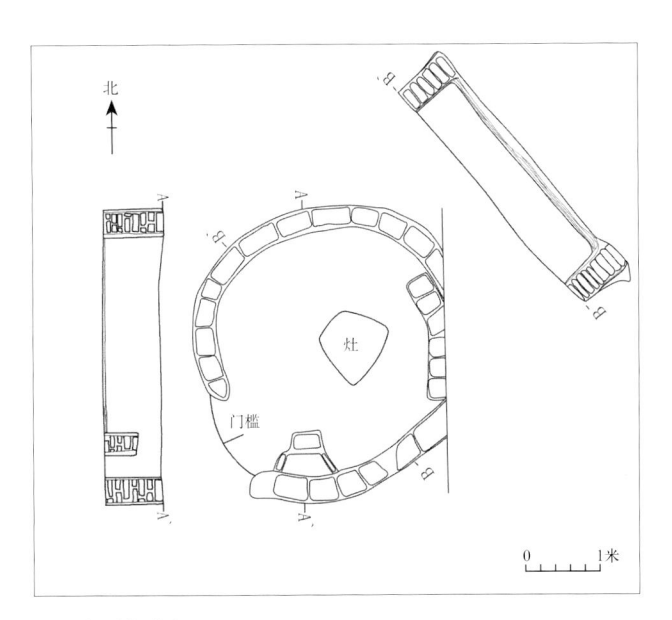

F54平、剖面图

期间一直是遗址的活动中心。

夏家店下层文化的墓地一般与居住址分开。仅发现一座墓葬，平面椭圆形，竖穴土坑，墓向东。埋葬的一名婴儿骨骼保存完好。此墓应具有祭祀或奠基的作用。

三　遗物

遗址内出土的遗物以陶器、石器和骨器为大宗，玉器及青铜器较少。另有大量动物骨骼、自然石块、石坯以及窖穴内的炭化粮食等。

陶器以陶片居多，完整器较少，一般多见于房外使用堆积、废弃堆积之中或窖穴、灰坑之内。陶质分为夹砂陶、砂质陶、泥质陶，以前者居多。夹砂陶以灰褐为主，红褐、黑较少，器形多为鬲、甗、鼎，部分为罐、瓮等；泥质陶以灰陶为主，器表多施有黑色或黄色陶衣。器形多为罐、盆、瓮、尊及器座等。总体来看，以三足器居多，平底器较少。采用模制、手制、轮制等多种技术。从陶鬲和鬲内范来看，应以模制为主，然后套接。纹饰以绳纹、素面为主，彩绘陶极具特点。

石器较之可复原的陶器而言，数量巨大。一般为磨制而成，也有有斧、锄、铲、刀、钺、锛、磨石、磨棒、杵、臼、槽等。其中生产工具占据极大比例，多为用于耕作、收割和加工粮食的生产工具。大量出土于房址四周的大型石槽和动物骨骼，反映出普遍饲养家畜。一座房址内发现了一件制鞋的石质鞋楦子较为独特，流线型鞋体表明当时已有了较发达的手工业。还发现有一件滑石制的铜凿单体残范。

玉器较少，质地不佳。有斧、璧、凿等，还有玛瑙环及松石饰品等。

骨器较多，加工精致。种类有匕、铲、锥、笄、针、镞等，还有一定比例的卜骨。骨器加工技术先进，器表皆打磨光滑。锥、针类尖部锋利，镞多为长铤的三棱形，匕多穿孔且打磨精致。卜骨数量较少，皆只钻不灼，与中原同类器差异明显。

铜器数量较少，皆为小型工具或装饰品。遗址内发现3件青铜小刀，仅1件完整，另有一件残断的针及两端砸扁的喇叭口形的耳环。

遗址还出土了一些有机物，如炭化粮食颗粒、草编织物、毛发编织物以及贴附于墙壁上的小块席子等。炭化粮食或颗粒状，或为结理清晰的穗状，多发现于窖穴之中。

四　结语

二道井子遗址是发现房址数量最多的夏家店下层文化的聚落，清理的绝大多数房址均保存得非常完整，在同类遗址中极为罕见。房址内发现的排气口（瞭望孔）、尚存过梁的门道及其他的附属设施，极大地丰富了对夏家店下层文化房屋建筑技术的认识，特别是诸多房址普遍叠压的现象，既反映了建筑方式的特殊，也为阐释夏家店下层文化遗址的深厚堆积提供了证据。以房址为中心构建的土石混筑院落尚属首次发现，对了解当时的聚落布局及社会组织结构有重要价值。

遗址属于夏家店下层文化中小型聚落，环壕与城墙是其重要的防御设施。二道井子遗址城墙加厚的方法与敖汉旗大甸子遗址土墙建筑的方法类似，但前者主要采用堆砌，后者则以夯筑为主。环壕的修筑与城墙密切相关，为适应城墙修筑的需要不断拓宽加深环壕的现象，目前仅见于二道井子遗址。与以往发掘过的辽宁北票康家屯、敖汉旗大甸子、喀喇沁旗大山前等夏家店下层文化聚落遗址相比，本遗址更为重要，其意义可归纳为以下几点。

第一，一些保存较好的房址，为研究夏家店下层文化的建筑技巧、房屋功能和社会形态提供了实物证据。房址墙体上部土坯向内斜收，推测部分小型圆形房址可能直接为土坯券顶，呈现穹隆顶状，与后世的砖券圆形墓室有相近之处。房址墙体外侧多附属有一周围墙，与主墙体之间形成回廊，回廊内有短墙相隔，形成多个隔间。隔间有门道或门洞相连，有的门洞距地表较高，尺寸较小，非人类所能穿越。房址外侧的辐射状隔间的可通过建筑形式及土样分析。有的隔间填土中含有大量炭化黍子的颗粒和穗，此类应为储存粮食之用；而部分有长方形窗户状的较高门洞，这些隔间可能用于饲养小动物；还有部分小隔间的一角有烧火痕迹，所以这些可能用于取暖或厨房。大部分房址正中间发现有方形灶面，但也有的不见，表明此时结构复杂、附属设施较多的房址，功能有了分化。主室仅作为居住、休息之用，外围的小隔间有厨房、柴房、粮食间以及家畜饲养间等之分。

第二，遗址整体文化内涵单纯，文化堆积深厚，建筑遗迹保存完整，是目前发现的保存最好的夏家店下层文化聚落遗址。遗址中保存极佳的地面，包括房外踩踏面、院外踩踏面以及路面、广场的踩踏面等为研究不同遗迹之间的共时关系提供了有利的条件，环壕、城墙、院落、房址、广场、小巷等建筑构成的聚落，为探索当时的聚落形态及社会组织结构设立了新的平台。多层叠压的房屋预示这里有早晚衔接的不同时期聚落，由此可以考察同一遗址不同时期聚落形态的变化，复原遗址始建、修缮、扩建、重建直至最终废弃的过程。

第三，通过自然科学手段，对遗址出土的遗物、土样及炭化有机物质分析和检测，可以为探索当时的经济形态、自然环境及人地关系提供证据。多层房屋叠压和遗物中以陶器、石器、骨器居多，表明这是以农耕为主的发达定居文化。石器中农耕和粮食加工的工具较多，如斧、铲、磨盘和磨棒等。而石雕鞋楦、专门生产陶器的陶窑区和彩绘陶片等说明二道井子遗址手工加工业的发达和细致的分工。石器中有较多大型食槽，这在其他夏家店下层文化的遗址中并不见，表明了家畜饲养是二道井子遗址经济的重要组成部分。目前我们已经提取了磨盘和磨棒的淀粉颗粒，有望确定粮食的种属和加工工艺，同时，我们也对食槽内部进行检测，希望了解家畜饲养方面的更多信息。

撰稿人：曹建恩　孙金松　党　郁

参考文献

● 内蒙古文物考古研究所：《内蒙古赤峰市二道井子遗址的发掘》，《考古》2010年第8期。
● 辽宁省文物考古研究所：《辽宁北票市康家屯城址发掘简报》，《考古》2001年第8期。
● 中国社会科学院考古研究所、内蒙古自治区文物考古研究所、吉林大学考古系赤峰考古队：《内蒙古喀拉沁旗大山前遗址1996年发掘简报》，《考古》1998年第9期。
● 中国社会科学院考古研究所：《大甸子—夏家店下层文化遗址与墓地发掘报告》，科学出版社，1998年。

F8 及广场

东城墙与聚落局部（北→南）

○ 内蒙古赤峰二道井子夏家店下层文化遗址

城墙东北角

F6（西南→东北）

F56、F69、F88、F61 院落（西→东）

F8（南→北）

F75（南→北）

河南偃师二里头遗址中心区

一 引言

二里头遗址的发掘迄今已逾50载，取得了丰硕的成果。新世纪伊始，中国社会科学院考古研究所二里头工作队又对二里头遗址中心区进行了系统钻探与重点发掘，发现并清理了大型建筑基址数座，发现了成组的贵族墓。同时，对宫殿区及其附近的道路进行了追探，在宫殿区外围发现了纵横交错的大路。2003年春季发现了宫城城墙。截至2004年春季，基本搞清了宫城城墙及宫殿区外侧道路的范围、结构和年代。2004年，又在宫城以南发现了围垣作坊区的北围墙以及绿松石器制造作坊等重要遗存。

二 工作思路与发掘经过

通过系统钻探和考察，我们确认地势偏低的遗址西部为一般居住活动区，而聚落中心区位于遗址东部高地。中心区由宫殿基址集中区、若干贵族聚居区、铸铜作坊区和祭祀活动区等单元组成。

对1号基址周围的钻探和补充发掘，为确认该基址的使用下限、了解其平面形制的由来和东北角以外区域的功能与性质等提供了线索。在2号基址所在的宫殿区东部，确认了二里头文化早期大型建筑群及有明确中轴线的晚期大型建筑群的存在，初步搞清了宫殿区东部早晚期建筑布局的演变脉络。在早期建筑基址的院落内首次发现了成组的、随葬品丰富的贵族墓。同时，首次发现始建于二里头文化四期的大型建筑基址。宫殿区系统钻探中发现的夯土基址、道路、广场等遗迹则使我们对大型建筑基址的环境及宫殿区总体布局有了更多了解。

道路是城市的"骨架"，中心区主干道在都邑布局中至为重要，因此对主干道的探寻成了工作的一大重点。我们先后发现了大型夯土基址集中区以东、以北和以南3条纵横交错的大路。据已掌握的材料判断，这些大路围起的空间应为宫殿区。而后又确认了2号基址的东墙即宫城东墙，最终确认宫城的四周城墙以及宫殿区西侧的大路，发现了数处大中型夯土建筑基址。至此，以宫殿区为核心的遗址中心区的布局轮廓被揭示了出来。

2004年春，又在宫城以南发现了围垣作坊区的北围墙及一处绿松石料坑。同年秋，初步确认此为绿松石器制造作坊遗址。

三 主要发现

（一）宫城及宫殿区外围道路网

宫殿区四围均有宽10至20米左右的大路，4条大路分别与1号、2号宫殿基址四面围墙的方向基本一致。上述大路由二里头文化早期至晚期一直延续使用。

宫城平面略呈长方形，东墙方向174度（以宫殿

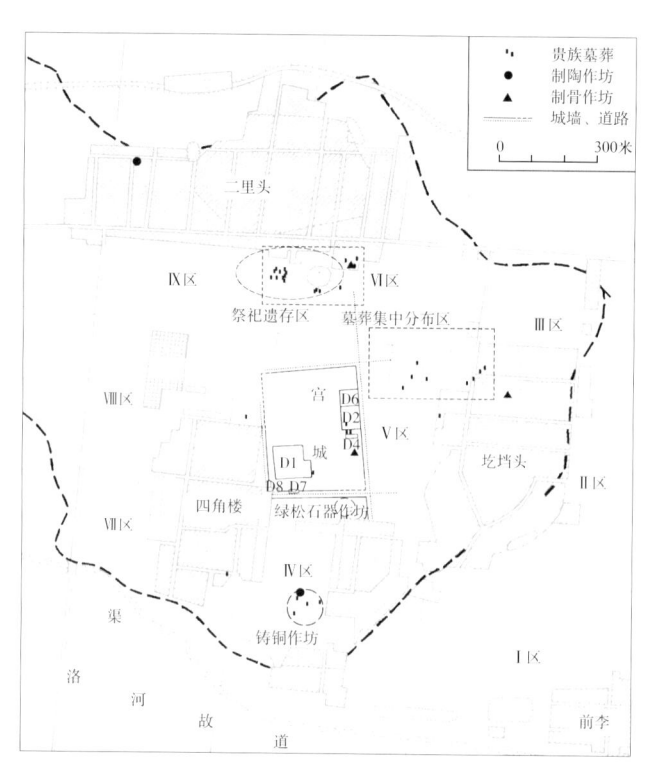

二里头遗址中心区遗存分布图

基址正门方向为准），西墙方向174.5度，东北角呈直角，南墙与东墙延长线的夹角为87度。城墙沿着上述四条大路内侧修筑，直接压着早期路土，宫城外侧的早期路土上是宫城使用时期的路土。四面城墙中，东墙保存最好，其上已发现门道2处。宫城总面积约10.8万平方米。

除宫城东北角附近外，宫城东墙和北墙一般无基槽，平地起建。西墙和南墙部分地段发现较浅的基槽。夯筑质量逊于宫殿区同时期的大型夯土基址。东墙和北墙部分地段还发现了夯筑墙体用的夹板和固定木板的木柱遗痕。城墙上发现多处局部修补、增筑的现象。

由地层关系和出土遗物可知，宫城城墙的始建年代为二里头文化二、三期之交，一直延续使用至二里头文化四期晚段或稍晚。

（二）早、晚期的大型建筑基址群

已确认的二里头文化早期大型夯土建筑基址至少有2座（3号、5号基址）。二者位于宫殿区东中部，东西并列。3号基址系一座（或一组）大型多院落建筑，局部为2号基址叠压。基址南北窄长，主体部分至少由三重庭院组成。北院内发现有积水迹象的大型坑状遗迹，填平夯实它后，上面修建了2号基址北部的主体殿堂及殿前广庭。3号基址中院主殿夯土台基上发现有连间房屋和前廊遗迹。中院和南院院内发现有成排的墓葬和石砌渗水井等遗迹。5号基址仅经局部揭露，东缘发现大型柱础和墙槽遗迹。2座大型建筑基址以通道相隔，通道的路土下发现有长逾百米的木结构排水暗渠。

至二里头文化第三期，宫殿区东部建起2号（依托宫城东墙而建）和4号两座大型夯土基址。二者建于3号基址的废墟上，相互独立又共有建筑中轴线，构成一组大型建筑基址群。宫城南墙西段和西墙南段各有1座与夯墙方向一致的夯土基址（7号、8号

二里头遗址宫城平面图

基址）跨建于城墙上。7号基址恰好坐落于1号宫殿基址南大门的正前方，构成宫城内又一组有明确中轴线的大型建筑基址群。这些夯土基址的年代与宫城城墙大体同时，自二里头文化三期至二里头文化四期晚段或稍晚。

（三）宫殿区内的贵族墓及出土遗物

3号基址院内发现的中型墓葬已清理了5座，另有1座被破坏殆尽。这些墓葬东西成排分布，间距相近，均为南北向。墓葬均为土坑竖穴墓，多铺朱砂、有棺痕，出有铜器、玉器、漆器、白陶器、印纹釉陶器（或原始瓷器）、绿松石器、成组蚌饰、海贝和大量陶器。这些墓葬均为3号基址使用时期的遗迹，时代为二里头文化第二期。这是二里头遗址发掘中首次在宫殿区发现的随葬品丰富的贵族墓。

清理3号基址南院的墓葬时，于3号墓墓主骨架上发现1件大型绿松石器。因现场技术条件有限，将

其整体套箱起取运回室内。经中国社会科学院考古研究所科技中心技术人员的努力，这件大型绿松石龙形器于2004年被全部清理出来。

该墓为近长方形竖穴土坑墓，方向356度。墓主葬式为侧身直肢，头朝北，面向东，部分肢骨被毁。经鉴定，墓主为成年男性，年龄在30～35岁之间。墓底散见零星朱砂，未发现棺痕。墓内出土随葬品丰富，包括铜器、玉器、绿松石器、漆器、陶器和海贝等。1件铜铃置于墓主腰部，绿松石龙身之上。铃内有玉质铃舌，铜铃表面粘附一层红漆皮和纺织品印痕。1件鸟首玉饰发现于墓主头部东侧偏北。墓主头骨上方，有一组3件斗笠状白陶器，顶部圆孔处各有一穿孔绿松石珠，估计原应有连缀二者之物。它们呈"品"字形排列，可能为头饰或冠饰组件。漆器种类和数量较多，可辨器形有觚、钵形器、带柄容器等。陶器有爵、封顶盉、象鼻盉、鼎、豆、尊、平底盆等共10余件，皆被打碎。海贝发现于墓主颈部，皆有穿孔，数量逾90枚，上下摞压，但每层依次摆放，局部呈花瓣状，应为颈部串饰。头骨近旁发现2枚较大的穿孔绿松石珠。

绿松石龙形器置于墓主人骨架的肩部至髋骨处，龙头朝西北，尾向东南，可能斜放于墓主右臂上，铜铃则位于手旁。该器物由2000余片各种形状的绿松石片组成，它们原应粘嵌在某种有机物上，但已腐朽，仅在局部发现白色灰痕。绿松石龙形器保存较好，图案清晰可辨，仅局部石片有所松动甚至散乱。整个龙形器及近旁发现多处红色漆痕。

绿松石龙尾端附近发现1件绿松石条形饰，与龙体近于垂直。二者之间有红色漆痕相连，推测此物与龙体所依附的有机质物体原应为一体。条形饰由几何形和连续的似勾云纹的图案组合而成。

（四）二里头文化第四期遗存的集中发现

2号宫殿基址北墙外发现了另一座大型建筑基址（6号基址）。目前在发掘区发现了若干柱础和夯土墙，南北排列的柱础与2号基址西庑廊柱大体在同一直线上。柱坑及为其打破的路土中都出二里头文化四期的陶片。因此可以肯定该基址的始建年代晚于2号基址，且应为后者使用一段时期后增建的建筑。始建于二里头文化第四期的大型建筑基址在二里头遗址属首次发现。

在宫殿区南侧大路以南、距宫城南墙约18～19米处发现一道东西向夯土墙与宫城南墙大体平行。有较宽深的基槽，夯筑质量高于宫城城墙。其始建年代为二里头文化四期偏晚，不久即遭废毁。这道围墙应为宫城南的围垣作坊区的北墙。

宫城以南发现的一处绿松石料坑，出土了数千枚绿松石块粒，其中相当一部分带有切割、琢磨的痕迹。该坑年代为二里头文化四期偏晚。我们已初步确认这里存在1处范围不小于1000平方米的绿松石器制造作坊遗址，该作坊的主要产品是绿松石管、珠及嵌片等装饰品，使用上限至少可上溯至二里头文化三期。

四 结语

由近年的新发现可知，二里头遗址的中心区有纵横交错的道路网，宫殿区围以方正规矩的城垣；宫城、大型建筑和道路方向明确，宫城内至少有两组有明确的中轴线的大型建筑基址群。可以认为二里头是一处经缜密规划、布局严整的大型都邑，这对探索中国文明的源流具有重要的标尺意义。

二里头时代以前的大型聚落如襄汾陶寺、新密新砦遗址等，其城垣的建造无不因地制宜，不求方正，迄今尚未发现集中而排列有序的大型夯土基址群及规矩方正的宫城。但二里头遗址的聚落形态发生了飞跃，与郑州商城、偃师商城及其后的都城面貌更接近。因此，二里头遗址是迄今可确认的最早的具有明确规划的都邑，与后世都城的营建规制一脉相承。作为迄今我国可确认的最早的宫城遗迹，二里头遗址宫城开中国古代都城规划制度的先河。

进入二里头文化三期后，二里头遗址持续着二期以来的繁荣，中心区、铸铜作坊与道路网等遗存的总体布局及方向基本上一仍其旧，但同时又出现了若干显著变化，如在宫殿区周围新筑了宫城城墙，新建了一大批建筑，但它们并非在原有建筑基础上翻建或改建而成。在宫殿区东部，两个时期的建筑格局大不相同，一体化的多重院落布局演变为复数单体建筑纵向排列。同时，随着新的大型工程兴建，宫殿区内富有生活气息的遗迹骤然减少。这些变化究竟反映了怎样的历史事实，值得深入探究。

作为夏商文化分界的焦点问题，二里头文化第四期时二里头遗址的性质，一直备受学术界关注。始建于二里头文化四期的6号夯土基址、围垣作坊区北墙及延续使用至此期的绿松石器制造作坊等遗存表明，在一般认为已实现了王朝更替的二里头文化四期（至少是其晚段）或稍晚，这里的宫殿区仍在使用，仍在兴建新的大型建筑工程，仍聚集着大量的人口，存在着贵族群体和服务于贵族的手工业。因此，从考古学上看，这一阶段二里头遗址仍属高规格大型聚落，继续发挥着重要作用。

在迄今为止已发表的、规模明确的二里头遗址中型墓的材料中，出有青铜礼器和玉礼器的墓葬仅18座，其中墓圹面积超过2平方米的墓仅有9座。这些墓葬除1座外，均属二里头文化第三、四期。此次在宫殿区内发现的数座二里头文化二期墓葬中，可确认至少有2座墓的墓圹超过2平方米；遭严重破坏而面积不明的墓葬也出土了高规格的随葬品，若干器物不见于以往在宫殿区外围发现的中型墓。M3在上述墓葬中最接近3号基址的中轴线，且随葬有绿松石龙形器等重要遗物，其重要性更不言而喻。

在造型上与绿松石龙最为接近的图案，见于新密新砦遗址出土的陶器盖。而以往出土的二里头文化时期的嵌绿松石铜牌饰上的图案大部分应是绿松石龙尤其是其头部的简化或抽象表现。绿松石龙形器用工之巨、制作之精、体量之大，在中国早期龙形象文物中十分罕见，价值极高。

撰稿人：许　宏　赵海涛　李志鹏　陈国梁

参 考 文 献

- 中国社会科学院考古研究所二里头工作队：《河南偃师市二里头遗址中心区的考古新发现》，《考古》2004年第11期。
- 中国社会科学院考古研究所二里头工作队：《河南偃师市二里头遗址宫城及宫殿区外围道路的勘察与发掘》，《考古》2004年第11期。
- 中国社会科学院考古研究所二里头工作队：《河南偃师市二里头遗址4号夯土基址发掘简报》，《考古》2004年第11期。
- 许宏、陈国梁、赵海涛：《二里头遗址聚落形态的初步考察》，《考古》2004年第11期。

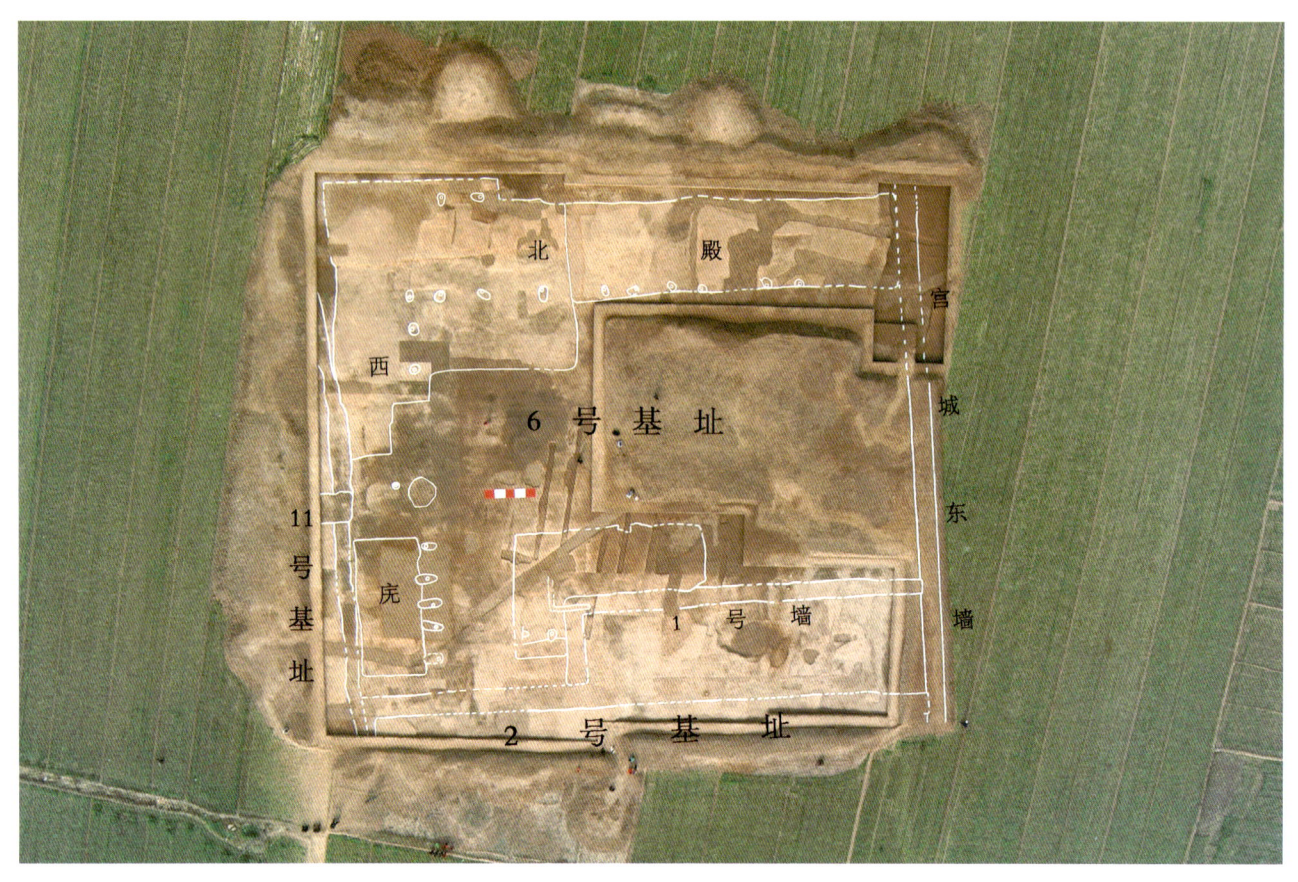

6 号基址

7 号基址与宫城南墙

○ 河南偃师二里头遗址中心区

二里头文化早期贵族墓 02VM3

3 号基址中院主殿

宫城东墙

02VM3 出土绿松石龙形器

02VM3 出土绿松石龙形器头部

02VM3 出土陶器

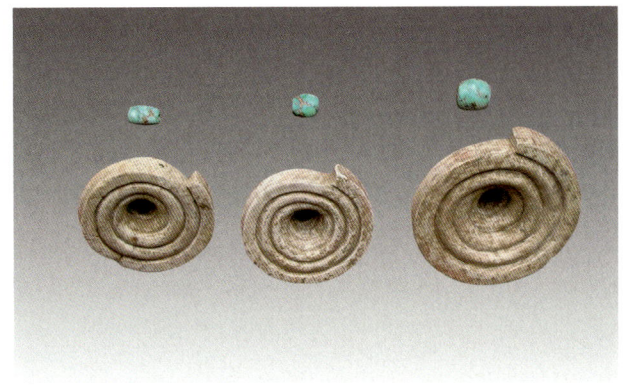

02VM3 出土斗笠状白陶器与绿松石珠

河南偃师商城商代早期王室祭祀遗址

一 引言

偃师商城遗址位于洛阳盆地东段。洛阳盆地是中国历史上建都次数和时间最久的地区，前后累计近2000年。在已知的都城遗址中，偃师商城在时间上居于第二位。放射性碳十四年代测定表明，这里作为都城的时间约为公元前1600～前1400年，相当于文献记载的商代早期。偃师商城遗址所在地势平坦，南部稍稍隆起。城址东南部有一湖泊，西约200米有一条河由北向南流过，东北部城外有一条西北—东南向的河道。当时洛河位于城址南约2公里。城墙的外围因筑墙取土而被挖成宽深的壕沟，引入自然河流之水形成护城河。

二 都城的建设与布局

偃师商城的建设发展经历了三个阶段。

第一阶段为建城阶段，或称小城时期。按严格的规划修建了长方形的城址，总面积超过80万平方米，四面城墙中部可能各有一座城门。主要建筑有城南居中的宫城及周围大型建筑基址群、城西南隅的国库、城外东北的铸铜作坊等。城市已经初具规模，早商文化形成并趋于成熟。

第二阶段为扩城阶段，是城址的繁盛时期。扩建后的城址即大城。城门布置两两对应，东、西城墙上各3座，南、北城墙各1座。宫殿区被改造并扩大了规模，早期宫城首次被突破。他们又在原址按原规模复建了国库，还在宫城东北新建了另一座。

第三阶段为维新阶段，城址持续兴盛。可能在原宫殿区兴建了更大的宫殿，宫城范围再次被突破。

短暂振兴后，偃师商城失去了政治中心的地位，沦落为一般聚落，延续较短时间后，最后一批商人撤离，城址沦落为废丘，早商文化在洛阳地区消失。

三 宫城区

偃师商城使用时间长，虽经大规模扩建，但宫殿区始终位于城南部居中，自成一个建筑群体。已知宫殿区内先后修建了至少9座大型宫殿建筑，都集中于宫殿区的南半部，朝向皆南偏西，分属于前述三个时期。第一期，宫殿区基本确立了雏形，其平面略呈方形，宫城内遗存由南往北按功用可分为宫殿（朝堂、寝宫、宗庙）区、祭祀区和池苑区三部分。偃师商城商文化第二期和第三期早段，宫殿区进行了两次大规模改扩建，逐渐往南延伸，并向东、西两侧渐进，但大体保持东西对称格局。

四 祭祀区

祭祀区横亘于偃师商城宫城北部，主体部分由东往西分为A、B、C三个区域。主体区域外和宫殿建筑附近也有部分祭祀性质的遗存。祭祀区的祭祀活动随着时间也有变化。第一期的祭祀活动集中于B区和C区中部的长方形斗状坑内，从第二期开始往外扩展，在围墙内，即沟的北侧出现了新挖掘的坑状祭祀遗迹；在围墙外，向东扩展到第4号宫殿北部院落以北（A区）。第三期早段时，三个区域内的祭祀遗迹都较普遍；第三期中段，由于B区和C区的堆积已经饱和，祭祀主要集中于A区。

B区和C区是两个规模庞大的"祭祀场"，为东西并列的两个长方形斗状大坑，外围各有一周夯土围墙，门道皆位于南部围墙居中。因为后期祭祀活动的影响，坑的形状不甚完整。两区间的南北向通道是设计中的宫殿建筑区通往池苑区的唯一道路。B区的总面积接近1100平方米，南部被严重破坏，无法知晓是否有类似第10号宫殿的建筑遗存，但从其东、西两侧也有往南延伸的夯土围墙判断，祭祀B区南部也应是相对封闭的广场。C区总面积约1200平方米，东、西两侧的围墙皆往南延伸，与第 10 号宫殿建筑相连，从而在南部形成较封闭的宽阔广场。第二期早段时，广场上新建了第 8 号宫殿建筑。

B 区和 C 区祭祀场主体部分为中部的沟状遗存。祭祀等相关的堆积物呈坡状分层堆积，多数由南往北倾斜，少部分为由北往南倾斜，前者比较纯净，层次较薄，初步判断应为灰烬。用于牺牲的动物大多埋葬在沟北侧或中部，北侧者大多挖坑埋葬，位于中部者则可能用灰土覆盖。因此，推测祭祀区内的遗存可大体分"祭拜区"、焚烧（燎祭）区和献牲区三个区域。焚烧区和献牲区基本局限于东西走向的大沟中，焚烧区位于沟南坡，献牲区在沟北坡（阳面）；"祭拜区"在南围墙和大沟之间，地面经过铺垫和夯打。

B、C 区的祭祀用牲可分为单独埋猪和多种动物牺牲共存两种。猪是用量最多的牺牲，尤以 C 区为甚。C 区发掘了总面积的近三分之一，出土猪超过 100 头。

单独埋猪的，有的挖有浅坑，有的无坑，只是覆土掩埋。猪往往分布于沟或坑的阳面。完整的猪居多，也有的头被砍去，或肢体剖为两半，或单独使用猪头，又或仅用肢体的一部分。猪头的位置以东、西向为多，系有意摆放，已知有侧身、俯身和仰身三种，侧身者居多，还发现不少叠压埋葬。多数坑中仅有一头完整的猪，也有的在同一坑中埋多个。埋有多头的，个体一般较小。从体位判断，有的系活埋，有的则可能被杀死后再掩埋。

多种牺牲中最常见的组合有猪、牛（水牛和黄牛皆有）和羊，还有鹿的部分肢体等。这些动物都被肢解，掩埋地点多在沟或坑的中部，且常有陶器共存。个别地点的出土迹象显示，这些牺牲可能原本放置在漆案（盘）上。

C 区长方形斗状坑接近祭祀区的东北角，残存的坑内堆积分为上、下两层，形成年代总体上都属于第一期，但分属不同阶段。祭祀遗存分两种，一种是在坑北坡挖坑，坑内埋完整的猪骨；另一种坑中部集中堆放被肢解的猪骨。后者位于斗状坑东北角，面积不足 8 平方米。C 区位置偏下的两个祭祀坑属于下层，每坑放置 3 只猪，其中西边的 3 只猪在一个坑内。位置偏上的两个坑属于上层堆积，其中位置偏西者坑内塞进 2 只猪，位置偏东者埋 1 只猪。

C 区西端的 H460 时代属于第二期，平面大体呈圆形，壁呈圜形锅底状，面积超过 40 平方米，深超过 1.5 米。坑内堆积物可分若干层，出土陶器约 150 件。有 1 件陶鬲和 1 件陶罐并排摆放，一旁各摆放有 1 件骨匕。这应是它们的原始摆放状态。出土的个别陶盆内部涂满朱砂。共出的还有大量植物茎叶遗存、竹席遗存及草编圜底箩筐等等。

B 区中部的 H574 及其周边祭祀坑实际组成一个祭祀场。H574 居中，系核心部分，年代属于第二期。该坑开口平面略呈椭圆形，壁较陡直，底部呈锅底状。坑内堆积分为 3 层。在坑的底部约略偏南，1.5 米见方的范围内有较多猪头盖骨、下颚骨、肋骨、肩胛骨、脊椎骨、肢骨、牛头骨、肢骨，以及陶器如残破的小盆、豆等。以头盖骨为个体计算，该坑在祭祀时一次使至少用了 9 个猪头和 1 个黄牛头以及猪和牛的其他部位。

B 区东端的 H124 年代属于第二期，该坑面积规模很大，内有三个规模不等、依次叠压的坑状堆积。堆积可分 5 层，各层皆出土有完整的猪或猪头，猪的个体总数约 13 个。第 1 层即为小坑，平面为不规整的圆形，周壁内收，圜底近平，近底部靠东北壁放置有整猪一头。第 2～4 层分布于中坑内，平面大致呈圆形，坑壁不规整，有 6 个圆弧形壁龛，大致两个一组，最大进深约 1 米。其中第 4 层分布于坑南部，出土有较多被肢解的猪骨，至少有 2 个猪的个体；第 3 层分布于中坑的北部，在壁龛内放置有猪头骨一个。第 2

层在坑内分布比较普遍,出土猪头骨3个及一些疑为兔骨的遗骸。第5层的分布范围大体呈圆形,出土猪头骨3个和比较完整的猪3个。

H124南侧还有一座墓(M2),长方形竖穴,无葬具,死者系成年女性,头向西,仰直直肢,尸体周围遍撒朱砂。死者头顶部发现玉簪5根及骨簪1根。死者生前或系巫师之类的人物。

A区面积近800平方米,由若干"祭祀场"和祭祀坑组成,祭祀内容多样,牺牲有人、牛、羊、猪、狗、鱼类,粮食祭品有水稻、小麦等。

"祭祀场"的规模比较大,延用的时间也长。其中H113是面积较大的一处以稻谷等农作物为主的"祭祀场",年代为第二期。其结构特殊,整体形状似常见于商代青铜器上的逆时针旋转的圆窝状纹饰。平面形状大体呈圆形,坑边有四个往内延伸的"台阶"。大坑中部是一更深的"小坑"。H113堆积可分为上、下两大部分。上半部即大坑部分,剖面呈锅底状,壁面坡度较缓,填土呈"凹"状堆积。下半部即小坑部分,底部西高东低。小坑堆积以松软的黑色灰烬层为主,共分为5层。其中,由上往下,第1、3、5层为黑色灰烬层,夹杂大量炭化的农作物籽粒;第2、4为铺垫土,灰白色,较硬。综合各种迹象推断,小坑的堆积系祭祀活动遗存,而大坑内的堆积很可能是祭祀场废弃后所填埋。由小坑内的堆积看,至少举行过3次祭祀活动,在第2、3次祭祀时,祭祀场还铺垫了较纯净粘土,每次祭祀都大量焚烧已接近成熟的农作物。

面积略小的祭祀场以长方形或方形斗状坑为主,形制规整,数量也多。坑中堆积物差别较大,有的祭祀遗存丰富,使用频繁。有的则几乎没有发现什么遗物,但仍怀疑这与祭祀有关。以H282为例,整体为长方形斗状,这里发现了殉人、牛、猪、盛在陶器内的食物和积石,年代为第三期。坑内堆积可分14层,分别发现有祭祀遗存,主要以人牲、动物牺牲(牛、猪等)和积石为基本组合,在有的层位还发现了大量陶器。人牲有的被肢解,有的被腰斩,有的则为全尸,共同特点是面部被"砸毁"。坑下部还发现整个坑被大火焙烧的迹象。坑口发现木桩,或为悬挂祭祀仪仗之物。

祭祀坑面积较小,使用时间也短,有圆筒状、方形竖穴和形状不规则等几种。有的祭祀坑内堆积全是松软的黑灰烬,伴出打掉底部的陶器;有的利用水井作为祭祀坑,如H280年代为第三期,该坑的回填堆积中,每间隔约1.5米深埋入狗一条,与狗共存的还有一定数量的石块;有的单独使用牛头作为牺牲。如H184年代为第三期,圆形桶状坑,直壁,平底。坑内堆积分两层,下约0.4米厚用比较纯净的黄土铺垫,祭祀时在坑的正中摆放黄牛头一个;祭祀后,坑的上半部填土中包含较多灰烬,比较松软,其中还包含有大量鱼骨。还有的祭祀坑中埋入陶制的乌龟、特制的异形陶器和盆、罐等完整器。

五　结语

通过观察,我们发现第一期时祭祀所用多为幼小的猪,往往同一坑内埋多个,而被肢解的猪个体略大。第二、三期时,猪的个体多比较大,除使用完整的猪外,也使用被肢解了的。这反映出祭祀使用牺牲多,也反映出商代早期家猪饲养的发展。

综上所述,可见:第一、从第二期开始,祭祀规模明显扩大,祭祀活动由第一期时相对集中于B区和C区,扩大到A区;第二、从第二期开始,祭祀中使用的猪个体增大,一改第一期大猪不够用小猪充数的窘况,说明国力增强,家猪饲养也有了发展。第三、祭祀活动越来越频繁,且越来越残忍。第三期出现用人作为牺牲。祭祀区反映的这种变化过程，和偃师商城遗址其他主要遗存如宫殿建筑和城址规模自第二期时大规模扩建，以及府库在第二期时全面翻建等重大事件吻合。

通过祭祀遗存我们了解到，祭祀使用了猪、牛、狗、鹿、人、农作物、特殊陶器，猪、牛、羊，猪、牛、人、农作物、陶器、积石等组合形式，祭祀目的和内容相当广泛。单独使用猪进行祭祀者，猪的形态有使用头部、去掉头的躯体、带有猪头的半部躯体、劈开为一半的猪、肢解后的残部等。使用牛进行祭祀者主要以使用牛头，部分使用肢解后的残部。使用人进行祭祀者，有肢体完整者、有被腰斩者、有被肢解者。植物浮选鉴定结果显示，以粟、黍及黍亚科较为常见，稻谷、小麦、大豆及豆科也有一定量，还有苋科、藜科、菱角、蔷薇、酸枣、果壳及果仁等，显然粟、黍、稻谷和小麦和豆是用于祭祀的农作物。从文献记载看，使用猪、牛、羊组合进行祭祀称为太牢，是天子礼制，这与偃师商城的性质比较吻合。这些纷繁复杂的祭祀组合所反映的礼制问题，相信必然会成为各相关学科关注的热点。

通过研究祭祀区的文化堆积，我们发现上述祭祀区域除用于祭祀活动外，还用于贮存生活废弃物，堆积中主要出土破损陶器，以盆、罐等类盛器为主，而炊具相对较少；其他出土物中，发簪很多，而工具类器物很少，食用后遗弃的动物骨骼就更为少见。这些生活废弃物应与当时人们的生活起居关系更为密切。发掘过程中，在灰土堆积表面常见比较纯净的铺垫土，这应是祭祀前对祭祀场所进行净化处理的遗存。

偃师商城宫城遗址是目前我国商代所发现的时代最早，也是唯一被全面科学发掘的宫城遗址。"国之大事，在祀与戎"，宫城北部的祭祀遗址群是商代早期商王室贵族举行祭祀活动的重要场所，其规模之大、分类之细、用牲之多、延续时间之长、等级之高等，皆属罕见。祭祀遗址的发现和发掘进一步明确了宫城的布局和分区，丰富了宫城的内涵。偃师商城宫城祭祀区的祭祀遗存，是目前所知最详尽和系统的关于夏、商、周三代王室祭祀活动的实物证据，为研究商代早期乃至夏、商、周三代王室祭祀制度提供了丰富而翔实的材料，弥足珍贵。而大量的、完整的、成系列的猪遗骸，对研究商代早期家猪的饲养，家猪的体质发展过程及特征等，提供了珍贵资料。

撰稿人：王学荣

参考文献

● 中国社会科学院考古研究所：《河南偃师商城商代早期王室祭祀遗址》，《考古》2002年第7期。
● 中国社会科学院考古研究所河南第二工作队：《河南偃师商城宫城北部"大灰沟"发掘简报》，《考古》2000年第7期。

偃师商城遗址地貌（西南→东北）

被肢解人牲（南→北）

猪牲（南→北）

猪牲（南→北）

祭祀坑 H574（南→北）

○ 河南偃师商城商代早期王室祭祀遗址

C区第一期祭祀遗存（西南→东北）

祭祀坑 H184（南→北）

祭祀场 H282（南→北）

C区西端祭祀场出土陶器

M2 出土玉笄和骨笄

河南安阳洹北商城

一 引言

洹北商城位于河南省安阳市北郊，南邻洹河，往西约19公里即进入太行山东麓，北面为低丘，东面和南面则是开阔的冲积平原。地势总体平坦，略呈西北高、东南低走势。

20世纪60至80年代，洹北商城所在范围内曾发现商代遗址、墓葬及青铜窖藏坑等。1997年始，发掘者连续在洹北花园庄村西、村东进行钻探与发掘，发现该遗址的面积不少于150万平方米，发现大面积的夯土遗迹，并发掘了大型夯土基址等。鉴于此遗址的规模和重要性，我们扩大了调查范围，终于在1999年10月在遗址东部发现了城墙遗迹。至2001年，在四周城墙共进行了7处解剖，基本认定了城墙及其建筑方式。同时，城址的中部也发现了30余处夯土基址。2000年11月，在洹北商城南墙、东墙外发现与城墙走向一致的道路。2001年、2002年、2008年分别发掘了1号、2号宫殿基址。2005年，对洹北商城进行大规模钻探，在城内中东部发现大范围的夯土基址，在洹北商城的西南隅发现一座方形小城。2007年发现了洹北商城宫城墙遗迹，并对北墙进行了试掘。

二 洹北商城的布局

洹北商城位于殷墟的东北部，与传统殷墟范围略有重叠。城址基本呈方形，南北2200、东西2150米，面积4.7平方公里，方向北偏东13度。

（一）洹北商城外廓城墙及城墙外道路

城墙解剖表明，洹北商城四周城墙基槽大部分地段宽7~11、深约4米。东墙基槽夯筑填实，甚至筑起了部分墙体，剖面可观察到墙体高于当时地面约0.3米。北墙基槽、西墙基槽也夯实至当时地面，但均未见夯起的墙体。基槽内垫土呈现内外双槽相叠，即城墙基槽分两次垫起，先垫内侧，垫土未经夯打，垫至当时地面后，形成宽约1.5米的内槽，外槽以内槽为依托，用不同于内槽的黑土夯筑而成。

至少东、西墙各有1条解剖沟可观察到基槽夯土被商代地层叠压。其中，东墙基槽打破了一处龙山文化层，西墙基槽也打破了一处文化层。基槽内的出土遗物可分两类，一类可能与基槽填夯时的祭祀活动有关，另一类是基槽填土中混杂的陶片。南城墙可能尚未夯填，基槽内主要是淤土。

城墙外围未发现护城河遗迹。南墙与东墙外侧发现道路，由南城墙中部偏东向南延伸，东南部随城墙转而向北，从钻探得知，一直延伸到东城墙中部。从发掘的情况来看，路面宽8.6~9.6米，有车辙四道，路面下的垫土中发现多处牛头祭祀坑，可能是修筑道路时进行祭祀的遗存。从路面堆积层中出土的陶片及道路走向分析道路应属洹北商城时期。

（二）宫城与宫殿区

宫城位于洹北商城的中部偏南，平面呈长方形，

洹北商城平面示意图

1.1963年调查采集点
2.1964发现的三家庄青铜器窖藏
3.1979年董王度青铜器采集地点
4.1980年三家庄发掘地点
5.1997年花园庄西地发掘地点
6.1998至1999年花园庄东地发掘地点
城外马车道路是2000年发掘、钻探所知。东城墙北部因现代建筑叠压，去向不明。

方向北偏东13度。南北长795、东西宽515米，面积约41万平方米。从宫城北墙的解剖来看，墙体由基槽和墙体两部分组成。基槽呈不规则倒，口宽6.2、底宽5.8米。以黑褐色土夯打而成，夯打致密，夯窝明显。墙体残留了两层夯土，剖面呈梯形，宽5.4米。墙体土质纯净、颜色浅黄，夯打较硬，两侧可见护坡土堆积。

宫殿区位于宫城中部偏北，共发现了30余处夯土基址。其中1、2号基址进行了发掘，二者均呈"回"字型，属四合院式建筑。

1号基址东西长约173、南北宽85～91.5米，总面积近1.6万平方米，方向13度。由门塾（包括两个门道）、主殿、主殿旁的耳庑、西配殿、东配殿等组成。东配殿尚未发掘，情况不明。

主殿位于基址北部正中，南北宽约14.4米，东西总长度当在90米以上。现存殿基高出当时地面0.6米，主殿之上发掘了9间正室。墙体以双木柱为骨，有的或用土坯砌成。正室向南开门，与门对应的是通向庭院的木质踏步台阶。正室前后是廊。后廊也发现两个通向后部的台阶。主殿东部第8间和第9间正室间有宽3米的门道。主殿西部相连接的西耳庑为双面廊结构，中间是双木骨泥墙，两侧是廊柱。长廊中部偏东有宽4米的门道。西配殿南北长85.6、东西宽13.6米。该殿只发现西边的宽1.8米的夯土墙。朝向庭院一侧有三个台阶。南部是门塾和南庑，中间的两条门道将门塾分成左、中、右三个部分。门道由两侧的墙、方形壁柱、墙体内圆柱、门槛、台阶等构成。门塾两侧的庑为一面坡式的廊，墙在外侧，为双木柱结构。主殿台阶、正室发现有用动物祭祀的迹象。在一些台阶旁有小型祭祀坑，内多埋1人。门塾附近发现共有20余处与祭祀有关的现象，有人葬坑、空坑等，后者推测可能与用酒类等液体祭祀有关。

2号基址与1号基址相距27米，规模较小，包括南庑及门道、西庑、东庑、主殿及两侧耳庑、东庑东南的附属建筑及水井等。平面亦呈"回"字型，包括庭院，总面积5992平方米，方向北偏东13度。

主殿位于基址的北部，东西长43.6米，自西向东已发掘29.9米。主殿整体夯筑在事先挖好的圜底基槽内，基槽最深处距当时地表1米，内用纯净的黑黏土夯打。超出地表部分改用纯净的黄土夯打，黄夯土外侧有护坡。主殿西部耳庑为一面坡回廊结构，回廊北部为双木柱构成木骨的墙。耳庑距东部主殿4米有宽2.8米的门道，与木柱墙对应处有门槛。西庑的宽度、结构与西耳庑相同。南庑整体面阔92、宽6.4米。其木骨泥墙位于南部。南庑发现一处宽3.15米的门道，门槛位于偏南木骨泥墙一侧。南庑庭院一侧门道以东发现三个台阶。基址东南外侧有附属建筑，建筑内有一眼水井。

（三）宫城以外各类遗迹

条形夯土建筑群　在宫城外东北部钻探到夯土遗迹10处，其中3处为长方形，面积小者160平方米，居中者440平方米，最大的超过1200平方米。另7处为长条形夯土遗迹，大多宽20米左右，长度在50米甚至200米以上。如果以面积计算，小者500余平方米，大者超过4000平方米。

中小型夯土建筑群　目前所知共有两处，一处位于洹北商城中部偏东，基址面积有一定差异，100平方米内的有4处，100～200平方米的有11处，200～500平方米的有15处，500～10000平方米的有9处，超过10000平方米的有1处。另一处位于城址西部。从发掘来看，最大夯土基址面积达280平方米。周围分布同期的数座灰坑、窖穴、水井、墓葬等遗迹。墓葬中出土的青铜礼器表明，这里生活的居民的身份地位可能较高。

西南部小城　位于洹北商城西南隅的小城，平面近方型,东西长约240、南北长约255米,其东墙南端与大城南墙衔接,北墙西端与大城西墙衔接,小城墙地面以上部分似被破坏严重,现存墙基宽约9米,开口距地表约2.5米,下部基槽剖面呈锅底状,深约5.5米。

三　洹北商城的年代与性质

1998年以前,学者们认为洹北商城范围内发现的遗迹年代早于殷墟文化一期偏晚阶段。1998年,依据在洹北花园庄村西的发掘,发掘者把商代堆积分为早晚两部分,并认为其年代整体上早于殷墟大司空村一期,上限接近二里冈商文化白家庄阶段。其后又明确把洹北花园庄早期遗存作为中商二期的代表性遗迹,把洹北花园庄晚期遗存作为中商三期的代表性遗迹。2000年初,发掘者依据洹北花园庄东地1998年、1999年的两次发掘,明确区分出洹北花园庄早期和晚期,指出洹北花园庄早期不仅晚于二里冈白家庄阶段,而且很可能还有一定时期的缺环,而洹北花园庄晚期则与大司空一期相衔接。

1999年到2001年在城墙四周进行了七次解剖,但在城墙内、外槽发现的碎小陶片和卜骨不足以判定城墙的始建年代,发掘者只是笼统地说,内、外基槽中出土的陶片年代均属中商时期,但又认为基槽的夯填时间晚于宫殿区大部分基址的年代,由于材料所限,未能给出令人信服的理由。也有学者依据夯土内出土的陶片及卜骨,判断其夯填时间属洹北花园庄晚期,洹北花园庄早期之时还只是壕沟。

与城墙相比,同时进行的宫殿区内的调查与发掘获得的材料要丰富得多。1号宫殿基址发现叠压在建筑周围的烧土块和庭院内的地面上的第4层,出土陶器如大口尊、圜底罐多属中商二期或洹北花园庄早期,也有部分如鬲足属中商三期或洹北花园庄晚期。被判定为与1号宫殿基址同时的的第6层,出有100余片陶片,大部分属中商二期,也有少数似晚至中商三期早段,因此,1号宫殿基址的废弃年代当是中商三期,其始建年代比较复杂,不排除是中商二期。2号宫殿基址东庑外发现了与宫殿同时的水井,其中出土的陶器对于判定2号宫殿的使用年代提供了难得的材料。水井内地层堆积的第6~8层,即水井使用时期的淤积层出土陶器的年代与洹北花园庄晚期相当,但又略微偏早,即相当于中商三期偏早阶段。而水井地层堆积第1~3层,即水井废弃后堆积出土的陶片数量极少,还难以据此给出准确的年代判断,但不会超出中商三期之时。这样,2号基址的使用年代也属洹北花园庄晚期或中商三期偏早阶段,其废弃年代可能也在中商三期之时。

对于新发现的宫城墙,学者据新发现的少量陶片判定,宫城的始建年代可能不早于中商二期晚段。

综合以上的分析,可以初步总结如下:宫殿区内的基址最早者可能始建于中商二期之时,使用年代相对集中于中商三期之时。但较为肯定的是,中商三期之时,大片宫殿被火焚毁。宫城墙的建造年代可能与宫殿区同时或略晚,而大城的城墙夯填时间为中商三期之时。至整座城址废弃时,南墙的城壕未进行夯填。

洹北商城的性质问题,目前学术界讨论也是相当热烈。事实上,这一问题在洹北商城发现之前就有学者对其进行探讨。1998年,署名为文雨的先生撰文指出,洹北花园庄遗址,早期极有可能就是河亶甲所居之相。1999年,刘绪、雷兴山二位先生指出,花园庄遗址的性质,虽不排除盘庚、小辛、小乙所居之可能,但早期是河亶甲所居的可能性似乎更大。若花园庄遗址的堆积以早期为主,且夯土基址等重要遗迹多属这一时期,则判定该遗址早期为河亶甲所居之相就更没有什么问题了。1999年,唐际根、徐广德先生提出假说,认为洹北花园庄遗址是盘庚所迁的殷;小屯殷墟虽确为商代后期都城，但实非盘庚、小辛、小乙三王所居，而是由武丁以后各王都邑所在。同年，杨锡璋、徐广德、高炜三位先生联合著文指出，盘庚迁殷的地点，最初可能是在安阳洹河北岸今京广铁路两侧。至武丁即位，国力隆盛，方迁到现在所知的以小屯为中心的殷墟。1999年10月，洹北商城被发现，从而进一步引发了学者们对其性质讨论的兴趣。主持工作的唐际根指出该城的性质，目前既不能排除是盘庚所迁之殷，但不可忽视河亶甲居相的可能性，这两种情况都有可能，甚至曾先后相续地发生过。此后又有多位学者撰文讨论，或认为是盘庚迁殷、或认为是河亶甲居相。目前看来，争议可能还会持续下去。

四 结语

洹北商城的发现是近十年来商代考古最重大的考古发现。洹北商城的发现具有重大的学术意义。从考古学的角度考虑，有以下三点。

第一，进一步完善了商代考古学年代框架，一定程度上修正了殷墟文化分期，使商代中期考古学文化面貌更加清晰。唐际根先生重新构建了商代年代学编年体系：早商为二里冈和偃师，又可细分为早商1、2、3期；中商为小双桥至洹北商城，又可细分为中商1、2、3期；晚商为殷墟，可分细为晚商1、2、3、4期。这样，洹北商城经小双桥遗址把二里冈与殷墟完整地串联起来。洹北商城的发现使得我们对于这一时期的商代考古学文化面貌有了十分清晰的认识。

洹北商城的发现还进一步修正了殷墟文化的分期。原来认定的"三家庄阶段"或"殷墟文化第一期偏早阶段"的文化遗存均属洹北商城。殷墟文化一期仍以大司空村一期为代表，其绝对年代也从武丁开始。

第二，对于商代城址布局有了更清晰的认识。目前已发现了数处属于商代的城址。早商时期的有郑州商城、偃师商城、盘龙城商城、府城商城、东下冯商城、垣曲商城等6座；中商时期的有洹北商城，另有小双桥遗址和邢台附近的中商遗址值得注意。晚商时期的是殷墟。由于各种原因，上述城址的情况有些较为明确，有些还比较模糊。偃师商城与洹北商城在城址布局方面有诸多相同之处。如果这些共性是商代城址布局的共同特征，那么与殷墟布局相比较就更有意义了。这种具有外城、宫城和宫殿区布局的方式可能是商代最根本的城市布局特征。

第三，初步解决了一些旷日持久的学术争论。文献记载殷墟始于盘庚迁殷，邹衡先生自20世纪50年代就逐步提出殷墟分期方案，并认为其绝对年代始于盘庚之时。但殷墟发掘者认为在殷墟没有见到过相当于盘庚、小辛、小乙时期的与都城相匹配的遗迹，如大型夯土建筑等。洹北商城的发现使二者的学术观点基本达成一致。为解决这个长期争论的难题带来了曙光。

撰稿人：唐际根　荆志淳　刘忠伏
　　　　岳洪彬　何毓灵　岳占伟

参 考 文 献

- 中国社会科学院考古研究所安阳工作队：《河南安阳市洹北商城的勘察与试掘》，《考古》2003年第5期。
- 中国社会科学院考古研究所安阳工作队：《1998～1999年安阳洹北商城花园庄东地发掘报告》，《考古学集刊》第15集，文物出版社，2004年。
- 中国社会科学院考古研究所安阳工作队：《河南安阳市洹北商城宫殿区1号基址发掘简报》，《考古》2003年第5期。
- 中国社会科学院考古研究所安阳工作队：《河南安阳市洹北商城遗址2005～2007年勘察简报》，《考古》2010年第1期。
- 中国社会科学院考古研究所安阳工作队：《河南安阳市洹北商城宫殿区二号基址发掘简报》，《考古》2010年第1期。
- 唐际根、荆志淳、何毓灵：《洹北商城宫殿区一、二号夯土基址建筑复原研究》，《考古》2010年第1期。

宫殿区 1 号基址

1 号基址主殿及其台阶（东→西）

○ 河南安阳洹北商城

门垫及墙壁倒塌堆积（西南→东北）

陶瓿（H8：13）

陶簋（H8：2）

陶鬲（H8：5）

陶鬲（H8：6）

191

河南荥阳关帝庙遗址商代晚期遗存

一 引言

关帝庙遗址位于河南省荥阳市豫龙镇关帝庙村西南部,现存面积约10万平方米。遗址东约3公里处有须水河,北部约6公里处有索河,两河在遗址东北约8公里处汇合成索须河,入贾鲁河而后注入淮河。遗址北18公里处,黄河自西向东流去。整体地势南高北低,遗址偏南处有一断崖,东部有一条自然冲沟。为配合南水北调中线工程的建设,2006年7月至2008年2月,河南省文物考古研究所对关帝庙遗址进行了连续的大规模发掘。在该遗址发现多个不同时期的遗存,其中以商代晚期遗存最为丰富,现将发掘收获介绍如下。

二 地层堆积

遗址的地层堆积大体上可分4层。但在发掘区南部,由于20世纪的平整土地活动,地表土被揭取1.5米以上,上层文化堆积基本被破坏,耕土层下即为生土,只留下大量的文化遗迹。遗址内的生土为红褐色黏土。部分地段的文化堆积下是年代更久远的黄褐色沙性土壤或黄白色沙土。在遗址北部的黄白色生土里,夹杂较多料礓石颗粒。

三 遗迹

此次发现的商代晚期文化遗迹数量较多,包括房址、灶坑、陶窑、水井、墓葬、祭祀坑、灰坑、灰沟等。主要集中在遗址的东部和南部,大部分在围沟内形成完整的聚落。聚落内功能分区明显,发掘区西北部是房址和陶窑集中分布的区域,南部有较大型的祭祀场,灰坑和附近的墓葬散布在聚落的不同区域;围沟外东北部的遗迹较少,主要为墓葬区。

（一）房址

共22座。皆为半地穴式单室建筑,仅保存地下部分。平面形状有长方形(或方形)和圆形两种,方形者居多。多有门道,皆为南向,突出于房屋主体,呈台阶状或斜坡状下行;部分房址在台阶旁挖有略呈袋状的圆形小深坑。房内多有在生土上挖建的椭圆形或圆形联体灶,灶旁一般另有火塘;也有部分房址内无灶,只发现形状不规则的火塘;个别房址的灶前还有椭圆形的操作坑。部分房址内有壁龛,个别壁龛上部遗留火烤痕迹,内有放置火把的小洞。一座房址活动面下发现排列有序的小圆坑,填土较纯净,坑底分别放置陶器或蚌壳、石块等,或为建筑物的奠基之用。

F3 平面呈长方形,东壁、南壁向外斜张,北壁、西壁较直。门道位于东南角,为三级台阶式,上面有一层踩踏面。门道内在第一级台阶西面发现一圆形洞龛。室内地面有一层踩踏面,较坚硬,不甚光滑。灶位于房屋东北角,高于室内地面,为保存较完好的双联灶,入火口朝南;主灶、副灶皆为圆形。房址东壁北侧靠近灶旁有一壁龛,近似椭圆形,袋状;龛内堆积为草木灰,应为火塘类遗存。房内东壁中部偏南处有一圆形洞龛。灶壁、火塘壁及房址东壁的北半部发现一层较厚的红色烧结面。室内填土为灰色,较杂乱,结构疏松,包含大量的烧土粒、炭粒和陶片、兽骨、蚌片等。灶及火塘内填土为黑灰色,夹杂大量草木灰。

F14 平面呈圆角长方形,四壁均较直,局部有垮塌现象。门道位于西南角,呈长条斜坡状,南高北低。室内西南角有一壁龛,弧壁、弧顶、弧底。室内地面有一层踩踏面,平整而光滑。灶位于房址西北角,火门前与墙壁相接,灶膛位于屋外,系掏挖而成;火塘为长方形袋状;火门前有灰黑色的烧结面,灶膛壁为红色或灰黑色烧土。室内填土为灰褐色,较杂乱,结构紧密,夹杂有少量烧土粒及灰白色沙粒。灶膛内填土为黑灰色,夹杂大量草木灰。

（二）陶窑

共20座。在生土或文化堆积层上挖建,皆为升焰窑，由操作坑、火门、火膛、窑室等部分组成。操作坑近椭圆形，个别坑壁上留有半周二层台。火门呈圆形。火膛位于窑室下方，略呈椭圆形，规模较大。窑室为圆形、直壁、平底，或略呈袋状，窑箅的孔眼排列整齐，皆见4～8个长方形或长条形箅孔等距离分布于窑箅周边，一圆形孔居中。窑室、火膛、火门的壁面均被烧结成青灰色。

（三）水井

共32座。井口多呈圆形或椭圆形，个别为圆角长方形。井身分两种，一种以直壁向下挖约一两米后变为长方形，较深；另一种相对较浅，开口较大，直壁向下，下部外张。

（四）墓葬

共228座。皆为小型竖穴土坑墓，墓口呈长方形或圆角长方形，南北向者居多，东西向者较少。多数墓坑为直壁、平底，部分壁外张，有的有二层台和腰坑。墓内填土皆为黄褐色沙土夹杂褐色黏土形成的花土，较纯净，大部分经过夯打，结构紧密；夯窝基本为圆形、圜底；也有墓内填土夯打得较草率，夯窝不太密集，且较深，似由单根木棍类圆柱状工具乱夯所致。在部分墓葬的填土中，或者二层台上和腰坑内，殉有一或两具狗骨。多为单人葬，偶见双人葬，墓主人仰身直肢或俯身直肢，个别的为侧身屈肢；部分人骨口内含贝或手中握贝；部分墓葬见有单棺，其余皆无棺椁痕迹。

M3墓口近梯形，方向为4度。坑壁外斜，距墓口2米深处有生土和熟土二层台，它们间应为椁，但已朽烂无存；熟土二层台内应为棺，仅存少许灰痕，棺呈梯形。二层台上有殉狗两只。墓底有长方形腰坑，腰坑内殉狗一只。此墓的葬具应为单棺单椁，墓底部发现一具人骨，为俯身直肢葬。在二层台上放置有铜铃和铜镞，人骨的头部旁侧发现经过加工的圆角长方形蚌片。

M183方向为190度。墓坑为直壁，东、西两侧有生土二层台，四周有熟土二层台，墓底较平。墓中葬具为单棺，呈长方形，只残留有灰痕。墓底部发现一具人骨，为仰身直肢葬，头向南，面朝西。在头部放置有1件陶豆。

（五）祭祀坑

共17座。坑口多呈圆形或椭圆形，在坑内一般出土有完整的或经过大块肢解的牛骨，个别坑内有完整的猪骨，部分坑内还发现人骨。

H228坑口呈椭圆形，直壁、平底。坑内填土为灰褐色，土质较杂乱，结构紧密，夹杂有少量炭粒及烧土粒。坑底发现一具完整的牛骨，向左侧身放置，头向西北。

H924坑口呈圆形，坑壁较光滑，直壁略外斜而呈袋状，平底。坑内填土可分两层，第1层为浅灰色土，土质杂乱疏松，夹杂大量红烧土颗粒；出土有陶片等遗物，在层底还发现一具完整的猪骨。第2层为灰褐色土，结构松软，夹杂大量草木灰、炭粒、烧土块等，出土陶片及兽骨等。

（六）灰坑

共1470个。坑口形状有圆形、椭圆形、长方形、形状不规则等几种，以圆形为主。圆形坑又可分为直壁、斜壁、袋状等，平底居多，也有斜底和圜底者。部分坑壁向下挖到一定深度后留有半周二层台；不少坑底部套挖有小圆坑，形成子母坑；部分坑内挖有小壁龛，个别在坑下部向外挖出较大的壁龛，应为窖穴。袋状坑一般较规整，坑壁及底部多经过处理，也应属窖穴。部分坑内留有台阶，部分坑壁经过火烤，形成较厚的红色烧结面；有的坑壁还较好地保存着条形铲状工具的加工痕迹。

（七）灰沟

共9条。皆呈条状，走向不一。

G10从整体上来看为条状环形，规模较大，应是关帝庙遗址商代晚期聚落的围沟。这条围沟在南部近中段，留有宽约8.1米的缺口，两端自行封闭，缺口上残留断断续续的路土。该缺口应该是出入聚落的通道。沟为斜壁，底部很窄而且不平。沟内填土基本一致，多为红褐色黏土，较为纯净紧密；部分有灰褐色或黄褐色夹层；沟底部填土为黄褐色，部分夹杂有较薄的黄灰色冲积土层。从已发掘的部分推测围沟的复原长度约为580米。

四 遗物

关帝庙遗址出土的商代遗物数量极多，包括陶、石、骨、蚌、角、青铜器等，另外还有海贝和卜骨、卜甲等。

（一）陶器

常见的器类有鬲、簋、罐、盆、甑、豆、钵、瓿、勺、拍等。

鬲 皆为夹砂灰陶。一般为圆唇，个别为方唇，折沿，沿面较窄且微下凹，沿折处有明显的凸棱，鼓腹，分裆，三袋足。腹表面皆饰绳纹，纹样多较粗，足跟表面布满片状工具的刮痕，器表大多有使用时留下的烟熏痕。

簋 皆为泥质灰陶。F6：1，厚方唇，口微侈，口内侧有一周凹槽，斜壁向下内收为圈底，圈足外张，座底较平。上腹饰凹弦纹及竖行线纹，中腹有三角形划纹，划纹内间饰细密的线纹，圈足上部有两周凹弦纹。H21：1，方唇，敛口，折沿，沿面斜直，鼓腹，圈底，圈足较低，圈足下部外张，座底较平。上腹饰数周凹弦纹，下腹饰交错中绳纹并以弦纹间隔。

罐 H1484：1，泥质灰陶。圆唇，小口，折沿，沿面较窄而平，沿面外侧贴边，斜肩略鼓并下折至腹，腹壁弧收，平底。肩、腹部满饰绳纹，肩部还间隔有两周弦纹。

盆 H1306：1，泥质褐陶。方唇，唇面微鼓，卷沿近折，深腹弧收，平底。颈下饰一周绳索状附加堆纹，腹部拍印交错中绳纹。

甑 皆为泥质陶。折沿，沿面微凹，深腹，平底或凹圜底，底部有镂孔，居中为一圆孔，周边等距离分布三或四个梭形孔或多个小圆孔。

豆 H148：2，泥质灰褐陶。尖圆唇，折沿，盘较深，腹壁弧收，圜底，圈足较矮，下部外张，座底微弧。盘底外部及盘与圈足交接处各有一周弦纹。

钵 皆为泥质陶。多敛口，少量为直口，腹部深浅不一，部分底部有刻划符号。

（二）石器

器类包括镰、铲、斧、锛、刀、砺石等。

镰 H1109：2，青灰色砂岩，磨制。圆头，平尾，背部较平，近头端略弧，弧刃，正锋。H1363：1，青灰色，内有红色纹理。尖头，平尾，背部微弧，弧刃，偏锋。背部和尾部留有琢制痕迹，刃部有多处使用时留下的崩疤。

斧 H20：1，以青色花岗岩琢磨而成。长条形，顶部较窄，刃部较宽；顶部微弧，背部较平，正面微鼓，横断面略成圆角长方形；正面近刃部弧收为偏锋，直刃较钝。除刃部外，器身遍布琢制痕迹，刃部有使用时留下的崩疤。

锛 H902：3，青灰色。顶部较窄，刃部较宽，整体略呈梯形；顶部较平，两边斜直，背部较平，正面微鼓；正面下部斜收为偏锋，斜刃。刃中部留有崩疤，正面有琢制痕迹，刃部磨光。

（三）其他

包括骨、蚌、角器，以及少量铜器和卜骨、龟甲等。骨器有簪、匕、锥、镞等，蚌器有镰、刀、镞等，角器有锥等，铜器有镞、铃、刀等。

骨铲 H1630：2，动物肩胛骨磨制而成。整体略呈梯形，上部稍窄，刃部较宽，两侧边略凹，横断面略呈条形；顶部有一较深的凹窝，刃部略弧，微偏锋，部分刃部留有齿状痕。

骨匕 H295：1，利用动物肋骨磨制而成。扁平条状，正面微鼓，背面微凹，顶部微弧，近头部内收为圆首。顶部有一自正面单钻的圆孔，圆孔上部还有两个单面钻的小圆孔。

铜镞 H160：1，镞身略呈三角形，两翼前端聚为尖锋，翼尾倒钩，圆柱形铤。

铜刀 H1107：1，柄部有环首，尖微翘，弧背，刃微弧，正锋。

卜骨 多为牛的肩胛骨。在两边侧面和臼窝横面上一般都有工具修整的痕迹，骨脊一面也可见到用工具削平修整的痕迹，在臼窝的左边或右边多刻有近直角的臼槽，个别臼槽刻在肩胛骨与臼窝相对的一端。钻凿和施灼大部分是在骨脊一面进行，也有的是在骨面上。多为方凿，斜槽，圆灼，个别凿孔近枣核形。

龟甲 皆为背甲。多数未加钻凿，不见灼痕，但也有个别标本例外。

五　结语

此次发掘的商代晚期文化遗存，在层位上存在多组叠压或打破关系。而从出土陶鬲的形制变化、尤其是鬲足的高低不同来看，大致可分三个阶段。据此将目前关帝庙遗址商代晚期遗存分为三段，大体相当于殷墟一期、殷墟二期、殷墟三期，而以属殷墟二期者为主。

该遗址的商代晚期遗存集中在遗址的东部和南部，大部分在围沟以内。围沟的宽度、深度都不大，不具备防御功能。加之墓葬区在围沟环绕的区域之外，推测这很可能是区分某种活动区域的界沟。发掘区西北部是房址和陶窑集中分布的区域，但少见房址和陶窑的打破关系。发掘区南部在当时地势最高，有较大型的祭祀场，这里的祭祀遗存似乎有祭祀的中心点；各种坑和附近墓葬似也有分布规律。围沟外侧东北部发现的商代晚期遗迹比较少，应是专门规划作为墓葬区的。但因墓葬内随葬品较少，还不能确定墓葬区的墓葬和围沟内部商代晚期墓葬的关系。墓葬区内还有少量人骨的体质特征似有别于商代晚期其他人骨，也还需再鉴定。

荥阳关帝庙遗址是黄河南岸完整揭露的一处商代晚期聚落遗址。它经过比较具体的规划，居址、墓葬区、手工业作坊址、祭祀区等布局清晰。陶窑遍布遗址各区域，泥质陶和夹砂陶是分窑烧制。还发现制陶有关的工作坑，如部分大型灰坑的填土几乎不见遗物，填土的黏性较重，夹杂有冲积土，这类坑应该和制陶时淘洗胎泥有关。根据陶窑和房址的分布特点，该聚落似乎是以作坊性质为主的聚落。但房址皆属小型单间，室内各有灶或火塘，又似乎是以小型家庭为生活单元。房址、陶窑之间无打破现象，祭祀遗存比较集中，墓葬区内鲜见商代晚期的其他遗存，这些也显示出聚落有明确的规划。该聚落主体外有围沟，有居住区、祭祀区、墓葬区及多座零散分布的陶窑作坊，功能完备。这对于研究商代晚期聚落的布局和当时人们的居住规划、生产、宗教、丧葬制度及社会管理等都有重要意义。保存完整的商代晚期陶窑在目前考古发现中并不多见，男女并置于一穴的商代晚期合葬墓也较为少见。

撰稿人：李素婷　李一丕　丁新功
　　　　牛慧珍　侯彦峰

参考文献

- 河南省文物考古研究所：《河南荥阳市关帝庙遗址商代晚期遗存发掘简报》，《考古》2008年第7期。
- 河南省文物考古研究所：《河南荥阳关帝庙遗址考古发现与认识》，《华夏考古》2009年第3期。

发掘区全景

窖址 Y1、Y2（西→东）

房址 F13

祭祀坑 H906（东→西）

○ 河南荥阳关帝庙遗址商代晚期遗存

出土遗物

卜骨

陶鬲

陶钵

陶簋

河南安阳殷墟刘家庄北地

一 引言

2003年，安阳某企业拟征用殷墟遗址刘家庄北地约30000平方米土地，2006年5月，国家文物局决定由中国社会科学院考古研究所安阳工作队（以下称"安阳队"）在所征地的西南角先行试掘3000平方米。同年5月～8月，安阳队对此区域进行了发掘，发现了堆积丰富的遗迹现象。

2008年，安阳队在毗邻2006年发掘区进行了新一轮发掘，选定本发掘区的西南零点为基点，向东、向北全面系统布方，但仅发掘了基建单位拟建基槽内的探方，发掘区划分为了Ⅰ～ⅩⅦ区。

两次发掘的揭露面积不少于7000平方米，共发现带车辙的商代道路多条、商代房基近百座、灰坑千余、灰沟27条、窖穴40余座、水井30余眼、铜器窖藏坑1座、历代墓葬950余座和祭祀遗存多处。出土各类遗物数千件。下面简要介绍2008年的发掘收获。

二 道路

发掘区位于小屯宫殿区的正南方，小屯宫殿区向东、北均为洹河，其外出通道只能向西、向南。从更大的区域来看，向西通向太行山，向南则通向广阔的冲积平原，传说晚商时期的离宫别馆朝歌就在南部的淇县。由此推测，从小屯宫殿区向南穿过环壕（即"大灰沟"），应有南北向道路（或为殷墟都城的主干道）。

共发现带车辙的商代道路三条。其中南北向的主干道有两条。两条道路大致平行，东西相距约400米。东西向道路一条（L10），向西与西侧的、南北向道路形成"丁"字路口，向东与东侧的南北向道路形成交叉路口。经钻探，交叉路口以东被晚期遗迹破坏，没有发现道路遗迹。道路普遍宽在10米以上，最宽处可达20余米。在Ⅶ区，西侧路跨过一条东西向沟槽，沟槽内沿边缘置两排木柱，上搭建木质桥架，再铺黄土并形成路面，木质桥架均已炭化，桥架下积满灰色淤土。推测沟槽和其上的南北向道路共存，沟槽应是道路的附属设施。

西侧的南北向道路以纯净黄土铺垫路面，其上车辙痕迹明显，车辙轮距普遍在1.3～1.5米，与20世纪80年代在花园庄村西南发现的车辙相同，有别于殷墟常见马车2.4米的轮距。L10和东侧的南北向道路均以沙子、石子和碎陶片铺设路面，硬度较高，车辙痕迹不明显。

这三条道路均在路沟槽中，路面普遍在今地面3米以下，且低于周围的生土面约1～1.5米，应是车辆长期碾轧所致。道路两侧常见断续的沟状遗迹，方向与道路大致相同，应是配套的排水设施。

道路的层位较为简单。东侧的南北向道路，中部约10米宽的路面直接在生土上，东、西两侧宽约2米多的路面偶见叠压殷墟二、四期的灰坑和四期的墓葬。由此判断，此路应在殷墟都城规划之初即已铺建，在殷墟二至四期时曾进行过多次拓宽。L10的铺建过程与东侧的南北向道路相似。西侧南北向道路的路面下叠压殷墟二期的灰坑和墓葬，应晚于东侧道路，不早于殷墟二期，也经过多次拓宽。这些道路都长期使用，从地层上看，除偶被殷墟四期偏晚的沟壕打破外，基本都被殷墟四期偏晚的黑灰色淤土层所覆盖，可知这些道路的使用年代下限应不晚于殷墟四期偏晚。

但在殷墟四期偏晚阶段，西侧的南北向道路被黑灰色淤土层覆盖后，其上又形成一条道路（L3），方向与其下的早期道路相同，但规模明显缩小，路宽约3～4米，路面仍为粘土铺垫，未见使用沙、石和碎陶片等垫料，其上仅见一条轴距约1.3米的车辙痕。

经钻探，东、西两条南北向道路均向北穿过安林铁路后，仍向北延伸约60余米，北距大灰沟南缘不足200米，应是小屯宫殿宗庙区南部的主要道路。

三　房址

夯土房基在各发掘区内都有分布，主要集中在南北向道路两侧和东西向道路两侧，时代从殷墟一期至四期。从夯土建筑与道路的空间分布判断，当初应有严格的规划。

95%以上的房基为地面夯土建筑，偶见地穴式房址。地面夯土建筑附近常见巨大的取土坑，应是为夯筑夯土台基取土所留。地面夯土建筑的规模较小，多数面积在30～100平方米，少数达150平方米。商人在此长期居住，活动频繁，多被商代后期灰坑、窖穴和墓葬叠压或打破，仅余基础部分，柱网结构和边缘均不清楚。地穴式房址较少，多呈圆角方形，有台阶，有些可能兼具居址和窖穴的功能。

四　水井、窖穴、灰坑和灰沟

水井、灰坑、灰沟和窖穴多分布在夯土房基周围。

水井共清理30余眼。多数井口呈圆形或椭圆形，偶见圆角方形或长方形。井深普遍在12米以上。有一眼水井还保留"井"字形木质井架，其余水井均为直壁平底或直壁圜底形，井底有大量汲水器具，应是取水时不慎失落井中。在30余眼水井中，有3眼水井底部发现精美铜器残件。

水井2008ALNT0208J31（原编号H238）打破F3。井口距地表2米，由于井口坍塌严重，平面形状不规则。井底用柏木交叉搭成"井"字框架，井架周围填满鹅卵石。井口的北侧有盘旋向下的12级台阶，从第12级台阶向下0.72米至一处平台，台面距井底约5.82米。井口上原应有建筑遮挡，避免不洁之物掉入井内，东侧半腰的平台可供打水者站立，台阶可供其上下。填土共分四小层，均为深灰土，质地松软，包含物较少。木质井框内遗落着3件红陶罐、2件灰陶罐和1件铜爵、1件残瓿、1件觥盖、提梁卣的若干残片、1件罍肩部兽首所衔之圆环以及4件鹿角锥、1件石器等。初步判断，J31应属殷墟三期晚段。

此种形制的水井以前在殷墟也发现过，20世纪80年代在小屯北地、妇好墓东南发掘的一座水井（小屯M34），因地下水位较高没能清理到底，经钻探有铜器，故认为是座墓葬，又因形制特殊，故定为"特型墓"。"墓"中约7米多高的木箱应是木质井架。

水井2008ALNT0102J30（原编号H123）开口于殷墟时期H106下，打破F17。井口呈椭圆形，填土可分8小层，上三层为浅灰土层，中部夹有一层黄土层，底部数层为灰褐土，湿度大，井底铺一层碎陶片和粗颗粒的沙子，起过滤净化作用。填土出土大量陶片和兽骨，可辨器形有鬲、盆、簋、罐、豆、器盖、原始瓷尊及部分骨器和鹿角锥等。井底出土3件完整的灰陶罐、1件红陶罐和1件四足铜盉。时代属殷墟四期晚段。

井中出土的四足铜盉为殷墟出土此类方盉中最精美者。方唇，侈口，长颈，圆鼓腹，下腹分裆，裆线较低，四柱足较高，半环形兽首錾，錾上部置半圆形环，环内置"8"字形链，前置斜流。器体几乎满饰花纹。颈饰三组线条对夔兽面纹，腹饰三组分解兽面纹。器盖极薄，锈蚀殆尽。

灰坑发现较多，多数为形状不规则的垃圾坑，也有少数巨型灰土坑。不规则的灰坑多为取土坑，废弃后作为垃圾坑使用，而巨型灰土坑则规模较大，最大者可达3000平方米，小者也在500平方米以上，如VI区的H188和X区的H698，深约8米，上层填灰土，下层全部为淤土，有的淤土层多达数百层。在刘家庄北地发掘区内共发现三处此类巨型坑。这些巨型灰土坑原亦为取土坑，后经修整成为蓄水坑，局部边缘铺设石子路面和夯土护坡，有的还在坑边缘处置一块或数块景观石。所以这些巨型土坑可能是商代某族邑的池苑类遗存；围绕巨型土坑的夯土房址群，或代表某个家族单位。此种推测还需要进一步证实。

在殷墟以前很少发现铜器窖藏坑。而本次刘家庄北地所见的铜器窖藏坑，为洹河南殷墟遗址所首见。其坑口略呈圆角方形，直壁平底。坑内填黄灰土，质地松软。坑底中部集中摆放三件铜器，圆鼎、分裆斝和提梁卣各一件。其中鼎和斝呈倒扣状，分裆斝的一个斝柱残断，置于提梁卣腹内，显系有意而为，其形成可能与F22有关，属殷墟四期偏晚。

灰沟类遗存在殷墟以前的发掘中少见，本次发掘共发现27条灰沟。有些灰沟位于道路两侧，沟底部有长期冲刷而沉积的陶片和石子层，应为道路两侧配套的排水设施，但随着道路的拓宽有些沟被道路所覆盖。

2008ALNG24位于XII区东北部。沟口较宽，修整规则，断面呈倒梯形，底部平整有淤土，局部沟底偶见经火烧过的商代建筑残件（如草拌泥块、夯土块、砂浆墙皮和白灰墙皮等），应是附近商代建筑废弃后填入。这类沟多呈西北—东南走向，水也是自西北流向东南，绵延数百米甚至更远。它们的性质尚不清楚，或为人工渠，也可能是族邑界限，兼有有防御功能。

五 祭祀遗存

祭祀遗存发现多处，主要集中在XII区道路两侧，部分在房基附近和墓葬填土中。

XII区的祭祀遗存主要分布在东西向道路的南、北两侧，南侧大多没有发掘，仅于扩方处发现沟状遗存，内亦有大量动物骨架。祭祀坑均呈坑状堆积，坑内填灰土和大量完整或被肢解的人和动物。目前共发现清理了18处。经鉴定，人多数为青壮年，也有部分未成年人，动物有牛、马、猪、狗、羊等，其中马最为常见，狗和羊较少。

2008ALNT1411H524是众多祭祀坑之一。此坑位于L10北侧斜坡上，坑口北高南低，平面呈椭圆形。由于该坑仅清理了上层骨架，为原地保护上层骨骼标本，下层未做进一步清理。填土分两小层。第1层为黄灰色土，土质松软，出土泥质灰陶片、硬陶片和兽骨、人骨。其中人骨3具，马架2具，均为全躯，人皆为女性，马为雄性。第2层为灰褐色土，土质松软，出土有泥质灰陶片及红陶片、硬陶片和兽骨、人骨等。其中人骨3具，马14具、黄牛9具和猪5具。3具人骨均残缺不全，一具缺左胫骨，为男性，一具仅余头骨和尺、桡骨，疑为男性，另一具仅有头骨，性别不详；年龄均在16～30岁之间。14具马骨架中只有2具完整，余均残缺不全，疑为肢解后埋入。9具黄牛骨架均不完整，不排除多个骨架属同一个体的可能。5具猪骨架中仅一具完整，余均为肢解后埋入，砍割痕迹明显。

从这些祭祀坑填土中出土的少量陶片判断，它们的时代跨度较大，从殷墟三期到四期均有分布，且存在频繁打破的现象，说明在此区域的祭祀活动较为频繁。

此外，还发现有数处用成堆的卜甲、成群的猪、牛腿或成堆的积石进行祭祀的现象，也有把牛腿和狗腿盛箱埋藏的。这些遗存也应与某种祭祀活动有关。

六 墓葬

在占地区域内钻探发现的墓葬有1000多座，而发掘区域（即拟建基槽内）清理的墓葬有950余座。其中，绝大部分为商代墓葬，少数为隋、唐、宋墓。

商代墓葬均为中、小型竖穴土坑墓，墓室面积多在2～6平方米，少有超过10平方米者。墓葬分布相对集中，通常是二、三座墓或四、五座墓集中分布，未见众多墓葬集中的专用墓地。墓葬通常就埋在同时期的房址周围，与二里头时期的墓葬分布特征相似。

该发掘区的商代墓葬，多数为单人仰身或俯身直肢葬，偶见双人或四人同穴合葬墓。

出土随葬品较少，多数仅随葬数件或一件陶器，无随葬品的墓葬也不少。规格稍高的墓葬多被盗掘，像T1711M508这样保存完整的铜器墓发现很少。

铜器墓M508为土坑竖穴墓，方向90度。红漆单棺，无椁，有熟土二层台，长方形腰坑内殉一狗。随葬的铜器有鼎、簋、甗、觚、爵、戈、凿各1件和锛2件，均置于二层台上。墓主人口含1件小玉饰和1枚贝，骨盆处有1件蚌饰。

七 结语

本发掘区南侧的同乐花园南区、西侧的市体育馆和东部的市博物馆文物库房等处以前的发掘各有侧重，有的重在墓葬，有的重在房基，本次发掘则是系统布方，全面发掘，获得了大批极具学术价值的资料。

本次发现的多条道路，路面宽阔，铺设考究，系殷墟发掘80年来在道路网络方面的重要发现，为殷墟都邑的布局研究提供了重要资料。

新发现的3座巨型灰土坑，其周围分布着众多夯土建筑，并有排水道通向巨型坑，有的坑边局部还有石子路面。初步判断，这些巨型坑应是商人取土建房留下的，并经过修整，成为周围夯土建筑围绕的小型池苑遗址。

以前殷墟区域内地下水位较高，水井和较深的墓葬均无法清理到底。近年来该区域地下水位下降，本次发掘共发现30余眼水井，均清理到底，它们对了解晚商水井的形制、建造方式、空间布局和打水用具等提供了重要资料。多座水井底部出土与打水无关的重要遗物，如铜器、精美铜器残片、青铜器盖和鹿角等，或与求雨等祭祀有关。另外，我们获得了该区域系统的水位线数据，为研究商代洹水流域的地下水文和古气候提供了重要资料。

在XII区道路L10南北两侧发现的大量祭祀性遗存，均呈坑状分布，每一坑内所埋藏的牺牲应是一次祭祀活动的遗存，牺牲种类和数量反映的应为一次祭祀的用牲组合，将之与甲骨刻辞中的祭祀辞例结合，将大大促进晚商时期祭祀礼仪的深入研究。

发掘过程中，我们采收了大量用于室内检测的系列样品，包括大量的动、植物标本和近3000个木炭标本，对研究本发掘区域商代动、植物群等提供了丰富资料。

撰稿人：岳洪彬　岳占伟

参 考 文 献

● 中国社会科学院考古研究所安阳工作队：《河南安阳市殷墟刘家庄北地2008年发掘简报》，《考古》2009年第7期。
● 中国社会科学院考古研究所安阳工作队：《河南安阳市殷墟刘家庄北地2010～2011年发掘简报》、《河南安阳市殷墟刘家庄北地制陶作坊遗址的发掘》，《考古》2012年第12期。
● 中国社会科学院考古研究所：《殷墟发掘报告（1958～1961）》，文物出版社，1987年。

房址 F1 柱网结构（东→西）

T1812G24 局部（西北→东南）

道路 L10 和祭祀遗存

井 J31 底部

祭祀坑 T1411H524

○ 河南安阳殷墟刘家庄北地

沟槽内木质桥架遗存

2008ALNJ30 出土铜四足方盉

H326 出土铜器

J31 出土铜觥盖

J31 出土铜卣的兽头饰

济南大辛庄商代居址与墓葬

一 引言

大辛庄遗址位于济南市历城区王舍人镇大辛庄村东南。文物保护标志所在位置为东经117°06′36″，北纬36°42′67″，海拔32米。遗址地势南高北低，一条深1~2米的冲沟作东南—西北向从遗址中心穿过。山东省文管处于20世纪50年代对遗址做过勘探和试掘。

1984年秋曾主要在沟西区进行考古发掘，另在沟东区做了小范围的清理。发掘显示，沟西区商文化堆积丰厚，年代涵盖了自二里冈上层至殷墟四期商文化发展的全过程。发现的遗迹包括房址、灰坑和水井等，似为当时的生活区。沟东区主要是墓葬，时代限于商代晚期。

大辛庄商文化遗存如上分布，是否暗示商人聚居期间对聚落空间的利用存在着时间先后和功能分区？大辛庄遗址除了商文化遗存之外，还包含有龙山、周代和汉代等不同时期的文化堆积，各时期聚落的面积多大？不同时期的聚落在当时有什么样的地位？为回答这些问题，我们发掘前对遗址及周围90平方公里的范围进行了系统调查。

通过调查，我们明确了各时期聚落的分布状况。进而对商文化堆积较丰富的区域做了重点钻探，探明了商文化遗存分布已达30万平方米，向东延至张马屯村南，向南也已越过胶济铁路，大大超出先前划定的界限。调查还显示，与沟西区一样，沟东区也同样存在着丰富的商代早中期文化堆积。而且，沟东区地表采集的陶片较大，显示该区很可能有墓葬。

2003年，山东大学东方考古研究中心、山东省文物考古研究所和济南市考古研究所组成考古队对大辛庄遗址进行了为期3个月的考古发掘，发掘取得了重要收获，其中有关商代甲骨文的资料已做过报道。现重点介绍商代遗址与墓葬发掘的相关收获。

此次发掘地点在蝎子沟以东，开探方39个，实际发掘面积约630平方米。其中2个探方在遗址最东端，其他探方则较集中。为叙述方便，仍分出西区和东区。

二 主要发现

（一）遗迹

西区最为重要的收获之一，是发现一组商代早期的遗迹（主要是灰坑）。其中的H690大型圆形窖穴，穴壁陡直，加工平整光滑。坑底全部铺木板。南壁中部掏挖有两级台阶，应是窖穴出入口。坑底中央有一个圆形柱洞。窖穴废弃后的堆积共分为14层，包含物异常丰富，既有大量的动物骨骼、鱼刺和鱼鳞等食剩的废弃物，也有制作骨角器的废料，同时还发现有原始青瓷、金箔残片和卜骨等。能复原或基本复原的陶器50余件。陶器中以典型的商式器物为主，同时也包括一定数量的属于大辛庄商文化"第二类遗存"的器物。前者主要是灰陶绳纹类器物，器形有鬲、甗、假腹豆、簋、盆、澄滤器、圜底尊和大口尊等，器物组合和形制特征与郑州二里冈下层二期者相同。后者以素面褐陶类器物为主，也包括两类陶器：一类为岳石文化晚期的常见器物，属典型的土著式陶器，器形有鼎、甗、大口罐和豆等；另一类是融合了商式和土著式两种因素而形成的器物群，器形有素面鬲、簋和深腹盆等。

西区还发现两处保存较好的商代墓地。西区南部的是一处属于中商时期的墓地，已发掘墓葬17座。墓葬排列整齐，相互没有打破关系。墓葬自东至西、自南至北，年代越来越晚，时代跨越中商文化中晚期，下限或可到殷墟早期。墓葬均为竖穴土坑，墓主头向西南，方向在230度左右。较早的几座墓没有腰坑，其他多数均发现有腰坑殉狗，而且时代越晚，殉狗之风越普遍。少数墓葬留有生土二层台，个别墓葬还发现头厢和脚厢。

M107是该墓地时代最早的一座墓葬。未见葬具。墓圹内发现人骨架2具。1号人骨架为成年人，身长1.66米，仰身直肢，身下铺有一层薄薄的朱砂。2号人骨架为一少年，身长1.04米，侧身屈肢。该墓共出土随葬品6件，均靠近1号人骨，其中铜觚、铜爵各1件，放置在1号人骨右上肢附近，玉柄形器1件和海贝3枚出土于1号人骨胸部。

M106是该墓地中时代较早、规格最高的一座。墓内铺有朱砂。葬具为一棺一椁。墓主人在棺内正中，骨骼腐朽呈粉末状。棺椁之间有4具殉人，骨骼保存相对较好。该墓出土随葬品丰富，共发现包括青铜器和玉器在内的各类随葬品40余件，其中铜器11件，组合为觚、爵、斝、尊和卣等。玉器19件，器形有戈、钺、圭、璧戚、璜和柄形器等，另有海贝一组，完整者6枚。该墓葬规格之高，随葬器物种类之齐全，在我国东部地区中商时代的墓葬中实属罕见。其中的一对铜尊器形硕大，制作精细，在我国东部地区属首次出土。玉戈、圭、钺和璧戚等所用玉料上乘，磨制精细，丝毫不亚于郑州商城出土的同类器物。从铜器组合、器形和纹饰等特征分析，M106的时代属于中商文化中期。

北区较为重要的发现是发现了一处商代晚期墓地，已发掘墓葬7座，时代约相当于殷墟文化三期。这一时期墓主人头向一般为190度左右，与中商时期明显不同。此期墓葬都有腰坑，殉狗之风尤盛。

M74的葬具为一棺一椁，棺底铺设朱砂。有腰坑，坑内殉狗。墓主人骨架保存极差。从残存痕迹看，为仰身直肢，身高1.58米。除了腰坑殉狗之外，还在二层台上发现20条殉狗，1具殉人。殉人被压在殉狗层之下，骨架保存较好，身高1.52米，为仰身直肢，人骨下也撒有朱砂。该墓随葬青铜器5件，计有鼎1件、觚1件、爵1件、铃2件，另有玉柄形器1件。其中玉柄形器位于墓主人小腹处，铜铃出土于棺内左侧，其他3件青铜器均出自棺椁之间。此墓南端被一个汉代水井打破，随葬陶器已不存。从出土的青铜器看，时代约相当于殷墟三期偏晚阶段。

东区的主要收获之一是商代甲骨文的发现。最大的1件甲骨所属的原生层位是第5B层，层面上有明显的踩踏痕迹。另2件小片的刻辞龟甲分别出于第5B层和第5A层。关于刻辞甲骨所属的时代，可以通过打破第5A、5B层的一组墓葬和第5B层下开口的H547判断。

这组墓葬为M62、M72和M86，均开口于第2层即扰乱层之下。3座墓葬在形制、方向和规格上均存在相似或相同之处。M72棺底铺朱砂，葬具为一棺一椁。随葬品中，铜器被置于棺内或棺椁之间，陶器则放置在头端椁外填土中。该墓殉狗11条，1条在腰坑内，其余置于二层台上。该墓出土的陶器和铜器具有殷墟三期文化的特点，尤其接近于殷墟三期晚段的同类器。

H547为圆形袋状坑。形状规整，底部平坦。坑内出土2件可以复原的陶鬲和1件陶豆，具有殷墟二期文化的特点，更接近于殷墟二期晚段。

东区和西区还发现有商代晚期半地穴式和平地式房屋基址。有的平地式建筑基址（HT2）挖有宽1.5、深1.5米的基槽，当属大型建筑基址，基址的面积和形制尚有待于进一步廓清。此外，北区和东区还发现有祭祀坑，用于祭祀的动物包括牛、猪和羊等。

（二）遗物

2003年的发掘出土了大量遗物，其中H690、M106、M72、M86、H547等遗物都较丰富。

H690出土器物以典型的商式器物为主，同时也有融合了岳石文化和商文化两种文化因素的器物。主要是陶器，器形有绳纹鬲、素面鬲、刻槽盆、鼎、大口罐等。

绳纹鬲　H690∶128，长方体器。夹砂灰陶。斜方唇，沿面内凹，折沿，束颈，腹略鼓，分裆，实足较高，与地面垂直。通体饰中绳纹，口沿下及颈部绳纹抹平。

刻槽盆　H690：131，泥质灰陶。敞口，叠唇，于口沿一侧捏出短流，腹壁较直，下腹部内收，圜底。器内壁及底部有刻槽，器表饰斜向中绳纹。

簋　H690：130，泥质褐陶。敞口，斜折沿，方唇，弧腹，圜底，圈足。磨光，沿下及上腹部饰两周凸弦纹，圈足部饰一周凹弦纹。

鼎　H690：7，夹砂褐陶。方唇，折沿，鼓腹，平底，三锥状足略外撇。器表有蓖刮痕。

M106出土了很多铜器和玉器，铜器有觚、爵、斝、尊、提梁卣等，玉器有戈、圭等。

铜觚　3件。M106：1，喇叭口，束腰，腰较粗，高圈足。腰部饰一周兽面纹带，其上饰三周凸弦纹，下有两个对称的十字形镂孔。

铜斝　2件。M106：9，侈口，束颈，鼓腹，条形鋬，分裆，空尖锥足，足呈四棱形，棱线分明，足外撇。口沿立两柱，分别对应一足，柱体呈四棱形，柱上有菌形钮，钮上有乳头状突起。颈部饰凸弦纹三周，柱面饰涡纹，鋬的内侧留有清楚的范线。M106：4，侈口，束颈，底微下垂。"〈"形鋬，空尖锥足外撇。口沿立两柱，分别对应一足。柱上有菌形钮，柱面饰涡纹。颈饰勾连云纹及连珠纹。

铜尊　2件。M106：5，口近直，方唇，斜折沿，高颈，折肩，斜弧腹，圈足。颈部饰凸弦纹三周，肩、腹和圈足均饰由联珠纹和兽面纹组成的纹带，圈足纹带的上部有三个等距离分布的镂孔。因棺椁塌陷，器物上部被挤压变形。

铜提梁卣　1件。M106：21，口外斜，肩、腹相交处有阶，圆鼓腹，圈足，近底处外凸作宽唇状。肩有双耳与提梁相连，提梁为倒"U"字形。有盖，盖与提梁有环相套连。肩部为联珠纹和鸟纹带，腹部饰乳丁六枚和菱形几何纹，圈足上部饰凸弦纹一周，提梁饰"人"字形纹。

玉戈　M106：2，乳白色。直内，有阑，长援，尖首，双面刃，正面内及援中间出脊，背面脊线只限于援近锋部，背面近阑处援面微下凹，内部有切割时留下的台面。阑部有穿，一面钻。内端出刃，内部右上角残断，经磨平。

玉圭　M106：7，青玉。长条形，两侧有刃，顶端微残，经磨平。底端亦残，但未经任何加工。素面，抛光精细，右上角有白色沁痕。

M72和M86内出土青铜器和陶器，铜器有觚、爵、鼎等，陶器有鬲、豆、簋等。

铜觚　M72：9，该器锈蚀严重。喇叭口，束腰，腰较细，高圈足，足切地处下折成直角。腰、足部均饰由雷纹组成的二组兽面纹，腹与足部的兽面纹之间饰凸弦纹三周，并有四个两两对称的十字形镂孔。M86：2形制和前者相同，足部微残。腰部有两条对称的扉棱，饰两组兽面纹，足部饰云雷纹和乳丁纹，腰、足之间加饰两周凸弦纹，两周凸弦纹被两个对称分布的竖向长方形镂孔所隔断。

铜爵　M72：8，窄长流，尖尾，双立柱细高，菌形顶，卵形底，带形半圆形鋬，三棱形尖锥状足。柱顶饰圆涡纹，器鋬一侧的腹部饰凸弦纹三周，鋬下铸阴文族徽。M86：1，窄长流，尖尾，双立柱，菌形顶，卵形底，带形半圆形鋬，三棱形尖锥状足。柱顶饰圆涡纹，器腹饰二组兽面纹，鋬下铸有阴文族徽，铸文下部突起，字迹漫漶不清，从残存上部推测与M72：8的铭文相同。

铜鼎　M72：1,窄方唇，斜折沿，口近直，双立耳，深腹，腹壁近直，圜底，三柱形实足。口沿下有一周凸起带，上有九个圆饼形装饰，圆饼上饰乳丁。足部外侧及其所对应的器壁上有清晰的范线。通体有浓重的烟炱痕。

铜矛　M72：7，宽长叶形，向下接近骹口，叶末有对称的小孔，骹截面呈菱形。

陶鬲　M72：13，夹砂浅灰陶。口部变形，略呈椭圆形，窄方唇，折沿，腹壁近直，分裆。通体饰中绳纹，颈部绳纹抹平。

陶簋　M72：11，泥质深灰陶。圆唇，平折沿，高颈微束，腹部微鼓，下腹内收，器底下垂，高圈足。

H547内出土的器物有陶器和甲骨等。

陶鬲　2件，形制相同，器形接近正方体。H547：18，夹砂灰陶。斜折沿，方唇，唇面起凸棱，腹下部外鼓，分裆，袋足，有明显的实足尖。通体饰中绳纹，颈部和实足尖部有抹平绳纹。

陶豆　H547：25，泥质灰陶。敛口，浅盘，粗短柄，圈足。盘下饰绳纹。

三　结语

大辛庄遗址1984年的发掘曾对建立鲁北地区商文化年代序列起了重要作用，发掘者曾据此将这一地区的商文化分为七期。此次发掘集中发现了一批大辛庄一至四期遗存，尤其是一组"中商文化"墓地的发现，年代跨越大辛庄商文化二至四期，大大完善了此阶段的分期编年。此外，1984年发掘出土的大辛庄六、七期（相当于殷墟三、四期）遗存非常有限，以至有学者对大辛庄乃至鲁北地区是否存在这一时期的商文化遗存产生疑问。新的发掘资料对于此两期有所补充，进一步完善了鲁北乃至整个山东地区商文化的年代序列。

大辛庄一期的商文化与二里冈上层一期相当，上限可能早到二里冈下层二期。这是山东境内所见最早的商文化遗存。这组遗存中典型商式器物与岳石文化器物共出，同时见有融合了两种文化因素的陶器。这为进一步探索商夷关系和大辛庄类型的性质提供了实物资料。

商代甲骨文是此次发掘的重大收获。商代甲骨文过去只出土于安阳殷墟和郑州商代都城遗址，其中后者是采集品。因此，大辛庄遗址出土的甲骨文是在商代都城以外首次出土的商代卜辞，意义重大。从地层关系分析，大辛庄甲骨文的年代不会早于殷墟二期晚段，也不会晚于殷墟三期晚段，属于殷墟二期晚段和三期早段的可能性最大。M72和M86出土铜爵上的铭文是大辛庄遗址首次出土的铜器铭文，应该属于族徽。该族徽不见于以往著录，因此这也为商代宗族组织的研究提供了新的文字资料。上述考古发现对重新审视大辛庄遗址的性质，认识商王朝与周边地区特别是与东方地区的关系，探索商代政治制度和社会组织关系极为重要。

发掘中，我们对土壤过筛，对400余个遗迹单位的土壤作了浮选，收集到包括动物、植物和土壤等大量自然遗物标本，为研究当时的生态环境、当地居民的食物结构和动植物遗存的文化含义提供了珍贵资料。

撰稿人：方　辉　陈雪香　党　浩　房道国

参 考 文 献

- 山东大学东方考古研究中心等：《济南市大辛庄商代居址与墓葬》，《考古》2004年第7期。
- 山东大学东方考古研究中心、山东省文物考古研究所、济南市考古研究所：《济南市大辛庄遗址出土商代甲骨文》，《考古》2003年第6期。
- 方辉：《济南大辛庄出土商代甲骨文》，《中国历史文物》2003年第3期。
- 山东大学历史系考古专业等：《1984年秋济南大辛庄遗址试掘述要》，《文物》1995年第6期。

M74（东→西）

M106（东北→西南）　　　　　　　刻辞卜甲（T2302⑤B∶1）

济南大辛庄商代居址与墓葬

铜爵（M86：1）

铜觚（M72：9）

铜斝（M106：9）

铜鼎（M72：1）

陶鬲（H547：18）

铜矛（M72：7）

玉戈（M106：2）

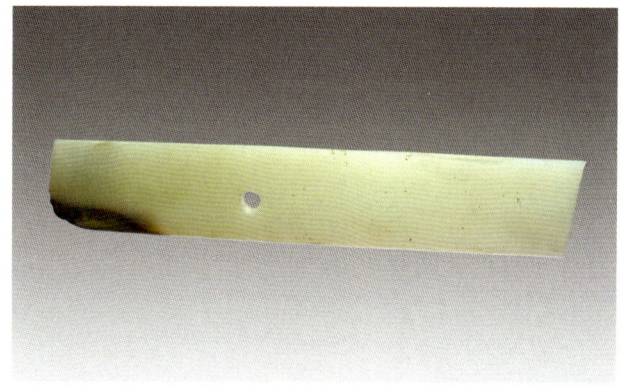

玉圭（M106：7）

成都金沙遗址

一 引言

金沙遗址位于成都市西郊。自2001年初发现以来，经过大规模的考古发掘，出土了大量金器、铜器、玉器、石器及象牙等珍贵文物，同时还发现许多极为特殊的遗迹现象，引起了学术界的广泛关注。遗址位置在成都市区西部的二环路与三环路之间，东距市中心5公里，地处青羊区苏坡乡金沙村和金牛区黄忠村，分布范围约有3平方公里。摸底河由西向东横穿遗址中部，河北为黄忠村，南为金沙村。遗址东南面是十二桥商周遗址群，整个范围绵延达10余公里。而东北相去约8公里处是羊子山土台遗址；往北约38公里即是广汉三星堆遗址。

二 发现与发掘经过

2001年2月8日，青羊区金沙村修建"蜀风花园城"大街下水沟时，在施工区内发现了大量玉石器、铜器和象牙。成都市文物考古研究所闻讯后立即派员赶赴现场调查，并于次日开展考古发掘。随后，对位于摸底河以南的青羊区金沙村"蜀风花园城"内的"梅苑"、"兰苑"、"体育公园"几个地点和"金沙园"进行了全面的文物勘探，勘探面积达1平方公里。在此范围内确认了4处重点堆积区，对其中3处进行了发掘，发掘总面积共计约17000余平方米，初步了解到该遗址的文化内涵及性质。

"梅苑"的文化堆积范围约80000平方米，集中于此地点的中、北部。2001年2～6月，在"梅苑"东北部的发掘面积达3625平方米。在约1000平方米范围内的西周地层中出土了700余件金器、铜器、玉器、卜甲等重要文物，并伴出大量象牙和陶器。同时，在该区域发现了三处特殊的遗迹现象，即"象牙堆积坑"、"石壁、石璋堆积区"和"野猪獠牙、鹿角、美石堆积区"。

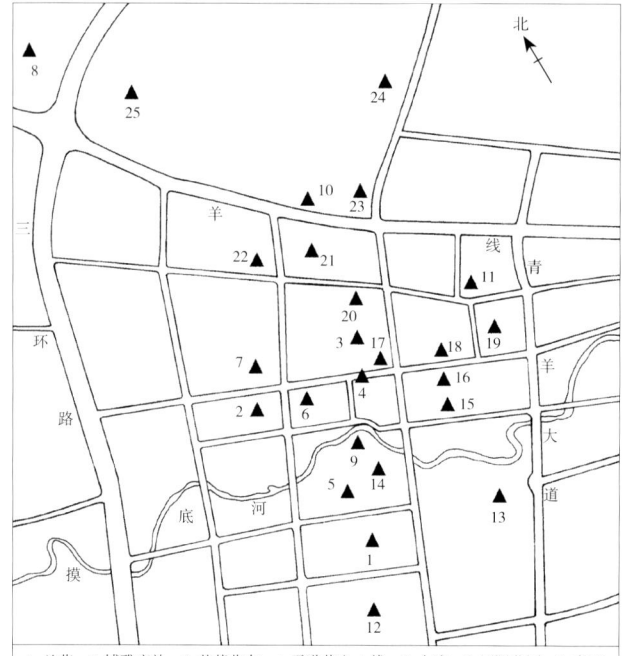

1. 兰苑 2. 博雅庭韵 3. 芙蓉苑南 4. 干道黄忠A线 5. 人防 6. 国际花园 7. 春雨花间 8. 精品房 9. 蜀风花园 10. 西城天下 11. 三合花园 12. 汉隆 13. 梅苑 14. 燕沙庭院 15. 将王府 16. 金煜 17. 金牛区交通局 18. 罡正 19. 黄忠小区 20. 芙蓉苑北 21. 金都花园 22. 御都花园 23. 羊871综合楼 24. 金港湾 25. 家在回廊

金沙遗址主要发掘点分布示意图

"兰苑"的文化堆积范围约20000平方米。2001年7月～2002年1月，大规模发掘的面积达13450平方米。发现了大量的房屋建筑、红烧土堆积、成排的窖穴、400余个灰坑、90余座墓葬、3座陶窑等，出土数以万计的陶器和少量玉石器、铜器、金器等。

"体育公园"的文化堆积范围约有36000平方米。2001年10～11月，对该区域的两个地点进行试掘，揭露面积162平方米。发现建筑遗迹、红烧土堆积和15座墓葬。

三 遗迹

金沙遗址中发现的遗迹较为丰富，种类多样。

房址均为挖基槽的木（竹）骨泥墙式建筑。一种在基槽内仅有密集的小柱洞，房址面积一般较小；另一种则不仅有密集的小柱洞，间隔1米左右还有一大柱洞，房屋面积也较大。房址的方向多为西北—东南向。

陶窑均为小型馒头窑，由工作面、窑门火膛、窑室等部分组成，窑室多呈前低后高的斜坡状，烧结层较薄，仅2~3厘米，表明使用时间较短。

墓葬均为竖穴土坑墓，墓向为西北—东南向，头向以朝东南为主。包括一次葬和二次葬，一次葬均为仰身直肢。多数墓葬不见随葬品，有随葬品的主要是陶器；有5座墓随葬品较丰富，包括陶器和少量铜器、玉器等。

窖穴、灰坑多呈圆形，窖穴有成排分布的现象，其中一座窖穴中出土了许多无实用价值的特殊陶器。

象牙堆积坑位于"梅苑"发掘区的东部。已遭破坏，现存部分呈三角形，残长160、宽60厘米。坑内填土分两层，第1层为褐色土，第2层为沙土，在沙土中有规律地平行放置了大量象牙。象牙堆积共分8层，单件最长者近150厘米，初步鉴定系亚洲象。在坑内还存有大量的玉器和铜器。

石璧、石璋堆积区位于"梅苑"发掘区的南部，分布面积约300平方米。此处石璧、石璋分布密集，呈西北高、东南低的倾斜堆积，层层叠压，器物之间多有黄土相隔。

野猪獠牙、鹿角、美石堆积区位于"梅苑"发掘区的北部，分布面积在300平方米以上。其中，出土的獠牙全系野猪下犬齿，应是经过专门挑选的。

四 遗物

目前，金沙遗址出土的重要文物共2000余件，包括金器40余件、玉器900余件、铜器700余件、石器近300件及象牙器、骨器40余件等，此外还出土了大量象牙和数以万计的陶器及残陶片。

金器有面具、金带、喇叭形器、盒形器和太阳神鸟、蛙形等图案的金箔，以及大量器物残片。金带上装饰的鸟、鱼、箭和人头的组合图案与广汉三星堆一号坑金杖上的图案几乎完全相同。

铜器器形较小，主要有立人像、牛首形饰、戈、璧形器、方孔形器、眼形器、铃、贝等。立人像高约20厘米，立于座上，双手握于胸前，与三星堆二号坑青铜立人像的造型风格十分相近。出土有大型铜器附件、少量铜尊圈足和大型铜异形器残片，提供了大型青铜器存在的信息。

玉器主要有琮、璧形器、璋、钺、戈、凿、矛、镯、环、贝等。在大部分玉璋的栏部阴刻弦纹上都涂有朱砂。

石器发现有跪坐人像、虎、蛇、龟、钺、璋、璧、斧、锛、凿等，其中跪坐人像、虎、蛇的眼、耳、口部都涂有朱砂。

金沙遗址所出的金、铜、玉、石器等，总体风格与三星堆一、二号坑出土器物一致，如金面具、金带、铜立人像、铜璧形器、铜方孔形器、玉璋、玉璧形器、玉戈、玉凿、石蛇等的造型风格和图案纹样，两地都基本相同，表明这两个遗址有着较为密切的渊源关系。但金沙遗址同时也显示出较强的自身特色，金器数量大，形制多样；玉器数量多，种类也较齐全；出土了众多的圆雕石像（如跪坐人像、石虎、石蛇等），在同类遗址中极其少见；发现数以吨计的象牙则更是罕见。

遗址中出土陶器主要有小平底罐、高柄豆、瓶、盂、尖底盏、尖底杯、高领罐、圈足罐、圈足杯及高柄杯形器座、束腰形器座等。其中小平底罐、高柄豆、瓶、盂等反映了金沙遗址与三星堆文化的承袭关系。尖底盏、尖底杯、高领罐、圈足罐、圈足杯等则是十二桥文化的典型器物，时代约相当于商代晚期至春秋时期。

五 时代及文化性质

目前的研究成果已初步建立起成都平原先秦考古

学文化谱系和编年体系，在此基础上，可以对金沙遗址的时代和文化性质加以考察。"梅苑"东北部第7层出土的尖底杯和圈足罐、高领罐等与十二桥文化一期晚段的陶器相同或相近，时代当在西周早期；第6层遗物较少，总体风格与第7层接近，时代不会相差太远；第5层出土的喇叭口罐、直口尖底盏等是十二桥文化二期晚段的典型陶器，时代约为春秋前期。该区域文化堆积延续时间较长，约从商代晚期至春秋前期，玉石器、铜器、金器在西周早期地层中才开始出现。"兰苑"发掘区的陶器主要有小平底罐、敛口尖底盏、尖底杯、高柄豆、高柄杯形器座、盉等，与十二桥文化一期早段和晚段偏早的陶器群相近，时代当在商代晚期至周初。"体育公园"墓葬中出土的尖底杯，形制与十二桥文化一期晚段的同类器相似，时代约为西周早期。根据目前的资料，我们初步认为金沙遗址的年代上限约在商代晚期，下限可至春秋，其主体文化遗存的时代当在商代晚期至西周早期，属十二桥文化阶段。

金沙遗址中，"梅苑"东北部是一个较为特殊的区域，出土了2000余件金器、铜器、玉器、石器等礼仪性用具及大量的象牙、卜甲等，还发现"象牙堆积坑"、"石璧、石璋堆积区"、"野猪獠牙、鹿角、美石堆积区"三处特殊的遗迹现象。这些遗迹现象各有分布范围，具有一定的布局和功能分区。在该区域的西部还发现了大量的卜甲，应与宗教祭祀活动有关。

我们认为，"梅苑"东北部可能是宗教仪式活动区，它与北部的黄忠村"三和苑"的重要居住区隔摸底河相望，相距约800米。在"兰苑"发掘区内发现大量的房址、窖穴、灰坑和墓葬，出土数以万计的日用陶器，这里也有着一定的布局，推测应是居住区和墓葬区。"体育公园"发掘区原来也属居住区，废弃后成为墓地。

金沙遗址的分布范围在3平方公里以上，整个遗址区内存在复杂的布局结构，每一文化堆积区内也有一定布局；出土有大量礼仪性用器，发现一些与宗教相关的特殊遗迹现象。这些均表明它是一处大型古蜀文化中心聚落遗址，有可能是古蜀国在商代晚期至西周时期的都邑所在。

六 结语

古蜀文化是中国青铜文化重要的组成部分，是我国青铜时代独具特色的区域文化。金沙遗址的发现，极大地丰富了古蜀文化的内涵与外延，为探索古蜀文明提供了大量的实物资料。通过发掘和研究，可以揭示该遗址与三星堆遗址之间的关系，破译许多古蜀文化未解之谜，推动商周时期成都平原考古学文化序列的建立和完善。

金沙遗址出土的玉璋、玉钺、玉戈，多节人面纹玉琮、条状玉凿、玉箍形器，玉凹刃凿形器、有领玉璧形器等分别与中原地区夏商文化、长江下游地区的古文化以及东南亚同时期青铜文化中的同类器相同或相近，为研究古蜀文化与这些地区的青铜文化之间的关系提供了重要的实物资料。

金沙遗址是四川省继三星堆遗址之后最为重大的考古发现，它是商代晚期至西周时期古蜀国在成都平原兴起的一个政治、经济、文化中心聚落。重要居住区、宗教礼仪活动区、一般居住区和墓地等的发现，对于研究商周时期都邑遗址的布局结构和功能分区具有重要意义。

金沙遗址出土的大量玉器为研究古代玉器的制作工艺、流程，探讨商周时期的玉器文化提供了一批珍贵的实物资料。

撰稿人：张 擎 周志清 朱章义

参考文献

- 成都市文物考古研究所：《成都金沙遗址的发现与发掘》，《考古》2002年第7期。
- 成都市文物考古研究所、北京大学考古文博学院：《金沙淘珍》，文物出版社，2002年。
- 成都市文物考古研究所：《成都市金沙遗址Ⅰ区"梅苑"地点发掘一期简报》，《文物》2004年第4期。
- 成都市文物考古研究所：《成都市金沙遗址兰苑地点发掘简报》，《成都考古发现2001》，科学出版社，2003年。
- 江章华：《金沙遗址的初步分析》，《文物》2010年第2期。
- 成都文物考古研究所：《成都市金沙遗址兰苑地点发掘简报》，《成都考古发现2001》，科学出版社，2003年。
- 成都文物考古研究所：《成都金沙遗址万博地点考古勘探与发掘收获》，《成都考古发现2002》，科学出版社，2004年。
- 成都文物考古研究所：《金沙村遗址芙蓉苑南地点发掘简报》，《成都考古发现2003》，科学出版社，2005年。
- 成都文物考古研究所：《2001年金沙遗址干道黄忠A线地点发掘简报》，《成都考古发现2003》，科学出版社，2005年。
- 成都文物考古研究所：《金沙村遗址人防地点发掘简报》，《成都考古发现2003》，科学出版社，2005年。
- 成都文物考古研究所：《金沙遗址国际花园地点发掘简报》，《成都考古发现2004》，科学出版社，2006年。
- 成都文物考古研究所：《成都市金沙遗址春雨花间地点发掘简报》，《成都考古发现2004》，科学出版社，2006年。
- 成都文物考古研究所：《成都市金沙遗址郎家村精品房地点发掘简报》，《成都考古发现2004》，科学出版社，2006年。
- 成都文物考古研究所：《金沙遗址蜀风花园城二期地点试掘简报》，《成都考古发现2001》，科学出版社，2003年。
- 成都文物考古研究所：《成都市金沙遗址西城天下地点发掘》，《成都考古发现2005》，科学出版社，2007年。
- 成都文物考古研究所：《成都市黄忠村遗址1999年度发掘的主要收获》，《成都考古发现1999》，科学出版社，2001年。
- 成都文物考古研究所：《成都十二桥遗址新一村发掘简报》，《成都考古发现2002》，科学出版社，2004年。
- 成都文物考古研究所：《成都市高新西区国腾二期商周遗址试掘简报》，《成都考古发现2003》，科学出版社，2005年。
- 成都文物考古研究所：《成都市高新四区大唐电信二期商周遗址试掘简报》，《成都考古发现2003》，科学出版社，2005年。
- 成都文物考古研究所：《成都市高新西区万安花药业包装厂商周遗址试掘简报》，《成都考古发现2003》，科学出版社，2005年。
- 成都文物考古研究所：《成都市高新西区航空港古遗址发掘简报》，《成都考古发现2003》，科学出版社，2005年。
- 成都文物考古研究所：《成都高新西区四川方源科技地点古遗址发掘简报》，《成都考古发现2004》，科学出版社，2006年。
- 成都文物考古研究所：《西华大学新校区六号教学楼地点古遗址发掘简报》，《成都考古发现2004》，科学出版社，2006年。
- 成都文物考古研究所：《成都高新西区摩甫生物科技地点古遗址发掘简报》，《成都考古发现2004》，科学出版社，2006年。
- 成都文物考古研究所：《成都新锦西包装厂地点古遗址发掘简报》，《成都考古发现2004》，科学出版社，2006年。
- 成都文物考古研究所：《成都市中海国际社区商周遗址发掘简报》，《成都考古发现2005》，科学出版社，2007年。
- 成都文物考古研究所：《成都市高新西区顺江小区二期商周遗址发掘简报》，《成都考古发现2005》，科学出版社，2007年。

"兰苑"地点

"梅苑"地点 T8206 第 7 层出土玉器

"体育公园"地点墓地

玉刻槽形器

玉贝

○ 成都金沙遗址

石虎

玉人面

金面具

太阳神鸟金箔饰

玉璋

玉戈

神面纹玉琮

铜带柄璧形器

浙江东苕溪中游商代原始瓷窑址群

一 引言

东苕溪位于浙江省北部，发源于天目山脉，迤逦向东，流经临安市东部青山湖地区，在杭州市余杭镇折向北边的良渚文化中心分布区——良渚、瓶窑一带，穿良渚古城的西北角至德清境内，纵贯德清与湖州中部，在湖州市区与西苕溪汇合，向北注入太湖。所流经的地域是西部高大的天目山脉向东部太湖平原过渡的丘陵地带，低山起伏，山上有丰富的瓷土、烧料，山下河网密布，运输便利，制瓷条件优越。以德清为中心、包括湖州南部地区的东苕溪中游地区是商周原始瓷窑址的最重要分布区，尤其是春秋战国时期窑址，规模大、产品质量高，且大量烧造仿青铜礼器与乐器产品，许多器物几乎可以与汉代青瓷相媲美。但在东苕溪中游商周原始瓷窑址群中，商代窑址的发现与研究一直是薄弱的环节。

2010年初，浙江省文物考古研究所"瓷之源"课题组会同湖州市博物馆、德清县博物馆对东苕溪流域商代原始瓷窑址进行了专题调查，共发现商代窑址20多处，集中于德清龙山与湖州青山片区。

龙山片区商代窑址群与春秋战国时期窑址群基本重叠，约2平方公里的区域内发现窑址近10处，产品以印纹硬陶为主，还有少量原始瓷器。印纹硬陶器类较为单一，多为大型的罐或坛类器物，高领、圆肩、深腹、凹圜底或低矮大圈足，通体拍印云雷纹，纹饰细密、排列杂乱；内壁密布拍印纹饰时撑垫形成的凹窝。器物胎色较深，多数呈深灰或紫红色，胎质细腻，烧制火候高，部分器物肩部有极薄而不均匀的光亮层。原始瓷器数量较少，可见的器类均为豆，豆柄呈长喇叭形，胎色灰白，胎质细腻、坚致，烧制火候极高，豆盘内壁有釉，釉层较薄，有一定的玻璃质感。

青山片区位于龙山片区的下游，两地直线距离不足10公里，面积与龙山片区接近。目前在青山片区发现商代窑址10多处，产品分为两种类型。一类接近于龙山类型，以印纹硬陶为主，器形主要是大型罐或坛类器物，但胎质多呈橘红色，云雷纹方正、规则，排列整齐。另一类几乎纯烧原始瓷，产品主要有豆、罐及盖、尊等，豆既有宽沿、深腹、足端带三个半圆形缺口的早期形态，也有敛口、高圈足的中间形态与直口、高圈足的晚期形态。胎色呈灰白色或青灰色，胎质细腻、坚致，烧制火候高，釉层明显。代表窑址有南山、周家山窑址等。时代初步判定均为商代，最早从商代早期开始，一直延续到商代晚期。

二 南山商代原始瓷窑址

南山窑址（原称老鼠山窑址）位于湖州市东林镇南山村西边约100米的小山上，属湖州青山片区。窑址所在小山海拔仅12米，地处东苕溪畔，山坡近处有河道与东苕溪相连。由于新农村建设，窑址所在区域被划入平整土地范围。此处的窑址有两处，分别位于小山的西北坡与东南坡，即第Ⅰ与第Ⅱ号地点。2012年主要针对第Ⅰ号地点进行了发掘，第Ⅱ号地点仅作小规模试掘。

（一）遗迹

窑址遗迹现象较为丰富，本次发掘共揭露窑炉3条、灰坑8个、贮料坑2个、水沟1条、柱洞若干个，出土大量原始瓷器，以及部分可能是窑具的器物。发掘资料表明，南山窑址是商代一处几乎纯烧原始瓷的窑场，最早可到商代早期。窑址地层堆积丰富，窑炉保存完整，产品以瓷土作胎，人工施釉痕迹明显，器物演变序列清晰，是目前已发掘最早的原始瓷窑址。

窑址废品堆积分布范围不大，约400平方米，主体堆积最厚处超过1.2米。地层丰富，叠压清晰，早晚关系明确。地层最厚处可划分为15层。遗迹主要围绕废品堆积分布，中部略偏上坡处为窑炉遗迹，灰坑在北、西、南三面呈弧形分布，水沟位于东北角，柱洞主要集中在西边。

揭露的3条窑炉遗迹均修建在小山缓坡上，平面呈长条形，主体部分包括火门、火膛与窑床等，属富有南方地区特色的原始形态的龙窑窑炉。

3号窑炉遗迹（Y3）保存最好，窑床和火膛平面保存基本完整。通长7.1、最宽处2.4米，坡度15~21度。火膛位于窑床前端中部，呈长方形，与窑炉同向，后端与窑床相接处急收，但未形成断坎，两侧壁较宽，向中间凹弧，形成纵向长方形的凹槽，底面略呈斜坡状，坡度较窑床为缓。火膛底面为青灰色的烧结面，在整个窑炉中呈色最深，烧结程度较高。前壁保存不佳，原火膛口已被破坏。窑床底部为不平的青灰色烧结面，不见铺沙，整个尾部高低起伏最大。窑床的中部较为平坦，窑床前端近火膛部位有多块基岩外露，使底部凹凸不平。窑壁不甚平直，西壁保存较好，后段较差。窑壁厚约0.1米，烧结面不明显，不见青黑色烧结层，内壁呈土黄色，外壁呈橘红色。推测窑壁自底部开始起券拱顶。窑侧壁均未发现开边门，窑底也不见投柴孔烧造形成的灰黑色烧结底面，所以此时的窑床既不开窑门，也不用投柴孔。

与春秋战国时期的原始瓷龙窑相比，该窑址更原始。龙窑总体较短；火膛不甚规整，大体呈纵向长方形，与窑床无明确分界，所占范围大，几乎占窑炉的三分之一；窑床底部不平整，局部为高低不平的自然山岩，亦不见窑底铺沙现象；窑床坡度较大，最陡处达到21度。从发现的大量窑壁坍塌块来看，窑炉的修建方法为：在地面上挖出浅坑，用竹条类材料起拱，其上铺席类竹（或芦苇）编织物，再用草拌泥抹成型。从出土的圆柱形烧结块看，窑顶中间部位用柱支撑。据此分析，南山商代窑址的窑炉尚处于龙窑发展的起始阶段。

灰坑共发现8个，形状不同，功能各异。H10位于东面窑址堆积外围。大而规整，平面呈东西向长方形，坑底由南向北呈斜坡状。坑内纯净的淡黄色风化沙可能是上坡地表砂岩风化后随雨水冲积于坑内。H10完全开挖在生土岩层上，其上叠压有窑址废品堆积层。此坑南边上坡口高，北面下坡口低，再下坡有一条水沟，推测此长方形大坑是用作瓷土淘漂，瓷土原料在池内加水搅拌淘洗，粗粒沉于坑底，细腻瓷土随水漂浮，并越过北面坑口往下坡流入沟内进行沉淀。

其他遗迹还包括贮料坑、水沟和柱洞若干。

2个贮料坑均开凿在基岩上，形状不规整，坑壁和底部凹凸不平。坑口平面接近南北向长方形。坑口与坑底随生土岩面由南向北倾斜。北面朝窑炉的下坡部位，坑口收窄并略低，可能是坑的出入口。底部的中心岩基上发现范围很小的一薄层青灰色细黏土，与坑内后来形成的堆积土完全不同，应是此坑使用时残留的堆积物。

柱洞集中在窑址堆积的西边，并有瓷垫等制瓷工具出土，初步判断该区域为制瓷作坊区。

（二）遗物

出土遗物主要是原始瓷器，还有少量印纹硬陶器。原始瓷器以豆为主，贯穿始终，晚期出现大量罐及盖，与豆一起构成了本窑址的产品主体。还有一些簋、尊、盆、盘、钵、盂等，大部分器物作为礼器使用。原始瓷产品用瓷土作胎，多数胎质较为细腻、坚致，经过精心选择，但仍含有一定的杂质，胎土的处理较原始。人工施釉痕迹明显。少量器物内外施满釉，釉色青翠，釉层均匀，胎、釉结合好，玻璃质感强，多数器物釉层极薄、呈色不匀、仅局部有釉。除部分豆柄外，均轮制成型，部分器物手工修坯，器形规整。烧成质量好的产品从质地到釉色可与春秋战国时期的原始瓷媲美。按地层叠压关系及类型学的排比，可将出土器物分成五期。

第一期的器类单一，以豆为主，还有少量的钵、盂与印纹硬陶器。纹饰为云雷纹，拍印较为杂乱，重叠重复拍印。原始瓷器和印纹陶器的胎质一致，胎色浅灰，质量高的胎质细腻、坚致，烧结度高，多数器物含有极细的黑色斑点，气孔较多，或起泡现象较为严重。普遍施釉，质量差别较大。多数器物釉色呈较深的灰色，釉层薄，施釉不均匀，玻璃质感不强。制作方法为轮制成型并结合手工修整。豆盘及钵的内腹可见清晰的轮旋痕，豆盘及钵外下腹、豆柄外腹部、钵底部为手工修刮而成，豆柄内侧用片状工具掏挖而成。部分器物底部黏结有大块烧结块，为直接置于窑床上装烧，通常多件器物叠烧。

第二期的器类与第一期基本相同，以豆为主，还有少量的钵、盂与印纹硬陶器，新出现小罐与器盖。印纹硬陶发现极少，器形有侈口低领鼓腹罐，云雷纹除粗大者外，出现较浅细的形态，新出现较粗乱的席纹。胎釉与第一期相似，胎色浅灰，胎质较细但常见极细的黑色斑点，气泡也常见；多数器物釉极薄，少量器物青釉较佳。成型技术除沿用早期的轮制与手工修整相结合外，部分豆柄捏制，不再使用刮修技法，外腹手捏痕迹清晰，内腹上部仍用片状工具掏挖而成。豆仍为多件直接置于窑床上叠烧，豆盘内底常有清晰的叠烧痕迹，罐类器物外底与腹不见叠烧痕迹，可能是单件装烧。

第三期是承上启下的一期。器物类型与印纹陶纹饰、原始瓷装饰在此一期最为丰富。原始瓷除豆以外，罐亦成为主流产品。印纹陶还新出现短颈侈口罐、长颈直口罐、短颈直口罐、研钵、敛口罐等。纹饰方面，云雷纹少量仍较粗大，普遍较细小，排列较第一期整齐；大量席纹上升为主体纹饰。原始瓷胎色逐渐加深，除浅灰色胎外，新出现青灰色胎，胎体起大泡者少见。釉变化不大。成型上，除早期罐采用轮制与片状工具修整相结合及手制等做法外，出现豆盘、豆柄完全用轮制成型，豆盘内腹弦纹粗疏，豆盘外腹、豆柄内外壁光洁。不见窑具，装烧方法与第二期基本相同。

第四期的器物型式和纹饰均回归单一。原始瓷敛口豆、直口罐、小罐及器盖占绝大多数。印纹陶器以直口短颈罐与研钵为主，偶见侈口低领罐。细席纹占纹饰的绝大多数，还有少量粗绳纹、方格纹。细席纹细密规整。原始瓷胎色呈青灰色或灰白色，胎质明显提高，釉变化不大，均轮制成型。出现少量的圆饼形器，制作规整，一面生烧，另一面有叠烧的痕迹，或为支垫窑具。

第五期的器类较为丰富，器形变化较大。罐、器盖及新出现的直口豆成为主流产品，其次为敛口豆和新出现柄带凸棱的豆，新出现少量尊、簋，印纹陶器包括直口短颈罐与研钵两类。除席纹外，新出现大量的重菱形纹，菱形中间带一小凸点。直口罐肩部常有三个扁泥条耳等距分布，偶见圆形小泥饼装饰。胎、釉、制作、装烧与第四期相比变化不大。

从现有考古资料看，本窑址的产品在南北方均有出土，南方在环太湖的江南地区广泛分布，但每个遗址出土数量并不是很多；器类主要是豆与罐，早晚各种型式均有发现。北方地区主要发现于殷墟遗址中，包括豆、罐，无论是器形、胎、釉、装饰均与本窑址相似。

在五期器物中，第四、五期主体的豆、罐等与殷墟出土的同类器物十分接近，推测年代在商代晚期；第三期与马桥遗址第Ⅲ阶段相近，年代约在商代早期；以此上推，第一、二期年代更早，初步推测当在商代早期甚至更早。

发掘过程中，我们邀请了其他学科的学者一起参与，中国科学院、北京大学等单位承担瓷片与土样的成分、微量元素、吸水率及烧成温度等的分析；北京大学考古文博学院同时对地层与窑炉中提取的炭样作测年分析；南京师范大学负责环境等方面的分析研究。

三 结语

东苕溪中游商代原始瓷窑址群窑址数量多、分布密集、时代早，是国内首次发现的大规模商代原始瓷窑址群，也是目前年代最早和仅见的一处商代原始瓷窑址群；南山商代窑址窑炉遗迹完整、产品堆积丰厚、地层叠压关系清晰、产品种类丰富，早期原始瓷器的胎、釉原始特征明显，晚期产品的烧制工艺较为成熟。主要学术意义如下。

南山窑址最早地层可到商代早期甚至更早。无论是产品的胎、釉、成型技术，还是窑炉的装烧工艺，既有成熟性，又有原始性，具有瓷器早期特征，是真正意义上的"原始"瓷，为探索瓷器起源和中国瓷器史提供了重要实物资料。而商代大规模原始瓷窑址群的发现，充分证明包括德清、湖州南部地区在内的东苕溪中游是中国瓷器的重要起源地。

江南及北方包括殷墟地区出土的罐、豆等原始瓷器，无论是器形还是胎、釉等特征，均与南山窑址产品十分相近，可能是本窑址或本流域窑址的产品。因此，南山窑址的发现与发掘，为探索南北方出土原始瓷器的产地问题提供了极为重要的资料。

南山窑址持续使用时间长，地层堆积丰厚，叠压关系明确，器物演变脉络清晰，从商代早期开始，贯穿整个商代，可基本建立太湖地区完整的商代原始瓷编年序列。在本区域内遗址发掘不多、编年材料不丰富的情况下，可反证遗址的年代，有助于建立本区域更详细的商代考古学文化编年。

使用原始瓷礼器而非青铜器随葬是越国墓葬的最重要特征之一，因此原始瓷器在越及先越文化中具有极其重要的地位，其意义类似中原地区的青铜器，是使用者身份与地位的象征。商代原始瓷的规模生产，表明当时原始瓷制作不再依托遗址而形成独立窑区，是探索当时社会分工的重要依据；尤其是豆、尊、簋等礼器的出现，反映本区域内有自身独特的礼器制度；本窑区产品在殷墟商代都城区的出现，为探索中原与太湖地区交往提供了重要线索。

撰稿人：郑建明 陈元甫 沈岳明
陈　云　朱建明

参 考 文 献

● 浙江省文物考古研究所、湖州市博物馆、德清县博物馆：《浙江东苕溪中游商代原始瓷窑址群》，《考古》2011年第7期。
● 浙江省文物考古研究所、湖州市博物馆：《浙江湖州南山商代原始瓷遗址发掘简报》，《文物》2012年第11期。

南山窑址窑炉

南山窑址炉料坑

南山窑址Y2弧形窑顶坍塌块

南山窑址长方形大坑

水洞坞窑址地层堆积

○ 浙江东苕溪中游商代原始瓷窑址群

原始瓷豆 　　　　　　　　　　　　　　饕餮纹

支垫具 　　　　　　　　　　　　　　　原始瓷豆

原始瓷罐 　　　　　　　　　　　　　　原始瓷尊

重菱纹原始瓷罐 　　　　　　　　　　　祖形瓷垫

江苏句容及金坛周代土墩墓

一 引言

2004年开工建设的江苏宁常、镇溧高速公路，穿越了句容及金坛市土墩墓特别密集的区域。南京博物院考古研究所于2004年对高速公路途经地区进行了考古调查和勘探，制订了"宁常、镇溧高速公路文物保护规划"。2005年初，江苏省文物局成立了专门机构。组织南京博物院、南京市博物馆、镇江市博物馆、常州市博物馆、南京大学、南京师范大学以及溧水、溧阳、句容和金坛市文物管理委员会、博物馆等单位参加，并从全省其他地市博物馆和考古队抽调了多名业务骨干，组成8支考古队，对高速公路沿线的土墩墓进行了大规模的抢救性考古发掘，发掘工作由南京博物院主持。此次发掘从2005年4月11日开始，同年9月中旬结束，调查发现土墩46座，其中被公路施工彻底破坏了6座，实际发掘土墩40座。共清理墓葬233座、祭祀器物群（坑）229个及丧葬建筑14座，出土各类遗物3800余件。

二 主要收获

此次发掘所获得的资料极为丰富，可将工作的主要收获归纳为以下几个方面。

（一）每墩一墓或多墓并存

可以确定为一墩一墓的有3座，一墩多墓的28座。一墩一墓者除在土墩中心部位有一座墓葬外，在四周不同层面上一般放置数量不等的祭祀器物群（坑），例如句容天王东边山D2以及金坛薛埠上水D2、磨盘林场D1等。一墩多墓的情况，除一座中心墓葬外，在其四周不同层面上还埋有多座墓葬。例如句容寨花头D2在中心墓葬周围的不同层面上埋有26座墓葬；D4在中心墓葬周围埋有20座墓葬和8组祭祀器物群。天王东边山D1在中心墓葬周围埋有14座墓葬。句容浮山果园D29除中心墓葬外，周边埋有44座墓葬和一组祭祀器物群，是目前发现的一座土墩中墓葬数量最多者。这充分说明，江南地区的土墩墓不仅存在一墩一墓，而且存在一墩多墓，且后者更普遍。

（二）多种埋葬方式共存

墓葬的埋葬方式主要有四种。

第一种是挖坑埋葬，占绝大多数，墓坑为长方形或长梯形，直壁，底部近平，有的铺有石床。墓坑长约3、宽约1米，深浅不一，多数墓坑朝向墩心的一侧较深，如句容寨花头D2M3。

第二种是堆坑掩埋，仅有句容天王东边山D1M13一座。它是中心墓葬，在土墩的基础垫土上用较细腻的灰黄土堆成圆形土包，中部预留一个带墓道的近长方形墓坑，东、西、北三面用红褐色土砸实堆成土墙，形成与墓道相通而类似椁室的空间；墓坑垫土上放置船棺和随葬品，再覆土掩埋。棺内有明显的人骨腐痕，脚部放置1件陶盉，棺周围则摆放有豆、碗、瓿、罐、坛、壶、鼎及石器等41件随葬品。这种埋葬方式过去在一墩一墓的土墩中曾有发现，但在一墩多墓的土墩中是首次见到。

第三种埋葬方式为堆土掩埋，这种现象仅属个别，如句容浮山果园D29M41、许家沟D2M4等。浮山果园D29M41位于土墩的东北部，在表面略作平整后堆土掩埋，平地起小封土。封土平面呈长方形，断面为弧形，墓中发现人牙，出土碗、豆、瓿、罐、坛、鼎等28件随葬品。

第四种埋葬方式是挖浅坑，其上再堆小封土，如句容浮山果园D29M29、M42及D27M2等。浮山果园D29M29位于土墩西北侧，浅坑为直壁、平底，其上的封土可分两层。墓中随葬豆、碗、瓿、罐、坛、鼎等32件器物。这种埋葬方式在土墩墓中首次发现，或为我国发现的最早的带封土的墓葬。

以往在土墩墓发掘中很少发现墓主人的骨骸残

迹，加之一般未见墓坑，对判别墓葬造成困难。此次在较多墓葬中发现了人牙和人骨腐痕，这在中、小型土墩墓的发掘中较为少见。

（三）一墩多墓的向心布局

一墩多墓的土墩的墓葬布局方式较为多样。其中向心结构的布局方式较为独特，与中原及周边地区的墓地布局存在显著差别，具有浓郁的江南土著文化特色，在土墩墓考古中也是首次发现。向心式布局即在土墩中心墓葬周围的不同层面上排列多座墓葬，头向均朝向中心墓葬，周围的墓葬常出现复杂的叠压打破关系，但与中心墓葬罕有叠压打破关系。上述40座土墩中，明确存在这一布局方式的就有14座土墩。例如句容天王东边山D1共清理墓葬15座，开口于第2、3层表面的14座墓葬均朝向土墩中心的M13。句容寨花头D2共清理墓葬27座，中心墓葬为M22，开口于周围不同层面上的26座墓葬均朝向中心墓葬。句容浮山果园D29共清理墓葬45座，开口于不同层位的44座墓葬均朝向处于中心的M45；其中第2层表面分布有墓葬14座，第4层表面有墓葬17座，第5层表面有墓葬9座，第6B层表面则发现墓葬5座。且周围墓葬存在较多复杂的叠压打破关系。

（四）形式多样的丧葬建筑遗存

有9座土墩发现了共计14座丧葬建筑，包括墓上建筑和墓下建筑两种。

墓上建筑主要指位于土墩中心墓葬上的建筑，由基槽、两面坡的木棚、石床等部分组成，有的还有通往墓葬的道路，在木棚之上再堆土成丘。如句容浮山果园D29M45为29号墩的中心墓葬，墓上建筑由墓门、基槽、柱子、石床及小路组成。推断M45的墓上建筑是在土墩基础层面的中心部位挖弧壁、圜底的基槽，基槽内埋剖开的木片，搭成人字形两面坡的木棚，其东端立柱留门，门两侧用石块垒砌；在门外用黑土堆成通往棚内的斜坡道路；棚内垫土，上铺设石床。这类木棚建筑遗存与浙江印山越王墓的形制较为类似，实际上可能就是截面呈三角形的两面坡椁室。

发现的墓下建筑如句容寨花头D5F1、D2M22F1、D1G1和G2，以及金坛薛埠上水D3F1、D4F1等等，一般位于土墩基础层面的中心，建筑内不见遗物。它们位于中心墓葬下面一层，与中心墓葬没有直接关系，但上下基本对应，在建造中心墓葬时已经被拆除或毁坏，仅存基槽、柱洞等。基槽有的完全封闭，有的是半封闭，有的在基槽内还垫有石块。寨花头D5F1建在土墩中部的第6层表面，由基槽和柱洞组成，基槽的南、北、西三面环绕形成长条状，东部有缺口，基槽内密集分布着32个柱洞，柱洞基本向内倾斜。基槽的东西向中轴线上还有4个圆形柱洞，推测原来也是两面坡人字形建筑，中心墓葬的石床与基槽范围基本一致。这类建筑应属于营造墓地时的标识性祭祀建筑。

（五）墓地界域

此次发掘中有1座土墩发现明显的界墙和护坡，

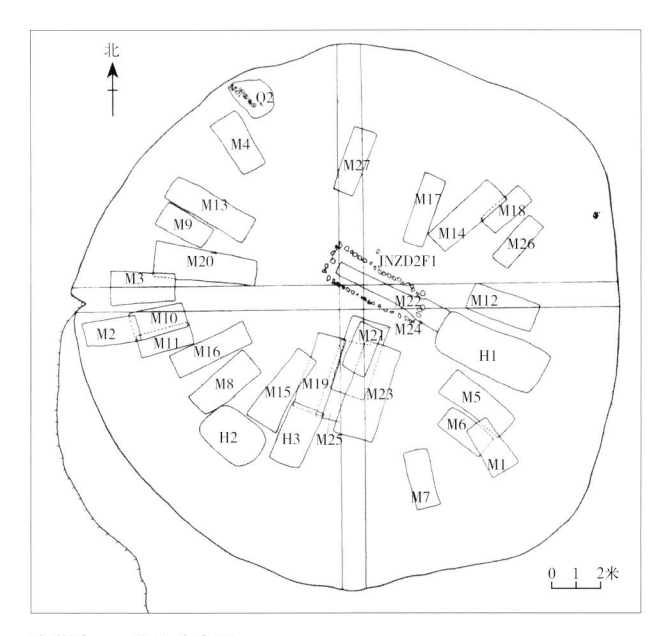

寨花头D2遗迹分布图

另1座土墩有土垄，这些在土墩墓的发掘中都是首次发现。句容天王东边山D1的界墙平面近方形，建造于土墩的基础层面上，外侧有一周护坡，在西、南两面有两个缺口。土墩的堆积基本分布在界墙范围内，仅最上面一层堆积局部延伸到墙外。而金坛薛埠上水D4发现的土垄平面呈弧形，建造于生土面上，中部有一缺口。土墩的基础和各层堆积均在土垄范围内。从发掘情况看，界墙和土垄起到确定墓地四至的作用。此外，在另两座土墩中发现了护坡堆积，其功用可能与界墙、土垄相似。

没有明显界墙、土垄的土墩，其墓地的界域与土墩基础的范围大体一致。土墩的堆积包括墓葬和祭祀器物群等，基本上分布在基础范围内，除最后覆土之外，超出基础的现象较为罕见。也就是说，在土墩基础铺垫完之后，墓地的范围也就确定了，尚未见到扩大墓地基础的现象，这类土墩的基础间接地起到了墓地界域的作用。这些现象充分说明土墩作为墓地，在建造之初就有了明确的规划。

（六）以瘗埋器物群为主要特征的祭祀习俗

以瘗埋器物群进行祭祀的现象主要存在于一墩一墓或一墩几墓的土墩，一墩多墓的土墩中鲜有发现或仅可见到一两组零星的祭祀器物群。大量祭祀器物群（坑）在茅山东侧的土墩墓中较为常见。祭祀器物群（坑）位于中心墓葬周围的封土层表面，有的将斜坡状层面进行平整，形成簸箕形小龛或浅坑。一个土墩里祭祀器物群（坑）的数量在1~25组之间，每组放置的器物有1~24件不等，器形包括罐、瓿、坛、鼎、豆、碗、盅、器盖等。如金坛薛埠茅东D5表面呈馒头状漫坡，平面大体为圆形，保存较好。此墩的堆积可分10层，共发现墓葬2座，祭祀器物群25组，其中有两组器物群用小土包覆盖。金坛晒土场D1发现墓葬3座，土墩中有起自生土面上的平台，在其四周发现10组器物群，其中部分器物群挖有簸箕形坑。例如晒土场D1Q6为簸箕形坑，直壁，平底；底部放置器物12件，器形包括硬陶坛、泥质灰陶罐、原始瓷盅和杯等。

（七）土墩的营造过程

从发掘的情况看，此次清理的多数土墩墓其营造过程首先是平整土地，然后在其上铺垫1~3层土，形成土墩的基础，从而也就确定了土墩的范围也即墓地范围；在此基础的中心部位建造中心墓葬及相关建筑，封土后形成最早的坟丘。也有的先在土墩中部之生土面或基础面上修建有标识性祭祀建筑，此后再在建筑基础上堆土并建造中心墓葬。中心墓葬出现以后的不同时期，在坟丘上逐渐堆土埋墓或进行祭祀活动；到一定时期后再进行一次封土，并且停止埋墓和祭祀活动，至此就完成了该土墩即墓地的营造过程。

（八）大量具有明确层位关系的遗物

此次发掘共出土了各类遗物3800余件。

墓葬的随葬品组合主要包括原始瓷豆或碗、硬陶瓿和坛、泥质陶罐、夹砂陶鼎等。随葬品一般放置在墓坑一侧和墓主人脚端，其中硬陶坛等高大器物多摆放在脚端。少数墓葬的随葬品仅放置于墓坑一侧或仅放置于脚端。如句容浮山果园D29M8，25件随葬器物皆沿墓坑一侧放置。各墓的随葬品数量少则5、6件，最多达40余件，多数为10余件。

清理出的墓葬和祭祀器物群都具有明确的层位关系，尤其在一墩多墓的土墩中，许多墓葬还存在诸多明确的叠压打破关系，如句容浮山果园D29中仅直接的叠压打破关系就发现10多组，这在以往的土墩墓考古中较为少见。

三 结语

土墩墓主要分布在江苏、浙江、上海、安徽、江西以及福建的北部，分布范围大，延续时间长，在中国青铜时代考古中占据重要地位。20世纪70年代在江苏句容发掘并命名，20世纪80年代在浙江、安徽也相继发现土墩墓以来，各地发现的土墩结构异常复杂，存在的诸多疑问也使土墩墓成为困扰考古学界的谜团。此次的诸多新发现和重要突破，丰富了江南土墩墓的文化内涵，澄清了学术界许多长期的模糊认识，为解开土墩墓之谜和研究江南土墩墓及青铜时代江南地区的社会结构提供了新资料。

长期以来，一般认为土墩墓是两周时期江南地区的特殊埋葬方式，主要分布在苏南、皖南和浙江、上海等长江下游一带。这种墓有坟丘而无墓穴，利用丘陵地带的山岗或平原上的高地，在地面上安置死者和随葬器物，然后堆积起未经夯打的馒头状土墩。每个墩内埋葬一墓或几座甚至十几座墓。20世纪90年代，江苏镇江丹徒至大港的长江南岸一带部分土墩墓发现有墓坑，主要见于一墩一墓的土墩。还有人认为土墩墓就是一墩一墓，周围的器物群是属于中心墓葬的祭祀品等等。作为土墩墓最为密集和最为典型的区域，茅山东、西两侧的句容、金坛一带进行的此次发掘表明，土墩墓中一墩一墓与一墩多墓并存，而且后者更普遍；两者在随葬品上没有明显的等级差别，结合以往的发掘资料，它们在年代上也有共存的时期。一墩多墓的土墩中，绝大多数墓葬都有墓坑，堆土掩埋的墓葬较少，很多墓葬中发现的人牙或人骨腐痕更有力地证明了遗存的性质。

具有向心结构的多墓土墩是以往土墩墓考古所未见的，目前来看仅存在于青铜时代的江南地区。墓地界域过去在一墩一墓的土墩中曾有零星发现。此次则在一墩多墓的土墩中不仅发现了明确的界墙遗迹，而且还发现在营造过程中用土墩基础垫土的范围来确定墓地四至的现象非常普遍，这同样间接地起到了墓地界域的作用。这充分说明土墩墓作为一处墓地在其营造之初就经过了精心规划。虽然还需人骨DNA鉴定等证明，但向心结构布局、墓地精心规划等现象都说明一墩多墓的土墩或为家族墓地。

船棺和人字形椁室建筑在浙江印山等一些越国大型墓葬中曾有发现，但在小型土墩墓中还是第一次发现，它们不仅早于印山越王墓，墓葬等级也明显较低。这说明印山越王墓中的木构椁室建筑具有当时丧葬习俗背景，并非越国特有，也不一定是贵族身份的标志。这为吴、越两地古代居民的丧葬制度和族属研究提供了新资料。

有关土墩墓的分期研究，邹厚本和杨楠的著述长期以来成为这一领域的标志性成果，但其内容在一定程度上受到缺乏更多有明确层位关系的出土遗物等因素的局限。此次土墩墓大规模发掘出土的极其丰富且具有明确层位关系的遗物，为弥补土墩墓考古研究的不足，建立一个更为细化、科学、合理的分期标尺提供了翔实的第一手资料。

此次发掘，使江南土墩墓自20世纪70年代发现以来，首次以明确、翔实、可靠的田野考古资料确立了它在中国青铜时代考古中的地位，对研究商周时期中原文化和江南土著文化的关系、中华文明的一体化进程等重大课题具有重要意义，同时也为推动江南土墩墓的保护提供了最新的价值判断和学术支撑。

撰稿人：林留根　李虎仁　杭　涛
　　　　田名利　王奇志

参考文献

- 南京博物院考古研究所、镇江市博物馆、常州市博物馆：《江苏句容及金坛市周代土墩墓》，《考古》2006年第7期。
- 南京博物院考古研究所：《江苏金坛县薛埠镇上水土墩墓群二号墩发掘简报》，《考古》2008年第2期。
- 南京博物院：《江苏句容寨花头土墩墓D2、D6发掘简报》，《文物》2007年第7期。

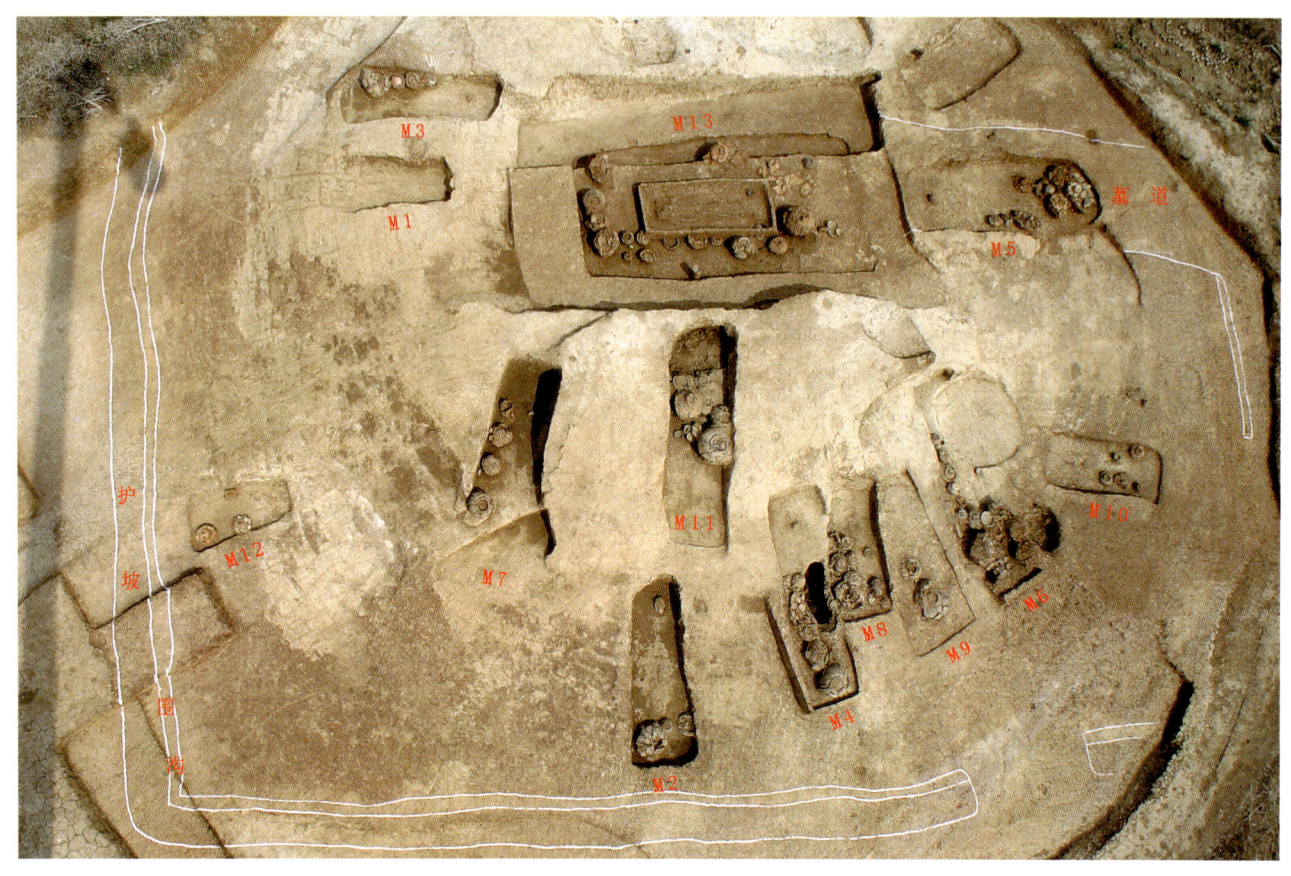

东边山 D1

东边山 D4M2 祭祀遗迹

晒土场 D1

浮山果园 D29M45 石床、墓门、柱洞

寨花头 D2M23 出土陶瓿内的禽蛋

○ 江苏句容及金坛周代土墩墓

浮山果园 D29 开口于 2 层上的墓葬

夹砂红陶器盖

寨花头 D6M1 随葬品组合

原始青瓷器

山西翼城大河口西周墓地

一 引言

2007年5月大河口墓地被盗，经国家文物局批准，山西省考古研究所大河口墓地联合考古队同年9月至次年5月对该墓地进行了考古勘探和试掘。2008年9～12月进行了普探，2009年5月起进行大规模抢救性发掘。

大河口墓地位于山西省南部翼城县城以东约6000米处，除了西北部与西侧台地相接外，墓地四周皆为沟壑，浍河干流和支流分别萦绕其西、南两侧，地势为北高南低的向阳缓坡，北为太岳山余脉和尚公德山，东南为太行山余脉翔山，西为凸起的丘陵山地，西南为浍河冲积平原。通过勘探发掘得知墓地面积约4万余平方米，包含西周墓葬1000余座。本文仅对西周墓地的重要发现做简要介绍。

2007～2008年，试掘了6座墓葬。2009年以来对大河口墓地进行大面积发掘，发现615座墓葬、22座车马坑。墓葬形制均为长方形竖穴土坑式，多口小底大。绝大多数墓葬为东西向，以头向西为主，少量头向东，南北向墓葬仅10余座。墓葬间少有打破，大中型墓葬散布于发掘区，分布没有明显规律，区域内墓葬聚群特征明显。车马坑均位于大中型墓葬的东侧，1座为南北向，余均为东西向。部分墓葬有脚窝和生土二层台，个别墓葬有壁龛。葬具为一棺、一椁一棺或一椁二棺。椁盖板一般横铺，棺盖板、底板和椁底板一般竖铺，四壁立板间多为榫卯结构。墓主多为仰身直肢，个别为仰身屈肢，未发现俯身葬式。带腰坑的墓葬较多，腰坑内殉狗，未见殉人。仅2008年发掘的M1有4个斜洞，其余墓葬均不见此类斜洞。随葬器物多放置在墓主头前，其次为棺椁之间、二层台上、棺内和盖板上。大中型墓葬以随葬青铜器为主，小型墓葬以随葬陶器为主。青铜器种类丰富，食器、酒器、水器、兵器、工具、车马器和乐器等都有发现，陶器组合主要有鬲、甗、罐、罐、鬲、盆、罐等。玉器、石器、骨器、蚌器、海贝和多种质地的串饰较多，部分墓葬随葬锡器或漆器，个别墓葬出土金器，少部分墓葬未见随葬器物。

二 重要发现

（一）M1

M1方向278度，口小底大。墓口平面四角外有4个通向墓壁的斜洞，墓室二层台上的四壁有11个壁龛。龛内放置漆木器、原始瓷器和陶器等。漆木器有俎、簋、豆、壶、杯、牺尊、坐屏等，原始瓷器有尊、瓿等，陶器有鬲、鼎和爵杯。东部二层台上发现2个漆木俑，双足站立于漆木龟上，双手作持物状。两俑前面中间及侧面均放置有漆木器。其他几面二层台上还发现带木柄的铜兵器和漆木盾牌等，墓室内棺椁间或棺盖上发现大量青铜器、原始瓷器、陶器等物。其中青铜器最多，包括礼器、乐器、兵器、工具、车马器等，还发现原始瓷尊、豆、瓿，以及陶鼎、豆、爵杯、鬲、筒形尊、壶、圈足盘、三足盘等；还有大量玉石器、骨器、龟甲、鹿角、蚌器、海贝等。墓主头向西，仰身直肢。葬具为一椁一棺，椁底有一腰坑。从随葬兵器等判断墓主应为男性。以下简要介绍该墓出土的部分重要器物。

铜鼎 24件。其中方鼎有2件，1件为四足圆角方鼎，1件为四足方角方鼎；腹足带扉棱的圆鼎有8件，其中1件鼎内壁有铭文；无扉棱柱足圆鼎12件；扁足鼎2件。M1∶4，椭三角形口内敛，折沿，方唇，立耳，圆垂腹，圆柱足。腹、足上部有饰扉棱的兽面纹，外底有三角形内套三道"Y"形阳线纹。内壁铸两行五个字"伯作宝尊彝"铭文。M1∶15，敛口非正圆，斜折沿，小方唇，立耳，圆腹略垂，圆柱足。腹、足上部有饰扉棱的兽面纹。M1∶8，敛口，斜折沿，方唇，立耳，圆腹，圆柱足。腹上部饰一周圆饼纹。M1：62，微敛口，折沿，立耳，方唇，浅腹，三夔龙形扁足。外底有"Y"形阳线纹，腹饰三组兽面云雷纹。

铜簋　9件。其中方座簋和高圈足簋各2件，竖条纹簋、喇叭形圈足簋、鼎式簋、乳钉纹簋、圈足三足簋各1件。M1：9，敞口，方唇，垂腹，腹有桥形双耳，高圈足外撇。耳上为龙头，中为凤鸟，下为象头；上腹饰一周由兽头纹与双耳相隔为四组的纹饰带，每组目纹与火纹相间，圈足饰目纹间火纹，皆以云雷纹为地。内底铸"◇父戊"三字铭文。M1：99，敞口，卷沿，方唇，直腹，兽头状桥形双耳下垂长方珥，高圈足。腹饰四组凸起的蜷身夔纹，圈足饰四组长尾凤鸟纹，均以云雷纹为地。M1：86，敞口，方唇，鼓腹，兽头状桥形双耳下接内钩小珥，圈足下接方座。上腹饰由兽头纹和双耳相隔为四组的夔龙纹，腹饰乳钉纹，圈足饰夔龙纹，均以云雷纹为地。外底吊一铃铛。内底铸"伯作葬"三字铭文。

铜卣　4件。形制略同。出土时从大到小排列，前两件形制相同，后两件形制亦相同。M1：271，盖为母口，盖面隆起，上有圈形捉手；器身垂腹，圈足外撇，兽头状耳附提梁。盖面和上腹饰一周夔龙纹，上下界以圆圈纹，提梁上饰蝉纹，圈足上饰二周凸弦纹。M1：276－1，形制等与M1：271相同，盖内有铭文2行9个字，即"燕侯旨作姑妹宝尊彝"。器内置酒器1套7件，包括觯5件和单耳罐、斗各1件。M1：270，椭方形，子口盖，盖面隆起，顶立蘑菇形柱；器身敞口，小方唇，直领，鼓腹，腹上部有桥形耳与翘流，盖与耳以链相连，分裆，四圆柱足。盖顶面饰两组兽面纹，颈饰一周蝉纹，腹部饰兽面纹，均以云雷纹为地，四足及流上饰云纹和三角云纹。耳下腹壁有铭文。

铜爵　6件。其中2件有"旨作父辛爵"铭文。M1：256，蘑菇形柱，兽头状桥形鋬，三刀形足。腹饰两组兽面云雷纹。鋬下腹壁有"▇父丁"三字铭文。M1：263，蘑菇形柱顶有乳突，其余形制、纹饰与M1：256相同，一柱侧有铭文"▇作"二字，鋬下有铭文"父乙"二字。

铜觯　8件。M1：252，椭方形，子口盖，盖顶有圈形捉手；器身敞口，小方唇，垂腹，圈足外撇。盖面周边饰四组夔纹，腹上部饰一首双身龙纹，足部饰一周凤鸟纹，纹饰带上有短扉棱。盖内铸"析父丁"三字铭文，捉手顶面铸"册"字铭文。

铜罍　1件。M1：251，敞口，方唇，束颈，圆肩，微鼓腹，凹底，圈足。颈饰二周凸弦纹，肩饰圆饼状云纹，肩腹交接处饰一周凹弦纹，肩腹部兽头状双耳各套一扁圆环，下腹部铸一兽头状桥形耳。耳下腹壁有一族氏铭文。

铜戈　20余件。M1：125，三角形援，长方形内，内上有一长方形穿，援上有一圆穿和二长方形穿。内饰云雷纹，援饰兽面云雷纹。

铜銮铃　6件。M1：262，长梯形柄座；铃球面镂八个三角形孔，内有弹丸；外缘为椭圆形，镂孔呈逗号形。座四面饰一道或二道竖阳线纹、四枚菱形乳突，侧面有二圆形钉孔，正面上部有一方形钉孔。

原始瓷器有尊4件、瓿1件、豆6件。浅灰白色胎，淡青色釉微泛黄。

漆木牺尊　1件。整体器形为一伏兽背负鼓腹罐。

漆木罍　2件。形制相同。盖顶有小圆钮；器身直领，折肩，肩、腹微鼓，腹上部有桥形耳，圈足。红地黑漆勾绘图案，盖面与肩、腹部镶嵌蚌泡，盖与颈、肩、腹部绘多周弦纹，盖面、肩及上腹部饰涡云纹间目纹，圈足饰三角纹。

二联璜串饰　3件。M1：186，由玛瑙管、玉管、玉珠、玉蚕穿系成串，下系双鱼形玉璜。璜体变白。

（二）M1017

M1017方向为280度。墓口小底大，有一个腰坑。墓主头向西。墓室内发现大量青铜器、玉石器、锡器、蚌器、海贝等。数十件青铜容器置于墓主头前棺椁间，其余青铜器发现于棺椁之间或棺盖上。青铜器种类有食器、酒器、水器、乐器、兵器、工具、车马器等。还有金柄形器1件，锡器6件，二层台东南角有陶鬲1件。

铜鼎　13件。M1017：2，微敞口，斜折沿，方唇，方立耳微外撇，方角内斜腹，四圆柱足，腹四角有扉棱。腹上部饰一周蛇纹，下饰三排"凹"字形乳钉纹，"凹"字形乳钉纹中心饰勾连云纹；四足上部饰兽面；腹底有对角双阳线纹。腹内壁有铭文"伯作齌"。M1017：10，微敛口，斜折沿，方唇，立耳略外撇，圆角斜垂腹，四圆柱足。腹四角饰四组兽面纹，足饰云纹、三角纹。

铜簋　6件。M1017：8，盖面呈弧形，圈形捉手上有二方形穿，盖内缘有子口；器身敛口，鼓腹，圈足外撇，兽头状桥形耳下垂小钩珥。盖与腹饰瓦纹，外底有双阳线"十"字形加强筋。盖内与内底有对铭6行50个字。M1017：27，敞口，斜沿，尖方唇，垂腹，圈足外撇，兽头状桥形耳下接钩形小珥。上腹以兽头和双耳将纹饰带分隔为四组，每组为二同向夔纹；圈足上饰二周凸弦纹，以云纹为地。内底铸铭2行12个字。

铜豆　4件。M1017：14，敛口，鼓腹，粗柄，喇叭形圈足，腹外底中心有一挂钩。腹外饰圆饼间目纹带，柄上部饰六组回首卷尾横"S"形夔纹，柄下部饰三组兽面纹，足面饰三组斜角云纹。内底边铸铭4行16个字"霸伯作大宝尊彝其孙孙子子万年永用"。

铜盂　1件。M1017：6，敞口，方唇，深直腹，三外卷象鼻足，双附耳。上腹饰三组兽面纹，底三足间有"Y"形阳线纹。内壁铸铭10行100余字，其中有"霸伯……对扬王休用作宝盂"句。

铜盆　2件。形制相同。M1017：26，敞口，卷折沿，小方唇，斜折肩，微鼓腹，平底。肩部以兽头和浅扉棱将纹饰分隔为四组，每组为二长尾鸟纹，以云雷纹为地。内底铸铭2行11个字"倗伯肇作旅盘（？）其万年永用"。

铜盘　1件。M1017：41，直口，折沿，方唇，浅腹，附耳，圈足。腹饰一周长分尾鸟纹，以雷纹为地，外底有阳线纹。内底铸铭4行近40个字。

铜人顶盘　1件。M1017：20，铜人跪坐，双手分别置于腿上，裸上身，腰系带，下垂敝膝（袚），头顶与圈足盘底间有圆形垫。盘为直口，折沿，方唇，浅直腹，附耳。

铜卣　3件。M1017：16，椭方形，母口盖顶有圈形提手；器身敛口，垂腹，圈足，扁提梁。提梁面饰四只蝉纹，间以凸起的菱形纹；盖面饰两组四只回首垂冠鸟纹，盖边缘和腹上部以兽头将纹饰分隔为四组，每组为二回首卷尾横"S"形夔纹，下腹饰两组四只回首垂冠鸟纹，均以云雷纹为地。

铜尊　3件。M1017：21，敞口，方唇，垂腹，圈足。腹、足饰四扉棱；腹上部饰四瓣蕉叶纹，叶内以扉棱为间隔饰二相对长卷尾鸟纹；腹中下部饰两组四只大鸟纹，以扉棱为界，两鸟勾喙合一，垂冠卷尾；圈足上扉棱间饰小鸟纹；纹饰均以云雷纹为地。内底铸铭1行4个字"作宝尊彝"。

铜鬲　1件。M1017：31，口非正圆，敞口，卷沿，圆方唇，口沿上立双耳，斜直领，鼓腹，三空柱足，分裆。口内壁铸铭2行4个字"作父癸彝"。

铜罍　1件。M1017：66，口正圆，腹、底为椭圆形，敞口，平沿，方唇，直领，鼓肩，肩铸兽头状桥形双耳各套一圆环，圆腹，腹下一侧铸一兽头状桥形耳，圈足外撇。沿面下口内有一周凹槽，颈饰四只长卷尾鸟纹，肩饰圆饼状涡纹，其间饰云雷纹，腹饰四层垂羽纹。口颈内壁铸铭2行6个字"霸伯作宝尊"。

金柄形器　1件。M1017：65，长条形，首端两组凸弦纹间侧面出牙似柄，尾端不齐整。

（三）M2002

M2002方向为292度。墓口小底大。腰坑内殉一狗。葬具为一椁一棺。墓主为男性，仰身直肢，头向西。随葬铜器有鼎、簋各3件，鬲2件，甗、盘、鸟尊形盉各1件，以及大量的青铜兵器、车马器和工具等，还发现陶鬲1件及铅、玉、石、骨、蚌、贝类器物。其中一件铜簋的盖和内底铸有铭文4行近30个字。

铜鸟尊形盉　1件。M2002：23，翘首，扁平尾，背有盖，以链接于背后近尾处，腹前翘起一平口流，鸟足粗壮，后腹下接一外卷象鼻足。未发现头顶冠饰（头顶有断口）。颈腹部有羽纹，流、翅、尾、足有云纹或云雷纹。盖内铸铭8行50余字。

三　结语

大河口墓地的特征明显，大中型墓葬没有明显的夫妻并穴合葬，排列也没有明显规律。墓主以头向西为主，部分头向东，个别头向北，有腰坑和殉狗的现象，但无殉人。墓主葬式以仰身直肢葬为主，次为仰身屈肢葬，未发现俯身葬。车马坑位于主墓的东侧，大多为东西向。大型墓葬随葬青铜器较多，且有使用日名的习俗。大河口墓地的斜洞是继绛县横水墓地发现斜洞后的第二次发现，M1东侧二层台上的漆木俑是在中原地区西周墓葬内第一次发现。墓地出土的青铜器铭文显示，"霸"是墓地墓主的国族名，"霸伯"是这里的最高权力拥有者。"霸"器曾见于以往的青铜器著录，在《殷周金文集成》中有"霸姞作宝尊彝"鼎、簋，天马—曲村墓地M6197也曾出土一件"霸伯作宝尊彝"铜簋。"霸"国不见于文献，墓地面积和墓葬数量显示当时大河口人群规模不大，推测其所居城邑和所辖区域也不会很大。该国与燕、晋、倗等国和周王朝曾有往来关系。从埋葬习俗看，大河口墓地的头向、腰坑、殉狗、斜洞、使用日名等习俗与绛县横水墓地相似，车马坑布局、无俯身葬、无殉人等现象又与天马—曲村墓地有共同之处。陶器组合和青铜器风格又具有周文化特征，商、周文化因素都比较明显，独具自身文化特色。墓葬时代横贯西周，晚期进入春秋初年。其人群应为狄人系统的一支，是被中原商周文化同化的狄人人群，文化面貌显示其人群相对单纯。大河口墓地的发现对于研究西周时期的分封制度、器用制度和族群融合等问题具有重要意义。

撰稿人：谢尧亭　王金平　杨及耘
　　　　李永敏　李建生

参考文献

- 山西省考古研究所大河口墓地联合考古队：《山西翼城县大河口西周墓地》，《考古》2011年第7期。
- 中国社会科学院考古研究所：《殷周金文集成》，中华书局，1984~1994年。
- 北京大学考古学系商周组、山西省考古研究所：《天马—曲村1980~1989》，科学出版社，2000年。

新世纪中国考古新发现（2001~2010）

M1

M1017

○ 山西翼城大河口西周墓地

二联璜串饰（M1∶186）

漆木罍（M1BK2∶1、2）

铜鸟形尊（M2002∶23）

铜鼎（M1017∶2）

铜簋（M1∶99）

铜提梁卣（M1∶276-1）

铜卣内置酒器（M1∶276-2～8）

山西绛县横水西周墓地

一 引言

横水镇位于山西运城市绛县县城西约11公里。这里北望绛山（又名紫金山），南临涑水河，绛山之阳到涑水的北岸是宽阔的缓坡塬地，塬上有多道由北向南大小冲沟。涑水河两边是冲积河谷，横水镇即位于涑水河北岸的坡前小冲积扇上，往南越涑水河不远即为太行山余脉中条山。墓地位于镇北坡地上，南距横水镇约1公里，北距绛山南麓约5公里。墓地北高南低呈缓坡状，东、西两边各有一条大冲沟，沟深达数十米，中部一条小冲沟将墓地拉切为东西两部分。

2004年春夏，横水墓地发现盗掘活动，同年秋，盗掘者盗掘了十多座西周时期大、中型墓。11月，运城市文物局文物工作站先期对其中的3座大墓（M1、M2、M3）进行了前期清理，2004年12月，山西省考古研究所、运城市文物局文物工作站、绛县文化局组成联合考古队对这三座墓葬进行正式考古发掘，至2005年7月发掘结束。M1和M2两墓葬式独特、随葬品丰富，特别是铜器铭文"倗伯"的发现和丝织品"帏荒"的大面积揭露，备受学界关注。2005年3月至2007年11月，联合考古队对整个墓地进行了全面揭露和科学的发掘。

二 墓地概况

整个墓地的发掘分三个阶段进行。第一阶段清理墓葬6座，M1和M2为倗伯夫妇墓。另一座大墓M3遭盗掘者爆破，损毁严重，残存1件铜鼎和一些玉器，在二层台有3个殉人，腰坑中有1个殉人。M4～M6是在清理M3时因扩方清理的3座小墓，均为西周时期墓葬。第二、三阶段发掘清理墓葬1327座，其中西周墓葬1299座、汉代墓葬3座、宋金时期墓葬25座。

墓地地层堆积比较纯净，遗物极少。在墓地区域内没有发现同时期或晚期生活居址，西周时期墓葬开口于第4层下，距现地表约1.5米左右。M1和M2墓口以上自上而下地层堆积依次为耕土层、灰褐色土层、黄褐色土层、浅黄褐色土层。发掘区西北部发现少量庙底沟时期遗存。

墓地呈西北—东南向狭长分布，墓葬排列有序，极少有打破现象。随葬有青铜器的大中型墓葬位于墓地的中部，小型墓葬位于其东西两侧，墓葬时代从西周早期延续到两周之际。1299座西周墓葬中，青铜容器墓葬81座，陶容器墓葬920座，无铜、陶容器墓葬144座，无随葬品墓葬154座。大部分墓葬口小底大。大型墓葬包括M1、M2和M1011三座带斜坡墓道的墓和部分土圹竖穴墓，墓口面积一般在15～20平方米，深达十余米，葬具有二棺一椁，大多殉人，随葬有大量的青铜礼器等，多陪葬有车马坑。中型墓葬均为土圹竖穴墓，一般为一棺一椁，多随葬青铜礼器和陶器等，部分陪葬车马坑。小型墓葬小而浅，最小的不足1平方米，大多一棺，也有个别墓葬无葬具，多随葬陶器等，个别墓葬无随葬品。墓葬方向为东西向，头向西的墓葬占绝大部分，少部分墓主头向东，仅M2168为北向。

部分大中型墓葬内随葬车，在主墓东侧共发现车马坑33座，仅一座为东西向，其余均为南北向。个别随葬陶器的墓葬也有车马坑。部分大中型墓葬墓口的东侧发现有两个柱坑，柱坑内有柱洞。墓地南部部分大中型墓口的四角发现有四个通向墓壁的斜洞。部分墓葬有殉人和殉狗。大部分青铜容器墓葬和部分陶器墓葬设腰坑，坑内一般殉一狗，个别殉一人，也有部分墓葬在墓底或二层台上殉狗，殉人大部分置于二层台上，个别置于棺椁之间或墓葬填土中。

所有墓葬都为单人葬，墓主葬式男性多为俯身直肢，个别为屈肢葬，女性绝大部分为仰身直肢，个别为仰身屈肢，有少量侧身葬和二次葬。墓主中，男性略多于女性，未成年人很少，大部分集中在 20～50 岁之间，50 岁以上者很少。

随葬器物丰富，其中青铜容器 300 余件，陶器 1000 余件，还发现大量玉石骨蚌器、海贝、漆器和原始瓷器。青铜器种类有鼎、簋、鬲、甗、盘、壶、盉、觚、爵、尊、卣、觯、方彝、斝、戈、矛、剑、镞、斧、刀、凿、车马器、甬钟等等。青铜容器墓葬中随葬鼎数最多的为 8 鼎，其次为 7 鼎、5 鼎、3 鼎、2 鼎、1 鼎。部分无鼎的墓葬随葬铜鬲或铜盆等。陶器中鬲、豆、罐、壶较多，盆、簋、尊、甗、瓮、尊等较少，组合以鬲、鬲、罐较多。

有很多青铜器铸有铭文，表明这里是"倗伯"墓地，倗是一个不见于文献记载的小封国，它与毕、芮等国族通婚。

三　墓葬举例

（一）M2、M1

倗伯爯和夫人毕姬的墓（M2、M1）位于墓地中部偏北，两墓异穴合葬，相距 4 米，M1 在北，M2 在南，方向 272°。两墓均为带斜坡墓道的竖穴土圹木椁墓，墓室在东，墓道在西。口小底大，墓道略宽于墓室口，两者间没有明显的转折过渡。

两座墓在椁室外的椁盖板和二层台上均随葬有木车，已塌落，仅存极少的痕迹和青铜车具。葬具为一椁二棺。椁室整体是用长方条枋木垒叠成，朽痕尤存，M1 椁室总用材 71 根，每根长 3～4 米。椁的侧壁和档壁的枋木以半榫卯结构扣合。两座墓棺椁间均有殉人。M1 外棺东端有 3 具殉人骨架，以苇席裹包。M2 有殉人 4 个。东北角 2 个，1 号殉人俯身直肢，面北，头部有玉串饰件等，以席子包裹。2 号殉人仰身直肢，侧压在 1 号殉人上，也被席子包裹。3 号殉人发现于西南角，明显是塌落下来的，骨架零散，部分压在铜器上，可能为驭手。4 号殉人发现于西北角，未成年。墓主人头向西，倗伯为俯身葬，毕姬为仰身葬。棺椁间和棺内有大量随葬品，主要有车马器、陶器、漆木器、青铜礼器和玉器。M1 出土的青铜礼器和乐器有 5 件鼎、5 件簋、1 件甗、1 件鬲、2 件壶、2 件盉、2 件盘、1 件盂、1 件觯、5 件甬钟。M2 出土的青铜礼器和乐器有 3 件鼎、1 件簋、1 件甗、1 件尊、1 件卣、1 件盉、1 件盘、1 件觚、1 件爵、5 件甬钟。青铜礼器中有大量铭文，M2 的 2 件铜鼎和 1 件甗上有"倗伯"为自己做器的铭文，M1 出土的 4 件铜器上有"倗伯爯毕姬宝旅鼎（盘、簋、甗）"字铭。

铜鼎 M2：103 有立耳，沿下有一周回首尾内卷的夔纹，腹部有铭文，作 4 竖行排列，共 24 字："唯五月初吉倗／伯肇爯宝鼎其／用享考于朕文／考其萬年永用"。

铜鼎 M2：57 腹部有铭文，作 2 竖行排列，共 11 字："倗伯作毕姬尊鼎其萬年宝"。

铜鼎 M2：58 腹部有铭文共 12 字："倗伯肇爯樽鼎其萬年宝用享"。

铜鼎 M1：212 腹壁有铭文，作 2 竖行排列，共 8 字："倗伯爯毕姬宝旅鼎"。

铜簋 M1：199 内底有铭文，作 2 竖行排列，8 字："倗伯爯毕姬宝旅簋"。

M1 随葬有大量玉器。内棺盖上随葬 1 组骨牌、玛瑙管、料管串饰。墓主人身上有大量玉饰，头两侧是耳饰玦和束发的玉箍及带圆堵头的饰发小玉串饰，口中有大量玉口晗，项上有玉蚕、料管项饰 1 组，左右肩及胸两侧有 5 组骨牌联珠串饰组佩，胸正中是 3 组玉璜、玛瑙管组佩，胸到小腹上是 2 组柄形器。手中有握玉。值得一提的是在 M1 内发现并清理出"荒帷"痕迹遗存。荒帷，亦即套盖在外棺上的棺罩。M1 荒帷之所以能较好的保存下来，推测是在下葬不久，椁室内多次进水淤土，荒帷便被淤土封护住。随着棺椁木材朽烂，椁、棺盖板下沉塌落，但椁木朽烂后的椁室外壁却始终没有倒塌，完好无损，棺椁之间淤护荒帷的淤土也没有塌倒。现存荒帷痕迹遗存顶部已经塌落，基本不辨形状和图案。西、北面的荒帷保存相对较好，西北角有塌陷错位，南面的荒帷上部已塌落，东面保存最差，仅剩下部底裙的局部。四面保存下来的总面积约有10平方米。荒帷材质为红色丝织品，由多幅拼接而成，下有扉边，每幅布宽约0.4、总高约1.8～2米，布幅拼接的地方有明显的接缝。布外面是精美的刺绣图案，内容是凤鸟。北壁的画面可以观察到至少3组大小不同的凤鸟图案。每组中间是一个大凤鸟的侧面形象，昂首、大勾喙，凤眼圆睁，冠高耸，翅上扬，尾下卷，硕健粗壮的腿，利爪，翅和冠以特别夸张的手法作大回旋，线条流畅，气势磅礴。大凤鸟的前后分别是上下排列的多只小凤鸟，造型与大凤鸟类似。布幅接缝的地方有图案错位和颠倒，可见是先绣图案，才拼接。荒帷附近散落的大量玉、石、蚌质小戈、小圭，推测原是挂缀在荒帷或附属棺饰上的。

（二）M1011

M1011是带斜坡墓道的甲字形竖穴土圹墓葬。墓道在墓室的西部，一棺一椁。墓口东面有2个柱洞，椁底有2跟垫木。椁底有一腰坑，未发现牺牲。殉人5个，其中4个为仰身，1个为俯身。墓主仰身直肢，人骨腐朽严重，从随葬兵器推测为墓主为男性。随葬品除了放在棺内墓主身上外主要放置在棺椁之间，随葬3件青铜鼎、2件簋、1件甗、1件盘、1件盉、1件壶、1件尊、1件卣、1件觚、2件爵、1件斗、7件钟，兵器有9件铜戈、1件铜矛。还有工具和车马器。陶器组合为鬲、罐。其他随葬品还有玉石器、骨器、蚌器、海贝、漆器和串饰。

（三）M2158

M2158为土圹竖穴墓，二棺一椁。墓口东面发现3个柱洞，墓口四角各发现1个斜洞，椁底有2根垫木。墓底腰坑殉人1个，殉狗1只，殉人为俯身直肢。二层台上殉人5个，其中1人为仰身直肢，4人为俯身直肢，二层台上还殉狗1个。墓主为男性，仰身直肢，年龄35～40岁。随葬品除了放在棺内墓主身上外主要放置在棺椁之间，随葬8件青铜鼎、2件簋、1件甗、1件盘、2件壶、1件卣、4件尊、2件盉、2件斗、1件觚、1件觯，兵器有15件铜戈、2件矛，另外还有工具和车马器，包括1件陶鬲，4件原始瓷豆、1件瓷壶，其他随葬品有玉石器、蚌器、海贝和漆器。

车马坑CH103位于M1011东侧，口小底大，呈覆斗状，填土未经夯打。殉马置于坑的底部，为了保护车马坑未清理至底层，因此殉马数量不详。随葬车拆散后置于殉马之上。车的拆散程度不一，构件散布坑内各处，可见的车轮有16个，或立在坑壁或平放。发现15辆车，形制和结构可以分成四种，第一种车舆小而窄，箱体俯视为长方形，侧视为下弧半圆形，两侧分置一个箱状的载体，此类车仅发现一辆。第二种与上一种车相似，但箱体俯视和侧视均为长方形，也仅发现一辆。第三种车舆部分呈长方形，较一般车的车舆长而宽大，两侧有挡栏，内为立柱，外有横栏。此车仅清理出车舆部分，其他构件未发现，此类车也仅一辆。第四类车舆为圆角方形，车轵和车阑保存都较好，桄木平行分置于辕之两侧，车轸伸出转折与辕相接，车轵之后舆之两侧和车门两旁发现四个带漆皮的构件。

四 结语

此次通过科学、完整地揭露了这处西周时期封国墓地，获得的诸多重要信息和资料在西周考古方面意义重大。

M2为倗伯之墓，M1是其夫人之墓。墓地中其他高级墓葬出土的青铜器铭文也有倗伯字样，表明这是这是"倗"国墓地。先秦的史籍中没有记载倗国。综合横水墓地和曲村墓地的考古材料和传世青铜器铭文，我们可以发现西周时期的倗国墓地葬俗很有特色。墓葬为东西向、墓主人多头向西，使用俯身葬、腰坑、殉人和殉狗，具有和殷人相似的习俗，但是随葬器物及组合显然又有周文化的特色。因此，横水墓地的主人可能是商遗民或者是有着浓郁的商文化因素的土著民。传世铜器有倗仲鼎铭曰："倗仲作毕媿媵鼎"，据此可知倗系媿姓，晋人在初封的时候曾"启以夏正，疆以戎索"，所封民有"怀姓九宗"，横水墓地主人为倗氏家族，或许就是怀姓九宗之一。M1为毕姬墓。"毕姬"，毕国的女子嫁到倗国，其母国是毕国，姬姓。西周早期有毕公，与周公、召公一起位列三公，毕姬可能是某一代毕公的女儿。曲村晋侯墓地M91出土的青铜簋上有晋侯喜父（晋靖侯）为夫人"倗母"作器，倗母当为倗国女子，倗国既与周王室高官联姻，又和晋国公室联姻，可见倗是有着独立和重要地位的小封国。

20个世纪90年代，上海博物馆从香港购置回一件西周中期铜鼎"冒鼎"。倗国位于晋国之南，与晋国隔绛山而居，绛山的北面是晋国，可以确定，至少在西周中期以前，晋国的疆域范围还没有越过绛山，西周时期的晋国尚是一个真正的小国，足见司马迁的《史记·晋世家》所言晋之始封地在"河、汾之东，方百里"，确矣。

荒帷是这次发掘的重要发现之一。先秦史籍对饰棺的墙柳、荒帷等有多处记载，郑玄、孔颖达及清代学者也多有注疏。荒帷曾在周代的高级贵族墓里普遍使用，并延续至汉代。自20世纪以来，考古工作者已发掘大量的周代墓葬，在曲沃北赵晋侯墓地、三门峡虢国墓地等都发现了墙柳等棺饰的痕迹，但从未像M1这样的大面积发现荒帷。墓葬四周的柱洞和斜洞则是此次的另一重要发现，同样的斜洞近年在山西翼城大河口西周墓地也有，但这些发现都是以往西周考古所未曾有过的，具有非常重要的价值。

这些年晋南地区、黄河两岸相继发现并发掘了陕西韩城梁代村的芮国墓地、翼城大河口的霸国墓地，为了解西周时期这一地区的诸侯国关系提供了大量资料，为这里的西周考古、历史研究掀开了新的一页。

撰稿人：宋建忠　吉琨璋　谢尧亭

参 考 文 献

- 山西省考古研究所、运城市文物工作站、绛县文化局：《山西绛县横水西周墓地》，《考古》2006年第7期。
- 山西省考古研究所、运城市文物工作站、绛县文化局：《山西绛县横水西周墓发掘简报》，《文物》2006年第8期。

墓地全景（北→南）

M2167

M1 北面荒帷局部

M2158 墓室

○ 山西绛县横水西周墓地

车马坑 CH103

铜羭尊（M2158：122）

铜簋（M2049：1）

铜盉（M1005：10）

铜尊（M1011：54）

山东高青陈庄西周城址

一 引言

陈庄遗址位于淄博市高青县花沟镇北部的小清河北岸，陈庄村和唐口村之间。北距黄河约18公里，东北距高青县城约12公里，小清河对岸为邹平县。遗址地处黄河冲积平原，地势低平，平均海拔12米。2003年秋季，山东省文物考古研究所在进行南水北调胶东输水线路工程沿线考古调查时发现了陈庄遗址。从2008年10月起，我们组队进行了大规模考古勘探和发掘。之后又将车马坑整体起取至室内进行发掘。

该遗址总面积约9万余平方米，西部边缘部分被陈庄村民房占压，南部压于小清河北大堤下，并延伸到大堤内侧的河滩内。一条西南—东北向的引水渠纵贯遗址南北。遗址地表大部分被树林覆盖，少量为农田。文化遗存以周代为主，其中西周时期的遗存最丰富，其次为春秋、战国时期，还有少量属唐、宋、金时期。

田野发掘工作分5批次进行，发掘面积近9000平方米。发现一处西周时期的城址，城内有大量灰坑、窖穴、房基、道路、水井及陶窑等生活设施和贵族墓葬、车马坑、祭坛等。出土遗物除大量陶器、蚌器、骨器之外，另有精美的玉器及蚌、贝串饰等。墓葬出土的50余件青铜器中，已经发现10件带有铭文。铭文内容与齐国早期历史有直接关系，对研究早期齐国的历史具有重要的价值。

二 重要发现

（一）城址

高青陈庄遗址的这座西周早中期城址近方形，城内东西、南北各约180余米，城内面积不足4万平方米。东、北城墙保存较好，西城墙大部分尚存，南墙基本被大水冲掉，残存部分墙体底部。东城墙墙体皆用花土分层夯筑而成，夯窝圆形圜底，是用单个木棍作为夯具夯筑而成的。经过详细勘测，东、西、北三面城墙都没有发现城门的迹象，城内有一条宽约20～25米的道路通往南墙中部，从而判断在南墙中部应有一个城门，但发掘后发现城门已被唐代的砖窑完全破坏。城墙四周有壕沟环绕，与城墙间距2～4米，城壕现存宽度约25～27米，最深约3.5米。城外西北角有一块低洼地，可能为积水区。在城外东北角，壕沟向东北方向延伸，很可能为城内的排水沟。从发掘情况判断，壕沟经多次开挖、清淤、拓宽，从内向外可分为4条，从出土遗物分析，这几条沟分属西周、春秋和战国时期。与墙体年代相同的壕沟绝大部分被春秋时期的壕沟破坏。年代最晚的壕沟上口残宽16米，沟壁较陡，深2.5米。

（二）祭坛

祭坛位于城内中部偏南，为夯筑而成，南北残存34.5、东西残宽19米。中心部位近圆台形，直径5.5～6、残存高度0.7～0.8米。从平面观察，由内向外依次为圆圈、方形、长方形及圆圈、椭圆形套叠的夯筑花土堆积，土色深浅有别。圆台的中心点距东墙96.7、距西墙90.1、距南墙21.5米。圆台外围仍有多层水平状的夯土堆积向外延伸，每层堆积厚0.05～0.12米不等，有的两层间夹杂薄层白色沙土或灰烬。外围堆积平面大致为长方形，形成过程可分两期。周缘多被东周遗迹打破，唯北边尚存，呈斜坡状，其余三面外围原始边界不清。祭坛中心部位即最中央的圆柱形夯土底部，经过解剖发现有一小的动物，应为祭坛奠基使用，进一步确定了该夯土台基属于祭坛的性质。但对其祭祀的对象尚无统一的看法。

祭坛周缘基本被晚期的遗迹破坏，只有北部边缘还能看到原始的面貌，但祭坛中心部位却保存完好。该遗址从西周到春秋战国时期的灰坑、窖穴等遗迹十分丰富，打破关系复杂，但祭坛中心却无任何晚期的遗迹。同时，春秋、战国时期的南北道路有意避开了祭坛，而绕行西侧。由此判断，祭坛的中心部位至迟到战国时期仍未被破坏，说明当时人们对该祭坛仍有某种信仰，或者仍在使用它。

（三）墓葬

西周墓葬特别是贵族墓葬也是这次发掘的重要收获。此次共发现西周墓葬14座，均位于城内东南部，分布于祭坛的东部和北部。有9座为长方形竖穴土坑墓，2座为"甲"字形大墓，其余3座为瓮棺葬墓。

长方形竖穴土坑墓的墓圹多在长3.5～5、宽2.5～3.5、深5～8米。大多一棺一椁，有头厢，随葬的陶器和铜器皆置于头厢内。个别棺内有少量玉器或海贝串饰。M18、M17和M27三座较为重要。其中M18出土青铜器有鼎、簋、爵、觯、觥、甗、尊、卣、斗、戈等，其中簋、觥、甗、卣等器物之上皆有铭文，另外还有红陶鬲1件、陶罐6件。铜器铭文清晰可辨。M27上口长5.7～6、宽3.6～3.7、深5.9米。出土铜器10余件，有鼎、簋、觚、爵、甗、尊、卣、盉、盘等，陶器有鬲、罐。M17出土铜器有鼎、簋各1件，其中铜簋上也有铭文。

M35、M36为两座"甲"字形大墓，位于祭坛北侧。M35的斜坡状墓道向南，内殉车两辆，其中近墓室的车保存完整，有车衡、辕、舆及车轮，车衡处有殉狗一条，狗颈上系挂铜铃。南端的车拆散殉葬，保存较差。墓室为长方形竖穴土坑，墓壁斜直内收。葬具为一棺一椁，系用长方形木板以榫卯结构叠砌而成。棺板上残存髹红漆、绘黑彩的痕迹。棺的北端与椁之间为器物箱，放置鼎、簋、壶、盘、匜、戈、矛等青铜器及銮铃、车軎等车马构件，另有陶鬲一件。棺内出土玉佩及串饰、贝壳等随葬品。人骨架已散乱，头向北。M36位于M35东侧偏南10米，两墓方向一致，结构基本相同。墓葬南北通长21.95米。墓道内随葬车两辆，均拆散随葬，其中靠近墓室的车髹黑漆，车舆保存尚好，车轮则分别竖直倚靠于两侧墓道壁。车旁随葬狗一条。葬具为一棺一椁，棺椁结构与M35基本相同。在北部的器物箱内随葬有甗、方壶、圈足盘、戈等铜器和陶鬲1件。棺内人骨架已散乱，头向北。

所有墓葬均未被破坏，出土随葬品丰富，主要有陶器、铜器、玉器及贝、蚌串饰等等。从墓葬形制和随葬品的组合与特征判断，各墓葬时代有所不同，如M18、M17和M27约属于西周早中期，大致在康、昭时期，带有斜坡状墓道的两座大型墓葬稍晚，约属于西周中期的偏晚阶段。

随葬铜器的铭文最为引人注目。出土的50余件铜器中，目前已在10件上发现铭文。其中M35出土的两件铜簋各有70余字的长篇铭文，M17出土的1件铜簋上有铭，其余7件铭文铜器均出自M18之中。M18出土铜器的铭文有"丰启作厥祖甲齐公宝尊彝"、"丰启作厥祖甲宝尊彝"、"丰启作文祖齐公尊彝"、"丰作厥祖齐公尊彝"、"丰启作祖甲宝尊彝"等，5件的铭文有"齐公"字样。M17出土铜器的铭文为与M18出土铜甗一致，内容也为"丰启作祖甲宝尊彝"。M35出土的2件铜簋铭文均为器内底与盖对铭，内容为："隹正月壬申，王各于恭大室。王若曰：引，余既命女（汝），更乃祖，□司齐师。余唯申命女（汝），易（赐）女（汝）彤弓一、彤矢百、马四匹，敬乃御，毋（毋）败绩。引只豐（拜稽）手，对扬王休，同□追俘兵，用乍幽公宝簋，子子孙孙宝用。"铭文中的"齐公"，学者们多认为此"齐公"即指姜太公，若不谬，这是首次发现与姜太公直接有关的铜器。

（四）马坑和车马坑

马坑和车马坑的发现也是本次发掘的重要收获。两座"甲"字形大墓与祭坛之间集中发现了5座马坑和一座长方形车马坑。马坑皆为长方形竖穴土坑，仅有马骨架，无马具或马饰。两座坑内葬8匹马，头向南，面朝南或东南，后腿弯曲伸向西北，骨架分南北两排依序并列摆放，每排4匹，前排4匹马的后腿分别压于后排马的颈部，这两座马坑位于M36墓道东西两侧。两座马坑各葬6匹马，头亦向南，其中一座坑内骨架分南北两排摆放整齐，前排2匹，后排4匹，由西向东依序摆放。另一座坑内马骨架摆放方式较特殊，6匹马两两成对放置，头向不一。在马坑的中间还放置牛角一个。另一座马坑内埋马2匹，头向北，嘴朝西南，其中东侧马的臀部斜压于西侧马上，四肢伸直，西侧马的后腿略弯曲，前腿伸直，两马似做交配状。

在这5座马坑之中，尤以中央放置牛角的马坑较为特殊，不仅马匹的排列方式与其他马坑有别，在6匹马的中央放置一牛角，显示可能不是一般的殉葬坑，而很可能与祭祀有关。

发现于祭坛西北部的车马坑呈南北向，内置车3辆，木车腐朽严重，仅存灰痕，但结构清晰。车的主体均由车衡、辀、舆、轮、轴等几大部分组成，车轮皆固定于深约0.7米的土槽内。其中位于南部的两辆车皆由四匹马驾车，马头上均佩戴精美的青铜和串贝马饰，北部一辆车由两匹马驾车。与一般车马坑中驾车之马侧卧的情况不同，该车马坑内驾车的马都呈站立跪伏式，每匹马都是在死后挖一沟槽将其嵌入其中，马头高昂或略偏，佩戴精美马具头饰，躯干部分均置于长方形的马槽内，腿骨弯曲，马尾向后伸直，马屁股上均有髹红漆的皮革朽痕，并有贝壳串饰，十分华丽。马槽两侧壁及骨架上仍残留白色席纹痕迹，可能是在马槽内先铺一层席子，马身上再覆盖一层席子。其中一号车所驾四匹马，马头部均佩戴长条形铜当卢、圆形马镳。马勒由颊带、额带及鼻带环绕马头连接构成，每条带上均有排列整齐的海贝串饰，带与带间以大圆铜泡相连。马嘴周围可辨有笼头的痕迹，马头间

有皮条连接痕。马颈部皆有"人"字形铜轭。车舆周围有红漆痕，推测为封闭舆四壁的髹漆皮革痕。轴的两端均有长圆筒状的铜车軎。二号车也驾四匹马，马具更加精美，有当卢、马镳、马勒构成。铜当卢呈兽面状。马勒上主要为铜饰，由颊带、颚带构成。圆形铜镳上接颊带，带上有长条形的铜饰，颚带上串小铜泡。衡上没有发现铜轭，辀首上翘。三号车前驾两匹马，马具较少，不见马镳和当卢，仅在颈部发现串小铜泡及牙质小长方片的带饰。

（五）其他

另外，该遗址还出土周代卜甲、卜骨，其中一残片上残存有刻辞，这是山东地区发现的首例西周刻辞卜甲。

除上述重要发现之外，陈庄遗址的发掘还清理了大量的灰坑、窖穴、房基等，仅灰坑、窖穴即多达一千余座，灰坑有圆形、椭圆形、长方形及形状不规则等。部分窖穴十分规整，壁面和窖穴底部都经过火烤加工，主要为西周至春秋战国时期。房址多被破坏严重，时代主要属于西周时期。遗址中还发现了木构框架结构的水井及道路等等。

陈庄遗址出土的遗物十分丰富，主要有陶器、铜器、骨、角、蚌器及石器等。还有大量的兽骨残块、炭化的植物颗粒或果实。居址出土的陶器多出于灰坑和窖穴，多为陶片，器形有鬲、簋、豆、罐、甑、盆、甗、瓿、罍、盔形器等，其中鬲、罐、豆、簋、甑最为常见。骨器多残，主要有笄、锥。蚌器主要为镰、刀、铲等生产工具，镰较多，大多残断。石器不多，主要出于灰坑或窖穴，多为工具残件，器形以斧或铲为主，另有少量刀、凿、镰及较多砺石等。

墓葬中出土的陶器多较完整，但器类较为单纯，主要有鬲、罐两种。玉器均出自墓葬之中，主要为装饰品，器形有柄形饰、长方牌形饰、戈、鱼等，其中

以 M27 出土的一件凤鸟纹玉牌饰最为精美。青铜器 50 余件，全部出自于墓葬之中，器形有鼎、簋、觯、爵、甗、尊、卣、盉、觥、壶、盘、匜等礼器，另有少量的戈、矛及銮铃、车軎、车辖等。其中 M27 出土铜器多完整，但制作多粗糙无纹，多数似为明器。其他墓葬出土的铜器特别是 M18 出土的觥、卣等器物，制作精美，但多数锈蚀严重，所幸铭文部分保存都较好。

三 结语

陈庄西周城址发现的意义主要有以下几方面。

第一，这座西周早中期城址位于齐国近畿之地，当与齐国关系十分密切，出土铜器的铭文也直接指向齐国。自 20 世纪 60 年代初，围绕齐国早期故城遗址进行了大量的考古工作，但始终未发现西周早中期的城址，陈庄西周城址成为考古发现的第一座齐国早期城址，也是鲁北地区发现的第一座西周城址。对该城址的性质，学界或认为与齐国早期胡公迁都的都城"薄姑"有关，或认为其可能属于齐国第一个都城"营丘"，或认为其性质为"封邑"，或认为是具有军事防御性质的军事要塞等等。但无论如何，该城址都对齐国早期历史研究有重要意义。

第二，一批西周时期墓葬的发现是本次发掘的又一重要收获，特别是出土铜器的贵族墓葬。M17、M18、M27 三座铜器墓，从出土随葬品的组合与特征分析，约属于西周早期。其中 M17、M18 两座墓葬铜器上的铭文内容基本一致，不仅表明两墓时代应相同，且墓主人关系密切。M35、M35 两座带斜坡状墓道的大型墓葬结构基本相同，从出土随葬品的组合与特征看，要晚于 M17、M18、M27，约属于西周中期偏晚阶段。这批西周时期的贵族墓葬也是齐国考古史上的首次发现。特别是出土的 50 余件铜器中，已发现有 10 件带有铭文，有"齐公"字样的有 5 件。"齐公"就是姜齐始封之姜太公。M35 出土铜簋上长达 70 余字的铭文，内容也与齐国有关。这批贵族墓葬，特别是铭文铜器的发现，对于解读该城址的地位与属性具有重要价值。

第三、西周祭坛为山东周代考古的首次发现。这次发掘在城内南部发现了一处夯土台基，其中心部位保存较为完整，由圆、长方不同形状和不同土色的土构筑而成，这是在山东周代考古中的首次发现，在其他文化中也十分罕见。由其构筑方式、建筑土色的不同以及中心底部埋藏动物情况判断，应为祭坛。但关于祭坛祭祀的对象目前还有不同认识，笔者个人倾向于其为社坛的说法。该祭坛是研究齐国宗教信仰、祭祀制度不可多得的材料。

另外，陈庄遗址西周刻辞卜甲的出土、驾车之马呈站立跪伏状的车马坑等在山东地区也是首次发现。因此，陈庄遗址的考古发掘在许多方面填补了山东周代考古的空白，是半个世纪以来山东周代考古特别是齐国历史考古的突破性进展。

撰稿人：郑同修

参考文献

● 山东省文物考古研究所：《山东高青县陈庄西周遗址》，《考古》2010 年第 8 期。
● 山东省文物考古研究所：《山东高青县陈庄西周遗存发掘简报》，《考古》2011 年第 2 期。
● 李学勤等：《山东高青县陈庄西周遗址笔谈》，《考古》2011 年第 2 期。

2号车（南→北）

祭坛（北→南）

马坑（东→西）

M36（北→南）

○ 山东高青陈庄西周城址

房基

M18 出土陶鬲

M18 出土铜觥

M27 出土铜盉

刻辞卜甲

湖北枣阳九连墩楚墓

一 引言

湖北省枣阳市偏于鄂北，地处桐柏山与大洪山之间的随枣走廊北端，在唐、白河入汉水汇合处的东部，属汉水流域。随枣走廊北部自古即是长江中游与黄河中游人类交往的重要通道，新石器时代这里就有人类居住，西周、春秋时期为曾国所辖，至迟在战国早期即被楚国占领。

九连墩墓地即位于枣阳境内中部偏东处的一条南北向低岗上，分别隶属于枣阳市的吴店镇东赵湖村与兴隆镇乌金村。墓地遗存封土堆9个，由南往北依次编为1～9号墓。站在岗地东、西远眺，可见9座隆起的土堆由南至北巍然耸立在岗脊上，连绵起伏达3公里余，当地俗称"九连墩"，墓地因此而名。相传古时有位大官被皇帝错杀，甄别平反后，赐得一个金头随葬。为防盗墓取金头，一夜间修了9个大冢，以惑真假。

二 发掘经过

2002年初，湖北省决定修建孝襄高速公路，需穿过枣阳九连墩墓地。2002年9月湖北省文物考古研究所调集全省考古力量，联合全省八家文博单位，组成九连墩考古队，准备对工程涉及的1号墓进行抢救发掘。

通过考古测量、勘探、调查，获取了有关墓地地理环境、墓葬布局、周边城址等方面的信息。距九连墩墓地以东4公里处发现一座名为"忠义寨"的方形东周城址。在1号墓北侧新发现了一座封土在早年被夷为平地的墓葬，其形制、规格与1号墓相差不是很大，在其西部发现分别属于这两座墓葬的1、2号车马陪葬坑，初步认定这四个单位为关系密切的一个墓地单元组合。1号墓墓道东部还发现五花土遗迹。遵循由南往北按墓葬排序编号的原则，在地面调查发现9个封土堆的基础上，将原1号封土堆仍定为1号墓，新发现的墓编为2号墓，原2号封土堆顺推为3号墓，其他墓葬的编号如此类推。

2002年9月，考古队开始对九连墩墓地1、2号墓及1、2号车马坑展开全面的发掘清理。历时近6个月的发掘获得了丰硕成果。

三 墓葬和车马坑

在1、2号墓墓葬封土的发掘过程中，先后清理出了墓基遗迹、封土墙、墓上祭祀坑。

墓基为两处，均由五花土夯筑而成。1、2号墓墓坑分别座落于这两处墓基的中部，通过对叠压地层解剖可知，2号墓的墓基遗存叠压在1号墓的墓基遗存之上。1号墓墓坑口平面南北近坑口边缘处，各发现一道残存的封土墙建筑遗迹，2号墓墓坑口平面南近坑口边缘处，亦发现一道残存的封土墙建筑遗迹。这三处封土墙均打破墓坑封土，内侧皆叠压于墓坑封土外缘之残留层上。从两墓封土之上未见其他建筑遗物，如盖瓦、柱洞、板灰、散水等情况分析，此3处墙体似乎不属墓上陵寝建筑的残留遗存，应是墓坑封土的护墙，或即《周礼·春官·冢宰》所云："以爵等为丘封之度"的"封"。墓上祭祀坑在1号墓基正东距墓道口约28米处，是为方形烧坑，坑内有红烧土及炭灰堆积，似为墓葬建成之后的祭祀遗迹。

1号墓封土堆的西部在发掘前已基本夷为平地，封土堆的构筑方法为垒砌，不见明显的夯打痕迹。封土中部发现一盗洞，东南延伸进入南室东南角，幸未通达其他各室，仅南室东端被盗走少量遗物。

1号墓墓坑平面呈甲字形，方向105°。墓坑四壁设14级台阶，自上而下逐级内收至椁坑口。斜坡墓道位居墓坑东边的中部。墓坑内填五花土，填土分层夯筑。

1号墓设二椁二棺。外椁以隔板分成五室，东、南、西、北四室分别附在中室的四方，用以陈放随葬物品。内椁置于中室内。内、外二棺套置于内椁之中，外棺为长方盒形棺，内棺为悬底弧棺。二棺皆内髹红漆，外髹黑漆。尸体置于内棺，出土时仅存骨架。人骨之上的丝织物已呈腐渣，随身佩戴的玉、石、料、骨器等均已移位，但仍可见尸体放置方向为头东脚西。

1号墓随葬有礼器、乐器、生活用器、兵器、车马器、工具、敛饰物、丧仪用器等共计4067件套。

礼器均置于东室，青铜器皿数量较多，组合较为完整，计有鼎、簠、簋、敦、盒、豆、𬭚、甗、鬲、俎、案、壶、缶、鉴、尊、盘、盆等器类。东室还出土了1件龙蛇座豆，这在楚墓中是首次发现。乐器主要放置在北室，计有编钟、编磬、鼓、琴、瑟、雅、笙、篪等乐器。其中编钟34件，出土时簨虡已倾倒，有上、下两层，编磬虽因积水腐蚀而鲜见遗痕，但依然残存磬架。生活用器均存放在西室，其中既有衣饰及其盛装物如衣物（已腐烂）、带勾、衣箱、首饰、首饰盒等；也有清洁洗涤器如扫、箕、盘、匜、汤鼎、盥缶、香熏、洁面盒等；还有饮食取暖器如樽、盉、套杯、小壶、方盘、圆盘、耳杯、酒具盒、炭炉、炭铲等；以及起居休娱器如凭几、席镇、灯、琴、瑟、方案、皮盒、弩机等。兵器主要放置于南室，有戈、矛、殳、戟、剑，以及盾、甲、胄，其中清理复原的28套人甲与28把佩剑，对于我们了解古人的防御思维很有帮助。车马器即车辆上的构件与马匹上的配饰，同样放置于南室，有镳、衔、铃、䡇、𪚷、锯、当颅、活页、环扣、节约、车衣等。工具亦置于西室，均为各类手工加工器具，如钻、凿、斧、锛、锯、削刀、刻刀、磨石等。敛饰物见于中室，主要为穿戴于尸体上的衣衾包裹与佩饰，或是装饰在棺柩上的衾、荒帷、锦带、玉璧、羊角等。亲尸的衣衾包裹与饰棺的衾、荒帷、锦带等均因埋藏环境较差而早已腐朽炭化，又经棺椁垮塌的扰动而变成了灰渣。佩饰则保存较好，以玉器为主，还有少量骨器、琉璃器以及玛瑙器，总共达60件套之多，器类有璧、瑗、环、璜、珩、珑、觿、珠等组佩，是初丧时为死者沐浴装殓后，依其身份组串佩戴在身上的饰物，出土时串联的丝带均已腐烂，且因尸骨移动过甚，佩饰的放置原貌不清。丧仪用品即丧事中用于导魂升天仪式的法器，如镇墓兽、虎座飞鸟等，皆置于西室。

1号车马坑位于1号墓西壁外，坑口平面呈长方形。坑西壁开斜坡坑道3个。坑内共葬车33乘、马72匹，其中2乘车未配驾马。葬车呈双行自南而北横向并列陈放，车辕均朝西，轮、舆皆置于事先挖好的沟槽内。驾马头西尾东摆放于车辕两侧，除13号车配驾马6匹，6号车、12号车、15号车各配驾马4匹外，余车均各配驾马2匹。从葬马骨骼自然摆放且6号车左服马胸肋骨尚存一枚箭头等情况看，马匹应是杀死而后安葬的。车马坑内除了随葬个别车饰件、舆构件外，大量车舆构件和乘马佩饰均置于墓坑的南室之中。

2号墓封土早年被夷为低平坡地，从残存的断面观察，构筑方法仍为垒砌，不见明显的夯打痕迹。

墓坑平面呈甲字形，方向105°。坑壁设14级台阶，自上而下逐级内收至椁坑口。椁坑底中部挖有一圆角方形腰坑，内葬羊1只，羊体用草类植物包裹，头向西南。从羊骨自然伸展，缠裹其上的草类物排列整齐看，羊应为先杀后葬，是墓坑挖毕后，丧家用以祭祀地神的贡献。斜坡墓道位于墓坑东面。墓坑内填五花土，填土分层夯筑。

2号墓内亦设二椁二棺。外椁内以隔板分成东、南、西、北、中五室，内椁置于中室内，内、外二棺套置于内椁之中，外棺为长方盒形棺，内棺为悬底弧棺。内棺外附着的棺饰尚存，但均已炭化残腐，一部分已垂落至外棺内底。内、外二棺皆内髹红漆，外髹黑漆。尸体置于内棺，出土时骨骸保存完好，可见葬式为仰身直肢，头顶向东，其上装殓的衣衾包裹均已腐烂，仅存遗痕。随身佩戴的玉、石、料、骨等饰件均保存较好，但因串联佩饰的组带均已腐烂，其原有位置已在椁内积水反复消长的作用下发生了改变。

2号墓随葬有礼器、乐器、生活用器、兵器、车马器、工具、敛饰物、丧仪用器等共计1066件套。

礼器置于东室（亦有个别器类放置在北室），除成套的青铜器皿如鼎、簋、簠、敦、盒、豆、笾、甗、鬲、鉴、壶、缶等器外，还有成套的仿铜漆木器皿如鼎、簋、簠、敦、盒、豆、笾、樽、甗、鬲、鉴、壶、缶等。乐器主要放置在北室，有编钟、编磬、虎座鸟架鼓、瑟、笙、篪等，其中编钟11件、编磬19件，二者皆有簨虡。虎座鸟架鼓做工精细、造型优美，堪称同类器物之最。北室还出土一乘形体较小的木车，以及一些木俑等。生活用器分见于南室和西室。南室以大量的漆木饮食器为主，器类有豆、笾、盒、壶、杯、案、几、酒具盒，还有铜熏杯等器物。此外，在南室西部还发现了1300余支绘有图案的简策状竹片，分3卷放置在一件竹筒内，竹片空白，背面以黑漆绘几何纹图案，其或为饮食器具的托垫，也就是古人所谓之"蓆"。西室以清洁洗涤器、饮食取暖器、起居休闲器为主，还有少量工具。敛饰物均见于中室。棺饰物虽因炭化腐朽而致周边垂落，但覆在棺上的部分却仍然保存原有状貌，据此可知其大致由衾、带、荒帷、铜璧、羊角等组成。亲尸的衣衾包裹虽存遗痕，但因其炭化腐朽过甚而无法探知其结构。佩饰以玉器为主，少量骨器、琉璃器，其数达30余件套，器类有璧、瑗、环、璜、珩、珑、

觽、珠等组佩。丧仪用品如镇墓兽、虎座飞鸟等，皆置于西室。

2号车马坑位于2号墓西壁外。坑口平面呈长方形，坑西壁开斜坡坑道1个。坑内随葬车辆7乘，挖有轮槽安置车轮；另有1件型体较大的方形有盖车舆，置于车马坑的北部，未见轮、辕。全坑葬马16匹，其中1车驾马4匹，其余6车各架马2匹，所有葬马均头顶向西，背朝车辕，姿势自然整齐，应是先杀后葬。7号车保存有较完好的车轮牙、辐及车耳；5号车保存有较完好的车轼及屏泥。2号车马坑出土有错银铜轭首、错银铜衡末、错银铜柱帽及青铜云纹车軎、壁插等车舆构件等。

两座车马坑用马，能鉴定出性别的全是公马。1号车马坑以及2号车马坑应当随葬的马镳、马衔、马勒等马具，分别见于1号墓南室与2号墓北室内。

2号墓的墓基压在1号墓的墓基之上，表明2号墓下葬的时间相对晚于1号墓。但从随葬器物的同类器物特征近似看，两墓下葬的年代差距不大。由两墓均为土坑木椁，起封土堆，甲字形墓坑，东向墓道，主要随葬器物的器类、形制、纹饰与已发掘的战国楚墓类似看，其下葬年代应为战国时代无疑。再从出土青铜器整体胎薄，铸造工艺粗疏等特征看，明显体现出青铜时代尾声的风格。因此，其下葬年代似为战国中期晚段（前300年前后）。

九连墩1、2号墓墓坑均为14级台阶，都是椁分五室，同样两椁两棺，其中1号墓出升鼎一套5件配镬鼎1、羞鼎2，馈鼎一套7件配镬鼎1、羞鼎3；2号墓出土漆木升鼎一套5件，青铜馈鼎一套7件，在规格、组合上基本与1号墓相同。两墓一致随葬以鬼器5鼎、人器7鼎为组合主体的祭器，2号墓腰坑埋祭羊牲，故其等级均应为"大夫"。

根据两墓人骨鉴定材料，知1号墓墓主为男

性，年龄约35～40岁；2号墓墓主为女性，年龄约26～30岁。两墓规格相等却并列埋葬，墓向一致且相距极近，下葬年代接近，而1号墓南室随葬大量兵器铠甲，内棺贴身随葬佩剑，2号墓南室则随葬大量豆、笾、案、几等膳食类漆木器，内棺中不见佩剑等现象，因此两墓有特殊的紧密关系，或为夫妻。先秦时期丧葬，父子必按昭穆下葬，兄弟需遵长幼定穴，只有嫡妻方可与夫君并穴而埋。两墓随葬器物特征的区别，恰好体现了女主内，男主外的思想。因此，九连墩1、2号墓应该属于夫妻异穴合葬墓。结合人骨研究的结果，确定一号墓墓主为夫，二号墓墓主为妻。

四 结语

楚国都城春秋时约在襄宜平原的宜城境内，至战国时期迁至今江陵纪南城。九连墩楚墓的年代为战国中期晚段，说明当时处于楚国中心的北部，京畿之外远不及京城控制严密，故在高级贵族墓的九连墩2号墓出土了成套的仿铜漆木礼器。又由于该地区此前紧邻楚国政治中心，传统文化底蕴深厚，不仅墓上有封墙、墓茔、祭祀坑等遗迹，而且墓中出土有早期遗物，铜器还有较强的仿古特色。这昭示襄宜地区楚文化的强烈个性，亦表明1、2号墓主生前当属世袭显赫的家族。

九连墩2号墓出土有同时期三晋风格的铜器，可能墓主生前即三晋地区人氏，出嫁为楚人之妇，这些器物也作为嫁妆带至楚地。其为正妻，故能享用"同苞"之礼。但其车马坑较小，随葬车马和铜礼器的数量相比1号墓明显要少，且以仿铜漆木礼器替代铜礼器。由此观之，1号墓的等级身份事实上高于2号墓。

墓上遗迹的首次发现，以及相对完好的墓坑、棺椁和随葬品，为探讨楚国墓地制度、埋葬制度，乃至折射的社会政治制度，增添了新的实物信息。1、2号墓出土的青铜及木制礼器组合齐全、保存完整，乐器种类较多，特别是出土的7个种类90余件乐器在一定程度填补了楚国音乐史的空白，有助于我们深入认识楚国高级贵族用礼制度。1、2号车马坑完整清理面世，为研究楚国高级贵族的用车制度，先秦时期不同类型车辆的结构，车、马器具的配置状况，提供了不可多得的史料。大量精美文物，尤其是"简策"画等前所未见的遗物，为我们提出了不少有待解决的新课题。

撰稿人：王红星　胡雅丽

参考文献

● 湖北省文物考古研究所：《湖北枣阳市九连墩楚墓》，《考古》2003年第7期。
● 王红星：《九连墩1、2号楚墓的年代与墓主身份》，《楚文化研究论集》第六集，湖北教育出版社2005年。
● 王红星：《九连墩一、二号楚墓用鼎制度研究》，《楚文化研究论集》第七集，岳麓书社2007年。
● 胡雅丽：《九连墩一、二号墓墓主关系厘探》，《楚文化研究论集》第八集，大象出版社2009年。
● 王红星：《楚都探索的考古学观察》，《文物》2006年10期。

新世纪中国考古新发现（2001~2010）

九连墩楚墓发掘现场（西→东）

M1出土皮甲、胄

M2编钟（西南→东北）

虎座鸟架鼓底座（M2：北351）局部

○ 湖北枣阳九连墩楚墓

双龙玉佩（M1：中938）

玉璧（M1：西688）

龙蛇座豆（M1：东24）

虎座鸟架鼓（M2：北351）

铜升鼎（M1：东151）

铜尊（M1：东30）

三人踏豕玉佩（M2：中481）

铜熏杯（M2：南229）

江苏苏州木渎春秋城址

一 引言

苏州木渎古城考古项目是中国社会科学院考古研究所与苏州市考古研究所为了解苏州市木渎盆地及其周边地区古城址、墓葬等的时代、布局、性质和人地关系等一系列学术问题,联合对苏州西部山区及周边地区先秦时期遗存进行的综合考古调查、发掘与研究项目。

《史记·吴太伯世家》正义云:"吴,国号也。太伯居梅里,在常州无锡县东南六十里。至十九世孙寿梦居之,号句吴。寿梦卒,诸樊南徙吴。至二十一代孙光,使子胥筑阖闾城都之,今苏州也"。《越绝书》、《吴越春秋》、《元和郡县图志》、《吴地记》等文献也有类似记载。例如《吴越春秋·阖闾内传》载:"子胥乃使相土尝水,象天法地,造筑大城,周回四十七里,陆门八,以象天八风;水门八,以法地八聪。筑小城,周十里。陵门三。不开东面者,欲以绝越明也。"《国语·吴语》载:"越王勾践,乃率中军,泝江以袭吴,入其郭,焚其姑苏,徙其大舟。"对于吴国都城究竟位于何处,过去的研究仅限于文献记载以及民间口传历史,认为它在今苏州市区。近代考古学兴起后,从考古证据方面来探求文献记载的吴都之所在成为学界期盼。但在苏州市区多年的考古工作中并未发现先秦时期的城墙、城门、大型建筑等与城址有关的遗存,学者们对今苏州市区即吴都之所在的说法提出质疑,将探寻吴都的视线转向了东周遗存密布的苏州西部山区。

早在1957年,灵岩山一带调查发现春秋时期遗物,说明存在这一时期的遗址,在金山浜一带也有同期遗址。这里的山脊上存在大量石室土墩墓,考古工作者对五峰山石室土墩墓等进行了考古调查和发掘。1989年,钱公麟先生首次提出阖闾所建吴大城不在今苏州市区,而在西南郊木渎一带的山间盆地。2000年,苏州博物馆考古部通过考古调查,在灵岩山侧发现了大量的长条形土墩和长方形土墩,总长绵延数千米,初步判断其为一处大型古代遗址。第二年春,他们对3处长条形土墩进行了试掘解剖,根据土墩结构和出土印纹陶片的时代,初步推测其为春秋晚期城墙。上述成果为进一步探索吴都所在提供了线索。

2009秋至2010年秋,联合考古队在苏州西部山区进行了大规模的考古调查和发掘工作。工作区域位于苏州西南部、太湖东北侧的吴中区木渎镇、胥口镇和穹隆山风景区3个乡镇。此区域包括灵岩山、大焦山、天平山、天池山、五峰山、砚台山、穹隆山、香山、胥山、尧峰山、七子山等山脉以及它们围成的盆地。

二 2009年的区域调查

2009年11～12月,联合考古队完成了山间盆地内约25平方公里的调查和主要地表遗迹现象的记录及标图工作。苏州地区古代遗址的保存状况有着自身特点,地面极少见暴露的陶片,很少有反映堆积状况的地层断面,遗址一般位于高出地面的土墩上,平地上很少有遗址分布。联合考古队采取了区域调查的方式,重点对高出地面的土墩进行记录、标图,并对一些土墩的剖面进行清理,同时注意地面遗物的采集。

通过调查,共发现、记录235处土墩遗存,并发现5处遗址。土墩形状不一,有长方形、长条形和形状不规则几种。低的仅稍高出地面,高的高约4～5米。由于未经正式发掘,尚难准确推断这些土墩的时代。不少土墩堆积中采集到东周时期的几何印纹陶片、原始瓷片等遗物。土墩分布较为密集的地点包括五峰、新峰、廖里和社光等地。其中社光地点发现大小土墩近百座,分布十分密集。在周边调查中还采集到东周时期遗物。土堰头遗址即在社光地点内。发现的5处遗址具体情况如下。

马巷上村北石器作坊遗址位于马巷上村北的山

坡下部。大致呈长方形，东西长约200米，南北宽约100米。在地面上发现大量陶片、石制半成品及成品等，器形有石锛、石刀及石坯料等。遗址西端发现2处地层堆积，包含大量陶片和红烧土。其余部分发现丰富的地层堆积，有的地面上布满了大量石器加工的原料、坯料。

横泾郎村东南遗址东西长约190米，南北长度不甚清楚。在地面上采集到少量陶片、石器等。

南野竹村北制陶遗址东西长约250米，北侧被采石场全部破坏。地面上采集到一些陶片。断崖西侧发现1座灰坑，出土陶片、陶拍等。在东侧断崖上发现1座残陶窑。

廖里村遗址南北残长约215、东西宽95米。地面上残存5座土墩。土墩周围明显可见灰坑的范围，并散布着大量陶片。遗址中部水沟两侧的堆土中散布着大量原始瓷片、几何印纹陶片等。

上堰头村东南遗址南北长约200、东西宽约95米。残存2座土墩，土墩东侧地面上散布着大量夹砂红陶片。

三 2010年考古发掘收获

2010年的考古发掘中与古城址有关的主要发现有以下几项。

（一）五峰村北城墙、城壕

五峰段城墙东南侧起自狮子山脚下，向西略偏北方向延伸，后又折向北方，至吴家弄村西南折向西，一直向五峰山方向延伸。该段城墙总长1150、现宽为20~26、高于地面约0.5~3米。

发掘地点位于木渎镇五峰村吴家弄西约130米处，为北城墙南北走向段往西北走向段拐弯处。为了解城墙的时代、建筑方式等，所布探方横跨城墙及护城河，共布4米×10米探方6个和4米×5米探方1个。

本次发掘横跨城内、城墙和城外的护城河，地层堆积可分为三部分。护城河内的堆积有6层，分别编号为H②~⑦。叠压外侧城墙和外侧城墙叠压的地层编号为W③~⑧。其中，W③~⑥为叠压外侧城墙的晚期地层，W⑦、⑧应为堆筑城墙之前垫平地面的垫土层。叠压内侧城墙和内侧城墙叠压的地层编号为N③~⑪。N③~⑦为叠压内侧城墙的晚期地层，N⑧~⑪为内侧城墙所叠压的早期地层。其中，第1层为表土层；第2层为近代垫土层；W③~⑥层为唐宋以后地层；W⑦、⑧层为东周或早于东周地层；N③~⑤层为明清时期地层；N⑥层为唐宋时期地层；N⑦层直接叠压在城墙之上，属东周时期城墙破坏后形成的地层；N⑧层为东周时期地层；N⑨~⑪层为东周或更早时期地层；H②~④层为护城河内明清时期的垫土层；H⑤、⑥层为护城河内较早时期的垫土层；H⑦层为护城河内淤积层。

在发掘的7个探方内发现的遗迹主要有城墙、1条护城河和1座灰坑。

通过横跨城内、城墙和城外护城河的解剖沟，可知城墙的结构和堆筑方法。城墙横截面呈梯形，城墙底部原始地面不平整，东高西底。在堆筑城墙之前，先垫平低洼的地面再堆筑城墙，没有挖基槽。在城墙东侧的W⑦、⑧两层被城墙叠压，又介于城墙和护城河之间，故推测其可能是建城墙之前垫平地面、同时又起防护作用的垫土层。根据土质、土色，城墙可分为A、B、C、D、E五段夯土，应是同时分五组进行堆筑的，但有相对早晚之别，如B段堆筑到一定高度时紧接着堆筑A段和C段，而D段则是C段和E段堆筑到一定高度时堆筑的。中间B、C、D段夯层大致呈水平状，夯层较紧密，但厚度不一，没有发现夯窝。城内侧A段呈斜坡状堆积，明显是采用堆筑方式。城外侧E段也呈斜坡状，也应是采用堆筑方式，但精细度要略好于A段，两者的各夯层厚度也不一致，均没有发现夯窝。总体来说，城墙的堆筑是无序的，且没有统一的夯层宽度和厚度标准。

城墙东面为护城河，河底部距城墙东边底部1.05~1.24米。

（二）新峰村南水门遗存

在新峰村附近地面调查时发现另一段城墙遗迹。此段城墙正处于清明山和尧峰山之间山口的北侧。城墙总体呈东西走向，总长约560米，在西侧有一豁口，两侧城墙分别向南延伸，形成"两墙夹一河"的基本布局。城墙向南延伸部分长约360米。城墙现存墙体宽15~45米。

发掘地点位于胥口镇新峰村的河头村北约120米，顾家上村南约130米处，正在城墙的豁口处。地层可分为6层，第6层下为生土。其中，沟G1开口于第4层下，其内堆积可分为7层。

发现的堆筑土应为城墙遗存，可分为相距12.2米的南北两部分。北侧部分与土墩D184相连。D184上部已被破坏，仅残存高约0.2米的堆筑土。东西长约94、南北宽约78~116米，东侧较宽。此处堆筑土遗迹位于G1外侧，距古河道边约1.5~4.5米。南侧部分与D186西北拐角相连。在此处D186由东西走向变为南北走向，与之相对应的沟也由东北—西南走向逐渐变为南北走向。D186为堆筑方式修建。堆积的厚度不一，薄处仅有0.08米，厚处达0.38米。未见明显的夯打痕迹，当是利用当地泥土的黏性直接堆筑即能保持足够的强度。

在南北两侧的堆筑土上均叠压第5层堆积。由北侧数个晚期坑的剖面可知，其恰好直接叠压在堆筑土边缘部位，走向与堆筑土的走向一致，两者有密切的联系。该层堆积主要位于沟边较为和缓的坡岸上，似为当时人们在沟和"城墙"之间活动留下的遗存。其近沟侧的边缘多在陡坡以上，也说明了这一点。在该层中出土1件陶片，属东周时期，这说明了该层堆积的时代。北侧的第5层堆积宽约4.7~6.1米，南侧的第5层堆积宽约2~3.8米。

在两段"城墙"之间为一条宽约12.3~13.9米的沟状遗存G1。此遗存的发掘部分总长约26.3米。东北侧呈东北—西南向，至南侧变为南北向。沟内有很厚的河相堆积，表明其为一处水道遗迹，可能通向南侧山外的太湖。沟的坡岸呈明显的台阶状，上部呈缓坡状，下部呈陡坡状。第5层堆积即直接叠压在缓坡上。这反映了沟在使用时其上部即为缓坡状。由"城墙"、第5层和G1内出土的遗物和层位关系可知其时代均属东周时期。三处遗存的位置相近，走向一致，构成一组密切相关的遗存。三者应是同时期修建和使用的遗存，初步判断其为一处"水门"遗迹。

这里典型的出土遗物包括原始瓷碗、陶钵、瓦片、木构件、铜镞等。

（三）东、西城墙遗存

2010年秋季，为寻找东西城墙，在盆地内的东部和西部进行了考古调查和试掘。其中，西部的穹隆山风景区堰头村东侧土墩经解剖可知时代属东周时期，南北两侧有多处断续分布的土墩遗迹，推测与西城墙有关。位于东部的木东路一带地势高于两侧，且与新锋南城墙相接，推测与东城墙有关。

（四）合丰小城

在合丰村一带发现一座小城址，东西长450、南北宽约500米。城址外侧有环壕。

四　结语

（一）主要遗迹的年代

依据出土陶片特征、地层堆积关系和城墙等古代遗迹的结构特征，可以初步判断北城墙修建于春秋晚期。南城墙与水道密切关联，彼此之间形成一座南方古城特有的水门遗迹。河道底部淤泥中出土印纹陶片、瓦片、铜镞、原始瓷碗、陶钵等遗物显示其使用时期为春秋晚期。据现有资料可知，南北两道城墙之间的距离为6728米。

（二）遗址性质

根据初步考察，并结合以往的成果可知，苏州西部山区，如上方山、七子山、观音山、五峰山、天平山、真山、胥山、横山等山峰、山脊上有大量春秋时期土墩墓和石室土墩墓，其中许多是高等级墓葬，如真山、树山、阳宝山、鸡笼山等处的大墓。2010年春季发掘的D33位于真山北端一座直径30、高3米的土墩上。墓葬为在山体基岩上铺垫一层厚约0.3～0.4米的碎石，然后其上垒砌"石椁"，再在上面覆以封土。主墓东西向，由大小不一的石块垒成"石椁"。外围东西长13、南北宽9.3米，内部东西长7.2、南北宽6米，最高处为1.8米。该墓残留两个器物坑，一个坑出土器物48件，包括印纹硬陶瓮24件、印纹硬陶罐4件、陶鼎5件、原始瓷盖碗15件；另一个出土器物10件，包括印纹硬陶瓮2件、罐3件和原始瓷碗5件。

1986年发现的严山玉器窖藏，在一个长2、宽1.5米的略呈长方形的土坑内出土遗物402件，其中软玉器204件，其余为玛瑙、绿松石、水晶器和玻璃器。主要种类有璧、环、璜、琮、镯、玦、管、珠等，玉质好，等级高，其时代属春秋时期。有学者推测应是吴国王室玉器。

如此大量的各等级墓葬和高等级玉器窖藏的存在，显示附近一定有与之相对应的高等级政治中心聚落。历年考古调查还发现周边有许多两周遗址，如越城、鱼城、张墓村遗址等。

依据对考古调查和发掘的城墙、城门、护城河、建筑基址、手工业作坊遗址、一般居址、墓葬、窖藏等各类遗存的年代、等级和性质的研究，及对由各类遗存所构成的聚落群的综合分析，目前可初步认定苏州西南部山区木渎、胥口一带山间盆地内存在一处大型遗址，应是一座春秋晚期具有都邑性质的城址。

据文献记载，东周时期，吴国曾建都于苏州一带，但一直未获考古发现证据的支持。本次春秋时期大型城址的发现为这一问题的解答提供了重要的考古学线索。

过去在苏州一带发现大量各种等级的石室土墩墓、土墩墓，以及玉器窖藏、一般遗址等，但一直未见与之相应的中心性遗址。本次考古发现显示当时存在大型中心性遗址。以这一遗址为核心，不同等级的遗址、墓葬构成了较完整的聚落群。该聚落群为我们理解苏州地区东周时期的各种遗存现象和重构当时的社会、文化史提供了重要基点。

本次联合考古队将工作重点放在包括区域调查、城址发掘、墓葬考古和多学科综合研究上，力求将吴越文化考古由以往多注重对墓葬的发掘与研究转变为聚落视野下的区域考古研究。

撰稿人：徐良高　张照根　唐锦琼
　　　　孙明利　付仲杨　宋江宁

参考文献

- 中国社会科学院考古研究所、苏州市考古研究所苏州古城联合考古队：《江苏苏州市木渎春秋城址》，《考古》2011年第8期。
- 南京博物院：《苏州市和吴县新石器时代遗址调查》，《考古》1961年第3期。
- 政协吴县委员会、吴县文化馆：《吴县的古文化遗址》，1963年。
- 朱江：《吴县五峰山烽燧墩清理简报》，《考古通讯》1955年第4期。
- 钱公麟：《春秋时代吴大城位置新考》，《东南文化》1989年第4、5期。
- 吴县文物管理委员会：《江苏吴县春秋吴国玉器窖藏》，《文物》1988年第11期。

木洴盆地内调查发现的地面遗存

五峰北城墙及护城河

五峰北城墙

新峰南城墙水门

○ 江苏苏州木渎春秋城址

真山 D33 器物坑 K1

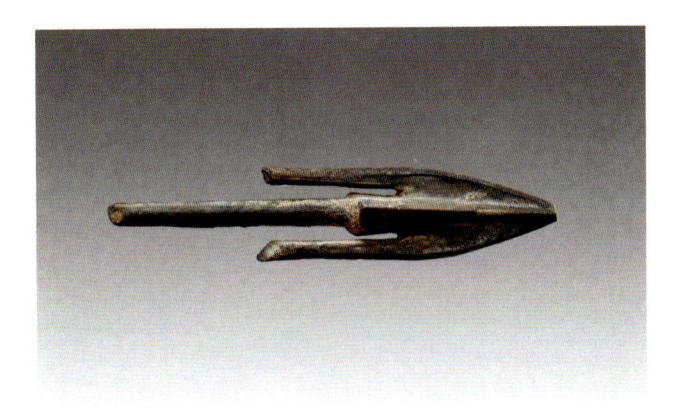

新峰村南水门出土铜镞

五峰村城墙出土陶片

新峰村南水门出土原始瓷碗

新峰村南水门出土原始瓷碗

新峰村南水门出土陶钵

D33K2 出土陶钵

安徽蚌埠双墩一号春秋墓

一 引言

安徽省蚌埠市淮上区双墩村境内至今保存有两座相邻的大封土堆墓，它们相距80米，东北—西南走向，一条东西向乡村公路穿越其间。2005年6月，北侧的一号墓被盗未遂。报经国家文物局批准后，安徽省文物考古研究所与蚌埠市博物馆组成考古队对其进行抢救性发掘。发掘工作从2006年12月至2008年8月，跨三个年头，历尽艰辛，取得了重大收获。

蚌埠市位于安徽省东北部，淮河由西向东贯穿市区，属于黄淮海平原南部边缘地区，平原主要分布在淮河北部和淮河南岸沿河一带，由现代冲积层组成，厚度在10米以上，地面海拔17～18米。双墩一号墓就坐落在淮河北岸3公里处一个高出地表的原生台地上。发掘期间还对该墓葬区周边1000米范围进行了钻探，发现该区域东部有大量汉代砖室墓和少量土坑墓，北部有被称为"双墩文化"的新石器时代遗址等。墓葬东距钟离都城30多公里，所在地曾是高出周围10余米的漫坡高地。驻双墩村某部队曾在封土堆上建导航雷达天线并在封土堆中建防空库房。

二 发掘方法与保护

在发掘前，考古人员进行了详细的钻探，基本了解了墓葬结构和随葬品保存等情况，还根据钻探资料做了细致充分的准备，制定了周密的发掘和文物保护方案。对封土堆采取两分法发掘，对墓坑填土则采取四分法分层发掘。坚持发掘与保护并举，确保墓坑、文物和遗迹现象现场保护与提取等工作科学有序的进行。特别是重要发现采取保护现场、邀请国家、省主管领导、专家现场考察、论证和多学科合作进行鉴定、取样、检测和研究。总之，严格按照"田野考古工作规程"操作，最大化的获取了文化遗存的信息，取得多项墓葬考古的新成果。

三 墓葬形制

双墩一号墓主要由封土与白土垫层、墓坑与墓道、墓室等构成。

（一）封土堆与白土垫层

封土堆较大，呈馒头形，高9、底径60米。堆筑，有早期建筑特征，是目前淮河流域发现最早的墓葬封土堆之一。封土和墓坑填土均为混合土，仔细区分可见里面有黄、灰（青）、黑、红、白等五种颜色的土，其中黑色和白色土为外来土。使用这种"五色土"似有一定的寓意。

值得重视的是在封土堆底部，在墓口外的生土层上有一层白土垫层，平面呈圆形，其范围与封土堆底部大小基本一致，俯视与圆形墓坑构成玉璧形状，厚0.2～0.3米。土质非常细腻，经检测，初步认为来自石英岩风化矿。

（二）墓坑与墓道

墓坑为竖穴土坑，形状为罕见的圆形，墓口直径20.2、墓坑深7.5米。墓坑2米下有宽1.8米的生土二层台。墓坑壁上抹有一层厚约3厘米白泥层。

墓坑正东有一条14级阶梯式的短墓道延伸至墓坑内，墓口以外的墓道长6.3、宽3.2米。墓道壁和底部全部用厚约3厘米白泥抹平。

（三）墓底埋葬布局

该墓葬坑深底大，圆形墓底直径14米。墓室内的葬具全部腐烂不存。依据腐烂棺椁痕迹，主棺椁居中略偏北。主椁室东、西、北侧各有3个殉葬人，南侧殉1人。南侧殉人旁为南椁室，分为南、北两个椁厢，南厢为食物（猪、牛、羊骨骼），北厢为器物。这样，在圆形墓葬底部形成了一个非常规整的十字型布局。

从残存痕迹看，葬具为一棺一椁。椁墙板痕迹长3.5、宽1.6、高0.9米，椁室底部有两根方形枕木。腐烂的主棺底部遗迹长2.5、宽0.9、高0.5米。在主棺椁内随葬有玉器，青铜剑、戈、戟和镞等。殉人周围均有较窄的木棺腐朽痕，长1.8、宽0.3、高0.3米，多随葬青铜小刀和加工过的陶片，少数有海贝饰、骨笄等。人骨架保存较差，主棺内仅存几颗牙齿，经鉴定所属个体年龄约为40岁。经牙齿鉴定，殉人年龄多在20～30岁，南侧殉人约40岁。因盆骨腐朽严重，不能鉴定性别。

四　特殊的遗迹现象

最引人注目的是墓坑填土中发现的复杂遗迹现象。墓坑填土未经夯实，中间下陷明显，呈锅底状。墓坑二层台以上的填土中发现三层不同的由填土或"土偶"构筑的遗迹，这在以往的考古发现中绝无仅有。

墓口至0.7米深的填土层中发现第一层"放射线形状"。"放射线形状"居中向四周辐射，呈扇面状，被宽约2米的深色填土带围绕。这种"放射线形状"遗迹是由深浅不同的五色花土构成，形状非常清晰。放射线共有20条，有一定的夹角规律。

叠压在第一遗迹层下的是"土丘"与"土偶"遗迹层，在墓坑中的深度为0.7～1.4米。该层中放置了1000多个泥质"土偶"，沿着墓坑一周约2米的范围内还有大小不同的土丘18个，状如馒头，底径1.5至3米不等。墓坑周边的"土偶"多呈组群，中间的则较分散。土丘是由中心开始用不同的五色土层层堆筑而成。

"土丘"与"土偶"层下是"土偶墙"遗迹层，在墓坑中的深度为1.4～2米。生土二层台内缘上有3、4层"土偶"垒砌成墙体形状，高0.34～0.4米。土偶墙与墓壁之间形成一条环行走廊，用黄色泥沙填埋，上部抹的白泥与上下墓壁的白泥层连成整体。清理掉"土偶墙"与墓壁间的黄色泥沙后，"土偶"垒砌的墙体显地尤为突出和壮观。墓道两侧"土偶墙"均有一个方形的转角，墓道两侧还有台阶通往走廊。

五　遗物

该墓的随葬品主要放在南椁室器物厢内，其中相当一部分漆木器等已腐烂不存，保存较好或经过修复的有青铜器、彩绘陶器、几何硬纹陶器、石器、玉器、海贝以及金箔饰件等400多件。另外，墓坑填土还出土了多达2000多件"土偶"。

（一）青铜器

出土时多有锈蚀破碎，有编钟、鼎、罍、簠、豆、盉、匜、盘、甗、勺、盒、刀、锛、镰、锯、马衔、戟、戈、矛、剑、镞等300多件。

编钟　9件。均为钮钟，形制相同，椭圆桶形、桥钮。出土时完整，体表锈蚀较重。大小依次递减，为完整的一套乐器。编钟正面均有相同的铭文："唯王正月初吉丁亥童麗（钟离）君柏作其行钟童麗之金"。背面正部、舞部、篆部和鼓部均有纹饰，枚和钮为素面。纹饰似为变化的蟠虺纹。最大和最小的两件高度相差11厘米，整套编钟每件高度递减约1.38厘米。

鼎　5件。其中3件为竖耳鼎，形状大小相同。大口、圆弧腹、底近平、三蹄足。2件带盖附耳鼎，形状大小相同。子母口，深圆弧腹，底近平，三蹄足。覆盘形盖，环形盖钮。

罍　2件。其形状较少见，为小口矮领，溜肩，圆弧腹，小平底，三镂空兽首形矮足。肩部安装四个对称镂空龙形附耳。口部之上另加一件敞口镂空罩。

簠　4件。大、小各2件，形制基本相同。长方体，四足矩形，上、下两部分相同。其中2件大者内底均有铭文："唯王正月初吉丁亥童麗（钟离）君柏择其吉金作其食簠"。

甗　1件。M1:32，器形较大，为上甑下鼎。甑大口，深弧腹内收，底有格子形箅。鼎为小口，矮领，与甗底足圈相扣合，溜肩、圆腹、平底，肩部有对称附耳外撇，三蹄足。

豆　2件。大小、形制相同。钵形盘较深，粗柄，圈足形喇叭形座。盘腹部饰似蟠虺纹，柄饰三角形镂孔。

盉　1件。M1:20，缺盖。小口、圆鼓腹。腹部似饰细腻的蟠虺纹，三蹄形足饰兽面纹。流与提梁龙首形，与流对称的腹部有扉棱。

匜　1件。M1:286，大口，横扁圆腹较深，平底。前口与粗壮兽首形短溜连体，后腹内弧，有竖环形鋬手。

盘　1件。M1:283，体型较大，大口，直浅腹，大平底，三矮蹄足。腹竖装四个对称套环耳系。

勺　2件。勺身缶形，圆形深腹，短柄。

盒　1件。M1:19，形体较小形状少见，平顶盖，子母口，正面双弧腹联体，背面平直，平底。盖与腹饰似蟠虺纹。

軎　10件。其中2件稍大，呈多棱圆桶形，宽沿封顶，余为圆桶形，宽沿通顶。

衔镳　8件。均为双节套环形，两端带双孔镳。

戟　4件。为戈与矛组合，出土时有的木柄腐朽痕迹清晰。其中一件戈上铭文为："童麗（钟离）君柏之用戟"。

镞　270多件。依其形状的不同，可分为三种，第一种共237件，体扁平双翼有铤安装箭杆。第二种共15件，体三棱三翼，后面有卯孔安装箭杆。第三种共25件，体尖首圆身无翼有铤安装箭杆。

剑　1件。出土时有腐朽剑鞘，短柄，剑身中脊两侧有凹槽。

齿镰　2件。形制相同，长弧背直刃，刃锯齿形。

刀　2件。形制相同，长条形弧背，环柄。

削　9件。形制大小基本相同，比刀形制小，长条形短柄。

锛　1件。竖条形，两面刃，顶部方形柄孔。

锯　1件。已残，扁平条型，一边有锯齿。

刻刀　5件。大小形制相同，凹槽条形，一头圆弧刃。出土时捆扎在腐朽炭化的木柄上。

（二）陶器

陶器可以分为三种，即彩绘陶器、几何印纹硬陶器以及其他陶器。

彩绘陶器有14件，均为彩绘陶罐，出土时已粉碎，套箱提取，经一年多时间全部修复。按器物形状的大小可分为两种，形制相同。小口，卷沿，矮领，圆鼓肩，上腹圆下腹内收，平底。通体以红、黑、黄三色彩绘装饰，肩部绘连续三角纹填以云纹，腹部花纹图案分上、中、下三组，饰似变形动物窃曲纹，精美华丽。

几何纹硬陶器有罐和盆两种。2件罐大小有别但形制、纹饰相同，均为小口，卷沿，束颈，溜肩，长圆弧腹微内收，平底。颈部饰弦纹，肩腹部饰几何印纹。盆1件，大口平沿，深腹内收，平底，通体饰网状几何印纹。

（三）石器

共14件，有编磬、磨石两种。

编磬　12件。分为两组，均为少见的龙首形，体型弯曲，脊中部有系索孔。

砺石　2件。出土时叠在一起，长条形，有粗细之分，均有砺磨痕迹。

玉器　共13件，其中12件出自主棺内，是墓主随身佩戴品，有璧、玦、环、龙形佩、璜、管等。器物厢内还出土1件精美的玉扳指。

金箔饰　完整的有1件，另有数件已破碎。圆形，正面凸起呈泡状，满饰繁缛的变形龙纹，背面内凹附于铜片上。金箔饰出自漆木器分布范围内，应该是漆木器上的饰件。

贝饰　完整的有1件，另有数十件已破碎。为海贝，主要出自器物坑西北部放置漆木器处，与腐烂的漆木器同出，推测是镶嵌在漆木器上的饰件。少数出自殉人颈胸部的应为饰件。

土偶　共2200多件。主要出自墓坑填土层中和生土二层台上的"土偶墙"遗迹。泥质，未经火烧，为尖顶圆体或方体，还有一些形状不规则。表面有明显的十字形绳索痕或植物茎痕。

六　墓葬主人与钟离古国

该墓葬为一座罕见的圆形竖穴土坑墓，规模宏大，遗迹现象复杂，殉人众多，随葬品丰富精美，说明墓葬主人等级较高。随葬的青铜器中，编钟、簠、戟上均发有"童麗君柏"的铭文，证明这是春秋时期淮河流域中游地区钟离国君"柏"的墓葬。这是钟离国实物资料首次出土，同时也印证了钟离方国的存在，为研究钟离国地望、历史以及国君世系等提供了珍贵的实物史料。

记载钟离的历史文献匮乏，最早见于《左传》周简王十年（前576年），十一月，鲁成公会吴于钟离。周景王七年（前538年）冬，"楚箴尹宜咎城钟离以备吴"。周敬王二年（前518年）钟离被吴王僚所灭，属吴。这些零星的文献记载不能反映钟离的历史全貌。钟离是春秋时期淮河中游的一个重要方国，地理位置十分重要，曾先后为吴、楚的附庸，一直是吴楚争霸江淮的重点争夺对象，最后在大国兼并战争中消亡。今蚌埠东凤阳县临淮关镇东五里有钟离国故城遗址，城垣至今保存较好。2007年5月在钟离古城址北下庄基建工地发现一座钟离国圆形墓葬，其出土的5件青铜镈钟上有"童麗（钟离）公柏之季子康"铭文。

七　结语

文献和铭文都证明该墓葬的年代为春秋时期。此墓出土的器物组合和形制也具有典型的春秋时期特征，如编钟与石磬等乐器，鼎、甗、簠、豆、盉、匜、盘、瓿、盒等容器，軎、衔镳等车马器，戟、戈、矛、剑、镞等兵器，彩绘陶器，玉器等的形制和组合。而一份采自墓坑中的碳十四标本，经中国社会科学院考古研究所实验室测定为距今2790±45年（前845±45年）。

该墓葬向我们展示了考古发现中前所未见的墓葬建筑结构和复杂遗迹，这极大地丰富了中国墓葬考古学的内容，为研究葬制、葬俗提供了全新材料，同时也为研究淮夷文化提供了珍贵的实物资料。

撰稿人：阚绪杭　周　群　钱仁发　王元宏

参考文献

● 安徽省文物考古研究所、蚌埠市博物馆：《安徽蚌埠双墩一号春秋墓葬》，《考古》2009年第7期。
● 安徽省文物考古研究所、蚌埠市博物馆：《安徽蚌埠双墩一号春秋墓发掘简报》，《文物》2010年第3期。

新世纪中国考古新发现（2001~2010）

墓底布局

南椁室

墓坑

土偶墙左侧转角

○ 安徽蚌埠双墩一号春秋墓

石磬

玉饰

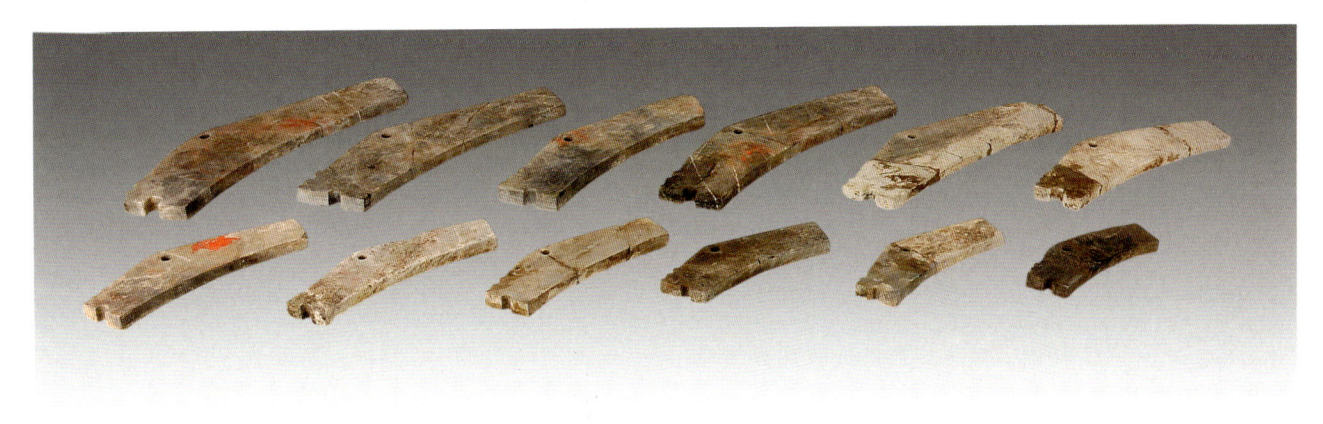

金箔饰

铜罍

铜钮钟正面铭文

彩绘陶罐

铜簠

江西靖安李洲坳东周墓葬

一 引言

靖安县位于江西省西北部，地处九岭山东北南翼，三面群峰高耸，东南丘陵逶迤；地势西高东低，潦河支系双水夹流。李洲坳东周墓葬处在水口乡水口村李家自然村，地理坐标东经115°17′46.1″，北纬28°53′24.2″，海拔93米，高出南河约20米。该墓葬于2006年12月30日发现，经国家文物局批准，2007年1月至10月，江西省文物考古研究所与靖安县博物馆联合对其进行了发掘。

二 发掘经过

该墓最早经过盗掘。我们的抢救性发掘从1月6日开始。按照田野考古规程，清除土墩上的树木后，以土墩顶部为中心基点，从四周向下，将土墩划分为四等份；首先对其中一等份往下发掘。希望尽快了解墓葬的封土结构。一个月之后，墓葬封土堆清理完毕，发现墓穴的规模十分庞大，南北长14.7、东西宽11.4米，面积达到160平方米。

从5月10日起，我们开始分两组对墓地起初被盗和保存较差的棺木进行现场试探清理。先从被盗的棺木中清理出1件龙形玉饰，该玉饰为单件挂件，晶莹剔透，工艺精湛，保存完好。在被盗棺木中还依稀可见丝织品的痕迹。而后，残破棺木中又陆续出土了一些铜刀、铜削、铜凿、纺轮、木质绕线框、打纬刀、木梭等小件文物。

5月17日，在47号棺的棺木外侧发现一件圆形金器，总直径达48厘米，由内圈的圆形金质饰物和外圈的双环形陶圈组成。使用模具以捶揲法装饰出三圈龙形纹饰，各圈之间以环形锯齿状纹饰相隔。内圈为三组筒体龙纹，相向环绕，也酷似涡纹；中圈为五组卷尾龙纹，由右向左相向依次环绕，龙的尾、身、眉、上下颚、眼睛等清晰可辨；外圈为七组卷尾龙纹，装饰特点与中圈一致。金质饰物的外围环绕双层陶圈，其上刻有精美的云雷纹。器物造型独特，工艺考究，是国内发现的同时期金器中体量最大、构图最严谨、最程式化、装饰最为繁复者。它可能是族群或者某个国家的图腾、族徽或者神权的象征。它标志着这是座等级很高的墓葬，而这肯定就是主棺，里面还有更多随葬品。

考古发掘按照国家文物局提出的"边发掘，边保护"的原则进行着，众多国内多学科的一流学者参与了发掘和文物保护。纺织品文物的清理、清洗，竹木漆器文物保护，人类遗骸相关研究，以及大遗址保护等均在最短的时间内启动了工作。

新发现越来越多。5月29日，对7号棺进行清理。棺内积水，有竹席包裹残骨，头骨东侧有一绿色结晶体花状物。后来这种物质越发现越多，有十多具人骨上长着这类物质，骨头上、牙床里、脑颅中、骨腔内，几乎无处不在。有的象球形放射状，有的象多棱体柱状，更多是横七竖八的叠压状。取出来时，碧绿晶莹，可是在任何环境下保存几天后就就暗淡无光。而随着工作不断深入，多位文物保护专家来到现场，国内各大媒体给予了大篇幅报道，江西靖安县水口乡李洲坳

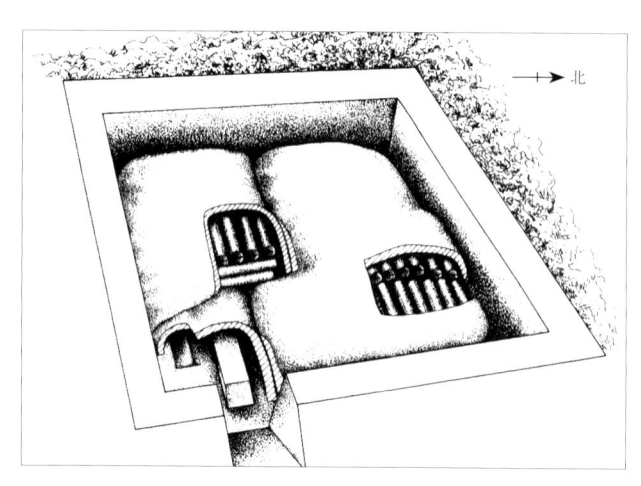

墓葬底部分区示意图（东→西）

东周墓葬成为舆论关注的焦点。

7月中旬，在清理16号棺时，在竹笥中发现了大量的纺织工具如木梳、绕线轴、小漆盒、纺轮、刮纱刀具、砺石等。并且发现了保存完好的竹编便面（扇子）一把，还有造型奇特的三连盒及漆盒等。

发掘过程中对人骨的初步分析也有了收获。在保存较好的棺木中，至少有11具墓主人遗骸中出土了100多粒完整的香瓜子，瓜子出土时还呈白色。还有大量的花椒、果核、苇叶等。根据出土瓜子的情况分析，这批死者生前曾吃了同类香瓜，在食物尚未消化、排泄之前，人就已死亡。死亡时间当在出产香瓜的夏季，属于同时死亡，同时下葬。死者中能够判定性别的都是女性，年龄在15～25岁之间。

接下来的室内清理工作进行了整整5个月，共获得各类文物650余件。其中竹木器144件、漆器12件、玉器13件、青铜器30件、原始青瓷器7件、金器1件、金属器5件，纺织品300余件。

三　墓地概况

该墓葬为一处有封土的大型土坑竖穴墓葬。原封土高约12米，封土底部为圆形，直径30～35米，占地面积1100平方米。根据考古发掘，封土可分为五层。第1层为黄土层，第2层为黄土夹杂青膏泥层，第3层为黄土夹杂砾石层，第4层为黄土、青膏泥层，第5层为黄土、砾石、膏泥层。封土正中下方为墓穴，面积约160平方米。墓口至底部深约4米，墓葬东壁南端为东西向斜坡墓道，宽约3米，受现代公路的破坏，残长5米。墓葬底部整齐排列着尺寸基本相当的大小棺木47具。

推测埋葬过程是这样的。在两山之间的山麓上，挖建墓穴和墓道，然后在墓壁上涂抹一层厚约1厘米的膏泥层。墓道位于墓葬东壁南端，为东西向的斜坡墓道，与东壁基本垂直，宽3.2米，方向85度，坡度25度，墓道底部距墓底约1米，残长5米。墓底垫挖自附近稻田或者水塘的青膏泥，厚约0.4～0.6米。膏泥上铺上一层竹席。

将尸首入殓后，封闭棺木。棺木上包裹一至三层竹席，用竹篾在棺木两端及中央，捆绑三道，并用竹楔将空隙处加固。从墓道将47具棺木依次抬入墓穴，由北往南依次排列。抬棺用的竹绳随之散落在墓底。

再按三个单独区域将47具棺木封裹。主棺和48号棺单独一区，为C区。该区主棺有棺有椁，均为圆木小棺。48号墓坑为空置，原因尚不明。先用青膏泥覆盖，之后裹以厚约10厘米的黄土，夯打并火烤，形成致密的包裹层。然后将剩余46具分作A、B两区膏泥包裹并红土夯打。由此形成三个相对独立又紧密相连的墓葬。

然后由北往南逐层夯筑填埋墓穴，各夯土层间有大块石头间隔。填土顺序为先北面，然后南面和墓道口，最后填西南角。当填到墓葬开口后，开始扩大封土的面积，逐渐一座小山，遂与周围山包浑然一体。

这种层层包裹的结构使得墓内封存条件良好，厚厚的膏泥可以防潮、防腐、密封，层层经过火烤夯打的致密封土也有效地延缓了细菌的入侵，从而使大量人体骨骼、脆弱的竹木器和纺织品得以保存下来。

47具棺木中，除G47为一棺一椁外，其余均为单棺。棺木总长2.4～2.8米，宽0.5～0.8米。棺木均为原整木对半剖开，后用斧、锛类工具挖成。棺木有圆形榫卯套合型、平面套合型和凹面套合型三种不同类型，其中圆形榫卯套合型加工最精细，工艺最复杂。棺内的内空部分可分为长方形和圆角长方形，前者为多。棺木两端上下各都预留有4个圆柱状抬手。经南京林业大学初步鉴定，所有棺木尚未发现使用锯子的痕迹，棺木生长年限至少在300年以上，棺木木质除一具为楠木外（G44），余均为杉木。

棺内普遍埋葬有死者。依据木棺内的人骨遗骸及竹筒出土位置（竹筒通常在足部出现）可判断，棺内死者的头向大致可分为东向和西向。其中，头向朝东者居多，另有三个棺死者头向朝西，少部分头向不明。

47具木棺中，有22具发现有人类遗骸，28具遗骸保存相对完好，其中19具发现骨骼或脑髓组织。其中，12具骨骼上发现有绿色的结晶体，初步分析表明，这类结晶体主要是磷酸铁盐类物质。人类遗骸能够检测的个体均为女性，年龄在15～25岁之间。葬式多数为仰身直肢，少量为侧身屈肢。在一些头骨上保存有头发，可见到清晰的发髻以及捆扎头发的发带。目前只发现5具木棺内保存有服饰，由此推测，有的死者入殓时似未穿戴服饰，只是用纺织品匹料或竹席包裹。一些死者身上佩戴有精美的小件玉饰或组玉器。

有10具木棺内死者为仰身直肢葬。例如，7号棺是以竹席裹尸，头向东，左手环抱于胸前，右手直放在骸骨旁；在棺内发现有方孔纱。26号棺的死者头向东，面朝北，右手环抱于胸前，左手直放在骸骨旁；头部保存有用织物包扎的发髻，面颊部位有结晶体，在棺内发现了朱黑双色锦。有4具木棺内死者为侧身屈肢葬。例如，8号棺的死者头向东，面朝北，双手屈肘交叉环抱于头部，右腿斜直，左腿屈膝，头骨上保存有头发；棺内发现方孔纱和绢。

棺内普遍发现有随葬物品。随葬物品主要放置在死者脚边或脚边的竹筒之中。主要随葬品有小型手工加工工具如铜质刀、削、凿等，以及木质纺织工具绕线框、梭、打纬刀和陶纺轮、漆勺等。少数随葬原始青瓷器、青铜鼎、彩绘漆剑等。以竹筒盛放漆勺、纺织工具、青铜加工具是该墓葬随葬的主要流行形式。

下面举几个例子说明。4号棺内足部见竹筒一个，其内放置随葬品，包括青铜鼎1件、青瓷钵1件、杯3件、木刀、梳、笄、刮纱刀、绕线框、梭各1件、竹签、管、勺各1件等。27号棺内足部见竹筒一个，其内放置随葬品，包括漆木勺1件，青铜刀2件，木梳、刮纱刀、饼形器、梭各1件、竹条4件、竹刀2件及竹签、扇（便面）、隔网、绕线筒、小棍各1件等。30号棺出土有青铜刀3件，彩绘漆木剑、彩绘漆杯、漆木勺、玉璧各1件，以及木质的"Y"形器9件、细木棍1件、饼形器1件、竹质绕线筒1件、管2件、签1件等。18号棺内出土有青铜刀、陶纺轮、漆木勺各1件，以及木梳、饼形器、绕线框、梭各1件、竹管、刮纱刀各1件等。棺外有一竹筒，其内放置漆勺、青铜刮刀各1件，以及木绕线框、梭、刮纱刀各1件，细竹管1件、竹绕线筒1件等。

四　结语

李洲坳墓葬是我国迄今发现的时代最早、埋葬棺木最多、结构最为奇特的一坑多棺型墓葬，为研究春秋时期南方越人的埋葬习俗和社会生活提供了新的重要的材料，它的发现对江西乃至整个南方地区的青铜文化结构研究将产生积极而深远的影响。根据北京大学进行碳十四样品检测，李洲坳墓葬的年代为距今2500年。

李洲坳墓葬的发掘，首次复原了我国东周时期墓葬的完整下葬过程，依次是挖建墓穴、墓底填埋膏泥、铺垫竹席、抬棺下葬、膏泥包裹棺木、分区包裹黄土、夯打、火烤、分层填土、封土。这一过程既有同一性，又有特殊性。特别是科学地揭示了墓葬分区埋葬、分区包裹的特殊现象，以及客观地保存了棺木下葬时产生的一系列反映埋葬先后顺序、时代关系的遗迹现象等。

一坑多棺墓葬在我国并非首次发现，类似船棺的棺木结构和埋葬习俗是南方地区越人部落的流行葬俗，甚至广泛分布于斯堪的纳维亚、波利尼西亚、泰国、菲律宾、越南、马来西亚、印度尼西亚等地。但是，这类墓葬既有相似之处，更有明显的差异。2000年发现的成都商业街船棺合葬墓是战国时期古蜀国开明王朝的家族墓地，发现14具船棺、独木棺葬具。相比之下，靖安东周墓葬为春秋墓葬，时代更早，棺木更多，均为原木对剖挖凿而成，个体大小相似，每棺葬一人。因此，靖安墓葬应为我国发现的时代最早，埋葬棺木最多的一处陪葬合葬墓。它是变异的船棺形式，丰富了南方地区船棺葬的内涵。

墓葬中出土了300余件纺织品和中国最早的服饰。纺织品质地有桑蚕丝和麻两种。桑蚕丝织物有各种不同密度纱、绢、绮、织锦、刺绣及经编织物——组带。11号棺出土的一块方孔纱由3块完整的纱料拼接而成，是中国纺织品文物出土最早、面积最大的整幅拼缝织物。出土的中国最早织锦实物有朱砂矿物颜料染线织造的花纹，上有各式几何纹和动物纹样。这是中国考古史罕见的密度最高的织锦实物，每厘米织物经线240根。棺内普遍随葬纺织工具，可断定死者所穿戴的衣物应是靖安制造。服饰发现了织锦衣袖、衣领等，是中国最早的服装实物资料。此外，还出土了几种复杂的纺织新品种，可以改写中国的纺织史。西汉马王堆汉墓出土过只有48克重的素纱禅衣。经测算，其原料的纤度为10.2旦尼尔，即900米的纤维重1克，这种高超的缫丝技术现有复制技术都难以企及。但它的经线密度才有一百多根，年代比李洲坳的还要晚四五百年。可见，李洲坳2500年前的纺织技术已达到匪夷所思的高度。

在江南酸性红壤地区，棺内普遍发现有保存完好的脑髓组织、头骨、人牙、毛发等，李洲坳墓地发现的相关材料填补了中国南方地区先秦时期，人类遗骸研究的空白，对南方地区人种的体质特征、食物结构等研究意义重大。墓葬中骨骼内长满翠绿色的磷酸铁盐类结晶物，这为我们认识古环境与人类体质，以及埋葬习俗等问题提供了新的视角。另外，人头骨上的不同形式的发辫也是我国发现的最早的实物。

从考古学层面分析，李洲坳墓葬出土文物与江西贵溪崖墓出土的同类器物基本一致；与湖南地区越人墓葬的随葬品组合也相似，反映了南方越人集团所具有的特殊文化现象。而从墓葬结构，漆器文物的某些特点分析，又具有某些早期楚文化的因素。因此，它所代表的是一支具有较深厚越文化因素，又受到某些楚文化风格影响的新型青铜文化。它也反映了在春秋时期，赣西北地区可能存在过具有高度青铜文明的大型政治集团，它或与历史上延续时间最长的王国——东夷集团的徐国有关。

撰稿人：徐长青

参考文献

● 江西省文物考古研究所：《江西靖安县李洲坳东周墓葬》，《考古》2008年第7期。
● 江西省文物考古研究所、靖安县博物馆：《江西靖安李洲坳东周墓发掘简报》，《文物》2009年第2期。

新世纪中国考古新发现（2001~2010）

墓葬全景（西北→东南）

26号棺出土云雷纹衣袖口

16号棺出土竹扇

15号棺人骨上的结晶体

25号棺出土竹笥

○ 江西靖安李洲坳东周墓葬

26 号棺出土织锦服饰

26 号棺出土狩猎纹织锦服饰

26 号棺出土车轮纹织锦发带

33 号棺出土玉觿

30 号棺出土彩绘漆剑

6 号棺出土漆勺

4 号棺出土铜鼎

47 号棺出土金质饰物

福建浦城管九村土墩墓群

一 引言

2005年1月至2006年12月,为配合浦城至南平高速公路的建设,福建博物院与福建闽越王城博物馆联合组成考古队,对浦城县管九村境内的土墩墓群进行了抢救性发掘,获得了重要成果。

浦城县地处福建最北端,在闽、浙、赣三省交界处,属于闽北山区丘陵地带,地势从北向南倾斜。此次发掘的土墩墓群位于浦城县仙阳镇北部的管九村,距仙阳镇约3.5公里。墓葬群主要分布在管九村辖地的西北面,位于高山群脉东南面所延伸的低山丘陵之山岗和坡地上。地理位置在东经118°31′40″至118°32′77″、北纬28°04′66″至28°05′77″之间,海拔319~331米。墓葬群东南为开阔的盆地及南浦溪上游。

此次发掘共清理了5个地点33座土墩。其中,鹭鸶岗的长条形山岗上清理了3座土墩,社公岗的长条形山岗上清理了6座土墩,洋山岗顶东面山坡地上清理了11座土墩,麻地尾的"U"形岗脊与坡地上清理了12座土墩,社公岗的北侧晒谷坪山岗上仅清理1座土墩。

二 土墩及墓葬形制

此次发掘的土墩大多在地表有明显隆起,形状有长方形、方形、椭圆形、圆形和形状不规则等几种。土墩的现存高度大都约为2米,个别不足1米。社公岗、洋山土墩封土多由红、黄色粘土堆筑而成,麻地尾的土墩则多由质地较松散的含砂黄、灰色土筑成,大都经过夯打,土质坚硬,但未见明显的夯层。从周边的迹象分析,封土基本取自土墩周围,其中包含陶片和石器等。陶片多以印纹硬陶、素面硬陶以及黑衣陶为主,也有一些夹砂陶片和陶纺轮,石器种类有镞、锛、砺石等。

此次共清理47座墓葬。其中,一墩两墓的6座(存在叠压打破关系的5座,另一座为两墓并列);一墩多墓的只有1座,墓内出土黑衣陶器;其余的皆为一墩一墓。墓葬形制有平地掩埋、长方形浅坑、带墓道竖穴土(岩)坑三种。土墩墓的营建过程大体是先将山岗表面清理至风化岩山体并略作平整,有的局部垫以红褐色土,有的依原山体加以修整后挖成长方形墓坑,部分有墓道。

出土随葬器物包括原始青瓷、印纹陶器、铜器、玉管等佩饰、石器。器类有原始青瓷豆、罐、尊、瓮、簋、盂、碟、印纹陶罐、簋、豆、尊、盅,以及铜尊、盘、杯、短剑、矛、戈、锛、刮刀、匕首、镞等。

(一)社公岗土墩墓

社公岗位于管九村所辖山下自然村西面,处在北

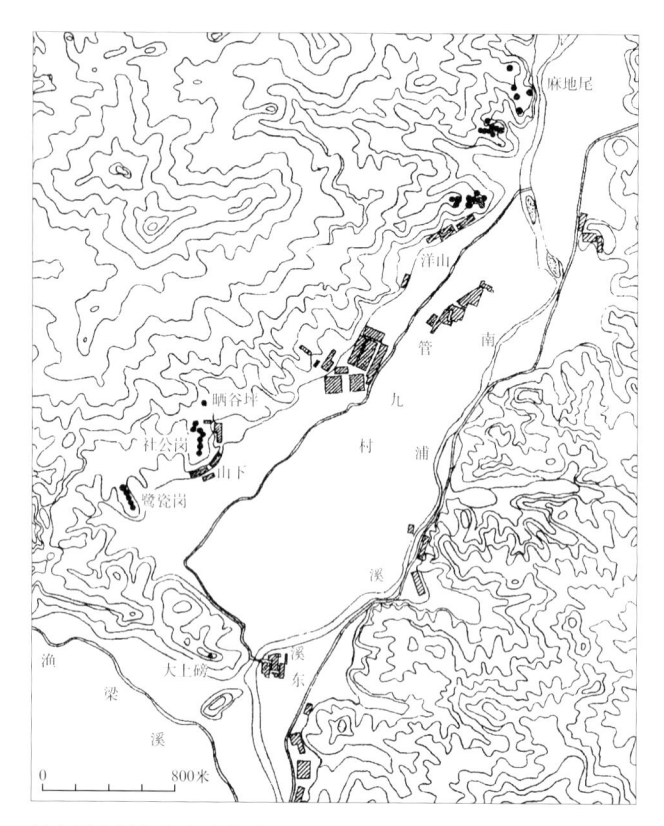

管九村土墩墓分布示意图

部高山向南延伸的长条形山岗上。在此地发掘了6座土墩，现举例如下。

1号墩位于山岗中部偏南。土墩平面略呈方形。封土主要为红、黄色粘土并夹杂有一些沙粒，土质较硬，无夯打痕迹，内含零星烧土和炭粒。包含的遗物有少量原始青瓷和印纹陶片，器形包括原始青瓷盂、陶罐、陶器足等，纹饰有回纹、曲折纹等。

1号墩的1号墓位于土墩底面中部，为长方形浅墓坑，方向为90度。墓室底部铺满卵石，四周壁下有浅槽。墓底北侧出土铜短剑、矛、镞、刮刀及原始青瓷三系尊各1件。

2号墩位于山岗南端。土墩平面呈圆角方形。2号墩中心墓葬位于土墩底面的中心。墓上封土主要为红、黄色粘土并夹杂一些沙粒，土质硬实，无夯打痕迹，内含零星烧土和炭粒。包含的遗物有零星的印纹陶片。墓坑为长方形，方向为25度。墓坑四壁较直，墓底较平，铺满卵石，四周壁下有沟槽。墓中出土随葬器物15件，包括陶尊、原始青瓷豆及铜戈、矛、锛、镞和砺石等。在墓室东侧北部主要放置原始青瓷器及铜器，墓中部则有陶器、原始青瓷器和砺石。

2号墩中心墓葬的外围还清理出8座早期墓葬，分布在不同层面上，多为无墓圹平地掩埋，部分有不规则浅坑。出土随葬器物多为黑衣陶器，大都成组分布或成一线摆放。

2号墩1号墓位于西部。无墓圹，墓底较平。出土随葬器物6件，均为黑衣陶和印纹陶器，器形有罐、豆、盂等，豆身还刻有符号，饰有拍印的菱格纹、方格纹等。

2号墩2号墓位于东南部。无墓圹，墓底较平。出土一组较集中的随葬器物，为4件陶器，器形包括罐、豆、盅等，饰有弦纹及拍印菱格纹。

2号墩3号墓位于西部。无墓圹，墓底较平。出土随葬器物3件，分别为黑衣陶、赭褐衣陶和印纹陶，器形有罐、豆等，饰有拍印方格纹、篮纹等。

2号墩4号墓位于东南部。无墓圹，墓底较平。出土器物3件，均为黑衣陶，器形有罐、豆等，豆内刻有符号，纹饰为拍印方格纹。

2号墩5号墓位于东北部，为不规则梯形浅坑墓，墓底较平。出土随葬器物3件，为赭衣和黑衣陶，器形有扁体罐、豆，豆内刻有符号，纹饰为拍印篮纹。

2号墩6号墓位于西北部。无墓圹，墓底较平。出土随葬器物3件，器形有陶盆、黑衣陶豆。

2号墩7号墓位于南部。无墓圹，墓底较平。出土随葬器物5件，其中3件为一组，均为黑衣陶，器形有罐、豆等，纹饰有弦纹及拍印菱格纹等。

2号墩8号墓位于南部，有方形浅坑。出土1件黑衣陶簋和1件陶拍形器。

（二）晒谷坪土墩墓

晒谷坪1号墩位于山岗中部。土墩外表略凸显，呈不规则圆形。封土主要为黄褐色粘土，含较多砂石粒，土质偏松散，未经夯打；包含的遗物有较多泥质红、灰色印纹陶片和少量原始青瓷器残片，多为罐类等口沿，纹饰有雷纹、席纹等。

该墩上的1号墓位于土墩底面中部，为带斜坡墓道的竖穴土（岩）坑墓，墓道向西，方向为255度。墓坑底部为风化岩，略向墓道倾斜，四周壁下有沟槽。墓中3件筒形陶罐位于墓室南侧，器身拍印席纹；1件铜短剑位于墓坑中部偏后。

（三）洋山土墩墓

洋山位于管九村所辖洋山自然村的西北面，土墩墓群分布在山岗向东伸出的山坡上，坡面较平缓。在此地共发掘10座土墩，现举例如下。

1号墩位于山坡中部，地表隆起明显。封土主要为红、黄色粘土，土质较硬，无明显夯层，封土中心底部有零星石块。包含有较多印纹陶片、黑衣陶片和石器，可辨认出陶罐、盆、杯等口沿，纹饰有席纹、篮纹、同心叠压圆圈纹等。该墩上的1号墓位于土墩底面中部，为长方形浅墓坑，方向为25度。墓坑底部铺满卵石，四周壁下有浅槽。在墓坑北壁残存有排列较整齐的11根已炭化的木立柱，其中西北转角处有4根；立柱被烧毁的程度不一，高低不齐。从立柱的排列情况及烧毁程度看，此墓应是带有椁室的木椁墓，墓室内曾经起火，未被烧过的椁板及立柱则已腐朽无存。墓中出土随葬器物14件，铜器散置于墓室中部偏西侧和北端、原始青瓷器和陶器分布在墓室的东侧中部偏北。

3号墩位于1号墩的西面约20米。东部被一座近代墓破坏，打破土墩内1号墓。土墩平面呈圆角方形。封土主要为红色土，夹杂一些黄褐色土。包含的遗物有零星的陶片和陶纺轮、石镞等。该墩上的1号墓位于土墩底面中部，为长方形浅墓坑，方向为30度。墓坑底面较平坦，铺满卵石，四周壁下有浅槽。出土拍印雷纹的陶罐、原始青瓷盂及铜短剑、矛、刮刀、镞等器物8件。

7号墩位于山坡西面岗顶上，地表隆起不大明显。土墩平面呈不规则的椭圆形。墓葬封土是一次性堆筑成，未见夯打迹象；为泛灰的红褐色土，土质较松软，夹杂有较多的碎石块。包含的遗物有零星的商周时期陶片，有泥质灰硬陶和夹砂陶，器形有瓮、罐等，纹饰有叶脉纹、席纹、棚篦纹等。该墩上的1号墓位于土墩底面偏南部，为长方形竖穴岩坑墓，方向为165度。墓坑底面东南部略低，铺卵石一层，卵石四周有沟槽。坑底中部及南、北壁下清理出在一条直线上的三个圆角方形柱洞，中部柱洞内还残存有炭化木柱。墓室西北部残存有被烧毁的炭化木椁板。墓底的东面及中北部出土22件随葬器物，包括原始青瓷器、印纹陶器、玉管、砺石等；原始青瓷器有瓮、罐、豆等。

（四）麻地尾土墩墓

麻地尾位于管九村所辖洋山自然村的北面，为一座"U"形山岗，西靠连绵的高山。在此地共发掘了12座土墩，现举例如下。

7号墩位于山岗北部东南坡的台地上。土墩外表略凸显，直径约13米。封土为泛红的黄褐色土，土质较松软，包含遗物有零星的陶片和2件石锛。

该墩上的1号墓位于该台地的东部。此墓仅以南侧山体风化岩壁作为墓坑壁，无墓圹。清理出一组南北向排列及重叠在一起的黑衣印纹陶器，共13件，器形有罐、尊等。

11号墩位于山岗南部东西向长条形岗顶的西侧，原呈方形覆斗状。封土主要为红、黄色粘土，土质较硬，无明显夯打痕迹，内含零星烧土和炭粒。包含的遗物有少量黑衣陶片，器形为罐等。该墩上的1号墓为长方形浅墓坑，方向为20度。墓坑底部略向南倾斜，铺满卵石，四周有沟槽。墓中出土21件随葬器物。

（五）鹭鸶岗土墩墓

鹭鸶岗位于管九村所辖溪东和山下两自然村之间的西面，是高山脚下向东延伸的长条形山岗。在此地共发掘了3座土墩，现举例如下。

2号墩原为长方形覆斗状，东、西两侧皆可看出有两层。该土墩内清理出上下叠压的两座墓。1号墓封土为红、黄色土，夹砂，土质较松软，未经夯打，厚约1.1米。包含的遗物有较多印纹陶罐等残片，纹饰主要有席纹、方格纹等。2号墓的封土基本上已被1号墓破坏至墓坑口，仅在西北部残存厚约0.2米，为红褐色粘土，土质较硬，无明显夯打痕迹。

1号墓为带墓道的土坑墓。墓道朝南，前端向西偏约0.6米，底部呈斜坡状。墓坑底部较平，方向为

165度。墓中出土随葬器物共6件。

2号墓为带墓道的竖穴土坑墓，平面呈"凸"字形，墓道和墓坑东壁被1号墓打破。墓道朝南，平面呈梯形，墓坑平面呈圆角长方形，方向为145度。墓底南面中部下凹，铺满卵石，局部有缺失，四周有沟槽。墓室南部西侧有6件随葬器物，包括陶罐和原始青瓷罐。

三 年代与分期

经过初步对比研究墓葬形制、出土遗物，可将这批土墩墓分为三期。

第一期墓葬均随葬黑衣陶器和软陶器。这类陶器与浙江江山肩头弄遗址第一期所出黑衣陶器基本一致，常见于福建闽江以北地区，也与浦城仙阳猫儿弄山窑址出土的陶器一致。社公岗2号墩下部8座墓葬出土木炭标本的碳十四测年数据为距今4600年，年代略偏早。猫儿弄山窑址10个木炭标本的碳十四测年数据中，最晚的为距今3465年，最早的为距今4070年。由此推断，社公岗2号墩下部的8座墓葬及麻地尾7号墩1号墓的年代大致在距今4600～3500年，应属夏商时期。后者的随葬品均为黑衣硬陶器，年代应较前者稍晚。

第二期墓葬共20座。这些墓葬均为浅坑或平地埋葬，大多底部铺有河卵石。随葬的铜器造型属西周时期，原始青瓷器也与皖南、浙南地区的西周土墩墓所出遗物一致。洋山1号墩1号墓和8号墩1号墓所出木炭的碳十四测年结果为距今2920±40年及2975±40年，推测这批土墩墓的年代应是西周时期。

第三期墓葬计11座。从所出铜剑和原始青瓷器、印纹硬陶器的造型，以及带墓道的坑式墓等来看，它们应属春秋时期。以上第二期和第三期的墓葬中，如麻地尾的8号墩1号墓、2号墩1号墓、12号墩1号墓以及鹭鸶岗1号墩2号墓、2号墩2号墓、3号墩1号墓，呈现出第二期向第三期过渡的中间形态，时代应在西周晚期到春秋早期。

四 结语

此次发掘是福建首次发现土墩墓群，填补了中国东南地区土墩墓分布区域的空白。墓中随葬品极为丰富，出土了一大批相对完整的黑衣陶器、原始青瓷器、印纹硬陶器组合，其中出土黑衣陶器的墓葬是研究南方土墩墓起源的重要材料。这里出土的多种青铜容器、兵器、工具等是福建省一次发现数量最多的铜器群，对福建地区先秦时期社会历史的研究有重要学术价值。这批土墩墓群的年代约在夏商、西周至春秋时期，填补了福建地区该阶段考古学文化序列的缺环。出土的大量越式铜器，特别是兵器的形制对研究先秦时期越族青铜文化十分重要。这批夏商、西周至春秋时期的土墩墓，从平地掩埋发展至浅坑并向深坑过渡，反映了西周至春秋时期土墩墓发展演变的基本脉络，是研究土墩墓的重要参考。

撰稿人：杨 琮 林繁德

参考文献

- 福建博物院、福建闽越王城博物馆：《福建浦城县管九村土墩墓群》，《考古》2007年第7期。
- 牟永抗、毛兆廷：《江山县南区古遗址·墓葬调查试掘》，见《浙江省文物考古研究所学刊》，文物出版社，1981年。
- 杨楠：《江南土墩遗存研究》，民族出版社，1998年。

洋山 7 号墩 1 号墓（东南→西北）

社公岗 2 号墩 1 号墓（北→南）

印纹硬陶罐

原始青瓷豆

○ 福建浦城管九村土墩墓群

叶脉纹原始青瓷罐

印纹硬陶罐

黑衣陶豆

原始青瓷豆

青铜杯形器

青铜盘

青铜尊

青铜短剑

云南大理剑川海门口遗址

一 引言

剑川县位于云南省西北，大理白族自治州北部，横断山脉中段。这里地貌复杂，自然条件的地域差异明显，为温带季风气候。海门口遗址位于剑川坝子南部甸南镇海门口村西北约1公里处的剑湖出水口南部，总面积约10万多平方米。剑湖水由海门口流出后，流入黑潓江，最后流入澜沧江。剑湖以前的出水口在今海门口村北约300米处，之北原是沼泽地，俗称"小海子"，"小海子"出口处才是海尾河的起点，海尾河道在海门口村南，向西拐后向南流去。海尾河河道曲折，剑湖出水不畅，每年洪水季节，低处的庄稼经常被淹。明嘉靖四十一年（1562年），剑川太守赵民牧发动百姓疏通出水口，清代、民国时也曾疏浚。1955年末至1956年初，政府发动数千民工在海门口村南往西的坡角上拦腰凿开一明槽，使"小海子"水域变成了陆地。1957年，剑川县政府决定再拓宽和掏深"小海子"及海道，施工中发现了大量木桩及石器、骨器、铜器以及动物骨骼，这就是海门口遗址。

二 第一、二次发掘

1957年3月25日，大理白族自治州文化科分别致电云南少数民族社会历史调查组、文化局及博物馆，通知剑川县海门口挖河工程中发现大批石器及陶器，邀省城有关方面派考古人员急速到工地协助清理。上述单位26日召开临时会议，决定由省博物馆派考古人员会同大理白族自治州文化科到工地协助工作；另一方面通知大理州文化科暂时封锁出土石、陶器的一段工地，等待发掘。博物馆的同志到达工地后配合工程，进行了6天发掘，至6月7日已将工程涉及到的遗址大部分挖完。遗址的地层从工程断面上看，可分3层：第1、2两层为扰乱层，共厚约1.6米，第3层厚度只有0.08～0.1米，为砂石螺壳灰泥堆积，含陶片、炭屑、木桩等遗物。清理的范围长150、宽12米。发现了文物和不少木桩。后者被工程破坏了不少，只剩下中部的224根桩柱，且大部分已腐朽。桩柱高约300厘米，直径10～15厘米，底部多被削尖，桩底被打入第4层，排列无规律，疏密不一，其间有掉落的横木，粗大的桩柱腰部凿有方形的榫口，有两孔对称的，也有四孔对称的，孔底都相通。

1978年4月，海门口遗址又进行了第二次发掘。发掘由省博物馆主持，大理州、县派人协助。发掘地点选在遗址区的南部水边，布探方3个，面积共215平方米。探方地层共分了4层。第1层为堆积土，含少量的陶片和石器；第2层是原耕土层，含少量陶片和近现代扰乱物；第3层是灰砂灰土层，含陶片、石器、铜器、铁器等；第4层是灰泥堆积层，含铜器和大量的陶片、骨角器。探方内共有桩柱226根，粗细不等，分布也不规则。这些木桩是古代水上建筑的构架，这有力地证明了很早就有人在这里生活。

两次发掘工作共清理出土铜器26件，有铜斧、钺、锛、镰、凿、刀、镯、头饰品等，出土石器350余件，有钺范、斧、锛、刀、凿、镞、锥、针、磨盘、环形石器、纺轮、砺石、石球等。出土陶片的火候高低不一，以夹砂黄褐陶为多，其次是夹砂棕陶、红陶、灰陶、黑陶、泥质灰陶、泥质黑陶。陶器纹饰有波浪纹、圆点纹、三角纹、方格纹、蕉叶纹、弦纹、斜线纹、篮纹、绳纹、堆贴纹等；器形有钵、缸、杯、盘、纺轮、网坠、支足等，还出土了一件陶范；木器有勺、拍、杵等；角器有矛、凿、铲、锥、圆片等；骨器有针、饰品、梳和牙饰件；铁器有22件，皆系锻造铁器，有刀、方形铁条、凿、钩、镰等。另外，还出土了梅花鹿、水鹿、轴鹿、水牛、狗、猪、麂等动物的骨骼和炭化稻、橡子和桃核等农作物遗存，还有几小块铜块、铜渣及矿石。

1979年,《中国冶金史》编写组的专家使用同位素、X光仪分析了该遗址出土的铜器,发现除了几件红铜器外,10件是青铜器,其中大多是锡青铜,个别含铅,其中一件铜钺含锡量达10%,两件铜针含锡量超过10%。结合遗址出土的石范,可以确认这批青铜器为当地制作,因此这里成为云南最早出土铜器的古文化遗址。

通过两次发掘,海门口遗址的重要学术价值已经显现出来,但还有不少遗憾。例如,第一次发掘出土的文物没有明显的地层共出关系,出土地层混乱。第二次发掘的地点靠近水边,探方内渗水严重,多数时间在水下作业。总共发现的12件铜器中,9件出自扰乱层,只有3件出于第4层。发掘完成后,还未及整理研究,主持人就调离,后又过世,大量发掘资料随之下落不明。1978年的发掘也就没有达到预期效果,后来只简单撰写了一个发掘简报。2000年,云南省博物馆、省考古研究所召开"云南青铜文化与中华文明的关系"研讨会,与会的专家学者呼吁对海门口遗址进行第三次发掘。

三 第三次发掘

2008年1月,云南省文物考古研究所会同大理州、剑川县文化部门组成联合考古队,开始对海门口遗址第三次发掘。至5月25日发掘工作结束,共用时125天,完成发掘面积1395平方米,并将航拍、全站仪测绘、坐标布方法、数码照相制图、浮选、水洗等各种先进技术全方位运用于发掘和记录,取得了较好的效果。三次考古发掘共出土遗物约3000多件,有陶器、石器、骨角牙器、木器、铜器、铁器、动物骨骼和农作物八类,其中有铜器18件。所清理的遗迹包括房址、火堆、木桩柱和横木、灰白色石块、人骨坑、柱洞等;其中,共发现木桩柱和横木4000余根,可辨认出两座房址。通过发掘和2009年的勘探还确认,遗址现存范围南北间的距离达400米,东西距离约300米,总面积约10万平方米,中心区面积约5万平方米。

遗址发掘区域内的地层经过统一,共划分为十个层位,地层清晰可靠。这10个地层可分为四组。第三组地层与第四组地层之间陶器的陶色、纹饰和器形都发生了较大变化,第三组地层开始出现铜器。两地层组明显为不同时期的堆积,故将第四组地层定为海门口遗址第一期遗存。第二组地层与第三组地层间,陶器的陶质、陶色、火候都发生了较为明显的变化,红褐和灰褐陶数量猛增,还出现了红衣陶,可将第三组地层定为海门口遗址第二期遗存。第一地层组和第二地层组间变化更加显著,第一组地层已进入铁器时代,故将第二地层组定为海门口遗址第三期遗存,第一组地层定为海门口遗址晚期遗存。

第一期遗存的遗址主要有小圆木桩柱和房子,小圆木桩柱的数量不到木桩柱总量的1/5,编号房址一座。出土物较多,有石器、陶器、骨器、角牙器、木器、农作物等。石器主要有斧、锛、刀、凿、锥、箭镞,磨制精细。陶器均为手制,平底器居多,火候较好。农作物主要有稻,第8、9两层都出土了炭化稻。第9层中出土的量很少,第8层中的量较多。第8层中还出土了较少的粟标本。

第二期遗存的遗迹主要是大量的木桩柱和横木,数量约占本次发掘出土木桩和横木总数量的五分之二。出土木桩柱较多,现能分辨的有圆、半圆、三角、椭圆等几类形状。这些木桩柱下端均砍削成尖状,有些木桩上还有三角形的小榫孔。以DT1003探方为例,木桩长约26~137厘米,长短径约4~20厘米,木桩柱到底的层位多在第8、9、10层。横木不少,最长的一块出在AT2004探方第6层下部,长601、宽

34、厚8厘米，一端距端头58厘米处有一圆角方孔，另一端被一晚期木桩柱打断。AT2003探方第6层下部出土一块长278、宽22、厚6米的木板，一端有一方孔榫口，两面砍削平整。第二期遗存出土的遗物有石器、陶器、铜器、骨器、牙器等，以及农作物遗存。石器有斧、锛、刀、凿、箭镞、研磨器等。陶器以夹砂灰陶和灰黑陶为主，还有少量的灰褐陶和红褐陶。第一期的黑陶有纹饰者基本不见，取而代之的是素面陶和彩绘陶，火候较高。器形有罐、盆、钵、壶、纺轮等。铜器在本期稍晚地层中才出现，均为小件器物，有凿、刀、锥、铃。还有不少的骨器、牙器和木器。农作物遗存除了稻，新出现了麦，还有采集的野栗子等。第6、7两层出土稻和粟的标本量都较多，许多成块状。出土麦的标本量很少，较难采集，为通过浮选方法获取。从出土作物的标本量分析，第二期种植的农作物以稻和粟为主。

第三期遗存的遗迹主要有大量的木桩柱和火堆，木桩柱的数量较多，约占发掘出土木桩总量的五分之二。火堆均开口于第5层下，共清理火堆4个。第三期木桩有的特别粗大，有的打破火堆，也有到底和层位靠上的。形状有圆形、多边棱、长方形、三角形等几类。大部分木桩的期别还不能确定。粗大的木桩柱中，直径最大的达38厘米，长的近200厘米，边多经砍削，部分上凿有榫孔，榫孔大的为长方形，小的为三角形，底部均砍削成尖状或钝尖状。这一期的遗物有石器、陶器、铜器等。石器有斧、锛、刀、凿、锥、研磨器、箭镞、石范等，其中锥最多，箭镞次之。陶器以夹砂灰陶为主，红褐和灰褐陶增多，多素面，还有少量彩绘陶，开始出现红衣陶，火候不如第二期。器形有罐、盆、钵、缸、纺轮、陶片制成的网坠等，均为手制。铜器较第二期多，有凿、镯、镞、锥。地层中出土的稻和粟较多，在许多探方中都能采集到标本、许多成块状。麦较少，但是通过浮选方法能够获取。

晚期的地层堆积较厚，为水下淤积的灰砂灰土层，没有留下遗迹，只有一些遗物。遗物以陶制管状网坠为多，还有少量陶片和瓦片。陶器均为轮制，火候也较高。还出土少量铁器。

四 结语

剑川海门口遗址是滇西北地区最重要的史前时代遗址。通过第三次考古发掘，使我们对海门口遗址的了解又前进了一大步。在目前已探明的近两万平方米的遗址中心区范围内，堆积层次基本相同，完成了对发掘区的地层统一，将遗址区共分为10个清晰可靠的层位。仔细划分了遗址的堆积后，我们清楚地知道了每个层位中所出的器物，这也使第一、二次发掘出土的许多遗物的价值重新体现出来，为深入研究打下了坚实的基础。

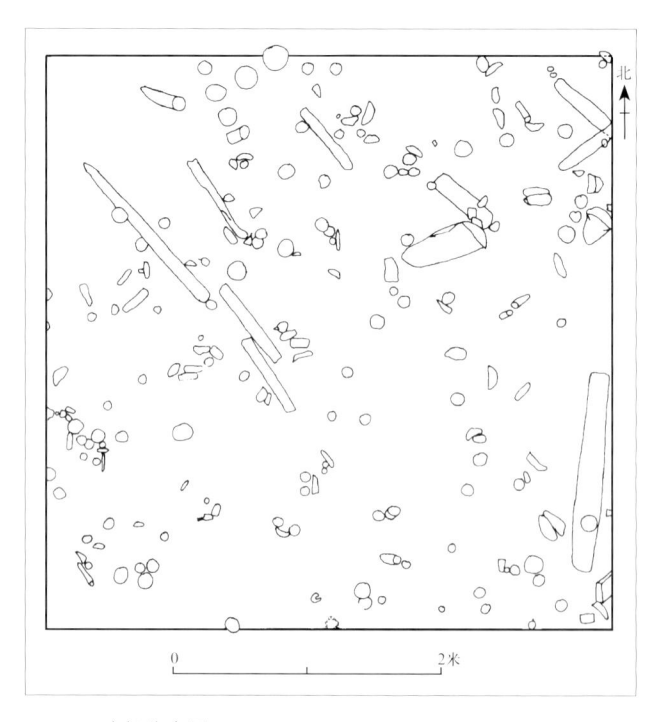

DT1003木桩分布图

我们已经基本清楚了遗址的分布范围和面积，以及木桩柱的分布范围和面积。遗址总面积超过10万平方米，木桩分布集中区面积也达到2万多平方米，是一个保存较好、面积广大的史前水滨木构"干栏式"建筑遗址，也是目前全国最大的。

第三次发掘建立了剑湖周边地区考古学文化年代序列。海门口遗址四组地层的划分及出土遗物的差异和变化，使遗址的史前时期遗存大致可分为三期，第一期不出铜器，为新石器时代晚期；第二期和第三期出铜器，为铜器时代的早期和中期。

虽然第三次发掘的年代测定工作还未完成，但可以根据现有资料做初步的分析。第一期出土的少量带纹饰陶片是周边地区典型的新石器时代晚期遗物，陶器上装饰的刻划纹与楚雄永仁菜园子遗址出土的极为相似，房址的形状和构建也与该遗址的房址相似。第一期出土的两面划槽成孔的石刀和西藏昌都卡若遗址出土的相同。两遗址的年代测定数据分别是距今4290±135年和距今5000～4000年。海门口遗址年代测定数据已有两个，1957年出土的木桩碳十四测定数据为距今3115年±90年，1978年探方内出土木桩碳十四测定数据为距今2595年±75年。海门口遗址到二期晚段（第6层）伴出铜器，第4层的年代应早于下游的鳌凤山墓地早期的年代，鳌凤山墓地早期的测年数据为距今2420±84年，树轮校正后为2450±90年。距今2595±75年，作为海门口遗址早期阶段遗存的年代数据是可以成立的。结合前面的分析，可以得出遗址三期遗存的绝对年代范围：第一期的年代大致是距今5000～3900年；第二期的年代大致是距今3800～3200年；第三期的年代大致是距今3100～2500年。遗址的晚期遗存年代为宋、元、明时期。

海门口遗址的青铜时代遗存与大理银梭岛遗址基本同时，但文化面貌却有相当大的差异。这说明滇西地区的青铜文化复杂多样，这一点对认识青藏高原东部地区史前文化交流和族群迁徙很有帮助。

遗址出土了稻、粟、麦等多种谷物遗存，证明了来自黄河流域的粟作农业其南界已经延伸到滇西地区；而稻、麦共存则为认识中国古代稻麦复合农业技术的起源时间和地点提供了重要信息。遗址出土的铜器和铸铜石范，以确切的地层关系证明了此为云贵高原最早的青铜时代遗址，因此，滇西地区是云贵高原青铜文化和青铜冶铸技术的重要起源地之一。通过研究和整理出土的大量动物和人骨以及众多的其他遗物，还将为考古学、人类学、民族学研究提供更多的信息。

海门口遗址各期丰富的出土物使我们对其文化面貌的认识大为提高，同时也丰富了对滇西北地区史前人类生活的认识。以海门口遗址为代表的考古学文化，主要分布在剑川和相邻地区，东界可达楚雄，"干栏式"的建筑和石器、陶器都具有十分独特的风格，可将这一考古学文化命名为"海门口文化"。

撰稿人：闵 锐

参 考 文 献

● 云南省文物考古研究所、大理州文物管理所、剑川县文物管理所：《云南剑川县海门口遗址》，《考古》2009年第7期。
● 云南省博物馆：《云南剑川海门口青铜时代早期遗址》，《考古》1995年第9期。
● 云南省文物考古研究所、大理州文物管理所、剑川县文物管理所：《云南剑川县海门口遗址第三次发掘》，《考古》2009年第8期。

A区木桩柱（南→北）

F1

F2

D区发掘场景（南→北）

○ 云南大理剑川海门口遗址

铜镯（AT2002④：1）

铜铃（AT1901⑥：1）

双耳陶罐（AT0303⑥：1）

陶钵（DT1004⑧：1）

石刀（AT2001⑥：11）

牙饰（AT2004⑧：5）

铜箭镞（DT1803④：10）

石范（DT1003⑤：1）

新疆于田流水青铜时代墓地

一 引言

流水墓地位于新疆和田地区于田县阿羌乡的流水村（现名喀什塔什）附近，地处昆仑山深处克里雅河上游河道与流水河交汇处的阿克布拉克台地，距于田县城约有100公里。昆仑山系的北坡属于新疆南部暖温带极干旱荒漠地带，是世界上极其干旱的山区之一。墓地所在的台地为河旁阶地，南临克里雅河上游河道，西临喀什塔什河。此阶地主要由风尘沉积所形成的厚达数米甚至数十米的沙土组成，底部为卵石层和基岩。台地南部是一个陡直断崖，南距克里雅河约100余米，高出现在的河床16.8米，西距喀什塔什河大约200米。台地表面为狭长的平整缓坡，南、东面皆为断崖，海拔为2850米。2002年7~8月，中国社会科学院考古研究所新疆队在昆仑山北麓考察古代玉石之路时，在此台地南部断崖边缘发现墓葬，出土人骨及陶器。随后对采集的人骨所作的碳十四测年结果为距今2950±50年。这些情况说明流水墓地很可能蕴含着昆仑山地区目前所知最早的古代文化。由于当地村民引水冲土淤积造田，台地断崖和暴露的墓葬遭到了破坏，我们遂申请对墓地进行抢救性发掘。

2003年7~8月，首先发掘了台地南部断崖附近的8座墓，初步了解了墓葬形制及葬式、葬俗等，并根据钻探资料初步判断这是一处青铜时代墓地；2004年7~8月，在台地中、南部600余平方米的区域进行发掘，发现20座墓；2005年5~7月，又对台地剩余部分进行了全面清理，发现23座墓。整个墓地共清理约4000平方米，共发掘52座墓。

二 墓地概况

流水墓地中，除了个别墓葬的石围或石堆暴露在台地南部断崖边缘，其他墓葬都被掩埋在沙土之中，埋藏最深的达4米。台地的土质为浅灰褐色或浅黄色细沙，湿润而紧实，地表普遍生长有昆仑山地区常见的荒漠植物。

根据墓坑上卵石的排列和堆积状况，可以分为石堆墓和石围墓两类。卵石垂直堆积成椭圆形或圆角长方形外框（常见3层以上），中间填沙土和零星卵石的为石围墓；石堆墓大体由卵石覆盖成椭圆形，中间少有空缺。石堆或石围的直径一般为3~5米，最大者达7.6米；多层卵石堆积的石围一般高数十厘米，最高的达0.95米；卵石的直径多在15~40厘米之间。有的石堆或石围表面有焚烧痕迹；部分石堆之中伴出碎陶片，有的还可以复原为完整器，可能是故意砸碎的；部分石堆上还发现炭灰、烧土和烧骨；有的石围之中出土陶器和山羊骨。

在52座墓葬中，石堆墓共13座，其余基本上是石围墓，还有个别墓葬因卵石排列不成形或残缺，难以判定。值得注意的是，近一半的墓葬石堆或石围在东部有一小石圈相连，其内多有用火痕迹，可能用于祭祀。只有M24的小石圈在西部。墓室均为竖穴土坑，位于石围或石堆下方，平面多呈椭圆形或圆角长方形。大致呈东西向，长1~2.2、宽0.6~2、深度多为0.3~2.2米。墓室内填沙土，多含有小砾石，零星夹杂较大卵石；墓室开口处常填有较大的扁平卵石，墓中人骨上一般也压有直径达数十厘米的卵石。

绝大多数墓葬以多人合葬为主，人骨多以二次葬形式分层埋葬，常见1或2层，有的3层。完整骨架在各层都有，葬式多为仰身屈肢，一般位于墓室东部，头向东，双手（或一手）置于胸腹之间；仅有个别完整的人骨为侧身屈肢，或者身首分离。二次葬的人骨一般散放或堆置在墓室西部。竖穴土坑的上层通常有填石，接近人骨处随葬有家畜的头骨和四蹄，一般以山羊为主，个别规格较高者用马。单人葬有8座墓，M7和M16葬具明显，尸床结构比较清楚。M16的尸床位于墓室底部，长1.4、宽0.8米，由两根纵向长木棍和6根横向短木棍构成，四角都捆绑有竖立的木棍。横木搭放或捆绑在纵向长木之上，间距0.3～0.4米。双人合葬墓则有6座。下面介绍几座典型墓葬。

M9为石堆墓，位于墓地的最西部，方向为76度。石堆呈椭圆形，表面高低不平，西部排列紧密有序而呈弧形，中部与东部的石块散布，可能已被扰动。墓室为竖穴土坑，底部较小，深1.3米。墓口之下填埋有较大的扁平卵石和零星卵石，以及较多小砾石。墓室内共出土6具人骨。仅2号人骨保存完好，为35～45岁的男性，侧身屈肢，头向东北，面向下；其余骨架已被扰乱。墓中未见木头腐烂的痕迹，可能没有葬具。在墓室中部南、北两侧出有陶器6件，还发现铜镞、铜刀、砺石、石眉笔、炭精块、料珠、铜珠和石饰件等随葬品。

M10为石围墓，方向为87度。石围呈椭圆形，南部边缘已暴露在断崖上。墓室为竖穴土坑，位于石围中部偏东，大致呈圆角长方形，东西向。墓口处的填土中有卵石、砾石以及少量炭灰和山羊骨。墓室东部出土1具人骨，为大约60岁的男性，侧身屈肢，头向东，面向南。墓底发现木条腐朽的灰褐色痕迹，可能原有葬具。在墓室东端出土一节铜链；墓主颈部发现料珠和金珠，头骨东侧有一方形铜饰，右耳旁发现一对金耳坠，左耳旁也有一对金耳坠，腰部则出土铜扣10余枚；墓室西北侧陪葬的马头骨下颌处出土有铜马镳和马衔。另外，在墓底部出有1件残铁片，疑为刀。

M16为石围墓，正东西向。石围大致呈圆形，东部有小石圈与之相连，东南部另有一行卵石。墓室位于石围中部，大致呈圆角方形，正东西向。墓室中部偏西有一具人骨，为25～30岁的成年男性，近似于侧身屈肢，向左侧卧，股骨与胫骨、腓骨脱离。墓底发现尸床朽木痕迹，以6根南北向的短横木搭放或捆扎在2根东西向的纵向长木棍之上，四角有竖立的木棍，并以木棍纵横交错绑在其上。随葬器物包括衔、镳、扣饰等铜马具，以及铜刀、铜镞、陶罐、金腰带等，其中1件金腰带出于人骨左上肢旁，铜刀放在肋骨下，陶罐和铜镞位于尸床中部偏东，铜马具则发现于墓室东南角。

M26为石围墓，方向93度。石围由三层卵石堆成椭圆环形，其间填沙土和卵石。墓室位于石围中部偏北，平面呈长方形。墓中共发现三层人骨。第一层人骨距离墓口0.15～0.4米，散乱分布在卵石上、下及其附近。1号人骨为男性儿童，堆放在墓室西壁附近；2号人骨为25～30岁的女性，骨架凌乱，头朝北，面向东，屈肢。随葬品有陶钵、石眉笔和炭精块。第二层人骨距墓口0.9米，两具皆较完整。左侧的为15～20岁的女性，头朝东，面向南，向右仰身屈肢，左下肢压着一块石头，双手位于腹部；右侧的为25～35岁的男性，头骨已移位到腹部。这两具人骨随葬有砺石和铜扣。底层发现2具完整人骨，均向左仰身屈肢。右侧的为35～40岁的男性，双手放在腹部，面朝上，颈、胸部发现料珠；左侧的为25～30岁的女性，面向男子，左手在胸，右手在腹，下肢被男性人骨的下肢所压，旁侧出有1件双耳陶罐。

M40为石围墓，正东西向。石围大致呈椭圆形。墓室呈圆角长方形。墓中共有两层人骨，每层2具，上面都压有卵石。上层人骨距墓口1米，其中1号人骨较完整，头朝东，面向东南，仰身屈肢；2号人骨则位于墓室西部，零散摆放，为二次葬。此层的随葬品有陶罐、杯各1件，分别出土于1号人骨的头侧和上肢旁，其颈部还发现269枚串珠。下层的2

具人骨位于墓底部,其中3号人骨较完整,身首分离,仰身,下肢屈向右侧;4号人骨则位于墓室中部偏西,摆放凌乱,为二次葬。下层的2具人骨都有随葬品,3号人骨的左肩旁放置1套眉笔和1块眉石,左上肢旁有1件陶罐,右侧胸、腹部共出19枚铜扣;4号人骨在头左侧放置1件陶罐,身下出有眉石和铜珠。

三 随葬器物

流水墓地发现的52座墓葬中,共出土各类器物268件(组)。每座墓的随葬品多寡不一,有的完全没有,多者有陶器7件或铜刀4把,并伴出其他器物。

陶器共80件。器形包括罐、钵、杯、盆等,常见罐、钵相组合。陶质以夹砂红陶为主,仅有3件夹砂灰陶器。陶器多为手制,部分陶色不均,可能是火候较低所致。器表多有纹饰,通体分布或仅见于器身上部,主要有三角纹、弦纹、菱形纹、网纹和波纹等,偶见斜"目"字纹和麦穗纹。纹饰主要由戳刺或以短线刻划而成,也有个别是压印或用泥条粘贴而成。

铜器出自38座墓。体形较大且风格各异的铜刀共出土26把,一座墓中最多发现4把。有20座墓出有铜扣饰,16座墓中出有铜珠,5座墓出有铜镞,4座墓随葬有铜马具。铜器中还有一部分装饰品,除珠饰外,主要有耳坠、手镯、镜等。

石器中数量最多的是作为串饰的料珠,类型多样,圆管状的最常见,直径为0.2~2厘米。在20多座墓中出有料珠,每座墓一般为数十枚,最多的可达数百枚,M40出有269枚。其次为砺石,在16座墓中有发现,每座墓常见1~2块;多为长方形,一端穿孔,另一端弧形内收;也有个别砺石为三角形。石眉笔与炭精块是古代的画眉工具,也常见于墓葬中。玉器主要包括玛瑙珠和玉佩。3座墓出土有金器,种类包括耳坠、珠饰和腰带等。骨角器主要有贝壳、蚌壳和珠饰,8座墓随葬贝壳或蚌壳;还发现有角质马镳、骨镞以及骨发饰等。4座墓中出土铁器残片,器形可能为刀。

四 结语

从墓葬形制和丧葬习俗来看,流水墓地与位于昆仑山以西的巴基斯坦北部犍陀罗地区提马尔伽哈墓地为代表的"残肢葬"文化较为接近。随葬品中,陶器的器形与乌兹别克斯坦费尔干纳盆地的楚斯特文化陶器相近。但器形和纹饰均类似的陶器,已知的仅有西藏拉萨河谷曲贡墓地出土的个别单耳陶罐,而新疆其他地区尚未见到。至于且末扎滚鲁克墓地等文化遗存发现的类似陶器,年代差距较大,可能是继承了流水墓地的陶器风格。铜刀的整体风格与新疆察吾乎沟文化出土的铜刀和哈密焉不拉克墓葬的同类器均类似。铜、金质的铃式耳坠与西伯利亚地区早期斯基泰文化中的耳环样式相似。铜马镳、马衔及带尾钩的箭簇,则与西伯利亚阿尔瓒(Arzan)的出土器物相近。综合上述分析,我们推测流水墓地所代表的考古学文化年代应在公元前一千年前后。已经取得的碳十四测年数据中,M4的人骨样品为距今2950±50年,M12、M15、M17和M26所出木炭样品分别为距今2980±50年、2640±80年、2890±40年和2950±40年,与上述年代推断也比较接近。

我们注意到石堆墓之石堆并非纯粹由卵石堆积成,而是先在石圈内堆土,然后才在土堆上逐圈覆盖卵石块。墓地临近的两条河道及其周边遍布卵石,因此这种构建方式并非由于卵石来源不足或取运不便,而应是距今3000年前后当地居民在地表标识墓葬的固定形态。石围墓的石围圈数也无一定之规,其中部上层大都有零星卵石块。这种石围内原来应有高出地表和石围的土堆。这样就存在一种可能，即石围墓最初也是石堆墓，后来石堆上部的石块被逐渐取用，结果仅剩下底部的石围。

近半数的石堆或石围墓，在东面都有一个直径约0.4～0.6米的小石圈，部分石圈内还有火烧痕迹。由于此处墓葬的方向基本上朝东，推测这种小石圈可能被作为一种墓向标志；而其内的用火痕迹又表明小石圈也可能是祭祀活动的场地。

死者的安葬方式，最常见的是同一墓葬中一次葬和二次葬共存。骨架完整的（包括身首分离者）基本上都是一次葬，葬式多为仰身屈肢，侧身和俯身者较少。多人合葬时，较完整的一次葬人骨很可能是当时某一社会群体的重要人物，二次葬人骨则可能是早先死亡或客死他乡的一般成员。从总体上看，墓葬似乎是按西南—东北方向排列的。流水墓地发掘的52座墓葬，共出土164具人骨。仅以2004年发现的75具人骨进行统计，包括男性33人、女性38人、儿童5人，平均死亡年龄可能在35岁左右。

流水墓地南临克里雅河，西傍流水河，北靠阿克布拉克台地数个水量丰沛的泉眼。台地北部是广阔的喀让古山缓坡，自古就是优良的山地草场，而流水墓地很可能是一处经长期反复使用的墓地。发掘过程中，未在墓葬开口层位发现居住生活遗迹，但当时人们的聚落遗迹也应该在此周围不远。只是3000年来的塔克拉玛干地区尘降堆积厚达3～4米，寻找起来难度很大。

此墓地的文化内涵非常独特，陶器为手工制作并主要装饰刻划几何纹，金属器具有早期斯基泰文化的特点而且年代更早。墓地位于古代玉矿附近并且出土了昆仑山地区迄今年代最早的玉器等等；同时，基本一致的考古学文化目前在其他地区还没有发现。流水墓地是首次在昆仑山北麓发现的青铜时代墓葬，也是这一地区迄今所发现年代最早的古代文化遗存，它为探讨昆仑山地区距今3000年前后的古代文化面貌提供了可能。

撰稿人：巫新华　艾　力

参考文献

● 中国社会科学院考古研究所新疆队：《新疆于田县流水青铜时代墓地》，《考古》2006年第7期。

墓葬分布

墓葬封堆

墓葬开口、填土

M31

马衔与马头骨

○ 新疆于田流水青铜时代墓地

铜镜

铜刀

钻孔人指骨饰物

石眉笔与炭精块

陶单耳罐

陶钵

陶杯

玉器

甘肃礼县大堡子山早期秦文化遗址

一　引言

《史记·秦本纪》记载,商末、西周至春秋早期,秦人主要活动于今甘肃省东南部的渭河和西汉水流域一带。20世纪80年代初,北京大学考古学系与甘肃省文物工作队合作,在渭河上游的甘谷县毛家坪遗址首次发掘到西周时期的秦文化遗存,印证了上述记载。

1992～1993年,西汉水上游礼县大堡子山的秦公大墓遭盗掘,出土了包括有"秦公"字样铭文的鼎、簋、壶、钟等大型铜礼乐器,以及棺饰金片等珍贵文物,可惜多已流失海外。1994年3～11月,甘肃省文物考古研究所对大堡子山被盗掘的2座大墓和1座车马坑进行了劫后清理,并发掘了几座小型墓葬。

为了进一步探索早期秦文化的面貌,寻找秦人早期都邑"西犬丘"、"秦亭"以及其他先公、先祖陵墓所在。自2004年开始,在国家文物局、甘肃省文物局的大力支持下,甘肃省文物考古研究所与北京大学考古文博学院、中国国家博物馆考古部、陕西省考古研究所、西北大学考古文博学院等五家单位组成联合课题组,启动早期秦文化调查、发掘与研究项目。

2004年,对礼县境内西汉水上游及其支流等进行了较详细的考古调查,新发现汉代以前的各类遗址70余处,以早期秦文化为主的遗址有38处。其中"六八图—费家庄"、"大堡子山—赵坪"、"西山坪—石沟坪"三个大遗址群或为早期秦文化的三个中心活动区。2005年,钻探并发掘了礼县县城附近的西山坪早期秦文化遗址并发现一座早期秦文化城址。同年,还发掘了礼县鸾亭山汉代皇家祭天遗址,出土50余件圭、璧等祭祀用玉,以及"长乐未央"瓦当等,这为寻找早期秦人祭天遗址"西畤"提供了重要线索。2006年,联合课题组将工作重点转移至礼县大堡子山遗址,进行了大规模的考古调查、钻探和发掘。

二　遗址概况

大堡子山遗址位于礼县永坪乡赵坪村,在县城以东13公里处的西汉水北岸,西汉水与由北向南而来的支流永坪河在此交汇。遗址所在区域为西南—东北向的两个山梁。西南山梁顶部有清代夯土筑成的堡子,大堡子山因此得名。东北面地势较为平缓,已平整为多级梯地;东北山梁南坡地势由陡而渐趋平缓,靠近西汉水一侧几近平坦,面积达5万平方米。1992年被盗的两座大墓及车马坑就在这里。2006年,对该遗址调查和钻探的面积达150万平方米,发现城址1座、夯土建筑基址26处、中小型墓葬400余座以及零散分布的文化层堆积等。

大堡子山城址的城墙为夯土筑造,依山梁地势而建。地面上保存的城墙遗迹已不多,且大都残毁严重;其中保存较好的一段城墙位于东北角,长5米余,高约3～4米,夯层厚8～12厘米。从调查和钻探的结果看,该城址平面大致呈长方形,东、西城墙断续长约1000米,南、北城墙断续长约250米,城内总面积约25万平方米。新发现的夯土建筑基址、祭祀遗迹以及被盗的秦公大墓、车马坑均位于城址内。中、小型墓葬则主要分布于东北面城墙外,但城内也有零星发现。大堡子山城址的城墙只是经过了初步调查和钻探,城墙的准确走向、详细结构、建造和废弃年代等尚不明了。

2006年大堡子山遗址的发掘面积约3000余平方米,主要发掘了一座大型建筑基址(21号建筑基址)、两处中小型墓葬(清理7座)和一处祭祀遗迹(清理乐器坑1座、人祭坑4座)。其中,21号建筑基址揭露面积为2320平方米,祭祀遗迹揭露面积为450平方米。

三 21号建筑基址

21号建筑基址位于大堡子山遗址城内南部较高处，在清代所建的大堡子东北面向下第4、5两个相邻梯地上，两级梯地高差约2.5～3米，海拔高度约为1560米。从钻探资料看，夯土基址南北向分布在两级梯地的土层堆积下，上一级梯地夯土基址上的地层堆积厚约2～3米，下一级梯地耕土下很浅即见夯土基址。

整个建筑基址跨越两个梯地，高差较大，地层堆积也大相径庭。总体来看，上一级梯地第1～7层出土瓷片、砖瓦片、玻璃片、塑料片等，似为20世纪70年代平整土地后形成的堆积；第8、9、10A层出土铁片、砖块、瓷片等，为汉代及汉代以后堆积；第10B层为建筑的夯土墙倒塌堆积。下一级梯地中，下1层为耕土层，下2层、下3层均为现代扰乱堆积。以上地层中均出土两周时期的绳纹或素面灰陶片，器形包括鬲、罐、豆、盆、瓮等，还有极少量的新石器时代红陶片。

21号夯土建筑基址呈南北向长方形，西侧背靠上一级梯地的黄土断崖，东面俯视河川。整座建筑基址（包括墙基槽在内）南北长103、东西宽16.4、进深11.4米，方向为北偏西16度。从发掘情况看，西墙保存相对较好，但破坏也非常严重。夯土致密而坚硬，上层为浅黄色，下层颜色稍深，夹杂细小炭粒。北墙仅保留夯土基槽，多处被现代扰坑破坏。东墙北段也仅留基槽，南段保存部分墙体。夯土致密而坚硬，上层泛黄色，下层为黑色；夯层明显。南墙保存有一定高度；基槽应与其他三面墙的基槽一致。东、西墙之间的正中发现南北一线排列的18个柱础石，其中一个被移动至西北方向5米以外。柱础石间相隔约5米，按此间距，最南边尚缺失一个。柱础石形状不规则，为青灰色页岩，与大堡子山一带暴露出的岩层石质相同，个别为碎石堆积而成。

该建筑的室内地面基本上已被破坏，只在两个探方内发现三处不连续的室内活动硬面。至于室外地面，目前只在西墙外侧南半部分第10A层下发现断续的碎石渣夹杂黄土的活动面。东墙、北墙外侧经钻探尚没有发现路土痕迹。

该建筑基址没有发现门道、台阶等附属设施，大概因为建筑的门应向北开，而北侧夯土墙仅保存基槽，门道可能也被破坏了。此建筑墙基的西北角和东北角都被严重破坏。西墙外3～4.8米处发现三段南北向的一层石块堆积，外侧为上一级梯地的生土断崖；从石块走向看应该可以连接起来，推测兼具护坡和排水功能。建筑南墙外3.4米处也发现一道石头堆砌的遗迹，其外临近陡坡。

21号建筑基址的夯土中出土西周晚期的陶豆盘和三足瓮残足各1件。在T1070中，建筑的西墙与北墙夯土墙基转角处打破一座春秋早期偏早的竖穴土坑屈肢葬墓，则建筑基址的始建年代当不早于该墓葬。综合考虑，我们推测21号建筑基址的始建年代大约为春秋早期偏晚或春秋中期偏早阶段。另外，基址室内地面被一座战国时期墓葬打破，表明该建筑在此之前已被废弃。T0878第10B层（夯土墙倒塌堆积层）靠下部出土"大泉五十"铜钱1枚，表明该建筑的夯土墙至少晚至王莽年间才被彻底破坏，其中西墙和南墙是被强大外力推倒，形成倒塌方向一致的堆积。20世纪70年代时修整梯地，加上20世纪90年代的群体性盗掘，使建筑基址遭到更大的破坏。

该建筑的规模较大，中部柱础石上原来应有大型木柱，周围夯土墙可能也主要用来承重，应为梁架结构的两面坡式建筑。从该建筑在遗址中所处的位置、建筑结构，以及未发现隔墙遗迹，室内地面未经很好处理等情况看，似为大型府库类建筑。

四　墓葬

大堡子山遗址在20世纪90年代初的盗掘狂潮中遭到严重破坏，墓葬多数已被盗。2006年共发掘了两个地段的中小型墓葬7座（不包括21号建筑基址中的2座）、车马坑1座，仅ⅠM25、ⅢM1、ⅢM2保存较好，其余均被严重盗掘。

ⅠM25为东西向长方形竖穴土坑墓，方向为245度。墓坑东面略窄，西面略宽。四壁垂直光滑，是修整过的原生土，墓底也较平整。墓内填土为黄褐色花土，土质较硬，未见夯打痕迹，内含少量料礓石，无陶片。墓坑南壁偏东处有壁龛，内放置少量动物骨骼。墓内有一椁一棺。木椁平面呈长方形。根据朽木痕迹，可分辨的椁盖板为南北向平铺，共计17块。因已坍塌且腐朽严重，椁壁板和底板重叠在一起，结构和数量不详，仅可知壁板为东西向竖立搭建，底板为东西向平铺。椁盖板上偏西有1只殉狗，头向西平躺，颈部有1件小铜铃。椁室分为头厢和棺厢两部分，其间仅用1块木板隔开，隔板已坍塌残损。

木棺位于椁内东侧偏西部，腐朽严重，仅残痕可辨；长方形，因与椁板重叠，其厚度难以分辨。在棺板上部西南角上发现较多石圭片，大小不一，均为素面，部分表面上粘附有椁盖板的朽木痕迹；石圭片下压着石璧2件、石铲1件。棺内人骨腐朽严重，头向西，面向南，仰身屈肢，双手交错放置于胸前。人骨颈部两侧各有1件玉玦，口部有1件玉蝉，均有纹饰。头骨西侧发现较多石质小圭片；随葬1件铜短剑，剑鞘为木质，已腐朽，柄上刻有纹饰并附有1件小铜环，剑上还放有4件小玉环；铜剑南侧有1件小铜虎。头厢位于椁内西端，长方形，南北长1.7、东西宽1.44、高1米。头厢内共出土随葬品13件，包括带纹饰的铜鼎3件、盂和甗各1件、素面灰陶喇叭口罐6件、陶豆2件；另有漆器6件，因腐朽严重已无法提取。

腰坑位于人骨腰部以下，平面呈椭圆形，底部略平整，其内有1只殉狗。

此墓随葬品分铜、陶、玉、石器等四类，共150余件。铜器包括3件鼎，以及盂、甗、短剑、虎、铃、环各1件；陶器有灰陶罐6件、豆2件；玉器有环4件、蝉1件、玦2件、饰品1件；另有2件石璧及大小不同的石圭片124件。除石璧及少量石圭片残缺外，大部分器物保存完好。从随葬品的特征判断，ⅠM25的时代为春秋中期偏晚或晚期偏早。

五　祭祀遗迹

根据钻探资料，在1992年被盗掘的大墓西南20多米处，可能存在一座已经被盗的中型墓，并钻探出人骨和铜锈，估计盗掘并不彻底，有进一步发掘的必要。因此我们对这处遗迹进行了清理。在揭露至第2层（被盗大墓清理后的堆积土）下时，发现了4处盗坑。其中，编为2号的大盗坑开口为不规则椭圆形，下部为东北—西南方向的圆角长方形。该盗坑东北部深至2米处发现人骨，后来判断应是1个被破坏了的人祭坑。后来，又在T2803西北部距地表约2.15米处发现一段东西向的遗迹分界线，相当模糊；继续发掘至深2.3米处时，该分界线稍微清晰一些，并继续向东延伸，同时在此分界线以北约0.2米处发现1件铜器环耳。推测这里应为一处重要遗迹，但从土质和土色判断不像是墓葬。我们随后扩大了发掘区域。在T2802南部第6层下发现1个坑，内有2具屈肢葬人骨，属非正常死亡，后定为人祭坑。在T2903、T3003～3004也相继发现2个人祭坑。此外，因钻探时在此遗迹西面发现有石块分布，为弄清具体情况，又在最西边新开5个探方进行发掘。

在清理人祭坑的同时，继续寻找出土铜器耳遗迹的范围。由于发掘面积扩大，该遗迹的情况也逐渐清晰。这是1座近东西方向的长方形器物坑。由于该坑挖建在五花土层上，坑内、外堆积的土质、土色十分接近，所以确认坑口范围十分困难。该坑的平面形状被确认后，可以肯定不是墓葬，经用探针局部探察，得知坑内埋藏的铜器不止一件。该坑开口于第6层（汉唐时期堆积）下，此层之下各探方普遍有纯净的五花土，主要遗迹均打破该层。从各种迹象推测发掘区内原地面凹凸不平，还有一条自然冲沟，当时是在填平冲沟和平整地面后开挖了器物坑，器物坑回填之后再进行人祭。

该器物坑后来被确定为"乐器坑"，距被盗的秦公大墓西南角20余米。此坑东西向，坑内北排木质磬架（仅存朽痕）下发现两组共10件石磬，东部还发现漆皮痕迹，器形难辨；南排木质钟架（仅存朽痕）南侧从西向东依次排列有3件铜镈、3件铜虎（附于镈）、8件甬钟，镈和甬钟各附带有1件青铜挂钩，均保存完好，镈和甬钟的表面还残留有麻布纹痕迹。从镈和甬钟的排放位置看，它们并未挂在钟架上。出土的青铜镈一大两小，形制及花纹相似。其中最大的1件通高66、舞长径29.4、铣距37.2、鼓间距31.3厘米，重48.4公斤。舞部及鼓部以蟠龙纹为主要装饰，铣部饰对鸟纹；四出扉棱造型华美，为纠结的龙纹；铣部一侧有铭文20余字，尚待清理和释读。此件镈与上海博物馆收藏的秦公镈以及宝鸡太公庙的秦武公镈相似，年代应为春秋早期。所出8件甬钟的形制和花纹相似，大小有别，均无铭文。

4座人祭坑中，每坑埋1~2具屈肢葬人骨，均残缺不全，当为杀人祭祀。"乐器坑"与人祭坑相同，也应用于祭祀。

这种使用"铜乐器坑"或"铜礼器坑"祭祀的现象曾在河南新郑的郑韩故城遗址发现过，其年代略晚于大堡子山的"乐器坑"，为春秋中期。郑韩故城"礼乐器坑"单个面积较小，数量多，整体规模大。大堡子山遗址发现的"乐器坑"距离被盗的秦公大墓很近，当与此墓有关，至于是何人实施祭祀活动以及所祭祀的对象，还有待于进一步研究。需要强调的是，该"乐器祭祀坑"在群体性盗掘中幸存下来，坑周围及坑上先后发现10多个盗洞，最近的一个大型盗洞距离坑边仅0.2米。该处祭祀遗迹的发掘尚未结束，而"乐器坑"东南3米外还发现有建筑迹象，还需继续开展工作。

六　结语

大堡子山遗址的调查、钻探和发掘所取得的成果，对于认识该遗址的性质具有重要意义，同时也为此处国家重点文物保护单位的保护提供了科学依据。大型"乐器祭祀坑"的发现，为确认此前被盗掘的秦公大墓墓主，研究早期秦人的礼乐制度、铜器铸造工艺等，提供了珍贵资料。

撰稿人：赵化成　王　辉

参考文献

- 早期秦文化考古联合课题组：《甘肃礼县大堡子山早期秦文化遗址》，《考古》2007年第7期。
- 甘肃省文物工作队、北京大学考古学系：《甘肃甘谷毛家坪遗址发掘报告》，《考古学报》1987年第3期。
- 赵化成：《甘肃东部秦和羌戎文化的考古学探索》，见《考古类型学的理论与实践》，文物出版社，1990年。
- 戴春阳：《礼县大堡子山秦公墓地及有关问题》，《文物》2000年第5期。
- 早期秦文化考古队：《甘肃西汉水上游流域考古调查》，《考古与文物》2006年第2期。

Ⅲ M1 头箱

Ⅰ M25

乐器坑

石器

○ 甘肃礼县大堡子山早期秦文化遗址

21 号建筑基址

铜镈

铜甬钟

铜虎

西安秦始皇陵园

一　引言

自从20世纪60年代考古工作者首次对秦始皇帝陵园进行考古测量开始，秦始皇帝陵的考古勘探与发掘一直时断时续地进行着。20世纪90年代末期以来，秦陵考古陆续开展了一系列工作。通过物探考古，我们首次对秦陵地宫有了科学的了解，发现了围绕地宫阻排水系统和围绕地宫外圹的墙式夯土台，揭示出围绕内城墙一周的廊房建筑，发现已知最早的陵园三出阙建筑遗址，规模宏大的陵园门址以及有石质铠甲、百戏俑、文官俑、青铜水禽及乐俑等的陪葬坑。

二　物探考古揭示的秦陵地宫

《史记·秦始皇本纪》和《汉书·楚元王传》对秦始皇陵有着令人向往的记载，使历代人们对地宫一直拥有无尽猜想，这里也成为秦陵的最大悬疑所在。

2003年，秦陵考古被列入国家"863"项目，这次进行的物探勘测出地宫建筑位置、埋深、形状等初步状况，这些信息大都经过了考古勘探的验证。地宫位于封土堆中部下方，主体长约170、宽约145米，主体和墓室均呈矩形。封土堆中发现精细的台阶式墙状夯土台，外沿长约145、宽约125、高约30余米（此数据与考古验证的略有区别）。封土堆中有石质宫墙，顶深约469（海拔高程）、长145、宽125、高约14米。其上的细夯土墙与石质宫墙位置、范围基本一致，高约30余米。墓室位于地宫中央，顶深约475（海拔高程）、长约80、宽约50、高约15米，主体尚未完全坍塌。地宫存放有大量的水银，墓室中可能存有金属制品。地宫没有发现类似东西墓道的南北墓道。

三　地宫的阻排水系统

勘探发现陵墓周围的地下阻排水系统长1303米，其中阻水渠长778米，最深处39.4米，排水渠长525米。阻水渠下层为厚17米的青膏泥夯层，上层为21米厚的夯土层。它始于陵墓封土东侧东西轴线的偏北处，向南至封土东南角折向西，至封土西南部折向北，在封土西侧正中含铜车马陪葬坑下折向西去。排水渠由8段明井、7处暗渠构成，最深处23米，走向为从封土西侧向西穿过内城西门，沿内城西墙折向北去，

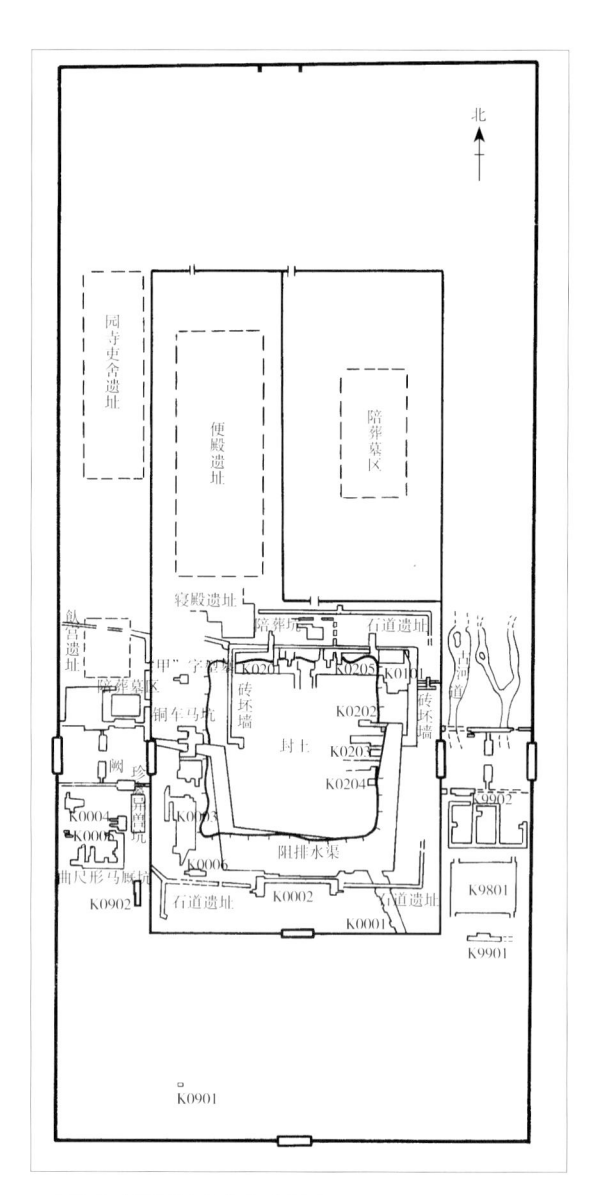

秦始皇帝陵园遗迹分布示意图

至临马公路处穿外城西墙再折向北。从秦陵的地质结构和地下潜水的走向判断，基本绕陵墓一周的地下大型建筑正是修建秦陵地宫时的阻排水系统。它的发现，破解了《史记》中陵墓建设"穿三泉"及《汉书》中"下锢三泉"的历史难题。阻排水系统是秦代大地勘测、地质学应用和坎儿井技术综合应用的体现。

四　陵墓封土

现存的秦陵封土为平顶的四方锥形台体，中腰有一个缓坡状的台阶，原封土的底长575、宽485米，周长2000米。历经两千多年的水土流失及多年来平整土地的破坏，现存封土长350、宽345米，周长1390米，底部占地面积12.075万平方米。

《汉书·楚元王传》载封土"其高五十余丈，周回五里有余"。《三辅故事》也记载："始皇葬骊山，起陵高五十丈"，秦汉时的五十丈，约合115米，但现存封土远没有如此之高。

勘探研究表明，水土流失造成的封土降低远不及推测的那么多。同处关中的西汉陵墓封土两千多年来仅降低了2、3米，秦陵封土周围也只有1～3米厚的封土流失土，因之推算两千年间秦陵封土仅降低了数米。"五十丈"只是设计高度，由于秦末战争，陵墓封土工程并未最后完工。

五　台阶式墙状夯土台

秦陵封土堆下、环绕墓圹周围有一组夯土台，上部高出地表约30米，体量巨大。东西夯土台的中部各留有一处缺口与墓道重合，夯土台围内即墓室上部以粗夯土填充。夯土台上窄下宽，内外均呈台阶状，其中东、西、北墙的外侧均为九级台阶，南墙尚未勘探，东、西、北墙外侧上部台阶上有分布较为广泛的瓦片，堆积凌乱，靠近顶面的台阶上瓦片较多，中下部台阶上也有零星发现，但顶面几乎没有。顶面及各级台阶上没有发现红烧土、木炭遗迹，东、西、北三侧的夯土台底部外侧建于地表上墓圹外，内侧伸进墓圹。

依据考古勘探资料分析，这组体量恢弘建筑覆压在墓圹周边，夯土基础一部分在墓圹外，另一部分伸进墓圹内。伸进墓圹的夯土或紧贴墓壁建造，接近墓室部分可能使用大量的青砖和石材；外侧的各层台阶上应该没有木构建筑，仅在墙状夯土台顶面或在各层台阶及顶面上建有木构瓦顶建筑。这些建筑可能是供皇帝灵魂出游，登高望远的"中成观游"。

六　陵园的门、阙

陵园内外城垣上分别设门，内外城东、西门规模相似。内城的东门有三条门道，中间的略高于两侧的门道，过去在平整土地时曾发现了门础石。外城西门门址的夯土台基平面布局与外城东门略同，呈南北向的长方形。内城西门门址平面布局与内城东门门址基本相同，为南北向的长方形。陵园内外城南门的结构大同小异，但至今在外城北垣的中部没有发现门址，这或许暗示着秦始皇陵园不是以北为主方向的。

在陵园东西内外城之间分别发现一组南北对称的、独立的三出阙，位于陵墓东西轴线的南北两侧，两组三出阙是迄今为止国内发现最早的三出阙。秦陵三出阙的面世，可能有助于辨别先秦时代观与阙的概念。

七　内城墙两侧的廊房建筑

围绕秦始皇帝陵园内城垣的一周内外建造有连绵不断的廊房。廊房、石散水建筑遗址上出土大量筒瓦、板瓦、脊瓦、遮朽等屋面建筑材料。多数瓦上有陶文戳记，总发现110多枚，内容有"寺水"、"北司"、

"左司"、"大水"、"大匠"、"左水"、"大"、"宫眂"等8种。廊房壁面上还发现彩绘壁画，彩绘的颜料有粉红色和黑色。内城的西南角发现夔纹遮朽。内城墙各侧廊房的规模及结构与南墙相似、尺寸相当。

八 秦陵陪葬坑

秦始皇帝陵区共发现至少181座大小各异、形制不同、内容复杂的陪葬坑，由此构成了秦始皇帝陵庞大的外藏系统。地宫之外创设数以百计、内容丰富的陪葬坑是秦始皇陵园陵寝制度中的一大创新。

秦陵的外藏系统由地宫之内各层台阶上的陪葬坑、地宫外封土下的陪葬坑、内外城之间的陪葬坑、外城之外的陪葬坑四个层次构成，全面反映了秦帝国中央政权及皇权运作机构。

（一）K9801陪葬坑

1998年，陵园封土东南侧200米处的内外城间发现一个四角各有一门道、总面积达13689平方米的大型陪葬坑，其建筑结构和形制与兵马俑陪葬坑相似。随后在陪葬坑的西南部进行了试掘，共出土青石质地、由青铜丝编缀的石铠甲150领、石胄50顶。石甲胄的材料来源于距陵园60多公里的北山一带，加工铠甲的场地在渭河南岸的新丰塬下。

石铠甲种类较多，已修复的石铠甲分别由1027、613、612、403、332片编缀而成，石胄分别由246、182、74片编成，石铠甲并非实用，模仿的是战国时期流行的皮铠甲和铁铠甲；各式石胄的面世改变了人们长期以来秦军无胄的印象。另外还发现了一具马甲。

（二）K9901陪葬坑

在K9801陪葬坑正南35米处，勘探发现一座平面略呈"凸"字形陪葬坑。在发掘的64平方米内，于中部过洞棚木之上出土一件重212公斤的大型铜鼎，造型精美、纹饰构图饱满、线条流畅、纤细，堪称"秦陵第一鼎"。在北部过洞试掘的9平方米内，出土11件彩绘百戏陶俑，俑体大小不一、造型各异，陶俑的雕塑比例合度、形象生动，展示的是战国时期流行的"都卢寻橦"、"乌获抗鼎"等杂技歌舞游戏。

（三）K0006陪葬坑

K0006陪葬坑位于陵墓封土西南角约50米处的内城西南角，该坑平面略呈"中"字形，坑体面积144平方米。该坑前室出土彩绘文官陶俑8尊、御手俑4尊、铜钺4把及木车朽迹；后室发现活葬马约20匹，经鉴定，已清理的9匹马均系成年马，其中有8匹为雄性。

该陪葬坑中出土了4把铜钺，被集中置放在厢房内。12尊原大陶俑，不论是御手俑还是袖手俑，无一例外地均头戴长版冠。除御手俑外，所有的袖手俑在其腰际均塑有作悬挂状的环首扁平长条状的削和装在软质囊中的长条扁平砥石，并且在左臂与胸肋间有一夹持简牍的椭圆形斜孔，这8尊陶俑均是拥有至少八级公乘爵位的文官，而不是马厩坑中圉人俑。由汉陵陪葬坑中出土的官府印章判断，该陪葬坑出土的戴单双版长冠恭谨小心的八尊袖手俑、四尊御手俑、张伞的单辕有栏乘坐木车、全木结构的陪葬坑、成单元摆放的马等，象征了秦代的一个官署机构，即文职人员执掌的秦帝国主管监狱与司法的廷尉。

（四）K0007陪葬坑

该陪葬坑位于秦始皇帝陵园外城墙东北约900米处，坑平面呈"F"形，总面积925平方米。它是由一条斜坡门道、两条南北向过洞以及一条东西向过洞组成的地下坑道式木结构陪葬坑。

与以往所发现的陪葬坑所不同，此次发掘的两个过洞在底部两侧以夯土构筑放置器物的平台，并以方木铺垫，整个夯土台模拟一个象征性的河岸；在垫木夯土台之间为一条模拟的河道，两者构成一个模拟的水环境。

K0007陪葬坑三条过洞区域内的遗物各不相同。I区过洞以青铜水禽为主；II区过洞以陶俑为主，还发现有少量铜质、骨质小件；III区因盗扰严重，除少量的动物骨骼外没有发现遗物。

I区过洞出土原大青铜水禽46件。目前可辨识的有天鹅、仙鹤、鸿雁三个类型，它们由西向东依次排列，被置放在坑道底部象征性河道的两侧。

陶俑发现15件。箕踞姿陶俑，双腿前伸，平坐于地，上体前倾，双臂前伸置于双膝上，双手微握，左手掌心向上，右手掌心向下，双手间原应执物。陶俑头戴布帻，身着长襦，下着长裤，腰系革带，右腰际系长方形扁囊，脚穿布袜。跽姿陶俑，双膝跪地，右膝稍前伸，双足尖抵地，上体直挺，左臂自然下垂，右臂微屈上举，原手中有执物，脑后梳髻，头戴布帻，身着右衽长襦，腰系革带，右腰际系长方形扁囊，脚穿布袜。

在过洞内出土银、铜、骨质器物260余件，其中银质1件，铜质200余件，骨质50余件。器形有指甲盖形银器、铜棒及喇叭形、圆筒形、三角形骨器等。

水禽和陶俑放在一起，说明它们是经过人工驯化过的。出土陶俑不似过去发现的阉人俑，同出的小件器物表明它们可能是执掌乐器，以音乐来驯化水禽的。

九　结语

从20世纪60年代开始，有关秦始皇帝陵的考古工作在时断时续地前行，多年来的考古勘探、发掘与深入研究，将秦始皇帝陵的陵寝制度渐次剖析出来，帝国形态和观念也首次以结构严密、内容繁复的陪葬坑形式展现出来。

第一，陵园规划受到地貌环境强烈的制约，骊山北麓被自南向北的溪流分割为宽窄不同台地，陵园坐落在其中最大的台地上。秦始皇帝陵园建设工期达38年，虽然大部分项目已完工，但没有全部结束，如封土高度就没有达到设计的"五十丈"，陵园外城墙粗率的施工等则是受到秦末农民战争的影响。

第二，陵园的建设经历了帝国统一前后两个阶段，陵园外的陵寝项目有可能是统一后才开始实施，从陪葬坑的建造工艺、形制设计、同类陪葬品上还看不出其与陵园内同样项目的差异，因此秦始皇陵园内外的所有项目也有可能是帝国统一后所为。

第三，秦始皇帝陵园是秦帝国辉煌时期帝国心态、帝国形态、科技文化的集中反映。"求真求实"是秦始皇帝陵园建设自始至终遵循的原则，理想中的都城形制和帝国形态在这里再现。

第四，以陪葬坑的形式构成秦始皇帝陵园外藏系统是秦人的制度创新，它是秦帝国政治体制中各类政权机构包括皇宫管理机构在地下的反映。陪葬坑表明帝国时期秦文化丰富多彩，并非仅有以兵马俑为代表的军事文化。

第五，陵南由上中下三层结构的五岭大坝、围墙、环绕陵墓的地下阻排水系统、陪葬坑、陪葬墓、三出阙等宏伟建筑、围绕地宫的台阶式墙状夯土台等周详的设计勾画出立体的秦始皇陵。

撰稿人：段清波　孙伟刚　张仲立

参考文献

● 陕西省考古研究所、秦始皇兵马俑博物馆：《西安秦始皇陵园的考古新发现》，《考古》2002年第7期。
● 陕西省考古研究所、秦始皇兵马俑博物馆：《秦始皇陵园2000年度勘探简报》，《考古与文物》2002年第2期。
● 陕西省考古研究院、秦始皇兵马俑博物馆：《秦始皇帝陵园考古报告（2001～2003）》，文物出版社，2007年。

新世纪中国考古新发现（2001~2010）

陪葬坑 K9901

K9801 出土铠甲

K0007 出土青铜水禽

○ 西安秦始皇陵园

K0006 前室出土陶俑

K0007 出土铜鹤

K0007 出土陶俑

K0007 出土陶俑

K0006 出土文吏俑

K9901 出土百戏陶俑

湖南龙山里耶战国秦汉城址及秦代简牍

一 引言

里耶古城位于湖南省湘西自治州龙山县里耶镇，"里耶"一词为土家语，有"开垦"、"农耕"之意。2002年4月，为配合碗米坡水电站建设，湖南省文物考古研究所会同州、县文物部门，对里耶古城进行了大规模的抢救性考古发掘。同年5月28日，在城内遗址区发现1号井，6月3日，在井内发现秦代简牍，这是继秦始皇陵发掘之后，秦代考古的又一重大发现。

里耶古城地处西水河一级阶地前缘，现存城址呈长方形，南、西、北三面有护城壕环绕。南城门和西城门有旱道与城外连通，城隅略带弧形。护城河的水源来自城西南方的自然溪流。西水属山溪，落差很大，正常水位要低于城址近二十米，因此，推测当时的护城河应是半封闭式的。从护城河外缘算起，城址南北长210.4米，从护城河外缘算起，东西残宽103~107米，城址东部被西水冲毁，残存部分面积近二万平方米，推测城址的完整面积也不足4万平方米。

里耶古城在战国时代曾作为楚国黔中郡辖下的一个军事城堡。西水是沟通洞庭湖流域与乌江流域之间的交通走廊和军事攻防的要道。所以在战国时代，里耶古城处于秦楚对峙前沿。

《史记·苏秦列传》载苏秦说楚威王，提到秦对楚的威胁时，就明确提醒："大王不从，秦必起两军，一军出武关，一军下黔中，则鄢郢动矣。"为了防御来自秦、巴两方的军事威胁，战国中后期，楚人加强了湘西边陲的防御，里耶古城正是在这一历史背景下产生的。

里耶古城城墙、城壕的形态更多体现了军事防御的功能。首先，在位置选择上，综合了地形、水陆交通、瞭望、防守、传递信息各方面的考虑。其次，城堡的防御体系坚固，城墙具有相当的宽度，而且修筑城墙与开掘城壕同时进行，即用城壕中挖掘出的土作为城墙的用土，从而构成双重的防御体系。里耶古城北城墙宽26.5米，北城壕宽15米，与南北长度仅210.4米的城址相比，城墙的规模显得十分突出。

与里耶战国古城同时期的是麦茶战国墓地，麦茶战国墓地位于里耶盆地的边缘，距里耶古城1.5公里左右。墓地由十余个相对高度十余米的土山包组成，墓葬分布在山包的山顶和山腰。麦茶墓地共发掘战国墓葬236座，皆为竖穴土坑墓，部分有头龛，少量有二层台或墓道。窄坑竖穴墓应为单棺，墓坑较宽的应为一棺一椁。出土物以陶器为主，全为泥质灰陶。器形有鼎、敦、壶、豆、罐、钵、簋等。麦茶墓地战国墓可分为二期，第一期为战国中期晚段至战国晚期早段；第二期为战国晚期晚段。

发掘表明，战国末年秦楚之战的兵燹并没有影响到里耶的城池。秦朝统一时，这座城池是被和平接管的。里耶城址中，秦文化的因素是在秦代才进入的。秦代的十五年间，这座城继续沿用，并作为洞庭郡下辖的迁陵县城所在地。里耶城址秦代文化层中，发现了甑、盘、陶量等一批代表秦文化因素的陶器，这是改朝换代的历史大变故在文物上的反映。

不久，秦末农民战争的烽烟四起，天下"尽叛秦吏以应诸侯"，这座秦王朝的官府也难逃毁灭的命运。里耶古城的第一期的城内建筑都毁于秦末，大量秦代的官署文档也是在这一特殊的时刻，作为废弃物抛入被发掘的里耶1号古井（J1）。

二 水井

1号井平面呈正方形，井口离现代地表3米，井深14.3、内径2.1米。四壁以木板榫卯嵌砌，每面井壁用木板42块。修筑时先挖圆形井坑，然后自下而上筑方形木井圈，最后，在木井圈与坑壁之间充填以青膏泥。1号井深达砂土渗水层，井底有一层汲水罐的残片，可能是有意摔进去防止泥上泛的，由此，说明1号井最初是作为水井使用的，汉代部分废弃后，曾作过窖穴使用。

1号井井台遗迹中发现的43个柱洞，当为井亭及廊庑一类建筑的遗迹。为避免雨水和地面积水污浊，这类建筑是必需的。一些汉墓出土明器中，也有这类井亭的模型。井的西部与南部有两条下井台的井道。在井的南、北部同一层位还发现两条水沟，应为井亭的散水。

1号井井内堆积由淤泥和生活遗弃物组成，分成17个自然层，其中第1~4层为西汉时期的堆积，第5~16层为秦末废弃堆积，第17层为战国至秦代的使用堆积，其中最重要的堆积物为秦代简牍，简牍出现自第5层始（深度3.8米），分布较集中的有第6B、8A、9C、10C、12、15、16A几层，为井口以下5.8~13.7米这一段。

三 简牍

出土简牍均为毛笔墨书，材料绝大多数为木质，极少数竹质的。简牍形制方面，第五层的简多为竹质，文字具有战国时期楚国文字的特征，均残断，仅一枚是在不规则的方形木条上书写。其他层位的均为木质简牍，都是秦简，明确记载为秦始皇二十五年至秦二世二年（公元前222年至公元前208年）。形式多样，长度多数为23厘米，合秦时量制的一尺。宽窄根据需要书写的内容决定，宽多在1.4~5厘米之间。有些形制特殊的简牍规格不在此范围内，符券类简有的正面呈坡状，长37~46厘米。另有少量的不规则简或随意材料上书写字的，书写过程中纠错而切削下的削衣得到了很好的保留。简牍所用木材种属绝大多数为杉木，也有一定数量松木和其他树种。除了形态规整的简牍，文字材料还有笥牌、封泥匣、封泥。

今从已释读的简牍中列举几例。

第6层1号简　简文为九九乘法口诀表，这是我国发现最早的乘法口诀表，《管子》、《荀子》、《战国策》等先秦典籍中都提到"九九"，但实物还是头一次发现。

第6层2号简　简文为"迁陵以邮行洞庭"。

第9层6号简　简文为"以洞庭司马行事"。

第9层1号简　简文为"洞庭郡"。

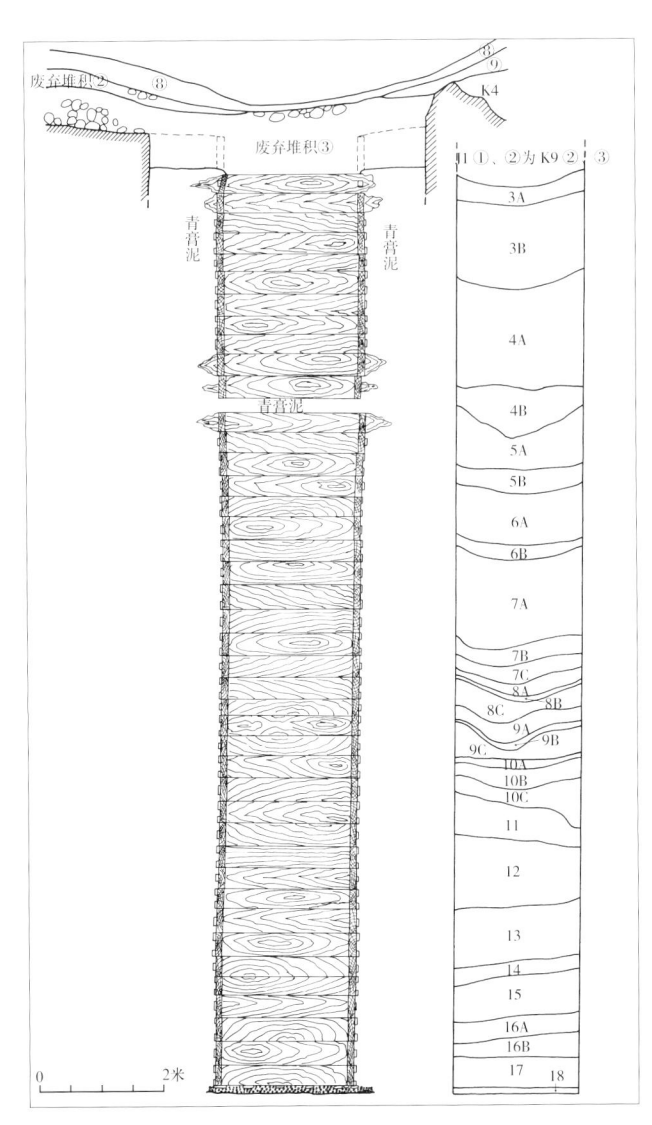

1号井剖面图

"邮行"，是传递文书的驿站。"洞庭郡"在史籍中未见，秦始皇二十六年（前221年）统一中国，并天下为三十六郡，以及稍后开拓的桂林、象郡等，多以区域命名，鲜有以城邑名者，"洞庭郡"合其成例。里耶秦简发现证明了洞庭郡确实存在。

第16层52号简　简文为"鄢到销百八十里，销到江陵二百四十里，江陵到屠陵百一十里，屠陵到（索）二百九十五里，（索）到临沅六十里，临沅到迁陵九百一十里，□□千四百里"。

这里提到传递文书的驿站地名、里程是这一时期历史地理研究的重要资料。

第8层147号简　简文为"出弩臂四，输益阳，出弩臂三，输临沅"。

这是一枚迁陵武库兵器登记册中调拨弩臂的记录，可见当时的迁陵为秦朝粮秣兵甲的重要中转站和补给点。

第8层154号简　简文为"卅三年二月壬寅朔（朔）日，迁陵守丞都敢言之。令曰：恒以朔日上所买徒隶数。问之毋当令者。敢言之"。

第9层1号简　简文为"卅三年四月辛丑朔丙午，司空腾敢言之：阳陵宜居士五（伍）毋死有赀馀钱八千六十四。毋死戍洞庭郡，不智（知）何县署。今为钱校券一，上谒言洞庭尉，令毋死署所县以受阳陵司空，（司空）不名计，问何县官，计年为报，已訾其家，（家）贫弗能入，乃移戍所。报署主责发。敢言之"。这是反映行政、司法的文档。

里耶古城一号井出土的秦代简牍，初步统计有三万七千余枚，为官署档案，内容涉及社会生活的各个方面，如户籍、开垦、田赋、徭役、奴隶、仓储、津渡、邮驿、军备、司法、刑徒、祭祀、日常事务等等，所提到的地名有洞庭郡、迁陵、临沅、西阳、阳陵、义陵、充、零阳、弋阳、沅陵等数十处，职官有司空、司马丞、守丞、令守等，时代在秦始皇统一中国称始皇帝后的秦朝时期。从秦始皇（含秦王政）二十五年（前222年）到秦二世二年（前208年），年年都有，数量远远超出过去所出秦简的总和。

四　结语

秦汉是中国封建社会奠基的时代，后代的许多制度都渊源于此。里耶秦简对于秦史研究的重要性不亚于甲骨文对于商史的意义，将从根本上改变秦代学术史的面貌。

里耶所在的秦代迁陵县城，是秦王朝设在武陵山区的一个偏远小城，这些出土的官署档案真实呈现出秦代政治、经济各方面的制度和当时的社会风貌，使我们对秦汉封建制度下社会生活的真实内涵有了更丰富、真切的认识。

秦代的墓地目前没有发现，可能是秦代时间太短，不足构成一个墓地，秦代人的墓葬可能存在于西汉墓群之中。

通过对里耶古城南、北城墙的解剖显示，西汉时期，里耶古城在原来废址上重修，城墙继续沿用，在城墙与护城河之间新拓环城道路L11，并在局部地段砌以高1米左右的卵石护坡。城址内普遍分布的第10层堆积就是为大规模营造所进行的筑垫层。这一变化反映的是秦亡汉兴的历史交替。在这次整修中，西门道开通，城外环城道路修筑，都显示出军事防御功能减弱和日常生活功能的增强。遗址区内已经发现的钱币为大都为汉半两钱，尚未见到五铢钱。与这一时期里耶古城相应的清水坪西汉墓地中，有一批西汉早期的墓葬。因此，我们认为第二次建城的年代可能在汉初。

汉代城址的城区布局比较清晰。城址中心是一条东西向大道L1，高于两侧地面约0.5米，宽约13米，路面上尚留有车辙痕。L1西端与城址中部的黄土台相连，东端与连通南城门的南北向大道L2垂直相交，但因受河流冲刷破坏，L2仅存南段的局部。城墙外有环城道路L11。在城内分布有大量的房屋遗迹，其中F4有排列整齐的柱洞76个，没有发现墙基遗迹，估计是干栏式木构建筑。F18是一组由13间房子以及过道、火塘组成的建筑群，柱洞很少，墙体部位的地面只是土色略有不同而已，也可能同为干井式建筑。此外，在L1南侧有一个较大的水塘。北城壕两侧有两个对称的大柱洞，可能是吊桥一类的遗迹。

与里耶西汉古城同时期的另一处重要发现是清水坪西汉墓地。该墓地位于保靖县清水坪镇所在地的西水南岸三级阶地上，与里耶古城隔河相望。墓地由十余个自然山堡组成，所发掘的墓葬分布在7个山堡和山腰上，面积达80多万平方米，共发掘墓葬255座。

清水坪西汉墓依然流行着传统的棺椁墓，与战国时期的墓葬相比，墓道口与墓坑底部的距离变短，一般都只有0.4～0.5米，最长也不足1米，最短的已接近墓底。这与深埋式的战国墓已有很大不同。

根据形制和随葬品等各种因素综合分析，这批墓葬可以分为三期4段，第一期（第1段）年代为西汉初年到武帝元狩年间（约公元前206至公元前118年）；第二期（第2、3段）年代为武帝元狩年间到新莽元年（公元前118年至公元9年，以宣、昭之际为界，分为2、3两段）；第三期（第4段）年代为新莽年间（约公元9年至25年）。

清水坪各区墓地可以分为若干小墓群，小墓群中的各墓穴往往排列有序，且多是并排成列的关系，且形制、头向等基本一致，年代相同或接近。清水坪墓地出现大量的"家族并穴合葬"和"夫妻同穴合葬墓"。前者可以二区的M1、M2、M4、M6、M9、M11、M12为例，它们共置于同一个封土下，是一代或几代人共同使用同一个封土的"家族并穴合葬墓"。这是突破了旧的"族坟墓"观念后发生的显著变化。墓地中两两并列的墓葬很可能为"夫妻并穴合葬墓"。而从第二期开始，在宽坑墓中，出现"夫妻同穴合葬墓"，这种情况在三、四段极为普遍。

清水坪墓地出土器物与周边地区汉墓出土器物具有极大的一致性，甚至与中原、关中、关东地区的西汉中小型墓中所出器物也大同小异。这种随葬品在广阔地域内的一致性，正是西汉墓葬共有的时代特征，从中，我们可以深刻感受到西汉统一在文化上的深度与广度。

清水坪墓地最高等级的墓为一椁重棺，随葬有丰富的青铜器、陶器，应为县丞级别的墓葬。清水坪西汉墓地M42出土了"陈农信印"铜印，而过去在同一墓地98M2曾出土过"陈过之印"铜印，后者为青铜龟钮印，据《汉书·百官公卿表》，龟钮铜印当为"六百石"以上的贵族。这两座墓在整个墓群中，规格比较高。这也证明西汉时期，陈氏已为王朝建置中的郡县之长，而且可能具有世袭的性质。汉代里耶古城的性质目前还没有足够的证据帮助我们更准确的认定，但从文献、城址和相应的清水坪西汉墓地的规模，可以认为它是西汉时期武陵郡下辖的某一个县城，兼具商贸、交通枢纽的职能。

撰稿人：柴焕波

参 考 文 献

● 湖南省文物考古研究所：《湖南龙山县里耶战国秦汉城址及秦代简牍》，《考古》2003年第7期。
● 湖南省文物考古研究所、湖南省文物考古研究所湘西土家族苗族自治州文物处：《湘西里耶秦代简牍选释》，《中国历史文物》2003年第1期。
● 湖南省文物考古研究所：《里耶发掘报告》，岳麓书社，2007年。

汉代建筑 F4（西南→东北）

北城墙、北城壕、L11 卵石护坡（北→南）

南城壕出土战国时期铜镞

清水坪墓地 M1

1 号井井台遗迹

○ 湖南龙山里耶战国秦汉城址及秦代简牍

麦茶墓地出土战国陶鼎

麦茶墓地出土战国陶敦

里耶古城汉代瓦当

清水坪墓地出土铜鼎（M84∶5）

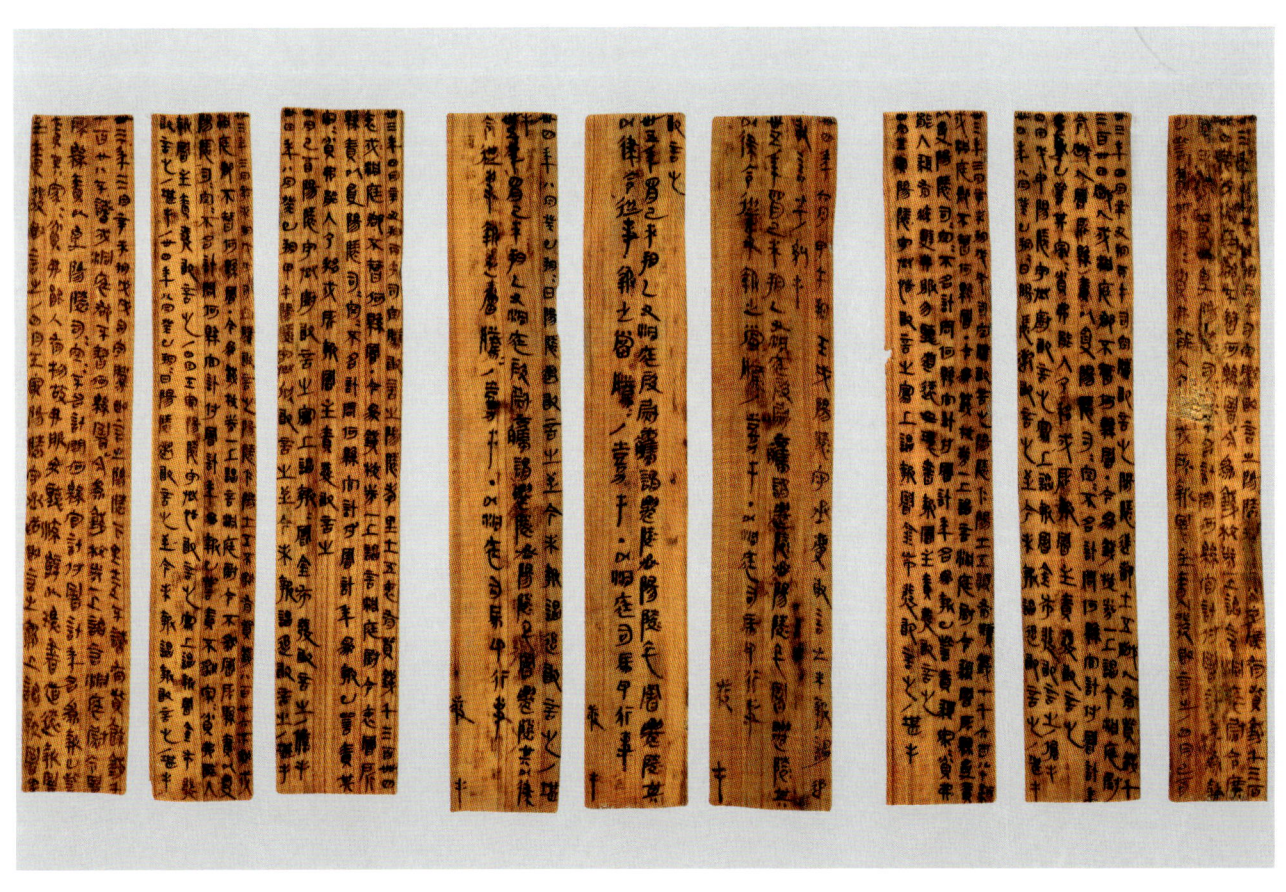

里耶秦代简牍

贵州赫章可乐墓地

一 引言

2000年9月至10月，贵州省文物考古研究所会同赫章县文物管理所在贵州省赫章县可乐乡可乐村发掘一批战国至西汉墓葬，取得了重要收获。由于墓葬位于当时被称为"西南夷"地区的北境，时代又处于史籍记载的古夜郎国时期，墓葬中发现很特殊的埋葬习俗，以及随葬品中的铜器、陶器、玉器等具有鲜明的地方民族特色，引起了学术界和公众的关注。

赫章县位于贵州省西北部乌蒙山脉东麓，是贵州省平均海拔最高的县区之一。可乐乡距县城约50多公里，乡政府处于一个很小的山间坝子中，海拔约1800米。可乐河从坝子当中流过，向东汇入乌江支流六冲河。坝子四周分布着数十米高相连的土山。可乐调查发现的大量战国至汉代的墓葬群和遗址就散布在这些土山上。

可乐的考古发现最早要追溯到20世纪50年代末。村民在农耕中陆续挖到一些青铜器，包括一面西汉时期铜鼓，引起省文物部门重视，随之组织考古调查，发现一些汉代特征的墓葬。从20世纪60年代起，在这里相继开展过考古发掘，其中规模最大为1977年至1978年的发掘，共发掘战国至汉代墓葬二百余座。伴随考古发掘，在可乐地区还广泛开展了考古调查，迄今已发现战国至汉代墓葬群14处，以及大致同时期的遗址2处。

2000年进行的墓葬发掘，是在可乐以往发掘基础上开展的一次课题性发掘。由于条件限制和其他原因，可乐以往的考古发掘存在一些不足之处，有些资料未能及时整理公布，一些重要学术性问题也有待进一步采集资料进行深入研究。2000年的发掘针对这些问题有不少重要发现，解决了一些遗留问题，在研究和认识方面也取得了突破性进展。

此次的发掘区位于可乐坝子南侧两座相邻的土山上。一山名为锅落包，共发掘4座墓。其中3座为汉式墓，1座为地方土著民族墓。一山名为罗德成地，共发掘107座墓，皆土著民族墓。由于3座汉式墓与中原地区普通小型汉墓风格一致，这里侧重介绍地方民族墓葬。

罗德成地是此次发掘重点。发掘分为两个相邻的工区。Ⅰ工区位置稍低，共发掘26座墓。Ⅱ工区在Ⅰ工区西侧偏北山地稍高处，相距约20米，共发掘81座墓。两发掘区仅占罗德成地山地东侧一隅，从初步调查情况看，该山还有较多墓葬分布。

二 墓葬形制

墓葬都处于山地农耕土层中，地表的面目早已被人为彻底改变。发掘时，将表层的农耕土揭掉后，墓坑范围就会清楚地显现出来。

发掘的墓葬都是竖穴土坑墓，平面基本为长方形。墓坑较小，尺寸无定。据测量，墓坑长约1.42~3.2米，以2~2.5米为多，宽0.4~1.45米，多不超过1米。墓坑挖筑很不规整，坑壁平整度很差，从上到下有明显倾斜度，四个转角很少挖成直角，多留有不规则圆弧。

除长方形墓坑外，还有两种平面形制略有变异的墓坑。一种在长方形墓坑侧壁前后端各向外侧挖出一道向外扩展的弧形槽，平面略似哑铃状。另一种头端墓壁中部挖有一圆弧形外凸小槽，平面略似钟状。两种墓坑数量都不超过10座，分布上看不出有特别的规律。

墓坑内的填土几乎都混杂有红烧土颗粒，颗粒大小不等，混杂的原因还难以判断，但结合以往发掘看，属于当时一种流行的作法。

罗德成地墓坑的密集强度让人难以想象。Ⅱ工区发掘面积约300余平方米，共发现墓葬81座。这些墓葬方向基本一致，排列异常拥挤，许多墓坑挖筑时将前人原有墓坑的一角或一边挖破。这种涉及到打破关系的墓坑有55座，超过总数的三分之二。有些墓甚至多座彼此打破，最多的一组竟牵涉到8座墓。

这应当是地方部族的一片公共墓地，如此密集的墓葬分布，或许表明了该部族在聚居地的人口相当密集，另外可能还反映出了使用该墓地的居民有不在墓坑上垒筑封土堆的埋葬习俗。

三 套头葬与其他埋葬方式

特殊的埋葬方式是可乐墓葬突出的特点，其中尤为引人关注的是被称为"套头葬"的葬式。此次发掘共发现5座套头葬墓，分为不同的三种形式。

第一种是仅在死者头顶套一件鼓形铜釜埋葬，有HKM 264、HKM 272、HKM 277共3座。套头所用皆鼓形铜釜，铜釜侧立，口沿朝向死者身体。其中M 264铜釜内保留一对U型铜发钗，铜钗距铜釜口沿12.5厘米。M 277铜釜内有一对簧形首铜发钗，釜口沿外10余厘米处还发现两只兽骨制成的耳玦。M 272铜釜内无铜发钗，但死者头骨大部保存，颅骨上部位于铜釜内，面骨从眼眶以下延伸至铜釜外。三座墓的状况都清楚说明死者头顶的鼓形铜釜未将人头整个罩住，而是如一顶帽子套在头顶。三墓都残留少量木棺痕迹。

1978年可乐发掘发现的套头葬墓，多数也仅用一件鼓形铜釜套头，说明这是套头葬的基本形式。

第二种是用一件大型铜釜套头，同时用另一件大型铜釜套足。使用该种埋葬方式的墓编号为HKM 274，是本次发掘出土随葬物最多的一座墓。墓坑一端侧放的铜釜口沿内发现少量人头骨残片，铜釜口沿外发现人牙，还发现6件兽骨制成的耳玦和大量玛瑙管、骨珠等项饰品。另一端铜釜内发现少量人脚趾骨。两件铜釜体形大，铸造精美，远非其他套头葬墓可以比拟。此墓还有一个怪异的现象，在死者面部位置扣有一件铜洗，另外在右臂位置扣有两件铜洗，在左臂旁立有一件铜洗。铜釜上下及墓坑内发现少量木棺遗迹。

第三种是用一件大型铜釜套头，同时用一件铜洗垫足，如HKM 273。墓坑头端侧放铜釜口沿内发现一个残缺的人头骨。颅骨上部位于釜内，大体完整，面骨基本朽坏，牙齿散落在釜沿外地面上。墓坑足端平放一件铜洗，铜洗内可清楚看出人小腿骨遗痕。墓坑内残留少量木棺痕迹。

套头葬得名于1978年的考古发掘。由于墓葬中死者骨骸腐朽严重，当时对于铜釜套在死者头顶的准确位置未加仔细辨析，多误认为是用铜釜将死者整个头完全罩住，致使后来进一步探讨套头葬的含意时不能作出准确判断，产生了各种误解和歧义。此次发掘认真观察了套头葬不同的形式和有关细节，为套头葬研究创造了较好基础。

综合1978年的发掘资料看，套头葬所占比例在墓葬总数中接近10%，用于套头的器物除上述鼓形铜釜和大型铜釜外，还有立耳铜釜、铜鼓以及铁釜等，各自反映出时代变化的特征。

除套头葬外，在一般墓葬还发现其他一些较特殊的葬俗。一种是用铜洗垫头，如HKM 298，再一种是用铜洗盖面，如HKM 296和HKM 342。还有一种是用铜戈插于头侧墓底地面。如HKM 331、HKM 351、HKM 365。此外用铜洗盖面的M 342也有类似现象。

可乐这些特殊埋葬方式，尤其是套头葬，在国内外其他地区未曾发现过，在考古学、人类学等科学研究中具有特殊的价值。

四 随葬器物

随葬器物共出土500多件。各墓器物分布多寡不一，不少墓空无一物；有些墓仅1、2件；稍重要的墓随葬物常以1戈加1剑组合为主，或附其他随身器物；最重要的墓随葬器物近百件。

随葬器物质地包括铜、铁、陶、玉、漆、骨等不同类别。器物类型有兵器、装饰品、日用器等。其中最有地方特色的包括用于套头葬的大型铜器、兵器、装饰品及陶器等几类。

（一）套头葬所使用铜器

套头葬所使用铜器一类是大铜釜，另一类是鼓形铜釜。大铜釜计3件，体形硕大。腹部都附有一对粗大的辫索纹环耳。大铜釜铸造工艺精良，尤其274号墓套头铜釜上铸造的圆雕立虎造型生动，昂首翘尾，呲牙长啸。273号墓套头铜釜腹部铸造有辅首衔环装饰。

鼓形铜釜也出土3件，制作工艺明显粗糙。综合可乐以往的考古发现，鼓形铜釜是套头葬墓中使用最早和最普遍的一种器物。对它的成分检测证明全都用红铜铸成。在青铜技术已经流行的时代，对某一种器物持续沿用红铜工艺制作，应当含有很特殊意义，或与这种铜釜特殊的功能有关。

（二）兵器

兵器包括铜、铁质的戈、剑、刀等。其中以铜戈、铜柄铁剑和铜剑最具特色。

铜戈 皆直内，无胡，可大略分为两类。一类为长方形内，内上有长方形穿，还有浅浮雕几何形图纹装饰。另一类为M形内，内上有椭圆形穿，也有浅浮雕装饰，装饰图案为3个站立成排牵手上举的人物。类似图案的铜戈出土数件。整理研究中发现，其中铸造非常精美的两件，戈身部位竟然一大半是空心的，用于实战，稍一碰就会折断。因此，这应当是部族举行宗教仪式时的陈设器。

铜柄铁剑 出土3件，柄首铸造镂空的卷云纹，柄身饰精细的雷纹、辫索纹等，铸造非常精美。这种剑在可乐已先后出土十余件，造型和工艺突出，被认为是典型的代表性兵器。

值得注意的是，在可乐较早期的墓葬中出土较多巴蜀式柳叶形铜剑。随着铁器技术传入该地，柳叶形铜剑后发展为柳叶形铁剑。从出土的其他带柄铜剑的变化过程可以排列出从巴蜀式柳叶形铜剑到铜柄铁剑的整个演变发展序列。巴蜀式柳叶形铜剑还显示可乐至少从战国早期开始，就与巴蜀地区建立了一条文化传播通道。

（三）装饰品

数量和种类较多，质地包括铜、玉、骨等。其中较具特色的有以下几类。

发钗 皆铜质。有4种形制。一为单股长条状；二为双股U形条状；三为首部缠绕数个圆环的单股条状；四为首部缠绕成簧形的双股条状。发钗使用较普遍，多为一对，同时平插于头顶部。有的墓清楚显现出发钗距死者头顶骨4、5厘米，说明用铜钗绾结的发髻竖立于头顶甚高。

耳饰 有骨玦和玉玦两种。所发现多为骨玦，皆扁体瑗形，玦口很窄。佩戴方式不一。有的双耳各佩1件；有的仅佩单耳；还有的双耳各重叠佩3件。玉玦仅发现1件，造形别致，主体呈璧形，外缘对称饰4片冠状装饰。

手镯 皆铜质。使用较普遍，往往成组佩戴，有戴至10只的。手镯形制主要为窄片环形和宽片环形两种，镯面往往镶嵌数列细小的孔雀石圆片，圆片直径仅2毫米多，一只铜镯镶嵌的孔雀石片可多达四百。铜镯佩戴也有不对称的习惯，有人左手佩戴3只，右手只戴1只。显然，该部族流行多样的审美，不对称也被视为美。

项饰 主要为玛瑙管、玉珠及骨珠等穿缀成的串饰。使用不普遍，但所发现的墓中往往出土数量较多。

铜铃 形体不大，一般高约2厘米，多带有纹饰。有的铜铃与其他项饰物相连缀成串佩戴。在274号墓死者左手腕部还发现排列为圆圈状的十余只铜铃，看来曾穿缀为环，作为可以晃动作响的特殊臂饰物在使用。

铜带钩 主要有鹅首形和琵琶形，大小不一。有的形体特大，已丧失了实用功能，变为摆设炫耀物。

（四）陶器

数量很少，器形主要为折腹单耳小罐，还有圈足卷唇小罐、单耳杯等。其中折腹饰3或4个乳钉的单耳罐是代表性器物。陶器全为手制成型，最突出特点是质地多为夹炭陶，拿着感觉很轻。随葬陶器的墓葬只占总数的十分之一，而且这些墓除1件陶器外，几乎无任何其他随葬品。

此外还发现了十余件随葬漆器，但全部朽坏，仅余残痕，难辨器形。

五 结语

此次发掘整理编写的《赫章可乐二〇〇〇年发掘报告》已经出版。报告编写有一些较新颖的特点，比如在每类器物章特意开设"值得关注的文化现象"和"工艺中的现象"两个专门的章节，报道读者难以观察到的文物中的深层信息。报告还坦率公布了田野工作中的失误处，便于读者全面认识发掘资料。此外，报告高度重视大量非考古专业读者对考古报告资料的需求，在基本资料篇章特别开设了"发掘者说"章，语言和叙述方式通俗易懂，随文配图，引导读者轻松进入报告，并能寻找到进一步查阅详细资料的路径。报告编写者将此称为给考古报告"开窗户"，旨在改变一般读者对考古报告语言、格式生硬的印象，让他们乐于阅读、使用考古报告，以此探寻更好地将考古资源提供给社会公众的办法。作为一种尝试，这些新理念和新做法得到考古界很多赞许。

结合套头葬的基本文化现象和古文献以及考古学、民族学资料，我们认为套头葬属于地方部族具有巫师身份的成员特有的葬俗，这些巫师生前作法时，可能将鼓形铜釜戴在头顶，用作沟通神灵的法具。有关当时青铜工艺技术、贵州早期铁器、西南夷与中原的交通、当地部族的宗教仪式和信仰等课题也在不断的研究中。

赫章可乐是至今贵州夜郎时期考古遗存发现最集中、已获取资料最丰富、地方特点最突出、今后持续工作前景最长远的一个地区。该地区考古工作对于揭示古代夜郎文化面貌、促进古夜郎历史研究的深入发展具有重要意义。根据史籍记载，夜郎文化是战国秦汉时期西南地区地域文明的重要组成部分。但有关夜郎的历史信息从西汉以后就已中断，成为一个历史谜团。贵州一直是探索古代夜郎文明最令人期待的地区。赫章可乐墓葬表现出的种种文化现象，明显不同于巴蜀，也不同于滇，自成独特体系。在今后夜郎考古探索和研究中，无论就分布地域、延续时间，还是文化特点，可乐考古遗存都将是不可或缺的珍贵资料。

撰稿人：梁太鹤

参考文献

● 贵州省文物考古研究所：《贵州赫章可乐夜郎时期墓葬》，《考古》2002年第7期。
● 梁太鹤：《赫章可乐墓地套头葬研究》，《考古》2009年第12期。
● 贵州省博物馆考古组、贵州省赫章县文化馆：《赫章可乐发掘报告》，《考古学报》1986年第12期。
● 贵州省文物考古研究所：《赫章可乐二〇〇〇年发掘报告》，文物出版社，2008年。

新世纪中国考古新发现（2001~2010）

墓葬分布

套头葬墓 M274

套头葬墓 M277

M322 出土单耳陶罐

M338 出土陶杯

○ 贵州赫章可乐墓地

M274 出土铜釜

M153 出土铜鼓

M365 出土铜镯

M274 出土铜铃

M274 出土串饰

M341 出土玉玦

M273 出土铜柄铁剑

M317 出土铜戈

陕西凤翔西汉汧河码头仓储建筑遗址

一 引言

凤翔县位于关中盆地和渭北黄土台原西部，曾是先周与西周民族重要的活动区域及后来秦国的拓展之地。春秋晚期秦建都于此，称雍城。《史记·秦本纪》记载："德公元年，初居雍城大郑宫……卜居雍，后子孙饮马于河。"献公"二年，城栎阳。"从德公元年（前677年）到献公二年（前383年）的294年间，雍城一直是秦国政治、军事、经济、文化中心。作为国都，秦人在此筑起了规模巨大的城垣，修建了壮丽宏伟的宫殿，使雍城成为当时发达的大都市之一。秦献公东迁栎阳之后，但因列祖列宗的陵寝及早先宗庙在此，许多重要祀典还仍然在雍举行，因之，秦人仍不断对这里的宫殿建筑加以修葺。汉代以降，汉高祖在秦国修建的祭祀天帝的场所——鄜畤、密畤、吴阳上畤、下畤的基础上又增修了北畤，汉帝在雍城的郊祀活动一直延续至武帝时期。

在追溯早先秦人由西陲经雍城再到咸阳，最终完成从封国走向帝国的历程中，考古工作者所发掘出的遗存种类是非常丰富的，这其中包括当时与交通有关的路径遗迹及其设施。当探寻西汉时期"汉承秦制"的东西交通大道时，不禁会发现汉代的路径更加宽敞、通达与便捷，与路径附设的建筑设施则更加宏伟、壮观与实用。2004年在陕西凤翔县孙家南头村就发现并发掘出一座西汉时期汧河大型码头仓储建筑遗址。

二 地理位置与发掘经过

该仓储建筑遗址位于今凤翔县城西南约15公里处的长青镇孙家南头村西的汧河东岸一级台地之上，西距现今汧河河道300米。这里东距西安约170公里，在宝鸡陈仓与凤翔交界处，与秦雍城城址相距约15公里，与雍城郊外行宫遗址为近邻。仓储遗址东约600米处的高台上即为秦汉时期"蕲年宫"遗址。战国时期秦公在都城郊外各宫殿举行名目繁多的祭祀活动，其中向上天祈求年丰、平安之意的活动即在"蕲年宫"完成。秦都东迁之后。始皇在咸阳登基的加冕典礼仍然来雍城"蕲年宫"举行。西汉初期的诸位皇帝每年郊祀活动地点也是在"蕲年宫"进行的。此处曾出土有"羽阳宫"鼎，被认为是西汉"羽阳宫"所在地。该仓储遗址东南约700米处是曾被称作古代关中西部东西陆路交通必经之地的"马道口"。秦汉时期，从咸阳、长安溯渭河西行通往甘青地区，到达今宝鸡陈仓即必须转道汧河而行，因为上游的渭河河道狭窄，河流湍急，不利于行船。而相比之下，汧河河道平缓，河水丰沛，自然成为交通主道，多年来考古工作者在沿线发现的相关遗存已基本确认了这条东西交通水道及其并行的陆上大道的路径和附属设施。

2004年，陕西省考古研究所、宝鸡市考古研究所与凤翔县博物馆联合组成考古队，对某工程建设用地范围内的古文化遗存进行了全面发掘清理。除仓储遗址之外，还有先周、西周、春秋时秦、西汉及宋元时期的古墓葬190多座，其中居大多数的秦墓葬为研究当时的墓葬制度、分期及年代序列，尤其对秦早期城邑"汧渭之会"确切地点的判定提供了重要依据。而对仓储遗址的发现与发掘，则更是从秦汉交通形势与社会背景、码头仓储的建筑工艺技术等方面为相关研究提供了重要的佐证和实例。

三 仓储建筑的布局与结构

经先期考古勘探，该仓储建筑遗址呈长方形布局，方向360度。南北总长216、东西宽33米，建筑总面积7000多平方米。现发现有墙垣、通风道、柱础石等遗迹。墙垣为东、西、南、北四周围成，南北围墙之间又有两道隔墙，将整个建筑等分成三个单元，各单元的结构与尺寸完全等同。其中北单元已遭破坏，现保存中间和南侧两个单元，保存较为完好。整个建筑不但规模大，而且构筑工艺复杂。

已发掘出的仅为中间的一个单元和南、北两个单元的隔墙，该单元南北72、东西宽33米，发掘面积近2400平方米，通过该单元可以了解整个建筑遗址的整体结构。

墙垣上方已遭破坏，目前仅残余墙基。南、北墙基对称、东、西墙基对称。环围中单元的墙基被通风道分割为18段。各分隔段的长度分别为5.05、5.3、5.5、9.35、11、11.15米不等，墙体厚度均为5.7米，目前墙基的残留高度是0.6～0.8米。墙基系平板夯筑而成，内侧壁均有一层红烧痕迹，当为防潮处理工艺。墙基间有16道通风道，南北各2道，东西各6道，同样是对称分布，长度等同墙体厚度。每个通风道两侧各有四道柱槽，有方形、圆形两种。两端的柱槽均为方形，与墙基内外侧平齐；其余柱槽为方形或圆形，以圆形居多。东西柱槽底部均有础石，南北柱槽底部无础石。北墙基之间的两通道内壁均有草拌泥抹平痕迹。所有通风道底面均有一层较厚踩踏面，有的柱槽础石上有烧过木柱的灰烬。

中单元墙基以内地面系夯筑，长方形布局，南北长50.6、东西宽17.2米。地面上整齐有序排列分布柱础石，其中小柱础石东西横14行，南北纵43行，共602个。础石形状不规则，大都经过修凿，上部有一平整面。础石重心间距在1～1.3米之间。四周柱础石紧靠夯土墙基，个别还伸入夯土墙内。在上述整齐排列的小柱础石中又有东西2行，南北9行较大础石，东西行距约为7.2米，南北行距分别为8.2米和5.2米。两行大础石间不但相距较大，而且距东西两边的墙基也较远。夯土墙基以内范围是仓储建筑的中心区，小柱础石用以蹲放较低矮的竖立圆木，然后在圆木上架空木板再形成仓储的地面，这样使仓储底面远离河边和原始地面，因而有防潮的功效。同时，密集的立柱还能承载更多的重物。较大础石上的立柱是建筑中部高屋顶的支柱，以此可以判定整体建筑屋顶为歇山式。在地平面和多处础石上发现圆木烧过的木炭，直径约为0.25米，残高一般为0.2～0.3米，最高有0.7米，最低有几厘米。

四　遗物

该遗址出土有大量的建筑遗物，主要包括粗绳纹板瓦、筒瓦及云纹瓦当、"长生未央"瓦当、铺地砖等。

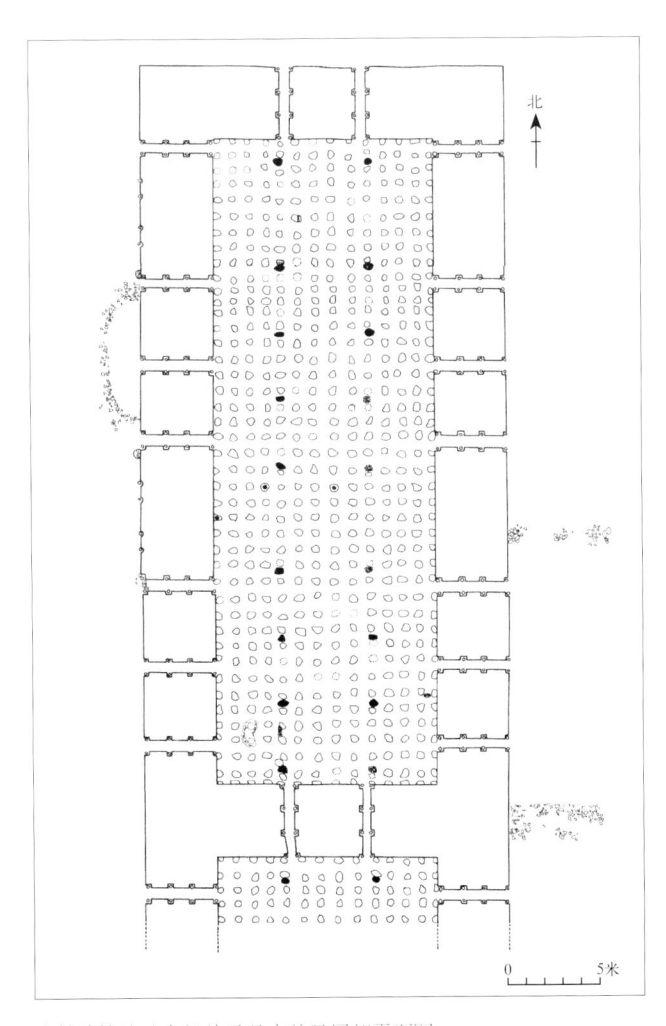

仓储建筑遗址中部单元及南单元局部平面图

同时还有少量五铢钱、货布、货泉、"大泉五十"等铜质钱币以及铲、斧、铧、锸等铁质工具和其他遗物，采集出土共计136件。

出土的陶质建筑材料铺地砖、板瓦、筒瓦、瓦当共计78件。铺地砖为泥质灰陶，近似方形，薄厚大小略有差异，砖正面均饰回形纹与菱形几何纹各两组且斜向对称。板瓦弧度较大，有的瓦外饰斜直粗绳纹，背饰网格纹和粗绳纹抹平，呈片状分布。筒瓦整体呈半圆形筒状，瓦唇部和瓦体前端素面，中前部饰绳纹，后部素面，背面均为布纹。出土瓦当数量较多，多数残缺，有云纹瓦当和"长生未央"瓦当两种。云纹瓦当当面为卷云纹，中心圆内的纹饰不尽相同，有的中心圆内饰半球形，每个卷云外侧饰两小圆点，有的中心圆内双直线界格线通过，呈"井"字形分割为四区。每个卷云纹内侧正中有一小圆点。"长生未央"瓦当形制相同，中心圆内饰半圆球形。以字体粗细情况分三种：第一种当面界格线及字体笔画稍平，呈棱状；第二种当面界格线及字体笔画尖细，有棱角，清晰明了；第三种当面界格线及字体笔画扁平，字体遒劲粗犷、稍显拥挤、模糊。

出土铜钱共计41枚，分别为五铢钱币、货布、"大布黄千"、"大泉五十"、货泉、布泉等六种。五铢钱币边轮规整，字迹清楚。"五"字中间两笔弯曲，"铢"字的"金"字头呈小三角形，"朱"字上下圆润。货布形制大小相似。柄上有一孔，孔下有竖直脊。"大布黄千"柄上有一孔，孔下有竖直脊，篆文对读"大布黄千"。"大泉五十"分两种，第一类边廓规整，字迹清楚。第二类肉薄。货泉厚肉，边郭不规整，字迹不清。

发掘出土的铁质工具表面均锈蚀严重。铲为半圆体，銎孔、銎脊长方形。斧的形制各异，有的是直背，斜面单刃，长方形銎孔。有的是长方形銎，直穿孔，双面薄刃。凿为系圆形帽，有长期打击痕，圆柱状凿体，单面圆刃。锸截面呈三角形，双面刃，中间有三角空槽，铧圆弧状锋，背面平齐，正面边沿呈三角状。

发掘出土的其他器物还有铜饰、铜镞、陶钉、陶器盖、石锛等。圆形铜饰为镂空环状，镂空纹饰为虎纹、猴纹盘于两环之间。镞有的为"金"字形镞头，尖锋，三面刃，后部束成圆柱状，接细圆棒状铤；有的为铜质镞头，铁质铤。三角锥状镞头为尖锋，三面刃，后部呈短六棱状，接棒状铤，铁质部锈蚀严重。柳叶状镞头的锋端残，双面薄刃，后部束呈棒状铤。陶钉为泥质灰陶，残。陶器盖为泥质红陶，完整，弧状盖顶，下呈圆锥状。石锛为砂岩质，表面经过打磨，一面光滑，另一面因风化凸凹不平，体略呈长方形，磨成单面斜刃。

出土的1件大型陶缸里有较多炭化后的谷物，推测该仓储遗存曾主要用于存放粮食，是否还存放其他物品还有待考证。

五 结语

根据地层和出土器物判断，该建筑基址的时代当为西汉早、中期。遗址之上较厚的淤积层说明该建筑可能因洴河河水的变道及上涨而被迫废弃。

根据勘探结果，这座西汉时期的仓储建筑在该地并非独立存在，在其附近还发现同期同类建筑遗迹，由此判断这里可能是一处仓城。目前除发现从该建筑遗址通往河边的台阶道路迹象外，未发现环围整个建筑群的围墙遗迹。

陕西省考古研究院收藏的文物标本中，有一面西汉时期的"百万石仓"瓦当，据了解早年就采集于这座仓储建筑基址附近，以此初步推断该建筑有可能就是当时的"百万石仓"。

关于该仓储建筑的用途，有如下几种可能。首先，类似于华阴发掘的京师仓，是西汉中央政府设在关中西部的一个水上转运站，旨在将在这一带征集的粮食能及时运抵长安。其次，该仓储建筑基址以东600米处的高台上即为著名的"蕲年宫"遗址，推测它当时专为"蕲年宫"而建。因为从战国晚期至西汉中期，"蕲年宫"作为秦雍城故都的象征，在当时具有很大的影响，许多重大的礼仪活动都要在这里举行，所需物资极多，仅需要的各种祭具数目就特别庞大，因此该仓储或为存放祭具和来自全国各地助祭物资的地方。再者，它还可能是军事物资库。西汉初期曾在长安周边地区屯军，尤其是保证首都长安城的安全，该仓城所在位置正好系东西交通的枢纽，若军队在此驻扎，则必有规模大且设施完善的武备存放点。尽管目前对该仓储建筑的用途难有最终定论，但可以肯定在某些特定的历史环境中，它有与河岸码头紧密相关的仓储存储、转运的功能。

此次发现并发掘的仓储建筑基址结构完整，是继陕西华阴西汉京师仓和河南洛阳东汉函谷关仓库建筑遗址之后的又一重要发现，为研究西汉时期政治、经济、军事、文化，以及汧河乃至全国漕运与河岸码头仓库存储提供了重要实物资料。同时，如此大规模的仓储建筑和密集分布的柱础石式建筑结构，也为研究西汉建筑研究提供了珍贵的实物例证。

在发掘这座西汉汧河码头仓储建筑遗址的同时，考古队曾在周边进行了较大范围的考古调查，又发现春秋战国时期的板瓦建筑材料，以及与其共存的大量夯土、石础等。虽然早期遗存的保存状况较差，但参照上述西汉仓储建筑遗存，推测这应是春秋战国时期的同类建筑，说明早在秦置都雍城期间，在其郊外的汧河沿岸已建造了仓储设施，并可能开辟了码头。这一线索将文献所记载的"泛舟之役"这一重大历史事件紧密地联系起来。

秦穆公时期，晋国发生天灾饥荒，晋惠公遂派遣大臣到秦国借粮食，在当时两国处于复杂矛盾的时刻，秦穆公最终决定把粮食借给晋国。于是秦国用船只将数万斛的粮食自雍出发，从渭水到黄河、汾河，舳舻相接，最终到达晋国的都城绛，称之为"泛舟之役"，这也是我国历史上第一次有明确记载的内陆河道水运的大事件。尽管文献记载中未提及汧河，但由新的考古发现并结合秦雍城的地理位置分析，当时"泛舟之役"的起点即为今陕西凤翔孙家南头村附近的汧河东岸。

撰稿人：田亚岐

参 考 文 献

- 陕西省考古研究所、宝鸡市考古工作队、凤翔县博物馆：《陕西凤翔县长青西汉汧河码头仓储建筑遗址》，《考古》2005年第7期。
- 陕西省考古研究所秦汉研究室：《新编秦汉瓦当》，三秦出版社，1986年。
- 陕西省考古研究所秦汉室：《西汉京师仓》，文物出版社，1990年。

仓储遗址（东→西）

柱础与立柱

大础石与小础石

瓦当堆积

铺地方砖

○ 陕西凤翔西汉汧河码头仓储建筑遗址

仓储遗址（南→北）

文字瓦当

铜饰

大布黄千

铜镞

河南永城芒砀山西汉礼制建筑基址

一 引言

2006年7月，河南永城市政府在芒砀山主峰上修建汉高祖刘邦的塑像时发现一处汉代大型礼制建筑基址。基址残存有平面近方形的石台基，四边用凿制规整的条石垒砌成石墙，中间为原始岩体，顶部为夯土，面积1055平方米。

此建筑基址发现时顶部夯土已被推掉，裸露出岩体，台基四周的遗迹也受到严重破坏，无法复原。岩体四周皆有石墙围护，东、西两侧保存较好，尚存石墙。石墙四周有夯土地面。其中，东侧地面保存较好，在石墙外2.75米处保留有3块南北向排列的方形柱础石，北端础石中间还残留有圆形柱痕，中间础石正中则有刻划的十字柱心。柱础石间距为5.5米，可推知该建筑每间面阔5.5米。在柱础石四周发现有瓦片堆积，多为饰绳纹的板瓦，时代与梁孝王寝园基址所出的同类遗物一致，应为西汉早期。台基东面石墙内侧有用凿制规整的石板铺设的斜坡漫道。从现存的各种迹象推测，这座大型建筑基址中间以土、石形成墩台，四周砌成石墙，墙外有柱，柱上有檐，是一处以石、木结构为主的建筑。

二 建筑结构及其年代和性质

该基址应为四周有回廊和石墙，中间为岩体结构的高台建筑。这种建筑形式在战国、秦及西汉时期最为流行。最为接近的参照物，应是相距不到1000米的梁孝王寝园基址，它们的时代也应相差不多。梁孝王寝园中的寝殿是一处近方形夯土台基，四周有壁柱围护台基。我们对芒砀山新发现的这一大型礼制建筑基址有如下两种推测。

该建筑可能早于梁王墓地，并与梁国王室有直接联系，不可能在其下修建墓葬，所以芒砀山主峰上只有这一处建筑基址，未见梁国王室墓葬。该建筑是重要的祭祀场所，或者是梁国王室的中心祭祀建筑，各代梁王陵墓的地位都在其后，故将陵墓环布四周。

如果这是一座四周为回廊，上部有顶的高台建筑，其或为祭祀梁王祖先的祖庙。《史记·高祖本纪》记载汉惠帝即位后，"令郡国诸侯各立高祖庙以岁时祠"。汉文帝时分封的第一代梁王（梁孝王）刘武是高祖嫡孙，自然也会修建高祖庙并进行祭祀。永城县志记载，高祖庙位于紫气崖前，而此次发现的建筑基址正位于紫气崖上面的主峰上。景帝时也曾令郡国诸侯为文帝立庙。《汉书·景帝纪》记载："元年冬十月……丞相申屠嘉等奏曰：'世功莫大于高皇帝，德莫大于孝文皇帝，高皇帝庙宜为帝者太祖之庙，孝文皇帝庙宜为帝者太宗之庙，天子宜世世献祖宗之庙。郡国诸侯宜各为孝文皇帝立太宗之庙。诸侯王、列侯使者侍祠天子祖宗之庙。请宣布天下'。制曰：'可'。"梁孝王刘武为文帝次子，自然更应该为其父立庙。至于该建筑修建的时间，汉惠帝时刘武尚未分封到梁国，由梁王建庙的可能性较小。汉景帝时梁国最为强盛，并且是为祭祀自己的父亲，因此最有可能在此立庙。

但此建筑如果上部没有顶，仅是一座露天的石台，则应为祭坛。坛和庙一样，也是中国古代常见的礼仪性祭祀建筑，是祭祀各种神灵的台座。《汉书·郊祀志》载，周代"天子祭天下名山、大川。怀柔百神……诸侯祭其疆内名山、大川"。文帝十三年（前167年）开始，"名山、大川在诸侯，诸侯祝各自奉祠，天子官不领"。"及齐、淮南国废，令太祝尽以岁时致礼如故"。梁孝王刘武也有可能在芒砀山顶上修建祭祀名山、大川的建筑。

三 梁国陵寝建筑

此建筑基址位于梁国墓地的中心地区，应与梁国王室的关系密切。结合此前在芒砀山主峰周围的各个山头发现的多处梁王陵墓和陵园、寝园等一系列陵寝建筑，我们可以更准确地认识该建筑的性质和价值。

西汉梁国自梁孝王开始葬于芒砀山，并且梁孝王墓早年被盗，所遗留的大型洞室为世人所知。1971年，在保安山修建石灰厂时发现一座西汉竖穴土坑墓，这是芒砀山西汉梁王墓群中第一座出土金缕玉衣的墓葬。1986年，僖山发现西汉末年的梁王墓。随后芒砀山又发现了西汉梁孝王之后的各代梁王陵墓。梁孝王名刘武，是汉文帝之子，景帝胞弟，文帝二年（前178年）被封为代王，文帝四年徙为淮阳王，文帝十二年（前168年）徙为梁王。公元前144年病死，谥孝王，葬于芒砀山。其后代相继嗣梁王。从梁孝王开始到梁国灭亡，共历8代。目前，在梁国陵墓区内已经发现的西汉大型墓葬共有8处，达14座，这是目前发现最为完整的汉代诸侯王墓地。梁孝王墓周围还发现了陵园和寝园。

梁孝王陵园（即保安山陵园）位于保安山周围，陵园墙将保安山四面包围起来。南、北、东三面都发现有夯土墙。南墙位于柿园村后，北距保安山1号墓（梁孝王墓）250米，在1985年以前还保存较好，现在仅残存竖立保护标志牌处的一小段。南墙采用小平夯技术修筑，夯层内夹杂有少量汉代陶片。北墙位于山城集南部，大部分被现代民房所压，仅最东部有一小段还可以看到。由于保安山西侧水泥厂开山采石破坏，陵园西墙已难以寻找。推测陵园平面近长方形，内有保安山1号、2号两座大墓和众多陪葬墓。

陵园东门遗址位于东墙中部偏南，紧靠柿园村通向芒山镇的大路。门址长方形，门道略低于南、北两侧夯土，由错缝排列的方形石块铺设出平坦地面。门址中部南、北两侧壁上各有一个半圆形柱洞，应为门墩。门两侧为夯土，圜底圆夯窝分布密集。东门外侧为一夯土斜坡。门道破坏严重，推测当时门上部应有屋顶，与后代的城门楼相似。门道两侧的夯土则应该既是陵园墙的一部分，又作为门道南北两侧的墙。由于诸侯王不能像西汉皇帝陵园门道两侧设塾和配廊等，这里只有"隧"，规模也小得多。

梁孝王寝园位于梁孝王墓东面，南回廊与梁孝王墓的墓道北壁相对，西墙与墓道口成一条直线。西汉初年的帝陵一般坐西朝东，陵墓北面应属其"侧"，梁孝王墓墓道向东，寝园在墓道东北面也应是其"侧"。

寝园平面呈长方形，四面有墙围绕。可分前、后及附属建筑三部分。前部以寝殿为中心，四周有回廊环绕。回廊四面为夯土墙；墙内侧发现排列规整的石柱础。回廊墙与柱础之间有大量瓦片堆积，墙外及柱础外瓦片则明显减少，说明回廊有瓦顶。

廊内侧是院落。最南部为1号院落，其东、西、南三面为回廊，北侧为寝殿，四周用条石垒砌；南侧有一门，与南回廊的门相对，应是寝园正门。门内侧有长方形石台，残存上、下两层，下层为基座。上层上部有垒砌痕迹，可以肯定上面还有建筑，推断这里应为门屏的基座。门屏俗称"照墙"，文献称之为"树"，亦称"萧墙"。《尔雅·释宫》："屏，谓之树"，李巡注曰"以垣当门，自蔽，名曰树"。《礼记·郊特牲》："台门而旅树"，郑玄注"旅，道也。屏谓之树，树所以蔽行道"。门屏有立于门内、外侧两种，原来是立一面墙以阻挡外部视线，同时也可挡风。西周时，门屏成为礼制设施，只有天子、诸侯或采邑领主的宫廷、宅邸、宗庙可以使用。《荀子·大略》有"天子外屏，诸侯内屏"的记载。春秋时齐国大夫管仲也作"树塞门"，《论语·八佾》曰："邦君树塞门，管氏亦树塞门……管氏而知礼，孰不知礼"。汉代是否也将门屏作为礼制建筑，文献没有明确记载；但从画像石、画像砖等资料看，汉代建筑有门屏的不多。从梁孝王寝园的情况看，汉代仍将门屏作为礼制建筑。

根据门屏及门的位置、宽度，寝园大门无法通过车马。《礼记·曲礼》称"客车不入大门"，可能在此时还没有改变。寝园大门外的六号院落或供祭祀者停放车马之用。

1号院落北侧的寝殿是寝园内的主体建筑，位于寝园中部，现仅存近方形的夯土台。夯土台四周有排列规整的壁柱残迹，柱洞为方形，洞内保留有方形石柱础，四周共有壁柱39个。寝殿四周有5处石台阶基础。寝殿西北和东北面各有一个曲尺形天井院落（即2号院落和3号院落），左右对称，四周用条石垒砌，内侧为寝殿，外侧有回廊。寝殿为战国至西汉早期盛行的土、木混合结构高台建筑。底层中间为巨大的夯土墩台，四面由壁柱和斗栱结构形成檐廊，通过寝殿周围的台阶和踏道可以进入寝殿内。寝殿南面有1号院落，东、西、北三面分别有2、3号院落，它们可便于寝殿屋顶排水和室内采光。《说文》"段注"称"汉时殿屋回向流水"。寝殿四周都有用于流水的院落，可知此殿的屋顶应该有四面，应即是《考工记》所说的"四阿重屋"。

寝殿四周有5处石台阶基础与之相连，应是文献中所说的"阶"，为进入寝殿的梯道。其中，2、3号石台阶分别位于寝殿南面两侧，应为"东阶"和"西阶"，《礼记·曲礼上》云"主人就东阶，客就西阶"。1、4号石台阶位于寝殿的左、右两侧，应为"左阶"和"右阶"，或称"侧阶"、"东面阶"、"西面阶"；文献中有"左戚右平"的论述，即说左阶为踏道，右阶为漫道。5号石台阶位于寝殿北侧，是从寝殿通向后部的通道，也是寝殿北侧的唯一台阶，应称之为"北阶"。从寝殿周围的院落、石台阶看，寝殿形制完全按照礼制建筑布局。

寝园后部通过"中门"与前部相连接。寝殿北侧石台阶之外即是中门，从倒塌的瓦片堆积观察，门上原有瓦顶卷棚。在2号院落、3号院落之间和空地上有4个左、右对称的石柱础，应是中门过厅的立柱；由此过厅向北即为北回廊墙，正对过厅的夯土墙有2.5米宽的缺口，应该就是连接寝园前、后部的中门。

寝园后部不像前部为突出寝殿的中心地位而讲究左右对称，更重实用，但仍体现了排房（堂）为其主体。从中门进入寝园后部，首先是一个南面有墙，北面立柱的开放性空场，北侧有3个排列整齐的石柱础，推定该空场应该是面阔三间；西侧还有两间门向北的房屋。房屋和空场北侧为4号院落，院落东面为南北向夯土墙，北面是面阔5间的"堂"及其后房屋。"堂"也是一个开放性空场，北墙是北侧排房（F1～5）的南墙，西为寝园西墙，东有一道南北向夯土墙，南为4号院落；在此空场的南面排列着5个柱础，应是面阔5间（东侧一间较小，可能为回廊）。"堂"后一墙之隔是5间并排的房屋，但房门都是向北开，惟F3与"堂"相通。F2～F4房内东北角、F1东南角、F5的西南角都发现烧土遗迹，应为灶或火膛。在F5东面还有一处房基（F8），门向南开在寝园东门门道内；西墙紧靠排水道，墙基用石块垒砌；房内东北部有一灶。房内堆积中除有较多筒瓦、板瓦外，还出土较多陶器，如罐、盆、瓮、碗等。F9位于寝园东北部，房内有灶，并发现较多生活用具，推测作庖厨之用。古文献称东北角的房屋为"东房"或"东厨"，又称"宧"。《仪礼》中《乡射》、《公食大夫》、《特牲》、《有司彻》等篇均言及东房，如"设……豆笾铏在东房南上几席"，"醢以豆笾出自东房"，"饮食浆饮于东房"，"凡宰夫之具馔于东房"等。《尔雅·释宫》称"东北隅谓之宧"，郝懿行义疏曰："《说文》：'宧，养也，宫之东北隅，食所居'，《释语》宧训'养也'。食之居者，古人庖厨食阁皆在室之东北隅，以迎养气。"

寝园东门两侧的护墙上有5处带刻字的石块，内容有"正月己丑"、"二月己未"、"三月己未"、"五月壬申"等。根据《西汉中西历对照表》，其年代为公元前150年，刻石位于寝园墙基上，所以这应为寝园的始建年代。

西汉早期的建筑、礼仪制度等仍旧沿袭西周以来的规定，在梁孝王寝园建筑中也有反映。当时的梁架斗拱结构尚不成熟，仍盛行前朝的以大量夯土台基为中心的建筑结构。寝殿以高大的夯土台作为基础和核心，木构架紧密依附夯土台而形成土木混合结构。这种结构多用于宫殿及礼制建筑，商代或更早时期已见雏形。河南偃师二里头遗址和湖北盘龙城遗址主体殿堂都坐落在较大的低矮夯土台上。战国到西汉，高台建筑最为流行。燕下都、齐国临淄、赵国邯郸等都曾发现大型夯土台基。近年新发现的湖北潜江龙湾遗址的"放鹰台"也是一个典型实例。它应是春秋时期楚王的一座大型离宫，即以"章华台"闻名天下的"章华宫"。"章华台"的主体建筑台基与梁孝王寝殿一样，四周有壁柱遗迹。但其保留的其他遗迹更为丰富，也为了解梁孝王寝殿的提供了佐证。

四 结语

此次在永城芒砀山新发现的汉代礼制建筑与梁孝王寝园同处在梁国王陵区内，都应为西汉早期建筑。此处礼制建筑的形制和结构等与梁孝王寝园中的寝殿大体相似，都是中间为实心的高台建筑。前者是借山势将岩石包在中间，四周环绕回廊，后者中间为人工筑成的夯土墩台。

梁孝王寝园位于梁孝王墓侧，是祭祀梁孝王的礼制建筑。新发现的这处礼制建筑则地处梁国王陵区中心，建于芒砀山最高点，应为当时的中心建筑，推测用于祭祀。

这座西汉大型礼制建筑的发现，为西汉梁国陵寝及礼制建筑的研究增添了新资料。此前在这一区域已发现了陵墓、陵园、寝园，此次又发现了中心礼制建筑，这对研究汉代的陵寝和祭祀制度等有重要意义。

执笔者：张志清

参 考 文 献

- 河南省文物考古研究所：《河南永城市芒砀山汉代礼制建筑基址》，《考古》2007年第7期。
- 河南省商丘市文物管理委员会等：《芒砀山西汉梁王墓地》，文物出版社，2001年。

建筑基址

北侧石墙（西→东）

○ 河南永城芒砀山西汉礼制建筑基址

东侧石墙（南→北）

西侧石墙（南→北）

河南内黄三杨庄汉代庭院遗址

一 引言

河南内黄三杨庄遗址是我国目前发现的唯一一处性质明确、布局完整、保存较好的大规模汉代农耕聚落遗址。从2003年夏开始持续的考古工作以来，新发现不断涌现，备受学界关注。

三杨庄汉代聚落遗址位于河南省内黄县梁庄镇三杨庄村附近，地处黄河故道，东南距现在的黄河约45公里。

2003年内黄县开始疏浚硝河。在开挖三杨庄村北的河道时，于河底，即距现地表约5米深处推挖出一大片完整扣合的古代板瓦和筒瓦，由此揭开三杨庄遗址考古发现的序幕。

考古发掘首先清理了最早发现的第一处庭院，发掘面积400余平方米。接着又发掘了第二处庭院，清理面积约2000平方米。由于是抢救性发掘，发掘区仅限于河道范围内，故两座庭院未得到完整清理。

2005年3月开始第二次考古发掘，主要在新发现的第三处庭院和第四处庭院进行，同时对第二处庭院做了部分补充清理，这次发掘面积为6000余平方米，在第三处庭院周围和第四处庭院的北侧清理出大面积垄作农田遗迹。

至2005年底，三杨庄汉代聚落遗址的考古发掘工作共涉及四处汉代庭院，其中第二、三处庭院进行了较完整揭露，第一处庭院只清理了主房部分，考虑到保护难度较大，第四处庭院只清理出了主房坍塌的轮廓，瓦屋顶尚未揭露。为配合第二处庭院展示馆的建设等又做了一些发掘清理工作，发现第二处庭院周围也是垄作农田。汉代农田下约0.8米处还有一层早期垄作农田遗迹。同时，对遗址的多学科研究已经开始，比如中外多家科研机构联合对遗址地理环境进行的研究等已取得了令人欣喜的成果。

二 庭院布局

从前述四处庭院遗存的发掘情况看，遗址内的单体庭院布局可分为两种类型：第二处庭院为一种类型，组成的单体房屋较多；以第三处庭院为代表的是另一种类型，由两座房屋组成，尽管第一、四处庭院尚未完整清理，但布局应与第三处庭院大致相同。

第二处庭院遗存位于三杨庄村西北，东距第一处庭院遗存约500米。该处庭院遗存总面积近2000平方米。从南向北依次为：第一进院南墙及南大门、西门房、东厢房；第二进院南墙、西厢房、主房。南大门外东南约5米处有一眼水井及通往水井的碎瓦铺设的便道。井壁系小砖斗角侧立横砌。井口周围用砖砌成近方形的低井台。水井周围还有较多的水槽、盆、瓮等陶器和两扇石磨。水井西侧约5米处有一处遗存，四角为三块砖摞成的四个砖垛，呈长方形分布，砖垛内堆积较多砖块，砖块中部刻有缠线或细绳的凹槽，推测为编制竹席或草席类物品的遗迹。庭院西北角有一座厕所。庭院西侧还清理出一座形状规整的椭圆形水池。庭院内外清理出有5个大圆石臼、2个小方石臼及石磨、石碾等石器，陶水槽、碗、甑、盆、罐、豆、瓮等陶器，铁犁铧、釜、刀等铁器；主房清理出瓦当和"益寿万岁"字样的筒瓦；二进院内西部地面

遗址与两汉时期黄河相对位置图

清出3枚"货泉"铜钱。庭院东、北、西三面发现垄作农田遗迹，南门外可能为较大面积的场地。

第三处庭院遗存东北距第一处庭院近100米，面积近千平方米。从南向北依次为：第一进院南墙及南大门、南厢房、东西两侧院墙；第二进院南墙、主房、后院墙等。庭院东西墙外各有一条长宽大致相同的水沟，西侧水沟分为南北两段。南门外西侧有水井一眼，井壁用砖及砌法与第二处庭院的水井相同，但没有井台。庭院后有一座厕所。庭院后还发现两排树木遗迹，从树叶痕迹初步判断多为桑树，也有榆树。庭院东西两侧水沟外和后面清理出排列整齐的大面积田垄遗迹，田垄少数为东西向，多为南北向，宽约0.6米。南门外场地南侧也为农田，还有一条宽约3米的南北向小道和通往南面100余米外的东西次主干道。庭院内外的地面上散落石碓、小石臼、陶瓮、陶盆等。

第四处庭院遗存位于第三处庭院遗存东25米，尚未完全揭露。平面布局接近第三处庭院遗存，西侧无边沟，而是一行南北向的树木；院后也有一厕所。厕所后种植有树木，并有一方形坑。

第三处庭院与第四处庭院之间为垄作农田，田内有车辙及牛蹄痕迹。

第一处庭院遗存清理面积400余平方米，仅清理了位于开挖河道底部的主房部分。清理出的建筑遗迹有庭院围墙、主房瓦屋顶、墙体砖基础、坍塌的夯土墙、未使用的板瓦和筒瓦、建筑废弃物堆积、拌泥池、灶、灰坑等。出土了轮盘、盆、瓮等陶器。出土的部分板瓦、筒瓦整齐地叠摞在庭院东部，主房东北侧有一堆瓦碎块，为建筑废弃物，西南侧有一小的拌泥池，我们推测当时主房正在维修，洪水突袭，淹没了庭院，留存下维修时的状况。

2005年以来，为确定遗址的范围，以三杨庄村为中心，我们持续对遗址进行了考古勘探。包括已发掘

三杨庄遗址布局图（局部）

的四处庭院在内，已完成勘探的约100万平方米范围内共发现14处汉代庭院，以及陶窑、湖塘各1处，东西向道路3条（段），南北向道路3条（段）。

初步推测的遗址布局特征如下：道路网状分布，纵横规整，东西向道路为宽约20米的主干道和宽约8米的次主干道，少数南北向道路为次主干道，更多的是通往单体庭院的小道；单体庭院分散在农田内，均坐北朝南，面积大小相近；单体庭院均有封闭院墙、水井和厕所；庭院后面及两侧环绕以桑榆树，树外即为农田。

三 遗址成因与黄河变迁

遗址地层呈典型河床淤泥与淤沙交替层状堆积形态，这与黄河在北宋前长期流经此地相吻合。黄河在汉代以后为这里普遍带来了厚达6米的淤泥和淤沙。

《汉书》等记载西汉时黄河下游曾多次决堤，西汉晚期决口次数更多。《汉书·王莽传》在王莽始建国三年（11年），"河决魏郡，泛清河以东数郡。先是，莽恐河决为元城冢墓害。及决东去，元城不忧水，故遂不堤塞。"这次决口导致长达60年的黄河漫流水患。

黄河在此区域大改道，东北流向的河道变成了东向。《后汉书·循吏列传》载东汉永平十二年（69年），王景主持治河，修筑了从荥阳到千乘入海口的河堤，固定了黄河下游河道，此后，黄河长时间没有在此发生大的改道。唐代后期以后，黄河频繁发生大的改道。金代后期黄河彻底南移，这里成了黄河故道。

发掘的情况正与此相吻合，比如第一处庭院地层堆积在汉代地面以上有超过2米厚的淤泥与淤沙交替堆积层，紧贴汉代地面的一层红褐色淤泥层最厚，约0.25米，说明淹没遗址的这次洪水来水量大，持续时间最长；接着是厚约0.8米的唐宋时期地层；再往上为近2米厚的纯淤沙层、淤泥层及现代耕土层，出土极少唐宋时期瓷器残片等。第二处庭院的地层较简单，汉代地面及遗迹以上大部为纯净淤沙层，不见唐宋时期地层。

结合文献对黄河在遗址所在区域泛滥的记载，该遗址可能形成于新莽后期的某次水患，黄河改道后又长时间处于河道范围内，河床内淤泥与淤沙越积越厚。唐宋时期虽有人在这里居住和活动，但几乎未对汉代遗迹形成任何扰动。

近两年来，为研究遗址环境变迁，在第一、二处庭院附近各发掘了一个深达13米的地层剖面。发现从全新世早期开始，黄河淤沙层与不同时期文化层间隔叠压，直观地反映了黄河在此泛滥的过程及黄河两岸的农业开发史。

四　结语

第一，三杨庄遗址首次全景展现了汉代黄河下游两岸乡里田园的景象。

汉承秦制，实行郡、县、乡、亭、里的管理体制。大概十里一亭，十亭一乡。里作为最基层的社会组织单位，其下又实行编户齐民的什伍制，即五户为邻（伍），十户为什；五邻为里，即二十五户为一里。但里的范围、户与户之间的关系、是否聚族而居，每户住宅的大小和布局，每户土地面积等情况文献中缺乏记载。

三杨庄遗址目前已经发现了10余处汉代庭院，也就是说10余户，遗址内的"一里"究竟有多少户，仍在勘探之中。就目前的发现来看，这些庭院修筑或有统一规定或相对固定的习惯，它们均为坐北朝南，占地面积大致相同，前后左右相距有远有近，均隔以农田。每家庭院南门外均有通向田间的大道和独家小道，前者一般宽约5米，有的宽约8米，最宽20米，后者一般宽约3米。因此可以得出一些初步结论：里或由25个农户组成，每家庭院的大小、布局、朝向等均有统一规定，每家庭院均建在自己田中。

第二，三杨庄遗址首次展示了黄河下游地区普通农民的居住环境和居住条件。

汉代居住类建筑遗迹的考古发现集中在都城和大的城邑，如汉长安城、洛阳汉魏故城、汉河南县城、南阳郡宛城、河北武安午汲故城、山东临淄故城等，建筑遗迹也主要是宫殿、官署等，民居发现很少。1955年辽宁辽阳三道壕汉代聚落遗址曾经发掘6处居址，但保存状况较差。我们以前对汉代庭院民居的了解，多来源于汉代的画像石刻和墓葬出土的陶院落模型明器等，又多是些楼阁、亭榭等造型的写意线条或模糊形象。少量的文献仅概略说明汉代典型民居是"一堂二内"。

三杨庄遗址的庭院均为二进院布局，房屋为瓦顶；庭院周围或水沟环绕，或毗邻池塘；庭院一周绿树荫翳，树外即是田畴；前有水井，后有厕所。庭院布局可分为两类：一类如第二处庭院，由西门房、东厢房、西厢房、主房等四座房屋组成，西侧为一较大的近圆形水池；主房坐北朝南，屋顶使用"益寿万岁"瓦当；

这一类庭院的房屋较多，布局较为复杂，水井、厕所等各类建筑较为讲究。另一类如第三处庭院，布局较简单，由南厢房和主房两座房屋组成；主房为坐西朝东，两开间，也用瓦顶，但不用瓦当，南厢房屋顶只部分用瓦。目前的发现的后一类庭院较多，很可能是普通农民的居所。

第三，三杨庄遗址首次揭示了黄河下游地区普通民居的建筑工艺和建筑形式。

汉代是东方木构架建筑体系发展的关键时期。三杨庄遗址建筑的主房大部分瓦顶保存了板瓦与筒瓦的仰覆扣合原状，说明这些建筑是因洪水浸泡坍塌，未受洪水的急流冲击，且坍塌较缓慢，保存状况较好。庭院内房屋分为主房、厢房及门房。从建筑结构上可分为墙体承重与柱梁承重。第二处庭院的主房、西厢房及门房发现较大的柱础石，它的承重是靠柱梁结构。第一处庭院和第三处庭院的主房没有发现石柱础，代替屋中部梁架的有可能是夯土墙。从第一处庭院主房屋顶的断面看，屋顶有檩，檩下有苇笆的痕迹。

房屋均为地面建筑，主房则存在略高出庭院地面的夯土基础。房屋的墙体砌筑方法相同，底部基础使用若干层砖，以上为夯土或土坯，以夯土为主。大部分屋顶用板瓦和筒瓦扣合铺盖。目前只清理了建筑的瓦顶和坍塌的墙体，对房屋的建筑结构与室内布局等尚不明了。

第四，三杨庄遗址首次实景展示了黄河下游地区农耕技术和农业文明。

秦汉以前，中国古代的耕作制度施行最简单的缦田法，撒播，无行无垄，虽然在播种时节约了劳力，但浪费种子，幼苗长出后也密集丛生，中耕、除草需要更多的劳动。加之田间管理不严密，产量相当低。后来有了有垄的条播法，也就是垄作，最晚至汉武帝时出现了"一晦三甽"的代田法。

遗址中发现的大面积耕作农田为了解汉代耕作制度提供了样本。遗址中的一条垄与沟的合计宽度一般为0.6米，现存沟深约0.06米。这肯定不是耕作后最初的情况，或为庄稼收割后的深度。

遗址各庭院周围，特别是屋后广种树木，符合《汉书·食货志》记载的政府有关规定。第三处庭院的西北田地清理出一些桑树和榆树叶痕迹。这说明当时的家庭妇女已从事有养蚕、纺织等副业。

撰稿人：刘海旺

参考文献

- 河南省文物考古研究所：《河南内黄县三杨庄汉代庭院遗址》，《考古》2004年第7期。
- 河南省文物考古研究所、内黄县文物管理所：《河南内黄三杨庄汉代聚落遗址第二处庭院发掘简报》，《华夏考古》2010年第3期。
- 刘海旺：《首次发现的汉代农业闾里遗址——中国河南内黄三杨庄汉代聚落遗址初识》，见《考古发掘与历史复原》（《法国汉学》第十一辑），中华书局，2006年。

第二处庭院（东→西）

第一处庭院主房瓦屋顶北坡（北→南）

第二处庭院东厢房瓦顶（西北→东南）

第二处庭院主房瓦顶东侧出土瓦当（东→西）

第二处庭院西北角厕所遗迹（北→南）

○ 河南内黄三杨庄汉代庭院遗址

第二处庭院第二进院（西→东）

第三处庭院（南→北）

第二处庭院水井（南→北）

第三处庭院西侧田垄（西北→东南）

河南安阳西高穴曹操高陵

一 引言

曹操高陵位于河南安阳西北约15公里的安阳县安丰乡西高穴村。该地西依太行，北临漳河，南倚南岭。西高穴村向东7公里为西门豹祠遗址，14公里余为邺城遗址。东临安阳固岸北朝墓地，隔漳河向北为讲武城遗址和磁县北朝墓群。

由于该墓葬西面是砖场取土区，墓圹西部填土被下挖约5米，使其局部暴露，引起多次盗掘。为避免墓葬遭到进一步破坏，经国家文物局批准，河南省文物考古研究所于2008年12月开始抢救性发掘。共清理了两座墓葬，分别编号为1号墓、2号墓。

2号墓位于西高穴村西南，位于1号墓的南面。墓葬开口于地表下2米处，未见封土。墓室西部断崖处有一大型盗洞，未到墓室。断崖下有南、北两个盗洞，在距地表5米处的盗洞周围出土大量画像石残块。墓葬前室的部分铺地石已被揭去，特别是其北侧室的铺地石，破坏严重。后室中部靠近甬道的一块铺地石也被揭取并砸碎，还向下挖了一个深坑。

二 墓葬形制

墓葬平面呈甲字形，为多室砖室墓。坐西向东，墓圹平面呈前宽后窄的梯形。整个墓葬由墓道、砖砌护墙、墓门、封门墙、甬道、墓室和侧室等部分组成。墓室、甬道和侧室均用大砖垒成。

墓道　斜坡状，上宽下窄，两壁分别有7个台阶，逐级内收。在墓道与墓门交接处的南北两壁各有一道小砖砌护墙，墙体内立有5根原木立柱作为龙骨，原木关节纹理清晰可辨。墓道填土含有大量料礓石，经平夯夯实。墓道两边有9对南北对称的磬形坑。与磬形坑并行，各有一排东西向的柱洞。墓道东端有一排南北向排列的方形坑，墓道东端右侧有一长方形坑。墓葬中部有一条南北向的夯土层带，被墓道打破。

墓门　砖砌双券拱形门。墓门已不存在，门槽外有三道封门墙。外层封门墙为竖放立砖，中层封门墙为错缝横砌，内层封门墙为斜立砖。整个封门墙厚度达1.45米。

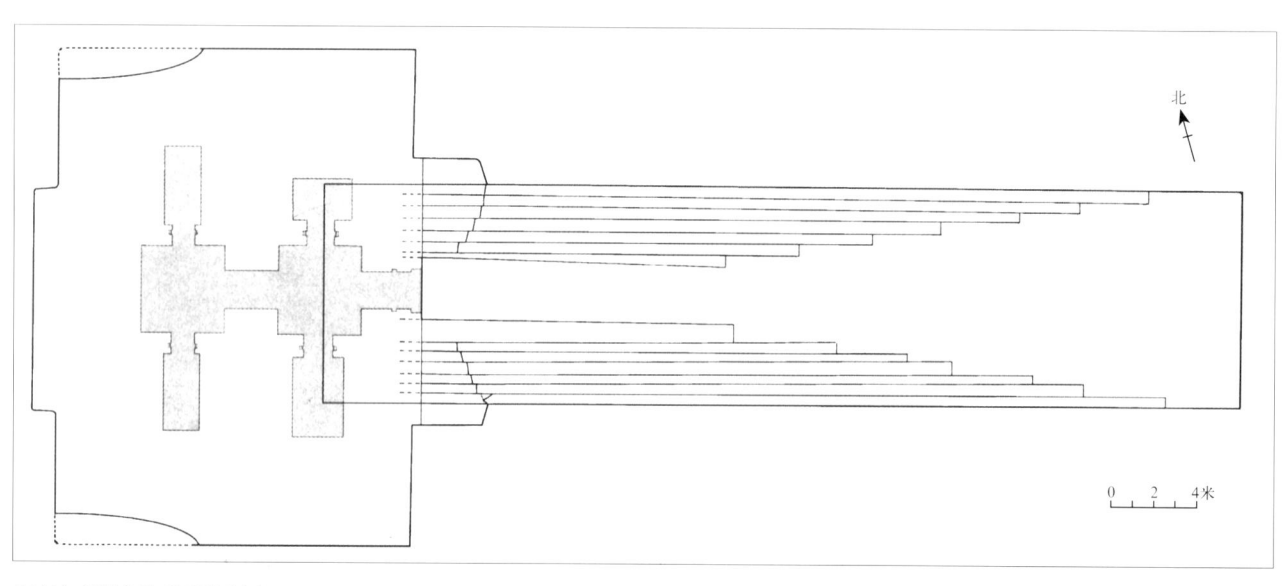

西高穴曹操高陵平面结构图

甬道　券形顶、青石铺地。

墓室　分前、后两室，均为四角攒尖顶，青石铺地。两者由券形顶甬道连接。前室平面近方形，有南北两个平面为长方形券形顶侧室。前室与侧室由券形顶甬道相连，并有门隔，现仅存门槽。在前室靠近甬道处发现一个头骨，经鉴定为男性，年龄约60岁。在后室靠后部发现6个石葬具痕迹，推测应有石棺床一具，其上放置木棺。发现头骨两个以及部分骨骼，散落于整个后室内。经鉴定，均为女性，一个约50岁，另一个约20岁。

后室亦有两个长方形侧室，券形顶。后室的南北侧室各发现木棺一具，四周有铁质帐构件。后室与侧室由甬道相连，并有门隔，现仅存门槽。

整个墓室所铺青石大小不一。错缝平铺，地面平整。围绕墓壁四周地面均有凹槽。墓壁内面抹一层白灰面，并有多层铁钉，前室钉外端为圆孔状，个别圆孔上还有丝绳残痕；后室钉头为钩状。

发掘时墓室内有高约3米的扰土和淤积土。遗物主要出于下部最底层淤土中，前室出有鎏金铜盖弓帽、铁铠甲、镞、剑，大量陶器残块，以及刻有"魏武王常所用挌虎大戟"和"魏武王常所用挌虎短矛"等圭形石牌7块。前室南侧室内发现2件陶俑。后室多处发现漆木器，器形不明。还出有石圭、璧和金丝、金纽扣、玉饰件、云母片、铜泡钉、铁镜、画像石残块等，还出土较多棺钉。后室南侧室的门道集中出土了50余块六边形刻铭石牌。

三　遗物

出土遗物有金器、银器、铜器、铁器、玉器、骨器、漆器、瓷器、釉陶器、陶器、石器等。其中，有反映墓主人身份的刻铭石牌和铁甲、剑、镞以及时代特征明显的铁帐架构件等。另外，还有铜带钩、鎏金盖弓帽、大量的云母片以及陶器残片等。

（一）石器

建筑石构件　均为残块。主要出自距地表深5米处的1号盗洞周围，少数出自墓室内。有石刻瓦当、门柱、画像石块以及雕龙等残块。画像内容有"神兽"、"七女复仇"、"宋王车"、"文王十子"、"咬人"、"喝酒人"等，图画精美，画工精细，人物生动形象。

圭　1件。青石质。

璧　3件。青石质，大小形制相同。

刻铭石牌　62块。可分圭形、六边形两大类。尖部中间有穿孔，孔内有铜环，铜环连以铜链。上面刻有"魏武王常所用挌虎大戟"、"魏武王常所用挌虎短矛"等铭文。六边形石牌大小尺寸相同。上部中间有穿孔。刻字内容为随葬物品的名称和数量，如衣服类有"黄绫袍锦领袖一"，用具类有"镜台一"、"书案一"、"渠枕一"等，其他还有"香囊卅双"、"胡粉二斤"等。

弩机构件　2件，1件出自扰土中。

虎雕　1件。煤精质。

（二）铁器

主要有铠甲、剑、镞、削等兵器。根据出土铭牌的记载，随葬品中兵器至少还有短矛、大戟、大刀等。另外，还有镜、帐构架等。由于铁铠甲数量较多，锈蚀、残损严重，未编号，仅统计了数量。

铠甲　数量较多，有大量散片，部分锈蚀在一起，成扇形鱼鳞状。甲片四周有穿孔，从锈蚀在一起的部分铠甲看，上部为牛皮缝边，以牛筋缝合。

镞　有散件和成束之分。木柄。镞头呈四棱状，较钝。镞铤与木柄相结合处由丝线缠绕固定。

镜　1面。外包有丝织物，已锈蚀。半球形钮，其边缘对称有两个支点。根据铭牌记载，墓内有镜台一，所以此镜在随葬时应置于镜台上。

（三）铜器

有鎏金盖弓帽、伞帽、铃、带钩、铺首、环、钗、泡钉、带扣、印符等。

（四）金银器

有银质箱饰件、铺首、饰件、环和金纽扣、簧、金丝等。

（五）陶、釉陶、瓷器

目前已知的器形有陶灶、耳杯、盘、案、壶、三足鼎、甑、罐、托盘、盆、熏炉、尊、厕、匕、砚、俑，以及釉陶罐、青瓷罐等。

（六）其他

包括骨器、玉器、漆木器等，其中骨器有残骨尺、簪等；玉器有壁、珠、玛瑙饼、水晶珠、玛瑙珠、佩等饰件，另有珍珠1枚、云母片若干；漆木器均残，器形难辨。

四 结语

从墓葬形制及结构看，西高穴2号墓与洛阳发现的曹魏正始八年大墓基本相同，均为带有较长斜坡墓道的大型多墓室砖室墓，前室均有两个侧室，方向为坐西向东略偏南；前室平面为正方形，四角攒尖顶；都出土有铁质帐构架等。表明两墓年代应接近，并有明显的传承关系。该墓出有东汉晚期的典型器物，如陶鼎、敦、壶、案等，具有明显的东汉晚期特征，时代应早于魏晋。另外，2号墓用砖为特制的大型墓砖，与洛阳邙山发掘的东汉墓砖也基本相同。因此，根据墓葬形制及结构、出土陶器形制，并结合所出东汉五铢钱、画像石的内容等证据，该墓的时代应为东汉晚期。

西高穴2号墓应为魏武王曹操的高陵，其理由如下。

第一，该墓为东汉末期大墓，与曹操所处时代相符。该墓所出刻铭石牌多出自后室南侧室中，位置集中，有的直接压于漆木器和锈蚀的帐构架之下，位置应未被扰动。这些石牌具有当时流行的"物疏"性质，所刻文字内容"木墨行清"、"香囊卅双"等均为当时特有用语。这些石牌字体为汉隶，俗称"八分体"，也与当时字体相同。

该墓前室所出刻有"魏武王常所用挌虎大戟"等的石牌上的"魏"字写法，具有东汉末期特征。在"委"和"鬼"字中间加一"山"字是东汉至魏晋时期的特殊写法，北魏以后中间的"山"字已不再出现。这也是判定此墓为东汉至曹魏时期的有力证据。"常所用"等用语也符合当时语法习惯。如《三国志·吴书》载孙权"即敕以己常所用御帻青缣盖赐"给周泰。

第二，该墓与同期墓葬相比，规模宏大，结构复杂，埋葬较深。宽度比北齐开国皇帝高洋的湾漳大墓宽两倍还多，长度也多出10米。因此，此墓应为王侯一级的，与魏武王曹操身份相符。墓室深达15米，也与曹植在其《诔文》中所写的"窈窈弦宇，三光不入"相符。

第三，曹操于建安二十三年（218年）六月，令曰："因高为基，不封不树"。此墓葬海拔103～107米，比3公里外的固岸北朝墓地高10米，符合"因高为基"的要求；此次发掘在墓室上面未见封土，与曹操令曰："不封不树"的要求符合。

第四，该墓位于西门豹祠西，与曹操令曰："古之葬者，必居瘠薄之地。其规西门豹祠西原上为寿陵"相符。西门豹祠位于邺城故城西、漳河南岸、今漳河大桥南行1公里处，地属河南安阳县安丰乡丰乐镇。其故址尚存，现为一高台地，高出地面约2～3米，其上为一东汉至南北朝时期的遗址。在这里的地面上，至今还散落着不少东汉、东魏、北齐时期的砖瓦残片，说明当时该处曾有地面建筑。

《水经注》浊漳水条载："漳水又东迳武城南……

漳水又东北迳西门豹祠前。祠东侧有碑隐起，为字词堂，东头石柱勒铭曰：'赵建武中所修也'"。这是目前所知西门豹祠中较早的文献记载。其建于后赵建武年间，即公元335～348年。此勒柱石刻现存于临漳县文物保管所。唐代《元和郡县图志》相州邺县条明确记载："魏武帝西陵在县西三十里"。同书亦载，西门豹祠在"县西十五里"，与现西门豹祠的位置相符。而西高穴村东距邺城故址14.5公里，位置与文献记载的曹操高陵的位置也相符。

第五，1998年4月，西高穴村发现了后赵建武十一年（345年）大仆卿驸马都尉鲁潜墓志。墓志记载："故魏武帝陵西北角西行四十三步，北？至墓名堂二百五十步"。此墓志是最早明确记载魏武帝高陵具体方位的出土文献，它将魏武帝曹操高陵的位置锁定在漳河南岸的西高穴村范围内。鲁潜去世的年代距曹操去世时仅125年，上述内容应该可靠。

第六，该墓出有刻"魏武王"三字的铭牌7块，前室所出的刻有"魏武王常所用挌虎大戟"的石牌最为完整。石牌出土时已断为两节。石牌出土位置明确，所提供的信息也准确，是认定墓主身份的直接证据。《三国志·魏书·武帝纪》载，建安十八年五月丙申，天子策命（曹）公为魏公。此后又分封为魏王，建安二十五年一月，"庚子，王崩于洛阳，年六十六……谥曰武王，二月丁卯，葬高陵"。同年十月，曹丕代汉自立，建立魏朝，追尊其父为武皇帝，庙号太祖。因此，曹操的爵位先为魏公，再为魏王，去世后谥魏武王，后为魏武帝。魏武王是曹操下葬时的称谓，因此其称谓相符。

第七，据《三国志·魏书·武帝纪》，建安二十一（213年）年夏四月，天子册封曹操为魏王，邑三万户，位在诸侯王上，获得"参拜不名、剑履上殿"的权力。此墓所出圭、璧体型较大，也可反映出该墓葬的王侯等级，而且圭、璧配套使用又是帝王陵墓的一个突出特征。这表明墓主人具有王一级的身份和地位。目前已发现的7座东汉诸侯王墓中，该墓规格是很高的，也与"位在诸侯王上"的记载相符。

第八，曹操的《遗令》中叮嘱后人"敛以时服，无藏金玉珍宝"。该墓中未发现为其安葬特制的金玉礼器。所出土的金丝、金纽扣等均为衣服上的饰品，而且记载随葬品的石牌中也没有金银珠玉的内容。此外，圭和璧等大型礼器均为石质。其中一件玉佩，其尖部已经残缺，说明是墓主生前常用的东西，这也是其"敛以时服"的有力证据。

第九，该墓所出陶器，器形偏小，做工粗糙，均为泥质素面灰陶，未见汉代墓葬中常见的彩陶。这也符合曹植在《诔文》中"明器无饰，陶素是嘉"的记载。

第十，在该墓的墓室中共出土了3个个体的人骨，均被扰动。经鉴定男性人骨的年龄在60岁左右，与魏武帝曹操去世时66岁年纪相当。此墓葬中人骨的出现排除了其为疑冢的可能性，也是认定其为曹操墓葬的又一物证。

综上所述，我们初步认定西高穴2号墓的墓主为魏武帝曹操，该墓即是魏武帝曹操的高陵。

撰稿人：潘伟斌　朱树奎　潘　敏

参 考 文 献

- 河南省文物考古研究所、安阳县文化局：《河南安阳市西高穴曹操高陵》，《考古》2010年第8期。
- 洛阳市文物工作队：《洛阳曹魏正始八年墓发掘报告》，《考古》1989年第4期。

新世纪中国考古新发现（2001~2010）

墓葬前室

男性头骨

墓门

石牌

石牌

石牌

魏武王石牌（M2：139）

○ 河南安阳西高穴曹操高陵

陶俑（M2∶231）

石虎雕（M2∶12）

石璧（M2∶87）

银饰件（M2∶5）

印符（M2∶205）

石龙雕刻残块

玉佩（M2∶147）

鎏金盖弓帽（M2∶156）

河南洛阳汉魏故城北魏宫城阊阖门遗址

一 引言

汉魏洛阳城遗址位于今洛阳市区以东15公里，伊洛河盆地的洛河北岸，北面紧依邙山。整座城址坐落在洛河与邙山之间的台地之上，地势平坦高亢。该城先后作为东周、东汉、曹魏、西晋、北魏等朝的王都或者国都，见证了周代至南北朝多个王朝的兴盛与衰亡，是历史悠久、文化积淀深厚的古代都城。

汉魏洛阳城遗址的考古勘察工作始于20世纪60年代初，由中国科学院考古研究所组队主持。经过半个世纪的努力，考古工作者已大致廓清了该城的城址总体布局与文化特征。由于各方面原因，汉魏洛阳城宫城的考古发掘一直鲜有涉及，成了汉魏洛阳城考古发掘的缺环。中国社会科学院考古研究所洛阳汉魏城队在20世纪90年代末期，将对该城宫城的考古勘察与研究作为一项重点课题。

1999年和2000年，我们对20世纪60年代勘探发现的北魏宫城的宫墙再次进行钻探和试掘探沟，取得一些重要收获。尤为重要的是，在北魏宫城中部略偏西的一系列南北向重要夯土基址的南端，即宫城南墙缺口北侧，发现了一处保存尚好的大型城门遗址。它位于宫城西侧主要轴线建筑的南端，北侧正对据认为是宫城正殿太极殿的最大夯土基址，南面直对北魏洛阳内城的正门宣阳门及门内的御街铜驼街，这都显示出它在宫城布局中的非凡地位。前辈学者勘探该城址时就已结合文献研究指出此处的城墙缺口应是宫城正门阊阖门所在。《河南志》后魏城阙古迹条："阊阖门阙，阊阖门外挟。"《水经注·谷水》载："白虎通曰：门必有阙者，何阙者，所以饰门，别尊卑也。今阊阖门外夹建巨阙，以应天宿，虽不如礼，犹象而魏之，上加复思，以易观矣。"

2001年11月~2002年6月，我们对该遗址进行了全面发掘，揭示出了一座规模宏大、功能完备的大型城门阙夯土基址。发掘结果确认，该门址即是北魏宫城正门——阊阖门遗址。

二 主要收获

发掘区位于孟津县平乐镇金村南、当地俗称"午门台"的高岗上。发掘区地势平坦；根据勘探和试掘的情况，遗址表面南北高低错落，距现在地表的深度也不一，残存遗址面上的地层堆积也有差别。

发掘区北部的高台地上主要为城门基址与两侧附属院落的建筑遗迹。耕土下即是北朝时期的废弃堆积地层，里面有大量白灰残渣和砖瓦碎块等。其中建筑材料主要是北魏时期的磨光面筒瓦和板瓦残片、莲花纹瓦当、兽面纹瓦当、鸱吻、兽面砖残块、铁钉、莲蕾状铁构件等。一般情况下，该层下即见当时的城门建筑残存遗迹或地面。北朝废弃层的堆积厚薄不一，堆积最薄处仅约0.1米，最厚处则达1米左右；总的规律是门址夯土台基上的堆积层较薄，而台基东西两侧和南侧较低的部分堆积层则较厚。

门址夯土台基以及门前双阙以外部分的地层相对

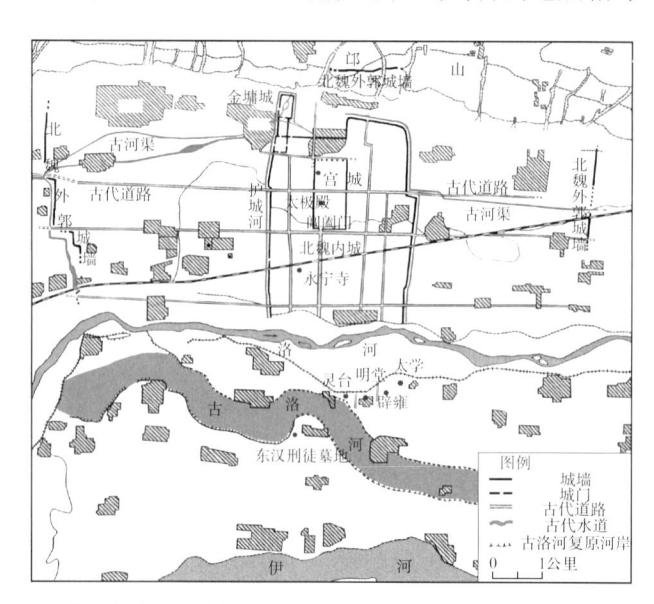

汉魏洛阳故城遗址勘察平面图

复杂，有多个与不同时期门址依存的地面以及与其相对应的地层堆积。这些地层堆积和地面遗存的叠压关系，清晰地展示了阊阖门遗址的历史沿革：最上面的一层地面为北朝晚期（北周），其下则为北魏时期，再往下则属于更早的魏晋时期。

发掘区内的地层堆积比较简单，以北朝时期的废弃堆积层为主，大量的建筑材料包含其间，时代也集中在北魏。初步推测目前发现的城门基址极有可能与北魏的阊阖门遗址相关。

此次发掘全面揭露出了这座门址的长方形夯土台基、门前左右双阙的阙台基址和阙间广场以及城门东西两侧的附属院落的一部分。整座门址向北后座于宫城南墙，在门前宫墙缺口的两端分别设置左、右两阙，两阙不仅分别与东、西两端的宫城南墙相接，还通过城门两侧院落的夯土窄墙和城门连接。

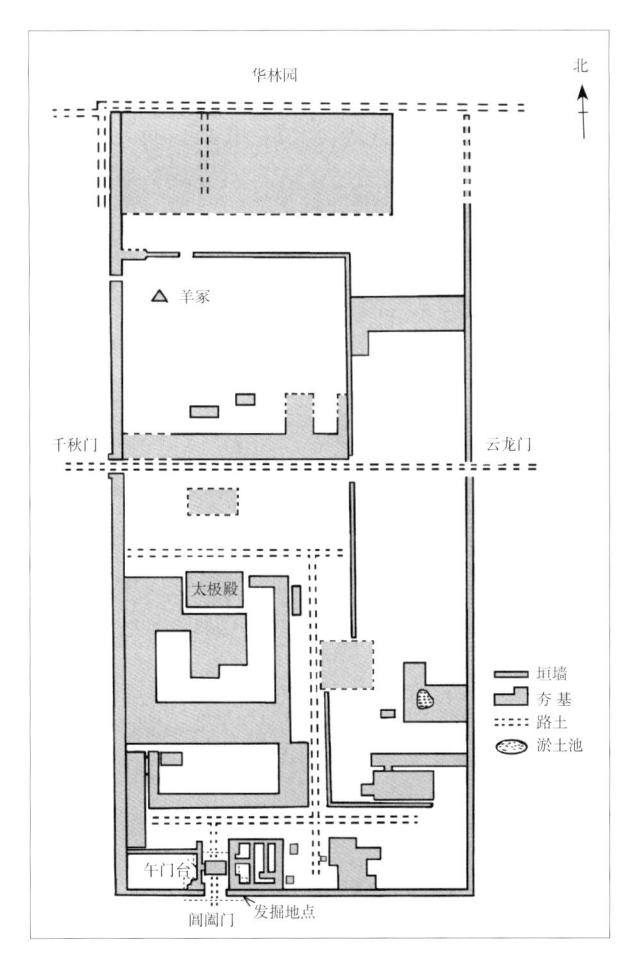

（一）门址结构

城门夯土台基为该座门址现存的主体部分。平面呈长方形，东西长44.5、南北宽24.4米，方向为北偏东4度，这与汉魏洛阳城的城址方向吻合。由于城门的南（外）、北（内）两侧地面存在一定的高差，因而夯土台基南、北两侧的保存状况不同。其中台基的北半部边壁保存不高，但发现了包砖沟槽和残留的白灰墙皮遗迹；台基的南半部边壁均不见包砖，墙皮直接抹墁在台基的夯土边壁上，且白灰墙皮有多次抹墁的痕迹。

夯土台基上面和周边分布着各类与城门建筑相关的遗迹，包括分布规律的柱础或础坑组成的柱网、城门门道及之间或两侧的夯土隔间墙、墩台、墩台内的楼梯间，以及夯土台基南、北两侧的漫道等遗迹。

在长方形的门址夯土台基上有规律的分布着南北向8列、东西向5排，总共40个柱础石或柱础坑遗迹，它们构成了这座城门面阔7间、进深4间的殿堂式建筑格局。仅存的1块础石为1.05～1.08米见方，厚约0.5米。8列柱础坑的东西列距基本相同，中门道两侧柱础间距略宽，为6米，东、西两个门道两侧柱础的间距均为5.7米；同时南北向柱础的行间距也有一定的规律。

门址夯土台基上面残存0.01～0.02米高的夯土墙边壁与少量白灰墙皮表明，台基上原来等距分布有东西2个夯土墩台与2个夯土隔间墙，并由其隔出左、中、右三个门道。这些夯土墩台与隔间墙和40个柱础组成的柱网组合，形成了门址的主体框架。其中夯土墩台的进深为4间，中间2个隔间墙的进

北魏宫城勘察平面示意图

深则只有2间。由此在3个门道和中间2个隔间墙的前后，各形成一处宽敞的门庭。前、后庭东西长均为28米，前庭进深5米，后庭进深5米。此外，在东西2座墩台内侧均还发现长条状的房室遗迹，由残存的柱洞遗迹分析，这可能是属于登临城门楼的楼梯间。两处楼梯间北侧向墩台外侧均开有便门，便门外侧各有踏道分别通向门址台基外侧的地面。3个门道面阔各占1间，宽度基本相同，中门道为4.8米，东、西门道均为4.7～4.8米；门道南北长与隔间墙相同，进深2间，长8.6～8.8米。

在城门台基的南、北两侧，各设置左、中、右3条漫道，各自通向城门楼台基上的3个门道，贯通城门南北。夯土台基南侧的3条漫道，中间的一条最长，两侧有包砖遗迹，砌砖外侧抹墁有白灰墙皮。中间的漫道宽8.25米，左、右两侧漫道宽6～6.25、长2～2.4米。

（二）双阙形制

城门基址南侧的宫城南墙缺口两端各有一座大型夯土阙。现存部分主要为阙体建筑的地下夯土基础与阙台外侧的基础。夯土筑造的阙台地下基础体量巨大，平面呈曲尺形。局部解剖发现夯土厚度可达4米。东阙台基础东西长36、南北长37～37.5米；西阙台基础东西长36.5、南北长37.5米。

夯土筑成的阙体建造在基础夯土的中部。由残存的阙体外侧包砖沟槽和白灰墙皮可以了解两阙台基的基本形制和规模。两阙平面均为曲尺形，结构为一个母阙连接北侧和东（或西）侧的子阙，即一母二子的子母阙式。单个阙台东西、南北各长29米余，母阙东西、南北各长约23米；子阙长约6.3米，宽度不明。

双阙的东、西两个子阙分别与两侧的宫城南墙相连，北侧的两个子阙则通过城门两侧院落的南北向窄墙面与城门连接。由此，城门的内侧与外界完全封闭。同时在城门楼南面，左右两个夯土巨阙之间则形成了一个宏大的门前广场。整个广场东西宽41.5、南北长约37米。

从目前揭露的遗迹看，阊阖门遗址中，门、阙、墙之间这种独特的布局为以往发掘所不见，这在古代都城的宫城史研究中有重要价值。

（三）出土遗物

阊阖门遗址出土了大量的遗物，主要是用于修建大型城门建筑材料。有砖、瓦，还有装饰城门屋顶、表现皇室威仪的大型鸱吻和兽面砖饰以及与城门楼建筑相关的铁制构件等。

磨光筒瓦和板瓦数量最大，瓦表面灰黑色泛着亮光，形体厚重，制作精良。还有大量的汉晋时期绳纹面板、筒瓦以及篮纹瓦，说明北魏阊阖门遗址修建在前朝的建筑基础之上。

其他遗物还有陶瓷生活用器，可能与建造城门有关的铁质工具，与城门禁卫有关的铜、铁兵器。还有汉至北周各时代的铜钱，包括五铢、大泉五十、常平五铢、五行大布、布泉等。

（四）阊阖门遗址的时代

为了进一步厘清遗址的时代序列，我们对遗址进行了一定深度的解剖，又结合遗址各类现象、地层叠压关系和出土遗物，确定这座门址目前展露的城门楼与阙台建筑是北魏时修补改建前代的城门而形成，北周时期又进行了修建改造。这些在文献上都可以找到佐证，《周书·宣帝纪》载："及营洛阳宫，虽未成毕，其规模壮丽，逾于汉魏远矣。"

结合地层层位与建筑材料的证据，我们认为这座大型门址的夯土台基与门前双阙的总体布局和规模早在魏晋时期就已形成，门址极有可能是曹魏初期新修洛阳宫时建造并沿用至北魏的宫城正门阊阖门。《水经注·谷水》载："魏明帝上法太极，于洛阳南宫起太极殿于汉崇德殿之故处，改雉门为阊阖门。"《三国志·魏书·文帝纪》："黄初元年，十二月，初营洛阳宫。"《三国志·魏书·明帝纪》："青龙三年，大治洛阳宫，起昭阳、太极殿，筑总章观。"注引"《魏略》曰：是年起太极诸殿……筑阊阖诸门阙外罘罳。"所以，阊阖门的称谓最早起自曹魏初期在东汉殿址上修建洛阳宫之时。北魏统一北方，迁都洛阳，重修洛阳宫殿。为了显示拥有国统正朔，北魏皇帝对魏晋时的宫殿名称大都因而不改，营建洛阳城的规模以及宫殿配置大多是"因魏晋旧迹"。它的宫城正门仍叫阊阖门，正殿还称太极殿。

三　结语

北魏宫城阊阖门的发掘是今后汉魏洛阳城的研究和发掘的新起点。通过它，许多文献中记载了方位的重要建筑有了相对明确的位置，原本在都城布局研究时纷繁芜杂的记载也可以藉之变得条理，进而能帮助我们了解历代洛阳都城布局和形制的变化。作为具有明确政治意义的建筑，它也将成为该城今后发掘宫城内外类似建筑的基础。

在城门建筑形制上，阊阖门遗址有强烈的时代特征，威仪重于防御。一门三道沿袭了汉代以来的城门规制；但其殿堂式柱网布局完整，与后代大量见到的使用密集排叉柱的抬梁式城门和更晚的券顶过洞式城门区别明显。这不仅为北魏洛阳永宁寺南门和西门殿堂式门址的结构找到了源头，也是若干后代重要建筑的南门殿堂式柱网布局的较早范例。

阊阖门前左右双阙是迄今考古发掘所见最早的宫城门阙。它曲尺形一母二子阙的形制不仅为秦汉门阙的研究提供了难得的演进例证，也成为北齐邺南城正门朱明门、隋唐东都洛阳宫城正门应天门前双阙直接的源头。它将秦始皇陵园钻探所得墓阙、西汉景帝阳陵封土外南垣中部墓阙、若干传世石阙和上述朱明门、应天门门阙以及唐乾陵神道墓阙等阙台建筑联系了起来，帮助我们勾勒出我国古代门阙的演变轨迹。

此次确定了曹魏新修洛阳宫的宫城正门阊阖门，以往对北魏宫城是沿用魏晋洛阳宫修建在汉北宫故地的推测获得确证。这不仅将洛阳城直到北魏才采用单一宫城的观点修正提前到了魏晋，也为探索洛阳城汉代北宫的位置打开了突破口。

这座宫城正门形制独特，是都城中最重要的威仪建筑，城门楼被门前两侧巍峨壮观的左右双阙拱卫，它的形制与布局影响着后世。明清北京城午门、元大都崇天门、北宋汴梁宫城宣德楼、隋唐东都洛阳（武则天时期）应天门，无不受到它的深远影响。

撰稿人：钱国祥　郭晓涛

参考文献

● 中国社会科学院考古研究所洛阳汉魏故城队：《河南洛阳汉魏故城北魏宫城阊阖门遗址》，《考古》2003年第7期。
● 中国社会科学院考古研究所洛阳工作队：《汉魏洛阳城初步勘查》，《考古》1973年第4期。

阊阖门址

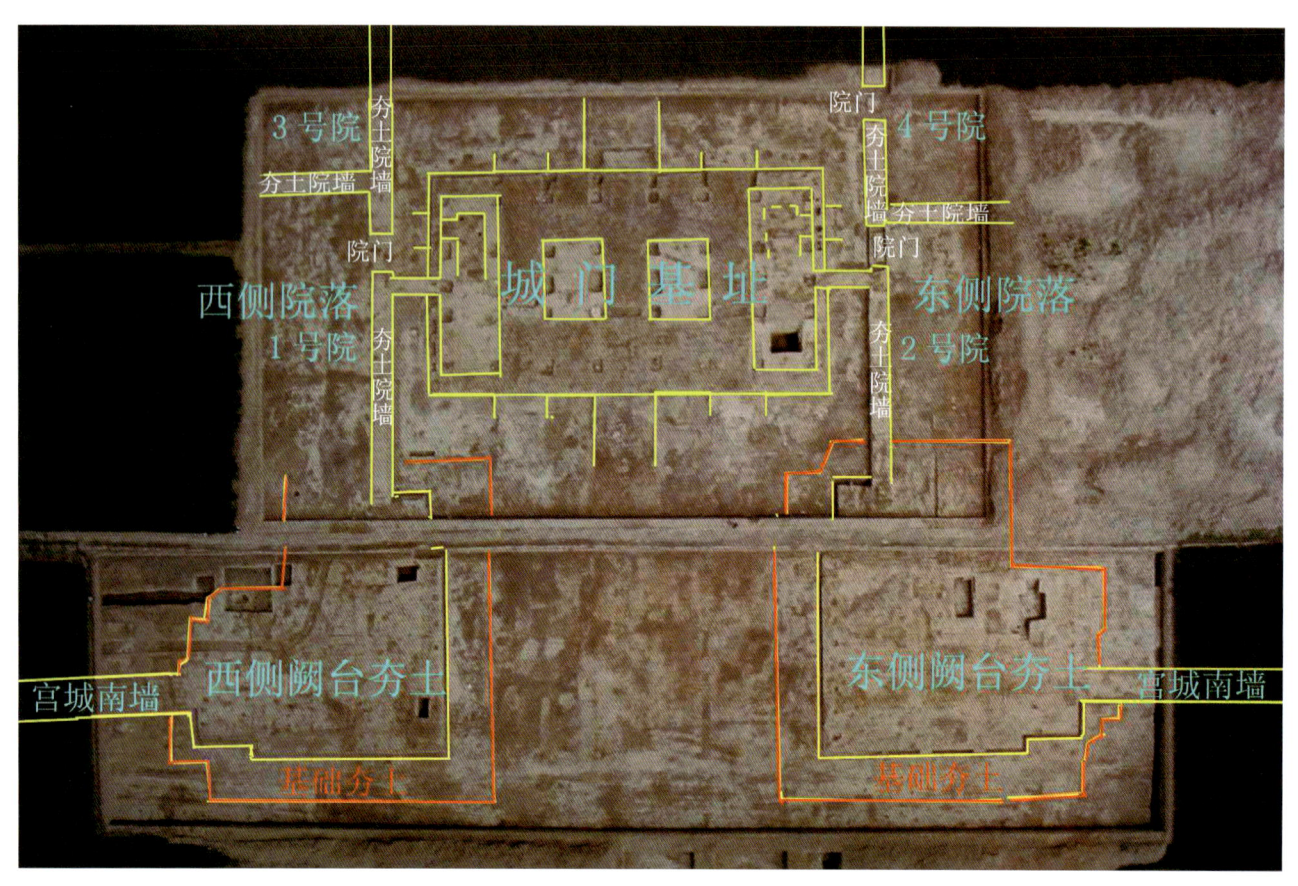

阊阖门址（南→北）

○ 河南洛阳汉魏故城北魏宫城阊阖门遗址

门址南侧西门道（南→北）

门址北侧中间漫道（北→南）

东阙台（东→西）

条形砖

莲花纹瓦当（T506②：12）

筒瓦（T406②：27）

莲花纹瓦当（T411②：02）

兽面纹瓦当（T406②：22）

河北磁县东魏元祜墓

一 引言

在河北省南部的磁县西南部，太行山余脉以东，漳河以北，滏阳河以南的广阔平原分布看上百个大大小小的土丘。两宋以来，它们一直被认为是曹操的七十二疑冢，文人墨客们留下了不少咏怀诗篇："疑冢多留七十余，谋身自谓永无虞"、"一棺何用冢如林，谁复如公负此心"、"生前欺天绝汉统，死后欺人设疑冢"……《三国演义》第七十八回中也说曹操临终前"遗命于彰德府讲武城外，设立疑冢七十二，勿令后人知吾葬处，恐为人所发掘故也"。但这个故事只是人们道听途说、以讹传讹。明代崔铣在其所修《彰德府志·地理志》"磁州条"质疑"七十二疑冢"："疑冢在漳河南北，累累不绝，大小殊状，曰曹氏疑冢。

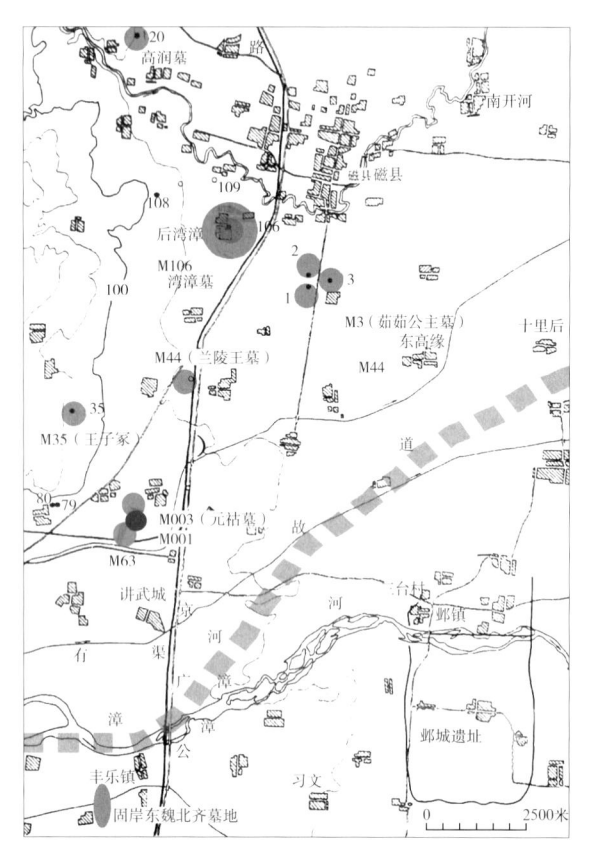

北朝墓群位置图

往者岁荒，民盗发冢，皆有尸，其一为齐高阳王湜墓，志见存"。清末民国初，盗墓之风盛行，磁县墓群也未能幸免于难，罗振玉在《邺下冢墓遗文》中收录了该地当时被盗掘出的大批墓志，才推定磁县墓葬群主要是东魏北齐时期的墓葬。

1956年河北省人民政府将"磁县七十二疑冢"72座墓定为省级重点文保单位，时代注为"汉至北朝"。该墓群中最早的正式考古工作是1957年发掘比丘尼垣墓和讲武城M56。此后，经1975～1977年邯郸地区的文物普查和1986年中国社会科学院考古研究所邺城考古队的全面勘察，最终确定这批墓葬共123座，时代为东魏北齐，其中有东魏北齐皇陵。1988年"磁县北朝墓群"列入全国重点文物保护单位。这里已发掘的较著名的墓葬有：1974年发掘的东陈村赵胡仁墓、1975年发掘的尧峻墓和高润墓、1978年发掘的元良墓、李胜难墓和茹茹公主墓、1987～1989年发掘的湾漳壁画墓等。

进入21世纪，南水北调中线工程渠线穿过磁县北朝墓群，考古部门先期在渠线涉及范围内进行了考古调查，共确认和新发现墓葬8座，有封土者4座：M63（平冢）、M65（大冢）、M39（西小冢）、M003（小冢）；无封土者4座：M69（崔家冢）、M72（双冢）、M001、M002，其中M001、M002、M003属于新发现的墓葬。受河北省文物局南水北调文物保护办公室委托，经国家文物局批准，中国社会科学院考古研究所河北工作队于2006年9月至2007年7月对M003（出土墓志记载墓主人为元祜）进行了发掘。

二 发掘经过

M003位于磁县县城南约9公里、京广铁路之西约1.1公里，在讲武城镇双庙村田地里。该墓位于北朝墓群偏南，东距邺城遗址7公里，西北距天子冢（编号M35，传为东魏孝静帝之陵墓）约3.5公里。

发掘从2006年10月开始。当时地表残存的封土堆与10余座现代墓葬混杂。通过钻探，发掘者逐渐确定了墓葬的长斜坡墓道和墓圹，推测这是座顶部已经塌落的土洞墓。结合钻探情况和先前发掘M63的经验，也出于安全工作的考虑，考古队决定先从墓室着手，采取"大揭顶"的方式工作。从10月中旬开始，考古队开始发掘墓室的封土。元祜墓的封土与以往发现的北朝墓葬一样，是逐层夯打而成，土质比较纯净。

11月在墓室上方发现了一个盗洞。幸运的是，这个直径约4米的巨大盗洞停在在距地表7米深处，此后再也没发现其他盗扰的痕迹。随着清理工作的深入，墓室的西侧隐约出现了一具棺椁的痕迹，接着，色彩鲜艳的各式陶俑、精致的青铜器、质地细腻的陶器、温润的青瓷器，还有罕见的保存完好的纹石盖碗——呈现在了我们面前。

土洞墓室跨度较大，可能导致了墓顶后来的坍塌。加之墓室进水，发掘时随葬品已经离开了原来的位置，有的还被塌落的黄土压碎。队员们对发现的每一件物品的摆放、位置、尺寸等都进行了细致地绘图、多角度地拍摄和详细地记录，发掘过程也进行了录像。

12月3日，考古队员在靠近墓室入口封门墙下发现了一盒青石墓志，这不但是解开墓主人之谜的钥匙，也成为深度解读这处北朝墓群的关键。

12月下旬，在暂停工作前在墓室东壁发现了带有红彩和黑彩的图案，这无疑是壁画。到月底，墓室随葬品的清理、绘图和记录工作基本完成，随葬品移回室内进行进一步的修复整理工作。

2007年3月的工作主要是清理墓道和墓室中的壁画。元祜墓的墓道是北朝墓葬典型的长斜坡墓道。顺着墓道往下清理时，在墓道北侧靠近墓室的地方发现了一个形状不规则的大洞。经过发掘，它的形状逐渐规则起来，这原来是在磁县北朝墓葬第一次出现的"长方形天井"。经过1个月的工作，墓道—过洞—天井—甬道—墓室，这一完整的墓葬结构清晰地呈现出来。在过洞后的立面上方还有彩绘，但保存不佳，推测是有人字拱结构的仿木构门楼图像，这也是在邺城地区首度发现。

4月，考古队的工作重点又转移到清理墓室，特别是前一年发现的壁画。壁画是墓葬考古的难点，经常是发现时壁画色彩鲜艳，然而很快就氧化或脱落。我们请中国社会科学院考古研究所遗产中心的专家亲临现场，制定了周密的清理和揭取计划。经过仔细清理，墓室东、西壁的青龙、白虎和侍吏图像，墓室北壁的墓主人坐榻图像以及上方的仿木构厅堂建筑斗拱图案等等逐渐展现了出来。

5月中旬，墓室四壁壁画基本清理完毕，在进行了测量、绘图、记录和照相之后，壁画被整体截取下来，带回室内准备进行进一步的保护。6月下旬，野外发掘工作基本结束。

这样一座北朝大墓葬何以保存至今？我们推测主要原因有二：一是墓室是土洞构造，并且方形墓室空间比较大，由于受到正上方的压力，墓主人下葬后不久墓室顶部就坍塌，于是元祜墓的地面标识——坟丘陷落进了墓室，这使它躲过了北齐时代高氏对东魏元氏皇族墓葬的洗劫。二是从辽金一直到近现代，不断有晚期的墓葬叠压在元祜墓之上，这些墓葬都是普通平民的墓葬，规模小、随葬品也简单，盗墓者不感兴趣，也难注意到其下的北朝墓葬。

三 墓葬结构与出土遗物

该墓为长斜坡墓道单室土洞墓，由斜坡墓道、过洞、天井、甬道和墓室等构成，全长约25.5米。发掘前，地表尚残存约 1.8 米高封土，封土残存部分略呈不规则椭圆形。封土较纯净，共可分 5 层，逐层夯打而成。墓葬坐北朝南，位居南侧的斜坡墓道两壁陡直。

墓道之北为过洞，洞口立面上方绘有壁画，表现的是有人字拱结构的木构建筑。过洞顶部作券顶形，底部与斜坡墓道衔接，坡度相同。过洞与甬道之间有一长方形竖穴天井，天井开口部形状不甚规则，有曾经坍塌的迹象，底部也为斜坡状，与过洞地面坡度一致。天井北端设立封门墙，由三重砖构成。封门墙北侧为甬道和墓室。甬道为券顶形土洞，甬道入口上方立面残存红彩，推测原有壁画，但因封门墙的挤压，已无法辨识。甬道北侧券顶与墓室顶部一同坍塌。底部为水平地面。甬道北端有封门墙，由三重砖构成。墓室平面近方形，顶部塌落，推测原为直壁、穹隆顶结构，四壁残存有壁画，地面大部分平铺青砖。墓室地面距北朝地面约 9.2 米，东西长 4.5～4.7、南北长 4.3～5 米，面积约 22 平方米。

墓室西侧发现一棺一椁，已完全朽坏。棺内有人骨一具。棺椁东有陶俑、模型明器、陶瓷器、墓志等遗物。

墓室东侧的随葬品保存较好，总计 190 余件。其中彩绘陶俑 144 件，有镇墓兽、镇墓武士俑、甲骑具装俑、仪仗侍卫骑马俑、仪仗侍卫立俑、家内侍仆俑等。陶俑原来均手持仪仗器具，有机质地器具基本已经朽坏，但陶制的鼓、盾牌、弓囊、箭箙等仪仗仍保存完好。陶俑采用模制成型、局部雕塑修饰的方法，烧成之后通体彩绘，塑造精细，人物的服饰、器具表现逼真，雕塑风格写实。例如一件家内侍仆女俑，手执圆盆，面如满月，表情娴静；而身着两当衣的官吏俑，则昂首挺胸，表情凝重。镇墓兽人首兽身的造型和凶悍神秘的表情也相得益彰。

其他随葬品还有陶制牲畜家禽、陶模型明器、青铜明器、陶瓷器等。墓室入口的封门墙下出土了一盒青石墓志。墓志由正方形志盖和志石组成，志盖磨光素面，为盝顶形状，顶部正中有一铁环。志石表面磨光，镌刻遒劲魏碑体文字，志文共计 27 行、822 字。

志文记载墓主人元祐，字保安，河南洛阳人，北魏太武帝拓跋焘曾孙，出生于北魏太和五年（481 年），历仕给事中、司徒主簿、太尉从事中郎、游击将军、冠军将军、平城镇将、平东将军、镇东将军、徐州刺史、侍中、领军将军、卫大将军等，东魏天平四年（537 年）八月十六卒，卒年五十六岁，诏赠使持节、太傅、司徒公、录尚书事、都督冀定沧瀛四州诸军事、本将军、冀州刺史、侍中、开国如故，谥曰孝穆，同年闰九月二十二日葬于邺都城西漳河之北皇宗陵内。

四 墓葬壁画反映的北朝艺术

元祐墓墓室四壁原均绘制有壁画，虽然出土时残缺，但是内容格局基本明确。这些壁画是在墓室构筑完成后，先用植物秸秆拌和的黄泥将墓壁抹平，再在壁面刷上一层灰浆，压抹平整，然后按底本用毛笔和淡墨起稿，草成各种形象的轮廓及部分细部，再用浓墨线、朱红线定稿，最后上色。

墓室东壁的南部绘有一青龙图案。西部对称位置的画面塌落，从残迹推测，原来绘有白虎。青龙和白虎之后各绘制一名官吏，胸部以上已不存，身着朱红色襦服，下身穿束膝大口裤。墓室北壁绘制有一付三足坐榻，正中端坐的是墓主人，身后有 7 扇屏风。南壁壁画分为东西两部分，位居墓室入口东西两侧，从残迹推测两侧各绘有一人。墓室的东、西、北均绘制出 3 柱结构的建筑，3 柱之上有横梁，横梁上有人字栱，推测人字栱上应绘有屋顶。

青龙白虎在北朝壁画墓中并不多见。青龙体态近似横置的 S 形，充满动感，线条舒畅，敷色技法中有平涂，有晕染，如此纯熟的绘画风格是盛唐艺术的宝贵积淀。

元祐墓壁画是迄今罕见的东魏王朝画迹，该墓也是邺城地区迄今发现最早的有明确纪年的东魏壁画墓。

五　结语

磁县北朝墓群东魏皇族元祐墓具有以下几方面的重要学术意义。

首先，墓志明确了磁县北朝墓群中东魏皇宗陵的地域。这是认识元祐墓周边北朝墓葬性质的科学资料，也是研究磁县北朝墓群布局的突破，也对正在制定磁县北朝墓群总体保护规划提供了依据。

结合以往发现和研究，磁县北朝墓群的南部为元氏皇陵茔域。高欢下葬于东魏皇陵区的北部（M1），至北齐高洋称帝后，遂将自己的皇陵置于高欢陵墓之西北，逐渐形成了磁县北朝墓群北部的北齐高氏皇陵区。元氏墓群和高氏墓群既相对分离，又相互依靠和交叉。但总体而言，元氏墓群偏南、高氏墓群偏北，两大陵区均以帝陵为中心，向四周扩散分布。元祐墓的发现，为印证磁县北朝墓群布局提供了科学的材料。

元祐墓是磁县北朝墓群中仅见的未被盗掘的墓葬，由斜坡墓道、过洞、天井、甬道和墓室组成的形制是在河北地区首度发现，为探讨隋唐墓葬制度的渊源提供了新线索。该墓年代明确，其墓葬形制和出土遗物成为北朝墓葬研究的标尺。

墓中出土的随葬品丰富，遗物组合清晰，保存状态良好，是研究当时社会制度、生产技术难能可贵的资料。随葬品的艺术风格、制作技法与北魏洛阳联系密切，其中骑马俑、仪仗侍卫立俑等特征与北魏洛阳城永宁寺出土的影塑人像颇为神似。元祐墓建造于东魏从洛阳迁都到邺城的第四年，公元534年大将军高欢挟孝静帝从洛阳仓促迁都邺城，当时强行从国都洛阳迁徙40万户至邺城，这其中就包括大批洛阳的工匠。因此，东魏初年邺城官署作坊的工匠应多来自洛阳，他们沿承了在洛阳时的技术路线和艺术风格。贵族、官吏墓葬的随葬品多出自官营手工作坊，元祐墓的随葬品也不例外，这些由东魏官营手工作坊生产的陶俑，以其技法和风格印证了北魏分裂为东魏、西魏过程中技术传承的史实。

元祐墓墓室壁画格局新颖，是难得一见的东魏王朝画迹。陶俑的雕塑风格写实、技艺精湛。这些绘画、雕塑作品，反映了东魏时期丧葬习俗和艺术特色，是研究南北朝时期艺术风格之源流的宝贵资料。

撰稿人：朱岩石　沈丽华　何利群

参　考　文　献

● 中国社会科学院考古研究所河北工作队：《河北磁县北朝墓群发现东魏皇族元祐墓》，《考古》2007年第11期。
● 中国社会科学院考古研究所、河北省文物研究所：《磁县湾漳北朝壁画墓》，科学出版社，2003年。

新世纪中国考古新发现（2001~2010）

墓葬

墓室北壁壁画（墓主人与引围屏座榻）

墓室东壁壁画（青龙）

陶碓

青铜虎子

○ 河北磁县东魏元祐墓

人面镇墓兽

执盆侍仆女俑

风帽俑

胡俑

新疆鄯善吐峪沟石窟寺遗址

一 引言

吐峪沟石窟位于新疆东部吐鲁番鄯善县吐峪沟乡麻扎村，地处火焰山东段腹地，南邻洋海坎，北通苏贝希，自古以来为连通火焰山南北的重要通道。百余座洞窟连续分布在吐峪沟东西两侧的断崖上，是新疆东部开凿最早、规模最大的佛教石窟遗址群，也是古代丝绸之路上重要的佛教地点。吐峪沟石窟是佛教石窟寺艺术由西域向内地传播的关键，对研究我国古代佛教石窟的发展演变有重要意义。

19世纪中叶起，俄、德、日等国探险家纷纷涉足吐峪沟，相比而言，在19世纪至20世纪初外国探险队在吐峪沟劫掠文物的历次活动中，德国新疆探险队及英国学者斯坦因的工作较具科学性，他们提供的记录是研究吐峪沟石窟寺遗址的重要参考。

1916年，吐鲁番地区发生6级地震，吐峪沟遗址遭受大面积严重损毁。1928年和1930年，黄文弼曾两度到吐峪沟考察。1953年秋冬，西北文化局新疆文物调查组的考察则是新中国成立后由政府组织的首次调查。当时吐峪沟石窟九成以上的石窟均已坍毁。1961年，北京大学阎文儒等人做了进一步的调查记录，1957年被列为新疆维吾尔自治区首批自治区文物保护单位。2006年，吐峪沟石窟被国务院公布为第六批国家重点文物保护单位和丝绸之路申报世界文化遗产预备名单。

由于地质条件、气候因素及人为破坏等，吐峪沟石窟寺遗址近年损毁日益严重，保护形势极为严峻。为配合丝绸之路（新疆段）申报世界文化遗产项目和危岩加固工程，经国家文物局批准，中国社会科学院考古研究所、吐鲁番研究院、龟兹石窟研究院组成联合考古队，于2010年开始进行保护性发掘。

2010年发掘工作分春、秋两季进行。春季发掘沟东区北部石窟群和一处地面佛寺，秋季发掘沟西区北部。发掘面积总计约2500平方米。除了洞窟之外，还清理出许多重要的窟前遗迹，包括窟前殿堂、地面、门道、阶梯等；新发现壁画面积总计约200平方米；出土了大量的多种文字的文书残片，还有绢画、木器、陶器等。

俄国学者克莱门兹、英国学者斯坦因在吐峪沟盗掠时，对部分石窟进行了编号。吐鲁番文物局曾经在斯坦因工作的基础上，从沟西区由南往北开始编号，再依从北到南的次序对沟东区进行编号。共编号45窟，其中沟西区为1～25窟，沟东区为26～45窟。我们在工作中发现上述编号和洞窟实际情况出入较大，有的洞窟漏编，有的则将一窟编为多个窟号。因此，我们对沟东区北部石窟按从北到南、由高到低的顺序重新编号，现共编号56窟，下文未说明者均为新编号，下面对2010年的发掘收获作简要介绍。

二 沟东区北部石窟群

本次发掘的沟东区北侧石窟群大体位于沟东部分最北端。清理发掘的洞窟共计56处，包括礼拜窟、禅窟、僧房窟，以及其他配套生活设施等。在稍南面紧临的断崖壁上，还有可辨识的石窟残迹约4处。因此，该区域已知洞窟约60处。

在这一区域的中部有一条冲沟，将该区域分为南北两部分。冲沟以北为新编K1～26，以南为K27～56。冲沟以北自上而下共分4层。根据现存的遗迹现象推断，这组窟群以新编K18为中心。冲沟以南自上而下也有四层洞窟，大致可分为分别以新编K27、K31、K50这3处礼拜窟为中心的3个组群。

（一）K18

K18为一处塔殿遗址，即克莱门兹编号第6窟。比照俄、德两国探险家的记录，可知是在1916年地震后严重塌毁的。此窟系在山坡上垂直向下凿出一平台及中心柱。中心柱芯外再加以土坯包砌，四面则依山体用土坯垒砌成墙。

中心柱窟平面呈长方形，面阔8.4、进深6.3米。前室为横长形。中心柱正面立大像，两侧各有一矮墙；其余左、右、后三面为拱券顶甬道。门道前有3级台阶通往下层。中心柱残高3.75米，在距地高2.8米处向内收分形成一圈平台用于甬道起券。正面有背屏残存及莲座。根据背屏收缩弧度可以推断，正面当为高3米以上的大型立佛塑像，高度大大超出甬道顶部，形制独特。地面铺青砖曾经过数次修复，虽仅存个别残砖，但地面上仍留有清晰的砖缝痕迹。

左、右、后三甬道内通壁绘壁画，部分壁画因洞窟崩塌而损坏。现存部分壁画由于渗水而在表面形成一层泥浆，致使这部分壁画的内容暂时未能辨识。左甬道外墙中心位置绘一佛二菩萨像，佛与菩萨间绘小尊弟子像；西侧为千佛和女供养人像。下部绘三角垂带纹、动物等。中心柱一侧主体亦绘一佛二菩萨像，下部绘一排供养人像，身着翻领红色长袍，手持器物。右甬道两侧墙体壁画内容大体略同于左甬道。外墙受损较严重，但壁画内容仍可辨，为一佛二菩萨像，下部亦绘三角垂带纹。中心柱一侧，上半部分壁画内容基本与左甬道中心柱侧相同，下半部分残损较严重，壁画内容不明。后甬道外墙壁画多被厚泥浆覆盖，仅有部分可辨。中心柱一侧中间部分受倒塌土坯冲击崩落，图像内容不明。据新疆地区的通例推测，应为涅槃图、焚棺图或分舍利图。下部可辨一排八菩萨像，左右各四，均作脸朝上仰视状，或即分舍利之八大国王。

塔殿下面一层为面阔三间的殿堂，明间三壁绘有壁画。殿堂地面也有铺砖痕迹。从墙体及倒塌堆积的情况，推测殿堂的屋顶可能为棚架结构。塔殿南侧为一组上下两层结构的禅窟、僧房窟。塔殿上层后部为一组禅窟、僧房窟。

（二）K27

K27为中心柱窟。窟前北侧围墙尚存，而南面围墙则已坍毁。现存的遗迹表明，K27的窟前南墙打破了其南面的K28。换而言之，K27的营建年代应晚于K28。

（三）K36～38

K27下层为K36、K37、K38三联窟。这三联窟是将山体纵向深凿出平台后修建而成，呈南北向一字排列，面阔11.4米。

K36 平面大致呈梯形，前半部分窟顶已残毁，后半部分尚存。近窗处垒砌一不规则椭圆形火膛，火膛内残存大量烧灰。窟内中后部用土坯砌成"凹"字形二层台。窟内壁面大多已褪色或漫漶严重，仅残存少数局部可辨的壁画，如南北两壁中部各有一外饰联珠纹菩萨像。地面未见铺砖痕迹。

K37 前半部分窟顶已残毁，后半部分尚存。平面大致呈长方形，中部用矮墙隔成前后两部分。从券顶和两壁的痕迹看，矮墙仅砌半高，未通连至顶。四壁抹白灰，转角处涂朱，未见其他壁画痕迹。

K38 前半部分窟顶已残毁，后半部分尚存。平面呈较规则的长方形。窟壁由于泥浆浸泡而损坏严重，但局部仍可见蓝、绿、黄等色的壁画残留。

值得注意的是，K38南墙及近门处有数次改修的痕迹。如南墙靠门道一侧即系后来用石块封堵而成，原先则为门道，有6层阶梯通往K28。我们推测，K36～38原先应与K28为一体，后因建K27而将K38与K27之间的通道封堵，登上K28的阶梯则改移至更南侧的窟群处。

K36～38窟前平台也铺青方砖，中部还建有一小型建筑，两面开龛，用途不明。现K38以南部分系在平台上铺垫石板、垫土后起建。因此，其建筑时间要晚于K36～38。

（四）K46、K48

在这一区域还发现两处由于后期改建而封堵废弃的早期洞窟K46、K48。K46位于K38的东南侧，正压在K39、K40之间墙体下方。窟内积土，窟口砌墙封堵。推测该窟当为建K39等相邻一系列石窟时封堵废弃的。K48位于K37前下方，其正上方叠压着K47北侧一组建筑。K48顶部有一个深近6米、宽仅容一人的竖井直达K47。该窟废弃时，竖井加盖后上铺多层垫土，形成后来K47的地面。K48西侧开窗位置恰好正对现在该区窟群最外侧的护坡墙。这表明，K47附近的一系列洞窟及护坡墙均为K48废弃后所建。在K47、K49两处的青灰墙上还发现数处朱书、墨书题字。

三　沟西区北部石窟群

利用2010年春季发掘间隙，我们对沟西部分区域做了重点调查。在沟东北部石窟正对面的山体转角处发现了一些遗迹现象，遂决定于2010年秋冬季进行发掘，结果新揭露出一处石窟寺组群，其以北可能还存在遗迹。

从已发掘的情况推测，沟西区北部石窟群为上下至少是4层结构。由于山体崩坏，遗迹损毁较严重。最高一层仅在最西面残存一僧房窟，其余部分完全崩毁。第2层遗迹也几乎破坏殆尽，仅余最东侧的中心柱窟。第3层尚有部分残存。第4层在最下层，因而保存遗迹相对较多。现已揭露面积约600平方米。由于气候原因，下层的遗迹尚未完全揭露。已发现的遗迹有中心柱窟、禅窟和僧房窟。

中心柱窟在窟群东端，当位于该窟群自上而下的第2层。该窟系凿山而成，前半部分崩坏，具体形制不明。后甬道直接开凿在山体内，左右甬道及中心柱则开凿在山坡上，其上加砌土坯形成，甬道地面抹白灰。甬道顶部绘莲花，两壁上部绘成排立佛。佛像祖右，跣足踏莲花，手势各异。佛像带头光、背光，或罩伞盖，或罩华盖。下部为垂三角纹饰带。后甬道内侧壁转角处壁画所绘形象较奇特，内容待考。后甬道中部及两端在略高于地面处各开一像龛，像已毁，仅存背屏。左、右甬道中部两侧各有一小像龛，右甬道内侧像龛残存人物壁画，并发现塑像手指残块。左甬道内侧像龛尚存立像双足，甬道外侧崩毁，情况不明。

在中心柱窟西侧、从最下一层直至与中心柱窟窟顶平齐处，残存一堵用土坯垒砌的高墙，墙体宽约1米。该墙将中心柱窟与西侧窟群分为两部分。

在中心柱窟以西、高度略低于中心柱窟残存两处禅窟。最西侧部分，在最低一层已揭露两处僧房窟，横券顶。僧房窟后壁均凿一小禅窟。这两处僧房窟都有后期改建的痕迹。

初步估计这组石窟群是以最东端的中心柱窟为核心而建。由于尚未完全发掘，结构布局的诸多细节尚不清楚。

四　沟东区南部地面佛寺

2010年4月，对鄯善吐峪沟千佛洞进行保护性发掘期间，经由当地居民提供的线索，我们还揭露了一处回鹘时期地面佛寺的主体部分。

新发现的回鹘地面佛寺位于沟东区南部，处于山间豁口斜坡上，面西背东，西面正对沟西的霍加姆麻扎。据我们调查，佛寺附近及南北两侧山上还有众多遗存，这里似为一处地面佛寺群。

该回鹘佛寺系依山坡而建。大体按山坡的形势，略向下挖后用土坯垒砌而成，因此形成逐级抬升的布局。已揭露区域为佛寺最东面，亦即最后面的部分，其西、南、北三侧都还有遗迹。已揭露部分包括一处佛堂和一组生活设施。

南侧为佛堂，平面呈方形，面阔5.8、进深5.8米，用土坯错缝垒墙。佛堂内用红土烧成的方砖铺地。堂内中部偏后处残存像座。像座由土坯错缝垒砌，现残存3层土坯。像已毁。从倒塌堆积中出土的塑像残块可知，原佛堂内塑像应为贴金彩妆。佛堂四壁下部残存壁画，部分壁画描金。壁画内容主要为回鹘供养人礼佛行列，有的供养人旁附回鹘文题名。据此可知，该寺院建于高昌回鹘时期。

佛堂前降一级台阶即为前室。前室系由佛堂南北两边墙体前部外侧分别加砌一堵墙向前延伸筑成。平面呈长方形，面阔7.4、进深约3.5米。地面亦铺红方砖。墙抹白灰，转角处涂朱色条带。前室中部有4级台阶通往下层，台阶宽约1米。两侧为后期在台阶上堆土形成的漫道。台阶以下为未发掘区域。

与佛堂相邻的北部区域为生活设施区。据墙体痕迹可知，其营建时间晚于佛堂。发现有灶和用于储存生活用品的小室及储物坑等。倒塌堆积中还夹杂大量的麦草、动物粪便等腐殖物。由于北、西两侧还未发掘，其结构尚不明晰。

五 结语

从已发掘的情况来看，吐峪沟沟东和沟西区石窟均是多层式的组群布局，以礼拜窟为中心，左右上下开凿僧房窟、禅窟及其他生活用窟。礼拜窟一般建在整个区域最显著的位置，除绘有壁画外，通常在地面铺砖或抹白灰。

新清理的沟东、沟西两处礼拜窟的壁画风格均显现出较早的时代特征，与中亚犍陀罗风格较为接近，而与河西、龟兹、于阗等地都有所不同。我们初步推断，两处礼拜窟开凿于公元5世纪前后，属于吐峪沟早期的洞窟。

在多处洞窟前还清理出门道、台阶、殿堂等重要遗迹，并发现多处洞窟改建、维修乃至封闭等迹象，为解决吐峪沟石窟部分洞窟开凿次第、洞窟组合等问题提供了重要线索。这些迹象又与《西州图经》对于吐峪沟丁谷寺"寺其（基）依山构，揆巘疏阶，雁塔飞空，虹梁饮汉"的描述相印证。

2010年的发掘中还发现大量的多种文字的文书及印刷品，包括汉文、粟特文、藏文、回鹘文、婆罗迷文等。这些文书有佛经写本、世俗文书和古书注本等。部分文书保存较完整，带有卷轴，并有纪年题记。文书字体风格最早的为公元4、5世纪。此外，还有绢画、纸画、纺织品及其他遗物。这些都为研究吐鲁番地区历史文化提供了宝贵的新资料。

总之，经过该年度发掘，我们对吐峪沟石窟的营造年代、形制布局、洞窟组合等问题有了更深了解，同时也对吐峪沟石窟艺术与其他地区的关系有了不同的认识。相信随着考古工作的进一步开展，吐峪沟石窟将为研究古代佛教石窟、古代建筑、新疆地区佛教区域特点等学术课题提供更多的宝贵资料。

撰稿人：陈 凌 李裕群 李 肖

参考文献

● 中国社会科学院考古研究所边疆民族考古研究室、吐鲁番学研究院、龟兹研究院：《新疆鄯善吐峪沟石窟寺遗址》，《考古》2011年第7期。
● 中国社会科学院考古研究所边疆民族考古研究室、吐鲁番学研究院、龟兹研究院：《新疆鄯善县吐峪沟石窟寺东区北侧石窟发掘简报》，《考古》2012年第1期。
● 中国社会科学院考古研究所边疆民族考古研究室、吐鲁番学研究院、龟兹研究院：《新疆鄯善县吐峪沟石窟寺西区北侧石窟发掘简报》，《考古》2012年第1期。

新世纪中国考古新发现（2001~2010）

吐峪沟石窟沟东区北部

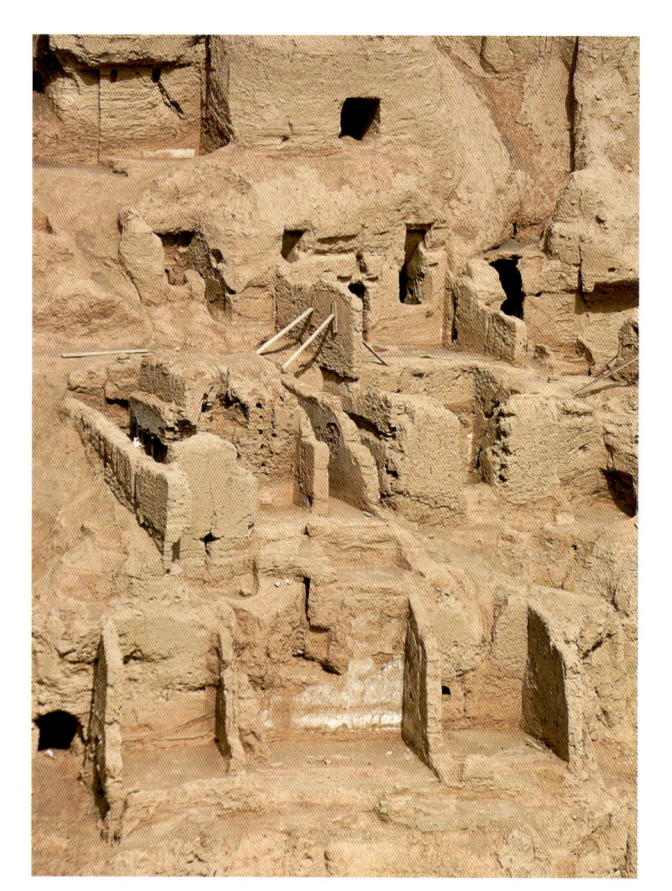

K18中心柱

K18及邻近洞窟

回鹘地面佛寺

西区北侧中心柱窟后甬道

352

○ 新疆鄯善吐峪沟石窟寺遗址

K18 左甬道外墙壁画局部

西区北侧中心柱窟后甬道壁画局部

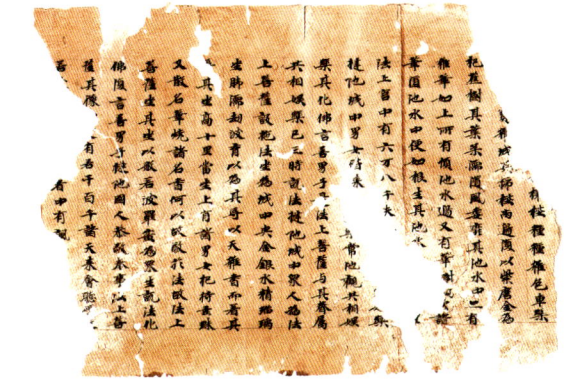

东区北部石窟出土《放光般若经》写本残片

回鹘佛寺出土壁画残块

东区北部石窟出土绢画残片

东区北部石窟出土画笔

西安北周史君石椁墓

一 引言

2003年6~10月，西安市文物保护考古所在西安市未央区大明宫乡井上村东距汉长安城遗址5.7公里处发掘了一座墓葬。该墓与北周安伽墓相距约2.2公里。墓内出土石门、石椁、石榻、金戒指、金币和金饰等珍贵的文物，其中石刻上均采用浮雕彩绘贴金作装饰，经初步观察，图像内容涉及汉文化和祆教等。据石椁上的题刻记载，墓主姓史，为北周凉州萨保。这是继虞弘墓、安伽墓发掘后有关中西方文化交流的又一重大考古发现。

该墓为长斜坡土洞墓，由墓道、天井、过洞、甬道和墓室等组成，全长47.26米。坐北朝南，方向186度。该墓共有5个过洞和5个天井。墓道和墓室之间有两重封门，第一重为砖砌封门，第二重为石封门。门楣和两侧立柱上均浮雕缠枝葡萄、忍冬、飞天和守护神。两扇石门上均饰彩绘贴金，彩绘大部分已脱落，仅存飞天和莲花等图案。

墓室东西长3.7、南北宽3.5米。由于盗扰和坍塌，墓室顶部情况不清，现四壁残高0.5米。墓室中部偏北出土1座石椁。石椁为歇山顶式殿堂建筑，坐北朝南，面阔5间、进深3间。石椁由底座、四壁和椁顶组成。底座用2块石板拼合而成，四边都伸出椁壁之外，四周均雕刻有浮雕纹饰。石椁四壁由12块石板构成，包括石椁门扇2块、横枋1块和门槛1块，其中四角转角处都是曲尺形整石。各石板之间的接缝处上方，均扣有铁质"细腰"（也称银锭榫），石板两侧、石板与底座之间用直榫连接。四壁分别浮雕有四臂守护神、祆神、狩猎、宴饮、出行、商队、祭祀和升天等题材的图案。在人物面部、服饰、身上佩饰、器物、山水树木和建筑构件等一些重要部位施有彩绘或贴金。雕刻内容与风格带有十分明显的西域特色。椁顶由5块石材拼合而成，其中4块放在椁身上面，四边宽出椁身，形成屋檐，并用朱砂绘出仿木的建筑结构。屋顶部分由一块整石雕刻而成，内部有明显的凿刻痕迹。

在石椁南壁椁门上方的横枋上，发现分别用粟特文和中文刻写的题刻。题刻文字共51列，其中粟特文33列、中文18列。从中文可知墓主人为"史国人也，本居西土……迁居长安……授凉州萨保"，于"大象元年（579年）薨于家，年八十六。妻康氏。以其二年（580年）岁次庚子正月丁亥朔廿□巳日，合葬……"这是目前发现的有明确纪年的、最早的粟特文和中文对应的题刻，这为粟特语言文字的研究提供了珍贵资料。

石椁内出土石榻一个。石椁内壁尚残留有朱砂分栏的壁画，现仅存部分树叶和葡萄纹。椁内顶部用朱砂绘有建筑结构。由于墓室已被严重盗扰，骨架散乱于石椁内外。经初步鉴定，出土的骨架有人骨和兽骨，人骨未见火烧痕迹，分属一男一女两个个体。石椁内出土金戒指、金币和金饰各一枚，同时出土一件陶灯，残碎不能复原。

二 石椁浮雕

史君墓石椁四壁的浮雕内容丰富，下面对其进行重点报道。

（一）石椁南壁

南壁是石椁正面，8块石板和石块拼成，共分5个开间。当心间由两扇椁门、横枋和门槛组成。椁门在当心间的中央，为关闭着的板门两扇，门环为铁质，已锈，仅存两孔。每扇各有门钉4路，每路5钉，每扇共有门钉20枚。门的两侧刻有宽3厘米的门框柱。门上有一长方形的石块，两端插入两次间的屋柱上部凹槽中作为横枋，上刻有粟特文和中文题刻，由于墓葬曾被盗扰，文字现已部分残缺。门槛两端插入屋柱下部。门槛有6级台阶，两端分别刻有两对狮子和4

个童子，这一题材尚属首次发现。两次间采用高浮雕雕刻手法分别刻有脚踏小鬼的四臂守护神。两再次间的正中各有一个直棂窗。窗的上部各有四个伎乐，两侧各有一个侍者，窗下各有一个戴口罩的人首鸟身鹰足穆护，肩生双翼，手持火棍，其面前各设火坛。

（二）石椁西壁

由两块石板拼合而成。4个立柱将浮雕画面分成三个部分，从南到北依次编号为W1、W2、W3。

W1画面为一个神正在对周围众生讲经说法。画面上部中心有盘坐于莲花宝座上的神像，身后有背光，头挽小髻，面有髭须，右臂弯曲上举，右手小拇指上翘，左臂微曲，左手置于胸前，袒右肩，披帛搭于左肩上。神像右下方的毯子上跪坐一对男女，男子两手合十，向上伸举。在神像的左右两侧及左下方各有三个男子。画面下部右侧的椭圆形毯子上也跪坐着五个男子，双手合十置于胸前。这些人周围有狮子两只、雄鹿、羚羊、绵羊、野猪等各一只。画面最下方是荷叶和水波，水波中有两只水禽。

W2画面中心为一座砖砌木结构的建筑，一对夫妇怀抱婴儿端坐其间。男主人头戴宝冠，身穿圆领窄袖长袍，腰束带，盘腿而坐，右手抱一男婴。女主人头戴宝冠，身披裘皮披风。在女主人右侧站立两位侍者，右边一位怀中抱一瓶。台阶上放置两个瓶子，台阶下卧有一犬。画面下部右侧有山石和水波，左侧有一匹鞍辔俱全的马，马前有一位跪坐的男子，马旁边站立一位侍者。

W3是山石、树丛中商队狩猎和出行的场面。画面上部正中偏左有一位骑马弯弓射箭的男子，头戴虚帽，身穿交领紧身窄袖衣，腰束带，腰下悬挂有箭袋。马前有五只动物，其中一只已经中箭倒地，其余四只依次是雄鹿、羚羊、野猪和兔子。骑马男子左后侧有一匹马，右后侧有一名侍者，左手上举架隼。山石和树木间还有四只犬。画面下部是由马、骆驼和驴组成的商队。商队最前面是两个骑马的男子，一人腰上悬挂着箭袋。他们身后是两头驮载货物的骆驼，骆驼后面有一个头戴"船"形帽、骑在马上的男子。在两头骆驼右上方，有两匹马和一头驴驮载货物并行，驴位于两匹马中间，后面有一个右手持鞭的男子。骆驼脚下有水波纹。

（三）石椁北壁

由4块石板拼合而成。北壁从建筑结构看原应有6个立柱，分为5个开间，由于受石材尺寸的限制和画面内容的需要，在两次间少了两根立柱，整个北壁仅雕刻四根立柱。但画面从内容上看仍为5个部分，从西到东编号为N1～N5。

N1画面内容反映的是商队野外露宿和贸易的场景，可分为上下两个部分。画面上部中心位置为一个帐篷，门帘上卷，帘上栖有两只小鸟。帐篷内男主人盘腿而坐，头戴宝冠，身着翻领窄袖长袍，腰束带，右手握一长杯，脚穿长靴。帐篷外树木茂盛，空中大雁飞翔。帐篷前靠右侧的椭圆形毯子上跪坐头戴毡帽的长者，胡须较长，身着翻领窄袖长袍，腰束带，带下悬挂腰刀，右手握长杯，两人对坐，作饮酒状。帐篷两侧有三位侍者。帐篷门前和椭圆形毯子之间卧有一犬，帐篷下方为四个男子率领的商队，有两匹骆驼、两匹马和一头驴。商队中间有两位男子正在交谈，其中一位肩上搭有货物，两匹驮载货物的骆驼跪卧于地。

N2画面为男女主人在家中宴饮，画面中心为砖砌木结构带回廊的建筑。正中间端坐男女主人，男子头戴宝冠，右手握长杯，左臂搭靠在身后的隐囊之上，身穿圆领窄袖长袍，腰束带，带下悬挂腰刀。女子头戴冠，右手握一小杯，身披长袍。男女主人周围有三个伎乐，右侧一位弹奏箜篌，左侧和身前者均弹奏琵琶，在两个弹琵琶的伎乐之间站立一位侍者。男女主人前面跪坐一位侍者，左手持杯上举，身前放置一个长柄胡瓶。回廊中有四个侍者，手中捧持有物。台阶下右侧有三人，右侧为伎乐，手拍腰鼓，中间站立一人，左侧一人长袖飘舞，左腿抬起作舞蹈状。

N3画面为男女主人骑马出行，分上下两部分。上部为五个男子，正中一位为男主人，头顶上有一把曲柄伞盖，马旁边站立一位举伞盖的男侍者，主人头戴虚帽，身穿长袍，腰束带，骑在马上准备出行。男主人马后有两个骑马送别的男子。男主人马前有一位男子，腰挂长剑，已骑马前行。画面下部主要为女眷出行。女眷前面有一位骑在马上的男子，腰悬箭袋。其后为三个骑马的女眷，头戴裘皮风帽，正中间头顶有曲柄伞盖的为女主人，身披裘皮披风，女主人马右侧站立一位举伞盖的女侍者，马左侧有一犬。

N4画面为男女主人在葡萄院中宴饮。在成熟的葡萄院中，正中间的毯子上坐有五位男主人，毯子中间放有三个装满食物的大盘。五个男主人身后均靠有隐囊，其中四人正举杯饮酒；左侧者正从盘中取食物。毯子外面有四个弹奏的伎乐，右侧两个伎乐分别弹奏箜篌和琵琶，左侧两个伎乐分别吹奏横笛和拍打腰鼓。男主人毯子下方跪坐着两位男侍者，身前均放有一个酒壶。画面下部的毯子上坐有五位女主人，毯子中间放两个装满食物的大盘。五位女主人均身穿交领宽袖长袍，这是石椁上唯一一次出现中原女子服饰，其中右侧三人持杯饮酒，左侧两位似正取食物。女主人毯子外侧有两位伎乐，两位伎乐均为女子，右侧的一位吹笙，左侧的一位弹奏琵琶。在女主人毯子前面右侧有一个跪坐的女侍者，右手举长杯，身前有一个酒壶。毯子前面左侧为水波纹，水波中间有两个装有花草的花瓶。

N5画面分为上下两个部分。画面上部为山峦和茂盛的树木，山上有一洞，洞中有一位盘腿侧坐的老人，身子弯曲前倾，右臂弯曲前伸，右手拇指上翘，食指和中指并拢前伸，仅腰上围有衣物，上身和下肢裸露，跣足。老人身前有一个瓶，洞外有一只犬，伏首立于老人面前。画面下部有两个落入水中的男子，水中有荷叶和两只水兽，落水者回首惊恐地看着向他们游来的水兽，两手上举，伸向从天上飞来搭救他们的两个飞天，这两个飞天身后还有一个项上有联珠纹璎珞的飞天，右手托一个装有物品的大盘，左手拿一花瓶。

（四）石椁东壁

由2块石板拼合而成，4个立柱将浮雕画面分成三部分，从北向南编号为E1、E2、E3。

E1中间以山和云朵将画面分为上下两个部分。上部正中有一个正面盘坐于圆环中的神像，面庞周正庄严，头戴宝冠，右手握三叉戟，上举于头右侧，左手叉腰，手腕皆戴镯，盘腿而坐，右脚置于左脚上。身着圆领窄袖衣，肩披长帛，下着紧口裤。其坐骑为三头牛。圆环上部覆有拱形飘带，两侧各有一个带翼飞天执其两端。主神右下方有三个头戴宝冠的神。主神左下方有一男一女，皆跪坐于椭圆形地毯上，上方为一男子。画面下部为起伏的山峦，山上树木为绿色，山坡上有两只犬，颈下挂铃。山下有一个雕栏的拱形桥，桥头有一对望柱。桥左侧站立两位祭司，戴口罩，穿圆领窄袖长袍，足蹬高筒靴，腰束带，双手持火棍。桥上方和望柱上分别刻有两团火焰。桥面上两只羊、一只羊羔和两头骆驼从左向右行进。

E2中间的祥云和瑞草将画面分为上下两个部分。上部正中为两匹向左飞奔接引的翼马，下面一匹马头顶日月。两匹马的左上方为头戴宝冠的飞天，左手持一物，身穿圆领窄袖长裙，腰束带，赤足。飞天右边和下方均刻有莲花图案。下面一匹马左边有一个似正从空中坠落的人，头挽小髻，四肢向上，左右两手分别握有一物。画面下部为一拱桥，桥上有向右行进的行列，亦与 E1 的驼队相连贯，走在前面的为三个大人和一个小孩，四人身后为两匹马，后面跟随着五只动物，有驴和牛等。桥下水中有莲花和荷叶，水波中间有两只水兽张口上视。

E3 上部似为天国图像，占据了画面绝大部分。正中为一对骑翼马的男女，男子头戴宝冠，冠上飘带向上扬起，右手食指和小拇指上翘，左手张开。女子右手食指和中指上翘，左手张开，肩上的披帛向后飘起。画面右上方为两个头戴宝冠导引的飞天。骑翼马两人周围还有四个发髻不同的伎乐飞天，均肩有双翼，居左上方者弹琵琶，右前方者吹奏横笛，右下方者弹箜篌，左下方者吹奏排箫。伎乐飞天下面有飞奔的狮子、牛、骆驼和羊，其后半身皆化为回环漫卷的云纹（或为卷草）。动物以下为河岸山石，石上点缀着少许植物。河水与 E2 相连，水中有三个水禽。

从石椁东壁的浮雕内容看，画面既各自独立，同时彼此之间又有紧密的联系。E1、E2、E3 的粉本实际上是一幅完整的画面，因石椁模仿木构的殿堂，而被 4 个立柱分成 3 部分，但画面的内容紧密相连。根据画面中人物与动物的总体走向，不难看出这套叙事画面是从 E1 向 E3 渐次展开的。这与当时所流行的手卷的绘画次序相同，可能有类似手卷形式的粉本存在。

E1 刻一个光环环绕的主神，右手持三叉戟，坐骑为三头牛，疑为祆教的某尊神。该神左下方跪在地毯上的人应为墓主人夫妇，右下方为三个头戴宝冠的神。E2 自右向左的飞天和两匹翼马与整套画面总体走向相逆，应为来接引墓主人夫妇。E1、E2 下方为拱桥，桥头有两个祭司和两个火坛，山坡上有两条狗，桥上是众多人物与驼马等的行列，桥下为两个水兽。E3 画面为墓主人夫妇骑着翼马，在飞天导引下，由四个伎乐飞天护卫升入天国。

三　结语

史君墓是继虞弘、安伽等墓之后，6 世纪入华粟特人墓葬的又一次重要考古发现，意义重大。

墓中出土的石椁，是国内出土的一系列入华粟特人石刻墓葬资料的重要部分。这与在粟特地区 Kashka-darya 发现的骨瓮上戴口罩的祭司站在火坛前的形象相同。入华粟特人的丧葬习俗虽然还保持有一定的祆教信仰，但随着不断东迁，他们也逐渐接受了一些汉族人的丧葬习俗。石椁上的画面既反映了粟特人的丧葬仪式，也反映出墓主人死后升入天国的思想。

值得注意的是，入华粟特人的葬俗在逐渐汉化，同时，在粟特文化的影响下，汉文化传统也发生了变化。近年发掘的虞弘、安伽和史君等墓均为粟特贵族墓葬，墓主人身份较高，葬具多采用石棺床和棺椁，并刻有浮雕彩绘贴金。但自魏晋南北朝以来，特别是隋唐时期，大量入居中国的粟特人及其后代，很多仍采用粟特人葬俗，这些人的墓葬可能随葬品很少，也可能无任何随葬器物，墓葬形制已采用了汉人土葬的形式，因此发掘时要特别留意骨骼的采集和测定，这将为我们更多地了解入华粟特人的丧葬习俗和祆教信仰提供更多的实物资料。

撰稿人：杨军凯　孙福喜

参考文献

● 西安市文物保护考古所：《西安市北周史君石椁墓》，《考古》2004 年第 7 期。
● 西安市文物保护考古所：《西安北周凉州萨保史君墓发掘简报》，《文物》2005 年第 3 期。

石椁南壁

石椁西壁

○ 西安北周史君石椁墓

石椁北壁

石椁东壁

西安唐长安城大明宫丹凤门遗址

一 引言

丹凤门是唐长安城大明宫的正南门，其遗址位于今西安市新城区二马路与自强东路之间的革新街南口。2005年9月至2006年1月，中国社会科学院考古研究所西安唐城队对丹凤门遗址进行了全面发掘，取得了重要的考古成果。

丹凤门遗址的位置早在1957～1959年对唐长安城进行大规模考古勘探时就已经确定，残存的遗址为一东西长49.6、南北宽29、高2米余的土丘，上面占压有现代房屋建筑。

二 地层堆积

除了门道内还保存有历代的文化堆积以外，丹凤门遗址的大部分遗迹表面被现代房基、排水管道、煤渣等叠压。门址西面3个门道保存较好，地层堆积和包含物比较清楚。现以西起第二门道的清理结果为例，介绍门址的地层堆积状况。

地层堆积可分为五层。第1层为表土层，属现代活动面。第2层为近代扰土层。第3层为唐代以后的堆积层，包含有少量唐代砖瓦块及唐以后文化遗物，分布在门道的东、西两侧，可能与唐代以后在门址上掏挖砖石等活动有关。第4层为门址废弃时的堆积，在门道范围内都有分布，夹杂有大量唐代的砖瓦、红烧土块、灰烬、白灰墙皮以及陶、瓷器等，应为门楼烧毁时坍塌形成的堆积。第5层为红烧土灰烬层，夹杂有大量的木炭灰等，可能是唐代晚期门楼烧毁废弃时的活动面。第5层之下是唐代初期修建门址时的夯土层，表面可见许多夯窝，被烧成红色，部分地方有烧结的青灰色硬面。在清理完唐代遗迹面之后，对唐代的门址夯土基座及其下的地层作了钻探和解剖，表明该门址直接建筑在生土之上。

为了解门址夯土基座南、北边缘以及隔墙的夯土基槽情况，我们在门址中部的南、北两侧断崖外各开挖解剖沟。发掘结果表明，南面的基槽夯土残存厚1.8米，底面基本平齐；夯土南缘距南面断崖1.6米，南端底部略向上弧；夯土之下为生土。北面的基槽夯土结构基本与南面相同，厚度为2.2米（现地表比南面高）；夯土北缘距北面断崖3.8米。

三 遗迹

丹凤门址是用黄土夯筑而成，由东、西墩台和5个门道、4道隔墙，以及东、西两侧的城墙和马道组成。

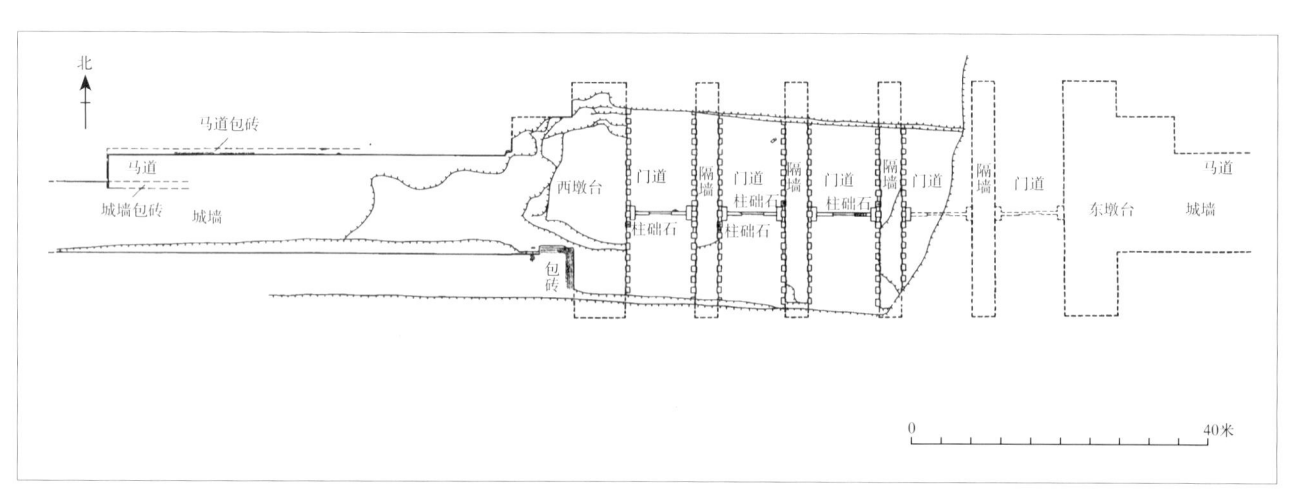

门址平、剖面图

其中，门址西部的3个门道、隔墙、墩台以及城墙和马道保存状况较好；而东起第二门道之东半部以东的各部分则破坏严重，仅剩下最底部的夯土基础。在墩台和马道边缘还发现部分包砖遗迹。整个门址基座东西长74.5、南北宽33、保存高度为2米，唐代地面以下的基槽深2.2米。门向为北偏东1度20分，恰与含元殿中轴线方向一致。

（一）墩台

西墩台保存较完整，在现今地面以上尚存高2米余。东墩台则破坏严重，仅存夯土基槽，但钻探和发掘情况表明，其形状、大小及折角等均与西墩台几乎相同，故可据此进行复原。

西墩台的平面大致呈"凸"字形，突出部分面向西，并与城墙和马道相连。南北残长24.1、东西最宽处为14.7米。南端边宽6.9米，然后呈直角北折，与西侧城墙的南边相接。北端边宽6.9米，然后分两次呈直角向南折，最后与西马道的北沿相连接。

西墩台西南角残存少量长方形青灰色包砖及斜向包砖压印痕迹。其中，折角以西的包砖凹入墩台夯土内，使包砖的南边与西城墙的南边相平齐。折角以南的包砖尚存有上下叠置的三层。西南角包砖遗存以西还可见到唐代地面的残迹，东部稍高，向西略低，路土厚0.2厘米。东部地面上还发现乱砖铺设的小片地砖遗存。

（二）门道

门址共有5个门道。西侧3个门道的保存情况较好，而东起第一门道已经破坏无存，东起第二门道也仅存西半部分。从现存的门道遗迹，以及东部夯土基础的轮廓与西部夯土基座的形状和大小均相对应等现象判断，这5个门道的形制及大小相同。

所有门道内现存地面皆呈红色，大部较平坦，表面还部分保留着密集的经烧硬的夯窝，而未发现一般门道面上常见的车辙、铺砖或铺石等痕迹。鉴于现存地面被烧成红色，其上还覆盖有一层红黑夹杂的烧灰堆积，故推测当时门道内可能铺有木地板，后被火焚毁。

每个门道的东西轴线偏南2米处均设一道东西向的门限，其南、北两侧呈人字形缓斜坡状。门限由木门槛、立颊石和门砧石三部分组成。木门槛位置居中，安置于夯土门槽内，均已烧毁，在西起第二门道和中门道的门槽内尚保留有较多的木炭痕迹。立颊石位于木门限的东、西两端，但仅西起第一门道和中门道尚遗留有残石。中门道的立颊石保存稍好，青石质，侧竖放，表面打磨成青黑色，素面；在其北半侧凿出长方形凹槽，以安置木门槛。立颊石的东、西两侧有南北纵向的长方形门砧石坑，砧石均已无存。砧石坑多残破，仅位于中门道东侧者保存最完整，坑壁整齐，坑底有沙子和碎石片的垫层。

门道的东、西两侧也即夯土隔墙边缘，有南北向顺排的长方形排叉柱础坑。坑底部从上至下普遍铺有沙子、土和碎石片等三个垫层。排叉柱的础石大多已遗失，仅在西部3个门道内零散地残留有4块，均处于原位，形状及表面处理处理方式相同，中心皆有长方形卯眼。础石的表面均发现相同的加工处理痕迹，即以础石中心、卯眼靠夯墙的内侧边为界线（与排叉柱之间隔墙的墙面相平齐），靠墙一侧隐埋的半面较粗糙且有刻槽，而靠外侧露明的另外半面则打磨得较光滑，表明排叉木柱应为半明柱。另外，根据础石和础石坑的一边略埋入夯墙等迹象判断，当时的施工程序可能是先夯筑门址墩台基础，至门道面时即挖坑放置排叉柱础石，然后再继续夯筑墩台和隔墙。

在西侧3个门道内的排叉柱坑之间，清理出4处柱间隔墙（即门洞侧墙）的痕迹。西起第一门道的西侧夯土隔墙壁面上尚保留着贴附的填屑碎砖。西起第二门道的西侧排叉柱坑间发现有侧立砖、残砖和填土组成的柱间墙底部遗存，其墙皮还有残迹。中门道东侧，门限以南残存柱间墙，墙面外侧平整，底部涂有红色的脚线，有的地方显露出2～4层白灰墙皮，表明后期曾进行过多次修缮性的粉刷。根据上述门洞两侧排叉柱之间隔墙的位置，以及排叉柱础石光面和糙面（也即隐埋部分和露明部分）的界线，可以测得门道的落空跨度为8.5米（墙皮对墙皮）。

另外，在西起第二门道的东北部地面上，还清理出一块长方形青石，呈东北—西南方向摆放，底面平整，上面两端略圆弧，中间横有槽形的残缺。这可能是位置移动后的止扉石。

（三）隔墙

门道之间有隔墙，系在门址夯土基座上夯筑而成。共有4道，但最东侧的一道已被破坏。隔墙的两壁均较陡直，夯层非常清楚。隔墙的南、北两端已被破坏成断崖，一些排叉柱坑上方的隔墙墙面上发现有几处明显的木柱烧灼痕迹。

门址基座的北侧断面上可清晰地见到隔墙下的基座夯土层比墩台和门道下的同层夯土位置略低，呈弧形下沉状，可能是墙体承受上部城楼的重压所致。

（四）城墙

门址墩台的东、西两边均连接有夯土城墙，应为大明宫的南宫墙。根据文献记载和考古勘探结果，此城墙同时也是隋代大兴城和唐长安城北城墙的东段，也就是说，大明宫的南宫墙是延用已有的城墙，并不是新筑的。

门址东侧的城墙仅保留有夯土基础。西侧城墙则保存稍好，南侧部分破坏较甚，已接近唐代地面，但边缘仍比较清楚，并可看出墙面向上略有收分；城墙北侧与马道并排相连。

（五）马道

共发现2条，对称分布于门址墩台东、西两侧，沿城墙的内侧筑成，皆呈长条形。东侧马道仅存基槽部分，但边线和转角仍较清楚。西侧马道保存略好，最高处位于唐代地面之上0.5米。部分边沿尚保存有包砖内侧的填屑砖，其边沿平直整齐，但外侧的包砖多已遗失，仅在原位发现1块残砖及少量铺砖痕迹，由此可知西马道的包砖宽度为0.4米。西马道的西端部分呈缓坡状，外缘遗留有南北向直线排列的2块堵头残砖。此外，在西马道西端的西、北两侧还发现有路土迹象。

与西马道西端的堵头砖相平齐，城墙夯土在此处内凹0.4米，并残留有顺排成一线的3块堵头砖，这可能属于马道南侧城墙包砖部分的残迹。马道和城墙的夯土之间未发现分界线，夯层的情况也表明两者是混筑而成。

四　遗物

遗物大部分出土于门道内及门址两侧的唐代废弃堆积中，绝大部分为建筑材料，另有部分日用器物等。

（一）建筑材料

种类包括长方砖、方砖、板瓦、筒瓦、瓦当、鸱尾，以及铁钉、石夯锤等。

长方砖数量最多，共计100余件，其中较完整者65件，均为灰陶。多数表面光素，背面模印绳纹。另外还发现了带文字和手印纹的长方砖残块各1件。

方砖数量较少，皆为残块。均为灰陶，背面饰有绳纹。可分素面砖、"青掍"砖和花砖三种。花砖较多。素面砖表面呈青色，无纹饰；"青掍"砖的表面发黑，较光滑；花砖的表面多印有莲花纹，还发现瑞兽葡萄纹等。

板瓦较多，皆残。多是光面漆黑色的"青掍"瓦。瓦体大而厚重，厚度多在3.8厘米左右。

筒瓦较多，皆为残块。表面光滑细致，瓦体大而厚重。种类有光面布纹里的灰瓦、"青掍"瓦和绿釉瓦，也有少量红瓦，其中以"青掍"瓦最多。

瓦当相对较多。表面呈灰色或漆黑色，均饰复瓣或单瓣莲花纹。复瓣莲花多为6瓣，花瓣凸出，似浮雕状，蕊部为莲蓬状或凸球状。

鸱尾发现4件较大残块，表面均为漆黑色。

铁钉发现8件，多已锈蚀。包括直钉6件、泡钉2件。直钉多为方形，泡钉则有方形和圆形两种。

石夯锤发现1件，已残。用青石制成，呈圆锥状，外表光滑，表面还有铁箍的痕迹，顶部中心有圆形榫眼。

（二）日用器物

数量较少，皆残损。器形包括碗、罐、器盖、盅、枕、瓮、坩锅等。

五 结语

丹凤门为唐代大明宫的正南门，上面建有巍峨高大的丹凤楼，与北面的含元殿相对并有御道与之连接，西侧有建福门，门外设有百官待漏院，官员们在此等待入宫早朝。丹凤门是高宗以后的皇帝进出宫城的主要通道和重要国家政治活动举行的场所。

丹凤门是唐高宗龙朔二年（662年）大明宫大规模扩修时，于长安外郭城北墙东段上开凿的。当时还为了在此门南面开辟宽阔的丹凤门大街，特意从原来的翊善坊和永昌坊中劈出一条路来，使原来的两个大坊缩变成4个小坊。唐肃宗至德三年（758年），丹凤门曾改名"明凤门"，但不久又复称"丹凤门"。丹凤门的最后毁弃年代应与大明宫的最后废弃时间相一致，即天佑元年（904年）朱全忠胁迫唐昭宗迁都洛阳，毁长安宫室百司，自此大明宫成为废墟。

关于丹凤门的形制，过去有两种说法。一是古代文献所记载的五门道制，如唐人李华的《含元殿赋》记有"其南则丹凤启涂，遐瞩荆吴；十扇开闭，阴阳睢盱"，唐人李庚的《两都赋》也记载"其内则有太极承端，通址含元……涵太液之清澜。龙道双回，凤门五开"。另外，宋代吕大防所制《长安城图》石刻图也清楚地标记着丹凤门有5个门道。另一种说法是三门道制，主要是根据1959～1962年间进行初步考古钻探和调查的结果（当时绘有门址平面图）而提出的，并据此认为文献记载是错误的。后一种说法自公布以后几十年来，已被大多数学者所接受和引用。这次全面考古发掘揭露出丹凤门为五门道的形制，修正了以往考古钻探的初步结论，证实了相关历史文献的记载，最终解决了有关丹凤门形制的学术争议。

丹凤门遗址的墩台，其规模之大、门道之宽、马道之长，均为目前隋唐城门考古之最，体现了它的规格之高和宏大气派，唐长安城的正南门明德门也相形见绌。丹凤门遗址的发掘还使唐代大明宫乃至长安城的布局问题得到合理解释。依照过去三门道的说法，丹凤门的中轴线与含元殿等三大殿的中轴线存在较大的偏离，这次发掘表明它们应该是一致的。发掘表明丹凤门址的东西跨度近200米，与含元殿的东西跨度以及文献记载的丹凤门以南丹凤门大街的宽度（约合176米）都是基本相称的，表明当初对宫内主要建筑的分布和对应关系有系统的规划。

撰稿人：龚国强　何岁利　李春林

参考文献

- 中国社会科学院考古研究所西安唐城队：《西安市唐长安城大明宫丹凤门遗址的发掘》，2006年第7期。
- 陕西省文物管理委员会：《唐长安城地基初步探测》，《考古学报》1958年第3期。
- 中国科学院考古研究所：《唐长安大明宫》，科学出版社，1959年。
- 中国科学院考古研究所西安工作队：《唐代长安城明德门遗址发掘简报》，《考古》1974年第1期。

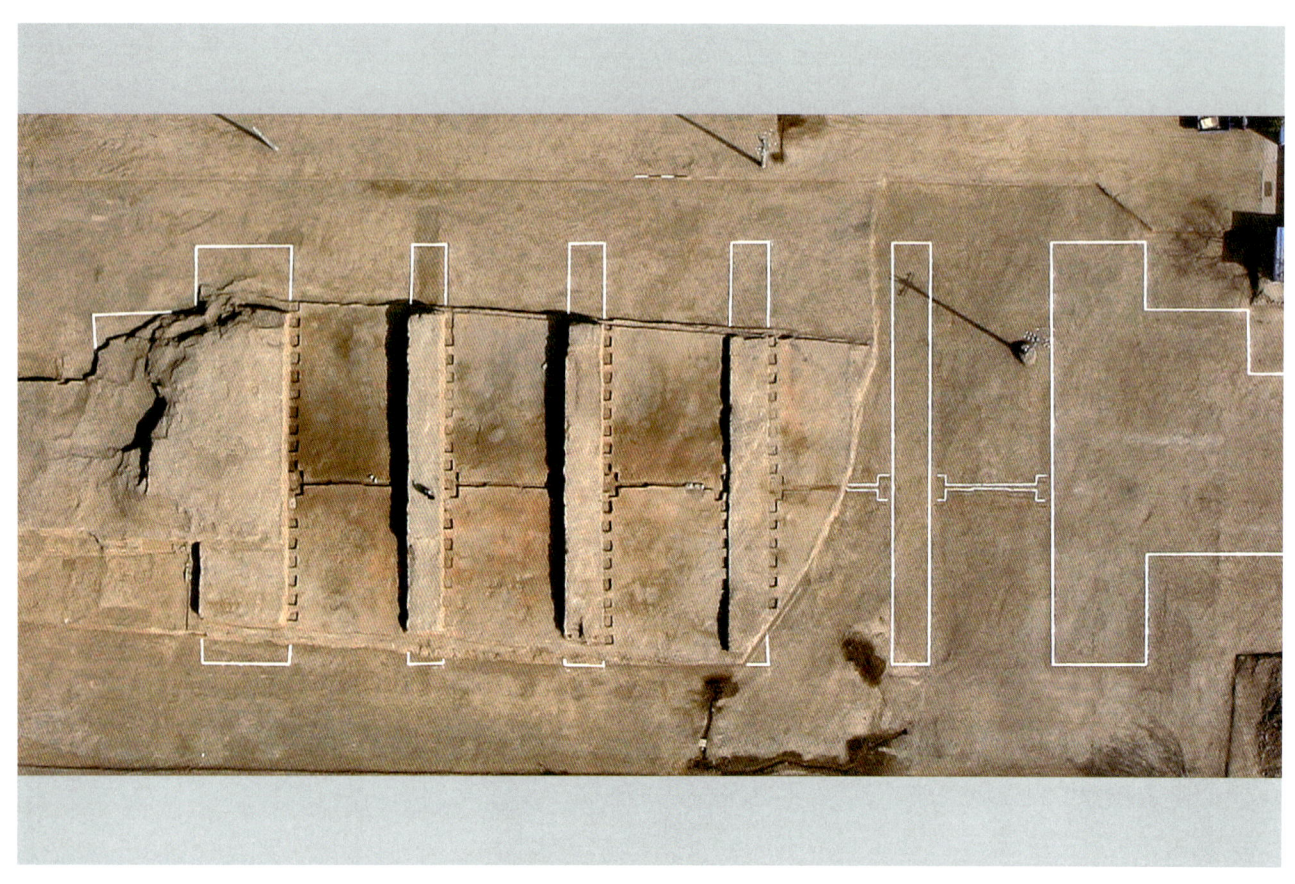

丹凤门门址

门址转角包砖

○ 西安唐长安城大明宫丹凤门遗址

门址隔墙和排叉柱坑

地砖

铭文砖

铭文瓦

瓦当

西安唐长安城大明宫太液池遗址

一 引言

唐都长安城东北部的大明宫是唐王朝内政外交的中心，唐朝21个皇帝中有19个在其中听政和居住。宫城中以太液池为中心的园林建筑区荟萃了唐代园林建筑艺术的精华，可谓中国古代皇家园林的杰出典范。太液池皇家园林遗址位于西安市未央区大明宫乡孙家湾村西南、龙首原高地的北侧。

太液池遗址的正式考古工作始于1957~1959年，当时进行的大规模考古钻探使遗址的位置和范围得以大致确定。至1998年冬，又对太液池遗址进行了复查性的钻探。2000年春，对遗址南岸、蓬莱岛南岸和新发现岛屿等进行了试掘，初步了解了地层叠压关系及有关建筑等情况。2001年中国社会科学院考古研究所（简称"考古所"）、日本奈良国立文化财研究所（遂后改制为"日本独立行政法人文化财研究所奈良文化财研究所"，简称"奈文研"）确定了唐长安城大明宫太液池皇家园林遗址考古发掘的合作课题，双方组建了中日联合考古队，开始了大规模正式发掘。至2004年底，先后在太液池遗址西岸、北岸、池中岛屿和南岸等地进行了5次发掘，取得了一系列重要成果。

二 遗址概况

太液池有东西两池。西池较大，平面略呈椭圆形，东西最长484、南北最宽310米，面积约14万平方米；东池较小，平面略呈圆形，南北长220、东西宽150米，面积约3.3万平方米。池底最深处距现代地表达5米多。遗址普遍的地层从上至下依次为耕土层、近代扰土层、唐以后文化堆积层、晚唐文化层或淤泥层、生土层。

各岸间存在明显差别。太液池东南池岸为龙首原北坡的延伸，岸面较狭窄、陡斜，岸沿陡直，系用太液池中的淤泥夯打而成，沿面底部有护岸木挡板及外侧的单排柱洞痕迹，个别柱洞的底部或壁部还残留有木渣和红漆痕迹，有的转角部位还残留有砖砌的挡墙。西岸北段为夯土岸，岸面平坦、宽阔，底部普遍铺垫一层残碎的砖瓦，砖瓦层下面为浅灰色的淤泥层，再往下才是生土层。岸的迎水面呈缓坡状，沿坡脚有成排的护岸木柱柱洞。北岸中西段为自然的生土岸，岸坡呈缓坡状。初步判断，太液池早先为低洼水塘，太宗和高宗时期才整修成理想的园林水面。

三 道路与建筑遗迹

（一）道路

太液池的东南岸、南岸、西岸边均有与池岸走向基本一致的道路痕迹，主要是车辙和路土面。特别是在西岸边发现了宽15~25米左右的大道，路面尚存有车辙痕迹。大道西侧清理出排列成一线的小坑15个，

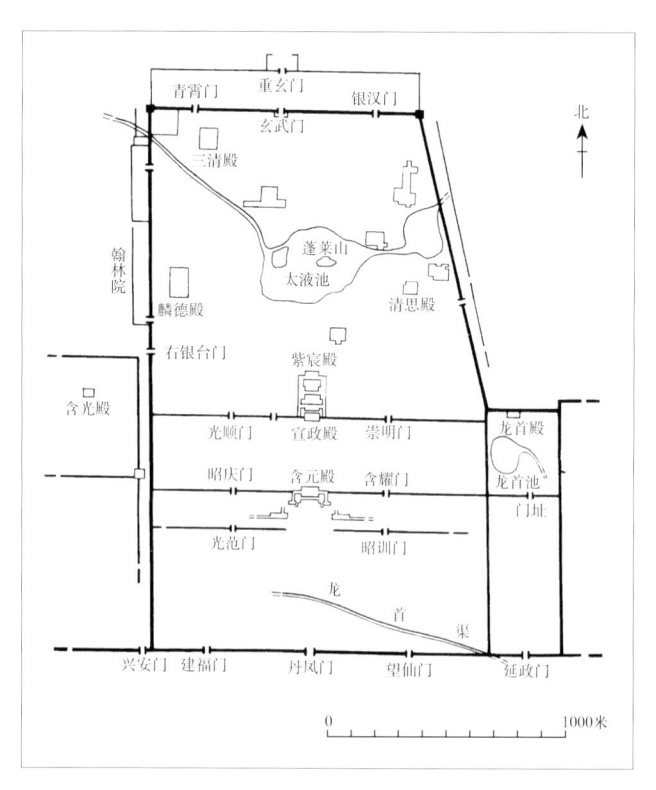

唐大明宫平面布局

个别砌有壁砖，底部有水锈，可能为渗水井，而多数坑体较浅，坑底无水锈，推测可能是路边的花坑或树坑。

（二）建筑遗迹

在太液池池岸上，已揭露出多处不同类别的建筑基址。

殿址　在龙首原北坡、太液池南岸二级台地上，清理出1处夯土殿基。该殿基坐南朝北，北面有对称的双阶。殿基表面较平，有铺砖痕迹，其上有网状分布的础石坑，坑下有承础石的遗存。此殿位于大明宫的中轴线附近，北可俯瞰太液池全貌。《长安志》卷六"东内大明宫"条曾记"……紫宸殿后有蓬莱殿……蓬莱（殿）后有含凉殿，殿后有太液池"，故从位置上推测，该殿址可能就是含凉殿。

廊院基址　西岸清理出廊庑建筑基址2座。一座保存情况稍好，基本与池西岸平行，略呈东北—西南走向，单开间，尚存数个廊柱础石，东侧有较厚的夯土墙，推测该廊庑为单面空廊。另一座保存状况较差，仅存3个廊柱础石，略呈东南—西北走向，也是单开间，推测为双面空廊。这两座廊房相距很近，走向互相垂直，但它们是否有连接关系，因破坏情况严重而无法确定。它们证实了《旧唐书·宪宗本纪》、《唐会要》宪宗元和十二年（817年）作蓬莱池周廊四百间的说法。

太液池的南岸、龙首原北沿上揭露出1处大型廊院建筑基址的局部，共清理出南北向和东西向的长短廊道各4条、南北向和东西向的独立夯土墙各1道。其中，发掘区西南部的1号廊道两侧残留部分砖铺散水，为单间的双面空廊，推测应为主廊道。其他旁侧廊道相对短窄，两侧也残留部分砖铺散水，类型既有双面空廊，也有一侧带夯土墙的单面空廊。一些夯土墙上残留有白灰墙皮和红色壁画痕迹，特别是填土中出土的一些白灰墙皮的残块上尚留有红、绿、黄等颜色的壁画痕迹，可知当时的廊院夯墙上应有名家壁画。

这些揭露出的廊道和夯土墙呈直角连接，间隔成6个大小不等的院落（不包括发掘区边缘的其他廊院）。院落均呈长方形，主廊道东侧偏南的一个小院内西南角尚存有单层的踏阶遗迹，院中还出土了佛教石雕像的残件，故推测该小型院落可能是宫内的一处礼佛场所。

这组大型廊院建筑基址位于大明宫中轴线附近，在紫宸殿址与太液池遗址之间（钻探表明，紫宸殿址的东侧漫道廊房与该廊院群的主廊道南端相连接，紫宸殿址西侧也发现有对称的遗迹现象），东西各有几处殿址，初步推断它为前朝与后宫园林区以及后宫各殿的连接通道和过渡区。

水榭基址　在2002年太液池遗址东南岸的试掘中，在临岸的池底清理出3排走向与池岸一致、且间距均为3.6米左右的柱洞，总数达221个。靠岸的第1排柱洞共有45个，居中的第2排柱洞共117个，分大小两种，大柱两两成组，故可能是承重柱的柱孔，而分布在大柱洞内外两侧的小柱洞则应是其支撑柱的柱孔。离池岸最远的第3排柱洞排列不甚规则，分布较密集，间杂较大的柱洞。根据柱洞的分布规律及其临水、依岸等特点，可初步推测这几排柱洞可能是一处干栏式木构水榭建筑基址。

干栏式建筑基址　太液池北岸和其南侧新发现的岛屿之间发现1条平面略呈折角双翼形的大沟，沟底清理出了由15个空间组成的较完整的干栏式建筑基址。其中，中部折角处的一间略大，平面呈扇形，一边有4排柱洞，另一边则为双排柱洞。在扇形间左右两翼各对称地排列有7间，各间平面均呈长方形，间宽约3米，两边有双排柱洞。

干栏式建筑基址每间排柱的南北两端各有一个较大的土坑，内有若干个柱洞，推测它们可能是插立承重柱（由多根木柱组合而成）的磉礅坑。有些磉礅坑（主要位于该建筑基础中部）旁边还有许多小的支撑柱的柱洞。干栏式建筑基址底层为浅灰色的淤泥薄层，再下是生土层，可见其底部曾立于水中。

淤泥层上面的填土层出土了许多石构件、砖瓦、鸱尾、铁钉等建筑遗物以及陶瓷、三彩器等日常生活用品的残件，足证此大型干栏式建筑的上部架构有房屋。根据填土中大量灰烬和红烧土以及一些器物残件上的火烧痕迹，推断该干栏式建筑毁于唐晚期的一场大火。

这处干栏式建筑的位置、平面形状、用途等都较特殊，为历年考古发掘所首见。它究竟是廊桥、水殿还是属其他类型的园林建筑，还有待于研究。

亭址　2003年春，蓬莱岛东南岸的岸边清理出尚在原位的7块石础，其中1块位于中央，外围有间距大致相等的6块。从位置和排列情况来看，它们可能是圆形或六角形亭子的础石。

其他房屋基址　太液池遗址西岸由进水渠、东北—西南向廊房以及西北—东南向廊址所围成的院落中，清理出普通房屋建筑遗存3处（从南至北分别编号为F1~3）。其中，位于最南面正中的F1破坏最严重，仅存两间房屋的几块础石和少数包壁砖。偏北的F2、F3南北比邻，基址低平，未见踏阶，开间也较小，建筑等级明显较低，估计是一般的房屋建筑遗存，F3应为排房建筑。

四　人造园林景观遗存

在钻探和试掘中，我们在太液池遗址北部新发现1座岛屿。此岛原是向池中伸出的半岛的一部分，后因开挖人工沟渠而与北岸分离。岛的平面略呈长方形，南北长70、东西宽50余米，上面未发现任何建筑遗迹。这处岛屿的发现，加上早已明确的太液池主岛蓬莱岛，使得《唐诗纪事》李绅《忆春日太液池东亭侯对》诗句中提到的"三岛"的两个得以确定。

还揭露出人造园林景观遗迹二组，一组处于太液池遗址的东南岸上，由砖渣路、水井以及人工堆垒的景石等；另一组发现于蓬莱岛南岸，遗迹丰富，有中部的夯土路、东西两侧砖砌的小水池、池边叠石、卵石铺底浅槽、亭基石础、平桥、假山石群等。史书记载唐穆宗、文宗、宣宗等皇帝常邀文臣近士到此岛宴饮、赏景和赋诗。

五　给排水设施

在太液池池岸的建筑基址上均发现有水井、大小排水沟等。在西岸、南岸遗址的发掘中，发现了多处水井遗存。南岸龙首原北沿低地上清理出的6口水井多为圆形，有些井口尚存有砖砌的井圈。这些水井位置相对集中，推测应是后宫的集中供水区。太液池周岸清理出由大、小排水沟（明沟和暗沟）配套使用的排水设施遗迹。每条大排水沟两壁多用砖垒砌，两边都有若干条小排水沟汇流其中。小排水沟则或砖砌，或用筒瓦铺接，或用石刻水槽、陶水管相连。

太液池的进、出水道是维持宫中皇家园林用水和清洁水源的关键。2002年秋对遗址西北水渠的发掘清理中，在多处位置解剖了渠下游的淤泥层并测量了水平高程，发现该水渠底部由西北向东南逐渐降低，故可确定太液池西北角的水道为进水渠，而太液池遗址东北角水道应为出水渠。

六　出土遗物

太液池遗址出土的遗物有砖瓦、石构件、陶瓷器、铜铁器、骨器、玻璃串珠、贝雕、封泥、螺蚌壳等。

砖瓦等建筑材料最多，包括条形墙砖、方形地砖、板瓦、筒瓦、莲花纹瓦当、鸱尾等。包括大量经渗炭处理、表面光滑黑亮的"青掍"砖瓦以及少数绿色和褐色的琉璃瓦。一些砖瓦上还模印有工匠姓氏、年月、窑名、吉祥语等，如"匠杨氏"、"昭七年"、"六王官砖"、"天八安门官瓦"、"左策戊寅"、"使窑"、"天下太平"等。

石雕包括柱础石、石雕像、石插座等，特别是南岸一处小院内出土的残石象，象背披有雕刻的莲花纹鞍，上置莲花宝座，座顶平整，中心有榫孔，可见宝座上面原还置有雕像，或为普贤菩萨像。

陶瓷器以白瓷为主，也有黑瓷、青瓷、三彩和红陶器、灰陶器等，器形有碗、盘、枕、盒、注壶、唾盂等。许多是来自各地名窑的贡品，如带"官"字刻款的白瓷碗有可能来自邢窑、定窑，而"盈"字刻款的白瓷碗应为唐宫大盈库定制、由邢窑烧造并进贡的高档白瓷。还有仿金银的白瓷葵口碗、白瓷唾盂、白瓷盒、绿釉瓷碗、绞胎瓷枕等。陶器除了背水壶、瓶等器物和力士像、仕女像外，还有出于蓬莱岛南岸的陶质假山石。它们在大明宫含元殿遗址的窑址中曾有发现，或为《营造法式》提到用以造景的"泥假山"、"盆山"。

铜铁器有铜泡钉、铜合叶、铜饰件、砝码、铁钉等。其中，钉装于木器上面的铜饰件，形状与日本平城京遗址中所出的同类器非常相似。铜钱主要为"开元通宝"和"乾元重宝"。

太液池遗址还出土有封泥残块，其上有"……度观察处置等使上柱国赐紫金……"的墨书文字，还有压有"府之……"的朱印以及五彩斑斓的花鸟形贝雕、玉石围棋子、刻划"网格"的陶质围棋盘以及骨质骰子等。

七 结语

太液池规模宏大，面积占据了后宫大部分。其"一池三山（岛）"的配置表明唐代皇家园林继承了汉代以来的道家园林思想。广阔的水池、堆筑的假山以及其他园林建筑景观遗迹表明，太液池皇家园林属于典型的人工山水风景园，意在通过模拟天然风景，为皇帝家族创造理想的休憩环境。园林因地制宜的规划设计，周岸各种建筑物错落有致、疏密有序的合理配置，系统的给排水设施，以及通过地势和周围宫殿院落造景、借景的手法，无不体现着唐代造园技艺的成熟、高超。

唐太液池遗址的考古工作是我国目前最为系统全面的古代园林考古发掘工作，借此，太液池这座神秘皇家园林得以重见天日，为中国古代都城考古、园林建筑史以及中日古代皇家园林比较等研究提供了重要资料。

撰稿人：安家瑶　龚国强　何岁利　李春林

参 考 文 献

- 中国社会科学院考古研究所、日本独立行政法人文化财研究所奈良文化财研究所联合考古队：《西安市唐长安城大明宫太液池遗址》，《考古》2005年第7期。
- 中国社会科学院考古研究所、日本独立行政法人文化财研究所奈良文化财研究所联合考古队：《唐长安城大明宫太液池遗址发掘简报》，《考古》2003年第11期。
- 中国社会科学院考古研究所、日本独立行政法人文化财研究所奈良文化财研究所联合考古队：《西安唐长安城大明宫太液池遗址的新发现》，《考古》2005年第12期。
- 中国社会科学院考古研究所、日本独立行政法人文化财研究所奈良文化财研究所联合考古队：《西安唐大明宫太液池南岸遗址发现大型廊院建筑遗存》，《考古》2004年第9期。

太液池南岸廊庑

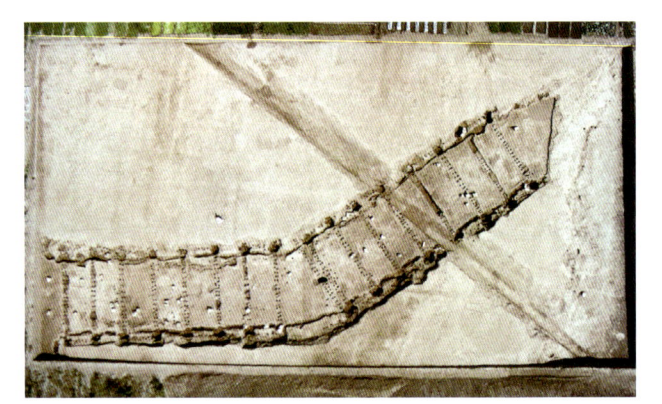

蓬莱岛景石群

干栏式建筑基础

石栏板

○ 西安唐长安城大明宫太液池遗址

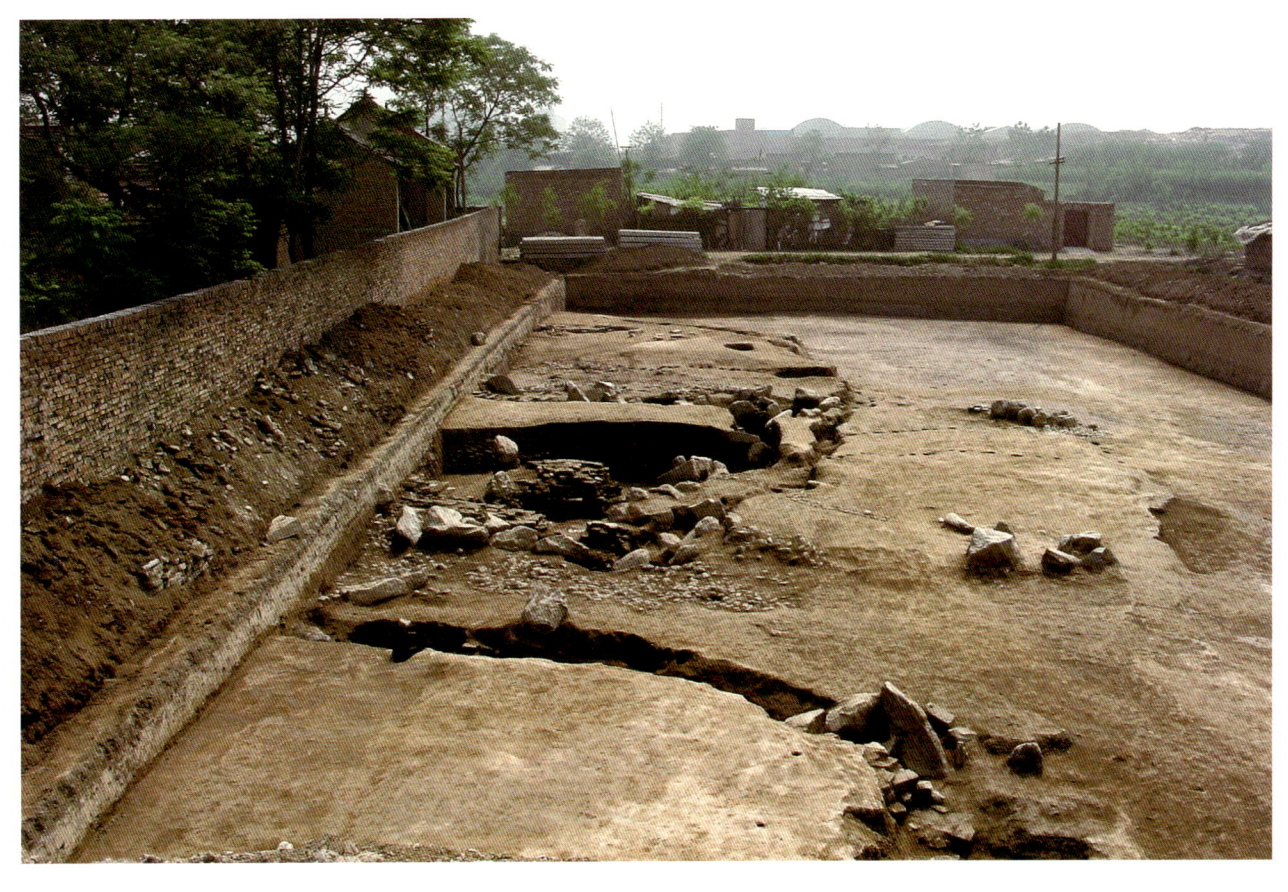

蓬莱岛南部遗迹（西→东）

瓦当

白瓷碗

陶仕女像

莲花纹地砖

陕西蓝田五里头北宋吕氏家族墓

一 引言

陕西省蓝田县五里头村位于蓝田县城西北五华里处，2005年冬，村北一座古墓葬被盗掘，出土大批精美瓷器与青铜器。2006年12月，陕西省考古研究院奉命组队对该区域内被盗古墓葬进行抢救性发掘，截止2009年12月，田野考古工作基本结束，历时三年，共发现家族墓园一座、清理北宋墓葬29座、出土文物665件组、勘探家庙遗址一处。

二 墓葬与兆沟

2007年至2008年先后对被盗墓葬周围地区进行两次大范围普探和两次重点区域内的详探，确定了墓园是由墓葬群、东、西、北三面兆沟、正南方家庙遗址组成。清理的29座墓葬中有成人墓20座、婴幼儿墓9座，为竖穴墓道、平顶或拱顶土洞墓室，方向北偏西，深度8.5~15.5米。墓道东、西两壁设三角形踏窝各一排，供上下墓室使用。

婴幼儿墓的墓室窄小低矮，少见葬具，多铺1~2块方砖为底，其上置尸骨。因其多有砖、石墓志并附着于祖辈墓葬上部土层中，故而能够确认。

成人墓葬可分为五种形制，即单室、前后双室、并列双室、主室代侧室、单前室双后室。

单室墓葬共计14座，墓道位于墓室南端，平面呈长方形或梯形，长方形土坯叠压垒砌封门，墓室为南北向长方形，北端往往设壁龛以贮放墓志。葬具置于室内正中，大部分属夫妻合葬，各设一椁一棺或同居一椁分双棺并置成殓。骨骼保存较差。随葬品放于椁外围，棺、椁之间和棺、椁上部。该型墓葬在墓地的较早时期常见。

前后双室墓共计2座，墓道底部高于墓室底部，形成坑式墓室。主墓室位于墓道北端，平面呈南北向长方形。正中置棺椁。后室位居前室后部偏东北方，平面仍为长方形。正中置棺椁，骨骼保存差。前室主人属男性，后室主人属女性。前、后室间界以生土隔梁。

并列双室墓共计2座，竖穴墓道下部北壁开设拱形门洞，仍以长方形土坯垒砌封门。南北向平面为长方形的两座单墓室并列，二者间设生土隔梁做墙。整体呈北宽南窄之扇形。室内正中摆放棺椁，骨骼保存较差。随葬品仍位居棺椁周边，一些体积小、做工精巧的实用物则置于棺内。墓志放于头前壁龛中。此型制见于较晚时期。

主室带侧室的墓葬1座（M26）。竖穴墓道下端北壁设主墓室之拱形门洞，主墓室平面为南北向长方形。棺椁置于正中。椁外围排放随葬器物。主室左下方又置长方形侧室，与主室间有生土隔梁为界，室内正中放棺椁，随葬品较少，主要放于椁侧。骨架保存极差。

单前室双后室墓葬亦为1座（M2）。竖穴墓道底面高于前室底面，前室较宽阔，室内居中摆放一棺一椁，骨架保存状况较差。随葬品主要置于椁外侧与东、西两壁间，双后室并列排布于前室东北与西北方，二者间有生土隔梁，东后室面积较大，基本与前室相当，随葬器物也相对丰富，棺椁置于室内正中，骨架保存状况不好。西后室较小，居中设单棺，棺中骨骼为侧身曲肢，保存状况略好于前室与东后室墓主。从骨骼特征及随葬器物分析，前室主人为男性，东、西侧室均属女性，但身份有明显差别。

该批墓葬中有一特殊之处，即"空穴"。空穴是纵向置于墓室之上的部分，形制简单，平面为长方形，开口于竖井墓道北壁，室内未见任何遗迹遗物，也不见使用痕迹。其作用有两种推测，一是防盗掘；二是具有减压功能，可以有效减少墓室所受压力。

使用空穴的墓葬共计3座，全部集中于"大"字辈兄弟的墓葬排列线上，深度也超过其他墓葬。

与墓葬发掘同样重要的是对墓地东、西、北三面兆沟遗址进行探沟解剖，目的是印证所谓兆沟是否属人为修建并揭示其形制结构与用途。

墓地东兆沟走向、形制与勘探资料基本吻合。因处于坐北向南的坡地，东沟有排水的功能，在历经千年水流冲刷后，东、西两壁壁面多次坍塌，沟壁平缓内堆积大量淤土，包含物稀少，沟底有少量细沙。

西兆沟东、西两壁平缓有坍塌，包含物少、沟底有细沙层，也有排水功能。

北兆沟保存状况最好，南、北两壁基本完整，包含物稀少，沟底面较硬、未见明显沙层。因其呈东西向，自北向南的水流不会注入沟内，故而破坏较少、原始形制得以保全。

三 家庙遗址

吕氏家庙位于墓园正南方500米处，该区域现为五里头小学占用，20世纪80年代中期因吕氏家庙房屋失修存在危险而被校方全部拆除。调查与勘探结果表明家庙为坐北向南三进院，建筑为砖木结构，前有门庭，中有正堂，后为四合院。经探沟解剖证实，吕氏家庙建筑堆积约7层，现最上层残留遗迹为清末至民国初建筑。最下应为北宋吕大临四兄弟所建吕氏庵云阁寺，金代毁于战乱，明朝蓝田县政府拨专款在其废墟上重建并命名为吕氏祠堂。后世多有维修、扩建。相关石刻已保存于蓝田县蔡文姬博物馆内，如今地面上两株宋代苍柏依然挺立，遗址门前路旁草丛中青石柱础、门槛尚存。

四 出土遗物

出土文物共计655件组，质地包括陶、瓷、石、铜、铁、锡、银、金、漆、骨、珠贝类，皆为实用器。陶器数量较少，以灰陶罐、灰铲形陶砚为代表。瓷器数量多、品相好，以陕西铜川耀州窑青釉瓷为主。骊山石器是每座墓葬中必出的极具地域特点的物品，骊山石产于骊山北麓，色青灰、质疏松，多以此石为茶具、酒具和储物器。铜器不多，其中以镜类最多，可分方、圆两种，置于棺、椁盖上。铁器主要有剪刀、犁头与棺环。剪刀、犁头取其斜音为剪断尘缘、离别人世之意，故置于墓道入口处。锡属较活泼金属，所以保存状况较差。从器形看，主要有茶具、餐具。漆器有少量出土，但保存状况极差，无法提取。现、仅存一件碗状器皿，器胎已朽，仅剩内红外黑漆皮两层。金、银器很少，主要器形为饰品、妆盒类。出土器物根据用途可分为八类。

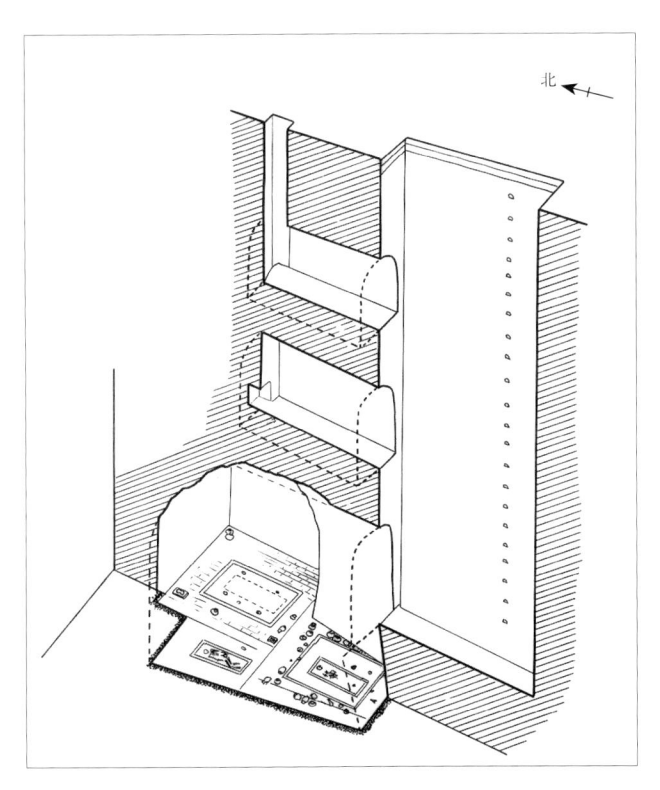

M2结构示意图

（一）餐具

该类器皿较多，以定窑出产白瓷为主，其次为耀州窑青釉瓷器、定窑酱釉瓷器。有深曲腹圈足碗、敞口浅曲腹碗、曲腹刻花钵、浅腹刻花碗等。

（二）茶具

这是出土最多的一类器形，也是最为考究精美、最能显示身份地位的，说明北宋贵族生活中品茶是相当重要的生活内容。可因用途差异分为两个系列：用于沏茶的有茶壶、兽扭深刻花盖碗、牡丹纹渣斗（存放茶渣之储器）、波斯玻璃碗、骊山石水锅等；用于烹煮沫茶的有建窑兔毫托盏、耀州窑黑托青釉刻花盏、湖田窑青白釉托盏及錾刻细致花纹的茶炉炭铲、火锥等。

（三）酒具

刻花深腹酒瓶（又名梅瓶）是墓葬中最常见物品，往往成双成组出现，因原来木塞已朽，故被误认为插梅所用。白瓷高足杯釉色洁白、晶莹剔透、精巧玲珑。而M7所出套装酒壶与温酒樽不仅表明饮酒是贵族生活中的重要组成部分，而且为耀州窑出土的深腹花口樽之用途找到了确凿证据。

（四）香具

宋代香具的出土在北方地区较为少见，该批墓葬中出有香薰、香炉、香盒、香匙、香料盒等。特别是景德镇湖田窑青白釉香薰，自然天成的青白釉色、精致的做工附上巧妙构思更显出影青瓷具的细腻润滑、雅致出众。造型别致的铜香匙是焚香过程中使用的特殊工具，而色泽青灰的骊山石香炉、"卐"字符香盒及香料储备盒均使用天然无异味、质地较疏松透气、易于加工成器的骊山石为原料。

（五）文具

包括陶、石砚台、墨、镇纸、印泥盒、印章等，尤其是豆绿色俏红边贺兰石砚、黛色三足歙砚、鱼肚白澄泥砚等较为珍贵。

（六）闺阁用具

因女性墓主较多，所以闺阁用具出土较多。主要有瓷粉盒、银质錾花胭脂盒、青釉套盖瓷盒、金簪、铜衣尺等。青釉套盖瓷盒设内、外双重盖，内盖又由两件组合而成，既可全部打开，又能只提揭中心小盖钮取物，乃本次发现的耀州窑新器形。

（七）储具

主要用于储放水、粉状、块状物体、茶叶、药品等。其中青釉刻花牡丹纹广口瓶、黑釉瓜棱腹花口盖罐、铜净瓶、骊山石盒、磨光黑陶盒等均造型美观、制作精细。

（八）礼器

M2出土一双仿周代石敦，腹壁錾刻铭文；M1出土一件仿西周青石林钟，正反面皆刻文，立面上錾"林钟"二字，查知"林钟"乃编磬中第八位之名；M25出土一件汉代绿釉陶簋。这些器物反映了北宋文坛研究周礼已成风尚，收藏观赏古器已成时好。

另外，29座墓葬共出土砖、石墓志铭24盒，通过对墓志的初步阅读，首先，可了解蓝吕氏家族的起源、先祖、分枝、徙迁之历史过程，为研究其家族的延续发展脉络提供了第一手资料。其次，明确了大部分墓主名讳，为研究其家族墓地排列提供了珍贵而确凿的证据。第三，志文中涉及北宋吏制、科举、文坛名士等诸多方面，是研究北宋政治制度、意识形态、社会生活的重要依据。

石质墓志多为一盒，盝顶式志盖上篆刻墓主职官或封号，志石近方形，阴刻楷书志文。墓志尺寸差异较大，与墓主身份、家族地位有关。砖墓志皆为铺地方砖制成，面上刻楷书，内容简单，主要用于未成年人。按照出土墓志记载，可排列出蓝田吕氏家族谱系表如下图所示。

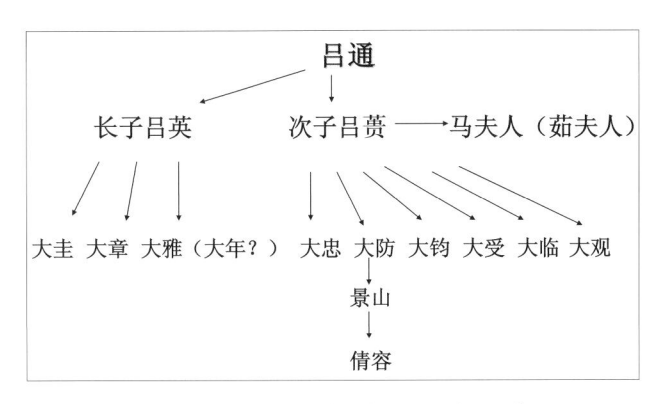

吕氏家族墓地辈分排序（神宗熙宁七年至徽宗政和元年）

五　结语

吕氏家族墓地是目前发现的保存最完整的北宋家族墓地，包括有规律排列的29座墓葬，环绕东、西、北三面的兆沟以及处于墓葬群中轴线南端500米处的家庙遗址，这应该代表了北宋家族墓地的基本构成因素和布局。

墓葬在纵向与横向排列上都遵循一定规则，吕通墓位于墓地中轴线最南端，其身后为长子吕英墓，再其后为长孙吕大圭墓。可见墓葬纵向分布按长子长孙序列。横向则按辈分自南向北依次排列，南端是家族中最高辈分的吕通，其次是两个儿子吕英与吕贲，第三排为"大"字辈孙儿成员，第四排也就是墓地中最北一排为"山"字辈重孙墓葬，第五代成员仅一位，乃吕大防孙女吕倩容，其为未出阁女子且早夭，生前深得祖父钟爱，故破例葬于大防墓上土层中。"山"字辈成员正处于北宋将亡的动荡时期，政治中心南迁后大批贵族随之南下，北方战乱并为金人占据，墓地停止使用，所以"山"字辈成员未能全部葬入此处。而同辈人埋葬的顺序尚待进一步研究。

经研究对比，可初步确定M2为吕大临墓，理由如下：M2位居"大"字辈成员排列线上，其墓主必为"大"字辈成员。"大"字辈成员共计9人，已有8人可与墓葬相对应，唯M2早年被盗、墓主名讳不详。M2随葬器中出有"大"字辈长兄吕大圭赠于大临的一双石敦，敦腹壁上錾刻吕大临职官及字号，属大临之物。

吕大临兄弟在《周礼》研究方面颇有造诣，家族墓地之排序必然经过认真考证，应反映了宋人对《周礼》埋葬制度的理解与研究，对今人研究北宋士大夫阶层家族墓地的丧葬制度具有重要意义。

墓地依山面水、北高南低、溪流环绕，为研究北宋家族墓地的选址和营建理念提供了重要资料。墓中出土的大量瓷器，特别是各种质地、窑口的精美茶具，以及砚台，定制的仿古礼器和墓主人生前收藏的古铜器都反映了世家贵族的生活情趣。

撰稿人：张　蕴　刘思哲

参考文献

● 陕西省考古研究院：《陕西蓝田县五里头北宋吕氏家族墓地》，《考古》2010年第8期。

M25　　　　　　　　　　　　　　　　　　　　M26

兽钮刻花瓷盖碗　　　　　　　　　　　　　　骊山石水锅

黑釉素面花口盖瓜棱腹罐　　　　　　　　　　黑托青釉刻花盏

○ 陕西蓝田五里头北宋吕氏家族墓

瓷茶壶

青白釉托盏

瓷碗

青白釉素面香熏

青釉刻花广口瓶

青釉套盖瓷盒

黛色三足歙砚

铜香匙

杭州雷峰塔地宫

一 引言

吴越国（896～978年）的首府杭州，是同时期中国佛教遗迹遗物发现最多的地区，这与吴越国崇佛的历史密切相关。吴越国王钱俶"凡于万机之暇，口不辍诵释氏之书，手不停披释氏之典"。他统治两浙三十年间，于境内造经幢，刻佛经，两次铸造"八万四千"阿育王塔。他兴建的寺院宝塔不计其数，如重修灵隐寺，创建慧日永明院（今净慈寺），建造六和塔、保俶塔等，还修建了烟霞洞、慈云岭、天龙寺、飞来峰等同时期少见的摩崖石窟造像，使杭州成了名副其实的东南佛国。在这些佛教遗迹中，最富代表性的就是皇妃塔（入宋后改称雷峰塔）。

咸淳《临安志》、淳祐《临安志辑逸》记载，雷峰塔是吴越国末代国王钱俶为奉安"佛螺髻发"动工兴建。宋徽宗宣和三年（1121年），塔院及塔身的木构建筑毁于睦州方腊起义的战火。南宋定都杭州后，孝宗乾道七年（1172年）至宁宗庆元元年（1195年），僧俗出资对雷峰塔进行了全面维修，使其焕然一新。明末嘉靖三十四年（1555年），雷峰塔被倭寇焚毁，仅存砖砌塔芯，此后，再也没有重修。1924年9月25日，失修近四百年的雷峰塔轰然倒塌，"西湖十景"之一的"雷峰夕照"名存实亡。雷峰塔遗址即是塔体坍塌后形成的废墟堆积，位于西湖南岸的夕照山东侧平岗上，平面呈椭圆形，长45～60米，比现地面高出9～11米，宛如一座馒头状小山包。

二 地宫概况

2000年2月～2001年7月，为配合雷峰塔重建工程，经国家文物局批准，我们分两阶段对雷峰塔遗址进行了考古发掘，总发掘面积近4000平方米。2000年2～6月为发掘第一阶段，我们清理了近1万立方米废墟堆积，搞清了塔身的形制、结构、规模、层数等相关问题，得知雷峰塔初建时即为5层砖塔，历代遭破坏的仅是塔院及塔体的木构部分，砖砌塔身未受波及。遗址出土了银阿育王塔、金铜造像、石菩萨头像、铜镜、铜钱以及大量石经、铭文砖、建筑构件等。许多塔砖模印着"辛未"（971年）、"壬申"（972年）等五代纪年，有助于了解雷峰塔的初建年代。2000年12月～2001年7月为发掘第二阶段，我们清理了地宫及塔基、外围遗迹。发现塔基基本完整，地宫保存完好，保持了初建时的原貌。重修于南宋的道路、踏步、散水、僧堂等外围遗迹亦有所发现。地宫

1924年倒塌前的雷峰塔

内出土了内藏金棺的纯银阿育王塔、金铜盘龙佛像、鎏金银盒、鎏金银垫、鎏金银腰带、玉童子、玉钱等51件（组）文物。

出土的钱俶手书《华严经跋》残碑和内奉"佛螺髻发"、象征"金棺银椁"的纯银阿育王塔足以证明雷峰塔是一座供养佛舍利的佛塔。地宫于壬申年，即开宝五年（972年）营建，塔体完工于宋太宗太平兴国二年（977年）。考古发现的该塔形制、结构与吴越国后期的苏州云岩寺塔（虎丘塔）、杭州六和塔（今存者为南宋依照五代式样重建）一致，而规模为同时期佛塔之最。塔基废墟中出土的石刻残塔图上残留的飞檐、平座、栏杆等木构建筑，可帮助我们了解雷峰塔初成时，楼阁式外表的原貌与南宋重修后不久宫廷画家李嵩作的《西湖图》上雷峰塔外表接近。结合吴越国境内现存仿照木构楼阁式塔雕造的石塔，如闸口白塔、灵隐寺双石塔等，可掌握五代仿木结构佛塔的情况。雷峰塔这种套筒式回廊结构楼阁式大塔是我国古塔繁荣期的杰作，体现了吴越国高超的建塔工艺，对后代辽宋时期的佛塔影响很大。

地宫修建于塔基正中心的塔心室下方，塔落成后从未开启，代表了五代时期江南地区地宫的基本形制。塔心室的首层砖砌地面距离地宫口上部的石盖板2.6米，这部分上部1.3米为砖砌，下部1.3米为夯土。地宫为竖穴，平面呈方形，四壁及底面均用砖砌，与中原地区唐宋佛塔地宫常见的横穴式迥然有别，也不同于全由石板搭建的金华北宋嘉祐七年（1062年）万佛塔、宁波南宋绍兴十四年（1144年）天封塔地宫。雷峰塔地宫内壁边长0.6、深0.72米，墙面、地面用黄泥和石灰粉刷。地宫以主尊佛像的面向为准，朝东南南向，与雷峰塔东面入口的方向基本一致，而四角则基本对应正东、南、西、北。地宫内装饰与唐宋时期地宫壁面涂刷红褐粉或有简单彩绘不同，在主尊佛像两侧及对面壁面上粘贴鎏金小铜佛和毗沙门天王像，庄严隆重，显然规格更高。地宫口用宽0.92、厚0.13米的石灰岩盖板封顶，上覆盖厚0.3米的堆土。堆土上又覆压一块边长1米，重约750公斤的顶石。顶石上部再用夯土填筑，夯土面上有四个柱洞，推测是修筑地宫时树立遮风挡雨的临时性支撑柱之用。

三　出土遗物

地宫内出土遗物有铁函、金银器、鎏金铜器、玉器及玛瑙饰件、漆木器、铜镜、铜钱、玻璃瓶及料珠、丝织品、经卷等10类。以金银器为主，当是吴越国王室的供奉品，等级很高，工艺精美，其中内藏金棺的纯银阿育王塔、以盘龙作支撑柱的鎏金铜佛像、"千秋万岁"铭鎏金银盒、镂刻"千秋万岁"银钱的鎏金银垫、形制完整的鎏金银腰带、玉童子造像及玉"开元通宝"钱等均系首次发现。

纯银阿育王塔，高35.6厘米，由基座、塔身、四角的山花蕉叶和塔刹等组成，塔身藏有奉安"佛螺髻发"的金棺。基座方形，四面开龛，内有一尊禅定佛。塔身四面镂刻佛本生故事，有舍身饲虎、割肉贸鸽、月光王施首、快目王舍眼等内容，四角各有一只金翅鸟，塔身最上层为忍冬及兽面纹。四角的山花蕉叶上镂刻佛祖出生、在家、出家、说法等内容的佛传故事画面。早年出土的阿育王塔，多为铜、铁等普通金属铸造，而地宫所出则为纯银质地，且完整无缺，甚为罕见。塔身雕镂异常精美，人物形象清晰生动，是研究阿育王塔来源、题材等不可多得的资料。

鎏金铜佛像，高68厘米。由背光、佛像及莲花座、盘龙柱、双层须弥座、长方形底座五部分组成。其做法为先铸好各部分，预先留孔和备榫，最后插接为一个整体。背光作镂空火焰状，佛穿双领下垂大衣，内衣为中间结带的僧祇支，右手上举施说法印，左手扶膝，结跏趺坐。座下有三爪龙盘绕的支撑柱及火焰式壶门须弥座和长方形底座，造型别致。该佛像带有浓厚的唐代风格，从盘龙的右前爪及背光、底座有断裂、修补的痕迹可知置入地宫前已在吴越国王宫中供奉多年。

"千秋万岁"铭鎏金银盒，口径20.7、高13.7厘米。圆形，外表通体鎏金，两侧衔环，盖面錾刻繁缛纤细的缠枝牡丹花，中间为两只口衔花草、相对翱翔的凤凰，四面有"千秋万岁"四个楷字，周边装饰如意云纹和缠枝牡丹各一圈。盒盖和盒身的侧面各錾刻两圈缠枝牡丹纹。

"千秋万岁"铭鎏金银垫，直径25.4厘米。圆形镂孔薄片。正中镂刻一枚圆形方孔银钱，每面捶揲"千秋万岁"楷字各一。以连珠圈分成内外两圈，外圈装饰六只展翅飞翔的鸿雁，周边铺陈枝蔓缠绕的忍冬纹。内圈为两对嬉戏的鸳鸯，四周镂刻池莲。"千秋万岁"铭鎏金银盒、银垫，制作精细，纹饰富丽，展示了吴越国高超的金银器工艺水平。

鎏金银腰带，2条。鹦鹉纹腰带，出土时皮革保存完好，由方形銙4件、半圆形銙7件及铊尾、带扣各1件组成，銙中下部有一长条状孔，銙和铊尾的正面饰1~2只展翅飞翔的鹦鹉，以珍珠纹作底衬，背面焊接3~5枚银钉，嵌入皮革内，带扣背面还浅刻"弟子陈承裕敬舍身上要带入宝塔内"15字。如意云纹腰带，与鎏金鹦鹉纹腰带外观相近，由方形銙8件及铊尾、带扣各1件组成，銙和铊尾的正中捶揲如意状云纹并鎏金。考古发掘获得的金银腰带极少，这两条就成为研究五代时期的革带制度的宝贵材料。

玉善财童子造像，通高8.8厘米。以青白玉为料，扁平片状，祥云、身体局部为镂空透雕，正背两面阴刻细部花纹。善财童子立于浮云之上，下端有扁状榫头，竖插于方形底座上。方座中间有长条状穿孔。表面用浅浮雕与阴线刻相结合的手法表现海水波涛，侧面雕刻须弥山，象征佛教所说的"九山八海"，与雷峰塔塔基须弥座图案相同。

玉观音菩萨造像，通高4厘米。用较透明的羊脂白玉制作，双面刻花，脸面、服饰、莲花座等细部特征均为阴刻。头戴花蔓宝冠，肩罩披帛，左手托举一物，右手放于胸前，结跏趺坐于仰置的莲花座上。

玉"开元通宝"，直径2.5厘米。正面阴刻"开元通宝"四字。

雷峰塔地宫出土的这批玉器，是目前所知五代末的孤品，填补了该阶段古玉研究的空白，是继1997年临安吴越国第二代国王钱元瓘的元妃康陵发掘以后的又一次重要发现。观音、童子等人物造像的成功创作，一开宋代玉塑像大量涌现之先河。

四　结语

雷峰塔地宫是首个经科学发掘的吴越国佛塔，弥补了五代十国佛塔地宫考古的空白。从中可了解五代江南地区地宫的形制与构造、供养品的种类，为研究南北方地宫差异和唐宋时期舍利瘗埋制度提供了新的资料。雷峰塔由吴越王室建造，地位可与唐代法门寺塔相比拟，地宫中出土许多罕见文物，等级高、制作精，代表了吴越国金银器、玉器、铜器制作的极高工艺水平。银阿育王塔作为瘗埋舍利的容器，极具地域特色。

地宫出土的内奉"佛螺髻发"金棺的银鎏金阿育王塔，以及天宫出土的内置金瓶的银阿育王塔，是目前仅见的两座银塔，专为雷峰塔特制，模拟唐代以金棺银椁的最高规格瘗埋佛祖舍利，功德主为吴越国王钱俶。钱俶在位时十年间两次大规模铸造阿育王塔，由塔上铸铭可知，乙卯岁，即显德二年（955年），周世宗灭佛之年，钱弘俶造八万四千座铜阿育王塔。乙丑岁，即宋太祖乾德三年（965年），钱俶再造八万四千座铁阿育王塔，这恰与南宋志磐《佛祖统纪》中的记载相吻合。钱俶建造的阿育王塔实物，多出土于浙江、福建、河北等地五代至元明时期的佛塔地宫、塔顶及塔身中。最北见于河北定州北宋太平兴国元年（976年）静志寺塔地宫，为铁塔。钱俶当政时吴越国下辖十三州一军，相当于今浙江、上海和苏州、福州等地，目前在杭州、明州、越州、台州、温州、婺州、秀州、福州发现过钱俶造阿育王塔实物。浙江的杭州雷峰塔、东阳中兴寺塔、黄岩灵石寺塔、金华万佛塔、瑞安慧光塔、温州白象塔、宁波天封塔、海宁智标塔、桐乡崇德崇福寺塔都有发现。当时钱俶造塔不仅"布散部内"，而且还"以五百遣使颁日本"（《龙山胜相寺记》）。

佛教史籍记载，在印度孔雀王朝，阿育王开八塔分舍利，造八万四千座塔供养佛舍利并分送各地。《法苑珠林》的《敬塔篇·感应缘》载阿育王所造八万四千座塔流传至汉地者有十九座，西晋会稽鄮县（今宁波）塔即为阿育王造八万四千座塔之一，位列东土第一。

唐高宗麟德元年（664年）道宣撰《集神州三宝感通录》是鄮县阿育王塔最早的详细记载。日本奈良时代光仁天皇宝龟十年（唐代宗大历十四年，779年），真人元开（淡海三船）著《唐大和上东征传》，记录了鉴真法师六次东渡日本弘法的事迹。据校注者汪向荣先生考证，《唐大和上东征传》是以鉴真弟子台州开元寺僧思托撰《大唐传戒师僧名记大和上鉴真传》为底本。书中有的部分，特别是东渡之前在唐朝的部分，极有可能直接移用了思托的原文。文中记载，天宝三年（744年），鉴真法师第三次东渡受挫后，在阿育王寺驻留多时，曾与思托等多次瞻礼过鄮县阿育王塔。离开鄮县山阿育王寺时，鉴真还率思托等门徒辞礼阿育王塔。故思托所记鄮县阿育王塔为亲眼所见：

"其阿育王塔者，是佛灭度后一百年，时有铁轮王，名曰阿育王，役使鬼神，建八万四千座塔之一也。其塔非金、非玉、非石、非土、非铜、非铁，紫乌色，刻缕非常；一面萨埵王子变，一面舍眼变，一面出脑变，一面救鸽变。上无露盘，中有悬钟，埋没地中，无能知者。唯有方基高数仞，草棘蒙茸，罕有寻窥。至晋泰始元年，并州西河离石人刘萨诃者，死至阎罗王界，阎罗王教令掘出。自晋、宋、齐、梁至于唐代，时时造塔、造堂，其事甚多。"

同书记载唐玄宗天宝十二年（753年）鉴真法师第六次成功东渡日本随船携带之物中，除舍利、造像、佛经等三宝外，还有"阿育王塔样金铜塔一区"，所谓"阿育王塔样金铜塔"，当仿自鄮县阿育王塔。钱俶两次铸造八万四千座铜、铁阿育王塔于吴越国境内供养，并为雷峰塔特制银阿育王塔两座。雷峰塔出土者塔身四面的佛本生故事与鄮县阿育王塔镂刻的"一面萨埵王子变，一面舍眼变，一面出脑变，一面救鸽变"相合，其原型正是鄮县阿育王塔。而"阿育王塔"之称谓，又在吴越国、北宋的碑刻和实物资料上得到了印证。

撰稿人：黎毓馨

参考文献

- 浙江省文物考古研究所：《杭州雷峰塔地宫的清理》，《考古》2002年第7期。
- 浙江省文物考古研究所：《杭州雷峰塔五代地宫发掘简报》，《文物》2002年第5期。
- 浙江省文物考古研究所：《雷峰遗珍》，文物出版社，2002年。
- 浙江省文物考古研究所：《杭州雷峰塔遗址》，文物出版社，2005年。

雷峰塔地宫

"千秋万岁"铭鎏金银盒

"千秋万岁"铭鎏金银垫

吴越国王钱俶手书《华严经跋》残碑拓片

鹦鹉纹鎏金银腰带

○ 杭州雷峰塔地宫

银阿育王塔

善财童子像

内置金瓶的银阿育王塔

鎏金铜佛像

内蒙古巴林左旗辽代祖陵陵园遗址

一 引言

公元907年唐代灭亡，中国形成了又一次南北对峙的局面。这一年，五代第一个王朝后梁建立；也是这一年，契丹人耶律阿保机在北方被尊为"皇帝"，并于公元916年正式建国"契丹"，后来称"大辽"，与南部中国的五代和北宋王朝时期基本相当。

大辽国为契丹人所创建，是以汉人为多数的多民族王朝。它以西拉木伦河和老哈河流域为中心，一度占据北抵克鲁伦河流域和外兴安岭一线，东临日本海，西到阿尔泰山附近，南达河北高碑店白沟一线的广大地区。

辽朝主要有五处帝陵，即内蒙古巴林左旗祖陵、巴林右旗怀陵和庆陵，以及辽宁北镇（今北镇市）乾陵和显陵。1920年法国神甫闵宣化（Joseph.L.Mullie）较早对辽庆陵进行了调查；1922年法国传教士梅岭蕊（R.P.L.Kervyn）对庆陵的中陵进行挖掘并发现兴宗及其皇后的哀册。其后，日本学者对辽庆陵多次实测、摄影、壁画临摹，并做了相关研究。

半个世纪以来，我国学者对辽代陵寝制度的考古工作关注较少。20世纪60年代初，贾洲杰先生曾对辽祖陵进行考古踏查，这是目前所见最重要的祖陵考古资料。但其对祖陵玄宫位置的推定明显有误。70年代以后，学者多次对庆陵、怀陵和乾陵等的被盗陪葬墓进行清理，但缺乏对陵寝制度的系统考察和研究。

基于辽代帝陵考古研究十分薄弱的现状，笔者决定选择辽代开国皇帝耶律阿保机的祖陵作为研究的突破口。一是希望通过考古调查和发掘，基本弄清辽祖陵陵园的形制布局和特点；再结合文献和考古资料，探索辽代早期的陵寝制度及其历史地位。二是通过考古工作，为全国重点文物保护单位辽祖陵制定大遗址保护规划提供科学依据。

2003年10月，笔者和旗博物馆的几位同仁，坐着毛驴车，首先考察了祖陵陵园门外的龟趺山等遗址，揭开了祖陵陵园考古调查的序幕。

二 祖陵陵园的调查

祖陵陵园是耶律阿保机的陵寝之地，建于天显二年（927年），保存较好。祖陵陵园地处大兴安岭南端，位于内蒙古巴林左旗查干哈达苏木石房子嘎查西北，其东南约五里处有奉陵邑祖州城。陵园坐落于口袋形山谷中，四面环山，仅在临近祖州城的东南方有唯一的出入口。祖陵南侧的孤山漫岐嘎山，形如陵园的屏风。漫岐嘎山南侧地势较平，有沙力河由西向东经过。祖陵陵园东侧南北向山岭陡直，西侧有三条大体平行的山岭伸向东部。由南至北，可称为L1、L2和L3。我们考古调查的主要收获如下。

（一）祖陵玄宫位置

从现地表看，太祖陵前半部为土石分层混筑的人工堆积，土山两侧均有石块垒砌的护墙，后半部则为自然山体，与《辽史·地理志》的记载大体相符。推测太祖陵玄宫主体应在L3的东端山体内。

闵宣化踏查祖陵时曾发现"山后山谷草中尚卧有若干翁仲，然辽代之碑已无存矣。"现地表只有2个石翁仲个体。一个在"太祖陵"人工土丘的南侧，仅露出上半身，头部及左臂已残失，半埋在现地表中；另一残断的半节石翁仲个体卧在附近的冲沟内。我们通过试掘，在紧贴石翁仲底座西侧原地面上发现一个石雕卧犬。它们都应是太祖陵附近的重要遗存。

在L2东段发现了三处建筑基址，均有大量砖瓦构件，西侧和中间的基址规模相仿，最东者略小。西侧建筑基址发现了大量砖瓦残片和三级踏步等石质建筑构件，还采集到多块汉文楷书经幢残片和经幢构件等。这里应是文献所载的"南岭"。《辽史·地理志》载"……南岭有膳堂，以备时祭"。因此应有一条登山路，以便皇亲显贵等祭祀太祖陵。我们确实在南岭阳坡上找到一条折线的登山路，路面平整，现存多处石块垒砌的护坡，迹象明显。路的山下入口左近还有一处小型建筑基址。因为南岭上的建筑基址突兀，并有盗坑，所以贾洲杰先生误以此为太祖玄宫。

（二）祖陵"黑龙门"址

《辽史》载祖陵"门曰黑龙"。祖陵入口两侧为悬崖峭壁，中间为宽不足80米的狭窄通道。通道偏西侧有两个高起的圆形土丘，应为祖陵陵园的两个门阙址。门阙之间的门道依稀尚存。门阙两侧有土墙与峭壁相接。现残存门阙址东侧墙，西门墙被一条较大的冲沟和一条现代道路破坏。土墙两侧有石头包砌，中间填充土石和砖瓦碎片。冲沟内的小溪四季长流。

（三）甲组大型建筑基址等遗存

祖陵陵园内共发现建筑基址7处，其中以甲组建筑基址最为重要。

太祖陵玄宫的东南部，南岭东侧有一个较为宽阔的平缓地带，地表散见两个大型覆盆状柱础和两个有槽小柱础。推测这里应该是大型地面陵寝建筑基址。通过重点钻探和试掘，初步得知这是由三个单体建筑组成的"凹"字形建筑，大体呈南北向。

（四）1号陪葬墓等遗存

已初步确认三座陪葬墓。其中1号陪葬墓多次被盗，这座三正室带二耳室的五室墓级别很高。从其弧方形的墓室形制看，此墓可能属于辽代早期，有五代墓的风格。1号陪葬墓东南的山岭上发现了一处建筑基址，有石柱础和大量的砖瓦等，可能是陪葬墓的祭祀性附属建筑基址。

（五）四周山脊石墙

祖陵四周的山脊上，有人工垒砌的石墙封堵豁口或筑于平缓的山岭上，通过调查已发现30余处石墙遗迹。从其形状和建筑特点看，它们有界分茔域的作用，或与陵墓修建遵从的堪舆制度相关，而非防御设施。

需要指出的是，南岭（L2）西侧的山脊上有4段曲折的石墙，与祖陵陵园西侧山脊的石墙呈"T"字形交汇，将陵园分成南北两部分。甲组建筑基址起到了填补祖陵"南岭"与陵园东山之间缺口的作用。南岭西侧石墙当时或许与南岭东部（祖陵前面）的建筑基址相连，再衔接东侧的"甲组建筑基址"，将祖陵分为内、外两个陵区。南岭和甲组建筑基址以北，以太祖陵玄宫为中心的区域，为祖陵的内陵区（主陵区）；南岭和甲组建筑基址以南的区域为祖陵的外陵区。

（六）陵园外诸遗存

祖陵陵园外的东南部有奉陵邑祖州城。陵园黑龙门外东西两侧有多处建筑基址。其中以东侧现存石龟趺的台地基址最为重要。祖陵东南面的漫歧嘎山北麓正中的山丘上有三层台地建筑基址。下层面积最大，砖瓦残块最多，还发现绿琉璃滴水、汉字楷书的经幢残片等。这里应是与祖陵陵园关系密切的重要建筑基址。祖陵陵园两侧的多个山谷中有数座被盗辽墓，或与祖陵陪葬有关。

三 祖陵陵园的发掘

2007年起，中国社会科学院考古研究所和内蒙古文物考古研究所组成祖陵考古队，对辽代祖陵陵园遗址进行抢救性的考古发掘。2007年，清理了辽代祖陵内1号陪葬墓和陵园外东侧的龟趺山建筑基址；2008年对甲组建筑基址做抢救性发掘，获得了重要发现。

（一）1号陪葬墓

1号陪葬墓地处南岭的西南侧，与太祖陵仅一岭之隔。此墓规模较大，凿山而建，墓道朝东南。墓室内地面均铺有方砖。墓室内和墓道下有砖砌的排水设施。

墓道底部平缓，上口部分沿自然山脊呈斜坡状。

墓壁两侧有包砖，上口部分砌一层石块，并刷白灰面。墓道后部两侧各有一个仿木结构砖砌建筑，墙壁刷有白灰面，仅东端侧面有墨线勾勒的人物图像。顶部有脊瓦、板瓦、筒瓦和滴水，其下面为涂朱的砖檐椽；脊瓦东头为兽面瓦当。两建筑之间的最东端设有一个木门，铁构件尚存。近墓门处铺三层方砖。迎风墙下部为砖砌，上部为石块垒砌，均涂白灰面。

墓门为券顶，原设有木门，木地栿尚存。前室平面为长方形，弧形券顶。后部用10层方砖或长方形砖封堵前甬道。前室后壁残存墨绘花卉图案。前甬道前部两侧各有一个小壁龛，后端近中室处两侧残存木质门砧。中室、后室和两个耳室均为圆角弧方形，穹隆顶。后甬道内也有数层砖封堵后室，内侧残存木门痕迹。后室中后部有砖筑棺床，三面有壸门彩绘雕砖和雕砖支柱，西部接后壁。从出土的包金木雕龙头等构件看，棺床上原有小帐一类的葬具。小帐外的棺床表面施有彩绘花卉图案。

因为后室坍塌，并被严重盗扰，尸骨和随葬品原始位置均不详。残存随葬品主要有鎏金银器、鎏金铜器、玻璃器、瓷器、玉器、琥珀、铁器、陶器、木器、石器、鎏金铜钱、铜钱以及砖瓦等建筑构件。其中"开元通宝"鎏金铜币、鎏金双凤银饰件、镶宝石银饰件、玻璃碗、青釉龙洗、青釉双凤洗等堪称精品。

墓葬仅存几块鎏金墓志残片，所以墓主人的身份尚不清楚。但此墓前、中、后三正室的形制结构与巴林右旗庆东陵基本相同，反映出墓主人身份很高。根据墓葬形制和随葬品等特征看，此墓应属于辽代早期。

（二）龟趺山建筑基址

龟趺山建筑基址地处祖州城通往祖陵的必经之路，基址地势较高，可俯视祖州城。基址坐北朝南，为土木结构建筑。建筑平面呈长方形，面阔3间，进深3间。南侧有一门，两侧各有一个柱础石残坑。四面有土坯墙，内外均涂白灰面，地面铺有方砖。

石龟趺居于建筑中央，坐于包砖的长方形基座上。龟趺已无头。面朝南，上有龟背纹，中部有碑槽。其上石碑不存，残碑片散落在周围的堆积中。南部契丹大字碑片较多，北部汉字碑片较多。

石龟趺座周围有四个对称的方形明柱础石残坑。四面土坯墙体内发现有暗柱，每侧4个。建筑土墙外铺地砖外延达4米。根据柱网布局推断，龟趺山建筑基址应为重檐庑殿顶建筑。

石龟趺山建筑基址东西两侧都有砖石混筑的登山路。东侧保存较好，平坦部分铺长方形砖，台阶部分用长条石垒砌。

基址清理出水晶构件、"王"字戳印板瓦和变体莲花纹瓦当等。最为重要的是出土大量带文字的碑片。石龟趺上的字碑，前面为契丹大字，后面为汉文楷书，属于双语石碑。残碑中提及"天赞五年"、"升天皇帝"、"李胡王子"等，还有太祖皇弟与刘守文会盟北漳口、讨幽州、征渤海国等内容，记录了辽太祖耶律阿保机的功绩。这与《辽史·地理志》所载"太祖陵凿山为殿……门曰黑龙。东偏有圣踪殿，立碑述太祖游猎之事。殿东有楼，立碑以纪太祖创业之功"基本吻合。因此，我们推定此基址为"辽太祖纪功碑楼"。

（三）甲组建筑基址

甲组建筑基址位于太祖陵玄宫的东南部，南岭东侧的平坦地带。由三个单体建筑构成，我们仅揭露了西侧和北侧的两个（J1、J2）。

J1基址坐北朝南，为高台夯土建筑，四边侧壁有长方形砖包砌，外抹白灰面。平面呈长方形，南部有月台，上部垫有石块。J1为砖木结构，面阔3间，地面铺方砖。明柱础为雕花覆盆式；暗柱础用加工修整的不规则平石夹在砖墙内。雕花覆盆式柱础方形座边长近1米，规格很大，表明了建筑的高等级。

J1基址出土大量的砖瓦构件，有兽面瓦当、滴水、筒瓦、板瓦、鸱吻残片等，还有精美的石僧人像、残佛像、铁马镫和北宋铜钱等遗物。堆积中还出土了刻有"佛"字，或刻有罗汉人头像的残板瓦。推测其为与祭祀祖陵有关的陵寝建筑遗址。

J2基址坐北朝南，主体在砂岩土上直接垫黄土，地表铺方砖。南面和东面有石块垒砌包边。基址南侧发现一排3个莲花纹覆盆式柱础和2个柱础坑（东部石柱础移位）。砖铺漫道位于东起2与3号柱础间。建筑东、西、北三面为砖墙，南面设门窗。建筑进口推测设在东偏房（东1和2号柱础间）。墙内有暗柱，下为不规则的平石块做柱础。一处木柱残迹尚存。

J2建筑为砖木结构，由东偏房、西正房组成。东偏间（E1）为一单间，南北进深略长于西侧正房。可分早晚两期建筑。早期建筑南部被晚期地面破坏；北部为半地穴式建筑。半地穴建筑的南侧墙为石块垒砌，中部偏西的长方形平石边缘摩擦光亮，推测是当时上下的通道。地面为光滑的鹅卵石。半地穴房屋内西南角有灶台，火塘和烟道与西侧正房内的"火炕"相通。灶台北面和南面摆放7个瓷或陶瓮。推测这里是厨房性质的遗迹。E1晚期建筑地面也被破坏，黄土地面有铁菜刀、剪刀、箭头等生活用具和北宋铜钱。东、西、北三面墙基尚存，墙内柱础保存较好。

E1西墙南侧尚存一个长条形门石，两侧有门砧石。门石边缘摩擦光亮。这里有门与西侧正房相通。

西侧正房门朝东。建筑应为南向设窗，面阔3间。西侧和北侧为砖墙，墙内有暗柱础石。地面铺方砖，保存较好。在正房南、西、北三面都发现了砖石混筑的"火炕"面。炕面原抹有白灰。北炕下有3条烟道，西和南炕原为2条烟道，后局部增补1条。房屋西北墙外有烟囱遗迹。北侧和西侧还发现了3个明火坑，可能是后期补建。房内发现镰、剪刀、锅、矛、镞、马镫等铁器，以及北宋铜钱等遗物。南侧火道内清理出2把精美的铁刀。根据发掘现象和遗物推定，J2或为供祭祀祖陵的人员临时下榻之所。

四 结语

关于辽代陵墓埋葬制度的文献记载十分简约，考古学调查和发掘资料成为认识辽代陵寝埋葬制度的最重要手段。通过调查和发掘，基本厘清了《辽史》记载的祖陵诸遗存的大体方位，并极大地丰富了祖陵陵园的实物资料。祖陵陵园布局承袭了汉唐陵寝制度的精髓，又有自己的特色。这种陵园布局为辽代怀陵所承继，代表了辽代早期陵园布局的模式。

这几年的祖陵考古调查和发掘成果，是辽代考古的重要发现之一。这在很大程度上弥补了文献记载的不足，填补了辽代早期陵寝制度研究的空白，推进了辽代考古学与历史学的研究。

撰稿人：董新林

参考文献

● 中国社会科学院考古研究所内蒙古第二工作队、内蒙古文物考古研究所：《内蒙古巴林左旗辽代祖陵陵园遗址》，《考古》2009年第7期。
● 中国社会科学院考古研究所内蒙古第二工作队、内蒙古文物考古研究所：《内蒙古巴林左旗辽代祖陵陵园黑龙门址和四号建筑基址》，《考古》2011年第1期。
● 中国社会科学院考古研究所内蒙古第二工作队、内蒙古文物考古研究所：《内蒙古巴林左旗辽代祖陵龟趺山建筑基址》，《考古》2011年第8期。

辽祖陵全景（北→南）

祖陵玄宫及其他遗存位置

龟趺山建筑基址（东→西）

甲组建筑基址（东→西）

祖陵玄宫附近出土石像生

一号陪葬墓主室和棺床（东→西）

○ 内蒙古巴林左旗辽代祖陵陵园遗址

龟趺山基址出土契丹大字碑

龟趺山基址出土汉字碑

鎏金双凤银饰件（M1：239）

嵌宝石银饰件（M1：232-1~4）

青釉双凤洗（M1：134）

青釉执壶（M3：1）

甲组基址J1出土石僧人像

内蒙古通辽吐尔基山辽代墓葬

一 引言

2003年3月，吐尔基山采石矿在采石过程中发现了一座墓葬，通辽市博物馆及科尔沁左翼后旗文管所人员得知后赶到了现场进行保护，内蒙古文物考古研究所派人员到现场进行勘察。随后组建了由内蒙古文物考古研究所、通辽市博物馆、科尔沁左翼后旗文管所组成的考古队，对该墓葬进行正式发掘。

由于受田野条件的限制，我们把彩绘木棺运回呼和浩特，在国家文物局委派的中国国家博物馆、中国文物研究所五名人员组成的专家组现场指导下开棺。对棺内情况记录、绘图、照相、摄像，后对样品分类提取；对位于表层的丝织品残片、质地良好的随葬饰件以及独立保存的部分先进行提取；对棺内局部区域进行实验清理，了解文物叠压层次状态。还采用C形臂X光机对棺内进行整体探测，了解了丝织品下的骨骼走向、头、颈、胸、手腕、手掌、脚掌部位存在的金属物质的位置和数量，对下一步保护文物以及准确清理内棺起了极大的指导作用。我们又邀请专业人员对丝织品和彩绘贴金木棺及棺床进行保护，修复了漆器、金属器，分析了金属成分并进行了修复和养护。我们还和日本九州博物馆合作对彩绘贴金木棺、彩绘贴金棺床和贴金内棺进行保护和研究，和瑞士阿贝格基金会合作对丝织品进行清理和养护。

吐尔基山辽位于通辽市科尔沁左翼后旗大吐尔基山东南麓的山坡上，南距吐尔基山水库行政村约1公里，西南面有吐尔基山红领巾水库，西北有哲里木盟采石矿。该墓距通辽市50公里，地理坐标为东经122°52′13″，北纬43°38′38″，位于松辽平原西端的堆积平原。

二 墓葬结构

该墓葬开口于表土层下，地面上没有封土，墓葬方向为115度。该墓为石室墓，由墓道、天井、甬道、墓室及耳室组成。

墓道位于墓葬的南部，为长斜坡墓道，全长40.9米，最深8.2米，墓道两壁自上面下向外略有扩张。西壁已经破坏殆尽，东壁保存较好，墓道壁是用小石块垒砌的石墙，石块间以黑胶泥粘合，外侧用黑胶泥抹平。石墙的功能应是防止塌方。墓道壁有壁画的痕迹，遭墓道内填充大量石块的破坏，已漫漶不清。

天井位于墓道的北端，地面铺有长方形青砖，北端平面近长方形，南部略宽。天井壁用小石块垒砌，石块之间以黑胶泥粘合，外侧用黑胶泥抹平，在黑胶泥外又有一层红胶泥，在红胶泥外抹有白灰面，北壁和东壁白灰面保存较好，南壁保存较差。白灰面有猛兽形象壁画，墨线勾勒，线条简单，造型粗犷，保存状况不好。

甬道位于天井和墓室间，平面呈长方形，用石块砌成，地面铺有长方形青砖。甬道外墓门口有封门石。甬道中间距墓门0.92米处有一道木门，两扇对开，各有上下三排鎏金铜门钉，第2排鎏金铜门钉上面中间有一把铁锁，已经锈死，不能开启。

墓室为石室，由大小不一的长方形条石砌成，条石形状规整。墓室近似于正方形，南北长3.92、东西宽3.7米，最高处距地面3.36米。墓室为叠涩起顶，近似于穹隆顶。地面铺有长方形青砖。藻井呈九边形，为一整块巨石覆盖而成，中间有一凹洞，直径0.06米，是悬挂铜镜所用，铜镜已掉于地面。藻井上抹有白灰面，上绘有图案，东为红彩和黑彩绘制的太阳，红彩做底，中间有一只黑彩绘制的展翅飞翔的火鸟；西侧为黑彩绘制的月亮，中间是一棵向左侧弯曲的树，树根向两侧伸展，树冠茂盛，树的右下部有一只爬卧的兔子。

耳室位于墓室前部东西两侧，平面近长方形，里侧较宽，靠近门侧较窄。耳室内壁也都抹有白灰面，但是大部分已经脱落，从残留情况推测没有壁画。两个耳室均有木门，形制相同，两扇对开，各有上下三排鎏金铜门钉。两个门框和西耳室的木门都已经被淤沙推出门外，腐朽。

三　葬具

葬具有彩绘木棺、内棺及棺床，其中内外棺之间夹有丝织品。

彩绘木棺最长2.31、最宽1.3、最高1.05米。以红、黑两色为主色，上面雕刻有仙鹤、凤、缠枝牡丹、祥云等图案，其中仙鹤、凤以及部分牡丹花叶子为贴金，四周悬有铃铛，在棺盖上面还有三个类似葫芦的鎏金铜饰件，下面衬有花叶。棺首有一个小门，门上有一把铜锁，锁上系有钥匙。小门两旁各站立一个人，都是手持骨朵，面向小门而立，两个人都是浓眉大眼，长发批肩，身穿契丹传统圆领长袍，袍上绣有团花，腰系丝帛带，结结于腰部，二人脚尖均朝向小门，团花、骨朵头及靴子均贴金箔。在小门与地面之间有一个拱桥将二者连接起来，拱桥桥面上有彩绘的花卉图案，桥面两侧有栏杆。

内棺的棺盖正面有三团贴金龙纹图案，两侧各有一对贴金凤展翅飞翔，前面的一只正回望另一只，神态生动。

棺床为须弥座状，带彩绘，长2.56、宽1.48、通高1.07米，共由8层组成，上部有镂空的栏杆，上有6只鎏金铜狮子，棺首4只、棺尾2只，栏杆下悬挂有上下两排铜铃，中间部位有四只两两相对的贴金凤，两只贴金凤之间饰有火焰宝珠纹，周边雕刻有波浪纹饰。

另外，在清理骨骼时发现了大量水银。契丹人有在人死后灌入水银的习俗，防止尸体腐烂，这在以前的考古发掘中也有发现。中国武警总医院纪小龙教授分析了墓主人的脑组织以及皮肤组织细胞，确认水银不是导致墓主人死亡的原因。

四　随葬品

吐尔基山辽墓出土了丰富的随葬品，许多随葬品在工艺和造型上都极具特色，再现了当时辽王朝在政治、经济、文化、艺术等方面取得的成就。

（一）墓室内随葬品

墓室内出土的随葬品主要有铜器、银器、金器、漆器、木器、马具、玻璃器和丝织品等。铜器主要出土于墓室的左侧靠近耳室门的地方；金银器和玻璃器大部分发现于棺床前的漆案上；漆器则多放置在棺首前和漆案上，小部分腐朽严重的置于左耳室；马具位于墓室右侧的马鞍支架上，马鞍支架已经腐朽，马具大部分掉在地面上；瓷器主要位于左耳室；丝织品主要在棺中，还有一小部分在彩绘木棺及两侧的帐架上。

铜器有铎、铜铃、牌饰、铜泡等，大部分为铜鎏金。铜铎顶部有铁制吊钮，里部有铁质悬挂与吊钮相连，用于悬挂铎舌，通体鎏金，錾刻大叶阔花折枝纹，铎舌由两部分相互十字交叉组成，上部有穿孔，穿孔内有皮条，应挂于铁质悬挂上。

银器有盒、筷子、盖碗和壶等，金器有单耳八棱金杯、针等。其中的龙纹金花银盒和狮纹金花银盒上面錾刻有栩栩如生的金龙、双狮以及鸾鸟等图案，金杯上錾刻有形态各异的人物和动物图案。鎏金银牌饰上面有錾刻精美的乐舞图案，内容有击鼓、吹笛、吹笙、吹排箫、弹琵琶、吹觱篥等。

漆器有案、盒和盘等。漆案放置于棺床前，长91.5、宽79.5、高22.3厘米，上面放置有金银器、玻璃器、漆器等。漆盒有贴银花漆盒、贴金银花漆盒以及包银漆盒等。其中银鎏金嵌宝石漆盒是一个镜盒，内有一面"李家供奉"铜镜，盒为黑色漆胎，外以鎏金嵌宝石錾花银箔包装。整体略呈曲角四方体，与内置铜镜造型相合。外表由各式玉、玛瑙、松石以及金银器錾花、锤揲等组成华丽的图案纹饰。盒盖中心嵌浮雕团龙玉片，周边以各色宝石组成莲瓣纹、花草纹、联珠纹等。盒盖内镶有一层银箔，上以鎏金錾刻"庭院赏乐图"。

马具有包银木马鞍、马镫、带饰、牌饰等。马鞍有錾花鎏金银马鞍前桥和金花银马鞍后桥等；马镫有鎏金铜马镫和铁马镫等；带饰镶嵌有鎏金铜牌饰或玉饰。

玻璃器为1件玻璃杯，质地细腻，手感较轻。口径9.4、底径3.9、高12.5厘米。

（二）棺内随葬品

内棺内的随葬品主要有带流苏的鎏金银牌饰、摩羯状金耳坠、金手镯、金戒指、玛瑙手链、圆形金银牌饰、金耳勺、铜铃以及各种丝织品等。

带流苏的鎏金银牌饰上雕有牡丹和祥云图案，每个金牌饰下面均垂五串流苏，每串七个流苏。摩羯状金耳坠上嵌有绿松石，细部纹饰錾刻，摩羯形象为龙首鱼身。金手镯为双龙首，镯身素面。金戒指戴于手套外，左手戴了三个，右手戴了两个，个别金戒指上嵌有玛瑙面，上面蹲伏有金龟，龟背镶嵌绿松石。圆形金牌饰上有三足乌的图案，应该是象征太阳。圆形银牌饰上有桂花树、仙女、玉兔等图案，应是象征月亮。针线包保存状况比较差，包里有1枚金针。

墓主人头戴棉帽，手戴素罗手套，身上穿11层衣物，外层损毁严重，内层保存较好，尤其是第7层不仅保存较好。衣物从外向里依次为花卉纹罗袍、团花童子攀连纹锦袍、散点小花纹绫袍、条状小花卉纹锦袍、团窠宝花纹绫袍、罗衣、罗地彩绣团凤裙、缠枝牡丹莲花纹锦裙、莲花水波纹锦裙、六瓣团花纹绫裙和菱纹罗裙，另外还有1件绢衣折叠放置于墓主人左肩，破损严重。吐尔基山辽墓出土的丝织品种类丰富，有绢、罗、绫、锦等，其刺绣品、手绘品和贴金品的技术水平相当高。其中，辽式斜纹纬锦和缎纹纬锦非常有特色；贴金丝织品用金箔直接贴在织物表面，形成的闪亮的图案，在既往的考古发现中较为罕见。刺绣品大多都以罗作绣地。出土的1件罗地彩绣团凤裙，则保存较好，体现了高超的绣艺，它以单根捻金线和捻银线钉线勾勒图案边缘，用平直针锁边的手法，具有唐代遗风。

五 墓主人的人骨鉴定、复原和身份

我们在田野工作结束以后，将吐尔基山辽墓出土的人骨标本送到吉林大学边疆考古研究中心人类学研究室对人种、性别和年龄进行了鉴定，并进行了头部容貌的复原。人种成份分析的结果表明该例个体的种系归属应为北亚蒙古人种。根据骨盆判断为女性，根据骨盆、牙齿及椎骨的综合分析判断，其年龄应为30～35岁。

墓主人随葬了大量的珠玉金银饰件。腰部有两件荷包，腿部有两个针线包，两肩上各有一块金银饰牌。圆形金牌饰上有三足乌的图案，应为象征太阳；圆形银牌饰上有桂花树、人物、玉兔等图案，应是象征月亮。墓室顶部，也发现已残破的绘有日月图案的壁画。曾经盛行于契丹族的萨满教是崇尚日月星辰的，传说最早的萨满巫师都是女性。墓葬中出土的银号角、铜铃、铜铎等诸多法器，以及牌饰上的乐舞图案，或许说明墓主人生前担任萨满巫师。

作为契丹人后裔的达斡尔族，一直到现代还信奉萨满教。在达斡尔族的萨满服上一般罩有披肩和坎肩，其背后刺有左日右月图案，是一种崇拜太阳和月亮习俗的传递。而且现代达斡尔族萨满巫师的头饰与吐尔基山辽墓墓主人头部金箍也有相似之处。

墓主人头像复原图

唐代和辽代的大型墓葬中一般都有记载墓主人生平、生卒时间等信息的墓志。但吐尔基山辽墓却没有发现。墓道左壁上的契丹字可能只是墓主人的下葬年代，但已残缺不全，不能辨认。

六　结语

吐尔基山辽墓出土的金银器造型、纹饰、工艺等方面包含了诸多外来因素，其直接影响应该来自于唐王朝，如金器采用的錾花工艺和银器采用的金花工艺等出现并流行于唐代，錾刻的纹饰也与唐代金银器的类似，比如菱花形金花银盘与江苏丁卯桥唐代窖藏出土的十分相似，只是盘中心的图案略有不同，前者是龙首鱼身的摩羯图案，后者是双鸾戏珠图案。该墓墓主人身上穿的服饰图案也接近于唐代流行纹样。该墓墓室为方形，这种墓室盛行于辽代早期，延续到中晚期，如赤峰大营子出土应历九年（959年）辽驸马卫国王墓，就是辽早期的方形墓室。因此，无论是从墓葬形制，还是从出土器物看，其风格都接近于晚唐和辽代早期的风格，再加上在墓道左壁上发现的契丹文字，墓室内发现的契丹人物壁画，我们推断此墓应该是辽代早期的贵族墓葬。

吐尔基山辽墓出土了大量的珍贵文物，有漆器、木器、金银器、丝织品、铜器、瓷器、铁器以及玻璃器等。特别是彩绘木棺和棺床，在内蒙古自治区尚属首次完整发现。出土如此多有精美图案的丝织品，在辽代考古中也是比较罕见的。

吐尔基山辽墓中出土了大量的与艺术有关的文物，如鎏金铜铎、鎏金铜长铃、银角号等，在出土的鎏金铜牌饰中还有许多带有乐舞的图案，有击鼓、吹笛、吹笙、吹排箫、弹琵琶等，这么多与音乐、舞蹈等相关的文物，在辽代墓葬中也是很少见的。

总之，吐尔基山辽墓的发现，是内蒙古自治区自陈国公主墓、耶律羽之墓之后的又一次重要发现，它将极大地丰富我们对辽王朝的认识。它的发掘，也为辽代考古增添了新的内容和资料，对研究辽代的政治、经济、文化、艺术、服饰、生活习俗、丧葬制度等都有十分重要的意义。

撰稿人：塔　拉　张亚强

参考文献

● 内蒙古文物考古研究所：《内蒙古通辽市吐尔基山辽代墓葬》，《考古》2004年第7期。

新世纪中国考古新发现（2001~2010）

墓室左侧出土随葬品（西南→东北）

摩羯形嵌绿松石金耳坠

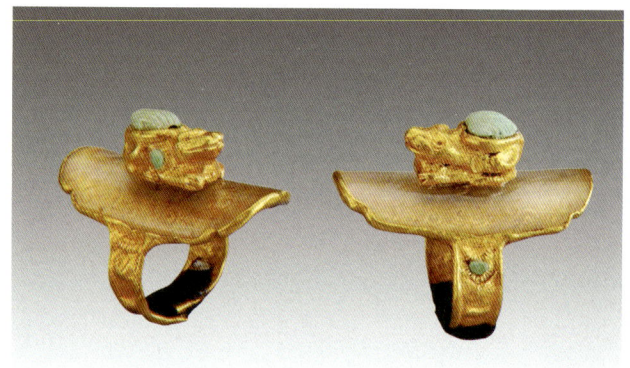

蟾蜍形嵌水晶松石金戒指

三足乌圆形金牌饰

金杯

○ 内蒙古通辽吐尔基山辽代墓葬

彩绘贴金木棺及棺床

罗地彩绣团凤裙

金花提梁银壶

银鎏金嵌宝石漆盒及铜镜

龙纹缂金荷包

江西进贤李渡烧酒作坊遗址

一 引言

2002年6月，江西李渡酒业有限公司在其老厂（无形堂）改建生产车间时，发现古代酿酒遗迹，该公司立即报请江西省文物考古研究所进行了实地勘察。同年7～11月，江西省文物考古研究所，对李渡烧酒作坊遗址进行了抢救性发掘。

李渡烧酒作坊遗址位于江西省进贤县李渡镇，现存面积约15000平方米。李渡，古称李家渡，地处抚河东岸的赣抚平原腹地。两宋之际这里形成圩市，元末明初发展成远近闻名的大圩镇和商业市场，烧酒、毛笔、陶器、夏布是李渡的传统物产。当地的制酒传统自古有之，这里盛产优质大米、上等豌豆和名贵中草药等酿酒的重要原料；井泉的水质极佳，据称"做酒酒香，做豆腐无双"。到清朝乾隆年间已先后形成"万隆"、"万盛"、"福生"等多家作坊，有"赶圩李家渡，打酒买豆腐"之说，李渡白酒更有"闻香下马，知味拢船"的美誉。

本次发掘共布探方6个，发掘总面积约300平方米。揭露和出土了一批重要的遗迹和遗物，获得重大成果。

二 地层和年代

遗址区的文化堆积共分为11层，为了保护第5层表面的酿酒遗迹，大部分区域在第5层以下未作发掘。根据层位关系和出土遗物的特征，可将李渡烧酒作坊遗址的文化堆积划分为六个时期。第10、11层为第一期，年代约在南宋，此期未发现酿酒遗迹，应属早于烧酒作坊遗址的遗存。第二期包括第7、8、9层和开口于灰坑H5下并打破第9层的圆形酒窖，年代约为元代。第三期包括第4、5、6层和开口于第4层下并打破第5层的水井、水沟、炉灶、晾堂、圆形酒窖、蒸馏设施、墙基、灰坑等，年代约为明代。第四期包括第2、3层和开口于第2层下并打破第3层的晾堂、蒸馏设施、砖池、墙基、灰坑等，年代约为清代。开口于第1层下并打破第2层的墙基、砖柱、砖池等属于第五期，为近代遗存。第六期包括现代路面、晾堂、炉甑、蒸馏设施、长方形酒窖和增建、修补并沿用至今的圆形、腰形酒窖。

三 遗迹和遗物

（一）遗迹

在李渡烧酒作坊遗址发现的遗迹有水井、炉灶、晾堂、酒窖、蒸馏设施、墙基、水沟、路面、灰坑和砖柱等，它们分属元、明、清至近代等不同时期，按不同层次集中呈现出来。形成这种现象的原因与当地地下水位逐年升高有关，作坊区的位置随着地下水位上升而不断抬高。

水井　始建于元代，后经增建、修补，至近代废弃，深4.25米。底部和井圈用红麻石修砌，底部建在流沙层上，井壁用青砖竖砌并以黄泥沟缝，井圈呈六边形，周围有三合土构筑的散水和用红色石块、青砖砌成的水沟。它是酿酒过程中提供用水的重要场所。

炉灶　是酿酒过程中原料蒸煮糊化和烤酒蒸馏的重要设施，用红色石块和青砖修砌。始建于明代，一度曾短暂废弃，后经增建、修补并用石灰填抹后继续使用。火膛呈椭圆形，以红色石块铺底。烟道位于头端两侧；炉箅上有烧结面。火膛内的堆积共分3层，第1、2层为废弃后堆积，第3层属使用时期堆积。灶前的工作坑呈"凹"字形。

晾堂　共两处。是酿酒过程中用于拌料、配料、堆积、扬冷酒醅和前期发酵的场地，用卵石和三合土铺成。清代晾堂已揭露面积约40平方米。土色棕黄，较坚硬，边界用红色石块砌成，可防止酒醅的渗水漫流。东部以卵石修补，并残存有使用时的酒醅痕迹。

明代晾堂已揭露面积约50平方米。由北向南倾斜，北部及西北部用红色石块砌出边界，南部及西南部以水沟为边。表面凹凸不平，这与发酵时酒醅酸度大和长期使用有关。经解剖，明代晾堂有3层堆积，第1、2层仅局限在北部，且铺有石灰，第3层则为三合土结构，说明晾堂曾经过多次增建、修补。

酒窖 分为圆形、腰形和长方形三种，是酿酒过程中，经摊晾下曲后的糟醅进行前期发酵、主发酵和后期发酵的场所。圆形酒窖共22个，其中明代酒窖9个，有6个至今仍在使用，直径约0.9～1.1、深约1.52米；元代酒窖13个，直径0.65～0.95、深0.56～0.72米。解剖结果表明，圆形酒窖均先挖一大坑，坑底再挖一小圆坑放置陶缸，然后用青砖夹土修建成，属结构独特的砖砌圆形地缸发酵池。部分酒窖中还残存有酒醅和黄水。根据剖面观察，这些酒窖的始建、使用及废弃过程各不相同，酒窖形成后被长期使用，并且有多次增修和改造。部分酒窖一直沿用至今，另一部分则废弃较早。腰形、长方形酒窖在近代以后开始出现。其中，腰形酒窖是把两个圆形酒窖的地缸封闭后改造成，长方形酒窖以砖砌成，窖底涂泥，属现代酒窖。

蒸馏设施 2个。圆桶形砖座，内壁及底部用三合土填抹，分别属清代和明代。明代蒸馏设施一度曾短暂废弃，清代经增建、修补后继续使用。在传统的固态发酵法白酒生产中，发酵成熟的酒醅采用甑桶间隙蒸馏而得白酒。一般是在炉灶上先放一口"地锅"，安置甑桶和"天锅"冷却器，再配以冷凝管道和盛接容器。通常在甑桶内装入发酵成熟的酒醅，用灶火加热进行蒸馏。同时，在"天锅"内注入冷水，并不断更换，使汽化的酒精遇冷凝结，从而达到提升酒精浓度和形成白酒香味的目的。这次发现的蒸馏设施即是供蒸馏过程中盛放冷水或放置"天锅"的地方。

另外，还发现烧酒作坊的建筑遗存如墙基和路面等。墙基用红色石块和青砖修筑，并有沿用、增建痕迹，路面坚硬。

李渡烧酒作坊遗址发现的不同时代酿酒遗迹，布局合理，建造精良，生产工艺独特，反映出我国南方白酒生产在技术及工艺上的特点和传统。

（二）遗物

出土遗物包括石器、陶器、瓷器、竹木器、铁器、铜器等。其中以陶、瓷器为主，种类有碗、盘、碟、盏、盅、靶杯、压手杯、勺、罐、炉、灯、盒、缸、瓮、盆、擂钵、瓦、砖等，酒具最为丰富。一些陶器表面施釉，并有圆圈纹。在部分砖上模印花纹和"李思堂"等铭文。石器有臼、磨盘、井圈等，竹木器有拌糟的工具和晾堂上使用的竹签等，铁器有刀等，铜器包括房屋构件和钱币等。

瓷器可分青白釉、卵白釉、甜白釉、青釉、黑釉、青花、青花釉里红、霁蓝、粉彩等品种，以青白釉、卵白釉、黑釉和青花瓷数量最多。青白釉、卵白釉瓷多印花。黑釉瓷多为素面，个别有兔毫斑。青花瓷的装饰题材繁多，以折枝和缠枝花卉、结带、岁寒三友、宝杵、缠枝花捧杂宝、排点、水草、莱菔菜、葡萄、蕉叶等植物类图案最为常见，还有云气、通景山水、寿山福海、山石、海水、树石栏杆等风景类，垂钓、暮归、仙人乘槎、昭君出塞、天官赐福等人物类，鱼藻、蟠螭、海马、田螺等动物类和梵文题材。少数瓷器的内、外底有题款和花押，年号款有"大明成化年造"、"大明嘉靖年制"、"大明年造"、"同治年制"等，还有"万"、"万祥"、"万金"、"裕"、"森"等名号款以及"福"、"寿"、"喜"、"玉"、"富贵佳器"、"玉器"、"古风"、"文字"等吉语款。

在350余件完整和可复原的遗物中，73件为不同时代的饮酒器，包括盏、盅、靶杯、压手杯等。元代以前饮酒器的形体较大，可能那时盛行米酒之类的酿造酒。

到了元代，饮酒具开始变小，这种变化可能和蒸馏白酒的出现有关。蒸馏白酒的酒精浓度较高，显然不适宜使用大饮酒器。遗址中出土的饮酒器具从元、明、清至近代，整体上呈现出逐渐变小的趋势。其中，有两个清代青花小酒盅仅纽扣大小。

四　酿酒工艺

白酒在我国古代又称烧酒、火酒或阿刺吉酒，是由黄酒演变而来，根据明代李时珍的记载，其产生是由处理酸败黄酒开始的。白酒的产生首先依靠蒸馏技术的出现，最早属液态发酵，液态蒸馏。而固态发酵和固态蒸馏始于何时，一直未有定论。关于我国白酒起源时间，存在汉、唐、宋、元、明五种说法，其中占主导地位的观点认为是元代。李渡烧酒作坊遗址中发现的元代酒窖是生产固态发酵蒸馏酒的窖池。这种结构独特的砖砌圆形地缸发酵池首先可确定是用于生产蒸馏酒。在南方生产酿造酒不必采用地下池发酵，直接把陶缸放在地面上就能进行。只有生产蒸馏酒时才用地下池发酵，使发酵温度均匀，防止异常发酵；在窖底埋缸，抬高酒醅，可防止地下水浸入酒醅，同时承接黄水，这与北方生产酿造酒时把缸埋入地下达到保温的目的不同。其次，它是用于固态发酵。如果是用液态发酵，酒醅不仅会渗漏，而且在地下池中取酒醅也不易操作。更为重要的是对窖池内残渣的分析也显示属固态法酒渣，检测时发现三种不同的菌落形态。世界范围内只有中国存在固态发酵，李渡烧酒作坊遗址中元代酒窖的发现，证实了《本草纲目》中关于"烧酒，非古法也，自元时始创其法"的记载，至少可把固态发酵的出现时间推至元代。

固态发酵的蒸馏酒即固态配料、发酵、蒸粮蒸馏的白酒，属我国古老而独特的传统工艺和产品。李渡烧酒作坊遗址中揭露出的明代酿酒遗迹布局完整、配套齐全，几乎可以再现当时白酒生产工艺的全过程。结合当地现存的制酒工艺，推测这一过程包括原料的选择和初加工，原料的蒸煮糊化，酒醅在晾堂上摊晾、冷却、下曲和前期发酵，糖醅入窖发酵并用黄泥封窖，起窖后在炉灶上用甑桶和"天锅"冷却器进行蒸馏成酒等步骤。

明代成书的《天工开物》记载，两广、两湖、江浙（包括江西）一带以小曲酒工艺为主，历来都是用散曲、酒丸或酒饼做酒，没有大曲，这个格局在明代就已形成。小曲又称酒药，是以米粉或米糠作为原料，有的添加少量中草药或辣蓼粉为辅料，有的还加少量白土为填料，接入一定量的母曲和适量水制成坯，在控制温度和湿度的条件下培养而成。因曲块体积小，习惯上称为小曲。其所含微生物主要是根霉，小曲糖化力强、繁殖快，酿酒时用曲量少，在我国南方普遍应用。据晋代嵇含所著《南方草木状》的记载，小曲起源于晋代。开始是用于酿造黄酒，后来才应用到白酒生产上。小曲是生产小曲白酒的糖化发酵剂，具有糖化与发酵的双重作用。由于稻谷是制作小曲的最好原料，而李渡盛产稻谷，又是中药产地，从而形成了制曲酿酒同用一种原料的方法。李渡烧酒作坊遗址不同时代的酿酒遗迹反映出的白酒生产使用小曲工艺，它不仅是目前所发现我国年代最早的白酒作坊遗址，也是首次发现的小曲工艺白酒作坊遗址。发现的炉灶既用于蒸粮，又用来蒸酒，因为小曲工艺中蒸粮和蒸酒是分开进行的。晾堂宽敞结实，且防潮，有利于地面培菌，晾堂上发现的较多竹签可能与地面培菌时铺竹垫有关。从晾堂、酒窖中残留的大量谷壳上也可判断当时的白酒生产属小曲工艺。

根据李渡烧酒作坊元代酒窖的情况，参照江西民间传统的小曲酒生产工艺，可模拟复原元代的白酒生产工艺。

配料及工艺　100斤稻谷经润料、蒸煮后增重至约200斤，抬瓶，进晾堂摊凉，加曲约1斤进行堆积前发酵，入缸发酵后再加水100斤，经过8～10天后起缸，蒸馏出酒，最后入坛储存。经折算，每100斤稻谷可出酒度为40～45度的烧酒约60斤。

操作时间　入瓶蒸煮约需2小时，抬瓶、摊凉、拌曲约需1.5小时，起缸、蒸馏约需3.5小时，其余时间为第二天润料和粉碎曲块等。

发酵周期　视春、冬和夏、秋季节温度的不同，发酵时间多则10天，少则8天。因此，如每天进一缸料，出一缸醅，吊一坛酒，共需10个发酵缸。

在曲与酒的关系上，曲是占先导地位的，由曲决定酒，即俗语所说"曲为酒骨"。在历史上，大曲是在明代后期才开始出现的。大曲是以小麦、大麦、豌豆为主要原料制成的体积较大的曲块，含有形成白酒香味成分的多酶系统和前驱物质，属"多微"糖化发酵，曲霉是大曲中最多的菌。据研究，南方以米粉为原料的小曲逐渐发展转向北方而产生以麦粉为原料的大曲，其发展模式是由南方小曲到北方大曲。大曲酒的工艺主要存在于陕西、四川、贵州、云南这条通道上，香型由清香型逐渐演变成浓香型和酱香型。江西地区在20世纪20年代才引入大曲酒生产工艺，此前一直以生产小曲工艺的白酒为主，并未由小曲工艺自然发展到大曲工艺，这是一个奇特现象。李渡烧酒作坊遗址中酒窖的演变规律是由圆形砖砌地缸发酵池，演变为腰形酒窖和底部涂泥的砖砌长方形酒窖。圆形砖砌地缸发酵池从元代开始一直被用来生产小曲工艺白酒，在近代又被用来生产大曲工艺白酒，是在大曲白酒生产中腰形、长方形酒窖出现前的一种过渡形式。

它既不同于四川浓香型白酒的泥窖、贵州酱香型白酒的青条石泥土勾缝窖，也不同于山西清香型白酒的地缸发酵池。对明代始建而至近代废弃的圆形酒窖中残留糟醅的分析结果证明了这种看法，明代始建而沿用至今的圆形酒窖现在生产的也是大曲白酒。

五　结语

发掘所见的地层关系和出土遗物表明，李渡烧酒作坊遗址酿造白酒的历史开始于元代，历经明、清，连续不断地发展至今。这是继四川成都水井坊之后我国发现的又一处具有鲜明地方特色的古代烧酒作坊遗址，其时代较早、遗迹较全、遗物较多、延续时间较长，为研究中国白酒酿造工艺的起源和发展提供了珍贵的实物资料。本次发掘也为真正实现用考古发掘出的酿酒现场和遗物来再现赣江、鄱阳湖流域酒文化传统进行了一次有益尝试，丰富了中国科技史和中国制酒作坊遗址专题考古的内容。

撰稿人：樊昌生　杨　军

参考文献

● 江西文物考古研究所：《江西进贤县李渡烧酒作坊遗址的发掘》，《考古》2003年第7期。

作坊遗址全景（西北→东南）

元代酒窖（北→南）

明代酒窖

作坊遗址局部

○ 江西进贤李渡烧酒作坊遗址

明代炉灶、蒸馏设施（东→西）

元代青白釉盏

元代黑釉高足杯

清代青花碟

清代青花梵文碗

广东汕头"南澳Ⅰ号"明代沉船

一 引言

南澳县位于广东省汕头市以东,是广东省唯一的海岛县。南澳岛由南澎列岛、勒门列岛等23个岛屿组成。南澳岛地处广东和福建交界处,从南澳岛到台湾高雄的猫鼻头、鹅銮鼻之间的连线为南海和东海的地理分界线。"南澳Ⅰ号"沉船位于南澳岛东南三点金海域的乌屿和半潮礁之间,所在海域为南中国海、台湾海峡入口,是重要的国际航道。

2007年5月下旬,南澳县云澳镇渔民发现一条满载青花瓷器的沉船,打捞出一批青花瓷器,当地边防派出所及时介入,渔民将打捞上来的瓷器上交。广东省文物考古研究所于5月底派员在沉船海域进行潜水探摸,发现了"南澳Ⅰ号"沉船并成功定位。2007年6~7月,广东省文物考古研究所组织专业水下考古工作队对"南澳Ⅰ号"进行调查和试掘,绘制出沉船海床面的平面图、纵剖面图和横剖面图。收缴的200多件文物中,除属于明代晚期的,还有部分属宋元时期,因此确定在附近海域还有不同年代的其他沉船。2010年3月和7月,国家水下文化遗产保护中心、广东省文物考古研究所与中山大学地理科学规划学院和海洋学院对"南澳Ⅰ号"沉船附近海域进行了探测。结果显示,在三点金海域共发现49个可疑点,结合浅地层进行平剖面的判读和分析,筛选出的7个可疑地点均具备沉船要素。

二 发掘概况

2010年4~7月,广东省文物考古研究所、广东省博物馆和国家水下文化遗产保护中心联合对"南澳Ⅰ号"沉船进行了发掘。本年度共发现16道隔舱板和15个隔舱,发掘出水各类文物1万余件。目前共发现16道隔舱板,基本呈东西走向,由南向北分布。以最南面的两道隔舱板保存最好,间隔最大,暂编为1号舱,并在前面加方向标示N。向北依次为N2号舱、N3号舱等。N1号舱以南的隔舱则在前面加方向标示S。

沉船上各舱隔舱板平均为0.9米厚。N1号舱间距0.89米,至少有1米深。南侧隔舱板残长约5米,北侧隔舱板残长约3米,由西向东倾斜。北侧隔舱板向东伸入沙中。除北侧隔舱板上部略向北倾斜外,两侧隔舱板直立,立面上至少有二至三层,保存较好,推测该舱是船体中间的舱。N2号舱间距0.85米。北侧隔舱板残长0.8米,向北倾斜。舱内有一块面积约1平方米多的凝结物。N3号舱间距0.83米。北侧隔舱板残长2.4米,向北倾斜。N4号舱间距0.86米。北侧隔舱板残长0.6米,向北倾斜,向东伸入凝结物中。舱内有一块面积约1.5平方米的凝结物,北部压在北侧隔舱板上。N5号舱间距0.82米。北侧隔舱板残长0.6米,向北倾斜,向东伸入沙中。N6号舱间距0.84米。北侧隔舱板残长0.7米,向北倾斜,向东伸入沙中。N7号舱间距0.77米。北侧隔舱板残长1.35米,向北倾斜,向东伸入沙中。N7号舱北侧是较大的一块凝结物。推测其下可能仍有隔舱板。

船货堆积的情形可从N1号舱窥见一斑。N1号舱主要出水文物为青花瓷大盘,其次为碗和小罐,还有少量粉盒、小杯、龙纹大罐,以及少量铜料、铜钱、锡壶、木质秤杆、金属戒指。其中,青花瓷大盘摆放最有规律,成摞竖放,平面排成二排,与隔舱板的方向基本一致。青花瓷大盘有二到三层,其空隙塞满了成摞的青花瓷碗和小壶,碗亦是成摞竖放。龙纹陶罐多发现在1号舱的西部,成排码放,也有些散落在中部。在其中几个罐内发现了多枚核桃,还有一个罐内有数十枚黑色果核。另外,在抽沙中发现数枚橄榄核,原应贮藏于罐中。在一龙纹陶罐内还发现套装成摞的青花瓷小酒杯、围棋子和核桃。几个完整的带盖青花瓷钵，盖沿均朝上，钵中有套装青花瓷小罐。青花瓷粉盒多散落于1号舱的西部，一般是3件套装，从大到小。金属戒指、锡壶出自N1号舱的西部。

三 出水遗物

本次发掘出水文物总计11248件，其中瓷器10624件、陶器145件、金属器113件、其他器物54件，还有铜钱154串另158枚，共计15000余枚。

瓷器约占文物总数的94.5%。有盘4457件、碗3897件、罐858件、杯760件、碟224件、盒213件、钵177件、瓶38件。他们主要来自福建漳州窑系和江西景德镇窑系。产品主要为青花瓷，部分为五彩产品，也有小部分青釉、白釉、青白釉产品。瓷器多施釉，纹饰多为花卉纹、动物纹、人物纹、文字纹等。底款以"福"、"寿"、"万福攸同"、"富贵佳器"、"大明年造"等居多，底部多粘沙。

盘数量最多。其中福建漳州窑系盘4385件。大多胎体厚重、致密，胎质灰白，通体施白釉或青釉，底足粘沙。景德镇窑系盘72件，主要为青花凤纹盘和蜂猴雀鹿（封侯爵禄）盘。

碗位居出水瓷器第二位，几乎每个舱内都有。多为青花产品，也有五彩、青釉等品种。其中，福建漳州窑系碗大多胎体厚重，胎质灰白，器身施釉，底部不施釉。按照器形和釉色又可分为青釉碗、青花花卉纹折沿大碗、青花花卉纹碗等。江西景德镇窑系碗大多胎体洁白、细腻，通体施釉。按照器形和釉色又可分为青花碗、青釉暗花碗、五彩碗、青花五彩碗等；按照纹饰可分为龙纹碗、凤纹碗、葡萄纹碗等。

罐几乎在各个船舱内都有分装。均为福建漳州窑系产品，大多为青花瓷，胎体厚重，胎色灰白。器身施釉，饰青花花卉纹。也有少数青白釉罐，或带盖，或不带盖，口部造型多样，形体大小不一。罐外壁多饰缠枝花卉纹、折枝花卉纹或卷草纹。另外，还出有罐盖，也多饰青花花卉纹，或带兽钮，或平顶。罐多装在瓷钵、陶罐内。

杯分布在N1舱至N8号舱内、N13号舱内及N8号舱外东西两侧、N10号舱外东侧及沉船表面和外围。大部分出自N5号舱内、N8号舱内、N8号舱外东西两侧、N10号舱外东侧。多装在陶罐内。均为江西景德镇窑系民窑产品，敞口或撇口，弧壁或圆腹，平底，圈足。胎体轻薄，通体施釉，青白釉釉色泛青，内底单弦纹内饰折枝花卉纹、写意花卉纹或人物纹，外壁多饰花鸟纹、花卉纹、人物纹，底款以"福"、"寿"、"正"、"玉"等为主。

碟分布在N1至N13号舱内、N5号舱外东侧、N8号舱外东侧沉船外围及基线北端周围。本次发掘出水的碟均为民窑青花产品，其中大多数为福建漳州窑系民窑青花产品，少数为景德镇窑系民窑青花产品。出水的碟多在内底饰青花图案，有花鸟纹、人物纹、麒麟纹、花卉纹等。景德镇窑系碟有底款，以"福"字居多。漳州窑系碟无底款。

粉盒绝大多数为江西景德镇窑系民窑产品，极个别为福建漳州窑系民窑产品。粉盒由盖和身组成，产品多为青花、五彩、青花五彩，多饰花鸟动物纹、花卉纹、八卦纹、吉祥文字，底部多无款。

钵均为福建漳州窑系民窑青花产品。胎体厚重、致密，胎质灰白。器身施釉，青白釉釉色泛青，饰青花纹，呈色泛灰，浓重处呈色发黑。钵由盖、身组成。盖为子口，多为圆钮。身为敛口，弧壁，平底，圈足。盖钮上多有楷书"福"、"木"、"正"、"太"等字或花卉纹，外壁饰青花花卉纹；钵身外壁多饰缠枝花卉纹。部分器物内壁或外壁题字，有"林宅"、"曲"等字。钵多与小瓷罐、小瓷杯等套装出水。

瓶均为福建漳州窑系青花产品。胎质厚重、致密，胎质灰白。器身施釉，青白釉釉色泛青，饰青花纹，呈色泛灰，浓重处泛黑。外壁多饰青花缠枝花卉纹。底足粘沙。按形制分为玉壶春瓶和净瓶两种。

沉船上发现的陶器有罐、瓮、壶、罐盖等，其中罐132件、罐盖4件、瓮3件、壶1件。瓮以贴塑龙纹龙钮、贴塑龙纹虎钮和酱釉刻装饰为主。

本次发现的金属器包括铜板46件、铜钵3套12件、铜构件2件、铜锣1件、铜弹簧1件、铁锅2件、铁棒6件、铁铣2件、锡壶2件、金属戒指2件、凝结物37件。

沉船中还发现石秤、木秤杆、骨骰子、木算珠、琉璃小珠、围棋子、漆片等遗物。

四 结语

"南澳Ⅰ号"沉船海域是目前中国沿海开展水下考古的海域中较深的地点。沉船所在海底为沙泥底，含泥量相对较少。考古工作围绕贯穿遗址的基线展开。考古队设置了10米×30米的虚拟水下探方网，保证将整条船纳入探方网内，还在水下布设了两排1米×1米的铁质方框作为硬探方，每隔0.2米钻眼穿绳，形成网格，适于水下绘图。金属质的硬探方不易受到水流影响而变形，发掘时经过人工校正，可为考古工作提供相当精准的水平面。根据工作的进展还可不断扩方。基线与硬探方也能为水下考古队员在浑浊的海底提供指示。

"南澳Ⅰ号"沉船的船体除个别凝结物凸出海床外，基本已被泥沙掩埋。与田野遗址发掘不同，对"南澳Ⅰ号"沉船的水下发掘，最主要的是使用抽泥机和高压水枪清泥。个别空间狭窄、架构易损的部位则需人工发掘。

"南澳Ⅰ号"沉船的时间相对固定于沉没的那一刻。遗址堆积单纯，但由于受泥沙沉积、海水洋流等影响，沉船海底依然存在区别比较明显的海底沙砾层、疏松泥沙层、致密海泥层。最大的困难是海水深度超过30米后，橙色、绿色、蓝色光谱的原色丧失，色调均呈现蓝色，水下考古人员无法通过观察"土色"判定海底地层的变化，而靠手感触摸很难做到精确测量，将来或可用水下灯阵照明。

通过发掘，可知沉船现存船体的纵向长度约27米，最宽的隔舱长7.5米。船体纵轴方向为北偏东10度；横倾角度为8～13度，各舱存在差异。其中，N8附近几个舱的外舷有堆积厚度较浅的大量文物遗存，说明船体可能发生过断裂，部分船货倾倒于船体外部。

"南澳Ⅰ号"沉船的文物数万件。坚固、抗腐蚀而能在水下长久保存的瓷器占出水文物九成以上。沉船中还有大量纯度超过90%的圆形铜板与大量铜钱。由于沉船以及船货中均没有明确的文字记录，瓷底年款及铜钱只能作为断代参考，瓷器本身则为主要断代依据。船载瓷器以漳州窑青花瓷为大宗，产品有大盘、大碗、钵、罐以及杯、盏、瓶等，青花瓷大盘和带盖青花瓷钵为代表性器物，瓷胎和釉质厚重，青花颜色暗淡，发灰或发黑，人物、花草图案随意，器表施满釉，底足粘细砂，即"砂足器"，属于外销瓷中的常见类型。船货中还有相当数量的景德镇产青花与五彩瓷器，其中青花套装粉盒、刻划龙纹敞口碗尤为精美。

漳州窑是生产外贸陶瓷的民间窑场，年代大约为明万历年间至清代中期。国内出土与传世的漳州窑产品稀少，与其生产时间和规模不成比例；而日本、新加坡、马来西亚、印度尼西亚等地则收藏有漳州窑产品。国外发现的"圣迭戈"号、"白狮号"等17世纪沉船中也发现大量的漳州窑青花瓷器产品。20世纪90年代，我国考古工作者对漳州窑进行的一系列考古工作曾引起重大国际反响。"南澳Ⅰ号"出水器物是以福建平和五寨二垅的器物为主，大盘腹部较少开光，代之以对称的成组花鸟图案或花边，盘底多绘松鹿、麒麟、凤鸟、折枝花、人物等，画面表现出疏朗、生动的风格。平和南胜花仔楼那种在盘口及腹部开光、构图比较繁缛、严谨的器物少见，亦未见南胜五寨、大垅的五彩器品种，因此可以判断这批瓷器为漳州窑16世纪末至17世纪初时的产品，沉船所属的年代与此大致相同。

从沉船的货物来看，"南澳Ⅰ号"始发地极可能是漳州月港。其时代当在明隆庆年间在广东、福建局部有限的开放海禁之后。月港在漳州东南50里，为海口交通和内河交通之要冲，隆庆元年（1567年），明朝局部开放海禁，于月港设"洋市"，准贩东西洋。闽赣两省不仅地缘关系密切，窑业技术也有传承关系。外销的景德镇瓷器，或有广昌—永安—漳平—海澄（月港）及广昌—长汀—大浦镇—漳州—海澄两条水陆路兼程路线到达海港，往东洋，至澎湖、台湾、吕宋，再海运至日本、高丽、琉球等地；经西洋、中国海、巴达维亚，再海运至东南亚、南亚、西亚和非洲地区，直至欧洲各国。南澳海域位于闽、粤、台交界海面，地扼台湾海峡南出口，濒临海运主航线，自古以来即为东南沿海通商的必经泊点和中转站，早在明朝就已有"海上互市"的称号。顾祖禹曾言该地"内宽外险……番舶寇舟多泊焉"，时荷兰人称其为"好望角"，可见当时南澳海域海上航线之繁忙，因各种原因沉没的船只亦应不在少数。

15世纪以后，人类历史发生重大转折，地理大发现开启了不同文明的联系之路。远东海洋贸易成为全球贸易体系的一部分，传统的海上丝绸之路进入新时期。同时期的中国贸易体系也发生了巨大变化。明代的海外贸易，大致可以隆庆年间为分野，即前期（1368～1566年）的贡船贸易时期与中后期（1567～1644年）的商船贸易、私货贸易时期。所谓隆庆开禁只是针对个别地区的部分开放，所谓"贡船"，不过是以贡为名、行市之实而已。从本质上讲，明代官家垄断海洋，"禁"才是贯穿始终的政策。明人王圻曾直言"贡舶为王法所许，司于市舶，贸易之公也；海商为王法所不许，不司于市舶，贸易之私也"。贡舶贸易最为鼎盛时期在明嘉靖以前，在明代中叶以后，商舶贸易日趋繁盛。所谓商舶贸易，就是私人经营的海外贸易，并不为政府承认，从某种意义上讲即为非正常贸易。"南澳Ⅰ号"沉船正是不同文明、不同地区间物质文化交流的直接证据。

撰稿人：崔　勇

参考文献

- 广东省文物考古研究所、国家水下文化遗产保护中心、广东省博物馆：《广东汕头市"南澳Ⅰ号"明代沉船》，《考古》2011年第7期。
- 广东省文物考古研究所：《南澳Ⅰ号明代沉船2007年调查与试掘》，《文物》2011年第5期。
- 《南澳县文物志》（增修本），天马出版有限公司，2004年。
- 福建省博物馆：《漳州窑》，福建人民出版社，1997年。

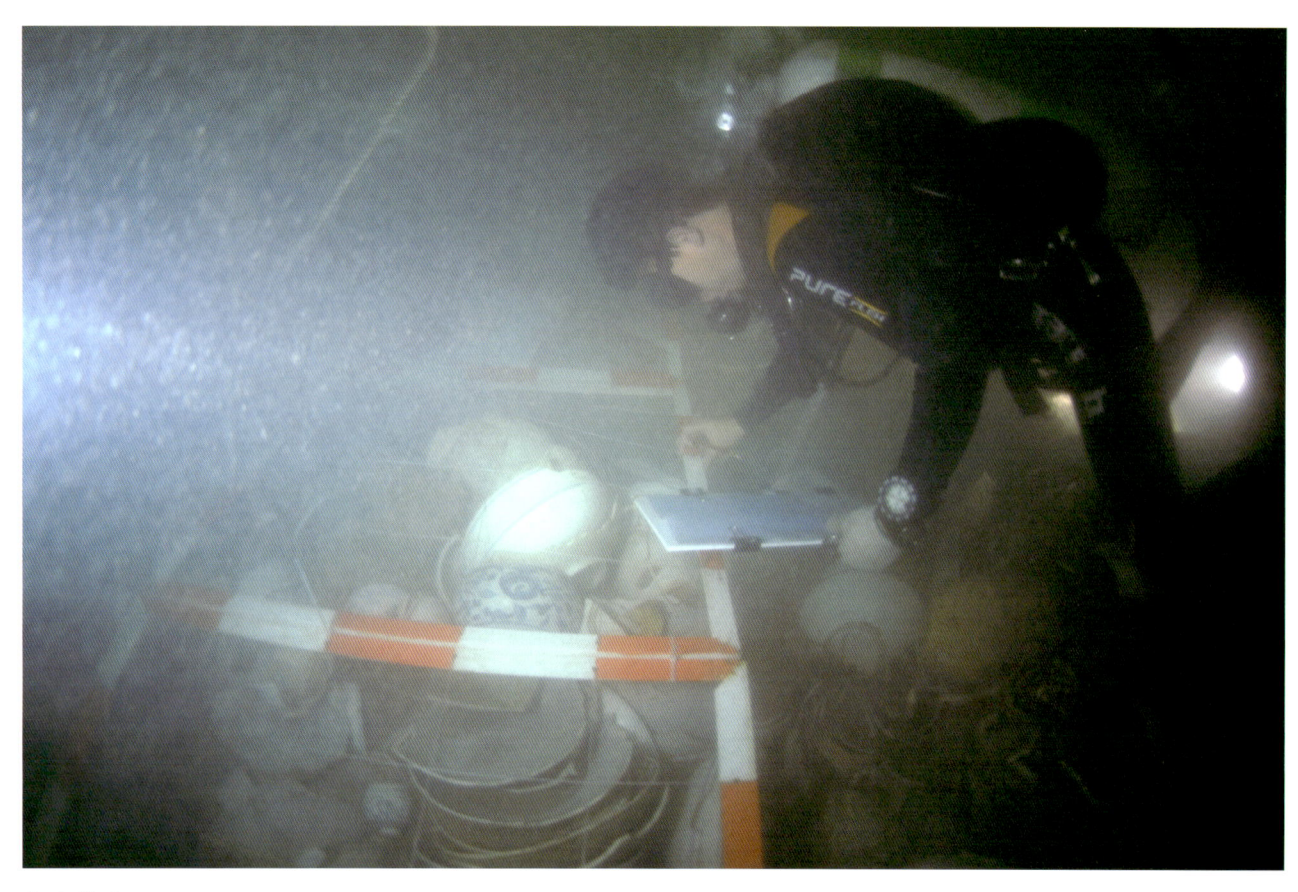

水下硬探方

船货

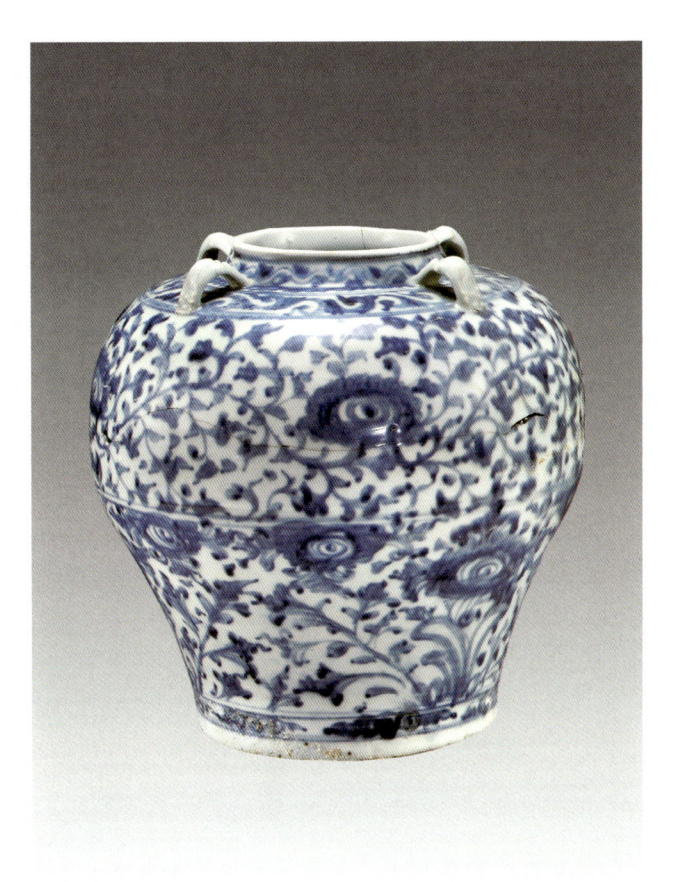

○ 广东汕头"南澳Ⅰ号"明代沉船

青花折枝花卉纹套装盖盒

青花缠枝花卉纹四系大罐

青花五彩四开光花卉游鸭纹碗

青花缠枝花卉纹瓶

青花仕女纹题"木"字盘

青花丹凤朝阳图盘与封侯爵禄图盘

五彩四开光花卉飞马纹盖盒

湖南永顺老司城遗址

一　引言

永顺老司城位于湖南永顺县城以东19.5公里的灵溪河畔，地属灵溪镇司城村，为永顺宣慰司数百年的司治所在，也是湘鄂渝黔土家族地区规模最大、保存状况最好的土司城址。

1995年10～12月、1996年9月、1998年10～11月，湖南省文物考古研究所会同湘西自治州文物局、永顺县文物局，先后三次对老司城及外围相关遗址进行调查与发掘。2010年4月至2011年1月，再次对老司城遗址进行考古发掘。通过历年的调查、勘探与发掘，基本上弄清了城址各个功能区的分布情况，宫殿区与衙署区处于城址的中心，周围分布有居住区、土司墓葬区、宗教区、墅苑区等功能区。老司城选址偏僻、贫瘠的山区，主要出于军事目的，自然地形构成了坚固的防御，环绕着城址又有一系列险峻的军事关隘和防御设施。

二　遗迹

（一）宫殿区

宫殿区位于城区北部，依山而建，形状略呈椭圆形，东北高、西南低，周长436米，总面积约14000平方米。宫殿区共有四个门。大西门为正门，残存局部踏步台阶，南侧还发现一处门楼建筑基址。宫殿区西北角、西南角、东南角各有一门。城墙厚1米左右，多以岩块、大卵石垒砌，并以石灰、桐油胶结。城墙残高一般为2米左右，西北部城墙保存较完整，最高处高达6米。

大西门向西略偏南，正面连接右街卵石古道，直通河街。门道由卵石砌成的路面、红石条砌成的台级组成。右街东端的卵石阶梯与宫城墙内平台高差为1.6米，它下接右街的卵石踏步，上与西门内的平台相接。门道原用红砂岩条石叠砌的石阶组成，自下而上曲折相连。现条石大部分已被取走，仅残存局部遗迹。大西门北侧宫殿城墙保存较好，城墙以红砂岩错缝平铺叠砌包边，内侧设排水明沟。大西门内侧尚保存较开阔的平台，地面以大小不等的石板和卵石铺成，遗迹保存较好，在大西门南侧还发现一处门楼建筑基址。

宫殿区内建筑依山而建，自下而上形成4、5层阶梯状平台。每一平台上都分布一定数量的建筑遗迹。在每层平台之间多砌以垒石护坎，有些兼作建筑的墙体。此外，城内还保存一些建筑残墙。这些墙体与垒石护坎年代早晚不一。

宫殿区主体建筑位于宫殿区中部偏南的大西门中轴线上，沿大西门内侧平台向西，自下而上形成四层阶梯状平台，直达宫墙顶端。目前勘探发现两处连接平台之间的台阶。主体建筑的地基皆用夯土筑成，高于四周地面，遗迹包括护坎、墙基、墙体、台阶、散水、排水沟等。宫殿区内的主要排水设施与主体建筑南、西两面墙根下的散水承接，将水通过宫殿区西北部城墙下的涵洞流出宫墙外。道路L1与沟G4则为主体建筑从山腰通向南部山脚的道路与水沟。

L1呈南北向，总长6.7、宽1.27米。用大小不一的卵石砌成，卵石大小与排列皆根据位置与功能而定。路面中心部位用最小的卵石排成人字形图案，道路两侧路基皆用大块卵石砌成护坡，制作十分考究。覆盖在护坡上的土是从灵溪河边运来的纯净青砂土。在L1使用期间，这些护坡都是埋在青砂土层以下的。G4总长25.3米，沟壁和沟底均以卵石砌成，并以白灰勾缝、抹面。沟口两侧各有3个对称的凹口，应为过道。

L1与G4依山而建，西北略高，东南略低，制作精致，反映了宫殿区主体建筑的大体位置与建筑的规格。随着建筑占用的地面向山脚拓展，G4可能被多次接长。直到F2建筑期间，才被F2的房基填平而废弃。发掘显示，G4 的水是通过局部漫水的形式经过卵石面流入排水沟 G10 的。L1 与 G4 的建造年代为明代初年，而宫殿区城墙与排水沟 G10 在 L1、G4 时期作为防御和排水系统就已存在了。

排水沟 G10 为宫殿区内重要的排水设施。G10 从宫殿区山坡顶端的东城墙中部开始，向南沿城墙内侧顺地势而下，经整个南墙城和西城墙南端内侧，直抵大西门南端的两个排水出口，大至呈半圆形将宫殿区包围。G10 总长 132 米，沟上还横跨有 2 座小桥 Q1、Q2。G10 外壁为城墙，厚近 1 米；内壁为沟的内墙，厚约 0.5 米。外壁用较大的卵石夹杂岩块垒砌而成，其间用石灰填缝，两侧用油灰抹面，中间填以卵石、杂土。沟底立铺卵石。沟底有两次卵石叠压，都以城墙作为沟的外壁。G10 作为排水系统，在建城之初就已存在，年代约在明初。在第二次修筑 F2 及与之相连的护坎、桥 Q1 时，G10 沿用，时间约在明代中晚期，此时可能又重新铺设过卵石沟底，并一直使用到城址废弃。G10 内的堆积厚 0.2 ~ 1.6 米，东部较薄，西部较厚。堆积中包含物的年代要晚于其修建年代，约为明代中晚期。

F10 是宫殿区内目前所发掘的一处比较完整的建筑遗迹。其南墙保存基本完好，以岩块填以石灰、砂土胶结而成，墙体两面用石灰、桐油、棉花等材料混合抹面，墙面牢固、光洁。墙顶部平整，上面尚残存零星的青砖，应是墙体上部的建筑材料。西墙、北墙作法与南墙相同，也有局部保存；东墙未发掘，具体情况尚不清楚。门道位于西墙的南端，与向下的卵石台阶相连，通过局部揭露，仅发现最下面一级的卵石台阶。建筑内部分前、后两部分，尚存隔墙的墙基。两侧为卵石，中间填石灰、砂土，其中在两个石柱础之间有砖砌台阶，应是原来门道的位置，局部被后期遗迹打破。F10 室内用方砖铺地，砖下垫有细砂，部分斜砌方砖，其上可能为天井。在西侧房方砖下发现火铺 K1，为地下取暖设施。K1 由火塘、火道、火铺面组成。火塘则包括方形和圆形两个火塘，塘壁与底部皆用砖砌成，在火塘内还堆积有炭末，内含少量白瓷片。方形火塘应为烧柴火处，圆形火塘应为存放火种处。火道亦用青砖砌成。火铺面为长方形，上层用边长 34、厚 6 厘米的方砖铺垫，其下铺有青砖及铁条铺，再下便是用青砖平行竖砌的火道。火道互相贯通，青砖之间皆以石灰封缝。F10 的东部有窖穴 H3。从出土遗物分析，F10 的年代约为明代中晚期。

（二）衙署区

衙署区位于宫殿区南侧，周长 408.8 米，面积 8762.4 平方米。其东、南、西墙保存较为完好，一般残高 1 ~ 2 米。衙署区西门残基至今仍残存于地面之上，门宽 3.4 米，以条石作石阶，下通正街。

老司城内原街巷密布、纵横相通。相传有八街、五巷、两口，现在尚存其名的有正街（新街）、河街、五屯街、紫金街、左街、右街、鱼肚街等，其中以正街、右街保存最好。街巷全由红褐色卵石嵌砌路面，构成三角形、菱形等几何图案，整齐匀称，古朴雅致，颇具民族特色。

（三）紫金山墓地

紫金山墓地位于老司城东南部，是明代永顺土司的王室墓地。现已探明墓地面积约 1500 平方米，有土司及眷属墓葬 30 余座，在最近一次发掘中，我们对其中暴露于地表、已遭盗掘的 8 座墓葬进行了发掘清理。

整个墓地依山势修筑成 4、5 列墓葬，地表残存墓葬封土、拜台、"八字"山墙、花带缠腰过道、南北神道及石像生、照壁等遗迹。墓室多用特制的浮雕青砖起券，头部设神龛。浮雕青砖饰人物、宝相花、卷草纹、云纹等图案。棺床以青砂石板平铺，有的饰七星图。墓葬分单室、双室和三室。三室墓前设回廊，三个墓室互相贯通。紫金山墓地的发掘对于复原明代土司王室陵园的整体面貌，研究明代丧葬文化、土司世系、制作工艺都具有重要的价值。

这次发掘的彭世麒夫妇合葬墓制作精致，装饰华美，堪称明代土司陵墓的典型代表。彭世麒、彭宗舜、彭翼南都是永顺土司中功勋卓著的人物，多次征战，屡建奇功，他们曾带领土兵抗击倭寇，立下赫赫战功，是土家族的英雄。墓地出土的彭世麒、彭宗舜、彭翼南及一些土司眷属的墓志铭还是研究土司社会的珍贵史料。

（四）宗教区

老司城南部是土司时期的宗教区。据考古勘探并结合地方志记载，可以确认的寺庙有祖师殿、观音阁、五谷祠、关帝庙、将军山寺、八部大神庙等。各种不同类型的寺庙和定期举行的宗教活动、祭祀仪式，成为聚集民众、加强社会凝聚力的一种手段。土司时期屡有征战，将军山祠、关帝庙借助超自然的威慑力量，起到了鼓舞士气的作用。

（五）墅苑区

沿着灵溪流上溯，在老司城喧嚣街衢的背后有一片静谧的区域，那里山川秀丽、白沙清流，平岗低阜间分布着众多的土司庄园、别墅、钓鱼台等设施，是土司时期的墅苑区。在灵溪河两岸的崖壁上，我们发现了8处石刻题铭，记录了土司与家眷友朋在此游玩的情形。其内容有"余思垒暇时常侍老母同眷属游景，因酣起以记之（土司彭世麒的号"思垒"）"、"弘治己未岁仲夏，余游同世亲冉西坡游此，得鱼甚多，其日从者千余，俱乐醉而归，思垒记"、"嘉靖乙丑季夏，予□内阁大学士徐门下锦衣金垂川、吕松泉、摩士杜太行携宗族等同游于此，美"等。这些题刻是记录着土司日常生活的生动片断，成为老司城文化遗产的重要组成部分。

三 遗物

老司城宫殿区出土的建筑材料有砖、瓦当、滴水等，其装饰题材包括瑞兽、吉祥物、花草等，象征着龙凤绕脊，瑞气盈门，也衬托出宫殿建筑的庄重威严。在这一时期建筑内，贮藏、取暖、排水设施一应俱全。祖师殿正殿柱架木枋，接榫处无凿痕，门窗都雕有精美的图案，反映了明代宫殿区地面建筑的情况。

老司城出土瓷片以青花瓷为主，大多为明代景德镇民窑产品，少量为官窑产品。这些瓷器的题款中有许多关于永顺土司的内容，如"宣慰使司佳器"、"永顺司制"、"五百年忠孝世家制"、"大厅忠孝堂记"、"都督府役徐沅斌贡"等，说明这些瓷器是为永顺土司专门定制的，这种情况在全国并不多见。

四 结语

据清代《永顺县志》记载，土司彭福石宠于南宋绍兴五年（1135年）袭职后，常感誓下州受辰州约束，于是迁其治于灵溪之福石郡，即今老司城，现老司城后山名为福石山。南宋或元代老司城是否是彭氏土司的司治所在，这一直是多年来我们的考古发掘和研究所关注的问题。通过解剖宫殿区南城墙，发现在城墙填芯土中有灰砖、瓦当和明代早期的瓷片，在城墙下的文化层中，第1层包含明代早期青花瓷片，第2～8层不含青花瓷片，只出土宋元时期的白瓷片以及花纹砖、筒瓦等建筑构件，这种情况也曾出现在宫殿区G4、F16的底部。这再次表明，在明代修建宫殿城墙以前，老司城已有很长的居住历史，而且存在高规格建筑。地方志上关于彭福石宠于南宋绍兴五年修建老司城的记载，很可能是信史。

根据目前的考古资料推断，老司城宫殿区城墙以及 L1、G4、G10、F16 等遗迹的建筑年代约在明代早期。宫殿区 F2 及其护坎、G10 的上层卵石、石桥 Q1、Q2 等遗迹的建筑年代约在明代中晚期。衙署区及老司城周边的大量相关建筑也大多修建于明代，如彭显英建猛峒别墅、彭世麒建颗砂行署、彭明辅建谢圃公署、彭宗舜筑壶窝别墅等。从目前已发掘的紫金山墓葬和周边墓葬的资料看，年代最早的是土司彭显英夫人墓，彭显英袭职在明代天顺、成化年间。老司城周边石刻题铭的年代主要集中在明代弘治、正德、嘉靖年间。

雍正六年（1728 年），末代土司彭肇槐自愿改土归流，并于次年回到祖籍江西吉安老家立产安居。彭姓有的迁往颗砂，有的迁往太平山坡的新庄，土司所辖的三州六峒也随之销声匿迹，老司城从此废弃。因此宫殿区 F1 及其他大量晚期遗迹的年代上限为清雍正六年的改土归流。出土遗物显示，清代中期以后，精致的外来瓷片绝迹，以向姓为主的土著和外来者居住在老司城。旧的建筑倒塌了，变成废墟，或在其旧址上重修简陋的民宅。旧的街巷被沿用。老司城失去了往日繁荣，又成为山多地少、封闭贫瘠的普通小山村。

作为考古遗址，老司城遗址的历史文化价值至少表现在以下几个方面。

第一，永顺彭氏土司 800 余年来的历史是西南土司制度的缩影。老司城遗址及周边的烽火台、军事关卡、土司墅苑、古墓群、宗教遗址、石刻题铭都是丰富的"地面文献"，是历史的血肉，是复原永顺土司社会内部结构、研究中国土司制度、中央与少数民族关系的重要物证。

第二，湘西武陵山区千山万壑、重岗复岭，聚居于此的土著民族世称"蛮夷"，自先秦以来少有迁徙。从秦汉大姓豪族到五代以后的大小土司，族属一脉相承。从古代种族集团、民族谱系来重建华南历史，一直为中外学术界所关注。彭氏世系及其所代表的田、向、覃、朱、龚诸大姓的渊源和谱系，是研究土家族乃至华南民族史的重要学术资源。

第三，老司城建在地势极为峻峭的山地，依山傍水，因地制宜，堪称利用自然地形承担军事防御功能的典范，是研究中国城市发展史不可多得的实例。老司城基础设施保存完整，地上地下保存的遗存丰富多样，其观赏性、真实性、完整性为中国现存城市遗址中所罕见。

撰稿人：柴焕波

参 考 文 献

● 湖南省文物考古研究所：《湖南永顺县老司城遗址》，《考古》2011 年第 7 期。
● 柴焕波、龙京沙、符炫：《永顺县旧司城遗址》，见《中国考古学年鉴（1996）》第 212、213 页，文物出版社，1998 年。
● 柴焕波、龙京沙：《永顺老司城遗址》，见《中国考古学年鉴（1999）》第 247、248 页，文物出版社，2001 年。
● 湖南省文物考古研究所 湘西自治州文物工作队 永顺县文物局：《湘西永顺老司城发掘报告》，见《湖南考古 2002》，岳麓书社，2004 年。

宫殿区

祖师殿明代建筑

宫殿区 F10

紫金山土司墓地

○ 湖南永顺老司城遗址

宫殿区排水沟 G10

老司城遗址出土雕花砖

紫金山墓地祭台石雕

灵溪河石刻题铭

紫金山土司墓葬

清代永顺宣慰使官印

紫金山土司墓地出土金器

江西高安华林造纸作坊遗址

一 引言

高安市位于江西省宜春市,明代是瑞州府的府治所在地。这里造竹纸的历史至少能追溯到明正德年间以前。明正德十年《瑞州府志》"物产志"中载有"青纸,三县(瑞州府古代辖高安、上高、宜丰)皆能染艳,而青者出高安。"这说明华林山位于赣西北九岭山脉的东南。造纸作坊遗址就位于华林风景名胜管委会东溪行政村的周岭自然村。

周岭村气候适宜毛竹生长。周围四条水溪环绕,而且溪水落差大,水力资源丰富。这些共同构成了周岭村发展以水碓为动力、以毛竹为原料的造竹纸手工业的良好自然条件。同时,周岭是胡姓三大支之"华林胡氏"的发源和繁衍之地。在宋代,胡氏在华林山上先后建有八座书院,对书写用纸的大量需求直接刺激了造纸业的发展。

华林造纸作坊遗址是从2005年高安市博物馆工作人员在周岭村的山间田地里发现16座水碓遗址开始的。江西省文物考古研究所、高安市博物馆联合组成考古队,先后于2007年和2009年对造纸作坊遗址展开了两期考古发掘。考古工作共分四部分:一是对周岭村7座水碓遗址进行清理发掘;二是对西溪村7座水碓遗址进行清理发掘;三是对周岭村后山上的沤竹麻塘和村庄周边的抄纸坊遗迹进行调查勘探;四是对福纸庙作坊遗址进行布方发掘。

二 周岭村水碓遗址

从周岭村至福纸庙不足500米的距离内,沿石脑头溪两岸分布着7座水碓遗址。它们按承打台的不同可以分为三种类型。

第一类只有2号水碓,与其他水碓最明显的区别在于工作间承打台的位置安放了两个石臼,虽然在石臼前面也安放有石板,但仅仅固定石臼,不起石砧的作用。2号水碓也是唯一一座在工作间仍然保留有墙基的水碓。村民在1980年代还用2号水碓加工粉碎粮食。所以,这座水碓在所有水碓中废弃年代最晚、且明确是用来加工粮食。3号水碓当始建于南宋时期,历经元、明,延续使用近五百年。

第二类有1号与3号水碓,工作间承打台安放了两块石砧加一个石臼。3号水碓承打台位置安放的两块石板,一横放,一竖放,且都留下明显遭春打的凹面,起石砧的作用。石臼也留下很明显春打痕迹,旁边还有一个因打穿了底而被替换出来的石臼。

第三类为4、5、6、7号水碓,分布于2号与3号水碓之间的溪流两岸。工作间承打台只安放了两块石砧,没有石臼。它们终结了华林水碓遗址功能的争论。没有石臼,就不能用来加工粮食,只能是用于春打竹麻等造纸原料。

2号水碓工作间残存墙基,其余6座没有墙基。1号与3号水碓工作间尚残留有石砌罗围,4、5、6、7号水碓则连石砌罗围都已不存,有的水车池两边墙上承放车轴的石梁都消失了。因此,第一类型水碓保存最好,第三类型水碓保存最差,第二类型水碓则介于两者之间。水碓遗址大多曝露于地表,在工作间只能找到一些倒塌的木柱、木梁架等木质遗物,需要通过检测才能判定其时代。在1号与3号水碓水车池的下层堆积中出土有少量属明代中晚期的景德镇民窑青花瓷和土龙泉青瓷,说明第二类型水碓可能废弃于明代中晚期。

三 西溪村水碓遗址

2009年在距周岭村约10公里的华林乡西溪村清理了7座水碓。其中村旁的1座属前述第一类水碓,其余6座都是第三类。

上述14座水碓遗址的发掘说明,一个村庄只需1

座水碓用来加工粮食，其他配备石砧者都用于造纸生产。第二类水碓的功用则有两种可能，一是兼有加工粮食和造纸打浆功能；二是对照古代造纸文献记载，生产高档纸时需要对纸浆两次舂打，第一次在石砧上舂打是粗加工，第二次在石臼内舂打为精加工。

四　沤竹麻塘与抄纸坊

沤竹麻塘是浸腌竹麻的水池。嫩竹经长期沤腌、槌打、冲洗后，竹料纤维束大都散开如麻皮，细者如丝，南方统称为竹麻或竹丝。《天工开物》"杀青"篇载："节届芒种则登山砍伐，截断五、七尺长，就于本山开塘一口，注水其中漂浸……浸至百日之外，加工捶洗，洗去粗壳与青皮，是名杀青。"并配有一幅"斩竹漂塘"的插图。周岭村后山竹林中至少有20多处沤竹麻塘，但大多在20世纪70年代"学大寨"开荒造田的运动中遭到了破坏，海拔较高的竹山上还能找到遗迹。

抄纸坊在当地称槽房，是抄造成纸的场所。《天工开物》里有"荡料入帘"与"覆帘压纸"的插图，这两道工序就是在抄纸坊中完成的。当地村民说解放前后的周岭村还能看到4所抄纸坊，现已为民居与牛棚。

五　福纸庙作坊遗址

福纸庙作坊遗址位于周岭村东南约500米的山谷，得名于溪流旁山崖上的福纸庙。这里现在已被开垦为梯田。周岭村通往山下的羊肠小道从梯田的上端通过，梯田下是石脑头溪。选择这里发掘有三个原因：一是这里有当地人称之为福纸庙的祭坛；二是这里古代交通相对方便；三是村民反映这里犁田时碰到过墙基。

该遗址在发掘区的东部堆积最厚，探方T0204东壁文化堆积层厚达1.55米，分为6个堆积层，共发现4个层面的遗迹。

发掘区最上层的遗迹是一组开口于第1层下的明代房屋建筑，主要是石砌墙基和一些石柱础。他们打破第2层，但位于第3层之上。由于第3层下的遗迹中出土最晚的青花瓷片为明中期正德前后，所以此建筑遗迹的建造年代最早也在明代中后期。

发掘区保留最多、最完整的是开口于第3层下的一组造纸遗迹，年代在元末至明代中期之前。这组遗迹包括沤竹麻塘（F1、H8）、蒸煮竹麻区大片红烧土（F2）、拌灰与发酵的工作台（F3）、石灰堆（F4）、烧灰碱的灰坑（H2）、尾砂坑（H6）、引水管痕迹（G3）及一些挡土墙等。

第4B层下的元代造纸遗迹包括石砌的半月形沤竹麻塘（H3）和7个柱洞（Z1、Z2、Z3、Z4、Z5、Z7）、5个灰坑（H5、H9、H10、H11、H12）、一片红烧土（F6）及一根陶质水管（G2）。这些遗迹填土的包含物不见明代青花瓷，只有少量的元代芒口青白瓷，说明这一组遗迹废弃于元代，最晚也是元代的遗迹。

由于要保留上层发现的元代与明代遗迹，目前揭露第5层下的宋代遗迹较少，T0104发现两个长方形的土坑H4和H7。

福纸庙作坊区发掘的遗迹，多可根据古代造纸文献解读，主要包括沤竹麻塘、蒸煮竹麻留下的大片红烧土、拌灰与发酵的工作台、烧灰碱的灰坑、堆石灰留下的粗砂土、清塘形成的尾砂坑、接水管与排水沟以及抄纸坊（里面包括蒸煮纸药的灶基、滑水缸基址、纸槽基址及柱洞等）等。加上发掘区附近的3号水碓遗址，基本可以反映从伐竹到沤料、煮料、腌料、舂料、制浆直到抄造成纸的整套制作流程。

沤竹麻塘　福纸庙作坊区发现宋代长方形土坑式沤竹麻塘（H7）、元代半月形石砌沤竹麻塘（H3）

和明代长方形石砌沤竹麻塘（F1、H8）三种。3个沤竹麻塘都在塘中安置了一个石台，以便"加工槌洗"，H3与H7共用塘中的一块龟壳形大石台作槌打竹段的加工台。从F1的形制体现了许多改良之处：一是塘分上下游两部分，中间有墙隔开，又有水沟相通；二是下游腌竹塘的出水口配有磨刀的砺石；三是上游漂水塘有高出池底约0.4米的的砖砌排水沟，这应是为保持漂水塘内水位均衡而建；四是上游有水沟与南面的F3相通。

蒸煮竹麻遗留的大片红烧土（F2） 《天工开物》"造竹纸"载"凡煮竹，下锅用径四尺者，锅上泥与石灰捏弦，高阔如广中煮盐牢盆样，中可载水十余石。上盖楻桶，其围丈五尺，其径四尺余。盖定受煮八日已足。歇火一日，揭楻取出竹麻，入清水漂塘之内洗净。"并附有"煮楻足火"的插图。

F2位于F1的东南面，是一块南北长3.1米、东西宽2.4米，面积达7.44平方米，厚0.2米的红烧土区。平面上可见明显的炭黑色或被火烤过的红褐色土。推测这就是筑火炉"煮楻足火"留下的遗迹。

拌灰与发酵的工作台（F3） F3是发掘区中部的天井式遗迹。四周用条石围边，内用青砖铺地，青砖四周与条石边留有一条水沟，出水口在天井的东北角，有一条南北向的砖砌暗沟与F1相通，可排水入F1。围边条石内侧打磨成契形，以便下铲翻动台内堆料。围栏内的南端还安置一块类似石台的大石块，方便槌打竹料。所以F3应是拌灰与发酵的工作台。

烧灰碱的灰坑 许多造纸文献都提到在制纸浆过程中要加碱性草木灰来加速其腐烂。明代王宗沐《江西大志》"楮纸"记载："木杵舂细，成片摊开。复用桐子壳灰及柴灰和匀，滚水淋泡。"《天工开物》"造竹纸"载："洗净，用柴灰浆过，再入釜中。其上按平，平铺稻草灰寸许。桶内水滚沸，即取出别桶之中，仍以灰汁淋下。倘水冷，烧滚再淋，如是十余日，自然臭烂。"这于现代造纸要加烧碱发酵纸浆同理。从清理的3个长方形灰坑来看，明代的H2、元代的H5、宋代的H4的坑内堆积都有较多的炭灰，且3个灰坑都在同时代沤竹麻塘附近，因此推断它们都是烧灰碱的灰坑。

石灰堆 汉代用麻造纸时，就向沤料中加石灰，缩短沤麻时间。《天工开物》"造竹纸"载："加上

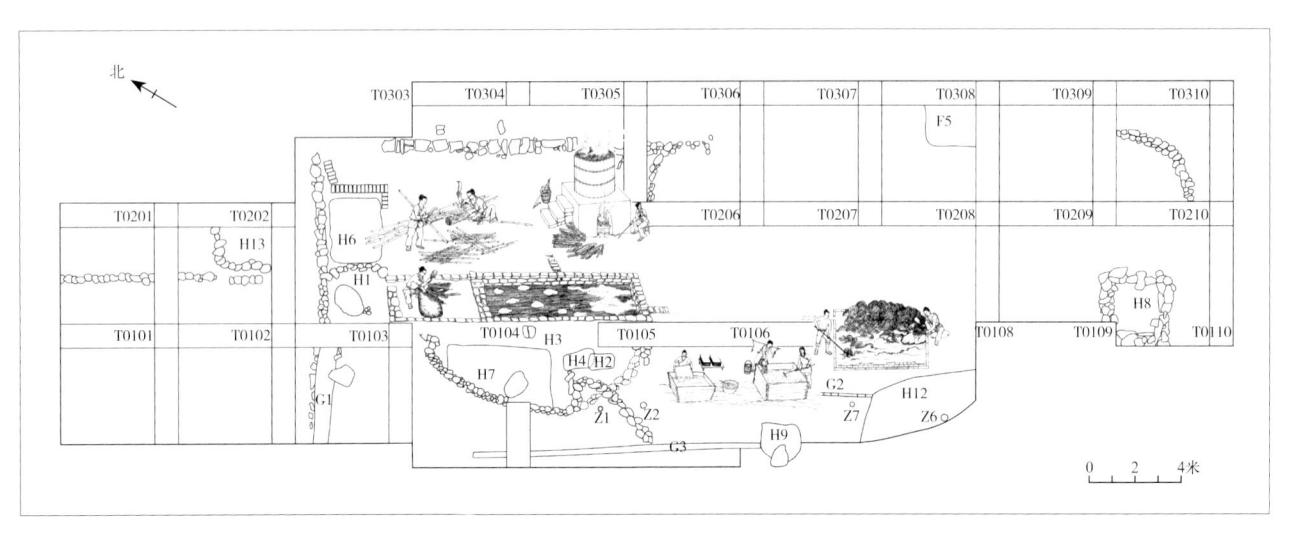

遗迹场景复原图

好石灰化汁涂浆，入楻锅，下火煮，以八日八夜为率。"既然石灰是用来帮助煮料的，应该堆放在蒸煮区附近。福纸庙作坊区发现的明代堆放石灰留下的大片混砂土（F4）就在蒸煮区F2的南部探方中。

接水管遗迹（G3） 有塘必有水。《天工开物》载"就于本山开塘一口，注水入其中漂浸，恐塘水有涸时，则用竹枧通引，不断瀑流注入。"发掘区西部地形较高处发现了G3，是长约10米、宽0.2、深0.08米的水沟，既浅又不直，大小和长度都正好与一根竹枧相符，应是埋设竹枧的遗迹。

清塘尾砂坑（H6） 浸沤竹子要加石灰，沤烂后又要在石台上槌打，自然会产生很多的尾砂。每年砍伐新竹腌时，纸工都要对沤竹麻塘进行清塘，将塘中沉淀的泥砂排出去。F1出水口附近的H6就是存放F1排出的尾砂坑，H6的堆积全是细沙土，潮湿、松软、纯净，不含任何杂质，完全是一种被水冲击沉淀之后形成的堆积，堆积西薄东厚。

元代抄纸房（槽房） 前述元代遗迹可能共同构成一间属抄纸房。它是用木柱支撑的棚屋。H5和H10是承放两个四方体斗状木槽的土坑。前者承放抄纸槽，后者承放备料槽。圆形灰坑H11则是承放滑水缸的遗迹。滑水缸是盛装"纸药"的陶缸。旁边的灶形红烧土块F6就是烹制"纸药"土灶的遗迹。陶制水管G2则是排水管，将抄纸房里的废水向东排入南边的储水坑H12。

福纸庙作坊区揭露的明代造纸遗迹反映了一整套从竹子加工成纸浆的工艺流程。纸工将砍伐的嫩竹投入沤竹麻塘F1进行腌泡，经过一段时间，取出放到F1下游腌竹塘的石台上进行槌打，剥去青皮（即"杀青"）。然后取出放到上游漂水塘中洗涤干净，倒入旁边蒸煮竹麻的篁桶（F2）中加石灰（F6）蒸煮，煮好后放到漂水塘中漂洗干净，在拌灰与发酵的工作台（F3）上堆腌，再从烧灰碱的灰坑（H2）中取草木灰给竹麻拌灰加浆，其间发现未煮烂的竹段，则置于工作台中的石块上槌打，拌好灰后又放入篁桶（F2）中蒸煮（二次蒸煮）。再放入附近的漂水塘洗涤，然后在发酵工作台（F3）上堆积发酵和日光漂白。拌灰加浆和堆积发酵过程产生的碱液通过发酵工作台东北角的排水沟导回沤竹麻塘（F1）之中，因为其对腐烂竹麻仍有催化剂的作用。充分发酵和漂白之后，最后运到附近的3号水碓中进行舂捣打浆。

六　结语

华林宋元明造纸作坊遗址是目前我国发现时代最早（南宋）、延续生产时间最长的造纸遗址。发掘区揭示了宋、元、明三个时期的造纸作坊遗迹，地层叠压关系清楚。众多遗迹反映了从伐竹到沤料、煮料、腌料、舂料、配药制浆直至抄造成纸的一整套制纸流程，可以完整再现古代造竹纸的一整套工序，是目前我国发现造纸遗迹类型最全的遗址。

华林宋元明造纸作坊遗址是我国第一个经过正式考古发掘的古代造纸遗址，对研究中国古代四大发明之一的造纸术发展史意义重大。

撰稿人：肖发标

参考文献

● 王意乐、刘金成、肖发标：《江西高安市华林造纸作坊遗址发掘简报》，《考古》2010年第8期。

沤竹麻塘工作台

明代沤竹麻塘 F1

明代蒸煮区 H1

明代拌料台 F3

○ 江西高安华林造纸作坊遗址

周岭 3 号水碓

宋代陶质水管

宋代沤竹麻塘 H7 与元代沤竹麻塘 H4

元代抄纸房遗迹

江西景德镇明清御窑遗址

一 引言

景德镇是中国古代瓷器的重要产区,明清两代的御窑产品代表了当时全国瓷器生产的最高水平。御窑创建于明洪武二年(1369年),最初可能称"陶厂",洪武三十五年(建文四年;1402年)"改陶厂为御器厂",明王朝灭亡,遂为清王朝接管,并该称"御窑厂",直至清王朝灭亡,延续542年。废弃后,御窑设施和地面建筑除了南门内的一口水井外,其余早已荡然无存。御窑遗址位于现景德镇市中心的珠山地区,呈南宽向北渐窄的长梯形分布,总面积约54300平方米。

北京大学考古文博学院、江西省文物考古研究所、景德镇市陶瓷考古研究所联合组成考古队,于2002年10月至2003年1月、2003年10月至12月、2004年9月至12月,对景德镇明清御窑遗址进行了大规模的考古发掘。发掘位置在珠山北麓(即御窑遗址的东北部)和珠山南麓(即御窑遗址南部的西边),出土了一大批遗迹和数量众多的遗物。2004年发掘面积755平方米,出土有墙、窑炉、埋藏瓷器的小坑等遗迹和明代早、中期的落选御用瓷器、窑具等遗物。

二 地层堆积

景德镇明清御窑的堆积有明显不同于民窑的特点。第一,由于占地面积小,烧造时间长,就要不断地腾地方,所以二次堆积比较常见;第二,改建时需要垫高、填平,厂内又没有这么多土,常常是从厂外运进民窑的窑业堆积来垫;第三,明代落选御用瓷器不准卖,不能流入民间,必须打碎掩埋在御器(窑)厂内,或挖小坑掩埋,或堆成小堆,或倒成一片,再盖上土和窑业废弃物,这种遗存和堆积方式为官窑所特有。

三 遗迹

出土的遗迹主要有墙、窑炉和掩埋落选御用瓷器的遗迹。

(一)墙

墙出土多道,较重要的是第15号墙和第13号墙。

第15号墙(04JYⅣQ15),以匣钵片等材料砌制而成,基本为南北走向。在该墙的外侧(西侧)还砌有两个垛墙。该墙砌建在元末明初地层之上,叠压在明宣德早期地层之下,可知其年代应为明代初年,下限不超过宣德时期。其用途,据其宽度和砌设有垛墙推测,可能是明初御器厂西围墙的一部分。

第13号墙(04JYⅠQ13),与2003年发现的第10号墙(03JYⅠQ10)是一个整体建筑。这两道墙揭露出来的部分合在一起构成一个矩尺形,夹角基本为直角,基本为东西、南北走向。墙体以匣钵片等材料砌制而成,转角处以砖砌,并约每隔6.5米左右便在墙体中砌一砖垛,以加固墙体。该墙建于元末明初地层之上,叠压在明宣德地层下,并在墙体砌制材料中发现明洪武早期烧造的板瓦。由此可推断,其年代为明代初年,下限不超过宣德时期。其用途,据其位置和规模、形制来看,该墙很有可能是明初御器厂内的院墙。

(二)窑炉

窑炉有葫芦形窑和馒头形窑二类。

葫芦形窑遗迹出土于珠山北麓,即御窑遗址的东北部。2002、2003年发掘出土4座,保存不佳,后部皆无存。2004年出土了3座。葫芦形窑炉遗迹由窑前工作面、窑门、火膛、前室、后室、护窑墙等部分组成,以楔形砖砌成,窑床前低后渐高,整体斜长。

04JYⅠY6的窑炉遗迹保存比较完整。火膛呈半圆形,与前室合成一个圆形空间,后室左右两壁略外撇,前中部斜直,后部弧形内收。窑床倾斜度为8度。该窑壁外侧有一道护窑墙，以残砖、碎瓦和匣钵片砌成，间有碎瓷片、碎砖块和红土，南侧护窑墙中还夹砌一块永乐时期的长方形白瓷砖。

这三座葫芦形窑炉遗迹与2002～2003年发掘的4座是一个整体，均叠压在明宣德地层之下，窑床前沿挡土墙砌制材料中有较多的洪武早期烧造的板瓦，04JYⅠY6的护窑墙中还夹砌一块永乐时期的白瓷砖。可见，这三座窑炉的年代为明洪武中期至永乐时期。

馒头形窑炉遗迹出土于珠山南麓，即御窑遗址的南部西边。2004年共发掘清理出15座，皆小砖砌成。由窑前工作面、窑门、火膛、窑室、烟道、排烟孔、烟囱、护窑墙等部分组成，规制较小。形制基本一致，窑门八字形，弧线外撇；火膛呈半圆形，左右两角封住；火膛低于窑床，窑床平整，两壁较直，其后有一低于床面的横向烟道，与排烟孔相连；后壁下部设有6个排烟孔，与烟囱相通；烟囱呈横长方形，与窑室同宽。

这15座馒头形窑遗迹是一个整体，相互间有明显的叠压打破关系，说明其延续的时间较长。这批窑炉均叠压在至清初地层之下，明宣德时期的窑业废弃物又堆放在最下层窑炉遗迹的护窑墙外。由此可推断这批窑炉的年代为明宣德至万历时期，最上层的8座有可能是明嘉靖至万历时期的。

（三）瓷器堆积

掩埋落选御用瓷器的遗迹有小坑、小堆和小型片状堆积。

小坑，2004年共清理了14个，均为宣德时期的遗迹，9个坑出土的瓷器烧造于永乐时期，5个坑出土的瓷器烧造于是宣德时期。一般说来，出土永乐时期瓷器的坑较规整，多作锅底状；出土宣德时期瓷器的坑不甚规整，在窑业废弃物堆积层上做成，较随意。

小堆共发现清理了2个，均是宣德时期的，皆是将落选御用瓷器打碎后堆在一起形成，平面基本呈圆形或椭圆形。

小型片状堆积共发现清理了5个，皆是将落选御用瓷器打碎后倾倒在窑业堆积层的上面，形状不规则。例如04JYⅣP10，堆积的年代为明宣德时期。该堆积平面略呈椭圆形。出土的瓷器品种有青花、蓝釉、白釉瓷器，器形有缸、碗、盘等，器形有青花龙纹和蓝釉刻花云龙纹大缸。

此外，还发现清理了辘轳坑、练泥池等作坊遗迹，它们均应为清代初年。辘轳坑在御窑遗址中还是首次发现，出土6个，砌制讲究，形制一致。其制作方法是，先挖一个漏斗状的深坑，"漏斗"的斗部砌砖，埋放辘轳的轴，并将轴下部固定，中部套一用耐火土烧制的筒。

四 遗物

2004年出土遗物也相当丰富，有瓷器（含瓷片）、窑具等，以瓷器为大宗。

（一）瓷器

御窑瓷器主要是明代早、中期烧造的，永乐、宣德时期的最多，也最精美。出土于小坑、小堆、小型片状堆积和普通地层中，前者均是落选的御用瓷器，后者多是在瓷器烧成过程中产生的废品。品种有釉里红、红釉、紫金釉、蓝釉、白釉、黄釉、孔雀绿釉、青花、斗彩、仿哥釉、仿宋官青釉、仿龙泉青釉瓷器等。器类也较多，有梅瓶、玉壶春瓶、梨形壶、大罐、罐、碗、高足碗、盘、杯、盒、果盘、炉、觚、爵、缸等，以碗、盘数量最多。胎细白，釉莹润。装饰技法有刻花、印花和笔绘等，纹样以龙纹最为常见。部分器物上印制、刻写或书写年款，永乐时期少数器物上印制"永乐年制"四字篆文款；宣德时期的部分器物上刻写或以青料书写"大明宣德年制"或"宣德年制"楷书或篆书款；成化、弘治、正德时期的多以青料书写"大明成化年制"、"大明弘治年制"、"大明正德年制"楷书款。

现选择几件具有代表性的，并在传世品中不见或罕见的器物介绍。

永乐里红釉外釉里红赶珠龙纹碗，敞口，曲斜壁，圈足。白色胎，质地细密。内施红釉，外施白釉，釉下胎上以铜红料绘赶珠龙纹，色泽泛深灰。

永乐红釉印花花果纹盖盒，盖顶隆起，子母口，盒身曲壁，圈足。胎作白色，质地细密。外施红釉，内施白釉。外侧盖、身部印制花果纹，口部各印一周小花纹，圈足外侧为卷草纹。

宣德孔雀绿釉鱼藻纹梅瓶，圆唇，小口，短颈，丰肩，鼓腹，腹以下缓收，浅隐圈足。灰白色胎，内施白釉，外施孔雀绿釉，釉上以青花料绘鱼藻纹。底外侧以青花料书写"大明宣德年制"六字双圈楷书款。

宣德孔雀绿釉鱼藻纹梨形壶，珠顶盖，直口，溜肩，鼓腹，高圈足，长曲流，柄残。灰白色胎，内施白釉，外施孔雀绿釉，釉上以青花料绘鱼藻纹。底外侧以青花料书写"大明宣德年制"六字双圈楷书款，施白釉。

宣德孔雀绿釉碗，侈口，曲壁，深腹，圈足。白色胎。内施白釉，外施孔雀绿釉。底外侧以青花料书写"大明宣德年制"六字双圈楷书款，施白釉。

宣德洒蓝釉刻花海水云龙纹大罐，圆唇，直口，矮领，丰肩，鼓腹，腹以下缓收，隐圈足。白色胎，质地细密。内施白釉，外施洒蓝釉，外侧刻饰海水云龙纹。底外侧以青花料书写"大明宣德年制"六字双圈楷书款，施白釉。

宣德洒蓝釉刻花龙纹碗，侈口，曲壁，深腹，圈足。白色胎，质地细密。内施白釉。外施洒蓝釉，腹部刻两条赶珠龙纹，间饰折带朵云纹。底外侧以青花料书写"大明宣德年制"六字双圈楷书款，施白釉。

宣德洒蓝釉刻花龙纹盘，敞口，曲壁，浅腹，圈足。白色胎，质地细密。内施白釉，底刻三朵"品"字形折带云纹。外壁施洒蓝釉，腹部刻两条赶珠龙纹，间饰折带朵云纹。底外侧以青花料书写"大明宣德年制"六字双圈楷书款，施白釉。

宣德青花花卉纹果盘，敞口，曲壁，矮圈足，内侧中部呈圈足状，绕其分六个部分，隔墙作曲线形。白色胎，质地细密。通体施白釉，内外侧均以青料绘花卉纹。

宣德仿哥釉菱口折沿盆，近方形，菱口，折平沿，沿边起棱，器身呈瓜棱状，圈足。俯视呈菱花形。灰色胎，施仿哥釉，釉色灰白。

其他精美、有重要价值的器物还有永乐红釉高足碗、盘、碗，永乐紫金釉高足碗、盘，永乐红釉梨形壶，宣德红釉盘、碗，宣德白釉爵杯、炉，宣德青花应龙纹方盆、云龙纹缸，宣德蓝釉刻花云龙纹缸，成化仿宋官青釉贯耳瓶，弘治白釉绿彩龙纹盘，正德青花阿拉伯文长方形盖盒、盘等。

（二）窑具

窑具有匣钵、套钵、垫饼。匣钵用耐火土制作，质地粗糙、坚硬，主要有两种：一是漏斗形，有深、浅腹之别，腹较深者，应是装烧高足碗用的；二是桶形，也有深、浅腹之别。宣德时期开始流行装烧时在深腹桶形匣钵内再放一个匣钵的做法，这个后放的匣钵一般称作为"套钵"。套钵为瓷土制作，质地细密，作钵形，有隆起的盖。使用时，将其放在深腹桶形匣钵内，内底铺一层细沙，细沙上置一瓷土制作的垫饼，垫瓶饼上放器物，然后盖上盖。这在宣德时期已经流行，据明初地层出土的套钵碎片看，大约出现于永乐时期。这种装烧方法为景德镇明代御窑所独有，对提高烧成质量和成品率应有重要作用。

五　结语

2004年景德镇珠山明清御窑遗址考古发掘收获颇丰，有许多新的发现。出土的遗迹、遗物为御窑的研究增添了新资料，提供了新信息。

第一，明清御器（窑）厂皆有围墙，现地面上已无迹可寻，准确的位置已无从查考。这次发掘出土了部分明代早期西墙遗迹，为断定御窑西墙的准确位置提供了重要依据。

第二，明代王宗沐《江西省大志》卷七《陶书》等文献记载，明代御器厂的建筑、设施等均在珠山以南，珠山以北文献中没有记录。2004年在珠山北麓出土了明代初期的葫芦形窑炉、院墙遗迹等，说明明代初年（洪武至永乐时期）珠山北麓是御器厂烧造和活动的主要区域。从这里发现的宣德时期的原生堆积和宣德时期掩埋落选御用瓷器遗迹，可知珠山北麓在宣德及其以后成了堆放窑业废弃物和掩埋落选御用瓷器的场所，御器厂的中心区域集中于珠山以南。填补了文献记载的空白。

第三，这次发掘出土资料证实，明代御窑，明洪武至永乐时期主要使用葫芦形窑，宣德及其以后使用馒头形窑。前者在景德镇元代民窑就已经使用；后者在北方地区早已经普及。明代御窑对两种窑炉做了改造。元代葫芦形窑炉窑体较长，后室左右两壁略外弧，而明代御器厂的葫芦形窑炉整体缩短，左右两壁较直略向外撇。明代以前的馒头形窑炉，一般是窑体较长，窑床前高向后渐低，一般为二个烟囱。而明代御器厂的馒头形窑较小，窑床平整，设横长方形的大烟囱，尤其是在窑床和后壁之间增设了烟道，烟道与排烟孔相连。这些革新无疑更利于烧成和适合御器厂生产需要。御窑瓷器均装在匣钵内烧造，特别是套钵装烧法，为史籍所不载。

第四，明清两代对烧造御用瓷器的要求、拣选十分严格，于是出现了数量巨大的落选品，处理它们也是御器（窑）厂的重要工作。从考古资料看，打碎掩埋的处理制度至迟在永乐时期就开始了，一直延用到嘉靖时期。2004年出土掩埋落选御用瓷器遗迹都是宣德时期的，采用的是挖（做）坑、堆小堆、撒成小片的掩埋方式，操作比较细致和严格。这是研究明代御器厂落选御用瓷器管理制度的重要资料。

第五，这批出土瓷器数量多，有明确的出土地点、层位和共存关系，资料价值重要。不少品种不见于传世品中，多属于首次发现，有的还是孤品。它们对揭示明代御窑的沧桑巨变和烧造活动有传世品无法替代的作用。值得一提的是，出土的御窑瓷器基本都是落选品，这更能全面、客观总结当年制作技术。

总之，这批出土资料对研究、探讨景德镇明代御窑的范围、布局、产品特征、制作工艺、烧成技术、管理制度等具有重要的学术价值。

撰稿人：权奎山

参考文献

- 北京大学考古文博学院等：《江西景德镇市明清御窑遗址2004年的发掘》，《考古》2005年第7期。
- 刘新园、权奎山、樊昌生：《江西省景德镇市珠山明、清御窑遗址考古发掘获重大成果》，见《中国古陶瓷研究》第十辑，紫禁城出版社，2004年。
- 北京大学考古文博学院等：《江西景德镇明清御窑遗址发掘简报》，《文物》2007年第5期。
- 北京大学考古文博学院等：《景德镇出土明代御窑瓷器》，文物出版社，2008年。
- 权奎山：《江西景德镇明清御器（窑）厂落选御用瓷器处理的考察》，《文物》2005年第5期。

葫芦形窑 04JYⅠY6（西→东）

瓷器堆积 04JYⅣP10

馒头形窑 4JYⅡY14（东→西）

永乐红釉印花花果纹盖盒（04JYⅣK26：1）

永乐里红釉外釉里红赶珠龙纹碗（04JYⅣK31：2）

○ 江西景德镇明清御窑遗址

宣德孔雀绿釉青花鱼藻纹梅瓶（04JYⅡD1：1）

宣德孔雀绿釉碗（04JYⅡD1：13）

宣德孔雀绿釉青花鱼藻纹梨形壶（04JYⅡD1：3）

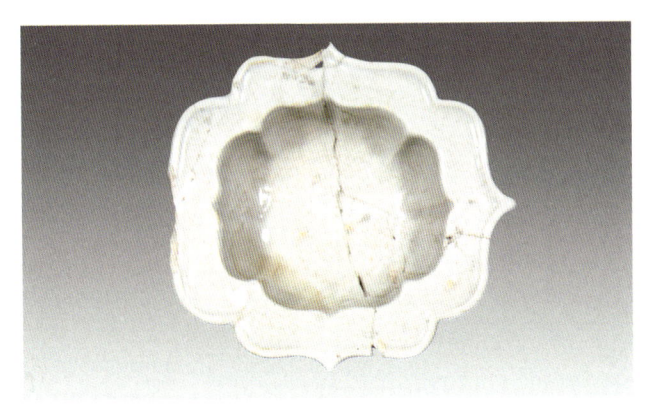

宣德仿哥釉菱口折沿盆（04JYⅠk19：1）

宣德洒蓝釉刻花云龙纹碗（04JYⅡD1：6）

宣德青花花卉纹果盘（04JYⅣK20：1）

正德青花阿拉伯文长方形盖盒（04JYⅠT0401②：1）

425

新世纪中国考古新发现（2001～2010）分布示意图

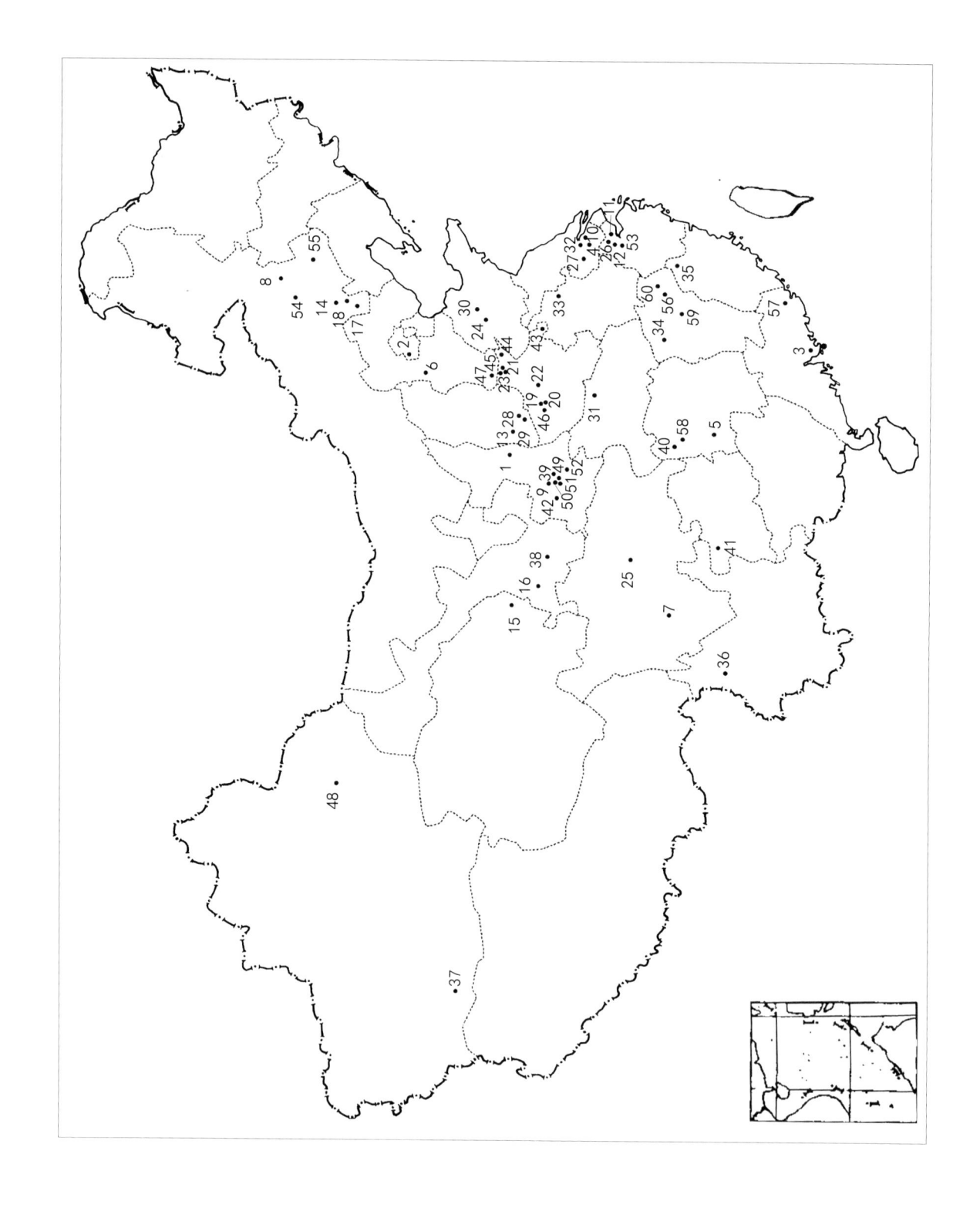

1. 陕西宜川龙王辿旧石器时代遗址
2. 北京门头沟东胡林史前遗址
3. 广东深圳咸头岭新石器时代遗址
4. 江苏宜兴骆驼墩新石器时代遗址
5. 湖南洪江高庙新石器时代遗址
6. 河北易县北福地史前遗址
7. 四川汉源麦坪新石器时代遗址
8. 内蒙古扎鲁特旗南宝力皋吐新石器时代墓地
9. 陕西高陵杨官寨新石器时代遗址
10. 江苏张家港东山村新石器时代遗址
11. 杭州余杭良渚古城遗址
12. 浙江平湖庄桥坟良渚文化遗址及墓地
13. 山西襄汾陶寺祭祀区大型建筑基址
14. 内蒙古赤峰兴隆沟聚落遗址
15. 青海民和喇家遗址
16. 甘肃临潭磨沟齐家文化墓地
17. 内蒙古赤峰三座店夏家店下层文化石城遗址
18. 内蒙古赤峰二道井子夏家店下层文化遗址
19. 河南偃师二里头遗址中心区
20. 河南偃师商城商代早期王室祭祀遗址

21. 河南安阳洹北商城
22. 河南荥阳关帝庙遗址商代晚期遗存
23. 河南安阳殷墟刘家庄北地
24. 济南大辛庄商代居址与墓葬
25. 成都金沙遗址
26. 浙江东苕溪中游商代原始瓷窑址群
27. 江苏句容及金坛周代土墩墓
28. 山西翼城大河口西周墓地
29. 山西绛县横水西周墓地
30. 山东高青陈庄西周城址
31. 湖北枣阳九连墩楚墓
32. 江苏苏州木渎春秋城址
33. 安徽蚌埠双墩一号春秋墓葬
34. 江西靖安李洲坳东周墓葬
35. 福建浦城管九村土墩墓群
36. 云南大理剑川海门口遗址
37. 新疆于田流水青铜时代墓地
38. 甘肃礼县大堡子山早期秦文化遗址
39. 西安秦始皇陵园
40. 湖南龙山里耶战国秦汉城址及秦代简牍

41. 贵州赫章可乐墓地
42. 陕西凤翔西汉汧河码头仓储建筑遗址
43. 河南永城芒砀山西汉礼制建筑基址
44. 河南内黄三杨庄汉代庭院遗址
45. 河南安阳西高穴曹操高陵
46. 河南洛阳汉魏故城北魏宫城阊阖门遗址
47. 河北磁县东魏元祐墓
48. 新疆鄯善吐峪沟石窟寺遗址
49. 西安北周史君石椁墓
50. 西安唐长安城大明宫丹凤门遗址
51. 西安唐长安城大明宫太液池遗址
52. 陕西蓝田五里头北宋吕氏家族墓
53. 杭州雷峰塔地宫
54. 内蒙古巴林左旗辽代祖陵陵园遗址
55. 内蒙古通辽吐尔基山辽代墓葬
56. 江西进贤李渡烧酒作坊遗址
57. 广东汕头"南澳Ⅰ号"明代沉船
58. 湖南永顺老司城遗址
59. 江西高安华林造纸作坊遗址
60. 江西景德镇明清御窑遗址

后 记

《新世纪中国考古新发现》这部书，旨在以"中国社会科学院考古学论坛"的60项考古发现为重点，尽可能全面地介绍和展示21世纪的第一个10年中中国的考古发现及其科学意义。全书包括两大部分。第一部分是《新世纪中国考古新发现述评》，主要是对2001～2010年全国重要考古发现的扼要介绍与评述，这不仅是为了让读者了解新世纪中国考古发现的概况，也是为了更好地理解60项发现的意义。第二部分是本书的主体，即由60项考古发现的发掘者介绍和阐述每项发现的发掘经过、发现内容和学术意义。

每年的考古发现数以百计。我们可以从不同的角度或依据不同的标准来看待这些发现的重要性。但无论如何，重要的是对于各类考古发现不能只停留在直观感受的阶段，而是要以科学的态度面对它们。这也需要我们对考古材料不断进行"再发掘"，以使认识不断深化。希望本书的内容对深化认识有所助益。

"中国社会科学院考古学论坛"突出学术性，本书在介绍和阐释论坛的60项考古发现时同样如此。但关注考古发现的并不只有专业人士，所有渴望了解历史奥秘或是关心着"我是谁"、"我从哪里来"、"我往何处去"这些终极问题的人，自然都会为考古发现所吸引。因而本书在撰写时也尽可能注重"可读性"，以使更多读者能从中分享考古学的收获。

在本书出版之际，首先要感谢中国社会科学院和考古研究所对"中国社会科学院考古学论坛"的关心与支持，同时更要感谢全国考古界。每届论坛虽然只选取6项发现，但全国各省、区、市文物考古单位每年均积极参加论坛，为论坛提供了最大的支持。10届论坛，还有太多的单位和个人在各个方面为之做出了贡献。

60项考古发现的发掘主持人不仅在论坛上演讲，而且直接参与了本书的撰写。中国社会科学出版社的张小颐、郭鹏一直负责本书的编辑出版工作，考古杂志社的付兵兵作为本书的特约编辑，对稿件进行了加工、整理，顾智界扫描了书中《述评》部分的所有照片。所有这些工作都需要给予特别的感谢。

编者
2013年5月

鸣 谢

（排名不分先后）

中国国家博物馆考古部	高安市博物馆
国家水下文化遗产保护中心	山东省文物考古研究所
中国社会科学院考古研究所	济南市考古研究所
北京大学考古文博学院	河南省文物考古研究所
山东大学东方考古研究中心	安阳县文化局
西北大学考古文博学院	内黄县文物保护管理所
北京市文物研究所	湖北省文物考古研究所
天津市文化遗产保护中心	湖南省文物考古研究所
河北省文物研究所	广东省文物考古研究所
山西省考古研究所	广东省博物馆
临汾市文物局	深圳市文物考古鉴定所
运城市文物工作站	深圳市博物馆
绛县文化局	广西文物保护与考古研究所
内蒙古文物考古研究所	海南省文物考古研究所
科尔沁博物馆	四川省文物考古研究所
扎鲁特旗文物管理所	重庆市文物考古所
辽宁省文物考古研究所	成都市文物考古研究所
吉林省文物考古研究所	雅安市文物管理所
黑龙江省文物考古研究所	汉源县文物管理所
上海市文物保护研究中心	贵州省文物考古研究所
南京博物院考古研究所	云南省文物考古研究所
苏州市考古研究所	大理州文物管理所
镇江市博物馆	剑川县文物管理所
常州市博物馆	西藏自治区文物保护研究所
张家港市文广局	陕西省考古研究院
张家港博物馆	秦始皇帝陵博物院
浙江省文物考古研究所	西安市文物保护考古所
湖州市博物馆	宝鸡市考古工作队
德清县博物馆	凤翔县博物馆
平湖市博物馆	甘肃省文物考古研究所
安徽省文物考古研究所	青海省文物考古研究所
蚌埠市博物馆	宁夏文物考古研究所
福建博物院	新疆文物考古研究所
福建闽越王城博物馆	吐鲁番学研究院
江西省文物考古研究所	龟兹研究院
景德镇市陶瓷考古研究所	